Geschichte
plus

Geschichte Klassen 7/8

Herausgegeben von
Walter Funken
Bernd Koltrowitz

Autoren
Brigitte Bayer
Walter Funken
Volker Habermaier
Bernd Koltrowitz
Dr. Michael Krenzer
Annett Krufke
Uwe Lagatz
Melanie Schaare
Harald Schneider
Thomas Thieme
Dr. Karsten Witt
Dr. Bernd Zaddach

Geschichte *plus*

Ausgabe Berlin

VOLK UND WISSEN

Redaktion: Walter Funken, Götz Schwarzrock
Kartografische Beratung: Prof. Dr. Wolfgang Plapper
Bildbeschaffung und -recherche: Dagmar Schmidt

Illustrationen: Hans Wunderlich
Kartenherstellung: Peter Kast, Ingenieurbüro für Kartografie, Schwerin
Layout und technische Umsetzung: Walter Funken und Bernd Schirok

www.cornelsen.de
www.vwv.de

Webtipps zum Fach finden Sie unter folgender Adresse:
http://www.vwv.de/webtipp/geschichte.html

Dieses Werk berücksichtigt die Regeln der reformierten Rechtschreibung und Zeichensetzung. Bei den mit [R] gekennzeichneten Texten haben die Rechteinhaber einer Anpassung widersprochen.

1. Auflage, 4. Druck 2012

Alle Drucke dieser Auflage sind inhaltlich unverändert und können im Unterricht nebeneinander verwendet werden.

Druck: Stürtz GmbH, Würzburg

ISBN 978-3-06-064881-8

Inhalt gedruckt auf säurefreiem Papier aus nachhaltiger Forstwirtschaft.

Inhaltsverzeichnis

Vordere und hintere innere Umschlagklappen:
Zeitstrahlen und Umrisskarten der Kapitel

Leben im Mittelalter

Berlin wurde im 13. Jahrhundert gegründet. Damals war es aber noch keine Stadt; es bestand aus zwei Marktorten beiderseits der Spree: Cölln und Berlin. Das Stadtrecht erhielt Berlin erst im Jahr 1307. Das mittelalterliche Berlin war von einer Mauer umgeben. Auf dem Bild erkennst du einen Teil davon – mit einem Stadttor: Es ist das Spandauer Tor.
In West- und Mitteleuropa entstanden die ersten Städte ab dem 11. Jahrhundert. Dort lebten Handwerker, Kaufleute, Dienstleute und andere mehr. Fürsten und Ritter wohnten auf Burgen, Nonnen und Mönche in Klöstern. Die größte Bevölkerungsgruppe waren die Bauern auf dem Land.

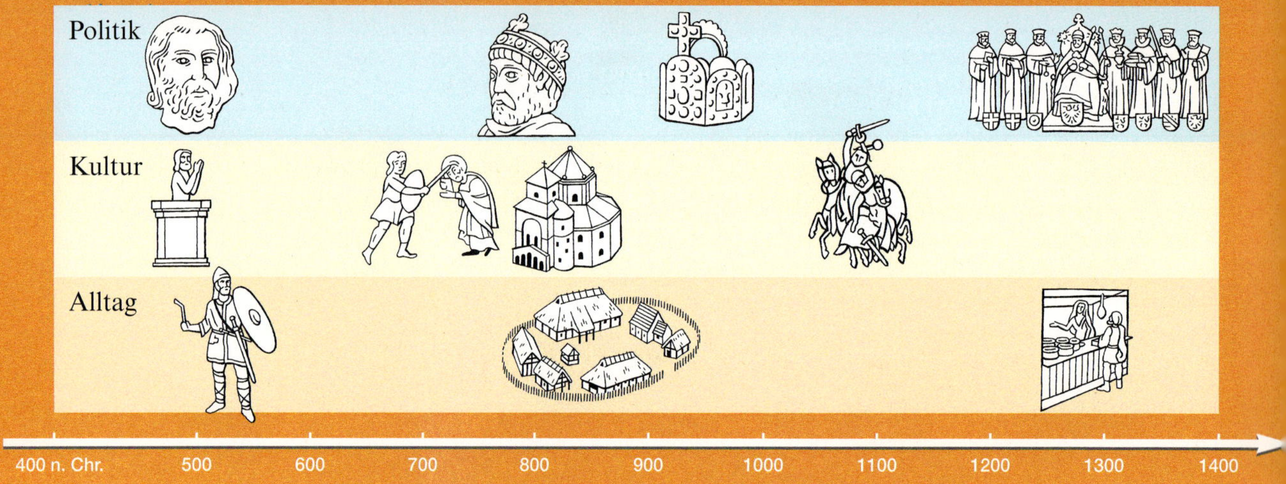

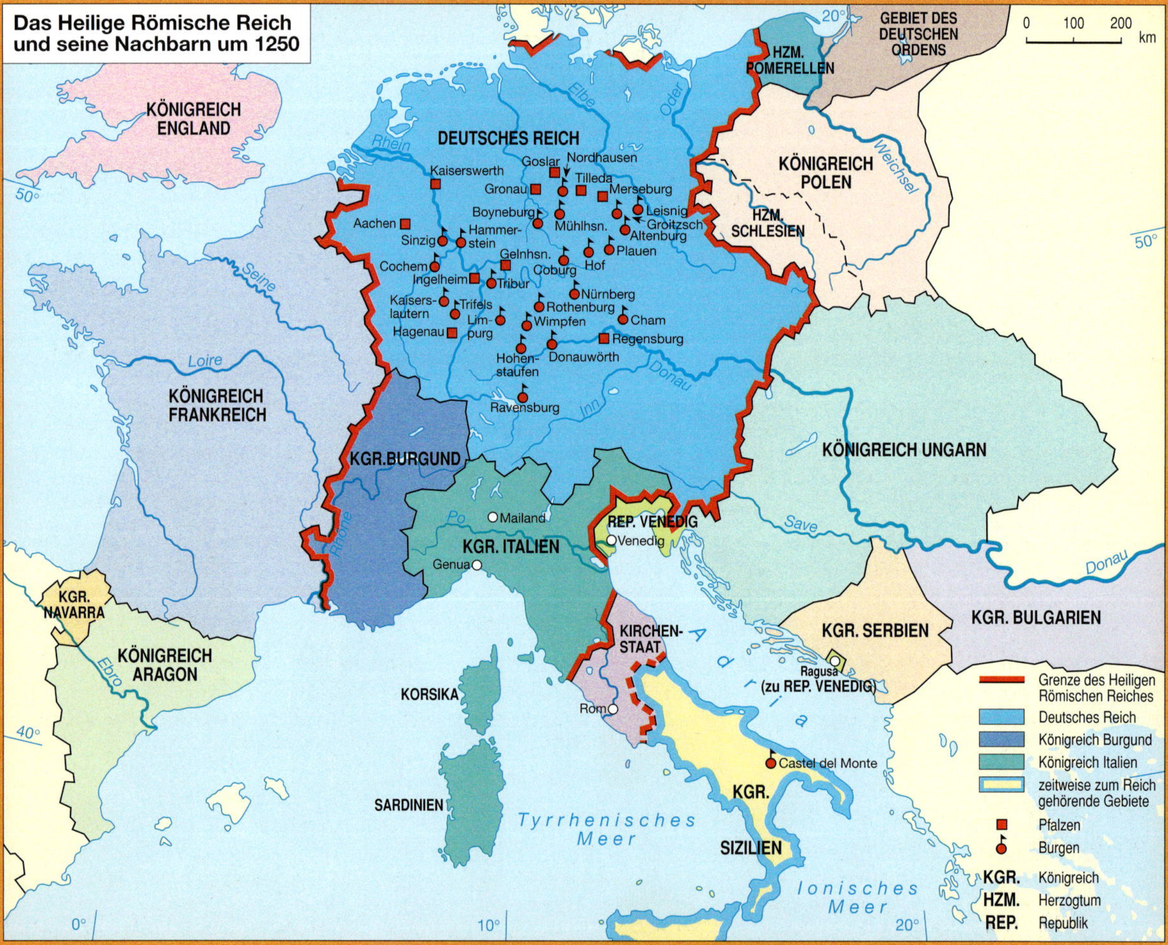

ARBEITSAUFTRAG

Beschreibe die Ausdehnung des Deutschen (= Heiligen Römischen) Reichs um 1250. Vergleiche mithilfe eines Atlas, welche Staaten heute ganz oder teilweise in diesem Gebiet liegen.

Teil I: Die mittelalterliche Gesellschaftsordnung

1. Die Ständegesellschaft des Mittelalters

Mit dem Untergang des Römischen Reichs setzte in West- und Mitteleuropa eine Phase tiefgreifender Veränderungen ein. Welche Folgen hatte dies für die Menschen des Mittelalters?

Auflösung der Ordnung – An die Stelle der Geldwirtschaft trat für lange Zeit wieder die Naturalwirtschaft. Für Jahrhunderte existierte keine Bürokratie mehr. An die Stelle des einheitlichen römischen Rechtssystems traten große Rechtsunsicherheit und vielfach das „Faustrecht". Fürsten kämpften in ihren Territorien um die Macht oder versuchten, sie zu erweitern. Besonders die einfache Bevölkerung litt unter der **Auflösung der Ordnung.** Sie reagierte mit großen Ängsten, mit einer Hinwendung zur Religion oder mit Aberglauben und Hexenwahn.

Gottes Ordnung für die Menschen – In dieser Phase der Unordnung entwarf die Kirche ein Bild der Welt, dessen neue Ordnung sich auf die Bibel stützte. Sie übernahm dabei das biblische Motiv von **„Gottes guter Schöpfung"** und übertrug es auf die politische und gesellschaftliche Ordnung des Mittelalters. Nach dieser kirchlichen Lehrmeinung waren die neuen Herrschaftsverhältnisse, die sich im frühen Mittelalter herausbildeten, Bestandteil der göttlichen Ordnung. Wer sie verletzte, hatte nicht nur die Strafe seiner weltlichen oder geistlichen Herren zu fürchten. Er versündigte sich auch gegen die Gebote Gottes.

Nicht alle Menschen sind gleich – Diese mittelalterliche Herrschafts- und Gesellschaftsordnung nennt man **Ständegesellschaft.** An ihrer Spitze standen der König, die Fürsten und andere Adlige. Ihnen folgten die Geistlichen der Kirche als zweiter Stand. Der dritte, unterste Stand, waren die Bauern; sie hatten kaum Rechte, aber viele Pflichten gegenüber Adel und Kirche. Seit der Entstehung von Städten ab dem 11. Jahrhundert kam mit den Stadtbürgern eine weitere Schicht innerhalb des dritten Standes hinzu.

B1 Christus weist den Menschen ihre Aufgaben zu: „Du sollst beten! Du sollst beschützen! Und du sollst arbeiten!". Holzschnitt 1488

Q2 Bischof Adalbero von Laon (ca. 977–1030) über den von Gott vorgegebenen Aufbau der Gesellschaft:

Adlige und Hörige unterstehen nicht demselben Gesetz. [...] Die einen sind die Krieger, die Beschützer der Kirchen; sie sind die Verteidiger des Volkes [...]. Die andere Klasse ist die der Hörigen. Diese armen Tröpfe besitzen nur, was sie sich um den Preis der Mühsal erwerben. [...] Das Haus Gottes, das man für eins hält, ist also in drei geteilt: Die einen beten, die anderen kämpfen, die dritten schließlich arbeiten.

(Zit. nach: Jacques Le Goff: Kultur des europäischen Mittelalters, München 1970, S. 126. Gekürzt)

ARBEITSAUFTRÄGE

1. Beschreibe B1. Ordne den abgebildeten Personengruppen Stände und Aufgaben zu. Ziehe dabei Q2 zu Hilfe.
2. Interpretiere B1. Aus welcher Sicht ist die Darstellung vermutlich entstanden? Welche Bedeutung hat die Christusfigur?
3. Zeichne die Ständegesellschaft des Mittelalters in der Form einer Pyramide; einmal mit und einmal ohne Stadtbürgertum.

2. Die Religion prägt das Weltbild und das Leben

Nicht nur die gesellschaftliche Ordnung, nach der die Menschen leben sollten, wurde im Mittelalter stark von der Kirche geprägt. Auch das gesamte Bild der Welt und die Lebenseinstellung der Menschen sollten dem Wort der Bibel entsprechen. Welche Bedeutung hatte dies für das Verständnis der Menschen von der Natur und für ihre Lebensregeln?

Eine Welt nach dem Bild der Bibel? – In der Bibel findet sich keine geschlossene Theorie vom Ursprung und dem Aufbau der Welt. Sie enthält vielmehr eine **Schöpfungsgeschichte,** wie die Welt und die ersten Menschen von Gott erschaffen wurden. Wie bei allen Schöpfungsgeschichten handelt es sich um eine überlieferte Erzählung, deren anschauliche Bilder man nicht wortwörtlich verstehen soll. Die Kirchengelehrten, Päpste und Bischöfe des Mittelalters haben aber genau das getan: Auch da, wo einzelne Passagen der Bibel widersprüchlich oder ihre Darstellung der Natur augenscheinlich falsch waren, beharrte die Kirche rigoros

Q1 Die Gestalt der Erde nach dem Bild der Kirche:

1 Er [der Kirchenvater Isidor] verlegte den Mittelpunkt der Erde nach Jerusalem, und er räumte dem Osten einen Ehrenplatz im oberen Teil der Karte ein, da man annahm, das Paradies liege im Osten. [...] Diese Orientierung der Welt nach Osten war in der Vorstellung der Menschen fest verankert. Hugo von St. Viktor (gest. 1141) [.... schrieb] in seinem Traktat über die Arche Noah: *„Die Zivilisation fließt von Osten nach Westen, dem Weg der Sonne folgend, und wenn sie die äußerste Westgrenze – den Atlantik – erreicht hat, dann wird der Tag des Jüngsten Gerichts anbrechen."* [...] Dies „Fließen von Ost nach West" fand seinen Ausdruck im romanischen Kirchenbau um 1100. Die Kirche blickte nach Osten [...], und der Osten wurde mit dem Paradies und den Anfängen der Menschheit gleichgesetzt. Ferner begann man, das der sinkenden Sonne zugewandte Westportal der Kirchen mit Darstellungen des Jüngsten Gerichts auszuschmücken.

(Vincent Cronin, Die Säulen des Himmels, München 1981, S. 75. Gekürzt)

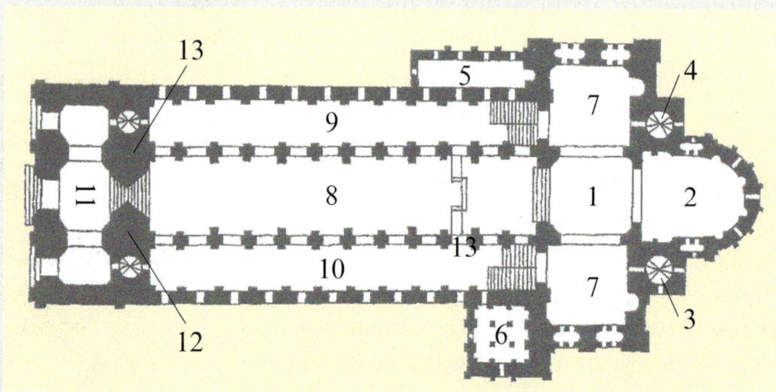

1 Altarraum	5/6 Seitenkapellen	9/10 Seitenschiffe	N
2 Chor	7 Querschiff	11 Westportal	W – O
3/4 Osttürme	8 Hauptschiff	12/13 Westtürme	S

B2 Grundriss des romanischen Doms zu Speyer, erbaut 1030 bis 1061

Das Bild der Erde um 1000 n. Chr., nach: Ebstorfer Weltkarte

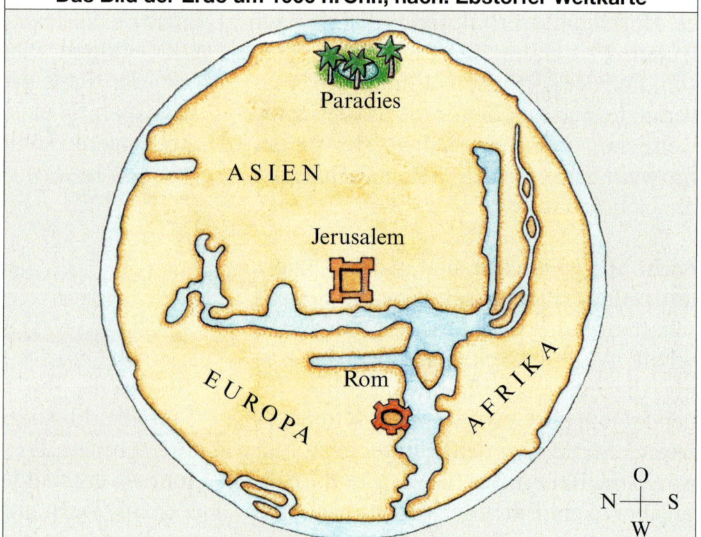

K3

auf ihrem Wahrheitsanspruch. So entstand ein Weltbild, das weniger auf Naturbeobachtung, Wissenschaft und Logik beruhte, sondern durch die Religion begründet war. Jerusalem, die Heilige Stadt und Grabstätte Christi wurde zum Mittelpunkt der Erde erklärt. Das Wissen um die Kugelgestalt der Erde, das bereits die antiken Griechen besaßen, ging verloren; die Erde war wieder eine auf dem Ozean schwimmende Scheibe. Und als die Astronomen erkannten, dass nicht die Erde, sondern die Sonne im Mittelpunkt unseres Sonnensystems steht, bekämpfte die Kirche diese Einsicht mit ihrer ganzen Autorität und Macht. ⓔ/1

Das kirchlich geprägte Weltbild des Mittelalters war – wie das Bild von der „guten gesellschaftlichen Ordnung" – sehr statisch. Die **„gute göttliche Schöpfung"** existierte bereits seit Jahrtausenden. Sie bedurfte aus Sicht der Kirche auch in Zukunft keiner Neuinterpretation.

Religion prägt das Leben der Menschen – Die Angst der Menschen vor der Sünde bzw. vor der dafür zu erwartenden Strafe hatte im Mittelalter eine Bedeutung, die heute kaum noch nachvollziehbar ist. Das wichtigste Ziel war eine **gottgefällige Lebensführung;** dafür nahmen die Menschen zahlreiche Entbehrungen und Leid in Kauf. Denn nach dem Tod wurde als Lohn die Aufnahme ins Paradies in Aussicht gestellt. Zuvor mussten die Seelen der Menschen im Fegefeuer für ihre Sünden büßen – je sündiger, umso länger und qualvoller. Diese **Jenseitsvorstellung** veranlasste vor allem einfache Menschen, die Annehmlichkeiten des irdischen Lebens zurückzustellen und nach Aufnahme in das ewige Paradies zu streben. Sie passte auch sehr gut zu der im Mittelalter weit verbreiteten Vorstellung vom nahenden **Ende der Welt.**

Q5 Der Mönch Rodulfus Glaber schrieb 1035 n. Chr. in seiner Chronik:

Die Angst der Menschen war so groß wie nie zuvor: Blutrote Kometen drohten am Himmel, Hungersnöte quälten die Armen und der Regen fiel wie bei der Sündflut […]. Weil sich zu dieser Zeit die Geburt Christi und der Tod unseres Herrn Jesus Christus am Kreuz zum tausendsten Male gejährt hatte, wurden alle diese Erscheinungen für den nahen Untergang der Welt genommen. Überall füllten verstörte Christen die Kirchen, verkauften ihr Hab und Gut, bereuten ihre Sünden. […] Wer die Texte der Gelehrten [jedoch] genau studiert, der weiß, dass alle diese Unheilsbotschaften [noch] nicht auf das Ende der Welt hindeuten […]. Erst wenn das Jahr 2000 zu seinem Ende gekommen ist, hat die Menschheit Grund zu zittern.

(Zit. nach: Stern-Millenium 1000–1999, hg. von Osterkorn, Th./Petzold, A., München 1999, S. 6)

B4 Ausschnitt aus dem Teppich von Bayeux, 11. Jahrhundert. Auf dem Teppich wird die Schlacht von Hastings dargestellt (1066 n. Chr., Wilhelm von der Normandie gegen König Harald von England). Auf dem Ausschnitt deuten sechs Männer ängstlich auf einen Kometen (es ist der Halleysche Komet). Ein Bote überbringt dem König die Nachricht von dem bösen Omen. Tatsächlich fällt Harald in der Schlacht.

Glaube – Aberglaube – Irrglaube – Das Weltbild des christliche Mittelalter war nicht wissenschaftlich-rational begründet. Vielmehr prägten tief verwurzelte **Ängste,** übersteigerte **Heiligenverehrung** und ein mystischer **Wunderglauben** die Haltung vieler Menschen. Krankheiten, Hungersnöten, Kriegen oder anderen Widrigkeiten fühlten sie sich schicksalhaft ausgeliefert. Sie sahen darin entweder die gerechte Strafe Gottes für die eigenen Sünden oder aber das Werk von **Teufeln, Dämonen und Hexen.** Auffällige Himmelsphänomene wie das Erscheinen von Kometen oder Sonnen- und Mondfinsternisse, deren natürliche Ursachen in der Antike bekannt waren, wurden nun zu bösen Omen für drohendes Unheil.

Vor diesen Bedrohungen suchten die Menschen Schutz bei den Heiligen der Bibel. Deren Grabstätten wurden für Millionen Pilger aus ganz Europa zu **Wallfahrtsorten:** z. B. Rom (Grab des Apostel Petrus), Santiago de Campostela (Grab des Apostel Jakobus), Tours (Grab des hl. Martin), Köln (Grab der Hl. Drei Könige). Viele Wallfahrer kamen in der Hoffnung, von Krankheiten oder von ihren Sünden befreit zu werden. Andere hatten vom Gericht oder Priester ihres Heimatortes die Pilgerfahrt als Strafe bzw. Buße auferlegt bekommen.

B 6 Bild des Fegefeuers, 13. Jahrhundert

An den großen Wallfahrtsorten des Mittelalters trafen täglich mehr Pilger ein, als die Orte selbst Einwohner hatten. Den Kirchen und Wallfahrtsorten brachten diese Menschenmengen und ihre Spenden großen Reichtum. Daher war fast jeder Ort an den Pilgerrouten bemüht, selbst die **Reliquie** (Überbleibsel) eines Heiligen zu bekommen; auch wenn deren Herkunft und Echtheit meist sehr zweifelhaft waren.

B 7 Wallfahrt zur Kapelle der hl. Maria in Regensburg. Holzschnitt 1519

ARBEITSAUFTRÄGE

1. Erläutere mit Q 1 und K 3 die auffälligsten Merkmale des (geografischen) Weltbildes im christlichen Mittelalter. Diskutiere mögliche Gründe für die Darstellung der Welt gemäß K 3.
2. Nenne Unterschiede zwischen dem Weltbild von K 3 und dem der Antike bzw. unserem heutigen Weltbild.
3. Werte die Bild- und Textinhalte von B 4 und Q 5 aus. Gib deren Inhalte in eigenen Worten wieder. Welche Furcht der Menschen des Mittelalters kommt zum Ausdruck?
4. Beschreibe und interpretiere B 6 und B 7.
5. Vergleiche B 2, S. 12, mit B 1, S. 15. Kannst du einzelne Bauteile des Grundrisses auf dem Foto des Doms wiedererkennen?

Arbeit mit historischen Bauwerken

Die Kirchen des Mittelalters hoben sich mit großen Hallen und weithin sichtbaren Glockentürmen von ihrer Umgebung ab. Sie entstanden oft im Auftrag von Königen, Fürsten, Bischöfen oder Äbten.

Wie auch andere Gebäude, so können Kirchen durch ihre Form, ihren Aufbau, das Baumaterial und ihre Ausschmückung etwas über die Zeit ihrer Entstehung aussagen. So erhalten wir interessante Informationen aus der Vergangenheit.

Im Mittelalter war der Gottesdienst ein regelmäßiger Höhepunkt im Leben der Menschen. Als „Haus Gottes" wurde eine Kirche daher prunkvoll ausgestattet. Die weiträumige Halle der Kirche war der Versammlungsort der Gemeinde. Mit den Glocken im Kirchturm wurden sie zum Gottesdienst gerufen. Durch ein oft mit Figuren geschmücktes Portal traten die Menschen in das Innere, das „Kirchenschiff" oder **„Langhaus"** ein. Am Ostende des Langhauses steht der Hauptaltar mit dem Kreuz Jesu Christi. Die Worte an die Gemeinde, die Predigt, sprach der Priester von einer Kanzel aus und in lateinischer Sprache. Da die meisten Menschen im Mittelalter weder Latein verstanden noch überhaupt lesen konnten, zeigten Bilder ihnen die Erzählungen der Bibel: in Glasfenstern, als Figuren und als Altarschmuck.

Der „Dom" ist eine Kirche, in der ein Bischof seinen Sitz hat. Domstädte sind der Herrschaftsmittelpunkt eines **Bistums** (Kirchenland) und zeigten die Macht der Kirche.

Im Mittelalter kannst du zwei **Baustile** (= Bauformen) unterscheiden: die **Romanik** mit runden Fensterbögen (11.–13. Jahrhundert) und die ursprünglich aus Frankreich stammende **Gotik** mit ihren hochstrebenden Bauten, spitzen Bögen und bunten Glasfenstern (13.–16. Jahrhundert). Viele Kirchen wurden in diesem damals modernen Stil neu gebaut.

B1 Der romanische Dom zu Speyer, Südwestansicht; erbaut 1030–1061

B2 Romanischer Stil, Ende des 11. Jahrhunderts (links). Gotischer Stil, ca. 1250 (rechts)

WORAUF DU ACHTEN MUSST

1. Beschreibe das Gebäude genau. Achte dabei auf den Baustil und besondere Merkmale.
2. Ordne das Gebäude in das historische Umfeld ein: Wer hat es wann bauen lassen?
3. Versuche zu klären, warum das Gebäude erbaut wurde.

3. Die Stellung der Frau im Mittelalter

Die Stellung der Frau im Mittelalter war sehr unterschiedlich. Sie hing vor allem von ihrer Position innerhalb der Ständeordnung ab. Doch für alle Stände galt eines gemeinsam: Im politischen Leben des Mittelalters spielten Frauen, von wenigen Ausnahmen abgesehen, keine Rolle. Auch in rechtlicher und gesellschaftlicher Hinsicht bestand eine uneingeschränkte Männerherrschaft: Frauen unterstanden stets der Vormundschaft **(Munt)** eines Mannes. Bis ins 13. Jahrhundert konnte ein Mann seine Frau und seine Kinder sogar verkaufen oder für fremde Dienste entleihen. Doch es gab auch bedeutende Unterschiede zwischen den Frauen verschiedener Stände. Wie sahen diese aus?

Die adlige Frau – In materieller Hinsicht war die adlige Frau besser gestellt als die Bäuerin oder die Handwerkerin. Aber ihre gesellschaftliche und berufliche Entfaltungsmöglichkeit waren dennoch sehr eingeschränkt. Außer der standesgemäßen Ehe blieb ihr nur das Kloster als Lebensform. Freilich boten Klöster für Frauen auch die einzige Möglichkeit, sich mit Literatur und Kunst zu beschäftigen. Als Äbtissinnen konnten adlige Frauen auch politischen Einfluss gewinnen.
Klöster waren nicht nur Orte des Gebets, sondern auch der Erziehung und der Pflege. Denn öffentliche Schulen, Krankenhäuser sowie Wohnheime für Pflegebedürftige entstanden erst seit dem 11./12. Jahrhundert.

Die Landfrau – Als Bäuerin oder als Magd war die Landfrau voll in in das Wirtschaftsleben des Hofes eingebunden. Es gab praktisch keine Tätigkeit auf dem Bauernhof, die nicht von Frauen ausgeübt wurde. Entsprechend hart war auch ihr Arbeitstag. Bei Missernte, Krankheit oder kriegerischer Verwüstung drohte bittere Not. Die Frauen auf dem Land waren der Munt ihres Mannes stärker unterworfen als adlige oder bürgerliche Frauen.

Q4 Die Rechte der Frauen im Mittelalter. Aus dem Mühlhausener Reichsrechtsbuch von 1224/1230:

Wenn einer Frau ihr ehelicher Mann stirbt, so muss sie einen Vormund haben […]. Keine Frau kann sich auch irgend wofür durch Gelöbnis verpflichten ohne ihren Vormund, so dass es irgendwelche Kraft habe […]. Keine Frau kann auch gegen niemanden eine höhere Klage erheben ohne ihren rechten Vormund. Sie kann auch niemandem irgendeine Antwort geben vor dem Richter wegen Klage ohne ihren rechten Vormund.

(in: Brigitte Löhr, Frauen in der Geschichte, Bd. 2, Tübingen 1994, S. 106 f. Gekürzt)

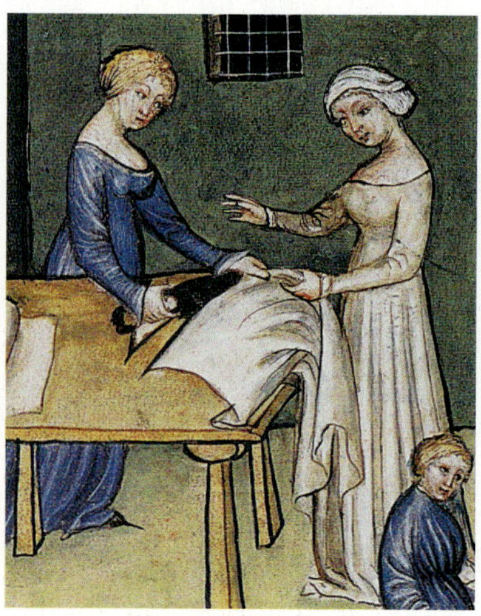

B1–B3 Bäuerinnen, Handwerkerinnen, adlige Nonnen (bei der Krankenpflege). Buchmalereien: 1515, 1385, 1240

Frauen in der Stadt – Etwa seit dem 13. Jahrhundert konnten Frauen in der Stadt in den Handwerkszünften oder als Kauffrau tätig sein. Sie hatten dann auch Stimmrecht in der Zunft- bzw. Gildeversammlung. Die Bildung der Handwerker- oder Kaufmannsfrau war in der Regel nicht schlechter als die der Männer. Sie führte Geschäftsbücher und bereitete Verträge vor; sie konnte diese Verträge aber nicht selbst abschließen. Als im Hochmittelalter (ca. 1050 bis ca. 1350) in den Städten erste weiterführende Schulen sowie Universitäten entstanden, verloren die Klosterschulen allmählich ihre Bedeutung. Paradoxerweise verschlechterten sich dadurch die Bildungschancen für bürgerliche Frauen. Denn die weiterführenden Schulen blieben den Jungen vorbehalten, die Universitäten den Männern.

Das kirchliche Bild der Frau – Die Kirche war ein reiner „Männerbund", in der Frauen weder Rederecht hatten noch eine Funktion ausüben durften. Das Frauenbild der Kirche war auch aus diesem Grund Jahrhunderte lang von Geringschätzung und Unterdrückung geprägt. Zwar galt die Gottesmutter als Idealbild der Frau, aber nach kirchlichen Lehrmeinung trug die Frau Schuld am Sündenfall und der Vertreibung aus dem Paradies.

Q5 Der Historiker E. Isenmann schreibt über Frauen in den städtischen Zünften des Spätmittelalters:

Frauen nahmen vielfach an religiösen und gesellschaftlichen Aktivitäten der Zunft teil oder traten förmlich in die mit der Zunft verbundene Bruderschaft ein. Frauen übten auch innerhalb der Zunft in unterschiedlicher rechtlicher oder wirtschaftlicher Stellung [...] das Handwerk aus, als Meisterinnen mit vollem Zunft- und Unterweisungsrecht, als Lehrtöchter und als selbstständige Mägde.

(in: Eberhard Isenmann, Die deutsche Stadt im Spätmittelalter, 1250 – 1500, Stuttgart 1988, S. 314. Gekürzt)

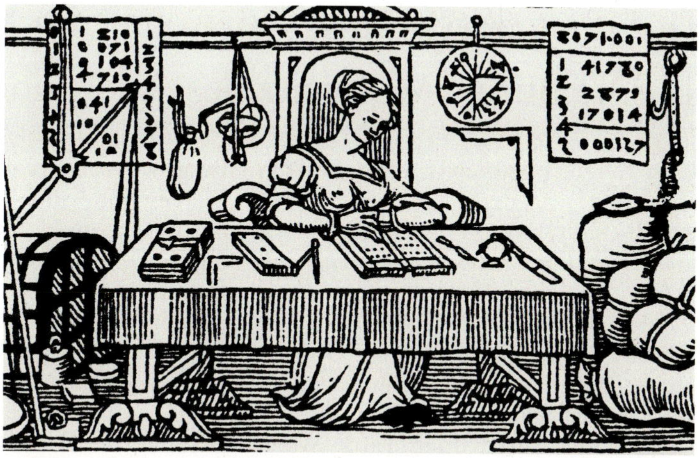

B6 Eine Kauffrau in ihrer Schreibkammer. Holzschnitt, um 1250

B7 Maria mit Jesuskind, Jean Hay. Öl auf Leinwand, um 1490

B8 Nach mittelalterlich-kirchlicher Vorstellung trug die Frau die Schuld am Sündenfall und an der Vertreibung aus dem Paradies. Hugo van der Goes. Ölgemälde, um 1470

ARBEITSAUFTRÄGE

1. Beschreibe die Tätigkeiten der Frauen in B 1, B 2, B 3 und B 6. Erläutere mithilfe der vier Bilder und dem Darstellungstext, was du über die Stellung einer Adligen, einer Landfrau sowie einer Bürgersfrau im Mittelalter erfährst.
2. Lies Q 4 und gib den Inhalt in eigenen Worten wieder. Beurteile nun die rechtliche Stellung von Frauen im Mittelalter. Berücksichtige auch die Bedeutung der so genannten „Munt".
3. Vergleiche den Text von Q 4 mit dem von Q 5. Steht der Text von Q 5 im Widerspruch zu dem, was du über die Munt weißt?
4. Interpretiere und vergleiche B 7 und B 8. Welches Frauenbild kommt jeweils zum Ausdruck?

II. Leben, Arbeit und Wirtschaft im Mittelalter

1. Die Burg – Wohnsitz des Adels und der Ritter

Über Herzog Friedrich II. von Schwaben (1105–1147) sagt der Geschichtsschreiber und Bischof OTTO VON FREISING: *„Immer, wenn er am Rhein entlangzog, errichtete er bald an einem geeigneten Platz eine Burg, sodass man von ihm sprichwörtlich sagte: ‚Herzog Friedrich schleppt am Schweif seines Pferdes stets eine Burg hinter sich her.'“* Noch heute prägen Burgen das Bild vieler Landschaften in Europa. Wozu dienten diese Bauwerke im Mittelalter?

Berg – Burg – Schloss – Schon in der Jungsteinzeit nutzten die Menschen Berge, um sich im Fall eines Angriffs von dort aus zu verteidigen. Man überblickte die Gegend gut und die Angreifer konnten sich bergauf nur langsam nähern. Noch sicherer waren die Menschen, wenn sie auf dem Berg Palisaden (= Mauern aus Baumstämmen) errichteten. So entstanden **Fluchtburgen.** Die Menschen zogen sich bei Angriffen dorthin zurück und verließen sie erst wieder, wenn die Gefahr vorüber war. War kein Berg vorhanden, wurden die Burgen von Erdwällen und Wassergräben umgeben.

Burgen: Wohnsitze des Adels – Die Adligen des Mittelalters griffen auf diese Erfahrungen zurück, um ihr Gebiet verteidigen und beherrschen zu können. König Heinrich I. ließ z. B. im 10. Jahrhundert entlang von Elbe und Saale Fluchtburgen errichten, in die sich die Bevölkerung bei Ungarneinfällen zurückziehen konnte.

Während des 11. Jahrhunderts entwickelten sich die **Burgen** zu ständigen Wohnsitzen der Adligen und zu Herrschaftszentren. Sie wurden unter Leitung des Adligen von den abhängigen Bauern des Umlandes gebaut. Anders als in der Jungsteinzeit waren ihre Mauern jetzt aus Stein. Burgen waren in der Landschaft weithin sichtbar. Die Burgherren führten oft ihre Hauptburg im Namen.

Als im 15. Jahrhundert das Schießpulver und Kanonen zum Einsatz kamen, verloren die Burgen ihre Bedeutung als nahezu uneinnehmbare Bastionen. Sie wurden zu **Schlössern** umgebaut, die ihren Herren mehr Bequemlichkeit boten, und sollten vom Reichtum ihrer Besitzer zeugen.

B1 Die Wartburg bei Eisenach

Die Bewohner einer Burg – Die Burg war Wohnsitz des Burgherrn und seiner Familie. Doch konnten sie nur in Sicherheit und Wohlstand leben, weil viele Menschen auf der Burg für sie arbeiteten.

Für die Bewachung und Verteidigung verantwortlich war die **Burgbesatzung.** Diese Kriegsleute nannte man **Ritter.** Sie begleiteten ihren Herrn auch, wenn er die Burg verließ. Dies tat er zum Beispiel, um sein Herrschaftsgebiet zu kontrollieren oder um es vor Feinden zu sichern. Oder der Burgherr reiste in fremdes Gebiet, etwa zu einem befreundeten Adligen. Eine weitere Aufgabe der Kriegsleute bestand darin, von den Kaufleuten den **Zoll** einzutreiben, eine Abgabe für die Benutzung von Wegen und Brücken.

Neben den Kriegsleuten lebte das **Gesinde** auf einer Burg. Diese Frauen und Männer erledigten die täglich anfallenden Arbeiten. Sie bedienten die Familie ihres Herrn, stellten notwendige Werkzeuge her und kümmerten sich um die Verpflegung der Bewohnerinnen und Bewohner. Oft gab es einen **Geistlichen,** der regelmäßig Gottesdienste in der Burgkapelle abhielt und für den Burgherrn die Schreibarbeiten erledigte.

Auf der Burg herrschte **Burgfrieden,** der Streitigkeiten verbot. Am Tage kamen viele Menschen aus der Umgebung auf die Burg. Sie brachten Abgaben aus den Dörfern oder suchten ihren Herrn auf, um Streitfälle entscheiden zu lassen. Der Burgherr war auch der Richter des von ihm beherrschten Gebietes. e/1

ARBEITSAUFTRÄGE

1. Vergleiche B 1 und B 2. Überlege, welchem Zweck die einzelnen Teile der Burg in B 1 gedient haben.
2. Beschreibe mithilfe von B 2 den Bau einer Burg und den Alltag verschiedener Bewohner. Überlege, wie du bei einem Angriff auf die Burg ihre Verteidigung organisieren würdest.
3. Sammele Material über Burgen deiner Heimat und stelle es auf Plakaten vor. Überlege dann, worum sich ein Denkmalschützer auf der Burgruine kümmern müsste.

1 Burgtor mit Pechnasen
2 Torhaus mit Fallgitter
3 Innere Mauer
4 Wehrgang
5 Ställe und Wohnhaus der Burgbesatzung
6 Burghof
7 Bergfried
8 Palas
9 Kapelle
10 Brunnen

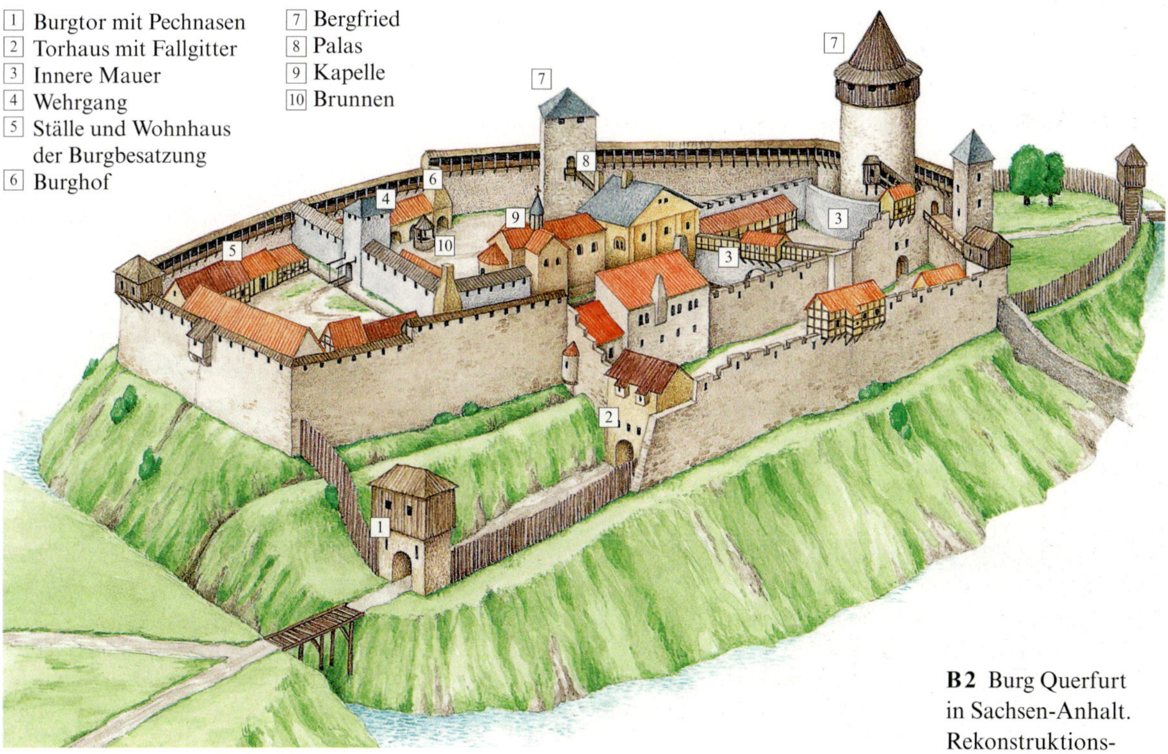

B 2 Burg Querfurt in Sachsen-Anhalt. Rekonstruktionszeichnung

2. Die Ritter – Alltag und Kultur auf der Burg

Viele heutige Redensarten haben ihren Ursprung im ritterlichen Leben. Wenn sich jemand für einen anderen einsetzt, sagt man, er „breche eine Lanze" für ihn. Verteidigt man sich in einer Diskussion erfolgreich, ohne den anderen zu beleidigen, dann „führt man eine saubere Klinge". Hat man sich gewissenhaft vorbereitet, ist man „gut gerüstet" und „sitzt fest im Sattel". Ist jemand weniger höflich, so führt er vielleicht „Böses im Schilde". Selbst die Bezeichnung „höflich" stammt aus dem **Rittertum.** Welche Bedeutung hatten diese Redensarten im Mittelalter?

Festliche Kämpfe – Um ihr Ansehen unter den Adligen zu vergrößern, waren Fürsten bestrebt, Macht und Reichtum in ihrer Umgebung zu zeigen.

Am eindrucksvollsten geschah dies, wenn sie auf ihren Burgen ritterliche **Turniere** veranstalteten. Dabei kämpften Kriegsleute, die **Ritter,** gegeneinander mit den gleichen Waffen wie im Krieg. Sie hatten ihre Rüstung angelegt und waren für den Kampf „gut gerüstet". Auf Pferden reitend, kämpften sie mit Lanzen, Schwertern und anderen Waffen. Die Ritter mussten „fest im Sattel sitzen", um eine „saubere Klinge führen" und „eine Lanze brechen" zu können. Schutz bot ihnen ihr Schild, und wer unerlaubte Waffen dahinter verbarg, der „führte Böses im Schilde".

Die Ritter kämpften um eine ganz besondere Siegprämie: die Zuneigung einer von ihnen verehrten adligen Dame. Der Gewinner eines Turniers bekam den Siegerkranz von der Dame überreicht, für deren Ehre er gekämpft hatte. Natürlich vermehrte jeder Turniersieg das Ansehen eines Ritters. Er hatte ja Gefahren für Gesundheit und Leben erfolgreich gemeistert. Das **ritterliche Verhalten** wurde die Lebenseinstellung aller Adligen. Deshalb beteiligten sich auch Fürsten und selbst Könige selbstverständlich an den Turnieren. Kaiser Friedrich Barbarossa beeindruckte im Jahr 1184 auf einem großen Turnier in Mainz die Zuschauer mit seinen Fähigkeiten. Er war damals bereits über 60 Jahre alt.

B 1 Ritter in der Reiterschlacht, Buchmalerei um 1320

E2 *Uns wird erzählt*

Page, Knappe, Ritter

Mein Name ist Wernher, ich bin 13 Jahre alt. Heute hat mein Bruder Giselher Schwertleite. Er bekam vom Priester feierlich sein Schwert überreicht und ist nun Ritter. Wenn ich doch auch schon 21 Jahre alt wäre! Seit meinem 7. Geburtstag bin ich Page und werde von meinem Vater ausgebildet. Von ihm lernte ich Reiten und Schwimmen, den Faustkampf, Bogenschießen und Vogelfallen aufzustellen. An meinem nächsten Geburtstag werde ich unsere Burg verlassen und Ritter Manfred auf der Burg Falkenstein als Knappe dienen. Er wird mich zu einem richtigen Ritter ausbilden. Von ihm werde ich erfahren, wie man mit Lanze, Schwert, Streitkolben und Streitaxt kämpft, aber auch, wie man Schach spielt und tanzt. Ich werde lernen, mich manierlich am Hof eines Fürsten, eben „höflich", zu verhalten. Das alles wird sieben Jahre dauern! Vielleicht werde ich aber schon früher Ritter. Als Knappe muss ich Manfred ja auch in den Krieg begleiten. Wenn ich ihm dort in einer bedrohlichen Situation das Leben retten könnte, würde ich den Ritterschlag gleich auf dem Schlachtfeld bekommen. Als Ritter gehe ich dann auf Wanderschaft und suche mir einen Herrn, der mir ein Lehen und damit ein Zuhause gibt. Wenn es doch schon soweit wäre! Komisch ist nur, dass mich meine Mutter in letzter Zeit immer so sorgenvoll anschaut. Worüber macht sie sich wohl Gedanken?

Ritter als Dichter – Fürsten konnten sich aber auch hervortun, wenn sie berühmte Dichter auf ihrer Burg auftreten ließen. Dichter nannte man **Sänger,** da die Dichtungen melodisch vorgetragen wurden. Nach damaliger Anschauung waren Sänger Ritter. Denn es gab drei ritterliche Tugenden: den Kampf für den Lehnsherrn als bewaffneter Reiter, die Verteidigung der christlichen Kirche und die Verehrung von Frauen. Die Ritterlichkeit zeigte sich also im Krieg oder beim Turnier und eben in der Verehrung von Frauen in Gedichten. Diese Kunst nannte man **Minnesang** (= Liebesgedichte).

Berühmt war der Hof des Landgrafen Hermann I. von Thüringen (1190 – 1217). Eines seiner Feste ging als „Sängerkrieg auf der Wartburg“ in die Geschichte ein. Zu diesem Wettstreit hatten sich die damals bedeutendsten Dichter versammelt: Walther von der Vogelweide, Wolfram von Eschenbach, Heinrich von Ofterdingen, Heinrich Schreiber, Reimar Zweter und Biterolf. Bis heute erzählt eine Sage davon.

In einer Hinsicht jedoch wurde der Thüringer Landgraf von einem anderen Fürsten übertroffen. Markgraf Otto IV. von Brandenburg (1266 – 1308) feierte nicht nur ebenso bedeutende Feste, sondern ging selbst in die Geschichte der Dichtkunst ein. In der berühmten Manessischen Liederhandschrift, die die deutschen Dichter des Mittelalters unsterblich machte, sind auch ein Bild und sieben Dichtungen dieses Markgrafen enthalten. /2

B4 Szene aus dem Leben eines Ritters: Der Turnierkampf. Buchmalerei aus der Mannesischen Liederhandschrift, um 1315

B5 Szene aus dem Leben eines Ritters: Der Minnesang. Buchmalerei aus der Mannesischen Liederhandschrift, um 1315

Q 3 Minnelied eines unbekannten mittelalterlichen Sängers:

Dû bist mîn, ich bin dîn;
des solt dû gewis sîn;
dû bist beslozzen
in mînem herzen;
verlorn ist daz slüzzelîn:
dû muost immer drinne sîn.

(In: Des Minnesangs Frühling, neu bearbeitet v. C.v.Kraus, 30. Aufl., Leipzig 1950, S. 1)

ARBEITSAUFTRÄGE

1. Schreibe anhand der Bilder B1, B4 und B5 eine Geschichte über die Ritter. Diskutiert, welches die treffendste Überschrift für die Geschichte sein könnte.
2. Vergleiche die Erziehung zum Ritter in E2 mit deiner heutigen Ausbildung. Überlege, worüber sich Wernhers Mutter ihre Gedanken machen könnte.
3. Versuche Q3 zu verstehen und in unser Deutsch zu bringen. Nenne Unterschiede zwischen altem und heutigem Deutsch.
4. Beschreibe mithilfe von B1, B4 und B5, worin sich das Leben eines Ritters von dem anderer Menschen unterschied.

3. Das Kloster – Ort des Lebens für Gott

Die ersten Klöster wurden im 6. Jahrhundert n. Chr. gegründet. Der Name **„Kloster“** ist abgeleitet vom lateinischen Wort „claustrum“ (= das Abgeschlossene), denn das Gelände eines Klosters war von einer hohen Mauer umgeben. Weshalb wurden Klöster gegründet und wie lebten die Menschen dort?

Menschen entscheiden sich – Die Menschen des Mittelalters wollten ein gottgefälliges Leben führen. Sie lebten nach den Vorschriften der Kirche, beteten, besuchten regelmäßig den Gottesdienst und beichteten ihre Sünden. Reiche Grundherren beschenkten die Kirchen mit Grundbesitz, weil sie sich davon die Vergebung ihrer Sünden versprachen.

Andere Menschen hatten eine noch strengere Anschauung vom **gottgefälligen Leben.** Sie wollten ihr ganzes Leben Gott weihen. Deshalb lebten sie ganz, wie es Jesus Christus nach dem Zeugnis der Bibel getan hatte. In Armut und Gebet wollten sie sich von allen Sünden befreien. Aus dem Alltag der Welt zogen sie sich in eine Klostergemeinschaft zurück.

Klöster haben Schutzherren – Die ersten Klöster Europas wurden von Wandermönchen erbaut, oft in abgelegenen Gegenden. Doch ohne einen **Schutzherrn** konnten die Klöster nicht lange bestehen. Deshalb unterstellten sie sich den Königen oder mächtigen Adligen. Wollten Adlige in ihrem Gebiet ein neues Kloster gründen, baten sie ein fremdes Kloster um Unterstützung. Dort wurden Mitglieder der Gemeinschaft für das neue Kloster ausgewählt. Der Adlige schenkte den Neuankömmlingen Land und unterstützte sie beim Bau ihrer Klosteranlage. Die Gemeinschaft der Nonnen oder Mönche musste im Gegenzug täglich für das Seelenheil des Gründers und seiner Familie beten. Einige Klöster dienten als Grabstätte der adligen Gründerfamilie, zum Beispiel das Kloster Lehnin für die Markgrafen von Brandenburg.

Klöster sind eigenständig – Die Klostergemeinschaft hatte ihre eigene Ordnung. Ihre Mitglieder nannten sich **Nonnen** (Lat.: ehrwürdige Mutter) bzw. **Mönche** (Griech.: Einsiedler). Die Anzahl der Mitglieder war abhängig vom Vermögen des Klosters und von seinem Landbesitz. In manchen Klöstern lebten über 100 Personen. Sie wählten einen **Abt** (Hebr.: Vater) oder eine **Äbtissin** als Oberhaupt.

Q 1 Bischof Thietmar von Merseburg berichtet über die Gründung von Klöstern, um 980:

In der Zeit Kaiser Ottos I. hatte Graf Hed zu Ehren des heiligen Veit in Heeslingen (zwischen Hamburg und Bremen) eine Kirche errichten lassen. Weil er ohne Erben war, beschenkte er sie mit dem größten Teil seines Erbgutes, errichtete dort ein Nonnenkloster und unterstellte die Abtei dem Bremer Erzbischof Adaldag.
Mein Großvater Liuthar hatte sich nach seiner Beteiligung am Mordanschlag auf Otto I. ernstlich bemüht, seine Schuld wieder gutzumachen. Deshalb stiftete er in Walbeck (nordwestlich Magdeburgs) zu Ehren der heiligen Gottesmutter ein Kloster, zu dessen Abt er Willigis ernannte. Für ihren Bedarf an Nahrung und Kleidung schenkte er den Brüdern den zehnten Teil seines Erbes.

(Thietmar von Merseburg: Chronik, in: Ausgewählte Quellen zur Geschichte des MA, übertragen von W. Trillmich, Bd. IX, Darmstadt 1962, S. 79, 291. Bearbeitet)

B 2 Das Zisterzienserkloster in Zinna, Brandenburg, erbaut ab 1170

Klöster sind Zentren der Fürsorge – In den großen Klöstern gab es Armenhäuser oder Hospitäler. Denn wenn die Menschen im Mittelalter Not litten, mussten sie als Arme um Hilfe bitten oder betteln. Im Kloster bekamen Hilfsbedürftige etwas zu essen oder Kleidung; Kranke wurden mit Medikamenten versorgt. Zwar hatte die ärztliche Kunst gegen viele Krankheiten noch keine wirksamen Mittel, aber Nonnen und Mönche übernahmen die Pflege kranker Menschen.

Klöster sind kulturelle Zentren – Die Nonnen und Mönche waren auch bemüht, ihr Wissen über die Geschichten der Bibel und die Schöpfung Gottes durch das Studium von Büchern zu verbessern. Sie waren bestrebt, möglichst alle wichtigen Bücher in ihrer **Klosterbibliothek** zu sammeln. Aber mittelalterliche Bücher waren handgeschriebene Einzelstücke; der Buchdruck war noch unbekannt. Deshalb liehen sich Nonnen oder Mönche Bücher aus anderen Klöstern aus und schrieben sie ab. Die Bücher wurden oft kunstvoll verziert, sodass ein Schreiber länger als ein Jahr an einer Abschrift arbeiten konnte.

Die Voraussetzung dafür war, dass die Nonnen oder Mönche sehr gut lesen und schreiben konnten. Das war im Mittelalter nicht selbstverständlich. Die Klöster selbst waren Orte, wo Menschen schreiben und lesen lernten – sie waren lange Zeit die einzigen Schulen des Mittelalters. Päpste und Bischöfe, Ärzte, Lehrer und Urkundenschreiber konnten ihre Tätigkeit damals nur ausüben, weil sie in ihrer Jugend im Kloster gelebt hatten und dort ausgebildet wurden. Ohne die Arbeit der Nonnen und Mönche wären viele antike und mittelalterliche Bücher im Lauf der Zeit verloren gegangen.

Ein weiteres Anliegen der Klöster war, die Ereignisse des Alltags aufzuschreiben und festzuhalten. Sie führten **Klosterchroniken.** Unser heutiges Wissen über das Mittelalter stammt zu einem großen Teil aus solchen Aufzeichnungen der Klöster.

B3 Nonnen bei der Krankenpflege. Buchmalerei um 1240

B4 Tätigkeiten und Tagesablauf von Nonnen und Mönchen

ARBEITSAUFTRÄGE

1. Erläutere mit Q1, welche Motive der Bischof für die Gründung von Klöstern durch Adlige nennt.
2. Erarbeite mit B3 und B4 die Tätigkeiten von Nonnen bzw. Mönchen im Kloster. Vergleiche mit deinem Tagesablauf.

4. Klöster sind wirtschaftliche und politische Zentren

Innerhalb der Klostermauern befand sich fast alles, was die Bewohnerinnen und Bewohner für ihr Leben benötigten: Unterkünfte, Ställe und Viehweiden, Gemüsegärten, Werkstätten und selbst einen Friedhof. Klöster mit vielen Bewohnern waren dennoch auf Lebensmittel aus dem Umland angewiesen. Wie wurden diese beschafft?

Klöster sind Grundherren – Klöster waren meist durch Schenkungen adliger **Grundherren** entstanden. Zu einer Schenkung gehörte jedoch nicht nur der Boden, auf dem das Kloster errichtet wurde, sondern auch Land außerhalb der Klostermauern. Diese Ländereien wurden von hörigen Bauern bewirtschaftet, die an das Kloster wie an jeden anderen Grundherren Abgaben in Form von Ernteerträgen zu entrichten hatten. Die oft beträchtlichen Einnahmen eines Klosters wurden noch durch den Verkauf eigener Produkte gesteigert. Dazu gehörten zum Beispiel Wein und Bier aus der Klosterkelterei bzw. -brauerei, selbstgefertigte Kleider oder Produkte aus den Klosterwerkstätten. Die Klöster wurden so zu wirtschaftlichen Mittelpunkten für das Umland.

Das Kloster herrschte über sein Land und die dort lebenden Menschen. Große und reiche Klöster verfügten sogar über politischen Einfluss, der über das eigene Gebiet weit hinaus reichte. Einige stiegen zu mächtigen politischen Zentren auf, die nur noch den Königen und Kaisern unterstanden: die **Reichsklöster** oder Reichsabteien. Im Hoch- und Spätmittelalter pflegten viele Äbte und Äbtissinnen einen geradezu fürstlichen Lebensstil.

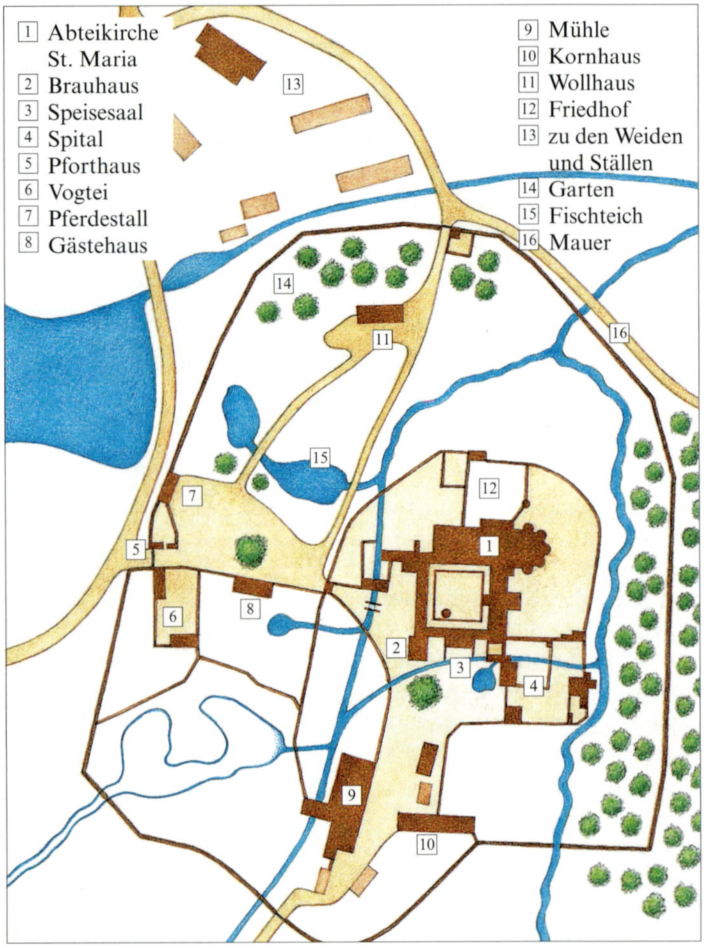

B 1 Grundriss des Klosters Doberan (bei Rostock) um 1500

B 2 Die 1368 geweihte Kirche des Klosters Doberan heute

ARBEITSAUFTRÄGE

1. Erläutere, welche Produkte im Kloster selbst hergestellt wurden.
2. Erstelle eine Liste mit den Produkten, die deiner Meinung nach von den hörigen Bauern geliefert werden müssen.

Suche von Informationen mit dem Internet

Das Internet hat neue Möglichkeiten der weltweiten Kommunikation und Datenübertragung geschaffen. Es ermöglicht auch die Recherche nach (historischen) Fakten und Daten, da es den weltweiten Zugang zu gespeicherten Text-, Bild- und Tondokumenten bietet. Für eine erste Annäherung an ein Thema erweisen sich **elektronische Lexika** und **Nachschlagedienste** wie www.wissen.de, www.geschi.de oder www.wikipedia.org/wiki.de als nützlich.

Wenn du jedoch Webseiten zu einem bestimmten Thema von verschiedenen Institutionen, Organisationen oder Privatpersonen einsehen willst, solltest du für die Suche einen **Katalog** oder eine **Suchmaschine** nutzen. Teste einmal die Nutzung für die Themen **„Klöster"** und **„Ritter"** .
Der Katalog von **„Yahoo"** www.yahoo.de bietet ein **systematisches Themenverzeichnis,** in dem du dich über die relevanten Begriffe zum gesuchten Ereignis bzw. Begriff durchklicken kannst, z. B. : Gesellschaft → Religion → Christentum → Klöster; du findest etwa 40 Eintragungen.

Als Suchmaschine nach Stichwörtern wird **„Google"** www.google.de viel genutzt, denn Google ordnet die Suchergebnisse von Webadressen nach Abrufhäufigkeit. Gib für deine Recherche z. B. das **Stichwort** „Ritter im Mittelalter" ein und klicke **„Seiten auf Deutsch"** an. Du erhältst über 1 150 000 Ergebnisse und musst daher die Suche durch Zusatzstichwörter präzisieren, z. B. „Minnesaenger" (193 Ergebnisse). Über die Maske **Erweiterte Suche** kannst du die recherchierten Dateien weiter eingrenzen.
Eine weitere Suchstrategie besteht darin, direkt die **Webseiten von Institutionen oder Organisationen** zu besuchen, die zu deinem Thema vermutlich Informationen enthalten. Außerdem gibt es für spezielle Themen und Fachgebiete meist Spezialadressen im Internet. Für das Fach Geschichte z. B. die Adressen www.hdg.de, www.lsg.musin.de/gesch, www. bildungsserver.de/geschichte, http://geschichte.zum. de/.

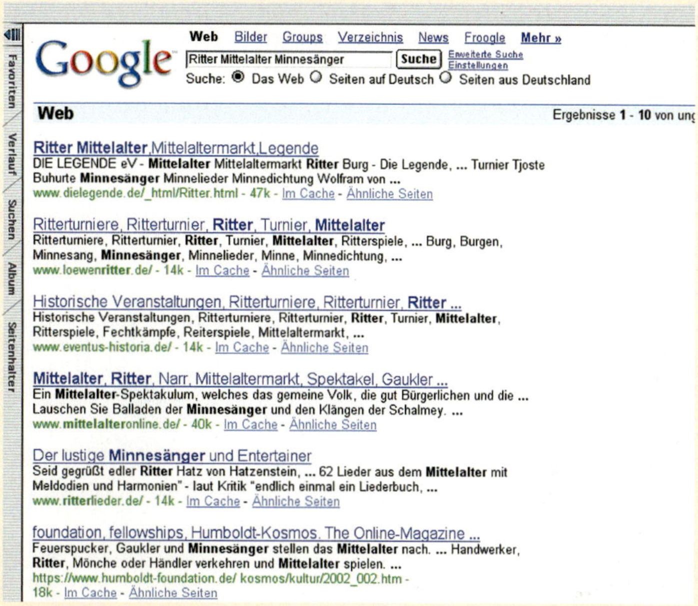

B1 Internetsuche mit der Suchmaschine www.google.de

Für Internetrecherchen gelten die gleichen quellenkritischen Methoden wie für andere Quellen: Zur Überprüfung von Zahlen, Daten und Darstellungen solltest du immer eine zweite Quelle heranziehen! Aus der Webadresse lässt sich meist ein Hinweis auf den Anbieter der Daten/Informationen entnehmen, sodass du deren Seriosität bzw. Objektivität einschätzen kannst.

WORAUF DU ACHTEN MUSST

1. Suche systematisch (Katalog) oder per Stichwort (Suchmaschine). Gib bei der Suchmaschine ein möglichst treffendes Stichwort oder eine Kombination von Stichwörtern ein.
2. Verschaffe dir einen Überblick über die „Treffer" und überlege, wie sich die Suche weiter eingrenzen lässt.
3. Verarbeite die Inhalte nach den Kriterien der kritischen Quelleninterpretation. Überprüfe Zahlen, Daten und Darstellungen durch (eine) weitere Quelle(n).
4. Zitiere aus dem Internet immer unter Angabe der genauen Webadresse als Quellenangabe.

5. Die Grundherrschaft – Bauern sind abhängig

Im Mittelalter lebten die Bauern unter den Bedingungen der **Grundherrschaft.** Das Ackerland, das sie bewirtschafteten, gehörte einem Adligen oder Kloster. Von ihm hatten sie es zur Nutzung erhalten. Diesem „Grundherrn“ waren sie zu Abgaben und Diensten verpflichtet. Wie war die Abhängigkeit der Bauern entstanden?

Bauern werden Hörige – Im Mittelalter mussten alle Freien Waffendienst leisten, wenn der König einen Krieg führte. Das galt auch für die freien Bauern. Während dieser Zeit blieben die Felder unbestellt, Ernteausfälle und Hunger waren die Folgen. Dauerte der Kriegszug lange, gerieten viele Bauern und ihre Familien in Notlagen. Verlor der Bauer gar sein Leben, so bedeutete das meist den Ruin des Hofes.

Deshalb begaben sich viele Bauern in die Abhängigkeit eines **Grundherren.** Sie übergaben ihr Land einem reichen Adligen oder Ritter. Dieser ließ es ihnen zur weiteren Nutzung. Er verpflichtete sich, den Kriegsdienst der Bauern zu übernehmen und die Bauernfamilien zu schützen. Im Gegenzug verpflichteten sich die Bauern zu **Abgaben** und zu **Diensten** auf dem Haupthof des Grundherren. Die Bauern waren jetzt aber nicht mehr frei, sondern dem Grundherren des Hofes **hörig.** Hörige durften das Land, das sie bewirtschafteten, nicht verlassen. Verkaufte der Grundherr den Hof, so wurden die darauf wirtschaftenden Bauernfamilien zu Hörigen des neuen Eigentümers. Der Grundherr war auch der **Gerichtsherr** über seine hörigen Bauern. /3

B 2 Auszug aus einem bäuerlichen Abgabenkalender. Anfang des 14. Jh.

B 1 Das Museumsdorf Düppel in Berlin-Zehlendorf. Rekonstruktion eines mittelalterlichen Dorfes um 1200, Foto 1987

Abgaben und Dienste – Jeder Hörige erhielt vom Grundherrn eine **Hufe** zur Bewirtschaftung. Die Hufe war ein Hof mit dazugehörigem Ackerland. Ihre Größe war von Region zu Region verschieden. Sie schwankte zwischen sieben und zwanzig Hektar (1 Hektar = 100 x 100 m). Für die Nutzung des Hofes und seiner Felder leisteten die Hufenbauern den Grundherrn **Abgaben und Dienste.** Wie waren diese Leistungen an den Grundherrn zu erbringen?

Abgaben waren **landwirtschaftliche Produkte,** die der Herrenhof benötigte. Die Höhe der Abgaben betrug ungefähr ein Drittel der landwirtschaftlichen Erträge eines Bauern. Sie mussten am Herrenhof oder am Hof des **Meiers,** eines Beauftragten des Grundherrn, zu festgesetzten Zeiten abgeliefert werden. Die übrigen zwei Drittel der Erträge verblieben dem hörigen Bauern und seiner Familie.
Dienste mussten die hörigen Bauern auf den Feldern des Grundherren leisten, die der nicht an andere Bauern vergeben hatte. Dieses Land wurde von den Hörigen neben ihrer eigenen Wirtschaft bearbeitet. Solche Dienste nannte man **Frondienste** (= Herrendienste). Frondienste konnten auch den Bau von Burgen, Brücken und Straßen einschließen oder den Transport von Gegenständen und Früchten zu den städtischen Märkten.
Durch die Abgaben und Dienste konnte die Abhängigkeit der hörigen Bauern von ihren Grundherren sehr drückend werden.

Bauern im Dorf – Alle Angelegenheiten, die das Zusammenleben der Hufenbauern und ihrer Familien im Dorf betrafen, wurden von ihnen selbst entschieden. Zu regeln war vor allem die Nutzung der **Allmende.** So hießen Wald, Wiesen und Gewässer, die der Grundherr dem Dorf zur gemeinsamen Nutzung durch alle Hörigen überlassen hatte. Alle Hufenbauern waren gleichberechtigte Mitglieder der **Dorfgenossenschaft.** Die Entscheidungen wurden unter Vorsitz des **Dorfschulzen** getroffen. Diesen Bauern bestimmte der Grundherr für die Leitung des Dorfs.

Die Bewohner eines Bauernhofes – Ein Bauernhof konnte nur eine bestimmte Anzahl von Menschen ernähren. Sie hing vor allem von der Größe der Hufe und der Fruchtbarkeit des Bodens ab. Viele Kinder waren eine gewisse Sicherheit, weil sie auf dem Hof mitarbeiten konnten. Doch wenn die Kinder erwachsen wurden, mussten sie meist den Hof der Eltern verlassen. Arbeit fanden sie dann zum Beispiel auf den größeren Höfen reicher Bauern oder auf dem Hof des Grundherren. Als Mägde und Knechte bekamen sie oft nur Nahrung, Kleidung und Unterkunft für ihre Arbeit.

B3 Ein Haus im mittelalterlichen Dorf Düppel, Berlin-Zehlendorf, Rekonstruktion
Oben: Das Haus mit seinen Holzwänden und einem Schilfdach
Links: Der Wohn-, Ess- und Arbeitsraum

ARBEITSAUFTRÄGE

1. Erläutere B 2. Welche Abgaben musste der Fronbauer zu welcher Zeit an den Grundherren abliefern?
2. Beschreibe mithilfe von B 1 und B 3, die Wohnsituation der einfachen Bauernfamilien im Mittelalter. Beachte das Baumaterial sowie Form und Größe der Häuser
3. Erarbeite mithilfe des Darstellungstextes Ursachen für die Entstehung von Grundherrschaft und Hörigkeit.

6. Ertragssteigerungen in der Landwirtschaft

Ein Feld gab im Mittelalter nur sehr wenig Frucht her. Säte man einen Teil ein, erhielt man nur etwa das Zweifache der Saatmenge als Ernteertrag. Und ohne Düngung konnte im nächsten Jahr nicht das gleiche Ernteergebnis noch einmal erzielt werden, da die Pflanzen dem Boden Nährstoffe entzogen hatten. Wie konnte dieses Problem gelöst werden?

Von der Zwei- zur Dreifelderwirtschaft – Jahrhundertelang hatten die Bauern eine Hälfte ihres Ackerlands ein Jahr lang nicht bestellt. Sie ließen es vielmehr „brach“ liegen, sodass es mit Unkraut und Gras überwucherte und als Viehweide genutzt werden konnte. Die Tiere düngten mit ihrem Kot die Erde, wodurch die notwendigen Nährstoffe für den Getreideanbau im Folgejahr wieder im Boden vorhanden waren. Außerdem trockneten die Bauern Kräuter und Gras des Brachlands, um sie im Winter als Viehfutter zu nutzen. Im Folgejahr wurde dann der andere Teil des Ackerlands nach diesem Prinzip der **Zweifelderwirtschaft** bewirtschaftet.
Doch das Verfahren der **Zweifelderwirtschaft** ließ sich noch deutlich verbessern. Seit dem 12. Jahrhundert setzte sich in Europa die **Dreifelderwirtschaft** durch, bei der man das Ackerland in drei Flächen unterteilte. Ein Feld wurde mit Wintergetreide (Roggen, Weizen), das zweite mit Sommergetreide (Gerste, Hafer) oder mit Hülsenfrüchten (Erbsen, Bohnen, Linsen) bestellt. Nur das dritte Feld ließ man brach liegen und nutzte es als Viehweide. Mit dieser Dreifelderwirtschaft konnten die Ernteerträge auf das Vierfache gesteigert werden. Die zwei Zeiten für die Aussaat und die verschiedenen Fruchtarten minderten auch das Risiko von Missernten.

Neue Werkzeuge für die Bauern: die Sense

B1 Hölzerner Hakenpflug, 8. Jahrhundert

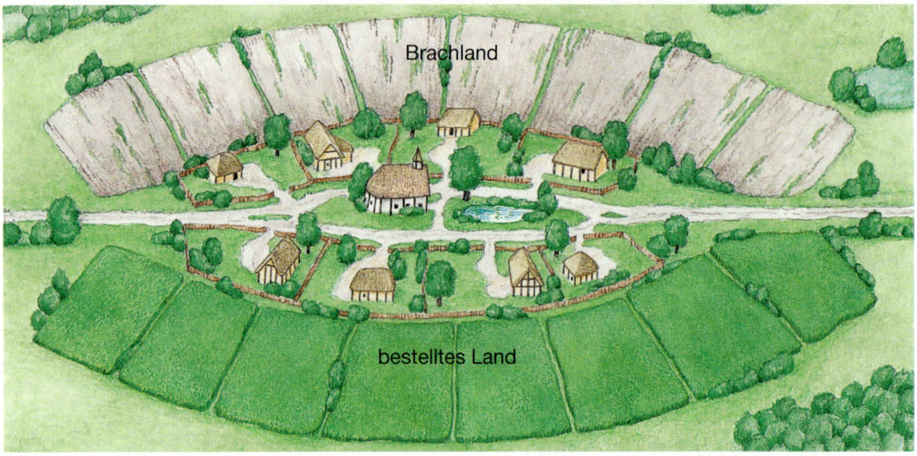

B2 Zweifelderwirtschaft

Neuartige Geräte erleichtern die Arbeit – Etwa seit dem 11. Jahrhundert wurde der hölzerne Hakenpflug durch den **eisernen Wendepflug** auf Rädern abgelöst. Mit dem neuen Pflug konnte der Boden viel tiefer und stärker aufgelockert werden. Auch Düngemittel und zugefügte Nährstoffe ließen sich leichter in den Boden einpflügen. Der Fortschritt bei den Pfluggeräten wurde durch eine neue Art des Anschirrens der Pferde unterstützt. Statt der einfachen Lederseile, die dem Pferd oft die Luft abdrückten, kam nun das neue **Kummetgeschirr** zum Einsatz. Es bestand aus einem breiten, gepolsterten und versteiften Halsring, das die Zuglast vor allem auf die Schulterblätter des Pferdes übertrug. Die Zugkraft des Pferdes konnte so auf das Vier- bis Fünffache gesteigert werden.

Auch die Einführung der **Sense,** die im 11. Jahrhundert die Handsichel ablöste, und des **Dreschflegels** erleichterte den Bauern die Arbeit.

Geld ersetzt den Naturaltausch – Im Mittelalter wurden auf den Märkten Gegenstände getauscht, zum Beispiel ein Huhn gegen eine bestimmte Menge Früchte. Man nennt das **Naturalwirtschaft.** Doch seit dem 12. Jahrhundert wurde mehr und mehr mit Münzgeld gekauft und verkauft. Für die abhängigen Bauern hatte das zur Folge, dass viele Grundherren bald ganz auf Abgaben in Form von Ernteerträgen (Naturalien) verzichteten. Statt dessen forderten sie von ihren Bauern Geldabgaben, den **Grundzins.** Das hatte für die Grundherren Vorteile; viele Bauern gerieten aber in die Verschuldung.

Neue Werkzeuge für die Bauern: der Dreschflegel

ARBEITSAUFTRÄGE

1. Erläutere und beurteile mit B1 und B3 den technischen Fortschritt beim Einsatz neuer Pflüge im Mittelalter.
2. Vergleiche B2 und B4 miteinander. Erkläre, warum der Ernteertrag bei der Dreifelderwirtschaft höher ist.

B3 Eiserner Wendepflug, 11. Jahrhundert

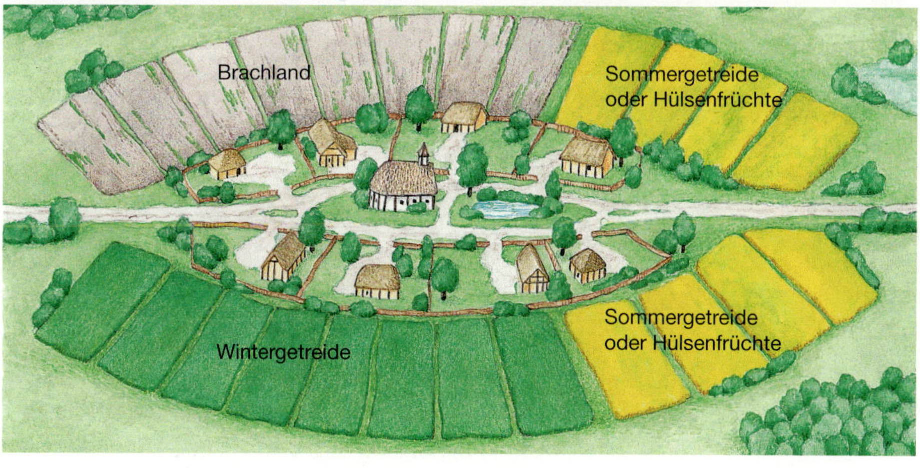

B4 Dreifelderwirtschaft

7. Städte – neue Zentren für das Umland

Der größte Teil der deutschen Bevölkerung lebt heute in Städten. Berlin ist mit über 3,4 Millionen Menschen die Stadt mit den meisten Einwohnern. Doch Berlin wurde erst im 13. Jahrhundert gegründet und war damals noch keine Stadt. Wann und wie entstanden die Städte?

Aus Märkten werden Städte – Viele Städte haben ihren Ursprung im Mittelalter. Anfangs ließen sich Kaufleute und Handwerker an Orten nieder, an denen sie ihre Produkte gut verkaufen konnten. Ihre Siedlungen entstanden also dort, wo sich viele Menschen trafen, etwa an Wegkreuzungen oder **Furten** (= Flussübergänge) entlang der traditionellen **Handelswege**, oder in der Nähe einer Burg oder eines Klosters. Diese Siedlungen waren **Marktorte,** die von den Bauern, Händlern und sonstigen Bewohnern der Umgebung besucht wurden; oft auch von Fernhändlern. Die Handwerker und Händler bauten ihre Häuser um einen Platz herum, auf dem der Markt stattfand. Etwa seit dem 11./12. Jahrhundert wurden aus diesen Marktorten **Städte.**

Markt- und Stadtrecht – Das Recht, Märkte abzuhalten, das **Marktrecht,** hatte anfangs nur der König. Später verlieh er es an Fürsten, Bischöfe und Klöster,

Q 1 Herzog Konrad von Zähringen gründet die Stadt Freiburg, 1120:

Kundgetan sei allen den zukünftig und den gegenwärtig Lebenden, dass ich, Konrad, an dem Ort, der mein Eigentum ist, nämlich Freiburg, einen Markt gegründet habe im Jahre des Herrn 1120. […] Einem jeden Kaufmann in dem gegründeten Markt [habe ich] ein Grundstück zugeteilt, damit Häuser errichtet werden […]. Allen, die meinen Markt besuchen, verspreche ich Frieden und sicheres Geleit innerhalb meines Herrschaftsbereichs. […] Wenn einer meiner Bürger stirbt, so soll seine Frau mit ihren Kindern alles besitzen, ohne jegliche Einschränkung. […] Allen Kaufleuten erlasse ich den Zoll. Niemals werde ich meinen Bürgern einen Vertreter des Stadtherrn oder einen Priester ohne [ihre eigene] Wahl vorsetzen […].

(In: H. Schadek und K. Schmid [Hrsg.], Die Zähringer. Anstoß und Wirkung, Sigmaringen 1986, S. 477 f. Gekürzt und vereinfacht)

B 2 Voraussetzungen für die Entstehung von Städten

B 3 Eine mittelalterliche Stadt in Süddeutschland um 1100

auf deren Gebiet Marktorte lagen. Diese Grundherren erkannten schnell die Vorteile von Marktplätzen, denn von den Handwerkern und Händlern erhielten sie meist eine Marktabgabe, den **Marktzoll.** Auch die ganze Region profitierte von einem Marktort in der Nähe.

Um die Gründung von Marktorten zu fördern, verliehen die Marktgründer den Einwohnern oft **Privilegien** (Sonderrechte). Aus diesen Privilegien entwickelte sich ein besonderes **Stadtrecht,** das in Urkunden festgehalten wurde. Städte waren also Marktorte mit einem besonderen Stadtrecht. Als sichtbares Zeichen des Stadtrechts sicherten die Einwohner ihre Stadt mit Mauern und Toren. Sie wurde so zu einer Art Burganlage, weshalb sich die Bewohner **„Bürger“** nannten. e/4

Städte wachsen – Die Anzahl der Städte und deren Einwohnerzahl nahm seit dem 11. Jahrhundert stetig zu. Innerhalb der Stadtmauern stieg die Zahl der Häuser. Wegen Platzmangels wurden sie meist schmal und eng aneinander gebaut. Eine große Gefahr für die Stadtbevölkerung war daher ein Brand. Er konnte sich mühelos über ganze Stadtteile ausbreiten. Da Abfälle einfach in die Gassen geworfen wurden, waren die hygienischen Verhältnisse in der Stadt sehr schlecht. Krankheiten und Seuchen konnten sich schnell ausbreiten.

B 4 Marktkreuz der Stadt Trier, 10. Jh.

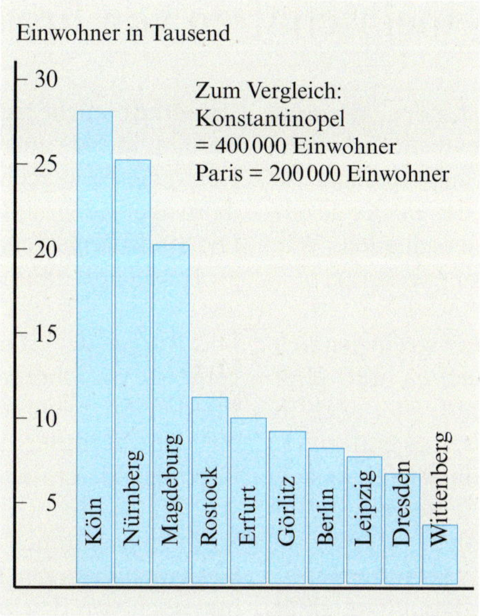

B 5 Einwohnerzahl deutscher Städte um 1500

T 7 Erteilung des Marktrechts an deutsche Städte

Stadt	Marktrecht seit
Aachen	1166
Berlin-Cölln	um 1230
Brandenburg	12. Jh.
Chemnitz	1143
Dresden	um 1200/16
Erfurt	um 1200
Frankfurt/O.	1253
Freiburg i. Br.	1120
Görlitz	um 1200
Hamburg	um 1150
Köln	10. Jh.
Leipzig	um 1165
Magdeburg	10. Jh.
Quedlinburg	994
Rostock	1189
Stralsund	1234
Wittenberg	1293

B 6 Markttreiben in einer Stadt. Ausschnitt aus einem Ölgemälde von Pieter Aertsen, um 1550

ARBEITSAUFTRÄGE

1. Analysiere Q 1. Welche Privilegien gewährt der Herzog den Bürgern der neuen Stadt? Welche Beweggründe könnte er haben?
2. Betrachte B 2 und B 3. Nenne einige Voraussetzungen, die für die Ortswahl eines Marktes oder einer Stadt günstig waren. Nutze auch K 1 auf Seite 291.
3. Ermittle die heutigen Einwohnerzahlen der Städte aus B 5 (Lexikon oder Internet). Erstelle ein aktuelles Diagramm.
4. Erkläre die Bedeutung eines Marktkreuzes (B 4) im Mittelalter.
5. Beschreibe B 6 und erläutere, warum ein Marktort auch für die Bauern und Bewohner der Umgebung vorteilhaft war.

8. Städte – Gemeinschaften von Freien

Städte waren dort entstanden, wo sich Handwerker und Kaufleute niederließen. Ihr Zusammenleben erhielt Regeln, die sich immer mehr von denen der ländlichen Bevölkerung unterschieden. Wie war die städtische Ordnung gestaltet?

Kaufleute und Handwerker vereinigen sich – Die Kaufleute handelten auf dem Markt ihrer eigenen Stadt, aber auch in anderen Orten. Das Reisen zu entfernten Märkten war jedoch gefährlich. Da sich bei Überfällen die Kaufleute gemeinsam besser verteidigen konnten, bildeten sie Reisegenossenschaften. Daraus entstanden Vereinigungen der Kaufleute einer Stadt, die **Gilden.** Die Kaufleute schlossen sich durch einen Schwur zusammen. Dann stellten sie ein Kaufmannsrecht für ihren Markt auf. Die Kaufleute der Gilde unterstützten sich gegenseitig, wenn es auf einem fremden Markt Streit gab. Sie verpflichteten sich auch, die Interessen der anderen Kaufleute bei Abwesenheit zu vertreten, zum Beispiel bei einer Marktrechtänderung.

Die Handwerker der Stadt lernten von den Kaufleuten. Die Vertreter einzelner Gewerbe, zum Beispiel die Weber oder Schmiede, vereinigten sich zu einer **Zunft.** Ihre Mitglieder gingen die Verpflichtung ein, sich in Notsituationen gegenseitig zu unterstützen. Die Witwe eines Handwerkers konnte mithilfe eines erfahrenen Gesellen das Geschäft ihres Mannes weiterführen; sie war dann selbst Meisterin und Mitglied der Zunft. In den **Zunftordnungen** wurden feste Regeln für die Mitglieder festgelegt. Dazu gehörten der Preis der Produkte, ihre Maße und die zu verwendenden Rohstoffe. Auch die Zahl der Lehrlinge und Gesellen eines Meisters, deren Lohn sowie die Höchstmenge, die ein Handwerker produzieren durfte, wurden festgelegt. Dadurch wollten sich die Zunftmitglieder vor Konkurrenz in der Stadt schützen. Seit dem 12. Jahrhundert musste jeder Handwerker der Stadt Mitglied einer Zunft sein.

„Stadtluft macht frei …“ – Um Stadt zu werden, musste eine Siedlung von ihrem Herrn das Stadtrecht erhalten. Sie stand dann aber weiter unter seiner Herrschaft. Die Stadtbürger versuchten daher, immer größere Selbstständigkeit zu erlangen.

Die Bürger der Stadt schützen sich gegenseitig vor Übergriffen und sorgten für Frieden. So entstand eine Gemeinschaft, die dem Stadtherrn als Partner gegenübertrat. Sie erhielten oder erkämpften von ihm das Recht, die **Marktordnung** der Stadt zu bestimmen und die **Gerichtsbarkeit** auszuüben. Die Bürger konnten dann nur noch von den zuständigen Beamten der Stadt bestraft werden, nicht aber vom Stadtherrn. Selbst ehemalige Hörige hatten die persönliche Freiheit erlangt und waren nicht mehr von ihren Grundherrn abhängig, wenn sie ein Jahr in einer Stadt gelebt hatten. Allmählich setzte sich der Grundsatz durch: **„Stadtluft macht frei“.** Die Verwaltung der Stadt wurde vom **Stadtrat** ausgeübt. Anfangs konnten nur die **Patrizier** (= reiche Kaufleute und Großgrundbesitzer) Mitglied des Stadtrates werden, später auch wohlhabende Zunftmeister.

Mittelalterliche Handwerkerin, Hafnerin (= Töpferin). Illustration um 1450

E1 *Uns wird erzählt*

Ich bin Siegfried und 18 Jahre alt. Vor vier Jahren wurde ich Lehrling beim Böttchermeister Neuhäuser. Ich war ziemlich aufgeregt, als ich damals vor die Meister der Böttcherzunft trat und schwören musste, Meister Neuhäuser ehrlich, fleißig und fromm zu dienen. Da mein Vater nachweisen konnte, dass ich ein Kind freier Eltern bin, erhob keiner der versammelten Meister Einspruch gegen meine Aufnahme als Lehrling.

Nun begann eine harte Zeit. Nicht umsonst gibt es den Spruch: „Lehrjahre sind keine Herrenjahre“! Vom Meister Neuhäuser lernte ich alles, was man als Böttcher wissen und können muss. Letzte Woche gab ich mein Gesellenstück ab, das erste von mir ganz allein hergestellte Fass. Heute nun sagten alle Meister der Zunft, dass mein Fass ohne Fehl und Tadel sei. Jetzt bin ich Geselle. Ich könnte nach drei Jahren Meister werden und eine eigene Werkstatt eröffnen! Die Zunftordnung legt aber fest, dass sich in unserer Stadt nur sechs Böttcher niederlassen dürfen. Ich wäre der siebente …

Frei, aber nicht gleich – Heute bezeichnen wir mit dem Begriff „Bürger“ alle Einwohner unseres Landes, auch wenn sie auf dem Land leben. Im Mittelalter war das anders: Nur die Bewohner einer Stadt konnten Bürger sein. Das städtische **Bürgerrecht** war jedoch an Voraussetzungen geknüpft. Nur wer über Grundbesitz in der Stadt verfügte, ein Handelsgeschäft oder ein Handwerk ausübte oder außerhalb der Stadt eigene Ackerflächen bewirtschaften ließ, konnte das Bürgerrecht erwerben. Das waren nicht mehr als 30 bis 40 Prozent aller Einwohner.

Vom Bürgerrecht ausgeschlossen waren die Mitglieder der **Unterschichten** und so genannten „Randgruppen“: Dazu zählten Krämer, Mägde, Knechte und Dienstboten, Gesellen, Lehrlinge und Tagelöhner sowie die Hausierer und Armen. Zwar galt auch für sie der Grundsatz „Stadtluft macht frei“. Aber an der Wahl des Stadtrats konnten sie zum Beispiel nicht teilnehmen. Auch die Angehörigen der nichtchristlichen Religionen wie die Juden waren vom Bürgerrecht ausgeschlossen, obwohl sie nicht selten vermögend und sehr gebildet waren.

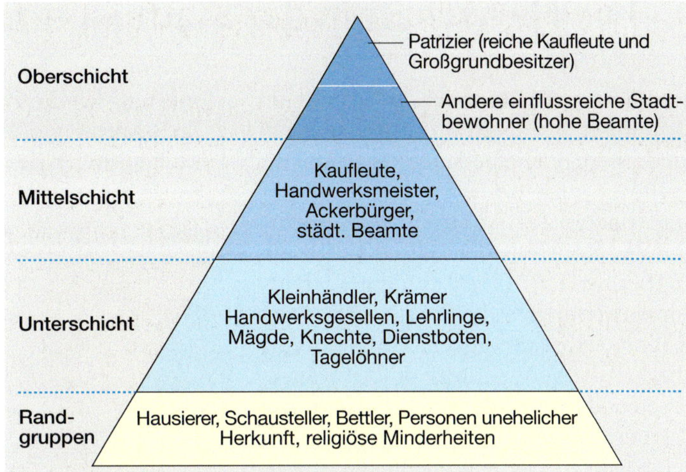

B3 Die Zusammensetzung der städtischen Bevölkerung im Mittelalter

ARBEITSAUFTRÄGE

1. Erläutere mit E 1, wie Handwerker ausgebildet wurden. Überlege, wie Siegfried eine Meisterstelle bekommen könnte.
2. Beschreibe und vergleiche die in B 2 dargestellten Wohnungen und die Kleidung der Menschen.
3. Erkläre mithilfe des Darstellungstextes die Entstehung von Gilden und Zünften.
4. Unterscheide mithilfe des Darstellungstextes und B 3 die Begriffe „Bürger“ und „Einwohner“ einer mittelalterlichen Stadt.

B2 Großkaufleute, Handwerker und Arme. Gemälde von Jean Bourdichon, 1480

9. Die Herrschaft in der Stadt ist umstritten

Stadtherr und Stadtrecht – Wenn ein Grundherr einer Siedlung das Stadtrecht zuerkannte oder eine Stadt neu gründete, wollte er auch weiterhin Rechte in der Stadt haben. Zur Wahrung dieser Rechte und zur Kontrolle der Bürger wurde ein **Vogt** eingesetzt. Doch ab dem 12. Jahrhundert erlangten die Städte eine immer größere Selbstständigkeit. Der Stadtherr überließ die Verwaltung bald den angesehenen und reichen Bürgern der Stadt, den **Patriziern.** Sie wählten aus ihren Reihen den **Stadtrat.** Der Rat regelte alle städtischen Angelegenheiten. Er bestand aus 12 oder 24 gleichberechtigten Mitgliedern. Ihr Sprecher war der **Bürgermeister.**

Die Rechte von Stadtherr und Bürgern waren im **Stadtrecht** festgelegt: zum Beispiel die Verteidigung der Stadt, die Steueransprüche der Stadtherren, die Verwendung der Steuern, das Marktrecht, die Aufnahme neuer Bürger und die Gerichtsbarkeit in der Stadt. Es gab oft Streit zwischen den Bürgern und dem Stadtherrn. Die Städte schrieben deshalb ihre Rechte in **Rechtsbüchern** auf. Weil Stadtrechte schwierig abzustimmen waren, wurde meist das Recht einer älteren Stadt als Vorlage genutzt. So wurde das Magdeburger Stadtrecht von 1188 von Brandenburg übernommen. Berlin erhielt um 1245 Brandenburger Recht und Frankfurt (Oder) 1253 Berliner Recht.

Konflikte unter den Bürgern – Anfangs konnten nur die Patrizier in den Rat einer Stadt gewählt werden. Nur sie schlossen Verträge oder kauften Land für die Stadt. Sie trafen Abmachungen mit dem Stadtherrn, erhoben Zölle und Steuern und entschieden darüber, ob die Stadt ihre Interessen mit Waffengewalt durchsetzen sollte. Oft trieben sie Politik zum eigenen Vorteil. Damit waren andere Kaufleute und Handwerksmeister nicht einverstanden. Ab dem 14. Jahrhundert kam es immer wieder zu gewaltsamen Aufständen gegen die Stadträte. Der Stadtfrieden war gefährdet. In den meisten Städten erkämpften sich die Zünfte schließlich Sitze im Stadtrat und die Beteiligung an den Entscheidungen des Rats.

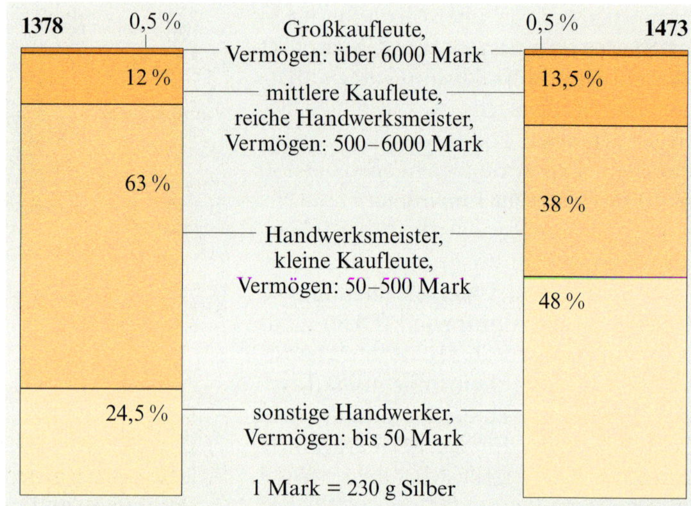

B 1 Die Zusammensetzung der Rostocker Bürgerschaft 1378 und 1473

B 2 Vertreter Augsburger Zünfte fordern Mitwirkung im Rat. 16. Jh.

ARBEITSAUFTRÄGE

1. Vergleiche mit B 1 die Zusammensetzung der Rostocker Bürgerschaft 1378 und 1473. Erkläre, was sich verändert hat.
2. Beschreibe B 2. Achte auf die Gegenstände und das Verhalten der Personen. Die Stellung der abgebildeten Personen in der Bürgerschaft kennst du aus dem Text. Fasse zusammen.

Arbeit mit mittelalterlichen Figuren

Du weißt bereits, dass es neben schriftlichen und bildlichen Quellen aus der Vergangenheit auch **gegenständliche Quellen** gibt. Ein Beispiel dafür sind mittelalterliche Figuren. Vor dem Rathaus in Quedlinburg steht eine steinerne Figur, ein Ritter aus dem Mittelalter. Welche Bedeutung hat er?

Sehen wir genau hin: Die Größe der Figur (5,34 m), das verwendete Material, der Standort sind einfach festzustellen. Wenn wir Einwohner Quedlinburgs fragen oder in einer Stadtgeschichte lesen, erfahren wir: Das ist der **„Roland“**. Roland war ein Gefolgsmann Kaiser Karls des Großen (um 800 n. Chr.). Er verkündete das Recht des Kaisers und starb im Kampf gegen dessen Feinde. Offenbar hat die Figur des „Roland“ etwas mit der Verteidigung des Rechts zu tun. Tatsächlich galt der „Roland“ im Mittelalter als Symbol für die eigene Gerichtsbarkeit und Unabhängigkeit der Stadt. Auch in anderen Städten gibt es Rolandfiguren: z. B. in Bremen, Halle, Stendal, Brandenburg, Halberstadt und Zerbst.

Quedlinburg war durch Handel und Handwerk wohlhabend geworden und hatte starke Verbündete. Dem Rat der Stadt gelang es 1396, wichtige Rechte vom Landesherrn zu erwerben, etwa das Marktrecht sowie die „hohe Gerichtsbarkeit“. Das war das Recht, durch städtische Gerichte über Leben und Tod seiner Bürger zu entscheiden. Der Roland wurde 1474 auf dem Marktplatz errichtet.

Doch immer wieder kam es zu Konflikten zwischen den Bürgern der Stadt und ihren Stadtherren. Als Quedlinburg 1477 von der Stadtherrin, der Äbtissin Hedwig von Sachsen, besiegt wurde, wurde der Roland als Zeichen der Niederlage umgestürzt und sein Wappenschild heruntergeschlagen. Quedlinburg musste sich wieder der Stadtherrin unterwerfen. Erst 1716 erhielt die Stadt das Stadtrecht zurück; der Roland wurde wieder aufgestellt.

B1 Das Rathaus von Quedlinburg

B2 Der Roland von Quedlinburg mit dem abgeschlagenen Wappenschild; errichtet 1477

B3 Der Bremer Roland. Er wurde 1404 vor dem Rathaus errichtet.

WORAUF DU ACHTEN MUSST

1. Beschreibe die gegenständliche Quelle (hier: Rolandfigur) und ihre Wirkung genau. Achte dabei auch auf Einzelheiten wie das Aussehen, die Haltung, Kleidung.
2. Ordne den Gegenstand / die Figur in das historische Umfeld ein: Zeit, Auftraggeber, der Ort, wo er / sie errichtet wurde.
3. Erkläre, welche Absicht mit der Figur ausgedrückt wird.
4. Vergleiche die beiden Rolandfiguren von B2 und B3. Stelle Unterschiede und Gemeinsamkeiten zusammen.

10. Städte und Städtebünde – neue Machtzentren entstehen

Im späten Mittelalter gab es schon zahlreiche freie Städte, die so genannten „Reichsstädte“. Wie konnten sie sich gegen Übergriffe von Adligen, Landesherren oder Raubrittern behaupten?

Städte verbünden sich – Im Mittelalter wurden Händler oder Städte oft von Raubrittern überfallen. Dies waren Ritter, die von ihren Burgen aus die Umgebung plünderten. Für die Städte waren sie eine große Bedrohung. Viele Städte vereinigten sich daher zu **Städtebünden.** Sie schufen gemeinsame Heere, um gegen die Friedensbrecher in die Schlacht zu ziehen. Die Bündnisse brandenburgischer Städte konnten in den Jahren 1321 und 1393 und der LAUSITZER STÄDTEBUND ab dem Jahr 1346 das Raubrittertum weitgehend unterbinden. Der SCHWÄBISCHE STÄDTEBUND (seit 1376) und der RHEINISCHE STÄDTEBUND (seit 1381) erlangten sogar Bedeutung in der Reichspolitik. Sie konnten die Interessen der Mitgliedsstädte gegenüber König und Kurfürsten vertreten. Zunächst kämpften beide Städtebünde mit Erfolg gegen einzelne Landesherren, die hohe Abgaben von den Städten forderten. Doch im Jahr 1389 wurde das vereinigte Bürgerheer beider Städtebünde von den Fürsten vernichtend geschlagen.

Aufgaben der Städte – Die Städte in Europa waren mächtig geworden. Gleichzeitig wurden sie zu großen und lebendigen kulturellen Mittelpunkten.

Die Kaufleute handelten in weit entfernten Gebieten. Es war vorteilhaft, nicht für jeden Verkauf einen neuen Ort aufsuchen zu müssen. Deshalb trafen sie sich zu festen Zeiten an einem Ort und veranstalteten **Messen** (= Jahrmärkte). Die deutschen Messeorte, darunter Frankfurt am Main, Erfurt, Leipzig und Naumburg, hatten bis zum 14. Jahrhundert nur Bedeutung für ihre Umgebung. Dagegen wurden die großen Messezentren in Norditalien, Flandern und Frankreich von vielen Kaufleuten besucht. Im Jahr 1497 bestimmte daher Kaiser Maximilian I. LEIPZIG zum einzigen Messeort Mitteldeutschlands, um seine Bedeutung für ganz Europa zu stärken.

In den Städten entstanden im 11. Jahrhundert auch die ersten **Universitäten.** Der lateinische Begriff „universitas“ bedeutet „Gemeinschaft“ und bezeichnete die Gruppe der Lehrenden und Lernenden. Die ersten europäischen Universitäten entstanden in Paris, Bologna und Salerno. Kaiser Karl IV. gründete im Jahr 1348 in PRAG die erste Universität im Deutschen

B1 Ritter treiben geraubtes Vieh weg. Miniatur um 1400

B2 Ein Gelehrter mit seinen Studenten. Buchmalerei um 1400

Reich. Diesem Beispiel folgten Wien (1365), Heidelberg (1386), Köln (1388), Erfurt (1392), Leipzig (1409) und Rostock (1419). Die Universität in Berlin wurde erst im Jahr 1810 gegründet.

Eine Gilde wird Städtebund – Um das Jahr 1160 schlossen sich west- und norddeutsche Großkaufleute, die regelmäßig die Ostseeinsel GOTLAND anfuhren, zu einer Vereinigung zusammen. Da die Gilden im norddeutschen Raum „Hansen" (= Genossenschaften) genannt wurden, lag der Name der neuen Vereinigung nahe: die **Hanse.** Kaufleute aus neu gegründeten Ostseestädten schlossen sich während des 13. Jahrhunderts der Hanse an. Da die Großkaufleute als einflussreiche Patrizier die Politik ihrer Städte bestimmten, wurde aus der Hanse im 14. Jahrhundert ein mächtiger Städtebund.

Die Hanse betrieb Handel zwischen England, Flandern, Deutschland, den skandinavischen Ländern, Polen, Litauen und Russland. Durch ihre wirtschaftliche Kraft wurde die Hanse zur führenden Handelsmacht im Nord- und Ostseeraum. Neben den eigentlichen Hansestädten gab es viele Umschlagplätze zwischen London und Nowgorod, die **Kontore.** Im Jahr 1370 musste sich sogar das dänische Königreich nach langem Krieg der Hanse geschlagen geben. Die Mitgliedschaft in der Hanse versprach ein so hohes Maß an Sicherheit und Ansehen, dass der Beitritt sogar für Städte attraktiv wurde, die sich nicht dem Ost- und Nordseehandel widmeten. Im 16. Jahrhundert begann der Niedergang der Hanse. Die letzte Zusammenkunft von Vertretern der Mitgliederstädte fand im Jahr 1669 statt. e/5

Kogge, typisches Handelsschiff des Mittelalters. 13. Jahrhundert

ARBEITSAUFTRÄGE

1. Schreibe eine Geschichte zu B 1: Wähle, ob du aus der Sicht der Raubritter oder der beraubten Viehhändler schreibst.
2. Beschreibe B 2. Was sagt die Kleidung der Studenten über ihre Herkunft aus? Vergleiche die „Universität" auf dem Bild mit einer heutigen Schule.
3. Werte K 3 aus. Stelle eine Liste der Waren zusammen, die in den Hansestädten gehandelt wurden. Vergleiche K 3 mit einer heutigen Karte: In welchen Staaten liegen die damaligen Hansestädte? Ordne in einer Tabelle jedem Staat Hansestädte oder Kontore zu.

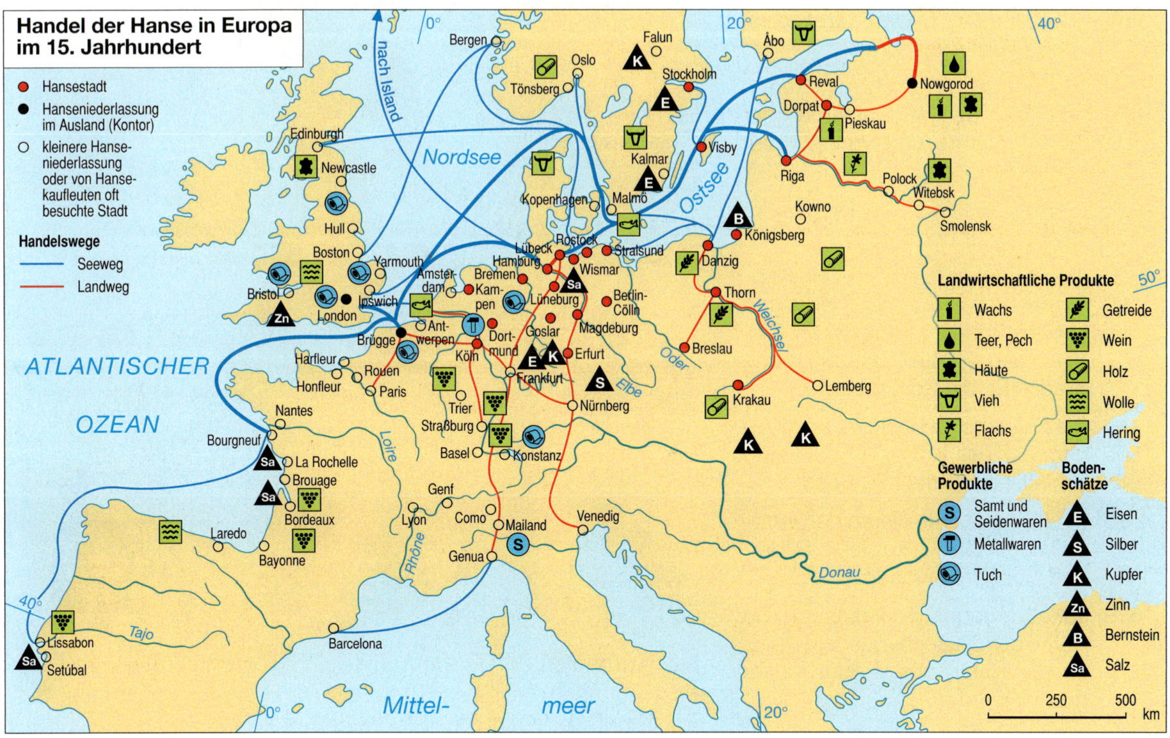

K 3

11. Die Fugger – ein frühkapitalistisches Unternehmen

Im Jahre 1367 gründete Hans Fugger in der Reichsstadt Augsburg eine Weberei. Sein Enkel Jakob Fugger II. („der Reiche", 1459–1525) hinterließ bei seinem Tode ein weit verzweigtes, mächtiges Unternehmen und etwa zwei Millionen Goldgulden. Wie ist dieser Aufstieg der Familie Fugger zu erklären?

Die Fugger: ein neuer Unternehmertyp – In den Handelsstädten des späten Mittelalters entstanden große Familienunternehmen. Die Fugger zählten zu den bedeutendsten unter ihnen. Sie verkauften Tuche, die sie von abhängigen Webern in Heimarbeit herstellen ließen. Man nannte diese Produktions- und Handelsform **Verlagswesen.** Mit Erzeugnissen aus dem Metallgewerbe sowie mit Gewürzen aus den neu entdeckten überseeischen Gebieten erweiterten sie das Geschäft. Sie erwarben Anteile an Bergwerken (Silber, Kupfer, Gold und Blei).

T1 Der Aufstieg der Familie Fugger:

1367	Der Weber Hans Fugger lässt sich in Augsburg nieder.
vor 1450	Zusätzlich zur Weberei sind die Fugger bei Handelsgeschäften aktiv und kaufen Grundstücke.
1454	Jakob Fugger I. wird Mitglied im Großen Rat Augsburgs.
um 1470	Die Fugger übernehmen gegen Gebühren den Verkauf kirchlicher Ämter, Rechte und von Ablassbriefen.
ab 1480	Erste Investitionen in Bergwerke (Gold, Silber und Kupfer).
ab 1490	Jakob Fugger II. errichtet ein Kupfermonopol in Europa. Kaiser und Landesfürsten unterstützen ihn, denn sie erhalten umfangreiche Kredite für die Schürfrechte.
um 1500	Die Fugger sind Bankiers und Kreditgeber der Kaiser, Päpste und zahlreicher Fürsten Europas.
ab 1511	Die Fugger kontrollieren den europäischen Blei-, Kupfer-, Silber- und Quecksilbermarkt.
1519	Jakob Fugger II. finanziert die Hälfte der Bestechungsgelder, die für die Wahl Karls V. zum Kaiser gezahlt werden.

B2 Im Fuggerkontor, Miniatur um 1520. Das Bild zeigt Jakob Fugger II. (rechts) und seinen Hauptbuchhalter Matthäus Schwarz. Die Fugger arbeiteten bereits nach dem Prinzip der doppelten Buchführung („Soll" und „Haben"). So hatten sie stets einen Überblick über die eigenen Schulden sowie Beschaffungskosten bzw. über ihre Forderungen gegenüber Dritten sowie den Warenwert des Lagers.

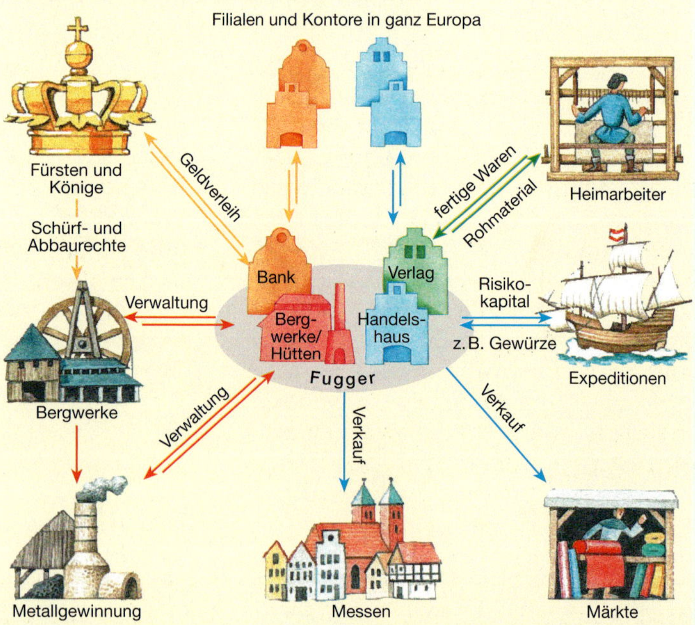

B3 Aufbau eines frühkapitalistischen Unternehmens um 1500. Es waren mehrere Geschäftsfelder miteinander verbunden. Beispiele sind die Medici in Florenz oder die Fugger in Augsburg.

Die Gewinne aus dem Metallhandel setzten sie auch als **Bankiers** im Geldgeschäft ein. Man bezeichnet diese Zeit, in der sich in den Händen Weniger ein großes Geldvermögen (Kapital) ansammelte, als Phase des **Frühkapitalismus.**

Geschäfte mit den Mächtigen – Die weltlichen und geistlichen Fürsten, auch der Kaiser, steckten in ständigen Geldnöten. Die Fugger waren in der Lage, diesen Finanzbedarf durch Kredite zu stillen. So finanzierten sie 1519 die Bestechungsgelder für die Kaiserwahl. Denn die sieben wahlberechtigten Kurfürsten ließen sich ihre Entscheidung für Karl V. gut bezahlen. Die Fugger wurden mit der Zeit die größten Gläubiger (= Kreditgeber) zahlreicher Fürstenhäuser Europas.

In den großen religiösen und sozialen Auseinandersetzungen der ersten Hälfte des 16. Jahrhunderts standen die Fugger auf der Seite der alten Ordnung: Sie lehnten Luther und die Reformation ab und blieben der katholischen Kirche treu. Im Bauernkrieg (1525) unterstützten sie die Fürsten, denn durch die Streiks und Aufstände der Bergarbeiter waren auch ihre eigenen Interessen bedroht.

Der Kampf gegen die „Monopole" – Im Reich regte sich Widerstand gegen die Fugger und andere große Handelsgesellschaften. Unterlegene Konkurrenten, der niedere Adel, der um seine wirtschaftliche Existenz kämpfte, und die Hansestädte, deren Handel zurückging, traten für ein Verbot der **Monopole** (= marktbeherrschende Unternehmen) ein. Auf den Reichstagen in Nürnberg (1522/1523) sollten eine Begrenzung ihrer Geschäfte sowie eine Preiskontrolle beschlossen werden. Aber Kaiser Karl V. unterstützte die Fugger, auf die er weiter angewiesen war. Das Verfahren wurde eingestellt.

In der zweiten Hälfte des 16. Jahrhunderts erlitten die Fugger schwere finanzielle Rückschläge, da die fürstlichen Schuldner, insbesondere König Philipp II. von Spanien, mit der Rückzahlung der Kredite in Verzug gerieten.

Q4 Aus einem Schreiben Jakob Fuggers II. an Kaiser Karl V. (1523):

Es ist bekannt und liegt am Tage, dass Eure Majestät die Römische Krone ohne meine Mithilfe nicht hätte erlangen können [...]. So habe ich hierin auf meinen eigenen Nutzen nicht gesehen. Denn wenn ich hätte vom Hause Österreich [= Habsburger] abstehen und Frankreich [Franz I. von Frankreich war der Gegenkandidat] fördern wollen, so hätte ich viel Geld und Gut erlangt, wie mir denn solches auch angeboten worden ist. Welcher Nachteil aber hieraus Eurer Kaiserlichen Majestät [...] erwachsen wäre, das hat Eure Majestät [...] wohl zu erwägen. So ist an Eure kaiserliche Majestät mein untertäniges Bitten, Sie wolle solche meine getreuen, untertänigen Dienste [...] gnädiglich bedenken und verordnen, dass mir solch mein ausliegend Summa Gelds [...] ohne längeren Verzug entrichtet und bezahlt werde.

(In: H. Krieger [Hg.]: Die Neuzeit. Materialien für den Geschichtsunterricht. 3. Aufl. Frankfurt a.M., S. 51. Gekürzt)

Q5 Der Reformator Martin Luther (1483–1546) über die frühkapitalistischen Handelsgesellschaften (1524):

Hier ist alles [...] voller Habsucht und Unrecht [...]. Denn wer ist so unverständig, nicht zu sehen, dass die Gesellschaften nichts anderes als regelrechte Monopole sind? [...] Denn sie haben sämtliche Waren in ihren Händen und machen damit, was sie wollen; ohne Scheu tun sie [...] erhöhen oder erniedrigen nach ihrem Gefallen [die Preise], unterdrücken und ruinieren die kleineren Kaufleute, so wie ein Hecht die kleinen Fische im Teich. [...] Könige und Fürsten sollten [auf die Handelsgesellschaften] achten und mit strengen Gesetzen Einhalt gebieten. Aber ich höre, dass sie selber ganz darin verwickelt sind [...]. Während sie die Diebe hängen lassen, die einen oder auch nur einen halben Gulden gestohlen haben, machen sie Geschäfte mit denen,die die ganze Welt berauben und mehr als alle anderen stehlen [...].

(In: M. Luther: Sermon vom Handel. www.luther.glaubensstimme.de . Gekürzt)

ARBEITSAUFTRÄGE

1. Analysiere und erläutere mit T 1 und B 3 den Aufstieg der Familie Fugger sowie die Geschäftsfelder und die Geschäftsbeziehungen, mit denen sie ihren Reichtum erworben haben.
2. Erläutere die Argumente, die Jakob Fugger II. in seinem Brief (Q4) an den Kaiser nutzt. Welche Probleme werden deutlich?
3. Erläutere die Position Luthers gegenüber den großen Handelsgesellschaften (Monopolen). Wie beurteilst du seine Meinung?

12. Jüdisches Leben im Mittelalter

Nach der Zerstörung Jerusalems 70 n. Chr. durch die Römer und der Vertreibung der Juden aus ihrem Staat Israel flohen viele Juden in Länder des Orients oder nach Europa. In der Fremde (= Diaspora) gründeten sie in Dörfern und Städten neue Gemeinden. Wie lebten sie dort und wie war ihr Verhältnis zur nichtjüdischen Bevölkerung?

Deutsche Juden im frühen Mittelalter – Viele Juden bewahrten in der neuen Heimat ihre jüdische Religion, ihre Kultur und Bräuche; andere übernahmen die ihrer neuen Heimatländer. Aus zahlreichen Quellen des 6.–11. Jahrhunderts n. Chr. wissen wir, dass sie in dieser Zeit als Gutsbesitzer, Beamte, Ärzte, Handwerker und Gelehrte tätig waren. Als Fernhändler zwischen Europa und dem Orient versorgten sie die Fürsten mit feinen Stoffen, Gewürzen, Ölen, Edelmetallen und Kunstgewerbeartikeln. Oft standen sie daher unter dem besonderen Schutz der Fürsten. Sie waren gleichberechtigte Bürger, konnten ihre Religion ausüben und waren keinen wirtschaftlichen Nachteilen ausgesetzt. Der Gelehrtenberuf genoss in den jüdischen Gemeinden hohe Anerkennung. Besonders in den Städten des Rheinlands entstanden bedeutende Zentren jüdischer Kultur und Wissenschaft. Ihre Umgangssprache war das Mittelhochdeutsch jener Zeit; Hebräisch wurde nur beim Gebet oder Studium verwandt.

B 2 Juden (linke Person), Mönche, Geistliche und Frauen stehen im frühen Mittelalter unter dem Schutz des Königs. Der König zeigt auf die Friedenslilie. Darstellung im „Sachsenspiegel“, um 1230

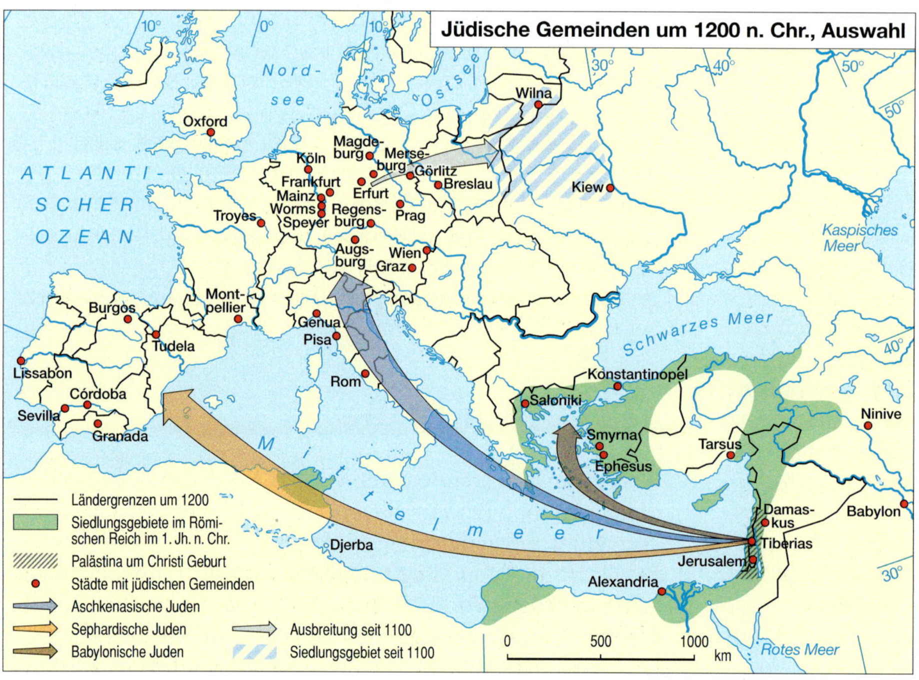

K 1 Die seit dem Jahre 70 n. Chr. von den Römern aus Israel vertriebenen Juden teilten sich in drei große Siedlungsgruppen auf. Nach diesen Siedlungsgebieten wurden sie später als
- „babylonische Juden“ (im Vorderen Orient),
- als „sephardische Juden“ (im Mittelmeerraum)
- oder als „aschkenasische Juden“ (in Mittel- und Osteuropa) bezeichnet.

Ausgrenzung und Verfolgung – Doch mit Beginn der Kreuzzüge (1096–1270; vgl. Seite 66 ff.) entstand in vielen Ländern Europas eine weit verbreitete **Judenfeindschaft.** Sie war durch Ausgrenzung und Verfolgung jüdischer Bürger gekennzeichnet und gipfelte in der Ausrottung ganzer Gemeinden. Was waren die Ursachen?

Die wachsende Judenfeindschaft hatte anfangs **religiöse Gründe:** Verantwortlich war der religiöse Fanatismus der christlichen Kirche jener Zeit. Kirchenfürsten und Priester bezeichneten die Juden als „Gottesmörder“ und bezichtigten sie wahrheitswidrig, den Tod Jesu Christi verschuldet zu haben. Papst Gregor VII. hatte bereits im Jahr 1078 eine Bulle (= päpstliche Verordnung) erlassen, in der Juden jegliche amtliche Stellung in Ländern der Christenheit verboten wurde. Bald wurden Juden sogar bezichtigt, christliche Hostien zu entweihen, die Brunnen zu vergiften und für den Ausbruch von Pestepidemien verantwortlich zu sein.

Als weiterer Grund für die Judenfeindschaft kam **wirtschaftlicher Neid** hinzu. Infolge der religiösen Anfeindungen waren Juden im Laufe des Mittelalters von den Handwerken und Zünften ausgeschlossen worden. Sie durften auch kein eigenes Land mehr besitzen oder bewirtschaften. Für ihren Lebensunterhalt blieben ihnen oft nur das Pfandgeschäft und der Geldverleih gegen Zinsen, von der Kirche als „Wucher“ bezeichnet. In wirtschaftlichen Notzeiten machten viele Handwerker oder Bauern bei jüdischen Geldverleihern Schulden. So entstand das Zerrbild des geldgierigen Juden, von dem viele in Abhängigkeit geraten seien.

Im Hoch- und Spätmittelalter wurden Hunderttausende Juden in Europa unterdrückt, ermordet oder vertrieben. Viele flohen in dieser Zeit in die christlichen Länder Osteuropas. Anfang des 16. Jahrhunderts existierten in den deutschen Städten fast keine jüdischen Gemeinden mehr. Mit ihnen gingen auch jüdische Kunst und Wissenschaft verloren.

B5 Josel von Rosheim (um 1478–1554); Bevollmächtigter aller Juden in Deutschland zur Zeit Kaiser Karls V. Darstellung in einem zeitgenössischen antisemitischen Flugblatt

Q3 Der Straßburger Chronist Friedrich Closener über das Jahr 1349:

Am Freitag fing man die Juden, am Samstag verbrannte man sie, schätzungsweise 2000. Die sich aber taufen lassen wollten, die ließ man leben […]. Was man den Juden schuldig war, das war alles wett; alle Schuldpfänder und Schuldbriefe waren wertlos. Alles Geld, das sie besaßen, das nahm der Rat der Stadt und teilte es unter die Zünfte und Handwerker. Das war das Gift, das die Juden tötete […]. Damals kam man zu Straßburg überein, dass für 100 Jahre kein Jude mehr da wohnen sollte.

(In: Die Chronik der deutschen Städte, Band 8, Leipzig 1870, S. 130. Gekürzt)

Q4 Anordnung Kaiser Sigismunds an den Rat der Stadt Augsburg, 1434:

Wir haben durch wahrhaftige Meldung vernommen, dass die Juden, unsere Kammerknechte, […] denen es doch billig genug sein sollte, dass man ihnen Handel gönnte und zugestand, in jüdischer Absonderung bei christlichem Volke […] zu wohnen, jetzt also übermütig geworden sind, dass sie sich mit Kleidung fast gleich Christenleuten zieren […], dass man zwischen den Gläubigen und den Juden […] keinen oder aber nur geringen Unterschied erkennen könne, wovon manchmal komme, dass dieselben Juden auf Märkten und Gassen für Christen angesehen und geachtet werden […]. Da nun die Juden, Verschmäher Gottes und christlichen Glaubens, dessen nicht würdig sind, […] gebieten wir […], dass sie ein kenntlich offenbares Zeichen tragen.

(Julius Höxter, Quellenlesebuch zur jüdischen Geschichte und Literatur, 3. Teil, Frankfurt/M 1927, S. 44. Gekürzt)

ARBEITSAUFTRÄGE

1. Beschreibe mit K 1 die Ansiedlung jüdischer Gemeinden in Europa zwischen 70 und 1230 n. Chr.
2. Beurteile mit B 2 und dem Darstellungstext die Stellung der Juden in Deutschland während des frühen Mittelalters.
3. Erläutere mit Q 3, Q 4 und B 5 mögliche Gründe, warum sich die Situation der Juden seit dem 11. Jahrhundert veränderte.

III. Glaube und Herrschaft im Mittelalter

1. Das Reich der Franken – das Christentum breitet sich aus

Seit dem 3. Jahrhundert n. Chr. zogen viele Völkerstämme durch Europa und das Römische Reich zerfiel. Anfang des 4. Jahrhunderts brachen auch die Franken aus ihren Siedlungsgebieten in Germanien auf. Sie wurden zur stärksten Macht im westlichen Europa. Wie gelang ihnen das?

Franken herrschen über ein Großreich – Im Stamm der Franken gab es mehrere Stämme. Jeder hatte einen eigenen **König** – bis einer von ihnen die Herrschaft über alle Franken erlangte. Das gelang Chlodwig (466 – 511), einem Nachkommen des Königs Merowech. Nach ihm nennt man dieses Königsgeschlecht auch die **Merowinger.** Chlodwig war König von Tournai, einem Ort in einer gallischen Provinz des zerfallenden römischen Reiches. Die von den Römern dort angesiedelten Franken sollten die Grenze des Römischen Reichs mit verteidigen.

König Chlodwig sichert seine Macht – Ein fränkischer König hatte nach Überzeugung vieler Franken das **Königsheil:** Er sicherte und vermehrte das Wohl seines Stammes. Dieses Heil zeigte sich, wenn er im Krieg siegte. Dann wurden die fränkischen Krieger mit wertvoller Beute belohnt: mit Schätzen oder mit Land in den eroberten Gebieten. So siedelten sich die Franken allmählich überall in den eroberten Gebieten als Nachbarn und als die neuen Herren der unterworfenen Bevölkerung Galliens an.

Q2 Chlodwig tritt im Jahr 496 zum Christentum über:

Die Königin ließ […] nicht ab, ihn zu drängen, dass er den wahren Gott erkenne und ablasse von den Götzen. Aber auf keine Weise konnte er zum Glauben bekehrt werden, bis er endlich mit den Alamannen in Krieg geriet […]. Als die beiden Heere zusammenstießen, kam es zu einem gewaltigen Blutbad, und Chlodwigs Heer war nahe daran, völlig vernichtet zu werden. Als er das sah […], sprach [er]: „Jesus Christus, […] gewährst du mir jetzt den Sieg über meine Feinde und erfahre ich so jene Macht, die die Christen an dir preisen, so will ich an dich glauben und mich taufen lassen. Denn ich habe meine Götter angerufen, aber […] sie [sind] weit davon entfernt, mir zu helfen.“ Und da […] wandten die Alamannen sich und begannen zu fliehen. Als sie [die Alamannen] auch ihren König getötet sahen, unterwarfen sie sich Chlodwig.

(Gregor von Tours: Zehn Bücher. Geschichte der Franken, neu bearbeitet von R. Buchner u. W. Giesebrecht, Bd. 1, Darmstadt 1964, S. 208. Gekürzt)

B1 Die Taufe Chlodwigs im Jahr 498. Relief an der Westfassade der Kathedrale zu Reims, 14. Jahrhundert

Das Christentum als einigendes Band – Aus der Zeit der römischen Herrschaft gab es in Gallien weiterhin zahlreiche gallische Bischöfe, Äbte und Verwaltungsbeamte. Sie trieben die Steuern ein und sprachen Recht. Sie waren Christen und ihre Lebensweise entsprach dem Lebensstil der Römer. Auch die Bevölkerung Galliens gehörte in der Regel dem Christentum an, der römischen Staatsreligion. König Chlodwig hatte schnell erkannt, dass er das riesige Reich ohne die alte Führungsschicht der gallischen Beamten und Bischöfe nicht regieren konnte. Er beließ sie daher in ihren Ämtern. Die Gallier gewannen aber erst Vertrauen zu Chlodwig, als er ihre Religion, das Christentum, annahm. Getauft wurde er im Jahr 498 von Bischof Remigius in einer großen Feier in Reims. Chlodwig konnte 3000 seiner Krieger für die Taufe gewinnen, die übrigen Franken wurden nach und nach Christen. Durch seinen Übertritt zum Christentum konnte Chlodwig seine Macht weiter festigen. Denn das Christentum wurde zu einem einigenden Band zwischen Franken und Galliern.

Das Christentum wird verbreitet – Die Franken eroberten auch die Gebiete der THÜRINGER, HESSEN und FRIESEN östlich des Rheins. Diese germanischen Stämme hatten eine andere Religion. Die Franken versuchten, die Unterworfenen zum Christentum zu bekehren. In den eroberten neuen Gebieten bauten **Mönche** christliche Gemeinden auf. Sie verstanden sich als Gesandte Gottes, als **Missionare,** wie der Ire COLUMBAN († 597) und der Angelsachse WILLIBRORD († 739).

PERSONENLEXIKON

CHLODWIG I.,
Ca. 466 – 511. Gründer des Fränkischen Reiches, besiegte 486/87 die Römer

Das Frankenreich Chlodwigs und seiner Söhne

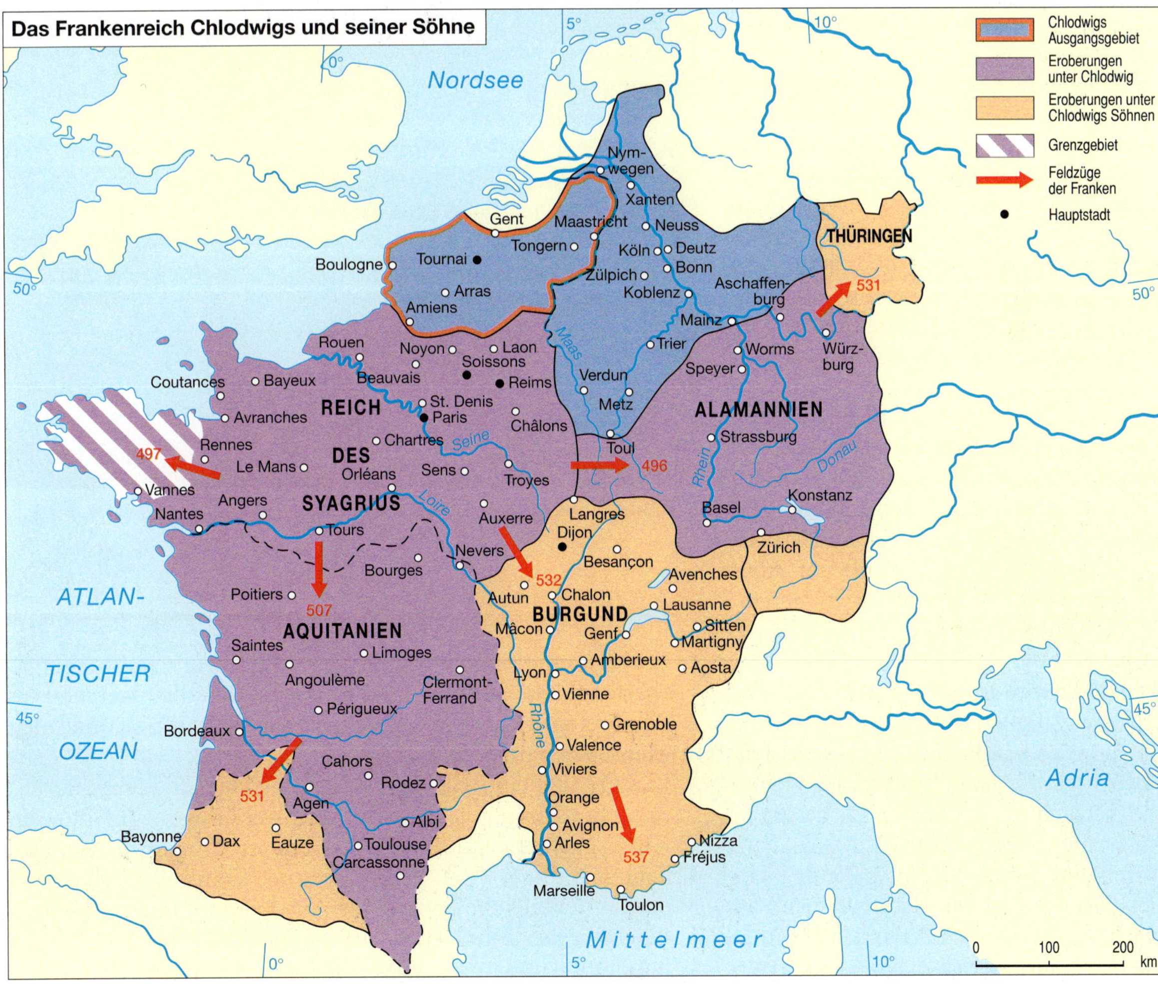

K 3

Besonders erfolgreich als Missionar war Bonifatius, der von 716 bis 754 n. Chr. die Friesen, die Hessen, die Thüringer und die Bayern missionierte. Er wurde Erzbischof von Mainz; als Beauftragter des Papstes waren ihm alle anderen Bischöfe im Fränkischen Reich unterstellt. Bonifatius beeindruckte die Menschen. Man erzählte, dass er in der Nähe des hessischen Ortes Fritzlar eine Eiche, die von den Menschen zu Ehren des heidnischen Gottes Donar verehrt wurde, fällen ließ. Bonifatius richtete auch neue **Bistümer** (= Sitz eines Bischofs) ein, zum Beispiel in Würzburg, Erfurt und Bayern.

Die Menschen im Fränkischen Reich bekamen durch die christliche Religion eine verbindende Lebensauffassung. Es dauerte aber lange, bis sie ihre alte germanische Religion ganz aufgaben und die christliche Religion akzeptierten.

Krieger und Bauern – Die Franken hatten ein riesiges Reich erobert, das sich über große Teile West- und Mitteleuropas erstreckte. Doch weite Teile des Landes waren noch überwiegend von Sümpfen und dichten Wäldern bedeckt. Oft mussten die Franken erst Wald und Sumpf zu Ackerflächen und Weideland machen. Sie lebten meist in kleinen, aus wenigen Bauernhöfen bestehenden **Dörfern.**

Viele ehemaligen Städte der Römer ließen die Franken verfallen. Handel trieben sie nicht mehr in den Städten, sondern auf kleinen Märkten in der Umgebung ihrer Bauernhöfe. Gewürze, Gläser oder Waffen besorgten ihnen Fernkaufleute. Aber die Städte mit einem Bischofssitz und einer Verwaltung behielten ihre Bedeutung.

Das Reich wird geteilt – Nach dem Tod Chlodwigs teilten sich seine vier Söhne das Reich und die Königswürde. Jeder von ihnen herrschte über ein eigenes Gebiet und versuchte, die anderen zu besiegen, um die ungeteilte Herrschaft zu gewinnen. Durch diese Bruderkriege verlor das Königshaus der Merowinger zunehmend an Macht. Die eigentliche Herrschaft wurde von den **Hausmeiern** ausgeübt. Das waren königliche Beamte an der Spitze der Verwaltung, die im Kriegsfall auch die Führung des Heers übernahmen.

B 5 Bonifatius als Missionar bei den Friesen. Gemälde um 1000 n. Chr.

ARBEITSAUFTRÄGE

1. Erarbeite mithilfe des Textes, wie Chlodwig seine Macht sicherte und die Stämme der Franken und Gallier vereinte.
2. Beschreibe B 1 und erläutere, was die Taufe des Königs den Menschen damals bedeutete.
3. Lies Q 2 und beurteile die Darstellung von Chlodwigs Bekehrung. Berücksichtige, dass der Verfasser Gregor von Tours ein Kirchengelehrter war und sein Werk um 570 n. Chr. schrieb.
4. Erläutere mit K 3 die Ausdehnung des Frankenreichs um 550 n. Chr. Vergleiche es mit der Ausdehnung des Römischen Reichs in West- und Mitteleuropa um 200 n. Chr.
5. Beschreibe und interpretiere die Darstellungen in B 5.

2. Das Lehnswesen – die Herrschaft wird verteilt

Für die Verwaltung des Reichs brauchten die fränkischen Könige die Hilfe der weltlichen (Stammesherzöge) und geistlichen Fürsten (Bischöfe). Auch im Kriegsfall brauchten sie die Unterstützung dieser **Gefolgsleute,** denn ein Heer von Berufssoldaten wie bei den Römern gab es im Frankenreich nicht. Wie konnte sich der König diese Unterstützung sichern?

König, Gefolgsleute, Lehnsmänner – Für die Fürsten und ihre Krieger war es eine Ehre, ihren König durch Kriegsfolge zu unterstützen. Zwischen dem König und seinen Gefolgsleuten bestand ein Verhältnis der persönlichen Treue.
Als Gegenleistung für den Kriegsdienst, die Übernahme von Verwaltungsaufgaben und für die Beratung des Königs erhielten sie vom König Land mit Dörfern und Bauern auf Lebenszeit „geliehen“. Diese Güter wurden als **Lehen** bezeichnet. Der Ertrag aus dem Lehen und seinen Ländereien diente dem Gefolgsmann für dessen Lebensunterhalt. Der König übergab auch hohe Kirchenämter als Lehen, zum Beispiel das Amt eines Bischofs oder Abts, sowie weltliche Verwaltungsämter wie das **Grafenamt.** Das waren vom König eingesetzte Beamte, die Steuern einziehen und Recht sprechen sollten.

Wer sein Lehen direkt vom König erhielt, war sein **Kronvasall.** Diese konnten Teile ihres Lehens an so genannte **Untervasallen** weiterverleihen. Das waren meist Angehörige des niederen Landadels und der Ritterschaft. Als Gegenleistung mussten sie Abgaben an ihren Lehnsherrn entrichten und im Kriegsfall im Heer kämpfen. Ein Herzog oder ein Bischof konnte also zugleich **Lehnsmann** seines **Lehnsherrn,** des Königs sein und selbst der Lehnsherr seiner Untervasallen. Die Übergabe eines Lehens war ein feierlicher Akt. Der Vasall schwor dem Lehnsherrn Treue und Unterstützung. Auch der Lehnsherr war seinen Lehnsmännern gegenüber zu Treue und Beistand verpflichtet.

Lehen werden erblich – Anfangs wurde ein Lehen vom König nur auf Zeit vergeben. Er konnte es dem Lehnsmann oder seiner Familie wieder entziehen und neu vergeben. Doch seit dem 9. Jahrhundert setzten die Stammesherzöge durch, dass die vom König verliehenen Lehen zum erblichen Besitz ihrer Familien wurden. Dadurch stieg ihre Macht beträchtlich.

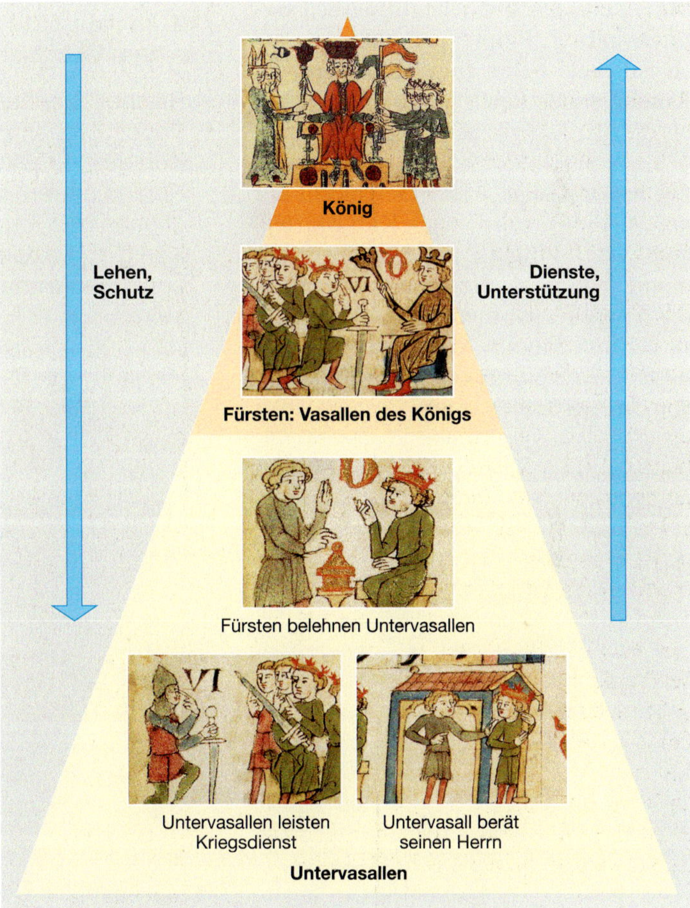

B 1 Die Lehnspyramide im Mittelalter. Buchmalerei um 1230

ARBEITSAUFTRÄGE

1. Erarbeite mithilfe von B 1 und dem Darstellungstext das Prinzip des Lehnswesen und die Begriffe „Kronvasall“ sowie „Untervasall“.
2. Erläutere mithilfe des Darstellungstextes die Vorteile, die sowohl der Lehnsherr wie auch der Lehnsmann hatten.

3. Die Karolinger – das Königreich wird Zentrum Europas

Zur Verwaltung der Königsgüter hatten die Merowinger hohe Beamte eingesetzt, die so genannten **Hausmeier.** Diese waren bald geübter darin, den königlichen Besitz zu erhalten, als die Könige selbst. Im Jahr 751 wurde König CHILDERICH III. als letzter Merowinger durch den Hausmeier PIPPIN abgesetzt. Pippin überzeugte Papst ZACHARIAS und die Lehnsmänner davon, dass die Merowinger alle Macht und das göttliche Königsheil verloren hatten. Pippin ließ sich in einer christlichen Feier zum König salben. Konnte er das Reich besser beherrschen als die merowingischen Könige?

Die neuen Könige – Das Geschlecht der neuen Könige wurde nach Karl Martell, dem Vater Pippins, die **Karolinger** genannt. Schon als Hausmeier hatten sie die Kriege für die merowingischen Könige geführt. Pippins Vater, Karl Martell, hatte 732 einen bedeutsamen Krieg gegen die Araber gewonnen.

König und Papst – Rom, wo der Papst der christlichen Kirche wirkte, war damals ein Teil des Kaiserreichs von Byzanz. Mit dem Kaiser von Byzanz hatte sich der Papst aber über die richtige Auslegung des christlichen Glaubens zerstritten. Deshalb bat er 754 statt in Byzanz beim fränkischen König um Hilfe gegen die eingedrungenen LANGOBARDEN. Diese

Q2 Im Jahr 751 lässt der fränkische Hausmeier Pippin aus dem Geschlecht der Karolinger beim Papst anfragen:

Bischof Burkhard […] und der Kaplan Folrad wurden zu Papst Zacharias gesandt, um wegen der [Merowinger] Könige in Franken zu fragen, die damals keine Macht als Könige hatten, ob das gut sei oder nicht. Und Papst Zacharias gab Pippin den Bescheid, es sei besser, den als König zu bezeichnen, der die Macht habe, als den, der ohne königliche Macht blieb. Um die Ordnung nicht zu stören, ließ er […] den Pippin zum König machen.

(Reichsannalen. In: Geschichte in Quellen, hg. v. Wolfgang Lautermann und Manfred Schlenke, Bd. 2, München 1982, S. 56. Gekürzt)

K 1

versuchten, in Norditalien ihr Reich auf Kosten des Papstes zu vergrößern. Pippin versprach dem Papst und der Kirche in einem Vertrag Schutz. Der Papst bedankte sich: Er salbte (= weihte) den König Pippin noch einmal. Und er salbte auch die Söhne Pippins, Karlmann und Karl, gleich mit. So hatten die Karolinger vom Papst die Anerkennung als Königsfamilie, das Königsheil, bekommen. /6

Pippin führte dann einen Krieg gegen die Langobarden. 754 besiegte er den langobardischen König AISTULF. Einen Teil der eroberten Gebiete soll er der Überlieferung zufolge dem Papst geschenkt haben, den so genannten **Kirchenstaat.**

Könige auf Reisen – Der König traf seine vielen Gefolgsleute auf den jährlichen Reichsversammlungen. Dort wurden die wichtigen Beschlüsse gefasst, auch über Krieg und Frieden. Darüber hinaus hatte der König für das ganze Reich besondere Beamte berufen, die **Grafen.** Sie sorgten dafür, dass die Krieger eines Gebiets zum Heeresdienst antraten. Sie waren Richter und für die Einhaltung des Friedens in ihrer Grafschaft verantwortlich. Mit dem Grafenamt belehnte der König zuverlässige, mächtige Gefolgsleute. Dennoch ließ er durch **Königsboten** überwachen, ob sie seine Bestimmungen auch einhielten.

Der König selbst hatte keinen festen Aufenthaltsort in seinem Reich, an dem er ständig wohnte. Er musste das persönliche Verhältnis zu seinen Lehnsmännern sichern, indem er immer wieder in ihre Nähe zog. Dort ließ er die Lehnsmänner der Umgebung zu sich kommen und besprach mit ihnen ihre Angelegenheiten.

Der Königshof bestand meist aus mehreren hundert Menschen. Es war für die Franken sehr schwer, so viele Menschen sowie die Reit- und Zugtiere zu ernähren. Deshalb gab es über das ganze Reich verteilt Königsgüter, wo der König und die Königin jeweils einige Wochen verbrachten. Sie wohnten in einer **Pfalz.** Dieses Wort kam aus dem Lateinischen: „Palatium“ hieß der kaiserliche Palast in Rom. Die Pfalzen der Franken waren allerdings keine Paläste, sondern große Gutshöfe. Der König empfing dort Gesandtschaften und Boten. Die Königin führte die Wirtschaft der Pfalz. Jede Pfalz musste gut ausgestattet sein.

ARBEITSAUFTRÄGE

1. Erläutere mithilfe des Textes und K 1 die Verwaltungorte und die Art der Verwaltung im Karolingischen Reich.
2. Erläutere mit Q 2, welche Bedeutung der Papst in der Zeit des Frankenreichs bei der Anerkennung eines neuen Königsgeschlechts hatte. Überlege, welche Rolle das „Königsheil“ spielte.
3. Stelle zusammen, welche Personen in einer Königspfalz vermutlich lebten, wenn der König dort war.

PERSONENLEXIKON

KARL I., DER GROSSE. 747–814.
Er übernahm 771 allein die Regierung des Frankenreichs. 800 wurde er vom Papst zum römischen Kaiser gekrönt.

1 Königshalle
2 Wohngebäude des Königs
3 Torhalle und Gerichtssaal
4 Pfalzkapelle
5 Badehäuser und Schwimmbecken
6 Gesindewohnhäuser

B 3 Pfalz in Aachen um 800. Rekonstruktionszeichnung

Rechte für Land und Leute – Die von den Franken unterworfenen Stämme hatten für ihr Zusammenleben eigene Stammesrechte und eigene Regeln gehabt. Wie gingen die Franken mit diesen ganz unterschiedlichen Rechtstraditionen um?

Sie ließen den unterworfenen Stämmen vorerst ihre alten Rechte. So musste ein Franke, der ein Stück Vieh gestohlen hatte, nach dem fränkischen Recht eine Strafe von 40 Solidi (eine alte römische Münze) zahlen. Das waren etwa 180 Gramm Gold. Ein Burgunder musste für den gleichen Diebstahl nach dem alten römischen Recht nur 3 Solidi Strafe zahlen, also etwa 14 Gramm Gold. Für jeden Stamm wurden die wichtigsten Regeln aufgeschrieben. Es gab ein fränkisches und ein burgundisches Recht, ein Recht der Westgoten und das alte römische Recht.

Neue Rechte gab der König nur einzelnen seiner Kronvasallen, zum Beispiel einem Grundherrn die Herrschaft über ein Gebiet. Dies wurde in **Urkunden** festgehalten. Doch nur wenige Menschen konnten damals schreiben. Für den König taten dies die Geistlichen der **Hofkapelle.** Denn sie waren als Beamte und Schreiber auch zu Hofdiensten verpflichtet.

Neue Regeln werden gemacht – Ab 771 n. Chr. herrschte Pippins Sohn KARL DER GROSSE über das Frankenreich. Er vergrößerte es bis 798 durch neue Eroberungen, darunter Bayern, Friesland und Sachsen. Auch Karl ließ die Stammesrechte der unterworfenen Völker weitgehend bestehen. Doch zugleich strebte er eine Angleichung und Vereinheitlichung der unterschiedlichen Rechtssysteme an. Aus diesem Grund ließ er wichtige Regeln neu aufschreiben, die **Kapitularien.** Das waren für das ganze Reich geltende Gesetze des Königs.

Karl der Große fördert die Bildung – Karl selbst konnte kaum schreiben. Aber er hatte die Bedeutung möglichst vieler, gut

B4 Inneres der Pfalzkapelle in Aachen. Blick vom Thron Karls des Großen

Q5 Einhard, der Biograf Karls des Großen, berichtet um 835 über den Sachsenkrieg (772–805):

Karl der Große führte fast ununterbrochen Krieg gegen Fürsten, Langobarden, Normannen und Araber. Am längsten aber kämpfte er gegen die Sachsen. Dieser Krieg war der langwierigste, grausamste und für das Frankenvolk anstrengendste, den es je geführt hat. Denn die Sachsen waren wie fast alle Völker Germaniens wild von Natur, dem Götzendienst ergeben und gegen unsere Religion feindselig. Sie hielten es nicht für unehrenhaft, göttliches und menschliches Recht […] zu übertreten […]. Die Grenze zwischen uns und den Sachsen verlief fast überall in der Ebene […]. Hier nahmen […] Totschlag, Raub und Brandstiftung auf beiden Seiten kein Ende. Das erbitterte die Franken so, dass sie nicht mehr Gleiches mit Gleichem heimzahlen, sondern offen Krieg mit ihnen führen wollten. Der Krieg wurde also begonnen und von beiden Seiten mit großer Erbitterung […] 33 Jahre lang fortgeführt […]. Nur unter der Bedingung […] nahm der Krieg […] ein Ende, dass die Sachsen dem heidnischen Götzendienst und den heimischen Religionsgebräuchen entsagten, die Sakramente des christlichen Glaubens annahmen und sich mit den Franken zu einem Volk verbanden.

(In: H. D. Schmid: Fragen an die Geschichte, Bd. 1, Frankfurt a. M. 1981, S. 192)

ausgebildeter Beamter für eine funktionierende Verwaltung erkannt. So richtete er an seinem Hof, an den Domkirchen und in vielen Klöstern des Reichs Schreibschulen ein. Dort wurden Menschen ausgebildet, die Urkunden und Gesetze lesen und schreiben konnten.
Aus ganz Europa zog Karl Gelehrte an seine Hofschule. Sie sollten mit einfachen Regeln das Reich neu ordnen. Die fanden sie zum Teil in den Jahrhunderte alten Texten der Kirchenväter, aber mehr noch in den Schriften aus griechischer und römischer Zeit. Man spricht von einer Wiedergeburt der Antike, der **karolingischen Renaissance.** Viele der alten Texte sind nur auf diesem Wege erhalten geblieben.

Karl der Große wird Kaiser – Nach wiederholter militärischer Hilfe Karls für den Papst in Rom krönte der ihn beim Weihnachtsfest des Jahres 800 zum **Kaiser.** Karl hatte dadurch zwar kein neues Reich gewonnen, aber eine neue Grundlage für seine Macht. Er ließ in Aachen eine prächtige Pfalz bauen, die zum Hauptsitz des Kaisertums wurde. /6

Das Reich der Karolinger zerbricht – Ein Jahr vor seinem Tod, 813, krönte Karl der Große seinen einzigen überlebenden Sohn LUDWIG in Aachen zum Mitkaiser. Ludwig wurde wegen seiner religiösen und kirchentreuen Haltung auch „Ludwig der Fromme“ genannt. Als er 840 starb, einigten sich seine drei Söhne erst nach kriegerischen Auseinandersetzungen und langen Verhandlungen im **Vertrag von Verdun** (843) über die Aufteilung des Reichs. LUDWIG DER DEUTSCHE bekam den östlichen Teil, KARL DER KAHLE den westfränkischen Teil und LOTHAR I. den mittleren Teil des Reichs. Nach dem Tod Lothars teilten die beiden anderen Brüder im **Vertrag von Mersen** das mittlere Reich zwischen sich auf.

Diese neue Grenze entsprach in etwa einer **Sprachgrenze.** Im Osten des Fränkischen Reichs wurde eine Volkssprache germanischen Ursprungs gesprochen. Im Westen des Fränkischen Reichs ging die Sprache auf das Latein der Römer zurück.

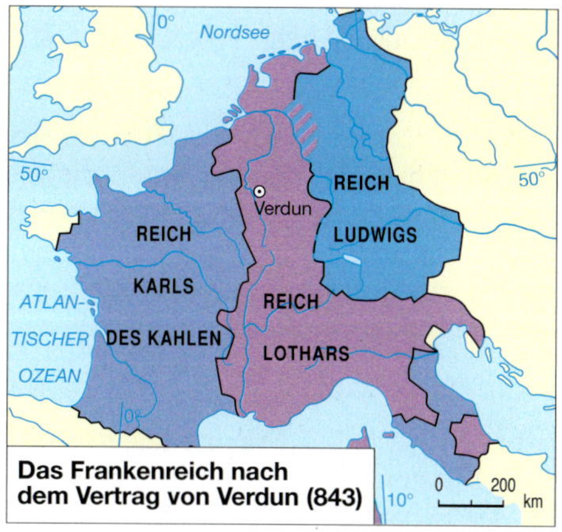

Das Frankenreich nach dem Vertrag von Verdun (843)

K 6

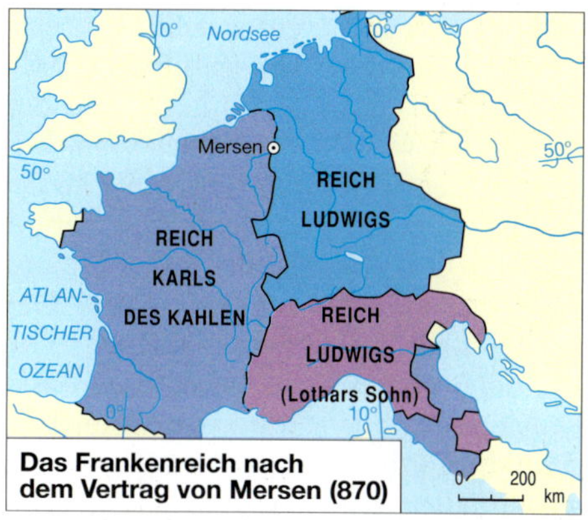

Das Frankenreich nach dem Vertrag von Mersen (870)

K 7

Das heutige Mitteleuropa

K 8

ARBEITSAUFTRÄGE

1. Lies und beurteile die Darstellung Einhards, eines Vertrauten Karls des Großen, über den Sachsenkrieg (Q 5).
2. Vergleiche die Karte K 6 mit der Karte K 3 von Seite 43. Erläutere, was sich seit Chlodwig verändert hat.
3. Vergleiche K 6/K 7 mit K 8. Notiere die Staaten Europas, die heute ganz oder teilweise im früheren Karolingerreich liegen.

4. Vom Frankenreich zum Deutschen Reich

Im Ostfränkischen Reich herrschten die Karolinger noch bis zum Jahr 911. Dann starb der letzte König aus dem Geschlecht der Karolinger ohne einen Erben. Wer sollte nun die Stämme der Sachsen, Franken, Schwaben und Bayern zusammenhalten?

Ein neuer König wird gesucht – Bisher hatten sich die ostfränkischen Fürsten bei der Königswahl immer auf den Erben des verstorbenen Herrschers geeinigt. Angehörige seiner Familie gab es aber nur im Westfränkischen Reich. Sollten die Ostfranken also das Reich Karls des Großen wieder vereinen und den westfränkischen Herrscher Karl „den Einfältigen" auch zu ihrem König wählen?

Die Ostfranken lehnten dies ab, denn sie verstanden sich als selbstständiger Teil des alten Frankenreichs. Zudem hatten die Westfranken ihrem König nicht ohne Grund den Beinamen „der Einfältige" gegeben. Die ostfränkischen Fürsten entschieden sich also für einen König aus ihrer Mitte. Sie wählten Konrad I., den Herzog des ostfränkischen Stammes. Als dieser nach nur sieben Jahren Regierungszeit im Jahr 919 starb, wählten sie auf Vorschlag Konrads den mächtigen Sachsenherzog Heinrich.

Rivalen oder Verbündete – Konrad I. (um 870–919) glaubte, dass er die Macht der **Stammesherzöge** einschränken müsse. Sie sollten auch in ihren Herzogtümern nicht mehr selbst entscheiden, sondern Befehle des Königs ausführen. Konrad wollte sie mit kriegerischen Mitteln dazu zwingen und unternahm viele Feldzüge in die Stammesgebiete der Herzöge. Doch er schuf sich mit seiner Vorgehensweise nur Gegner, erreichte aber sein Ziel nicht.
Der Sachse Heinrich I. (um 875–936), der von den anderen Stammesherzögen 919 in Fritzlar zum König gewählt wurde, betrachtete die Herzöge hingegen als Verbündete. Er ließ sie ihre Stammesangelegenheiten allein regeln. Dem König ordneten sie sich nur in Angelegenheiten unter, die mehrere Herzogtümer oder das gesamte Reich betrafen, zum Beispiel im Kriegsfall. Das Reich sollte durch die Macht des Königs und die guten Beziehungen zwischen den Stämmen zusammengehalten werden.

Was ist „deutsch"? – Noch Anfang des 10. Jahrhunderts sprach man vom „Ostfränkischen Reich" (Lat.: *regnum francorum*). Doch bereits unter Heinrich I. entwickelte sich ein Zusammengehörigkeitsgefühl der ostfränkischen Stämme; es bürgerte sich der Name „Reich der Deutschen" (Lat.: regnum teutonicum) ein. Die Sprache der Ostfranken wurde **„theodisc"**, später „diutisc" genannt, das heißt im Germanischen „zum Volk gehörig". Das Gegenstück zu dieser ostfränkischen „Volkssprache" war die lateinisch beeinflusste Sprache des Westfränkischen Reichs.

PERSONENLEXIKON

Heinrich I., um 875–936. Er wurde 919 von den ostfränkischen Stammesherzögen zum König gewählt. In seiner Zeit als König bildeten sich die Anfänge des Deutschen Reichs heraus. Figur vom Aachener Karlsschrein, 1215

Q1 Konrad I. auf dem Sterbebett zu seinem Bruder:

Wir besitzen viele Truppen, die wir aufbieten und führen können, dazu Schätze, Städte und Waffen, die königlichen Abzeichen und alles, was die Zierde der Könige ausmacht, außer dem Königsheil. Das Königsheil, mein Bruder, folgt beharrlich dem Heinrich und an der Spitze der Allgemeinheit steht sein sächsischer Stamm. Du sollst also alle Abzeichen unserer königlichen Würde Heinrich geben. Er wird wirklich König sein.

(Widukind von Corvey I, 25. In: Gesch. in Quellen, Bd. II, München 1968, S. 137)

Q2 Der Geschichtsschreiber Ruotger über Heinrich I.:

Heinrich hat sein Reich an allen Ecken und Enden sowohl durch unaufhörliche Einfälle benachbarter Völker als auch durch schwerste Zerwürfnisse unter den Fürsten zerrüttet und schrecklich leidend vorgefunden. Nach einiger Zeit aber wurden die fremden Völker durch Gottes Gnade von solcher Furcht ergriffen, wie sie sie zuvor nie gekannt hatten; die Einheimischen aber verband eine solche Liebe, dass wohl nie in einem noch so mächtigen Reich die Bande der Eintracht fester waren.

(Ruotger: Vita Brunonis. In: G. Althoff: Amicitiae und Pacta, Hannover 1992, S. 8)

Die Grenzen des Reichs sind gefährdet – Trotz der einheitlichen Sprache standen die Grenzen des Reichs mit seinen Nachbarn nicht fest. Im Jahr 911, als der letzte ostfränkische Karolinger starb, wechselte der lothringische Adel zum Westfrankenreich. Die Fürsten **Lothringens** erkannten jedoch bald, dass die auf Frieden gerichtete Politik des ostfränkischen Königs Heinrich I. bessere Bedingungen für den Ausbau Lothringens bot als die dauernden Kriege, die der westfränkische Adel untereinander führte. So konnte 925 Heinrich I. das gesamte Herzogtum Lothringen leicht zurückerobern.

Im Osten des Reichs waren die Grenzen gefährdet. **Ungarische Reiterscharen** drangen Jahr für Jahr plündernd in ostfränkische Gebiete vor und wurden zunehmend zu einer Gefahr für das gesamte Königreich. Heinrich I. hatte 926 einen Waffenstillstand mit den Ungarn erwirkt und zahlte dafür jährlich einen Tribut. Die Zeit des Friedens nutzte er: Die Ostgrenze des Königreichs wurde durch den Bau von Burgen, zum Beispiel in Meißen und Merseburg, gesichert. Außerdem ließ er ein gut ausgerüstetes Ritterheer mit Panzerreitern aufstellen.

Rivalitäten und Aufstände im Inneren – Heinrich I. war es gelungen, die Stammesherzöge zu seinen Verbündeten zu machen. Auch sein Sohn und Nachfolger OTTO I. (912–973), der seinem Vater 936 als Alleinerbe auf den Thron folgte, wollte das Verhältnis zu den Stammesherzögen festigen. Er setzte deshalb beim Tod eines Herzogs eigene Verwandte oder Freunde als Nachfolger ein. Das stärkte seine Herrschaft aber nicht. Denn seine Brüder und ein Sohn zettelten Aufstände gegen Otto I. an. Sie fühlten sich benachteiligt, weil Otto von Heinrich I. zum alleinigen Herrscher bestimmt worden war. Früher hatten die Karolinger ihr Königreich unter den Söhnen aufgeteilt. Doch Konrad I. wollte durch seine Erbregelung die Unteilbarkeit des Reichs sichern. Fast 20 Jahre musste Otto I. gegen Bedrohungen seines Königtums aus der eigenen Familie kämpfen.

Gemeinsam gegen die Ungarn – Im Jahr 933 hatte Heinrich I. den fälligen Tribut an die Ungarn verweigert. Die unternahmen sogleich einen Raubzug bis nach Thüringen. Hier trafen sie jedoch auf die sächsischen Panzerreiter, die – durch Helm, Kettenhemd und Schild geschützt – den schlechter ausgerüsteten Eindringlingen eine vernichtende Niederlage beigebracht hatten. Doch im Jahr 955 fielen

B3 Königliche Herrschaftszeichen: Mantel, Schwert und Zepter

K 4

die Ungarn erneut mit wesentlich größerer Truppenstärke ein; diesmal in Bayern.

Die Zeitgenossen des Jahres 955 hofften nun auf Konrads Sohn Otto I. Doch mit seinen sächsischen Panzerreitern allein hätte Otto die Eindringlinge nicht aufhalten können. In der Stunde der Gefahr vereinigten sich nun alle zerstrittenen Stämme – Sachsen, Franken, Lothringer, Schwaben und Bayern – unter Führung Ottos I. Auf dem **Lechfeld bei Augsburg** errangen sie einen großen Sieg. Die geschlagenen Ungarn gaben danach ihre Raubzüge auf. Otto gelang es sogar, sie im Gebiet des heutigen Ungarn zur Sesshaftigkeit zu zwingen. Dort entstand um 1000 das christliche Königreich Ungarn unter König Stephan I.

Das Ansehen Ottos stieg durch den Sieg über die Ungarn enorm und der Zusammenhalt der ostfränkischen Stämme zum Deutschen Reich wurde gefestigt. ℯ/7

Q5 Widukind von Corvey schildert die Krönung Ottos I. im Jahr 936:

Und als man dorthin [in die Pfalz von Aachen] gekommen war, versammelten sich die Herzöge und obersten Grafen mit der übrigen Schar vornehmer Ritter in dem Säulenhof […] der Basilika. Dort setzten sie den neuen Herrscher auf einen Thron, huldigten ihm, gelobten ihm Treue, versprachen ihm Unterstützung gegen alle seine Feinde und machten ihn nach diesem Brauch zum König. Währenddessen erwartete der Erzbischof von Mainz mit der gesamten Priesterschar […] im Innern der Basilika den Auftritt des Königs. Als dieser erschien […], wandte sich [der Erzbischof] ans Volk und sagte: „Seht, ich bringe euch den von Gott erwählten, von […] Heinrich vorgesehenen, jetzt aber von allen Fürsten zum König gemachten Otto.

(In: Widukind von Corvey, Die Sachsengeschichte, übersetzt von W. Funken. Gekürzt und vereinfacht)

Polen wird Königreich – Das polnische Reich entstand etwa im 10. Jahrhundert. Der polnische Herzog MIESZKO I. (960–992) herrschte im Gebiet zwischen den Flüssen Oder und Weichsel. Er wollte die slawischen Stämme westlich der Oder bis zur Elbe seiner Herrschaft unterwerfen – ganz wie der deutsche König. 963 traf er während eines Feldzugs auf Markgraf Gero, der im Slawengebiet als Stellvertreter des deutschen Königs herrschte. Otto I. war zu dieser Zeit der mächtigste Herrscher Europas. MIESZKO I. hätte einen Krieg gegen ihn nicht gewinnen können und zog sich deshalb aus der Mark Geros zurück. In den folgenden Jahren eroberte er stattdessen POMMERN und SCHLESIEN. Sein Nachfolger BOLESLAW CHROBRY (992–1025) krönte sich 1025 zum König.

PERSONENLEXIKON

MIESZKO I., 960–992 n. Chr. Fürst von Polen. Schuf einen einheitlichen polnischen Staat mit der Hauptstadt Posen. Mit seinem Übertritt zum Christentum begann die Christianisierung Polens.

Das polnische Reich unter Boleslaw Chrobry (992–1025)

K 6

ARBEITSAUFTRÄGE

1. Erarbeite mit Q1 und Q2 die Bedeutung des „Königsheils". Nenne Gründe für den Wechsel der Königswürde auf den Stamm der Sachsen.
2. Erarbeite mit K4 die Herzogtümer des ostfränkisch-deutschen Königreichs um 919. Welche Veränderung vollzog sich 925?
3. Beschreibe mit Q5 die Königswahl im Mittelalter. Interpretiere die beschriebenen Handlungen und beurteile ihre Bedeutung für den Wahlakt.

5. Der König sichert seine Macht – die Kirche herrscht mit

Die Bedrohung durch die Ungarn hatte die Herzöge zur Unterordnung unter den König gezwungen. Nach dem gemeinsamen Sieg schien es dennoch nur eine Frage der Zeit zu sein, bis sie den nächsten Aufstand gegen Otto I. unternahmen. Wie sollte der König diese Gefahr abwenden?

Herzöge sind schwierige Verbündete – Die Herzöge waren eine stete Bedrohung der Königsherrschaft Ottos I sowie Hemmnis für den Frieden und die Einheit des Reichs. Persönlicher Besitz und Einfluss waren die ausschlaggebenden Motive ihres Handelns. Die Herzöge waren bestrebt, ihre Macht und ihr Territorium zu erweitern. Vor allem wollten sie das Herzogtum in ihrem Territorium als erblichen Anspruch ihrer Familie sichern. Die Herzöge führten sowohl Kriege gegeneinander als auch gegen den König, zum Beispiel wenn er Entscheidungen über die Vergabe von Lehen traf, die sie nicht mittragen wollten. Als Stammesführer beherrschten sie sehr große Gebiete. Stellte sich ein Herzog gegen den König, war stets ein ganzes Herzogtum dem Einfluss des Königs entzogen. Was Otto I. brauchte, waren zuverlässige Gefolgsleute, die den König bei der Sicherung und Verwaltung des Reichs unterstützten.

B1 Erzbischof Bruno von Köln (953–965)

Bischöfe werden Fürsten – Welche Eigenschaften sollte nun aber ein idealer Gefolgsmann des Königs haben? Sein Herrschaftsgebiet sollte möglichst kleiner sein als das Stammesgebiet eines Herzogs. Damit wäre seine Macht nicht groß genug, um sich gegen den König erheben zu können. Ein solcher Gefolgsmann sollte am besten auch keine Kinder haben, deren Zukunft ihm wichtiger war als das Wohlergehen des Reichs. Solche Adlige gab es tatsächlich: 29 Bischofssitze waren im Königreich über alle fünf Herzogtümer verteilt. Die Bischöfe waren Mitglied einer adligen Familie. Da das geistliche Amt ihnen die Ehe verbot, hatten sie keine Kinder. Daher übertrug Otto I. den Bischöfen in ihren Gebieten die Aufgaben und Rechte als Lehen, die bisher die Herzöge besaßen: Sie wurden Verwal-

PERSONENLEXIKON

OTTO I. DER GROSSE. Deutscher König und römischer Kaiser. Regierungszeit 936–973

Q2 Ruotger, ein Schüler des Erzbischofs Bruno von Köln, berichtet über die Einsetzung Brunos als Landesherr:

Auf königlichen Befehl [Ottos I.] hin übernahm [Bruno] es also, die Staatsgeschäfte in Lothringen zu führen. Und obschon er jedem der Großen und Beamten seine Aufgabe zuerteilte [...], so gab es doch nichts, dem er sich nicht selbst unterzogen hätte, und er sorgte mit größter Umsicht und Einsicht für das allgemein Beste. Vielleicht führen einige, unkundige der Planung Gottes, Klage, warum ein Bischof sich mit politischen Angelegenheiten und [...] Kriegen befasse, da er doch nur die Seelsorge angenommen habe. Ihnen gibt [...] die Sache selbst die genügende Antwort, wenn sie nämlich das so große und gerade in jenen Gegenden so ungewohnte Gut des Friedens durch diesen Beschützer und Lehrer des gläubigen Volkes weithin verbreitet sehen.

(Ruotger, Lebensbeschreibung des heiligen Erzbischofs Bruno von Köln, Kap. 22/23, übers. von Irene Schmale-Ott, Münster/Köln 1954. Gekürzt)

tungsbeamte, Richter und Heerführer. Als Gegenleistung wurden ihre Bistümer durch Otto I. mit umfangreichen Ländereien belehnt. Seit dieser Zeit gab es im deutschen Königreich außer den **weltlichen Fürsten,** den Herzögen und Grafen, auch **geistliche Fürsten,** die Bischöfe.

Der König setzt Bischöfe ein – Wenn irgendwo im Reich ein Bischof starb, setzte Otto meist einen Geistlichen der königlichen Hofkapelle als Nachfolger ein. Die lateinische Bezeichnung für eine solche Einsetzung lautete **Investitur.** Dieser Geistliche hatte am königlichen Hof alles gelernt, was er als zuverlässiger Lehnsmann des Königs können musste.

Von der neuen Regelung hatten sowohl die Kirche als auch der König Vorteile: Die Bistümer wurden Besitzer umfangreicher Ländereien und unabhängig von den Herzögen oder Grafen, die zuvor ihre Lehnsherren waren. Sie waren jetzt Kronvasallen. Und der König besaß nun Lehnsmänner, auf die er sich verlassen konnte. Mit der Übertragung wichtiger weltlicher Aufgaben an die Bischöfe konnte er die Macht der Herzöge ausgleichen. Wir nennen diese Form der Herrschaftsausübung durch den König das **Reichskirchensystem.**

Otto I. wird zum Kaiser gekrönt – Der langobardische König BERENGAR bedrohte seit langem den Kirchenstaat in Italien. Papst JOHANNES XII. war nicht in der Lage, sich gegen ihn zu wehren. Aber er erinnerte sich, dass Papst Leo III. in einer ähnlichen Situation 799 den damals mächtigsten Herrscher Europas, Karl den Großen, nach Rom gerufen und zum Dank für seine Hilfe zum Kaiser gekrönt hatte. Im Jahr 961 sammelte Otto I. auf Johannes' Bitte ein starkes Heer und zog nach Italien. In Rom wurde er 962 vom Papst zum **Kaiser** und **obersten Beschützer der Christenheit** gekrönt. Otto bestätigte das Schenkungsversprechen der Karolinger für das Gebiet des Kirchenstaates. Er nahm Berengar gefangen und machte sich selbst zum König Oberitaliens.

Viele Jahrhunderte strebten nun die deutschen Könige danach, vom Papst auch als Kaiser gekrönt zu werden. Seit dieser Zeit wurde ihr Herrschaftsgebiet daher auch **„Heiliges Römisches Reich"** genannt.

B2 Die deutsche Kaiserkrone. Die unten abgebildeten vier Bildplatten der achteckigen Krone beziehen sich auf Motive der Bibel.

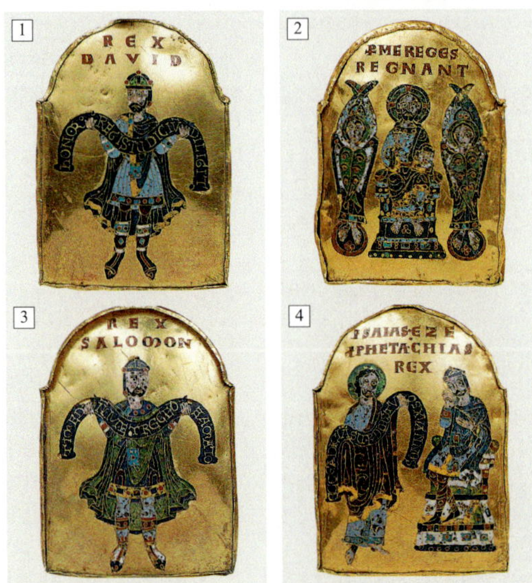

1 König David: „Der ehrenhafte König liebt Gerechtigkeit."

2 Christus: „Durch mich regieren die Könige."

3 König Salomon: „Fürchte Gott und rücke ab vom Bösen."

4 Der Prophet Isaias verheißt einem gerechten König dreimal fünf zusätzliche Lebensjahre.

ARBEITSAUFTRÄGE

1. Beschreibe und interpretiere B1. Analysiere nun Q2. Erläutere mit B1 und Q2 die Aufgaben eines Reichsbischofs im deutschen Reichskirchensystem des Mittelalters.
2. Beschreibe und interpretiere B2 und die vier Bildplatten. Erläutere, wie ein mittelalterlicher Kaiser herrschen sollte.

6. Kaiser und Papst im Konflikt – der Investiturstreit

Die Erfolge Ottos I. hatten gezeigt, dass das Reichskirchensystem zur Stärkung der Königsmacht gut geeignet war. Doch wie wirkten sich die erweiterten Aufgaben und Rechte deutscher Bischöfe innerhalb der Kirche aus?

Widerstand gegen die Verweltlichung – Die Bischöfe waren mächtige Fürsten geworden. Die Auswahl der neuen Bischöfe durch den König erfolgte kaum mehr nach kirchlichen Gesichtspunkten, sondern nach deren Fähigkeit, die weltlichen Aufgaben eines Fürsten zu erfüllen. Die Aussicht, Lehnsherr über ein großes Gebiet zu werden, ließ viele Geistliche mit allen Mitteln nach einem Bischofsamt streben. Oft wurde dem König sogar Geld für die Einsetzung als Bischof, die **Investitur,** angeboten.

Dieser **Ämterkauf** (Lat.: *Simonie*) sowie der wachsende Einfluss des Königtums auf die Kirche stieß in einigen Klöstern auf erbitterten Widerstand. Sie wollten das religiöse Leben und die Stellung der Kirche im Staat reformieren (Lat.: verändern). Das bedeutendste dieser **Reformklöster** war Cluny in Burgund. Die Reformklöster forderten, die Einsetzung von Geistlichen in Kirchenämter durch weltliche Herrscher generell abzuschaffen; auch die Investitur von Bischöfen durch den König.

Ein Reformer wird Papst – Im Jahr 1073 wurde GREGOR VII., ein Anhänger der Kirchenreform, durch eine umstrittene Wahl Papst. Welche Haltung nahm der neue Papst zum Reichskirchensystem und zum deutschen König HEINRICH IV. (1050–1106) ein, der die Kirchenreform ablehnte?

Die Reform hatte bis dahin nur die Klöster beeinflusst. Mit der Wahl Gregors VII. gewann sie für die gesamte Kirche an Bedeutung. 1075 verbot der Papst allen **Laien** (= Nichtgeistliche), Kirchenämter an Geistliche zu vergeben. Heinrich IV.

Q1 Im Jahr 981 forderte Kaiser Otto II. aus Italien ein deutsches Ersatzheer an:

Der Bischof von Straßburg soll 100 Panzerreiter stellen, der Bischof von Speyer 20, der Bischof von Worms 40, die Erzbischöfe von Mainz und von Köln je 100, der Bischof von Würzburg 60, Graf Heribert 30, sein Neffe 40, Megingaus 30, Kuno 12, der Herzog von Schwaben 70, Bezolin 12, Azolin 30, Otto 20, Graf Hezil 40, Graf Guntram 12, Unger 20, Sikko 20, Otto 40, Adalbert 30, der Herzog von Niederlothringen 120, der Bischof von Lüttich 60, der Bischof von Cambrai 12, Graf Dietrich 12, Graf Ansfrid 10, die Markgrafen Gottfried und Arnulf zusammen 30, Graf Sikko 30, der Erzbischof von Trier 70, der Bischof von Verdun 60, der Bischof von Toul 20, der Erzbischof von Salzburg und der Bischof von Regensburg je 70, der Bischof von Freising 40, der Bischof von Eichstätt 50, der Bischof von Brixen 20, der Bischof von Augsburg 100, die Bischöfe von Konstanz und von Chur je 40.

(In: Geschichte in Quellen, Band 2, München 1986, S. 201. Bearbeitet)

Die Klosterreform bis 1150

K 2

wollte jedoch auch in Zukunft entscheiden, wer den Besitz beherrschte, den die Bistümer vom König als Lehen erhalten hatten, und setzte weiter Bischöfe ein. Bei der Investitur übergab er ihnen ein Zepter als Zeichen der weltlichen Macht sowie einen Ring und den Bischofsstab als Symbole der geistlichen Macht. Alle bischöfliche Gewalt sollte vom König verliehen werden.

Der Konflikt wird zum Machtkampf – Weder Heinrich IV. noch Gregor VII. rückten von ihren Forderungen ab. Beide Rivalen wollten die Auseinandersetzung beenden, indem sie ihren Gegner einfach für abgesetzt erklärten. Als Heinrich IV. in Mailand, das zum deutschen Reich gehörte, gegen den Willen des Papstes einen Bischof einsetzte, verhängte der Papst 1076 gegen ihn den **Kirchenbann** (= Ausschluss aus der Gemeinschaft der Christen) und erklärte alle ihm geleisteten Lehnseide für ungültig.
Damit entstand für Heinrich eine gefährliche Situation, denn die deutschen Fürsten waren in ein königliches und ein päpstliches Lager gespalten. Zwar konnte der Papst nicht durchsetzen, dass die Fürsten einen anderen König wählten. Aber auch Heinrich IV. besaß nicht die Macht, einen neuen Papst einzusetzen.

Q3 Brief König Heinrichs IV. im Jahr 1076 an Papst Gregor VII.:

Unser Herr Jesus Christus hat uns zum Königtum, dich aber nicht zur geistlichen Herrschaft berufen. Unsere Bischöfe […], hast du, der Unberufene, zu verachten gelehrt. Auch mich hast du angetastet, mich, von dem die Überlieferung lehrt, dass ich nur von Gott gerichtet werden darf. So steige denn, der du durch diesen Fluch und das Urteil aller unserer Bischöfe und unser eigenes verdammt bis, herab. Verlasse den päpstlichen Stuhl […]. Steige herab, steige herab!

(In: Geschichte in Quellen, Band II, München 1982, S. 298 f. Gekürzt)

B 4 Papst und Kaiser. Buchmalerei, 13. Jh.

PERSONENLEXIKON

GREGOR VII.
ca. 1021–1085, Papst von 1073–1085. Kirchenreformer

B 5 Christus, Papst (links) und Kaiser (rechts). Buchmalerei, 13. Jh.

B 6 Otto I. setzt Papst Johannes XII. ab und Leo VII. ein. Buchmalerei, 11. Jh.

Der „Gang nach Canossa" – Schließlich stellten die Fürsten Heinrich IV. im Herbst 1076 ein Ultimatum: Er müsse sich binnen eines Jahres vom Kirchenbann befreien lassen. Andernfalls würden sie einen neuen König wählen. In dieser Situation entschloss sich Heinrich IV., den Papst um die Befreiung vom Bann zu bitten. Anfang 1077 zog er im Büßergewand auf die Burg CANOSSA in Oberitalien, wo Gregor VII. sich gerade aufhielt. Drei Tage musste der König vor der Burg warten, bis der Papst ihn vom Kirchenbann löste. Nach geltendem Kirchenrecht konnte Gregor dem „bußbereiten" König diesen Akt nicht verweigern. Heinrich IV. hatte sein Königtum gerettet.

Die Schlichtung des Investiturstreits – Heinrichs Gang nach Canossa beendete den Konflikt zwischen Papst und König um die Investitur der Bischöfe und die wechselseitigen Dominanzansprüche jedoch nicht. Auf Betreiben Gregors VII. wählten die deutschen Fürsten 1077 einen Gegenkönig, den Heinrich IV. jedoch bald besiegte. Heinrich IV. ließ seinerseits einen Gegenpapst wählen, der ihn 1084 zum Kaiser krönte.

Eine Lösung des Konflikts gelang erst im **Wormser Konkordat** von 1122, lange nach dem Tod Gregors VII. und Heinrichs IV. Als „Konkordat" bezeichnet man einen Vertrag zwischen dem Papst und einem weltlichen Herrscher. Im Wormser Konkordat wurden sowohl die geistlichen als auch die weltlichen Aufgaben eines Bischofs bestätigt. Der König erkannte aber an, dass der Bischof eines Bistums streng nach den Regeln der Kirche gewählt werden sollte. Er verzichtete daher auf die Investitur mit Ring und Bischofsstab. Allerdings durften die deutschen Bischöfe nur dann kirchlich geweiht werden, wenn sie zuvor vom König mit den weltlichen Machtbefugnissen und den Ländereien des Bistums belehnt worden waren. Der König hatte sich so weiterhin großen Einfluss auf die Wahl der Bischöfe gesichert. Denn es war unwahrscheinlich, dass ein Bischof geweiht wurde, der nicht über diese Lehnsrechte verfügte.

Auch nach der Beilegung des Investiturstreits gab es immer wieder Konflikte zwischen Papst und König bzw. Kaiser.

E7 *Uns wird erzählt*

Bischof Benno von Meißen erinnert sich im Jahr 1108: „1066 wurde ich von Heinrich IV. zum Bischof gemacht. Als dann Gregor VII. 1075 seine Grundsätze für das Papsttum veröffentlichte, brachen unruhige Zeiten an. Nur der Papst sollte zukünftig Bischöfe und sogar den Kaiser ein- und absetzen können. Das musste zum Streit mit dem König führen!

Der König erklärte darauf im Januar 1076 Papst Gregor wegen ungültiger Wahl für abgesetzt. Einen Monat später verhängte der Papst über den König den Bann. Der König war damit aus der Kirche ausgeschlossen. Wie sollten wir Fürsten uns nun verhalten? Sollten wir als treue Lehnsleute unseren König oder als gläubige Christen den Papst unterstützen? Mit vielen anderen entschied ich mich für die Unterstützung des Papstes: Ein gebannter König konnte kein rechtmäßiger Herrscher sein. Und das Recht, den Papst abzusetzen, hatte er auch nicht! Andere Fürsten sahen die Angelegenheit allerdings genau entgegengesetzt.

Heinrich IV. erkannte, welche Bedrohung der Kirchenbann für die Anerkennung seines Königtums darstellte. Im Februar 1077 zog er – wir waren überrascht – nach Italien. Mitten im tiefen Winter, barfuß und nur mit einem braunen Gewand aus groben Leinenstoff bekleidet. Vor der Burg Canossa bat er Gregor VII. um Vergebung. Der Papst war verpflichtet, einen um Vergebung Bittenden nach drei Tagen vom Bann zu lösen. So war Heinrich wieder in die Kirche aufgenommen und hatte sein Königtum gerettet. Einige deutsche Fürsten meinten, er habe sich damals taktisch geschickt verhalten, andere sahen spöttisch auf ihn herab. Wie auch immer, der Streit um die Investitur der Bischöfe ist bis heute nicht gelöst."

ARBEITSAUFTRÄGE

1. Stelle mit Q 1 die Zahl der Ritter zusammen, die Bischöfe bzw. weltliche Fürsten dem Kaiser bereitstellen sollten. Welche Schlüsse über das Reichskirchensystem und die Aufgaben der geistlichen Fürsten lassen sich daraus ziehen?
2. Erläutere mithilfe von K 2 und dem Darstellungstext die Ausbreitung der Klosterreform. Welche Auswirkungen auf das deutsche Reichskirchensystem konnte sie haben?
3. Beschreibe die Bilder B 4 – B 6 und interpretiere das darauf dargestellte Verhältnis von König/Kaiser und Papst. Achte auf die Zeit der Bildentstehung, die Haltung der Personen und die Gegenstände in ihren Händen.
4. Erarbeite und beurteile mit E 7 und dem Darstellungstext Ursache, Verlauf und Lösung des Investiturstreits.

7. Die Königsmacht im Hoch- und Spätmittelalter

Während des Investiturstreits war deutlich geworden, dass die Stärke eines Königs mehr von der Unterstützung durch die deutschen Fürsten als von seiner Herkunft aus dem Königsgeschlecht abhing. Im Jahr 1125 starb König Heinrich V. aus dem Geschlecht der Salier, ohne einen direkten Thronerben zu hinterlassen. Wer sollte nun zum deutschen König gewählt werden?

Eine unvorhergesehene Wahl – Als aussichtsreichster Bewerber auf den Thron galt der Neffe des verstorbenen Kaisers, Herzog Friedrich II. von Schwaben. Er kam aus dem mächtigen und angesehenen Geschlecht der Staufer. Für ihn sprachen die Verwandtschaft zum verstorbenen Herrscher sowie sein hohes Ansehen. Die Fürsten verweigerten dem schon siegessicheren Staufer dennoch die Wahl zum deutschen König. Sie wollten verhindern, dass eine mächtige Familie dauerhaft den königlichen Rang erhielt. Statt dessen sollte in Zukunft bei jeder Königswahl neu entschieden werden, wer der geeignetste Bewerber sei.

Die Wahl fiel 1125 auf den angesehenen Sachsenherzog Lothar. Die Staufer fühlten sich durch die Wahl betrogen und unternahmen sofort Kriegszüge gegen den neuen König Lothar III.

Heiraten schafft Verbündete – Lothar III. benötigte Hilfe. Er verbündete sich mit der mächtigen Familie der Welfen, indem er seine Tochter mit Herzog Heinrich dem Stolzen von Bayern verheiratete. Damit erhielt die Familie der Welfen einen königlichen Rang und galt als das zukünftige Königsgeschlecht. Die Fürsten waren in der Folgezeit in ein welfisches und ein staufisches Lager gespalten.

Friedrich I. und die Fürsten – 1152 wurde der Staufer Friedrich I., genannt „Barbarossa“ (= Rotbart), zum deutschen König gewählt und 1155 vom Papst auch zum Kaiser gekrönt. Er wollte eine Versöhnung zwischen Staufern und Welfen herbeiführen. Das war keine leichte Aufgabe, denn sein Vorgänger hatte dem Welfen Heinrich dem Löwen das Herzogtum Bayern als Lehen entzogen. Herzog in Bayern war nun der mit den Staufern verbündete Markgraf von Österreich. Heinrich der Löwe forderte Bayern vom neuen König zurück. Nach langen Verhandlungen stellte Friedrich I. beide Fürsten zufrieden: Heinrich wurde 1154 wieder Herzog von Bayern, der Österreicher wurde zum Ausgleich vom Markgrafen zum Herzog erhoben. So wie bei diesem Streit traf Friedrich alle wichtigen Entscheidungen der Reichspolitik zusammen mit den angesehenen Fürsten des Reichs.

PERSONENLEXIKON

Friedrich I. Barbarossa, ca. 1122–1190. Deutscher König von 1152 bis 1190; seit 1155 auch Kaiser des Heiligen Römischen Reichs

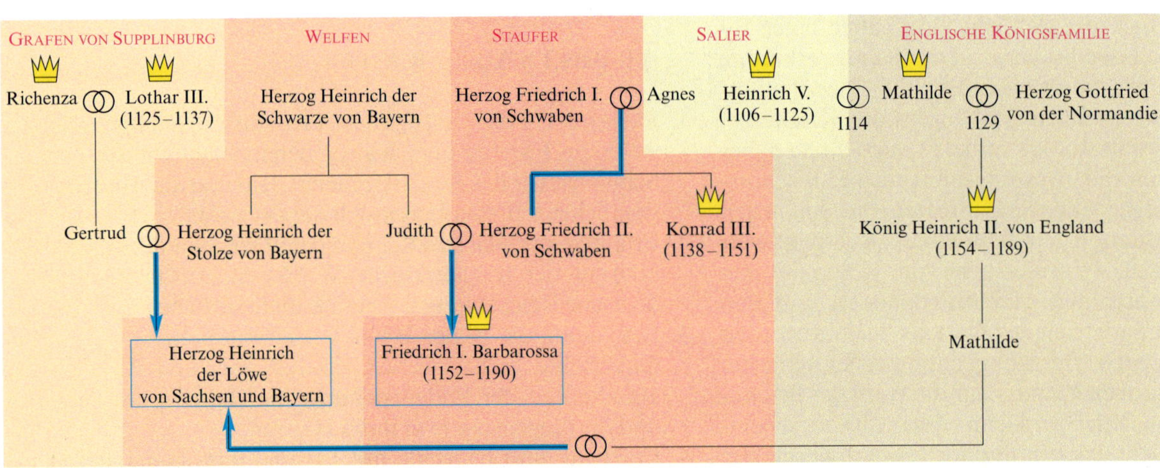

B1 Die Familien der Staufer und Welfen im 12. Jahrhundert und die Familienherkunft der deutschen Könige

Friedrich I. in Süditalien – Die deutschen Könige und Kaiser waren seit der Mitte des 10. Jahrhunderts auch Könige der Lombardei bzw. ganz Oberitaliens. Doch die reichen und mächtigen Handelsstädte Oberitaliens versuchten immer wieder, sich dieser Herrschaft zu entziehen. Vor allem verweigerten sie dem König die festgelegten Abgaben und damit die wirtschaftliche Nutzung der königlichen Hoheitsrechte. Friedrich I. legte daher einen Schwerpunkt seiner Regierungszeit nach Italien, wo er etwa 16 seiner 38 Regierungsjahre verbrachte; oft mit Kriegszügen gegen die abtrünnigen Städte.

Die deutschen Fürsten nutzten die lange Abwesenheit Friedrichs I., um die Landesherrschaft in ihren Herzogtümern weiter auszubauen und königliche Rechte durch Gewohnheitsrecht an sich zu ziehen. Dazu gehörten das Recht zur Stadtgründung, die Gerichtsbarkeit durch die Grafen oder das Recht, Münzen zu prägen.
Besonders erfolgreich war dabei der ehrgeizige und machtbewusste Welfenherzog Heinrich der Löwe. Friedrich I. ließ ihn anfangs gewähren. Denn er brauchte einen starken Vertreter seiner Interessen in Deutschland und hoffte auf die Loyalität seines Vetters, dem er 1154 Bayern als Lehen zurückgegeben hatte.

Der Aufstand Heinrichs des Löwen – Friedrich I. brauchte für seine Italienpolitik die militärischen Unterstützung der Fürsten. Die gewährte ihm anfangs auch Herzog Heinrich der Löwe, der für den ersten Italienkriegszug des Königs 1154/55 das größte Ritteraufgebot stellte. Doch das Einverständnis zwischen Friedrich I. und Herzog Heinrich dem Löwen endete 1176 mit einem tiefen Bruch. Als der Kaiser für einen weiteren Kriegszug gegen die oberitalienischen Städte die militärische Unterstützung der Reichsfürsten anforderte, verweigerte ihm Heinrich der Löwe die Gefolgschaft. Das Heer des Kaisers erlitt eine schwere Niederlage; der alte Konflikt zwischen Staufern und Welfen war wieder offen ausgebrochen.

Friedrich I. beorderte den Welfenherzog 1179 vor ein Reichsgericht. Da Heinrich wegen seiner rücksichtslosen Machtpolitik im Reich auch mit den anderen Fürsten im Konflikt lag, verhängte das Gericht die **Reichsacht** über ihn. Er verlor beide Herzogtümer, Bayern und Sachsen, und behielt nur die welfischen Hausgüter um Braunschweig und Lüneburg. e/8

Friedrich I. hatte zwar den Machtkampf gegen den Welfenherzog gewonnen, aber die Machtstellung der Fürsten insgesamt war eher noch gestiegen.

B2 Krönungsbild Herzog Heinrichs des Löwen und seiner Frau Mathilde. Personen (v.l.): Richenza, Lothar III., Gertrud, Heinrich der Stolze, Heinrich der Löwe, Mathilde (die Jüngere), König Heinrich II. von England, Mathilde (die Ältere), unbekannte Person. Buchmalerei aus dem Evangeliar Heinrichs des Löwen, um 1185

Mehr Macht für die Landesfürsten – Im Jahr 1212 wurde Friedrich II. (1194 – 1250), der Neffe Friedrichs I., zum deutschen König gewählt. Er war in Italien aufgewachsen und stark von dessen Kultur geprägt worden. Bereits 1220 verließ er das Reich wieder und verbrachte den Rest seiner Regierungszeit im Königreich Sizilien, das damals ebenfalls zum Herrschaftsgebiet der Staufer gehörte.
Den weltlichen und geistlichen Fürsten des Deutschen Reichs überließ Friedrich II. nahezu unbeschränkte Macht in ihren Territorien, die er ihnen in dem **„Gesetz zugunsten der Fürsten“** auch schriftlich verbriefte. Dafür hoffte er auf ihre Unterstützung für seine Politik in Italien.

Die Staufer Friedrich I. und Friedrich II. waren nur selten im Deutschen Reich präsent. Die Machtstellung der Fürsten mit ihren oft gegensätzlichen Interessen wuchs in dieser Zeit weiter zu Lasten einer schwindenden Zentralmacht des Königtums. In der Zeit zwischen dem Tod Friedrichs II. und dem Regierungsantritt RUDOLFS I. aus dem Hause Habsburg hatten die deutschen Könige so wenig Macht, dass die Geschichtsschreiber diese Zeit zwischen 1250 und 1273 als **Interregnum** (Lat.: königlose Zeit) bezeichnen.

Q 4 Friedrich II., Bestimmung zugunsten der Fürsten, 1232:

1. […] Wir gestehen den Fürsten für immer zu, dass keine neue Burg oder Stadt auf geistlichem Gebiet […] von uns oder einem anderen Fürsten errichtet werden darf.
6. […] Ein jeder Fürst habe freien Gebrauch seiner Freiheiten, Gerichtsbefugnisse, Grafschaften und Zehnten nach den Gewohnheitsrechten seines Landes […].
11. […] Die Abgaben an Wein, Geld, Korn oder anderen Waren, die alle Bauern bisher an mich abzuliefern hatten, sollen abgeschafft und nicht mehr erhoben werden.
12. Eigenleute der Fürsten, der Edlen, des Dienstadels und der Kirchen sollen in unseren Städten keinen Schutz mehr finden […].
13. Eigentum und Lehen der Fürsten, Edlen, des Dienstadels und der Kirchen, das sich in den Händen unserer [Reichs-] Städte befindet, soll zurückgegeben werden.
17. […] Im Lande eines Fürsten wollen wir keine neue Münze schlagen lassen, durch welche die Münze des Fürsten im Werte gemindert werden könnte […].

(In: Geschichte in Quellen, Band II, München 1982, S. 568 f. Gekürzt)

B3 Der Kaiser und die sieben Kurfürsten, die seit 1356 zur Königswahl berechtigt sind. Buchmalerei, 1493. Ebenfalls dargestellt sind die Reichsämter, die mit der Kurwürde verbunden waren: Erzkanzler (alle Geistlichen). Erzschenk (zuständig für die Getränke), Erztruchsess (Speisen), Erzmarschall (Pferde, Waffen), Erzkämmerer (Kasse)

Die Königswahl wird geregelt – Die Absicht der Stauferkönige, das Deutsche Reich dauerhaft zu einer Erbmonarchie zu machen, waren an ihrer mangelnden Präsenz im Reich und am Widerstand der Fürsten gescheitert. Die tiefgreifende Machtverschiebung zugunsten der Fürsten zeigte sich auch an den Regelungen zur Königswahl. Schon seit dem 13. Jahrhundert beanspruchte eine kleine Gruppe geistlicher und weltlicher Fürsten das Recht, den neuen König zu wählen. Der genaue Ablauf der Königswahl und der Kreis der wahlberechtigten Fürsten wurde im Jahr 1356 durch Kaiser KARL IV. mit Zustimmung der Fürsten in einem Reichsgesetz geregelt. Die Urkunde dieses Gesetzes trägt den Namen **„Goldene Bulle“.** Als wichtigstes mittelalterliches Gesetz der deutschen Geschichte bildete sie für mehrere Jahrhunderte die Grundlage der Königswahl. Da eine Wahl damals „Kur“ genannt wurde, werden die Fürsten, die den König wählen durften, als **Kurfürsten** bezeichnet.

Vom Hoftag zum Reichstag – Seit dem 15. Jahrhundert wurde die Reichspolitik auf regelmäßig stattfindenden Versammlungen unter Vorsitz des Königs besprochen, den **Reichstagen.** Zu den Reichstagen lud der König die Vertreter der drei Reichsstände ein. Dazu gehörten im Hoch- und Spätmittelalter die weltlichen Kurfürsten, andere Fürsten und adlige Herren, die geistlichen Kurfürsten, Bischöfe und Reichsäbte sowie die Vertreter der **freien Städte** und der **Reichsstädte.** Freie Städte waren Städte, die sich von der Herrschaft ihres früheren Stadtherrn befreit hatten. Reichsstädte unterstanden direkt der Herrschaft des Königs.
Auf den Reichstagen wurden Entscheidungen für das gesamte Reich getroffen, zum Beispiel über Kriege oder die Erhebung von Steuern. Der König trug sein Anliegen vor. Dann berieten die Vertreter jedes Standes untereinander und einigten sich. Stimmten mindestens zwei Stände dem Vorhaben zu, wurde ein Reichsgesetz verabschiedet. Erstmals wurden Entscheidungen vom König, den Fürsten und den Städten gemeinsam getroffen.

Q 5 Die „Goldene Bulle“ von 1356 regelt die Wahl des deutschen Königs:

Sooft und wann in Zukunft das Heilige Reich ledig [ohne König] sein wird, soll der Erzbischof von Mainz die Vollmacht haben, die Kurfürsten […] zusammenzurufen. [… Sie sollen einen Eid ablegen], dass sie ihre Wahlentscheidung treffen werden ohne Verabredung, Belohnung, Entgelt oder Versprechungen […].
Zuerst wird er [der Erzbischof von Mainz] den Erzbischof von Trier fragen, zweitens den Kölner Erzbischof, drittens den König von Böhmen, viertens den Pfalzgrafen bei Rhein, fünftens den Herzog von Sachsen und sechstens den Markgrafen von Brandenburg. Danach werden die Fürsten den Erzbischof von Mainz ihrerseits fragen, damit er selbst seine Meinung ausspreche […]. Die Kurfürsten sollen die Stadt Frankfurt [am Main] nicht eher verlassen, bis sie mit Mehrheit einen König gewählt haben […]. Falls die Kurfürsten einen aus ihrem Kreis […] zum König wählen, so soll dessen Stimme volle Gültigkeit haben, um eine Mehrheit bilden zu können.
Wer so zum deutschen König gewählt worden ist, soll sogleich nach vollzogener Wahl […] den geistlichen und weltlichen Kurfürsten alle ihre Privilegien, Rechte, Freiheiten und […] alten Gewohnheiten und Würden […] ohne Verzug und Widerruf durch seine Siegel bestätigen und bekräftigen. Wir verfügen mit diesem für immer gültigen kaiserlichen Gesetz, dass alle Kurfürstentümer fortbestehen und für immer unteilbar vereinigt und verbunden bleiben sollen.

(Die Goldene Bulle. Das Reichsgesetz Kaiser Karl IV. vom Jahre 1356, bearbeitet von Wolfgang D. Fritz, Weimar 1978, S. 51 ff. Gekürzt und vereinfacht)

ARBEITSAUFTRÄGE

1. Finde in B 1 die Eltern Kaiser Friedrichs I. Ordne sie den Fürstenfamilien zu. Überlege, weshalb gerade er nach dem Streit zwischen Staufern und Welfen zum König gewählt wurde.
2. Beschreibe und interpretiere B 2. Erläutere, wie das Bild auf den Betrachter wirkt bzw. welche Wirkung Herzog Heinrich der Löwe beabsichtigt haben könnte. Beachte: Von wem wird in der Symbolik der Bildsprache die Krönung vollzogen? – Es handelte sich nicht um die Krönung eines Königspaares.
3. Lies Q 4 und analysiere die Zugeständnisse Friedrichs II. an die deutschen Fürsten. Welche Bedeutung hatte die „Bestimmung“ für die Fürsten?
4. Erläutere mithilfe von B 3 und Q 5, wer seit 1356 zur Wahl des Königs berechtigt war und wie die Wahl ablief.
5. Beurteile mit Q 5 und dem Darstellungstext die Stellung des deutschen Königs gegenüber den Landesfürsten. Vergleiche auch mit dem Ablauf der Königswahl Ottos I. (Q 5, Seite 52).

8. Kaiser Friedrich II. – Herrscher und Naturforscher

FRIEDRICH II. von Staufen war deutscher König und Kaiser des Heiligen Römischen Reiches. Von Zeitgenossen, die ihn bewunderten, wurde er *stupor mundi* (Lat.: „Staunen der Welt“) genannt. Andere bezeichneten ihn als „Antichrist“, das heißt, sie sahen in ihm den Teufel verkörpert. Wie ist eine so gegensätzliche Sichtweise zu erklären?

Ein Kind wird König – Friedrich II. war der Sohn Kaiser Heinrichs VI. und Konstanzes, Erbin des Königreichs Siziliens. Im Alter von nicht einmal vier Jahren wurde er zum König von Sizilien gekrönt. Papst Innozenz III. übernahm die Vormundschaft. Intrigen und Gewalt prägten die Kindheit Friedrichs II. Aber die deutschen Fürsten erkannten ihn an: Mit 16 Jahren wurde er deutscher König, 1220 erfolgte in Rom die Kaiserkrönung.

Gesetzgeber und Staatsmann – Friedrich II. schuf in Sizilien einen straff organisierten Staat mit zentraler Verwaltung und einer ihm treu ergebenen Beamtenschaft. Mit zahlreichen Gesetzen wollte er möglichst alle Lebensbereiche regeln. Das große Ziel Friedrichs II. war es, ein einheitliches, von ihm geführtes Reich in der Mitte Europas zu schaffen. Doch er scheiterte am Widerstand der mächtigen und reichen Städte Oberitaliens sowie an der Macht der deutschen Fürsten.

K1

PERSONENLEXIKON

FRIEDRICH II. VON STAUFEN 1194–1250. König von Sizilien (seit 1197) und deutscher König (seit 1212). 1220 Krönung zum Kaiser des Heiligen Römischen Reiches. Die Münze ist ein so genannter „Augustalis“ von 1231

B2 Kaiser Friedrich II. Abbildung aus dem Buch des Kaisers „Über die Kunst mit Vögeln zu jagen“, Buchmalerei um 1240

Q 3 Kaiser Friedrich II. entscheidet in einem Prozess, der 1235 in der Stadt Fulda gegen Juden geführt wurde:

1235 wurden die Fuldaer Juden beschuldigt, christliche Kinder ermordet zu haben und deren Blut missbraucht zu haben. Friedrich II. entschied über diese Anklage: Weder im Alten noch im Neuen Testament ist zu finden, dass die Juden nach Menschenblut begierig wären. Im Gegenteil, sie hüten sich vor der Befleckung durch jegliches Blut. Dies ergibt sich ausdrücklich aus der Bibel, aus den [zehn] Geboten […] und aus den jüdischen Gesetzen […]. Deshalb verbieten Wir durch diese Urkunde, dass irgendjemand die Juden mit den genannten Vorwürfen behellige. Da – wie jedermann weiß – der Herr in seinen Knechten geehrt wird, so erweisen alle diejenigen, die sich den Juden, Unseren Knechten, gegenüber huldvoll und wohlwollend zeigen, zweifellos Uns die Ehre.

(In: Geschichtsbuch, Bd. 2. Berlin 1982, S.108. Gekürzt)

In Deutschland hat sich Friedrich II. nur zweimal aufgehalten. Auch aus diesem Grund konnten die deutschen Fürsten ihre bereits zuvor starke Position gegenüber dem Kaiser weiter ausbauen. Um ihre Unterstützung nicht zu verlieren, bestätigte Friedrich II. zudem die Gewohnheitsrechte der Fürsten. Sie durften Steuern und Zölle erheben, Geld prägen und Recht sprechen.

Ein vielseitig begabter Herrscher – Friedrich II. zog viele Gelehrte an seinen Hof. Sein ausgeprägtes Interesse für Architektur spiegelt sich in den von ihm erbauten oder erneuerten Kastellen [= Festungen] und Schlössern wider. Seine Fähigkeit, Naturerscheinungen zu beobachten, zeigt sich in dem von ihm verfassten Buch „Über die Kunst, mit Vögeln zu jagen".

Kaiser und Papst – Der Kampf mit den Päpsten überschattete die Regierungszeit Friedrichs II. Der Papst erhob den Anspruch, über der weltlichen Gewalt und dem Kaisertum zu stehen. Friedrich II. erkannte zwar die päpstliche Autorität in Glaubensfragen an, bestand aber auf der Unabhängigkeit der weltlichen Gewalt. Zweimal wurde er vom Papst gebannt [= aus der Gemeinschaft der Kirche ausgeschlossen]. 1245 versuchte der Papst, der mit den norditalienischen Städten verbündet war, sogar, Friedrich II. als Kaiser abzusetzen.

Q4 Am 17. Juli 1245 setzt Papst Innozenz IV. Kaiser Friedrich II. ab:

Wir [erklären] den besagten Fürsten [Friedrich II. ...] für einen Menschen, der von Gott [...] verdammt und aller seiner Ehren und Würden vom Herrn beraubt ist, und entsetzen ihn durch unseren Urteilsspruch. Alle, die ihm durch den Eid der Treue verpflichtet sind, lösen Wir für immer von diesem Eide und verbieten kraft apostolischer Vollmacht strengstens, dass in Zukunft irgend jemand ihm als König oder Kaiser gehorche. [...] Über das Königreich Sizilien werden Wir [...] so verfügen, wie wir es für zweckmäßig halten.

(In: H. Nette: Friedrich II. von Hohenstaufen. Reinbek bei Hamburg 1975, S. 121. Gekürzt)

Q5 Friedrich II. antwortet auf die Absetzung durch den Papst mit einem Brief an die Könige Europas (1245):

Wenn Wir auch [...] offen einräumen, dass [dem Papst] vom Herrn die Vollmacht in geistlichen Dingen übertragen worden ist, so liest man dennoch nirgends [...], dass es ihm zusteht, das Kaisertum nach Belieben zu übertragen oder über die zeitliche Bestrafung von Königen und Fürsten durch Beraubung ihrer Reiche zu urteilen [...]. Es scheint also dieser Spruch [des Papstes] allzu leidenschaftlich und übertrieben, durch den lächerlicherweise derjenige dem Gesetz unterworfen wird, der von allen Gesetzen ausgenommen ist, über den zeitliche Strafen zu verhängen [... alleine] Gottes Sache ist.

(In: H. Nette: Friedrich II. von Hohenstaufen. Reinbek bei Hamburg 1975, S. 122. Gekürzt)

B6 Das von Friedrich II. 1240–1250 erbaute Castel del Monte in Süditalien. Wozu das Kastell diente, ist unbekannt. Es hat keine Küche; bewohnt war es also nicht. Zu verteidigen gab es in der Gegend auch nichts.

ARBEITSAUFTRÄGE

1. Erläutere mit K 1 die Ausdehnung des Stauferreichs um 1250 sowie die Motive, die Papst und oberitalienische Städte zu einem Bündnis gegen Friedrich II. bewegt haben könnten.
2. Beurteile die Stellungnahme des Kaisers zum Prozess gegen die Fuldaer Juden (Q 3).
3. Erläutere mit Q 4 und Q 5 den Konflikt zwischen Papst und Kaiser. Beachte auch K 1. Wie beurteilst du die Argumente?
4. Versuche mithilfe von B 2, B 6 und dem Darstellungstext, dir ein Bild der persönlichen Eigenschaften Friedrichs zu machen.

9. Vom mittelalterlichen Fehderecht zum „Ewigen Landfrieden“

Im deutschen Strafgesetzbuch regelt der § 125 den Tatbestand des **Landfriedensbruchs.** Demnach wird mit bis zu drei Jahren (in besonders schweren Fällen bis zu 10 Jahren) Haft bestraft, wer durch Gewalttätigkeiten gegen Menschen oder Sachen die öffentliche Sicherheit gefährdet. Die Begriffe „Landfrieden“ bzw. „Landfriedensbruch“ stammen aus dem Mittelalter. Wie sind sie entstanden und was verstanden die Menschen damals darunter?

Eine unsichere Zeit – Nach dem Zusammenbruch des Römischen Reichs verlor das hoch entwickelte Rechtssystem der Römer für lange Zeit an Bedeutung. An seine Stelle traten im Frankenreich das ursprüngliche Volksrecht der verschiedenen Stämme sowie das Königsrecht. Sowohl die einzelnen Stammesrechte als auch das Königsrecht konnten sich widersprechen. Das gesamte Früh- und Hochmittelalter war daher von einer starken Zersplitterung des Rechts und von großer Rechtsunsicherheit geprägt. Ein einheitliches, für alle verbindliches Gesetzeswerk existierte ebenso wenig wie eine Polizei, die nach rechtsstaatlichen Prinzipien die öffentliche Sicherheit garantierte.

B2 Ritter treiben geraubtes Vieh weg, Buchmalerei, 14. Jh.

Q1 Aus der Chronik des Klosters St. Gallen, um 1250:

In Konstanz war [seit 1248] ein neuer Bischof; der hieß Eberhard von Waldburg. Dor bogann bichor ungewohnte Dinge vom Abt [des Klosters St. Gallen] zu verlangen. Dagegen wehrte sich der Abt und wollte nicht nachgeben. Darüber brach ein offener Krieg aus. Die Leute beider Gotteshäuser brannten und sengten gegenseitig. [...] Nun war der Bischof öffentlich gegen Herisau geritten und brannte alles, was dazwischen unserem Gotteshaus gehörte, nieder. Darauf warb der Abt um Leute [zwei Ritter, die Lehen des Klosters hatten], [...] und alles, was das Bistum und seine Diener im Thurgau hatten, wurde niedergebrannt.

(Zit. nach: H. D. Schmid, Fragen an die Geschichte, Bd. 2, Frankfurt a. M. 1980, S. 14)

Q3 Der Landfrieden König Friedrichs I, 1152 (Auszug):

Wenn jemand einen Menschen, der in diesem Frieden steht, tötet, soll er der Todesstrafe unterliegen, es sei denn, er könnte [...] beweisen, dass er jenen zum Schutz doc oigonon Lobonc gotötot hat. [...] Wenn ein Bauer einen Rittersmann wegen Friedensbruch belangt und [...] beschwört, dass er dies nicht vorsätzlich, sondern in Notwehr tut, soll sich der Ritter zur vierten Hand reinigen. Wenn ein Rittersmann einen Bauern wegen Friedensbruch belangt und [...] beschwört, dass er dies nicht vorsätzlich, sondern in Notwehr tut, soll der Bauer [...] sich durch sieben Zeugen [...] reinigen. Wenn ein Ritter gegen einen Ritter wegen Friedensbruch [...] einen Zweikampf führen will, soll ihm nicht die Genehmigung [...] erteilt werden, es sei denn, er könnte beweisen, dass er seit alter Zeit [...] der Herkunft nach rechtmäßiger Ritter ist. Wenn ein Bauer Waffen, Lanze oder Schwert trägt, soll ihm der Richter [...] die Waffen fortnehmen. [...] Wenn Dienstmannen eines Herrn untereinander Fehde haben, soll der Graf [...], in dessen Gerichtsbereich dies geschieht, Gesetz und Gericht wahrnehmen.

(In: R. Buchner [Hg.], Quellen zur Deutschen Verfassungs-, Wirtschafts- und Sozialgeschichte, Bd. 32, Darmstadt 1977, S. 251 f. Gekürzt, sprachl. vereinfacht)

Ritter führen Privatkriege – Das germanische Stammesrecht kannte die **Fehde** (von Mittelhochdt.: Feindschaft) als legitime Möglichkeit, seine Rechtsforderungen selbst mit Waffengewalt durchzusetzen. Da der „gemeine Mann“ seit Mitte des 12. Jahrhunderts keine Waffen tragen durfte, wurden Fehden vor allem vom niederen Adel, den **Rittern,** ausgetragen. Fehdegründe konnten z. B. Mord, Beleidigung, strittige Gebiets- oder Erbansprüche sein. Mit dem Niedergang und sittlichen Verfall des Rittertums im Hoch- und Spätmittelalter entartete das Fehderecht zum Faustrecht von Raubrittern. Deren Opfer waren weniger andere Ritter und deren Burgen, als vielmehr Hab und Gut der Bevölkerung; ganze Dörfer und Landstriche wurden verwüstet. Und die Macht des deutschen Königs reichte lange Zeit nicht aus, um den Fehden und Plünderungen Einhalt gebieten zu können.

Gottesfrieden und Landfrieden – Auch die Kirche fühlte sich durch die Fehden und Verwüstungen von Kirchengut bedroht. Seit Ende des 11. Jahrhunderts versuchte sie daher, durch so genannte **Gottesfrieden** die Fehden zu unterbinden. Diese Gottesfrieden waren Beschlüsse der Kirche, wonach zu bestimmten Zeiten die Fehde verboten war. Vom Adel sollte unter Androhung des Kirchenbanns der Gottesfrieden beschworen werden.

Wirkungsvoller als die Gottesfrieden wurden die so genannten **Landfrieden** (vgl. Q5) des Königs bzw. der Landesfürsten. Der erste Reichslandfrieden mit einer Einschränkung des Fehderechts für das gesamte Reich wurde 1103 von König HEINRICH IV. verkündet. Bis zum völligen Verbot der Fehde dauerte es aber noch fast 300 Jahre. Erst auf dem Wormser Reichstag von 1495 beschlossen Kaiser MAXIMILIAN I., die Landesfürsten sowie die Reichsstädte mit dem **„Ewigen Landfrieden“** ein generelles Verbot aller Fehden. Das so genannte **Gewaltmonopol** sollte in Zukunft ausschließlich bei den Fürsten liegen. Das Gesetz vom „Ewigen Landfrieden“ markiert daher einen wichtigen Meilenstein auf dem langen Weg zum modernen Rechtsstaat.

B4 Ein von zwei Männern (rechts, mit Speer) Angegriffener (vorne) flüchtet sich zum berittenen Burgherrn und bittet ihn um Schutz. Der Burgherr zieht zur Verteidigung des Verfolgten sein Schwert gegen die Angreifer. Der Mann im grün-weiß gestreiften Rock, der „wegevertige geselle“ des Bedrohten, trägt zur Kennzeichnung der Notwehrsituation ein Tuch über dem linken Arm. Buchmalerei aus dem „Sachsenspiegel“, um 1230. (Der „Sachsenspiegel“ war bis ins 18. Jahrhundert ein weit verbreitetes Rechtsbuch in Mittel- und Ostdeutschland.)

Q5 Begriffserläuterung: Der mittelalterliche Landfrieden

Der Landfrieden bezeichnet im Mittelalter meist das Verbot des Herrschers, Fehden durchzuführen. Bis ins 13. Jahrhundert wurde er vom König ausgerufen (= *Reichs*landfrieden), danach konnten auch Landesfürsten einen Landfrieden anordnen. Anfangs war das Fehdeverbot nur zeitlich und räumlich befristet, denn die Fehde war nach altem Stammesrecht nicht generell unrechtmäßig. Im Spätmittelalter erhielt der Landfrieden eine allmählich wachsende Bedeutung und Durchsetzungskraft. Mit dem 1495 in Worms von Kaiser Maximilian I. und den Reichsständen beschlossenen „Ewigen Landfrieden“ wurde die Fehde generell und für immer verboten. Zugleich wurde mit dem Reichskammergericht eine oberste, unabhängige Rechtsinstanz geschaffen.

(Autorentext)

ARBEITSAUFTRÄGE

1. Formuliere eine eigene Begriffserläuterung für „Fehde“.
2. Erläutere mit Q1 und B2 die Aussage, dass das Früh- und Hochmittelalter eine Zeit großer Rechtsunsicherheit war.
3. Analysiere und beurteile Q3. Diskutiere, ob bzw. in welchem Maß der Landfrieden Friedrichs I. die Rechtssicherheit der einfachen Menschen verbesserte.
4. Informiere dich mittels Lexikon bzw. Internet über die Bedeutung des staatlichen Gewaltmonopols in Deutschland.

10. Krieg im Namen Gottes? – die Kreuzzüge

Zu Beginn des 11. Jahrhunderts war der verbreitete Aberglaube vom nahenden Ende der Welt eng mit dem Wallfahrtsgedanken sowie der Sehnsucht nach Jerusalem als Mittelpunkt der christlichen Welt verknüpft. Daraus entwickelte sich zwischen 1096 und 1291 mit den so genannten **Kreuzzügen** ein Massenphänomen mit weitreichenden Folgen. Was waren die Kreuzzüge?

Der Papst ruft zum Kreuzzug auf – Im Jahr 1078 hatten Muslime Jerusalem, die Grabstätte Christi, erobert. Der Kaiser von Byzanz hatte den Papst in Rom und die Adligen Europas um Waffenhilfe gebeten, denn er befürchtete den Fall seiner Hauptstadt Konstantinopel. Papst URBAN II. reagierte 1095 während einer Kirchenversammlung in Frankreich auf den Appell und rief die fränkischen Fürsten und Ritter *„im Zeichen des Kreuzes* [daher: „Kreuzzug"] *zum Kampf gegen die Ungläubigen in Palästina"* auf.

B1 Papst Urban II. ruft 1095 zum Kreuzzug auf. Kolorierter Holzschnitt von 1482

Die Vorgehensweise des Papstes war nicht allein religiös motiviert, denn mit seiner Initiative machte er auch den Führungsanspruch der Kirche in weltlichen Dingen deutlich. Ungewöhnlich war vor allem, dass das Oberhaupt der Kirche die Führungsrolle in einem bewaffneten Feldzug übernahm; in einem Feldzug, bei dem die weltlichen Fürsten sich ein- und unterordnen sollten.

Erstaunlich war auch die große Resonanz, die der Aufruf des Papstes fand. Allein am 1. Kreuzzug (1096 – 1099) beteiligten sich etwa 300 000 Menschen – von denen jedoch nur 45 000 Palästina erreichten. i/9

Kreuzritter. Buchmalerei, 13. Jahrhundert

Q2 Ansprache von Papst Urban II. auf einer Kirchenversammlung in Clermont-Ferrand 1095, (Auszug):

[Vor einer großen Menschenmenge] setzte der Papst zu folgender Rede an:
„Ihr Volk der Franken, ihr Volk nördlich der Alpen, ihr seid, wie eure vielen Taten erhellen, Gottes geliebtes und auserwähltes Volk [...]. An euch richtet sich unsere Rede [...], sie betrifft euch und alle Gläubigen. Aus dem Land Jerusalem und der Stadt Konstantinopel kamen schlimme Nachrichten. Das Volk im Perserreich, ein fremdes, ein ganz gottfernes Volk [...] hat die Länder der dortigen Christenheit besetzt, durch Mord, Raub und Brand entvölkert und die Gefangenen teils in sein Land abgeführt, teils elend umgebracht [...].
Wem anders obliegt nun die Aufgabe, diese Schmach zu rächen, dieses Land zu befreien, als euch? Euch verlieh Gott mehr als den übrigen Völkern ausgezeichneten Waffenruhm, hohen Mut [...].
Tretet den Weg zum Heiligen Grab [Christi] an, nehmt das Land fort dem gottlosen Volk, macht es euch untertan. [...] Jerusalem ist der Mittelpunkt der Erde, das fruchtbarste aller Länder, als wäre es ein zweites Paradies der Wonne. [...] Schlagt also diesen Weg ein zur Vergebung eurer Sünden; nie verwelkender Ruhm ist euch im Himmelreich gewiss."
Als der Papst dies [...] vorgetragen hatte, führte er die Leidenschaft aller Anwesenden [...] zu einem Willen zusammen, dass sie riefen: „Gott will es, Gott will es!"

(Zit. nach Arno Bost, Lebensformen im Mittelalter, Frankfurt a. M./Berlin 1979, S. 318 ff., Gekürzt)

Ritter oder Abenteurer? – Im westfränkischen Reich und in Lothringen schlossen sich tausende **Adlige und Ritter** dem 1. Kreuzzug an. Neben religiösen Motiven waren Abenteurertum, die Hoffnung auf reiche Beute sowie der versprochene Sündennachlass Gründe für die Teilnahme.

Die weitaus größte Gruppe der Kreuzfahrer bestand jedoch aus verarmten, sozial entwurzelten Städtern und Landarbeitern sowie Jugendlichen und Kindern. Dieser **„Volkskreuzzug"** zog entlang der Flussläufe von Rhein und Donau über den Balkan in Richtung Konstantinopel. Bereits im Rheinland **plünderten** sie zahlreiche **jüdische Gemeinden** und ermordeten tausende Juden.

Die Eroberung Jerusalems – 1099 traf das stark dezimierte Heer des 1. Kreuzugs schließlich vor Jerusalem ein. Mit dem Schlachtruf „Gott will es!" eroberten die Kreuzfahrer die Stadt und mordeten in einem grausigen Blutbad nahezu alle muslimischen und jüdischen Einwohner.

Die siegreichen Kreuzfahrer gründeten in den eroberten Gebieten Palästinas mehrere **Kreuzfahrerstaaten,** die zu Stützpunkten des Handels mit Westeuropa wurden. Doch nach der Vereinigung der arabischen Völker unter der Führung eines **Sultans** (= Herrscher) mussten die Kreuzfahrer alle eroberten Gebiete in Palästina bis zum Jahr 1291 wieder aufgegeben.

Q4 Elieser ben Nathan berichtet über die Verfolgung von Juden durch Kreuzfahrer in Mainz, 1096:

Als die Kreuzfahrer auf ihrem Weg durch die [rheinischen] Städte kamen, in denen Juden wohnten, sprachen sie in ihrem Herzen: „Wir ziehen dahin, das Heilige Grab aufzusuchen und Rache an den Mohammedanern zu nehmen, und hier sind die Juden, die Jesus gekreuzigt und umgebracht haben. Lasset uns zuerst an ihnen Rache nehmen und sie austilgen, sodass sie kein Volk mehr bilden, oder sie sollen zu unserem Glauben sich bekennen." Da erhoben sich die Feinde und Dränger gegen die Juden, die in ihren Häusern waren, überfielen sie und brachten sie um, Männer, Frauen und Kinder [...]. Sie rissen ihre Häuser nieder [...], machten Beute und plünderten. Sie nahmen die heilige Thora, traten sie in den Straßenkot [...], schändeten sie und trieben Spott und Scherz mit ihr.

(Zit. nach: Hebräische Berichte über die Judenverfolgung während des ersten Kreuzzuges, hg. und bearb. von A. Neubauer u. a., Nachdruck der Ausgabe Berlin 1892, Hildesheim 1997, S. 153. Gekürzt)

K 3

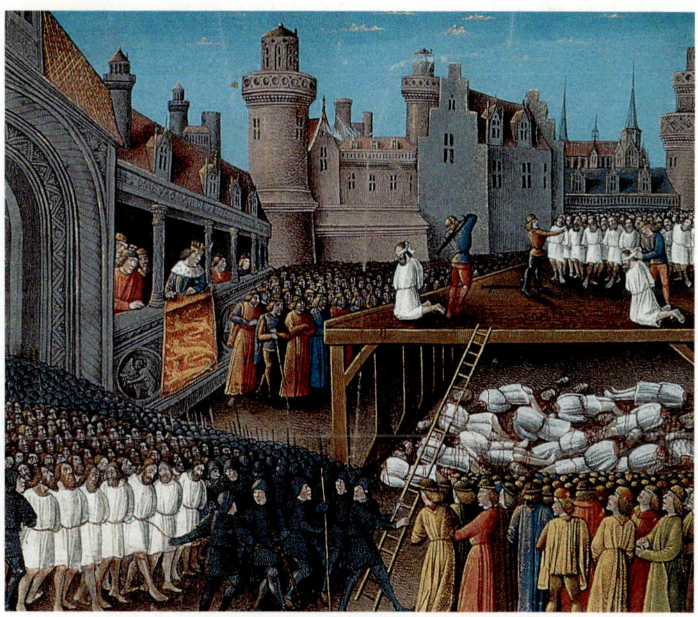

B5 König Richard Löwenherz von England lässt 1191 in Akkon 3000 gefangene Muslime hinrichten. Französische Buchmalerei, 15. Jh.

Ein dunkles Kapitel – Zwischen 1096 und 1291 fanden insgesamt sieben Kreuzzüge statt. Das ursprüngliche Ziel, die „Befreiung des Heiligen Landes", verloren die Kreuzfahrer jedoch aus den Augen. Mehr und mehr wurden Kreuzzüge zu brutalen Plünderzügen und zu Kirchenkriegen gegen die Feinde des Papstes.

Auch im Sommer des Jahres 1202 sammelte sich ein neues Kreuzfahrerheer in VENEDIG. Die Stadt hatte ihre Flotte für die Überfahrt nach Palästina zur Verfügung gestellt. Im Heerlager erschien jedoch der byzantinische Prinz ALEXIOS und berichtete, dass sein Vater, der Kaiser, gefangen genommen worden war. Alexios versprach den Kreuzfahrern eine riesige Summe Geld, wenn sie seinen Vater befreien würden. Die Kreuzfahrer gingen sofort auf dieses Angebot ein.

Im Sommer 1203 traf ihre Flotte vor Konstantinopel, der Hauptstadt von Byzanz, ein. Die Stadt wurde belagert und erstürmt, der Kaiser wurde befreit und wieder eingesetzt. Doch als die versprochene Geldmenge nicht sofort bereitgestellt werden konnte, besetzten und plünderten die Kreuzfahrer Konstantinopel und zerstörten die prächtigste christliche Stadt des Mittelalters fast völlig.

Die Gründung von Ritterorden – Schon vor den Kreuzzügen hatten sich Christen als **Pilger** (Lat.: einsamer Wanderer) auf den Weg nach Palästina begeben, um an den heiligen Stätten des Christentums zu beten. Im 11. Jahrhundert gründeten christliche Mönche dort **Hospitäler** (Lat.: Herbergen), um den Pilgern Unterkunft und Pflege auf ihrer Reise zu bieten.

Nach Gründung der Kreuzfahrerstaaten traten viele Ritter in die Gemeinschaft dieser Mönche ein. Aus den Mönchsorden wurden so geistliche **Ritterorden,** die auch militärische Aufgaben wahrnahmen wie den Schutz von Pilgern. Die bedeutendsten Orden waren die JOHANNITER, die TEMPLER und der DEUTSCHE ORDEN.

Q6 Treueschwur eines Ordensritters im 12. Jahrhundert:

Ich verspreche Jesus Christus, meinem Herrn, und seinem Stellvertreter, dem Papst, und seinen Nachfolgern, beständigen Gehorsam und Treue. Ich schwöre, dass ich nicht nur mit dem Wort, sondern auch mit der Waffe und mit allen meinen Kräften den Glauben verteidigen werde. Ich verspreche ebenso, dem Hochmeister des Ordens untergeben und gehorsam zu sein. Ich gelobe, dass ich jedes Mal, wenn es notwendig ist, die Meere überqueren werde, um in den Kampf zu ziehen; dass ich Hilfe leisten werde gegen die ungläubigen Könige und Fürsten und dass ich vor den Feinden niemals flüchten, sondern ihnen, wenn es Ungläubige sind, die Stirn bieten werde.

(In: W. Zöllner: Die Geschichte der Kreuzzüge, Wiesbaden 1989, S. 184. Gekürzt)

B7 Mit den Arabern nach Europa gekommen: das Schachspiel. Miniaturmalerei um 1230

ARBEITSAUFTRÄGE

1. Erarbeite und beurteile mit B1 und Q2 die Argumente von Papst Urban II. sowie seine Wirkung auf die Zuhörer.
2. Suche die Gebiete der Kreuzfahrerstaaten (K3) auf einer aktuellen Weltkarte. Nenne heutige Staaten in diesem Gebiet.
3. Fasse den Inhalt von Q4 in eigenen Worten zusammen und beuteile die Motive und die Handlungen der Kreuzfahrer.
4. Betrachte und interpretiere B5. Schreibe einen Bericht über das Ereignis aus Sicht eines muslimischen Bewohners Akkons.
5. Lies Q6 und erläutere, welches Selbstverständnis die Mitglieder der Ritterorden hatten. Formuliere deine Meinung.
6. Kennst du außer dem Schachspiel (vgl. B7) weitere Gegenstände/Erkenntnisse, die aus dem arabischen Raum stammen?

11. Die Kreuzzüge aus verschiedenen Blickwinkeln

Die Kreuzzüge des Mittelalters hatten für die Muslime Palästinas dramatische Folgen. Hunderttausende wurden wegen ihrer Religion oder aus Habgier getötet. Die zweihundertjährige Besetzung Palästinas durch die christlichen Kreuzfahrer wird von vielen arabischen Muslimen bis heute als Schmach empfunden.

Einzelne religiöse Extremisten, zum Beispiel radikale und gewaltbereite Islamisten, knüpfen noch heute mit ihrer Sprache an jene Zeit an. Sie verwenden Begriffe wie „Kreuzritter“, um ein Feindbild gegen Israelis, Amerikaner und Europäer zu schüren. Man sollte den historischen Hintergrund dieses Feindbildes kennen und verstehen lernen. Denn nur dann kann man ihm entschieden begegnen und deutlich machen, dass das Feindbild von den „modernen Kreuzrittern“ falsch ist. Der religiöse Fanatismus geht heute vielmehr von jenen aus, die andere Religionen missachten und die Vergangenheit für ihre fanatischen politischen Zwecke missbrauchen.

Q1 Der christliche Chronist Wilhelm von Tyrus berichtet über die Eroberung Jerusalems 1096:

Sofort durchzogen der Herzog und die Seinen [...] die Straßen und Plätze der Stadt, alle Feinde, die sie finden konnten, streckten sie mit der Schärfe des Schwertes nieder [...]. Und es lagen überall so viele Erschlagene umher, dass man keinen anderen Weg [...] mehr finden konnte als über Leichen [...]. Es geschah sicherlich nach dem gerechten Urteil Gottes, dass die, welche das Heiligtum des Herrn mit ihren abergläubischen Bräuchen entweiht hatten [...], es mit ihrem Blut reinigen mussten [...]. Als endlich auf diese Weise die Ordnung der Stadt hergestellt war, legten sie die Waffen nieder, wuschen sich die Hände, zogen reine Kleider an [...]. Das gläubige Volk [die Christen] der Stadt und der Klerus [...] geleiteten sie unter Lobliedern [...] nach der vorgenannten [Auferstehungs-]Kirche.

(Zit. nach: Geschichte in Quellen, Bd. 2, Frankfurt a. M. 1986, S. 369 f. Gekürzt)

Q2 Der arabische Chronist Ibn al-Athir (1160–1235) berichtet über die Kreuzzüge:

In der Al-Aksa-Moschee [...] töteten die Franken mehr als 7000 Muslime, unter ihnen viele Religionsgelehrte [...] und Asketen, die ihr Land verlassen hatten, um in frommer Zurückgezogenheit an diesem heiligen Ort zu leben. Aus dem Felsendom raubten die Franken mehr als vierzig Silberleuchter, [...] zwanzig goldene und andere unermessliche Beute. Die Flüchtlinge erreichten Bagdad [...]. In der Kanzlei des Kalifen gaben sie einen Bericht, der die Augen mit Tränen füllte und die Herzen betrübte.

(Zit. nach: Die Kreuzzüge aus arabischer Sicht, hg. und übers. von Francesco Gabrieli, Zürich/München 1973, S. 49 f. Gekürzt)

Q3 Der Historiker J. N. Pieterse schreibt über die religiöse Toleranz des Islams zur Zeit der Kreuzzüge, 1989:

In Wirklichkeit [...] lebten die drei Religionen [Islam, Christentum und Judentum] seit mehreren Jahrhunderten in Frieden, oder relativem Frieden, miteinander. Religiöse Intoleranz war keine Eigenschaft der muslimischen Zivilisation. Und religiöse Verfolgungen, wie sie [im christlichen] Spanien und unter der Inquisition ausbrachen, ereigneten sich in der [damaligen] Welt des Islam nicht [...]. Ein Theologe hat das [westliche] Christentum „die aggressivste Religion“ [...] genannt.

(Jan Nederveen Pieterse, Kreuzzüge und die Anfänge der europäischen Weltherrschaft, in: ders., Empire und Emanzipation, New York 1989, S. 92 f., Gekürzt)

ARBEITSAUFTRAG

1. Spielt in einem Rollenspiel eine Gerichtsverhandlung. Angeklagt sind die Führer der Kreuzritter, Ankläger ist der Kalif von Bagdad. Ihr braucht auch einen Verteidiger der Kreuzritter sowie muslimische und christlische Zeugen. Arbeitet die Anklageschrift, die Verteidigungsschrift und die Zeugenaussagen in Arbeitsgruppen schriftlich aus.

	Politik	Kultur	Alltag
1400	1356: Die „Goldene Bulle“ regelt die Königswahl Städtebünde entstehen	geistliche Schulen, Lateinschulen, Schreib- und Rechenschulen, Volksschulen; 1348: erste deutsche Universität in Prag	1348 – 1553: Pest in Europa, Höhepunkt der Judenverfolgung
1300	1250 – 1273: Interregnum (Dt.: königslose Zeit); 1196 – 1250: Friedrich II. in Sizilien; Stärkung der Landesfürsten	1224: Universität Neapel erste schriftlich festgehaltene Stadtrechte	Kinder helfen ihren Eltern ab vier Jahren bei der Arbeit. Die Dreifelderwirtschaft setzt sich durch.
1200	1152: Der Staufer Friedrich I. wird deutscher König und Kaiser	Ritterturniere, Kultur der Ritter	1160: Gründung der Hanse
1100	1077: Heinrichs IV. „Gang nach Canossa“	1096 – 1291: Kreuzzüge Ausbildung der „deutschen Sprache“ und des Deutschen Reichs	Gründung von Gilden der Kaufleute und von Zünften der Handwerker Entstehung der ersten Städte aus Marktorten
1000	962: Krönung Ottos I. zum Kaiser in Rom; Reichskirchensystem; 919: Wahl Heinrichs I. zum ostfränkischen König;	Klöster als religiöse und wirtschaftliche Zentren	erste Siedlungen mit Mauern aus Stein
900	843/870: Teilung des Reichs unter die Enkel Karls; 800: Kaiserkrönung Karls; 771 – 814: Karl der Große; 754: Kirchenstaat um Rom; 751: Der letzte merowingische König wird durch den Hausmeier Pippin abgesetzt.	Schreibschulen, Kapitularien, karolingische Renaissance Kaiserpfalz Karls des Großen in Aachen Die Religion prägt das Leben der Menschen.	Burgen werden errichtet christliche Ehe Die Grundherrschaft prägt sich aus.
800			
700	Grafen, Pfalzen Belehnung; das Lehnssystem als Form der Herrschaftsausübung entsteht.	690 – 754: Missionierung der Friesen, Sachsen und Bayern durch Willibrord und Bonifatius Errichtung von Bistümern; um 600: Columban	Gewinnung von Landgütern, Verwaltung der Güter des Königs durch Hausmeier
600	511: Teilung des Reichs unter die Söhne Chlodwigs, Kriege	Entstehung bedeutender Zentren jüdischer Kultur im Rheinland	Stamm von Kriegern, Beutezüge, Verteilung der Beute durch den König
500 n. Chr.	482 – 511: Eroberungen Chlodwigs	498: Übertritt Chlodwigs zum Christentum	Ansiedlung fränkischer Krieger im ehemals römischen Gallien

Zusammenfassung – Leben im Mittelalter

Nach dem Zusammbruch des Römischen Reichs setzte sich um 486 Chlodwig aus dem Geschlecht der **Merowinger** als König der Franken durch. Seine Taufe im Jahr 498 führte dazu, dass die Franken zum **Christentum** übertraten.

Die adligen Krieger aus dem Stamm der Franken waren **Gefolgsleute (Vasallen)** des Königs und erhielten von ihm Land aus den Eroberungszügen. Daraus entstand das **Lehnswesen** als typische mittelalterliche Form der Herrschaft.

Die Lehnsherren verwalteten und bewirtschafteten die Ländereien ihrer Lehen, indem sie Teile davon an Untervasallen weitergaben. Als Grundherren ließen diese das Land von hörigen Bauern bewirtschaften **(Grundherrschaft).** Es gab auch Grundherren, die ihr Land direkt vom König erhielten, z. B. Bischöfe und Äbte.

Die Karolinger lösten die Merowinger als Königsgeschlecht ab. **Karl der Große** ließ sich 800 n. Chr. in Rom vom Papst zum Kaiser krönen. Nach seinem Tod zerfiel das Reich in drei Teile. Aus dem östfränkischen Teilreich entstand im 10. Jahrhundert das Deutsche Reich. **Otto I.** stärkte im 10. Jahrhundert die Königmacht durch das **Reichskirchensystem.** Doch im 13. Jahrhundert verfiel die Königsmacht in Deutschland zugunsten der einzelnen Landesherren. Die sieben mächtigsten Fürsten, die **Kurfürsten,** erhielten mit der „Goldenen Bulle" von 1356 das Recht, den König zu wählen.

Im Mittelalter gab es verschiedene Lebensformen der Menschen nebeneinander. Klöster und Adlige besaßen Land, das sie von abhängigen (hörigen) Bauern bewirtschaften ließen. Aus Siedlungen und Marktorten der Kaufleute und Handwerker entstanden im 11. Jahrhundert die ersten **Städte.** Von den Stadtherren erhielten sie besondere **Stadt- und Bürgerrechte.** Doch nicht alle Stadtbewohner hatten das Bürgerrecht.

ARBEITSAUFTRÄGE

1. Versucht, die mittelalterliche Gesellschaft in Partnerarbeit zu charakterisieren. Bildet dazu typische Merkmale. Folgende Fragen könnten euch behilflich sein: Welche unterschiedlichen Gruppen existierten? Wer lebte wo? Wie bestritten die verschiedenen Gruppen ihren Lebensunterhalt? Was war ansonsten für diese Gruppen/Personen typisch?
2. Erkläre mithilfe von Karten die Entstehung und Entwicklung des Deutschen Reiches im Mittelalter.
3. Beurteile die Macht des fränkischen bzw. deutschen Königs in verschiedenen Zeitphasen des Mittelalters: Chlodwig (466–511), Karl der Große (747–814), Otto I. (912–973), Friedrich II. (1194–1250). Nenne mögliche Gründe für Veränderungen, die du feststellst.
4. Beurteile das Leben in der mittelalterlichen Stadt unter den Aspekten Freiheit und Gleichheit.

ZUM WEITERLESEN

Duby, Georges: Die Ritter. Hanser, München/Wien 1999
Le Goff, Jacques: Ritter, Einhorn, Troubadoure. Helden und Wunder des Mittelalters, C. H. Beck, München 2005
Lützen, H.: Das Buch der Wunder, Arena TB, Würzburg 1999
Scott, Walter: Ivenhoe, Diogenes, Zürich 1990
e/1 http://de.wikipedia.org/wiki/burg
http://www.lehnswesen.de/page/html_burg.html
e/2 http://www.jadu.de/mittelalter/minnesang/index.html
e/3 http://de.wikipedia.org/wiki/grundherrschaft
e/4 http://de.wikipedia.org/wiki/stadtrecht
e/5 http://hanse.wisis.de
http://susas.de/hanse.htm
e/6 http://www.web-der-weltgeschichte.de/Karl_0.html
e/7 http://www.ottonenzeit.de
e/8 http://www.welfen.de/heinrichloewe.htm
e/9 http://de.wikipedia.org/wiki/kreuzzug

Standard-Check: Das solltest du können!

1. Wichtige Arbeitsbegriffe
Hier sind wichtige Arbeitsbegriffe des Kapitels aufgelistet. Übertrage sie in dein Heft und formuliere zu jedem Begriff eine kurze Erläuterung.

Frondienst	*Graf*
Hörige (Bauern)	*Investiturstreit*
Lehnsherr	*Lehnsmann*
Reichskirchensystem	*Zunft*

2. Analyse und Interpretation eines Schaubilds
2.1 Betrachte B 1 und beschreibe in deinem Heft das Lehnssystem des Mittelalters.
2.2 Nenne mögliche Gründe dafür, warum ein König oder Fürst (= Lehnsherr) an seine Gefolgsleute (= Lehnsmänner oder Vasallen) große Ländereien als Lehen ausgibt.
2.3 Zwischen dem Lehnsherrn und dem Lehnsmann (Vasall) bestand durch die Lehnsvergabe ein besonderes Verhältnis. Erläutere, worin dieses besondere Verhältnis bestand.

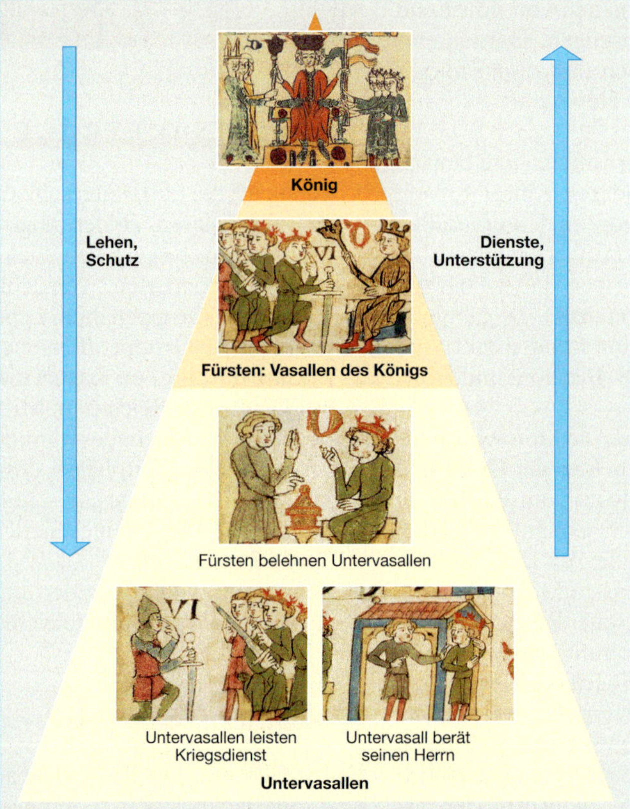

B 1 Die Lehnspyramide des Mittelalters. Buchmalerei, 13. Jh.

3. Analyse und Interpretation einer Quelle
3.1 Fasse den Inhalt des Quellentextes mit eigenen Worten zusammen.
3.2 Erläutere und beurteile die Absicht, die der Papst verfolgte.
3.3 Kennst du weitere Beispiele für den Kampf zwischen Papst und Kaiser um die Macht?

Q 2 Papst Bonifatius über die Rangfolge von geistlicher und weltlicher Macht (1302):

Beide Schwerter hat die Kirche in ihrer Gewalt, das geistliche und das weltliche. Das eine gehört dem Priester. Das andere ist zu führen von der Hand der Könige und Ritter, aber nur wenn und solange der Priester es will. Ein Schwert muss dem anderen untergeordnet sein; die weltliche Macht muss sich der geistlichen fügen.

(In: Geschichte in Quellen, Bd. 2, 2. Aufl., München 1978, S. 786. Bearb.)

Die Lösungen zu diesen Standard-Checkaufgaben findest du auf Seite 309.	Aber: Erst selbst lösen, dann überprüfen. Dein Können kannst du bewerten (☺ 😐 ☹).	Deine Leistungsbewertung zeigt dir, was du noch einmal wiederholen solltest.

1. ☺ 😐 ☹
2.1 ☺ 😐 ☹
2.2 ☺ 😐 ☹
2.3 ☺ 😐 ☹
3.1 ☺ 😐 ☹
3.2 ☺ 😐 ☹
3.3 ☺ 😐 ☹

Das konnte ich
☺ = gut
😐 = mittel
☹ = noch nicht

Querschnitt: Entstehung von Nationalstaaten im Mittelalter

1. Frankreich – der König wird mächtig

Das Großreich der Franken wurde im Jahr 843 mit dem Vertrag von Verdun geteilt. Aus dem ostfränkischen Teilreich entstand der deutsche Staat. Doch welche Entwicklung nahm der westliche Teil des Frankenreichs?

Ein Reich ohne Einheit – Um sein Reich zusammenzuhalten, benötigte der König große Macht. Die Voraussetzungen waren im westfränkischen Teil zuerst nicht die besten.

Das Westfrankenreich war in zwei Sprach- und Kulturräume gespalten. Der Fluss Loire teilte den südlichen vom nördlichen: Im Norden war der Stamm der Franken stark, hier sprach man am ehesten „Französisch“. Dieser Teil hatte mit England und dem ostfränkischen Reich Kontakt. Im Süden wurde eine stark lateinisch geprägte Sprache oder sogar Italienisch gesprochen. Die Menschen dort hatten weiter enge Beziehungen zu den Ländern im Mittelmeergebiet.

Wieder andere Verhältnisse herrschten im Nordwesten des Reiches. Die WIKINGER, ein kriegerisches Volk aus Skandinavien, hatten seit dem Ende des 8. Jahrhunderts westfränkische Gebiete vom Meer aus überfallen. Im Jahr 911 ließen sich die Wikinger unter ihrem Fürst ROLLO an der Mündung des Flusses Seine nieder. Der westfränkische König war nicht stark genug, die Wikinger ganz zu vertreiben. Er belehnte Rollo mit dem Gebiet – unter der Bedingung, dass dieser zum Christentum übertrat. So fanden beide Mächte einen Ausgleich. Weil die Eroberer „NORMANNEN“ genannt wurden (= Nordmänner), erhielt das neue Herzogtum den Namen „NORMANDIE“.

Unter den Angriffen der Wikinger war die Macht kleiner Adliger gestiegen. Nur sie konnten der Bevölkerung Schutz bieten. Die Königsmacht verfiel hingegen.

Ein neues Königsgeschlecht – Der letzte König aus der Familie der Karolinger, Ludwig V., starb im Jahr 987. Die Fürsten einigten sich bei der Königswahl auf HUGO CAPET.
Er war der Herzog eines relativ kleinen Gebiets um die Städte Paris und Orléans. Allein auf dieses Gebiet, das Krongut, konnte er seine Macht stützen. Jeder andere westfränkische Herzog und auch mancher Graf herrschte über ein größeres Gebiet als der König.

Nach Hugo Capet wurde die neue Königsfamilie die KAPETINGER genannt. Hugo und seine Nachfolger versuchten, ihr Krongut allmählich zu vergrößern. So gaben sie Lehen ausgestorbener Familien oder Gebiete von geistlichen Fürsten nicht wieder an andere Vasallen aus, sondern behielten sie selbst.

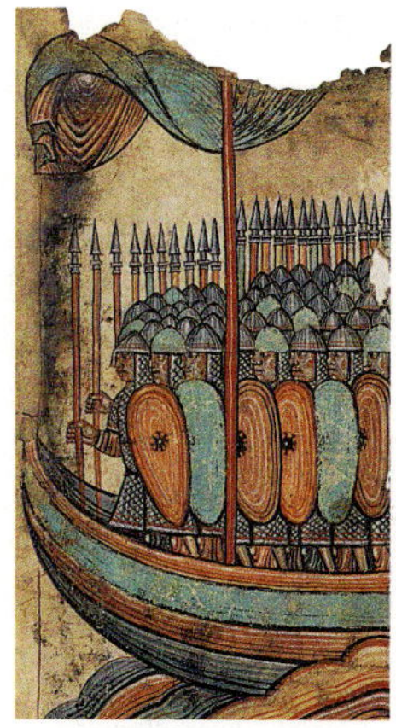

Normannische Krieger

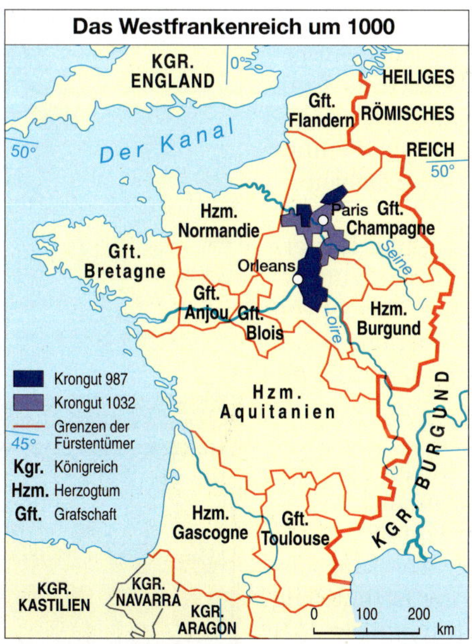

K 1

ARBEITSAUFTRAG

Beurteile mithilfe von K 1 die Macht der ersten Kapetingerkönige.

König gegen König – Herzog WILHELM VON DER NORMANDIE eroberte im Jahr 1066 England, das Land der Angelsachsen. Er krönte sich zum englischen König. Zwar war er weiterhin auch Lehnsmann des französischen Königs – doch sehr viel mächtiger als dieser.

Die Bedrohung des französischen Königs wuchs daraufhin ständig. König LUDWIG VII. heiratete im Jahr 1137 ELEONORE, die Erbin Aquitaniens, um sein Gebiet zu vergrößern. Doch die Ehe wurde 1152 geschieden. Nun heiratete Eleonore innerhalb von zwei Monaten den Herzog HEINRICH von der Normandie. Zwei Jahre danach wurde Heinrich König von England. Jetzt beherrschte der englische König mit Aquitanien einen großen Teil des französischen Königreichs.

Der französische König wollte den englischen Einfluss in seinem Reich verringern. Bald klagten aquitanische Lehnsleute gegen den englischen König, ihren Lehnsherrn, beim französischen König. Darauf lud König PHILIPP II. von Frankreich (1180 – 1223) König JOHANN von England (1199 – 1216) vor ein Lehnsgericht. Als Johann sich weigerte zu kommen, wurden ihm die französischen Lehen vom Lehnsgericht entzogen. Philipps Heere eroberten danach diese Gebiete.

Johann versuchte 1214 mithilfe Kaisers Otto IV. die verlorenen Gebiete zurückzugewinnen. So kam es zur Schlacht von BOUVINES. Philipp siegte aber und besaß nun ein großes Gebiet – größer als die Gebiete der französischen Fürsten.

100 Jahre Krieg – Die Nachfolger Philipps II. erbten später mehrere französische Fürstentümer und konnten damit das Krongut weiter vergrößern. Im Jahr 1328 starb mit Karl IV. der letzte König aus der Familie der Kapetinger. Als Nachfolger wählten die französischen Adligen PHILIPP VI. VON VALOIS. Philipp verlangte Guyenne an der Atlantikküste, den letzten Besitz Englands in Frankreich, für die französische Krondomäne. Im Gegenzug erhob König EDWARD III. von England 1337 Ansprüche auf den französischen Thron. Denn seine Mutter war die Schwester Karls IV.

Es kam zum **Hundertjährigen Krieg** zwischen England und Frankreich (1337 bis 1453). Lange Zeit war das Kriegsglück aufseiten der Engländer, die mehr als die Hälfte Frankreichs eroberten. 1420 musste der französische König Karl VI. mit Heinrich V. von England Frieden schließen. Es wurde festgelegt, dass Heinrich nach Karls Tod König von Frankreich werden sollte. Der französische Königssohn KARL VII. wurde enterbt.

K 2

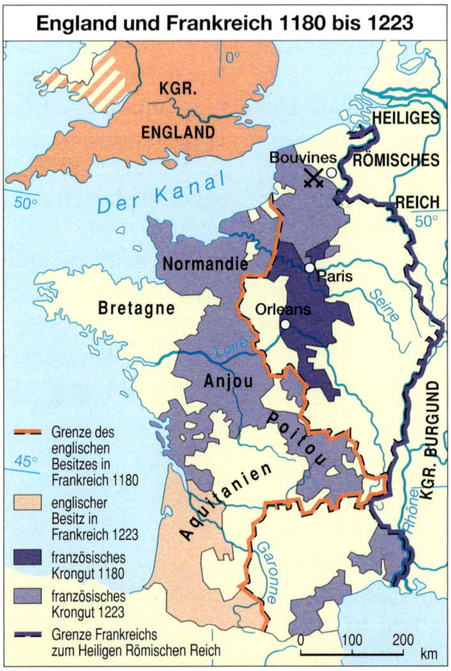

B 3 Edward III. von England (1327 – 1377) huldigt Philipp VI. von Frankreich (1328 – 1351) als seinem Lehnsherrn. Buchmalerei, 14. Jh.

In dieser beinahe ausweglosen Situation rettete ein 17-jähriges Mädchen aus dem einfachen Volk Karl VII. JEANNE D'ARC kam 1429 zu ihm und erzählte von einer Eingebung: Gott habe sie auserwählt, das Königreich Frankreich zu retten. Sie versprach, die Ritter Karls VII. zum Sieg über die Engländer zu führen. Kurz darauf befreiten die Franzosen unter Führung Jeannes tatsächlich Orléans. Den Zeitgenossen erschien dies wie ein Wunder. Der Widerstand gegen die Engländer flammte in allen besetzten Gebieten wieder auf. Bis 1453 wurden die Engländer aus Frankreich vertrieben. Nur die Stadt Calais behielten sie.

Jeanne d'Arc hat das Ende des Krieges jedoch nicht erlebt. 1430 war sie vom Herzog von Burgund gefangen genommen und an die Engländer ausgeliefert worden. 1431 wurde sie von ihnen öffentlich verbrannt. Karl VII. hatte nichts zu ihrer Befreiung unternommen.

Das Reich wächst zusammen – Die Könige wurden seit 1214 in ganz Frankreich als Herrscher anerkannt. Um ihre Stellung gegenüber den Herzögen zu stärken, verbesserten sie auch die Verwaltung des Reichs. Die Einkünfte des Königs stiegen durch hinzugekommene Gebiete. Eine **Rechnungskammer** verwaltete sie. Gesetzeskundige Männer bildeten einen obersten **Gerichtshof** des Königs. An diesen konnte sich jeder Adlige wenden, um ein Urteil seines Lehnsherrn anzufechten. Als Richter und Vertreter des Königs wurden im ganzen Land Beamte eingesetzt. So glichen sich die Lebensverhältnisse im Reich an. Seit Beginn des 14. Jahrhunderts rief der König zu seiner Beratung die weltlichen und geistlichen Adligen sowie die Städte in den **Generalständen** zusammen. Er verschaffte sich dadurch direkte Macht im ganzen Reich.

Der Sieg im 100-jährigen Krieg stärkte das Zusammengehörigkeitsgefühl der Menschen. Sie begannen, sich als Mitglieder der französischen **Nation** (= Menschen mit gleicher Herkunft) zu fühlen. Frankreich wurde ein **Nationalstaat.**

Q4 Die Chronik von Saint Denis berichtet über das Kriegsjahr 1415:

[...] Bewohner der Vorstädte und der ländlichen Gebiete zogen es vor, zusammen mit ihren Frauen, Kindern und ihrer ganzen Habe in geschlossene Städte oder wie wilde Tiere in die tiefen Wälder zu fliehen, statt mit den Steuereintreibern des [französischen] Königs zusammenzutreffen, denen sie noch mehr misstrauten als dem Feind. Sie hatten nämlich bald und zu ihrem Schaden bemerkt, dass zwischen den Steuereintreibern und den Engländern keinerlei Unterschied war, ja dass die Steuereintreiber sie noch mehr ausräuberten und plünderten und noch unerträglichere Raubzüge unternahmen. Mit Gewalt pressten sie ihnen Gold, Geld und andere Kostbarkeiten ab. Ihre Grausamkeit löste überall einen solchen Schrecken aus, dass die Geistlichen alle Kleinodien aus den Kirchen entfernten und sie an sicheren Orten versteckten, denn die Plünderer griffen nach allem, was sie außerhalb der befestigten Städte finden konnten, und nahmen es bedenkenlos an sich.

(Zit. nach: Europäisches Geschichtsbuch, Stuttgart 1993, S. 174. Gekürzt)

B5 Jeanne d'Arc vor König Karl VII. Bildteppich aus dem 15. Jh.

ARBEITSAUFTRÄGE

1. Vergleiche mithilfe von K 2 den Landbesitz des englischen und des französischen Königs in den Jahren 1180 und 1223. Beurteile die Regierungszeit Philipps II. von Frankreich.
2. Beschreibe die Haltung der Könige und der Umstehenden in B 3. Schreibe Sprechblasen mit den Gedanken der Könige.
3. Lies Q 4 und schreibe auf, was ein französischer Bauer seinen Enkeln über diese Zeit erzählt haben könnte.
4. Erkläre die Geschichte der Jeanne d'Arc (B 5 und Text).

2. England – König und Parlament finden einen Ausgleich

Die Geschichte Englands war durch die englischen Besitzungen mit der Geschichte Frankreichs lange Zeit eng verknüpft. Doch welche Entwicklung nahm das englische Königreich selbst?

Der Staat der Normannen – Während der Völkerwanderung hatten die germanischen Stämme der Angeln und Sachsen England besiedelt. Im Jahr 1066 starb der angelsächsische König Edward der Bekenner kinderlos. Daraufhin wollten Wikinger das Königreich erobern.

Der neu gewählte angelsächsische König HAROLD II. konnte ihre Flotte an der Ostküste Englands mit seinen Rittern schlagen. Wenige Tage später landete jedoch an der englischen Südküste eine zweite Wikingerflotte des normannischen HERZOGS WILHELM. Am 14. Oktober 1066 kam es bei HASTINGS zur Schlacht. Die erschöpften Angelsachsen erlitten eine Niederlage, König Harold fiel. WILHELM von der Normandie, der jetzt den Beinamen „DER EROBERER" führte, wurde zum König von England gekrönt.

Wilhelm setzte seine Herrschaft schnell durch. Das Land wurde in **shires** (Engl.: Grafschaften) aufgeteilt, die von **sheriffs** verwaltet wurden. Anders als in Deutschland und Frankreich mussten in England nicht nur die königlichen Vasallen, sondern alle Adligen einen Treueeid auf den König leisten. Wilhelm verschaffte sich auch einen Überblick über sämtliche Besitzungen in seinem Reich. Er ließ sie im **Domesday Book** (Engl.: Buch des Jüngsten Gerichts) aufschreiben. So wusste er genau, was sein Besitz war und welche Abgaben ihm zustanden. Die Sheriffs mussten beim **Schatzamt** Bericht darüber erstatten. Schließlich wurden königliche **Gerichte** für das ganze Land gebildet.

Adlige widersetzen sich dem König – Der englische König Johann musste ab 1202 um seine Besitzungen in Frankreich kämpfen. Dazu brauchte er viel Geld und erhöhte ständig die Steuern. Wie reagierte der englische Adel darauf?

Als die englischen Feldzüge erfolglos blieben, wuchs der Widerstand der **Barone** (= große Adlige). Nach der englischen Niederlage bei Bouvines im Jahr 1214 weigerten sich die Barone und die geistlichen Fürsten, den Krieg des Königs weiterhin zu unterstützen. 1215 musste er ihnen die **Magna Carta Libertatum** (Lat.: Große Urkunde der Freiheiten) gewähren. Hier legten König und Fürsten fest, dass Kriegssteuern vom König nur

PERSONENLEXIKON

WILHELM I., DER EROBERER, ca. 1020–1087. Herzog der Normandie und englischer König

B1 Schlacht von Hastings. Ausschnitt aus dem Teppich von Bayeux, 11. Jahrhundert

nach Zustimmung eines Rates des Königreiches erhoben werden durften. Diesem Rat, dem **Parlament** (= Besprechung), gehörten die einflussreichsten Fürsten und Bischöfe an. Sie kontrollierten den König.

Das Parlament wird vergrößert – Doch auch der ländliche Kleinadel, die **gentry,** und die Vertreter der Städte erlangten Einfluss. Bereits 1227 wurden zu den Versammlungen des Parlaments zwei Adlige aus jeder Grafschaft hinzugezogen. 1265 wurde dieser Kreis um zwei Bürger aus jeder Stadt erweitert.
Nun gehörten dem Parlament zwei Gruppen an: die fürstlichen Kronvasallen, die **lords,** und die Vertreter der Land- und Stadtgemeinden, die **commons.** Es entwickelten sich zwei Kammern des Parlaments, die auch heute noch existieren: das **house of lords** (Engl.: Oberhaus) und das **house of commons** (Engl.: Unterhaus).

Welche Macht das Parlament erlangt hatte, zeigte sich im Jahr 1399. Nach einem Streit mit Herzog Heinrich von Lancaster wurde König Richard II. von diesem gefangen genommen. Das Parlament setzte Richard ab und bestimmte Heinrich als Nachfolger, obwohl er kein Mitglied der Königsfamilie war. Seit dieser Zeit durften die commons eigene Gesetzesentwürfe zur Abstimmung im Parlament vorlegen.

Die englische Nation – Der König übte seine Macht durch eine straffe Verwaltung im ganzen Reich aus. Doch das Parlament begrenzte die Macht des Königs, zum Beispiel durch das Bewilligungsrecht des Parlaments für neue Steuern.

Alle Regionen und Stände des Königreichs waren an der Macht beteiligt. Jetzt begannen auch die Engländer, sich als eine Nation zu fühlen. Die Volkssprache, das Englische, wurde zur offiziellen Landessprache. Bis zum Ausgang des Mittelalters hatte sich das englische Königreich zu einem einheitlichen **Nationalstaat** entwickelt.

B2 Königin Elisabeth I. und das englische Parlament im 16. Jahrhundert.
Links: Bischöfe,
unten: Barone,
ganz unten: Mitglieder der commons,
rechts: Grafen,
Mitte: Richter.
Kupferstich, 17. Jahrhundert

Q3 Aus der Magna Carta Libertatum von 1215:

Art. 12: Kriegs- und andere Steuern sollen in unserem Königreich nur durch Beschluss des Gemeinen Rates des Königreiches erhoben werden. Zur Tagung dieses Rates werden wir Erzbischöfe, Bischöfe, Äbte, Grafen und größere Barone, die Richter, Beamten und alle jene, die vom König ein Lehen besitzen, rechtzeitig einladen.
Art. 61: Falls wir [der König], unsere Richter oder unsere Beamten gegen irgendjemanden einen Rechtsbruch begehen und seine Wiedergutmachung verweigern, so soll ein Ausschuss von 25 Baronen uns dazu zwingen. Sie sollen auf alle ihnen mögliche Art uns unsere Burgen, Ländereien und Besitzungen wegnehmen, bis die Sache nach ihrer Meinung gutgemacht ist; nur soll dabei unsere Person unangetastet bleiben. Sobald der Schaden gutgemacht ist, sollen sie uns wieder gehorchen wie bisher.

(In: K. Kluxen: Die Entstehung des englischen Parlamentarismus, Stuttgart 1972, S. 5)

ARBEITSAUFTRÄGE

1. Beschreibe B1 und berichte von der normannischen Eroberung Englands durch Wilhelm den Eroberer.
2. Erläutere mithilfe Q3 das Verhältnis zwischen englischem Adel und Königtum im 13. Jahrhundert. Vergleiche mit den Zuständen in Deutschland.
3. Überlege, welchen Verlauf die Verhandlung des Parlaments in B2 genommen haben könnte. Vergleiche das englische Parlament mit dem deutschen Reichstag im Mittelalter (s. S. 61) .

3. Russland – die Herrschaft des Großfürsten und des Zaren

Seit dem 8. Jahrhundert zogen schwedische Wikinger, die so genannten Waräger, nach Süden bis nach Byzanz, um Handel zu treiben. Aus ihren Handelsstützpunkten in Osteuropa wurde bald ein großes Reich. Wie entwickelte sich Osteuropa unter ihrer Herrschaft?

Slawische Stämme und Waräger – Die Waräger nutzten die Flüsse als Handelsstraße, um die große Entfernung bis Byzanz zu überwinden. Im Quellgebiet von Düna, Dnjepr und Wolga trugen die Händler ihre Boote von Fluss zu Fluss.

Im 9. Jahrhundert gründeten die Waräger entlang des Handelswegs befestigte Stützpunkte. Nowgorod und Kiew waren die bedeutendsten. Die Waräger unterwarfen die dort lebenden slawischen Stämme und verpflichteten sie zu Tribut. Bis zum Anfang des 10. Jahrhunderts wurden ihre Herrschaften in einem Großreich vereinigt. Nach der Heimat vieler Waräger, der Landschaft Roslag, nannte man es die Kiewer Rus.

Das Kiewer Reich wurde durch eine einheitliche Religion zusammengehalten. Fürst Wladimir I. (980–1015) hatte sich und seine Gefolgsleute im Jahr 988 als **orthodoxe Christen** taufen lassen. Das war die in Byzanz herrschende Religion. Für das neue Kirchengebiet in Osteuropa setzte der Patriarch in Byzanz einen Metropoliten (= regionales Kirchenoberhaupt) in Kiew ein.

Das Reich zerfällt in Teilfürstentümer – Unter Fürst Jaroslaw dem Weisen (1019–1054) erlebte das Reich eine kulturelle Blüte. Kiew wurde wegen seiner vielen vergoldeten Kirchenkuppeln „die goldene Stadt" genannt. Doch 200 Jahre später gab es die Kiewer Rus nicht mehr.

Jaroslaw entschied, das Reich unter seinen Söhnen aufzuteilen. Es entstanden mehrere Machtzentren. Besonders Nowgorod im Norden und Wladimir im Nord-

K 1

K 2

osten nahmen einen großen Aufschwung. Die warägischen Adligen gründeten zahlreiche neue Grundherrschaften auf dem Land. Sie setzten ihre Gefolgsleute als Verwalter ein. Dieser neue Landadel wurde **Bojaren** genannt.

Streit unter den Fürstentümern schwächte das Reich. Zwar wurde der Kiewer Fürst zum Großfürst ernannt, um das Reich zusammenzuhalten. Aber im Jahr 1169 wurde Kiew vom Fürsten in Susdal zerstört. Bald wurden auch andere russische Fürstentümer von Feinden bedroht. Nowgorod musste sich im Westen gegen den **Deutschen Orden** wehren. Ein Heer unter ALEXANDER NEWSKIJ besiegte die Ordensritter 1242. Im Osten drangen seit 1223 die MONGOLEN (auch „Tataren" genannt) aus Asien ein. Die russischen Heere wurden bis 1240 besiegt und ganz Russland mit Ausnahme des Fürstentums Nowgorod erobert. Die unterworfenen Fürstentümer mussten Tribut zahlen.

Der Aufstieg Moskaus – Aus der Vielzahl der Fürstentümer ragte bald wieder eines heraus. Das Fürstentum MOSKAU zog zu Beginn des 14. Jahrhunderts die Großfürstenwürde an sich.

Die Fürsten von Moskau trieben im Auftrag der Mongolen die Tribute ein. Aber sie erweiterten auch ihr Gebiet und wurden mächtiger. 1328 nahm der **Metropolit,** das Oberhaupt der russischen Kirche, seinen Sitz in Moskau. Im Jahr 1380 besiegten die russischen Fürsten unter Führung des Moskauer Großfürsten erstmals die Mongolen.

Langsam entstand ein neuer Staat. Ab 1497 regelte ein einheitliches Gesetzbuch, der **Sudebnik,** das Zusammenleben. Als 1453 die Türken das Byzantinische Reich eroberten, verstand sich das Moskauer Großfürstentum als Zentrum des orthodoxen Glaubens, als „das dritte Rom". Die Großfürsten herrschten wie die byzantinischen Kaiser als **Autokraten** (= Herrscher, die niemand kontrollieren konnte). Iwan III. wurde **„Zar** (Herrscher) **des ganzen Russland"** genannt.

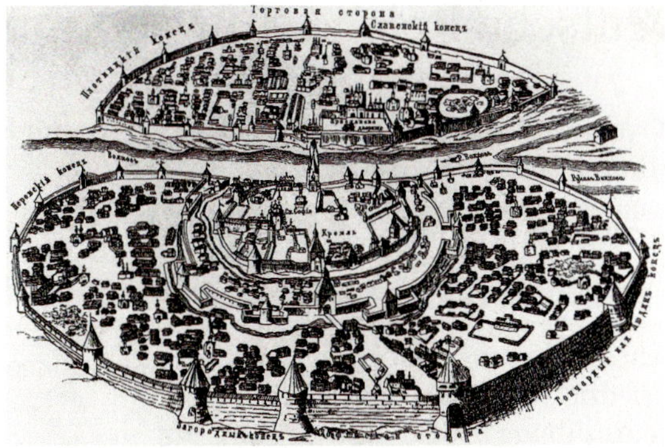

B3 Nowgorod im Mittelalter. Mitte: Kreml (= Burg), oben: Kaufmannsviertel mit Palast. Darstellung aus dem 16. Jahrhundert

Q4 Der kaiserliche Diplomat Sigmund von Herberstein beschreibt die Herrschaft Zar Iwans III. (1549):

Zar Iwan III. übertrifft alle Könige und Fürsten mit der Gewalt, die er über die Seinigen hat und gebraucht. Er hat allen Fürsten ihre Festungen genommen und selbst seinen Brüdern keine Festung gelassen noch anvertraut. Er hält alle in gleicher Dienstbarkeit. Wen er auch an seinem Hof gebrauchen, in Krieg oder auf Botschaft schicken will, der muss das auf eigene Kosten tun. Eine Ausnahme sind die Söhne der Bojaren, der geringeren Edelleute. Die sind so arm, dass er ihre Jungen jährlich zu sich nimmt und sie in ganz niedrigem Sold hält [...]. Den Angeseheneren, die er zu Botschaften und anderen großen Sachen gebraucht, gibt er nicht Geld, sondern Ämter, Dörfer und andere genau bestimmte Einkommen. Dies geschieht gewöhnlich für 18 Monate, es sei denn, es ist eine besondere Gnade oder Ursache vorhanden, die Zeit um einige Monate zu verlängern.
Seine Gewalt gebraucht der Zar gleich, sowohl über die Geistlichkeit als über die Weltlichen, er verfügt aus freier Willkür über aller Leben und Gut. Von seinen Räten hat keiner das Ansehen, um der Meinung des Herrn widersprechen zu dürfen. Sie bekennen offen, des Fürsten Wille sei Gottes Wille.

(H. Schulze, I. U. Paul (Hg.): Europäische Geschichte, BSV, München 1994, S.148. Gekürzt)

ARBEITSAUFTRÄGE

1. Fertige mithilfe von K1 und K2 Stichpunkte für einen kurzen Vortrag über die Geschichte Russlands im Mittelalter an.
2. Erläutere anhand von K1, B3 und dem Darstellungstext die Bedeutung von Städten für die russische Geschichte.
3. Lies Q4 und beschreibe die Zarenherrschaft. Vergleiche sie mit der eines westeuropäischen Königs um 1500.

4. Das Deutsche Reich – Fürstentümer gegen das Reich

In West- und Osteuropa konnten sich eine zentrale königliche Gewalt sowie Nationalstaaten herausbilden. Wie sah es im Deutschen Reich Ende des Mittelalters aus? Um 1400 gab es im Reich weit über hundert Fürstentümer bzw. freie Städte mit eigenen Territorien. Diese territoriale Zersplitterung konnte das Deutsche Reich viele Jahrhunderte lang nicht überwinden.

Reich ohne Machtzentrum – Bereits die Stauferkönige Friedrich I. und Friedrich II. hatten auf die Ausübung bedeutender königlicher Rechte zugunsten der Landesherren verzichtet. Dazu gehörten das Münz-, Zoll- und Marktrecht, das Recht zur Stadtgründung sowie zum Bau von Burgen auf den Territorien der Landesherren. Die starke Machtstellung der Fürsten gegenüber dem König und Kaiser wurde in der Phase des **Interregnums** (1250–1273), durch die Bestimmungen der **„Goldenen Bulle“** von 1356 sowie durch die Glaubens- und Machtkämpfe während der Reformation weiter gestärkt.

Die zentrale Königsmacht, die für die Herausbildung eines einheitlichen Nationalstaates notwendig gewesen wäre, war nahezu ausgehöhlt worden. Statt dessen hatten sich mit der Unabhängigkeit der Landesherren zahlreiche regionale Machtzentren herausgebildet – mit zum Teil gegensätzlichen Interessen.

Auch der Reichstag, die seit dem 15. Jahrhundert regelmäßig einberufene Ständeversammlung der Fürsten und Reichsstädte, konnte, anders als in Frankreich, vom deutschen König nicht zur Schwächung der mächtigen Territorialfürsten genutzt werden.

Reich ohne Nation – 1452 fand die letzte Kaiserkrönung in Rom statt. Danach wurde das Reich in **„Heiliges Römisches Reich deutscher Nation“** umbenannt, denn der Herrschaftsanspruch des deutschen Kaisers endete nun faktisch nördlich der Alpen. Doch weiterhin verstand man unter „deutscher Nation“ nur die Gesamtheit der Fürsten und nicht, wie in England, Frankreich oder Russland, die Gesamtheit aller Untertanen.

K 1

ARBEITSAUFTRÄGE

1. Analysiere K 1 und nimm Stellung zu der Aussage, dass Deutschland am Ende des Mittelalters „ein Flickenteppich“ vieler Klein- und Kleinststaaten war.
2. Vergleiche und erläutere die Machtverhältnisse zwischen zentraler Königsgewalt und den einzelnen Landesherren in Deutschland um 1400 mit der Situation in Frankreich, England (um 1400) und Russland (um 1500). Nenne mögliche Gründe für die Unterschiede, die du feststellst.

Das Arabische Reich und die Religion des Islam

Der Islam ist eine der großen Weltreligionen. Im Arabischen bedeutet Islam „Hingabe an Gott“. Seine Anhänger nennen sich Muslime. Jedes Jahr ziehen etwa 2,5 Millionen Muslime für einige Tage nach Mekka, einer Stadt im heutigen Saudi-Arabien. In Mekka steht die große Moschee, in deren Zentrum sich das Heiligtum des Islam befindet: ein kleiner schwarzer Stein, eingemauert in einen Würfel. Dieser schwarze Stein ist der Legende nach als Meteorit vom Himmel gefallen.

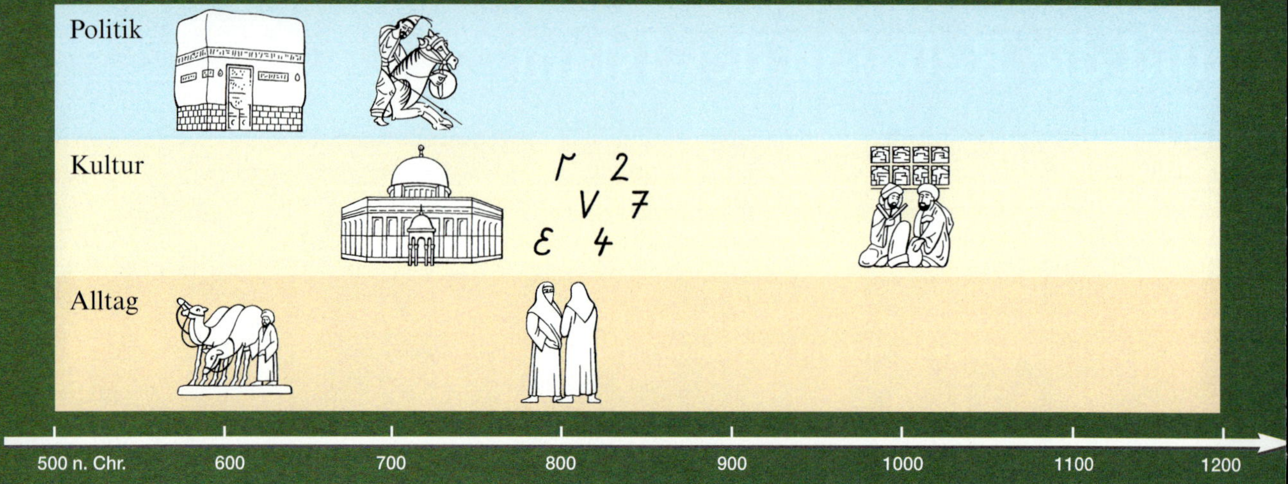

Das Arabische Reich bis 750

ARBEITSAUFTRAG

Erläutere mithilfe der Karte, in welcher Zeit sich das Arabische Reich ausdehnte. Suche in einem Atlas die Staaten, die heute auf dem Gebiet des Arabischen Reichs liegen.

1. Eine neue Religion entsteht

Der Islam ist die jüngste der großen Weltreligionen. Er entstand vor etwa 1400 Jahren auf der arabischen Halbinsel und verbreitete sich über den gesamten Erdball. So gibt es heute etwa 1,2 Milliarden Muslime, von denen ca. 2,5 Millionen in Deutschland leben. Nur das Christentum hat mehr Gläubige. Die Geschichte des Islam beginnt im 6. Jahrhundert n. Chr. mit dem Propheten MUHAMMAD. Er war der Religionsgründer. Er war aber auch Oberbefehlshaber, Gesetzgeber und Staatsgründer. Was wissen wir über die Entstehung des Islam und seine religiösen Glaubenssätze?

Eine Welt der Nomaden und Händler – Auf der arabischen Halbinsel sind weite Gebiete Wüste. In den Weiten dieser trockenen, heißen Landschaft lebten die Menschen in Stämmen zusammen. Der Stamm gab dem Einzelnen Schutz gegenüber den Notfällen des Lebens. Er bestimmte den Alltag der Menschen in den wenigen Städten, in den Oasen und bei den umherziehenden Nomaden. Das wichtigste Tier dieser Landschaft war das Dromedar, eine Kamelart, die in Arabien gezüchtet wird. Seine Milch und sein Fleisch dienten der Ernährung, das Fell wurde zu Stoffen verarbeitet, die Haut zu Leder. Außerdem können Kamele lange Zeit ohne Wasser auskommen, sodass die Menschen mit ihrer Hilfe die Wüsten Arabiens durchqueren konnten.

Zwischen den Oasen und Städten wurde reger Handel betrieben. Auf Handelsstraßen transportierten die Kaufleute ihre Waren vom Süden der arabischen Halbinsel, von den Küsten des Indischen Ozeans, bis zum Mittelmeer. Dazu schlossen sie sich zu Kamel-Karawanen zusammen, um die großen Entfernungen sicher zurücklegen zu können. Entlang wichtiger Handelsstraßen entstanden zahlreiche feste Versorgungs- und Handelsplätze, die **Karawansereien.** An den Küsten Arabiens waren schon im Altertum blühende Kulturen entstanden. ❶/1

B1 Kamelherde. Buchmalerei, 13. Jahrhundert

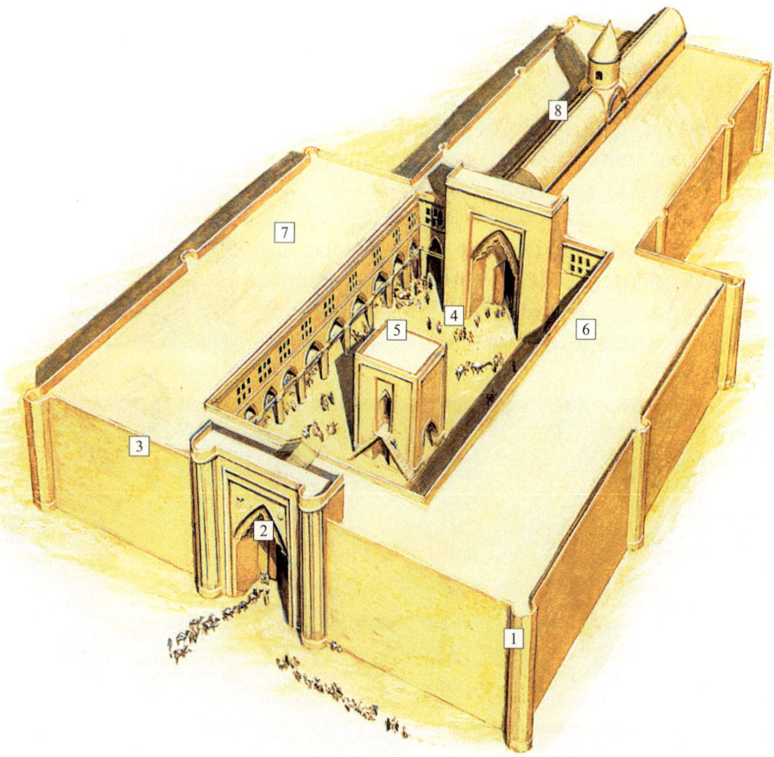

B2 Karawanserei in der Türkei, 13. Jahrhundert. Rekonstruktionszeichnung

1 Türme
2 Portal, einziger Zugang
3 stabile Mauer
4 offener Innenhof
5 Moschee
6 Küchen, Baderäume und Aufenthaltsräume
7 Ställe und Lagerräume
8 „Wintersaal“ mit Kuppel

Mekka: das religiöse Zentrum – Mekka ist heute der heiligste Ort der Muslime. Was ist das Besondere an dieser Stadt?

Um 600 n. Chr. war MEKKA eine kleine, wohlhabende Handelsstadt. Sie lag an einem Kreuzungspunkt von Karawanenstraßen. In Mekka befand sich ein altes arabisches Heiligtum, in dessen Mittelpunkt ein würfelförmiges Gebäude, die KAABA (Arab.: Würfel), stand. In die Kaaba eingemauert ist ein schwarzer Stein, der von den Arabern schon seit frühen Zeiten verehrt wurde. Einer Legende zufolge ist er als Meteorit vom Himmel gefallen.
Viele arabische Stämme hatten im heiligen Bezirk um das Gebäude ihre Götterbilder und -statuen aufgebaut, denn die alte arabische Religion kannte viele Götter, Engel und Dämonen. Um das Jahr 600 n. Chr. sollen es etwa 360 verschiedene gewesen sein, darunter auch der Gott ALLAH (Arab.: Gott).

Kaufmann und Prophet – Um 570 n. Chr. wurde der spätere Prophet Muhammad in Mekka geboren. Als Waise wuchs er bei Verwandten auf und musste früh als Begleiter von Karawanen arbeiten, ehe er selbst Karawanenführer wurde. Durch seine Zuverlässigkeit wurde er der vertraute Mitarbeiter der wohlhabenden Kaufmannswitwe CHADIDSCHA. Sie bot ihm die Ehe an und wurde Muhammads Ehefrau. e/2

Q4 Inschrift aus dem heiligen Buch des Islam, dem Koran, am Felsendom in Jerusalem:

Weh über meine Diener! Kein Gesandter kommt zu den Ungläubigen, den sie nicht verspotteten. Aber sahen sie denn nicht, wie viele Geschlechter wir vor ihnen vertilgten? Dass die Gesandten nicht zu den falschen Göttern zurückkehren werden und dass alle vor uns versammelt werden sollen?

(Koran, 36. Sure, Vers 29–32)

Ornamentschmuck an der Fassade des islamischen Felsendoms. Foto, 1996

B3 Fassade des islamischen Felsendoms auf dem Tempelberg in Jerusalem. Erbaut im 7. Jahrhundert n. Chr. Foto, 1996

Muhammad war ein frommer Mann. Deshalb hielt er die Fastenzeit der altarabischen Religion ein. In dieser Zeit zog er sich gern in die Einsamkeit zurück, um über Gott nachzudenken. Eines Tages hatte er die Vision, der Erzengel Gabriel sei ihm erschienen. Dieser habe ihm aufgetragen, den wahren Glauben, den **Islam,** zu verkünden.

Eine neue Lehre in Mekka – Zuerst erzählte er nur seinen Freunden von den wiederkehrenden Visionen. Dann begann er, öffentlich zu predigen. Wie reagierten die Menschen auf seine neue Lehre?

Anfangs fand der Prophet wenig Beachtung, zum Teil wurde er einfach ausgelacht. Aber als Muhammad mehr und mehr Anhänger fand, sahen die Herrscher Mekkas ihre Götter und ihre Macht bedroht. Denn Muhammads Lehre verehrte nur einen einzigen Gott, so wie die Religionen der Christen und der Juden. Als die Mächtigen der Stadt um 620 n. Chr. alle Beziehungen zu den Muslimen verboten und Muhammad um sein Leben fürchten musste, zog er 622 n. Chr. mit seiner Glaubensgemeinde nach MEDINA aus, wo bereits einige Muslime lebten. Diese Auswanderung Muhammads von Mekka nach Medina wird **Hedschra** genannt. Sie gilt als der Beginn des islamischen Staates. Noch heute beginnt die islamische Zeitrechnung mit dem Jahr 622 christlicher Zeitrechnung.

Muhammad wurde nun auch Politiker und Oberbefehlshaber. Immer mehr Araber verschiedener Stämme traten zum Islam über. Die **„Umma“,** die islamische Gemeinde Gottes, wurde zu einem eigenen neuen Stamm. Nach jahrelangen Kämpfen besiegten die Muslime schließlich auch Mekka. Muhammad war nun Oberhaupt eines islamischen Staates, der beinahe die gesamte arabische Halbinsel umfasste.
Von seinen Anhängern wurden die religiösen Glaubensregeln des Islam aufgeschrieben. Das heilige Buch des Islam heißt **Koran** (Arab.: Lesung), die einzelnen Abschnitte des Korans heißen **Suren.**

Das Reich nach Muhammad – 632 starb Muhammad. Er wurde in Medina in der Großen Moschee begraben. Als Nachfolger wurde durch die Umma ein **Kalif** (Arab.: Stellvertreter) gewählt. Er war nach dem Tod Muhammads das Oberhaupt des Arabischen Reichs. Doch um die Wahl dieses Nachfolgers Muhammads kam es zum Streit und später zu einer Spaltung der Muslime. ALI, der Schwiegersohn des Propheten, beanspruchte vergeblich die Nachfolge Muhammads. Alis Anhänger werden heute **Schiiten** genannt (von „shia'a Ali“, Arab.: Partei Alis). Die Mehrheit der Muslime nennt sich **Sunniten.**

B5 Muhammad im Jahr 630 an der Kaaba. Auf seinen Schultern steht der Schwiegersohn Ali. Persische Buchmalerei, 16. Jahrhundert

ARBEITSAUFTRÄGE

1. Erkläre B1 und B2. Wozu dienten die verschiedenen Räume bzw. Teile der Karawanserei? Warum hatte die Karawanserei nur ein Tor und einige feste Türme?
2. Betrachte B3. Außer dem Felsendom gibt es auf dem Tempelberg in Jerusalem weitere bedeutende religiöse Gebäude. Informiere dich in der Bibliothek oder im Internet. ⓔ/3
3. Erläutere die Inschrift in Q4. Überlege, warum diese Verse den Felsendom zieren und das „Herz des Korans“ genannt werden.
4. Beschreibe und interpretiere B5. Achte auf die Gegenstände und die Haltung der Personen. Überlege, warum der Maler Ali auf den Schultern des Propheten Muhammad darstellt.

2. Das Arabische Reich – politische und kulturelle Einheit

Die Spaltung des Islam in die Partei der Schiiten und der Sunniten führte zu manchen Bruderkämpfen. Trotzdem eroberten muslimische Heere in wenigen Jahrzehnten ein Weltreich. Dazu gehörten Syrien, Mesopotamien, Persien, Zentralasien und Teile Nordindiens, ganz Nordafrika und Spanien. Wie konnte ihnen dies gelingen? Und wie wurde ihre Herrschaft aufrechterhalten?

Ein Weltreich entsteht – Die arabischen Stämme wurden durch den neuen Glauben erstmals in ihrer Geschichte geeint. Auf diese Weise entstand eine große Kraft. Zur selben Zeit waren die mächtigen Reiche von Byzanz und Persien durch die vielen Kriege, die sie gegeneinander geführt hatten, geschwächt. Die von ihnen unterdrückten Völker fühlten sich schlecht behandelt. Mit der vereinten Kraft der arabischen Stämme konnten die Muslime die Nachbarreiche besiegen.

Sicherung der Herrschaft – Die muslimischen Kalifen setzten in den eroberten Gebieten **Statthalter** ein, die für die Sicherung der Herrschaft, die Verwaltung und für das Eintreiben der Tribute sowie Steuern verantwortlich waren. Von den dort lebenden Menschen wurden die neuen Herrscher anerkannt, denn sie konnten ihre eigene Religion sowie andere Freiheiten behalten. Wer kein Muslim werden wollte, brauchte nicht im islamischen Heer zu kämpfen, er musste dann jedoch eine so genannte „Kopfsteuer“ zahlen.

Als die Muslime Jerusalem eroberten, ließen sie die Kirchen der Christen und die Synagogen der Juden stehen. Die Araber bauten aber selbst eine **Moschee,** ein muslimisches Gotteshaus, auf dem alten Tempelberg. Dieser so genannte **Felsendom** steht noch heute.

Durch die Freiheiten, die die Muslime den Menschen der eroberten Länder gewährten, wurde auch ihre Religion von vielen anerkannt. Seit dem 8. Jahrhun-

B1 Islamischer Eroberer. 10. Jahrhundert

E2 *Uns wird erzählt*

Achtung: Geschichtsfälschung!

Die antike Bibliothek des Museums von Alexandria in Ägypten wurde zerstört. Seit Jahrhunderten wird in manchen Büchern eine alte Geschichte wiederholt: Der muslimische Feldherr Amr Ibn al-As soll im Jahre 642 nach der Eroberung Alexandrias die alte Bibliothek mit 700 000 Bänden verbrannt haben. Sechs Monate sollen die Öfen der öffentlichen Bäder mit den unersetzlichen Büchern geheizt worden sein. Die kostbarsten antiken Wissensschätze seien für immer vernichtet worden. Den Befehl dazu habe der Kalif Omar (634–644) gegeben. Er soll gesagt haben: Wenn in diesen Büchern nichts anderes stehe als im Koran, seien sie überflüssig, könnten also verbrannt werden. Widerspräche ihr Inhalt dem Koran, umso schlimmer, dann müssten sie verbrannt werden.

Doch die antiken Bibliotheken Alexandrias wurden im 4. und 5. Jahrhundert, also bereits viel früher, durch fanatische Christen systematisch zerstört. Sie sahen in den Büchern nur „heidnisches Blendwerk“. Deshalb wurde im Jahr 391 auf Betreiben des Patriarchen Theophilos die letzte und größte Akademie Alexandrias geschlossen und in ein Kloster verwandelt. Ihre Bibliothek mit ca. 300 000 Buchrollen wurde verbrannt. Als die Araber in Alexandria einzogen, gab es seit Jahrhunderten keine antiken Bibliotheken mehr in der Stadt. Vieles spricht dafür, dass die Geschichte von der Bücherverbrennung durch die Muslime eine christliche Erfindung aus der Kreuzzugszeit ist.

dert traten immer mehr Menschen in den eroberten Ländern freiwillig zum Islam über. Dazu mussten sie **Arabisch,** die Sprache des Korans, lernen. So erhielt das Arabische Reich allmählich eine gemeinsame Sprache und Kultur.

Die Städte des Arabischen Reichs waren Zentren der Verwaltung, der Religion und des Handels. Insbesondere der Fernhandel führte zu einer großen Weltkenntnis und Weltoffenheit, die auch die Entwicklung der arabischen Kultur und der Forschung förderten. Bereits im 8. Jahrhundert hatte die Stadt Bagdad etwa eine Million Einwohner.

Die Macht der Kalifen wird geteilt – Seit Mitte des 7. Jahrhunderts kamen die Kalifen immer aus den gleichen Familien oder Dynastien.

Zuerst waren die Omajjaden (661–749) Kalifen. Ihr Regierungssitz war anfangs Medina, die Stadt, in der schon Muhammad regiert hatte, später dann Damaskus. Auf die Dynastie der Omajjaden folgte die der Abbasiden (749–1517), deren Sitz bis 1258 Bagdad war, danach die Stadt Kairo. Doch ein einheitliches Reich aller Muslime gab es nur etwa ein Jahrhundert lang (630–755).

Schon im Jahr 755 gründete der muslimische Statthalter im eroberten Spanien ein unabhängiges Kalifat mit der Hauptstadt Cordoba. Bald spalteten sich auch andere Statthalter von den fernen Kalifen in Bagdad ab und gründeten eigene Kalifate. Die so entstandenen verschiedenen arabischen Staaten bekämpften sich oft auch untereinander. Dadurch schwand ihre Macht und die Eroberungen weiterer Nachbarstaaten endeten im 9. Jahrhundert n. Chr.

Seit dem 11. Jahrhundert n. Chr. verloren die arabischen Staaten ihre Herrschaft über die Länder rund um das Mittelmeer. 1258 wurde Bagdad von den asiatischen Mongolen erobert. Und 1492 wurden die letzten Muslime aus Spanien vertrieben.

Q3 Der Koran und sein Verhältnis zu anderen Religionen:

2. Sure, Vers 59: Siehe da, die da glauben, und die Juden und die Christen und die Sabier – wer immer an Allah glaubt und an den Jüngsten Tag und das Rechte tut, die haben ihren Lohn bei ihrem Herrn, und Furcht kommt nicht über sie und sie werden nicht traurig sein.
9. Sure, Vers 29: Kämpft gegen diejenigen, die nicht an Gott und den jüngsten Tag glauben und nicht verbieten, was Gott und sein Gesandter verboten haben, und nicht der wahren Religion angehören – von denen, die die Schrift erhalten haben – (kämpft gegen sie), bis sie kleinlaut aus der Hand Tribut entrichten!

Q4 Aus einem Schutzvertrag der Kalifen mit den Christen und Juden:

Wir werden eure Geschäfte mit den Muslimen überwachen. Wenn ihr einem Muslim etwas Verbotenes verkauft wie Schweinefleisch, Wein, Aas oder dergleichen, werden wir den Verkauf verbieten. Die Geschäfte, die ihr untereinander betreibt, werden wir nicht überwachen. Wenn einer von euch sich mit der Bitte um ein Urteil an uns wendet, werden wir nach islamischem Recht urteilen. Doch wenn keiner zu uns kommt, werden wir uns nicht in eure Angelegenheiten einmischen. [...] Jeder freie, gesunde Mann hat die Kopfsteuer von 1 Dinar im Jahr zu entrichten. Weitere Steuern erheben wir nicht. Ihr könnt in den islamischen Ländern reisen, nur die heilige Stadt Mekka dürft ihr nicht betreten. Unsere Pflicht ist es, euch und euer Eigentum gegen jedermann, sei er Muslim oder nicht, zu beschützen. So wie wir auch uns selbst und unseren Besitz schützen würden.

(In: Der Islam von den Anfängen bis zur Eroberung von Konstantinopel, hg. von B. Lewis, Band 2, Zürich 1982, S. 274 f. Gekürzt)

ARBEITSAUFTRÄGE

1. Beschreibe B1. Welche Reithilfen nutzte der Reiter bereits, welche nicht? Kannst du Teile seiner Bewaffnung erkennen?
2. Lies E2. Prüfe mithilfe des Darstellungstextes, ob eine Bücherverbrennung zu den Auffassungen der Muslime passen würde. Überlege, ob die christlichen Kreuzfahrer von einer Geschichtsfälschung Vorteile gehabt hätten.
3. Lies und interpretiere Q3. Gibt es Unterschiede zwischen den Versen? Beurteile das Verhältnis des Korans zu anderen Religionen. Nutze auch Q4, Q3 von S. 69 und Q6 von S. 91.
4. Erläutere mit Q4, warum die muslimischen Herrscher von den eroberten Völkern meist anerkannt wurden.

3. Islam – die Religion bestimmt Alltag und Recht

بسم الله الرحمن الرحيم

Dieser Text liest sich in unserer Schrift: „Bismillah irrahman irrahim“ und bedeutet: „Im Namen Allahs, des Erbarmers, des Barmherzigen“. Es sind die ersten Worte des Korans, des heiligen Buches des Islam. Ein frommer Muslim würde keine Tätigkeit beginnen, ohne zuvor dieses „Bismillah“ zu sprechen. Er fühlt sich dann im Willen Gottes geborgen. Woran glauben die Muslime und wie macht sich ihr Glaube im Alltag geltend?

B1 Prophet Muhammad und seine Nachfolger, drei Kalifen, Buchmalerei um 1500

Judentum, Christentum, Islam – Wie die Juden und Christen glauben auch die Muslime an einen einzigen Gott. Vor diesem Gott, Allah, sind alle Menschen gleich, er allein erschafft und lenkt die Welt. Gibt es weitere Gemeinsamkeiten und auch Unterschiede zwischen Judentum, Christentum und Islam?

Die drei Religionen berufen sich gemeinsam auf den Stammvater ABRAHAM des Alten Testaments. Sie haben auch gemeinsame Glaubenslehren: den Glauben an die Allmacht Gottes, an die Schöpfung Gottes, an Engel, das Jüngste Gericht, Hölle und Paradies. Muhammad hatte die Religionen der Juden und Christen gut studiert. Er sah sich nicht als Schöpfer einer ganz neuen Religion, sondern als Erneuerer der ursprünglichen Religion. Die Offenbarungen der jüdischen Thora oder der christlichen Bibel werden daher auch von den Muslimen als heilig angesehen. Aber nach dem Glauben der Muslime enthält nur der Koran die endgültige Offenbarung Gottes.

Der wichtigste Unterschied zwischen Christentum und Islam liegt in der Bedeutung von Jesus Christus. Für Christen ist er der Sohn Gottes, der als Mensch geboren wurde und uns den Glauben an Gott brachte. Für die Muslime hingegen ist Jesus Christus ein Mensch, ein Prophet wie Moses, aber er ist nach ihrer Vorstellung nicht Gottes Sohn. /4

B2 Darstellung der nächtlichen Himmelsfahrt des Propheten Muhammad 621. Persische Buchmalerei um 1540

Der Koran enthält ein Verbot, Menschen und Tiere bildlich darzustellen. Deshalb sind auf historischen Gemälden die Gesichter von Menschen oft unkenntlich. Die muslimischen Gebäude tragen als Schmuck Mosaike und schön gestaltete Schriftbänder.

Die Hingabe an Gott im Alltag – Das Leben der Muslime ist durch religiöse und moralische Pflichten geprägt. Sie gehen auf den Koran zurück. Der Zusammenhalt der Familie wird besonders betont. Die Regeln für den Alltag sind als **die fünf Säulen des Islam** zusammengefasst:

– **Das Glaubensbekenntnis:** „Ich bezeuge, dass es keine Gottheit gibt außer Gott. Ich bezeuge, dass Muhammad der Gesandte Gottes ist.“ Wer das Bekenntnis in Gegenwart eines Muslims spricht, der wird dadurch selbst Muslim.

– **Das Gebet:** Fünfmal täglich sollen es die Muslime verrichten. Sie wenden sich in Richtung Mekka und beugen in vorgeschriebenen Haltungen ihren Körper während des Gebets. In den Moscheen ist die Richtung, in der Mekka liegt, durch eine Gebetsnische angezeigt, die **Mihrab.**

– **Das Fasten:** Im Fastenmonat Ramadan sollen die Muslime zwischen Sonnenaufgang und Sonnenuntergang nichts essen und trinken. Durch diese Selbstbeherrschung sollen sie Gott näher kommen.

– **Die Armensteuer:** 2,5 – 10 % des Einkommens sollen für Arme und Bedürftige verwendet werden. So übernimmt der Einzelne Verantwortung für die Gemeinde. So soll auch der Reichtum „gereinigt“ werden. Die Steuer treibt der Staat ein.

– **Die Pilgerfahrt nach Mekka:** Jeder Muslim sollte einmal in seinem Leben nach Mekka pilgern, wenn es ihm wirtschaftlich möglich ist. Alle Pilger sind gleich schlicht gekleidet, alle verrichten die gleichen Gebete. Denn sie begeben sich in die Nähe Gottes. Am Ende der Pilgerfahrt wird ein Tier geopfert. Die Reise nach Mekka führt zur Vergebung der Sünden.

Der Kalender der Muslime hat das Mondjahr zur Grundlage, wie es im Koran vorgeschrieben ist. Es kürzer als das Sonnenjahr, sodass alle islamischen Feste langsam durch die Jahreszeiten wandern. e/4

B3 Mihrab (Gebetsnische). Isfahan/Iran

1 Eingang
2 Innenhof der Moschee
3 Minarett
4 Innenräume der Moschee
5 Mihrab (Gebetsnische)
6 Brunnen

B4 Moschee in Isfahan/Iran. 14. Jahrhundert. Foto, 1996

Der Islam: Religion und Staatslehre – Muhammad war zunächst Prophet, aber er wurde auch Kriegsführer und Staatsmann. Seine Gemeinde eroberte ein großes Reich. Wie wurde das Verhältnis der Religion zum Staat unter diesen Verhältnissen gestaltet?

Im Koran ist nach Auffassung der Muslime der Wille Gottes offenbart worden. Muslimische Gelehrte stellten außerdem Regeln auf, wie sich Muslime im Einklang mit dem Koran und dem Leben Muhammads verhalten sollten. So entstand die **Scharia,** das islamische Recht. Auf der Grundlage der Scharia sprachen der Kalif oder seine Beamten, die **Kadis** (Arab.: Richter), die Urteile. In einigen islamischen Staaten gilt die Scharia bis heute. Sie schreibt für manche Delikte eine öffentliche Hinrichtung vor, für Ehebruch die Steinigung. Jedoch wird eine Todesstrafe nicht vollstreckt, wenn die geschädigte Familie die Tat vergibt.

Das Leben frommer Muslime richtet sich streng nach der islamischen Religion, nach dem Koran und der Scharia. Dass die Regeln der Religion und die Gesetze des Staates voneinander getrennt sind, wie es ist den modernen westlichen Demokratien der Fall ist, ist für viele gläubige Muslime undenkbar.

Frauen im Islam – Der Islam spricht den Frauen eine untergeordnete Rolle in der Gesellschaft zu. Im Koran heißt es: „*Die Männer sind den Weibern überlegen […]. Die rechtschaffenen Frauen sind gehorsam […]. Diejenigen aber, deren Widerspenstigkeit ihr fürchtet – schlaget sie*". (Sure 4, Vers 38).
Viele Muslime meinen, zwischen Frauen und Männern solle eine Art Arbeitsteilung herrschen: Die Männer bestimmen außerhalb, die Frauen in der Familie. Tatsächlich haben muslimische Frauen in der Familie meist großen Einfluss. Für Frauen ist das Tragen figurbetonender Kleidung verboten. In der Öffentlichkeit sollen sie mit einem **Schleier** oder Kopftuch ihre Haare, ihr Gesicht oder den ganzen Körper bedecken. e/5

Gibt es einen „Heiligen Krieg"? – Die Muslime sollen in ihrem Leben den Weg zu Gott gehen. Das arabische Wort dafür heißt **„jihad":** „Anstrengung, Bemühen". „Jihad" [Dschihad] hat aber auch die Bedeutung „Heiliger Krieg". Radikale Muslime verstehen Jihad als Pflicht zum

B5 Ein Kadi (Richter) spricht sein Urteil. Buchmalerei, 14. Jh.

B6 Muslimische Frauen in Berlin-Kreuzberg. Foto, 1996

Krieg gegen die Ungläubigen. Der im „Heiligen Krieg“ Gefallene werde sofort ins Paradies kommen.
Die meisten Muslime meinen jedoch, dass ein gut geschriebenes Buch ein besserer Jihad ist als der Kampf mit Waffen. /6

Q 6 Aus einem Interview mit dem Islamwissenschaftler Udo Steinbach über den „Dschihad“, 2001:

heute.online: In der aktuellen Berichterstattung zum Nahost-Konflikt taucht immer wieder der Begriff „Dschihad“ oder „Heiliger Krieg“ auf. Was bedeutet er?
Steinbach: Dschihad ist ein Begriff, der schon im Koran vorkommt und den Einsatz des Moslems für Wohl und Wehe der islamischen Gemeinde betrifft. Das kann sehr weit interpretiert werden, es kann aber auch – und so ist es zunächst in der Frühzeit [des Islams] geschehen – als eine kriegerische Bemühung zum Zwecke der Ausbreitung des Islam verstanden werden. Der Islam versteht sich als eine universale Gemeinde, deren Mission erst dann erfüllt ist, wenn sie sich über die ganze Welt verbreitet hat.
heute.online: Wer ruft zum Dschihad auf?
Steinbach: Wenn wir die tägliche Politik verfolgen, dann sehen wir, dass es insbesondere islamische Extremisten sind […].
heute.online: Beinhaltet dieser Aufruf ganz konkret, dass Feinde des Islam getötet werden? Oder gibt es andere Möglichkeiten?
Steinbach: Es ist zunächst einmal der Kampf gemeint […] und das islamische Gesetz […] ist ganz eindeutig: Es handelt sich hier um eine kriegerische Auseinandersetzung mit allem, was ein Krieg beinhaltet – mit Gefangenen, mit Getöteten, mit Beute.

(In: http://www.zdf.de/ZDFde/inhalt/14/0,1872,2000686,00.html)

B 7 Vorstellung des Paradieses. Buchmalerei, 15. Jahrhundert

B 8 Vorstellung der Höllenstrafen. Buchmalerei, 15. Jahrhundert

ARBEITSAUFTRÄGE

1. Beschreibe B 1 und B 2. Erkläre die Darstellung um den Kopf des Propheten Muhammad bzw. die seines Gesichts.
2. Betrachte B 4 und überlege, was in den einzelnen Räumen der Moschee geschieht. Suche die Gebetsnische von B 3 auf dem Bild B 4. Bestimme mithilfe eines Atlas, in welche Himmelsrichtung die Gebetsnische in deinem Wohnort weisen müsste.
3. Beschreibe B 5. Finde eine mögliche Erklärung für den Vorhang. Beachte die Person, die ganz rechts steht.
4. Beschreibe die Kleidung der Frauen von B 6. Sprich mit muslimischen Freunden, wie sie über das Kopftuch denken.
5. Analysiere Q 6. Erkläre die Bedeutung des Begriffs „Jihad“. Wie beurteilst du die Vorstellung vom „Heiligen Krieg“? Vgl. auch mit Q 2 von S. 66.
6. Betrachte und interpretiere B 7 und B 8. Wie wirken die Bilder auf dich? Vgl. auch mit B 6 auf S. 14.

4. Die Kultur im Kalifat – das Wissen wird vermehrt

Seit dem Jahr 750 stellte das Geschlecht der Abbasiden die Kalifen. Sie regierten als absolute Herrscher und gründeten eine neue Hauptstadt: Bagdad. Um diese Zeit begann für die muslimische Welt auch eine wissenschaftliche und kulturelle Blütezeit. Wie kam es dazu?

Muslime nehmen fremde Kulturen auf – Zur Zeit des Kalifats waren die Länder zwischen Spanien und dem Indischen Ozean eine Art **„multikulturelle“** (= viele Kulturen umfassende) **Gesellschaft.** Im Kalifat lebten keineswegs nur Araber, sondern auch Perser, Syrer, Kopten, Turk-Stämme, Kurden, Kaukasier, Berber und viele andere. Die Vermittler der Kulturen, die Gelehrten, waren nicht nur Muslime, sondern auch Christen und Juden.

Q1 Ein Empfang am Hof des Kalifen von Bagdad im Jahr 917:

Wir sahen einen Baum, der in der Mitte eines großen runden Beckens stand, das mit klarem Wasser gefüllt war. Der Baum hat achtzehn Äste und jeder Ast hat zahlreiche Zweige, auf denen alle Arten großer und kleiner goldener und silberner Vögel sitzen. Die meisten Äste des Baums sind aus Silber, aber einige sind aus Gold und sie recken sich in die Luft und tragen Laub in verschiedenen Farben. Die Blätter des Baums bewegen sich, wenn der Wind weht, und die Vögel pfeifen und singen. […] Der Kalif war in goldbesetzte Gewänder gekleidet und saß auf einem Thron aus Ebenholz […]. Zur Rechten des Throns hingen neun Halsketten aus Edelsteinen und zur Linken desgleichen, alle aus prächtigen Juwelen […]. Vor dem Kalifen standen fünf seiner Söhne, drei zur Rechten und zwei zur Linken.

(In: Albert Hourani: Die Geschichte der arabischen Völker, Frankfurt a.M. 1992, S. 62)

Der Austausch zwischen den Kulturen wurde durch die Haltung des damaligen Islam zu Studium und Wissenschaft begünstigt. „Empfange Wissen, auch von den Lippen eines Ungläubigen“, heißt es in der Überlieferung der Worte Muhammads. Die Kultur der unterworfenen Syrer, Ägypter, Iraner, Griechen war für viele Araber eine Entdeckung.

In Zentralasien lernten die Araber von kriegsgefangenen Chinesen die Herstellung von **Papier** kennen, einem billigen und guten Schreibmaterial. 794 n. Chr. wurde in Bagdad die erste „Papiermühle“ errichtet, in der aus Holz der Rohstoff für Papier gewonnen wurde. In den Städten des Kalifats konnte im 8./9. Jahrhundert etwa die Hälfte der Bevölkerung lesen und schreiben; deutlich mehr als in West- und Mitteleuropa. Bei vielen Arabern entwickelte sich eine wahre Leidenschaft für Bücher. Sie wurden in großem Umfang hergestellt, vertrieben und gesammelt. Um das Jahr 1000 gab es allein in Bagdad etwa 100 Buchhandlungen.

Arabischer Wissenschaftler

B2 Die Bibliothek in Basra. Buchmalerei, 13. Jahrhundert

Städte, die Zentren der Kultur – Überall im Arabischen Reich entwickelten sich Städte, meist an Kreuzungen von Handelsstraßen. Wie können wir uns diese arabischen Städte vorstellen?

In den Städten wurden Paläste, Wohnhäuser, Krankenhäuser, Bibliotheken, Schulen, Märkte, Lagerhäuser, Befestigungen und Moscheen gebaut. Bagdad, die neue Hauptstadt im Osten des Reiches, hatte schon im 8. Jahrhundert ca. eine Million Einwohner.
Seit dem 9. Jahrhundert entstanden in verschiedenen muslimischen Ländern die **„Märchen aus 1001 Nacht“**, eine der berühmteste Märchensammlung der Welt. Eine ihrer Gestalten ist der Kalif HARUN AL-RASCHID, der nachts verkleidet in Bagdad Abenteuer suchte. e/7

Das Kalifat von Cordoba – In Spanien, das vom Zentrum des Arabischen Reichs weit entfernt lag, herrschte seit dem 8. Jahrhundert eine eigene Dynastie. CORDOBA, ihre Hauptstadt, war um das Jahr 1000 mit etwa 500 000 Einwohnern die größte und reichste Stadt Europas. Ihre Straßen waren gepflastert und wurden nachts mit Laternen beleuchtet. Kaufleute aus allen Himmelsrichtungen brachten Waren aller Art auf die reichhaltigen Märkte. Studenten aus ganz Europa kamen in die Stadt, um die Wissenschaften zu studieren. Die Stadt besaß etwa 600 Moscheen, 300 öffentliche Bäder, 20 Bibliotheken, 80 öffentliche Schulen, 17 Hochschulen und mehr als 50 Krankenhäuser. Allein die Bibliothek des Kalifen umfasste mehr als 500 000 Bücher.

Wissen wird erweitert – Große Bibliotheken und Einrichtungen für die Forschung gab es überall im Arabischen Reich. Im „Haus der Weisheit“ in Bagdad wurden im Auftrag des Kalifen Bücher aus zahlreichen Ländern gesammelt und ins Arabische übersetzt. Angeschlossen waren eine große Bibliothek und ein astronomisches Observatorium. Die Muslime bewahrten so das Wissen aus der Antike. Ein Teil davon ist nur durch die arabische Vermittlung erhalten geblieben und zu uns nach Europa gelangt. Die Muslime entdeckten auch viel Neues in der Mathematik, der Astronomie und der Medizin. Sie schrieben zahlreiche grundlegende Bücher für diese Wissenschaften.

PERSONENLEXIKON

HARUN AL-RASCHID, 763–809. Kalif (von 786–809) aus der Abbasiden-Dynastie

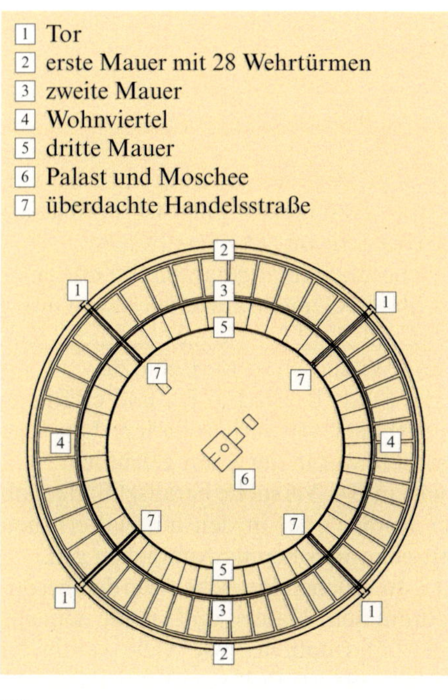

B3

B4 Arabische Apotheke. Arabische Buchmalerei um 1300

Die Muslime lernten im 8. Jahrhundert in Indien neue Zahlen kennen. Zu diesen Zahlen gehörte die Null, mit der das Rechnen insgesamt wesentlich einfacher war. Der Mathematiker AL-CHWARISMI führte sie ein. Im Arabischen Reich entstanden jedoch bald zwei abweichende Ziffernschreibweisen, die west- und die ostarabische. Die Europäer erlernten seit dem 13. Jahrhundert von den Arabern die westarabischen Zahlen, das sind die Zahlen, die wir heute benutzen. In den arabischen Ländern setzte sich aber die ostarabische Schreibweise durch.

Das Ende des Kalifats – Gegen Ende des 10. Jahrhunderts zerfiel das Arabische Reich in Teilreiche. Verschiedene Dynastien traten mit dem Anspruch auf Alleinherrschaft auf. Wie wirkte sich dies auf die arabische Welt aus?

Ab dem 11. Jahrhundert kam es zu einer Erstarrung der islamischen Kultur. Neue Auslegungen des Korans wurden verboten. Wer dagegen verstieß, dem drohten schwere Strafen. IBN SINA (980–1037), ein berühmter Mediziner und Philosoph, meinte dagegen: Der Koran ist nur eine verhüllte Form der Wahrheit in Gleichnissen. Er müsste deshalb immer wieder neu ausgelegt werden. Im Jahr 1150 ließ der Kalif von Bagdad mehrere wissenschaftliche Werke wegen ihrer abweichenden Ideen verbrennen. Von den arabischen Herrschern wurde jetzt ein Wort des Propheten Muhammad missachtet: „Die unterschiedlichen Meinungen meines Volkes sind eine Gnade."
1099 eroberten christliche Kreuzritter aus Westeuropa Jerusalem. Zwar konnten die Muslime 1187 Jerusalem zurückgewinnen. Aber als 1258 die Mongolen, ein kriegerisches Reitervolk aus Asien, Bagdad eroberten, war dies das Ende des Kalifats.

١	1
٢	2
٣	3
٤	4
٥	5
٦	6
٧	7
٨	8
٩	9
٠	0

Arabische Zahlen

B6 Münze aus Saudi-Arabien

Q5 Arabische Lehnwörter im Deutschen (Auswahl):

Admiral	Konditorei
Algebra	Kuppel
Alkohol	Lack
Amulett	Laute
Artischocke	lila
Balsam	Magazin
Benzin	Mandoline
Diwan	Marzipan
Droge	Maske
Giraffe	Mokka
Jacke	Saphir
Jasmin	Sirup
Joppe	Smaragd
Kabel	Spinat
Kaffee	Tamburin
Karaffe	Watte
Karussell	Ziffer
Kittel	Zucker

ARBEITSAUFTRÄGE

1. Vergleiche die Beschreibung des Palastes in Q1 mit B3 von S. 47. Schreibe dann eine Geschichte: „Die Gesandtschaft trägt dem Kalifen ihr Anliegen vor …"
2. Beschreibe B2. Vergleiche die damalige arabische mit einer heutigen Bibliothek. Gibt es Gemeinsamkeiten bzw. Unterschiede? Informiere dich auf S. 12 ff., wie die christliche Kirche damals Studium und Wissenschaft wertschätzte.
3. Beschreibe den Plan der Stadt Bagdad in B3 und erläutere, welche Absichten die Erbauer vermutlich hatten. Überlege anhand der Bezeichnungen, wer in der Stadt gelebt hat.
4. Beschreibe die Apotheke in B4. Versuche herauszufinden, ob es in den Städten der Römer oder in den mittelalterlichen Städten West- und Mitteleuropas bereits Apotheken gab.
5. Prüfe die Wörter in Q5. In welchen Bereichen wurden besonders viele Wörter übernommen? Kannst du Gründe nennen?
6. Ermittle mithilfe der Zifferntabelle, wie viele saudische „Rials" die Münze in B6 wert ist. Prüfe auch das Prägejahr (unten). Beachte die arabische Zeitrechnung (vgl. S. 85).

	Politik	Kultur	Alltag
1300			
	1258: Eroberung Bagdads durch die Mongolen		
1200	1187: Rückeroberung von Jerusalem durch die Muslime	Bagdad: mehr als 100 Buchhandlungen	
1100	1099: Kreuzfahrer erobern Jerusalem	11. Jh. ff.: politische, religiöse und kulturelle Erstarrung	Großgrundbesitz nimmt zu, Zitronen, Baumwolle und Zuckerrohr werden angebaut.
1000	10. Jh.: Offiziere erhalten vom Kalifen „Steuergüter“	Entstehung von „1001 Nacht“ 8. – 12. Jh.: Astronomie, Mathematik und Medizin auf hohem Niveau	
900			9. Jh.: Scharia
800	786–809: Kalif Harun al-Raschid 749–1517: Dynastie der Abbasiden		794: Papiermühle in Bagdad 776: arabische Zahlen 762: Gründung von Bagdad
700	755: Omajjaden gründen Cordoba	prächtige Städte im Arabischen Reich	
	661–749: Omajjaden 632: Kalifen, Eroberungen	685: Felsendom in Jerusalem	
600 n.Chr.	622: Hedschra, der Auszug nach Medina ca. 570: Geburt des Propheten Muhammad		Religion bestimmt den Alltag
500			

Zusammenfassung – Arabisches Reich / Islam

Die Geschichte des Islam beginnt mit dem **Propheten Muhammad** (570–632 n. Chr.) in Mekka. Er stiftete die Religion, in der wie im Judentum und im Christentum ein einziger Gott verehrt wird. Die Offenbarungen, die Muhammad seiner Erzählung nach direkt vom **Gott Allah** erhielt, sind im Koran aufgeschrieben. Mit dem Islam vereinigte Muhammad die Stämme auf der arabischen Halbinsel. Die Gemeinde der Gläubigen bildete einen neuen Staat. In Mekka steht die große Moschee mit dem wichtigsten Heiligtum der Muslime, der Kaaba.

Muhammad war Religionsgründer, Heerführer, Staatsgründer und Gesetzgeber. Seine Nachfolger, die **Kalifen,** führten Krieg gegen die Nachbarreiche. In wenigen Jahrzehnten eroberten sie im „Heiligen Krieg" ein Weltreich vom Indischen Ozean bis zum Atlantik.

Im **Koran** sind Regeln für das Verhalten der Gläubigen festgelegt. Die wichtigsten sind die „fünf Säulen" des Islam: das Glaubensbekenntnis, das Gebet, die Abgabe der Armensteuer, das Fasten, die Pilgerfahrt nach Mekka.
Für das Zusammenleben der Menschen wurde nach dem Koran das islamische Recht festgesetzt, die **Scharia.** Im Arabischen Reich konnten Juden und Christen ihre Religion meist frei ausüben. Die große Mehrzahl der Menschen im Arabischen Reich war jedoch muslimischen Glaubens und sprach Arabisch.

Das Arabische Reich war jahrhundertelang die wirtschaftlich stärkste Macht der damaligen Zeit. Die Wissenschaften blühten. Doch seit dem 11. Jahrhundert kam es zu einem allmählichen Niedergang der Herrschaft, des Handels und der Kultur. Das Kalifat zerfiel in rivalisierende Staaten; 1258 wurde Bagdad von den Mongolen zerstört. Hinzu kam eine Erstarrung des zuvor offenen und toleranten Islam sowie die Unterdrückung anderer Religionen.

ARBEITSAUFTRAG

1. Das Arabische Reich und das Frankenreich bestanden eine Zeitlang nebeneinander. Vergleiche Muhammad und Chlodwig. Achte dabei auf ihr Verhältnis zur Religion, auf ihr Reich und auf die Mittel ihrer Herrschaft.

ZUM WEITERLESEN

Osman, Nabil: Kleines Lexikon deutscher Wörter arabischer Herkunft, Beck TB, München 1977
Trease, Geoffrey: Das goldene Elixier. Beltz, Weinheim/Basel 1993

@/1 www.schwarzaufweis.de/Nordzypern/karawanserei1.htm
@/2 www.zdf.de/ZDFde/inhalt/13/0,1872,1021965,00.html
@/3 www.wcurrlin.de/links/basiswissen/basiswissen_kreuzzuege. htm
@/4 www.kindernetz.de/thema/religionen/a-z/islam.html
@/5 www.zdf.de/ZDFde/inhalt/16/0,1872,2000688,00.html
@/6 www.zdf.de/ZDFde/inhalt/14/0,1872, 2000686,00.html
@/7 www.oppisworld.de/zeit/biograf/raschid.html
http://de.wikipedia.org/wiki/Harun_ar-Raschid

Aufbruch in eine neue Zeit und Welt

Christoph Kolumbus entdeckte 1492 eine den Europäern unbekannte, neue Welt. Sie nahmen das Land in Besitz, später nannten sie es „Amerika“. Martin Luther begründete 25 Jahre später in Deutschland eine neue Religionslehre, die sich bald in Europa und später auch in Amerika und anderen Regionen der Welt verbreitete. Es war eine Zeit, in der viele Menschen eine neue Art des Denkens, des Forschens, Glaubens und des Zusammenlebens anstrebten.

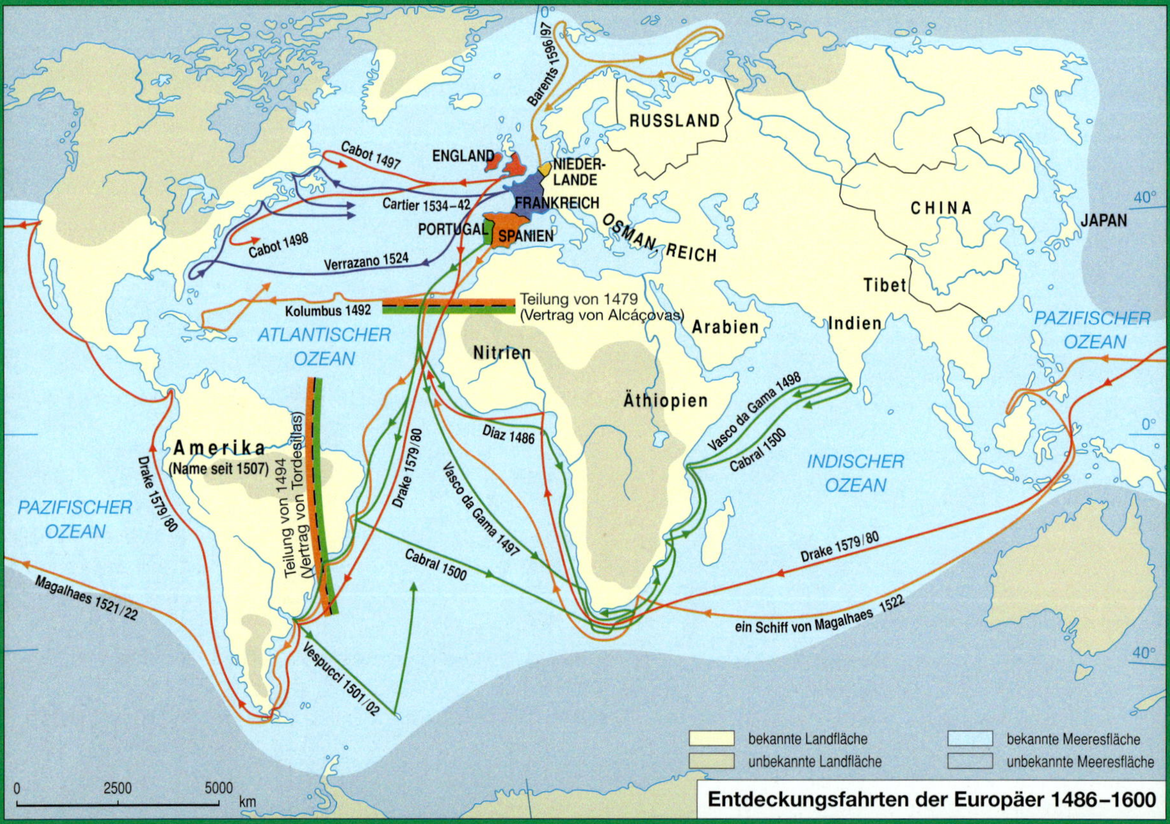

Entdeckungsfahrten der Europäer 1486–1600

ARBEITSAUFTRAG

Beschreibe die Fahrtrouten der Entdecker und nenne ihre Herkunftsländer. Erkläre den Einfluss der Verträge von Alcáçovas (1479; s. S. 108) und Tordesillas (1494) zwischen Portugal und Spanien auf die Fahrtrouten.

Teil 1: Neues Wissen und Denken – die Renaissance

1. Ein neues Bild vom Menschen

Im Mittelalter verstanden sich die Menschen als Teil einer festgefügten Ordnung. Jeder hatte darin seinen von Gott und der sozialen Herkunft vorbestimmten Platz. Das Leben auf der Erde galt Vielen nur als ein von Sünde und Strafe belastetes Durchgangsstadium zum himmlischen Paradies. Daher war die Initiative der mittelalterlichen Menschen zur Veränderung und Verbesserung ihrer oft bedrückenden Lage nur gering. Dieses starre Weltbild löste sich zwischen dem 15. und 17. Jahrhundert allmählich auf. Was waren die Ursachen? Und wie sahen die Menschen nun ihre Umwelt?

Im Mittelpunkt der Mensch – Ausgangspunkt des neuen Welt- und Menschenbilds waren die oberitalienischen Handelszentren wie Genua, Pisa, Venedig sowie die aufstrebenden Hansestädte Mittel- und Nordeuropas wie Antwerpen, Lübeck, Magdeburg. Von dort breiteten sich die Gedanken der **Renaissance** (Dt.: Wiedergeburt) und des **Humanismus** (von Lat.: *humanus* = menschenfreundlich) allmählich in Europa aus. Ihre Anhänger verbanden damit antike Ideale in der Kunst und Architektur. Vor allem aber vertraten sie ein **neues Menschenbild,**

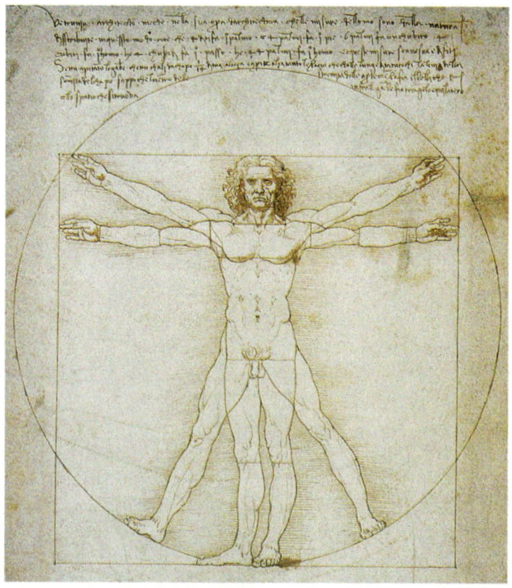

B2 Menschliches Maß nach Leonardo da Vinci, um 1490

PERSONENLEXIKON

LEONARDO DA VINCI. 1452–1519. Maler, Bildhauer, Architekt und Erfinder. Er stand u.a. in den Diensten der Familie Medici in Florenz.

Q1 Pico della Mirandola in seiner Schrift „Über die Würde des Menschen“ (1486):

In die Mitte der Welt habe ich dich gestellt, damit du von da aus leichter betrachten kannst, was in der Welt geschaffen ist. Weder himmlisch noch irdisch, weder sterblich noch unsterblich haben wir dich gemacht, damit du gleichsam mit eigenem Verständnis und zu eigener Ehre dein Schöpfer und Bildner seiest, in welcher Form immer du dich ausgestaltest. Du kannst zu den niedersten Geschöpfen der Tierwelt entarten. Du kannst dich aus eigenem Willensentschluss in die höheren, das heißt göttlichen Regionen wiedergebären.

(In: Europäische Geschichte, BSV, S. 660)

Q3 In dem Roman „Sofies Welt“ von Jostein Gaarder erklärt der Lehrer Alberto Knox den Begriff „Renaissance“:

Alberto: Dass Religion und Wissenschaft ein freieres Verhältnis zueinander entwickelten, führte zu einer neuen wissenschaftlichen Methode [...]. Auf diese Weise wurde das Fundament für zwei wichtige Umwälzungen des 15. und 16. Jahrhunderts gelegt, nämlich für die *Renaissance* und die *Reformation*.
Sofie: Lass uns eine Umwälzung nach der anderen anschauen.
Alberto: Unter Renaissance verstehen wir eine umfassende kulturelle Blütezeit, die gegen Ende des 14. Jahrhunderts einsetzte. Sie begann in Norditalien, verbreitete sich aber rasch nach Norden.
Sofie: Hast du nicht gesagt, dass Renaissance „Wiedergeburt“ bedeutet?
Alberto: Doch, und das, was wiedergeboren werden sollte, waren die Kunst und die Kultur der Antike [...]. Das Motto lautete: „Zurück zu den Quellen!“, und die wichtigste Quelle war der Humanismus der Antike.

(Jostein Gaarder: Sofies Welt. Ein Roman über die Geschichte der Philosophie, München/Wien 1993, übers. von Gabriele Haefs, Seite 234 f. Gekürzt)

das den Anspruch jedes Einzelnen auf Individualität, persönliche Freiheit und Würde betonte.

Impulse der Veränderung – Zwischen dem 10. und 12. Jahrhundert waren die Araber aus dem Mittelmeerraum zurückgedrängt worden. Der neu aufblühende Fernhandel kam vor allem den **oberitalienischen Handelsstädten** und den Städten des **Hansebunds** zugute. Deren Bürger hatten sich über Jahrhunderte hinweg in teils erbitterten Kämpfen von der Herrschaft ihrer Landesherren befreit. Nun konnten sie den Nutzen und Gewinn aus der Freiheit ziehen. Denn in ihren Städten blühten der Fernhandel und die gewerbliche Produktion auf. Mächtige Handelsdynastien wie die MEDICI in Florenz oder die FUGGER in Augsburg entstanden.

Wo Gewerbe und Handel florieren, da entstehen auch **Zentren der Kultur und der Wissenschaft.** Die Künstler der Renaissance griffen Themen und Formen der griechisch-römischen Antike auf. Dabei schufen sie – von reichen Mäzenen gefördert – einzigartige Kunstwerke der Malerei, der plastischen Kunst und Architektur. Auch die Wirkungsstätten vieler bedeutender Naturforscher jener Zeit waren meist reiche Wirtschaftszentren.

Q4 Der Italiener Gianozzo Manetti schrieb 1452:

Die Welt ist wohl von Gott geschaffen, aber der Mensch hat sie verwandelt und verbessert. Denn alles, was uns umgibt, ist unser eigenes Werk, das Werk des Menschen; alle Wohnstätten, alle Schlösser, alle Gebäude aus der ganzen Welt. [...] Von uns sind die Gemälde, die Skulpturen; von uns kommen der Handel, die Wissenschaften, die philosophischen Systeme. Von uns kommen alle Erfindungen und alle Arten von Sprachen und Literatur.

(In: John R. Hale: Fürsten, Künstler, Humanisten. Renaissance: Anbruch der Neuzeit, Hamburg 1973, S. 26. Gekürzt)

B5 „Statue des David", Michelangelo, 1504

PERSONENLEXIKON

COSIMO DE MEDICI, 1389–1464. Bankier in Florenz. Er übte ab 1434 die Stadtherrschaft in Florenz aus.

B6 „Die Schule von Athen". Gemälde von Raffael, 1510 n. Chr. Der Maler hat in seinem Bild Gelehrte verschiedener Jahrhunderte und Regionen zusammengeführt; im Zentrum Platon [1] und Aristoteles [2], ferner Sokrates [3], Heraklit [4], Diogenes [5], Ptolemäus u. a. m.

ARBEITSAUFTRÄGE

1. Erkläre mithilfe von Q3 den Begriff „Renaissance".
2. Beschreibe und interpretiere B2, B5 und B6. Erläutere für alle drei Abbildungen, wie die Maler bzw. Bildhauer ihr Verständnis der Renaissance zum Ausdruck bringen.
3. Stelle anhand von Kernsätzen in Q1 und Q4 zusammen, welches Menschenbild zum Ausdruck kommt.

2. Ein neues Bild der Erde und der Welt

Nach dem mittelalterlichen Weltbild der Kirche war die Erde eine auf dem Ozean schwimmende Scheibe. Viele Jahrhunderte lang befuhren Seeleute die Meere in der Angst, zu weit aufs offene Meer hinauszufahren und vom Rand der Scheibe hinabzustürzen. Wie kam es zur Veränderung dieses überkommenen Weltbilds?

Im Mittelpunkt die Erde? – In den großen Seefahrernationen jener Zeit hatten Erfahrung und Beobachtungen seit Anfang des 15. Jahrhunderts dazu geführt, dass die in der Antike bekannte Kugelgestalt der Erde neu entdeckt wurde. Nach dem Weltbild des PTOLEMÄUS aus dem 2. Jahrhundert n. Chr. stand die kugelförmige Erde im Zentrum der Welt. Dieses Weltbild nennt man **geozentrisch** (= die Erde im Mittelpunkt stehend).

Auch gemäß der Lehre der Kirche stand die Erde im Mittelpunkt der Schöpfung. Denn nach der Bibel kreisten Sonne und Sterne um die Erde. Aber zahlreiche Beobachtungen mit den neu entwickelten Fernrohren zeigten, dass die Bewegungen der Planeten und Sterne mit diesem Modell der Welt nicht zu erklären waren.

Kopernikus revolutioniert den Himmel – An die Stelle des geozentrischen Weltbilds setzte NIKOLAUS KOPERNIKUS 1543 ein Modell der Planeten, in dem nicht die Erde, sondern die Sonne im Mittelpunkt steht **(= heliozentrisches Weltbild).** Doch sein Modell, das durch viele Beobachtungen bestätigt wurde, stieß auf die Missbilligung der Kirche. Denn mit der Erde sei auch der Mensch aus dem Mittelpunkt der Schöpfung gerückt worden.

PERSONENLEXIKON

NIKOLAUS KOPERNIKUS, 1473–1543. Geb. in Polen. Arzt, Finanzfachmann und Astronom. Im „Hauptberuf" Domherr in Frauenburg. Begründer des heliozentrischen Weltbilds

Q3 Leonardo da Vinci: „Der Urgrund jeder Wissenschaft", 1509:

Man sagt, dass die Erkenntnis, die von der Erfahrung erzeugt wird, rein handwerksmäßig sei, und nur diejenige wissenschaftlich [sei], die im Geist entsteht und endet [...]. Doch scheint mir, dass jene Wissenschaften eitel und voller Irrtümer sind, die nicht geboren wurden aus der Erfahrung, der Mutter jeder Gewissheit, oder nicht in einer bekannten Erfahrung endet [...].
Keine menschliche Untersuchung kann als wahre Wissenschaft bezeichnet werden, wenn sie nicht durch mathematische Beweise geht. [Dagegen muss man] Wissenschaft, die nur im Verstand beginnt und auch endet, [...] aus vielen Gründen leugnen, hauptsächlich, weil in solchen Beweisführungen keine Erfahrung ist, ohne die es keine Gewissheit gibt.

(In: Schulze, H. und Paul, I. U. [Hg.]: Europäische Geschichte, München 1994, S. 660. Gekürzt)

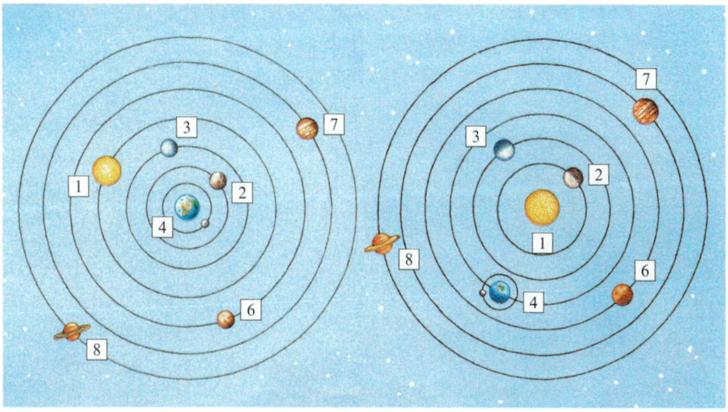

B2 Das geozentrische Weltbild des Ptolemäus, um 150 n. Chr. (links) und das heliozentrische Weltbild des Kopernikus, um 1543 (rechts). [1] Sonne, [2] Merkur, [3] Venus, [4] Erde mit Mond [5], [6] Mars, [7] Jupiter, [8] Saturn

ARBEITSAUFTRÄGE

1. Beschreibe, wie Erde und Sonne in den beiden Abbildungen von B2 zueinander stehen. Überlege und erkläre, warum die Menschen lange Zeit die geozentrische Anordnung von Erde und Sonne für richtig hielten.
2. Formuliere mit eigenen Worten die beiden Methoden der wissenschaftlichen Erkenntnis, die Leonardo in Q3 beschreibt.
3. Kannst du Gründe dafür nennen, warum die Kirche das heliozentrische Weltbild des Kopernikus lange Zeit ablehnte?

3. Der Fall Galileo Galilei

Rom, im Juni 1633: Der nahezu siebzigjährige, bereits zu Lebzeiten hoch angesehener Physiker und Astronom GALILEO GALILEI kniet im Büßerhemd vor einem päpstlichen Gericht. Seine rechte Hand liegt auf der Bibel, in der linken hält er eine brennende Kerze. Er schwört, alles zu glauben, was die Heilige Kirche für wahr halte, und die „falsche" Meinung, dass die Sonne Mittelpunkt der Welt und unbeweglich sei, aufzugeben. Wie kam es zu diesem Prozess und wie verhielten sich Wissenschaft und Kirche am Beginn der Neuzeit zueinander?

Leben und Werk Galileis – Bereits im Alter von 25 Jahren lehrte Galilei an der Universität von Pisa. Dort veröffentlichte er seine bahnbrechenden Untersuchungen zu den Fallgesetzen. Ab 1610 war er als Hofmathematiker des Großherzogs der Toskana in Florenz von allen Lehrverpflichtungen freigestellt und konnte sich ganz seiner astronomischen Forschung widmen. Mithilfe des zu Galileis Zeit erfundenen Fernrohrs machte er zahlreiche Entdeckungen. Viele davon waren mit dem seit der Spätantike vorherrschenden geozentrischen Weltbild des Ptolemäus nicht erklärbar. Galilei war daher davon überzeugt, dass das von Nikolaus Kopernikus im 16. Jahrhundert entwickelte **heliozentrische Weltbild** richtig ist (vgl. S. 101, B2). Zu seinen Lebzeiten freilich fehlten für das Modell des Kopernikus noch die endgültigen Beweise.

Galilei im Konflikt mit der Kirche – Das heliozentrische Weltsystem des Kopernikus hatte die Kirche zunächst nicht bekämpft. Erst als Wissenschaftler daran gingen, ihre Erkenntnisse über das von der Kirche vertretene Weltbild zu stellen, wurde das Werk des Kopernikus 1616 von der Kirche auf den **„Index der verbo-**

PERSONENLEXIKON

GALILEO GALILEI, 1564–1642. Mathematiker und Astronom. Er wurde wegen seines Eintretens für das heliozentrische Weltbild 1633 vom Inquisitionsgericht der Kirche zum Widerruf gezwungen und zu unbefristeter Haft verurteilt. 1992 wurde Galilei von der Kirche rehabilitiert.

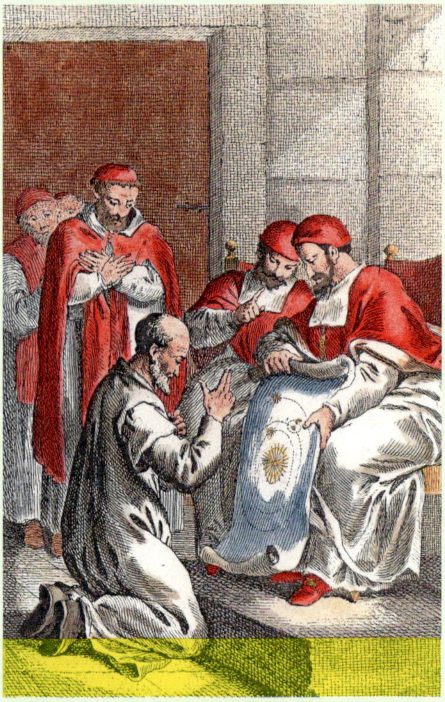

B1 Galilei widerruft 1633 seine Lehre vor dem päpstlichen Inquisitionsgericht, Radierung von J. C. Krüger, 1779

Q2 In einem Brief äußerte sich Galilei 1613 über das Verhältnis von Bibelauslegung und Naturwissenschaften:

Die Heilige Schrift kann weder lügen noch irren; ihre Aussagen sind von absoluter und unverbrüchlicher Wahrheit. Ihre Interpreten und Ausleger jedoch können sich irren. Die Schrift enthält viele Sätze, die nach ihrem Wortsinn von der Wahrheit abweichen, aber so formuliert wurden, um dem Fassungsvermögen des gemeinen Volkes entgegenzukommen. Es ist das Amt weiser Ausleger [...], die wahren Bedeutungen der Bibelstellen herauszufinden und in Übereinstimmung zu bringen mit den physikalischen Folgerungen, die uns vermöge der Sinne oder durch notwendige Schlussfolgerungen als sicher und gewiss gelten. Ich würde es für klug halten, wenn es niemandem erlaubt wäre, die [Heilige] Schrift zu nötigen und sie zu zwingen [...]. Ich denke, dass die Autorität der Heiligen Schrift einzig das Ziel hat, die Menschen von dem zu überzeugen, was notwendig für das Seelenheil ist. Aber ich denke nicht, dass es notwendig ist zu glauben, dass derselbe Gott, der uns unsere Sinne, Vernunft und Intelligenz gegeben hat, wünschen könnte, dass wir davon keinen Gebrauch machen.

(In: Albrecht Fölsing, Galileo Galilei – Prozess ohne Ende. Eine Biographie. München und Zürich 1983. S. 284 ff. Gekürzt.)

tenen Bücher" gesetzt. Die kopernikanische Lehre stehe im Widerspruch zum Wortlaut der Bibel und den Schriften der Kirchenväter. Sie dürfe daher nicht als Tatsache, sondern lediglich als „Gedankenexperiment" dargestellt werden.

Galilei bekannte sich dennoch öffentlich zum Planetenmodell des Kopernikus, das er als eine wissenschaftlich belegte Tatsache beschrieb. Zwar versuchte er, das neue Weltbild mit den biblischen Texten in Einklang zu bringen. Doch als Galilei 1632 eine satirische Rechtfertigung der Kopernikanischen Theorie erscheinen ließ, fühlten sich seine kirchlichen Gegner öffentlich verspottet. Der Papst zitierte ihn nun vor das **Inquisitionsgericht,** um ein Zeichen der päpstlichen Autorität zu setzen. Im Juni 1633 musste Galilei nach dem vierten Verhör vor dem Inquisitionsgericht und der Androhung der Folter seine Auffassung widerrufen. Er wurde zu lebenslangem Hausarrest und Lehrverbot verurteilt.
Der Prozess gegen Galilei war indes mehr als eine Auseinandersetzung um ein astronomisches Weltbild oder die Auslegung einer Bibelstelle. Die Kirche wollte noch einmal erzwingen, dass die Gültigkeit wissenschaftlicher Erkenntnisse allein von ihr beschieden wurde.

Q3 Viertes Verhör des Galilei durch das Inquisitionsgericht der Kirche in Rom am 21.06.1633 (Auszug):

Frage: Ob er von sich aus etwas zu sagen habe.
Galilei: Ich habe nichts zu sagen.
Frage: Ob er für wahr halte [...], dass die Sonne das Zentrum der Welt und die Erde nicht das Zentrum der Welt sei und sich auch in täglicher Umdrehung bewege.
Galilei: Vor langer Zeit, d. h., vor der Entscheidung der heiligen Indexkongregation und bevor mir jene Ermahnung [durch die Kirche] erteilt wurde, war ich unentschieden und hielt die beiden Lehren des Ptolemäus und des Kopernikus für diskutabel [...].
Protokoll: Es wurde ihm gesagt, dass vielmehr aus seinem Buch und aus den [für beide Theorien] vorgebrachten Argumenten [...] er der Lehre des Kopernikus anhänge; und man daher, wenn er sich nicht zum Bekennen der Wahrheit entschließe [...], zur Tortur schreiten werde [...].
Galilei: Ich bin hier, um Gehorsam zu leisten. Und ich habe diese Lehre [des Kopernikus] nicht für wahr gehalten.

(Krämer-Badoni, R., Galileo Galilei, Frankfurt/M., Berlin 1992, Seite 305 f. Gekürzt)

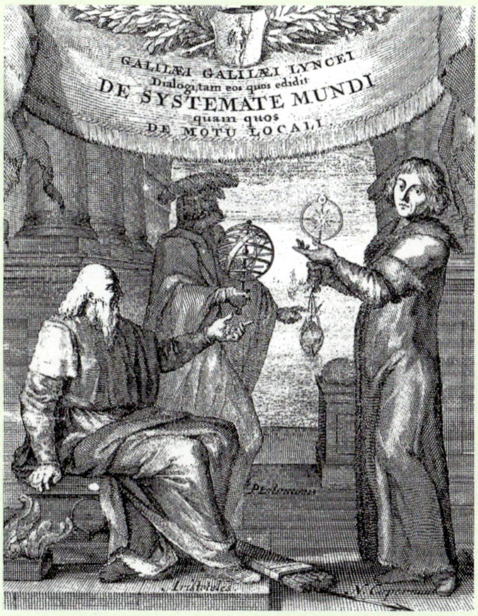

B4 „Zwei Weltbilder". Galileis Schrift „Dialog über die zwei Weltsysteme" von 1632 zeigt den antiken Astronomen Ptolemäus (Mitte), Nikolaus Kopernikus (rechts) und den antiken Philosophen Aristoteles (links). Kupferstich um 1700

ARBEITSAUFTRÄGE

1. Beschreibe und interpretiere B 1. Welchen Eindruck vermitteln die dargestellten Personen und das ganze Bild?
2. Lies und analysiere den Brief Galileis in Q 2. Erläutere die Position und die Argumente, die Galilei hinsichtlich des Inhalts und des Wortlauts der Bibel formuliert. Wie kann nach Auffassung Galileis der Widerspruch zwischen Bibeltext und wissenschaftlichen Erkenntnissen aufgelöst werden?
3. Lies den Auszug aus dem Verhörprotokoll (Q 3) und beurteile sowohl das Verhalten der Kirche als auch das von Galilei.
4. Beschreibe B 4 und erläutere, warum Galilei auf dem Titelblatt seiner Schrift diese drei Personen abbilden ließ.
5. Informiere dich in der Bibliothek oder im Internet über die Funktion und den Ablauf eines Inquisitionsverfahrens.

4. Fortschritte in Navigation, Schiffbau und Buchdruck

Das 15. und 16. Jahrhundert waren für die Europäer die Phase des Übergangs vom Mittelalter zur Neuzeit. Zwei Ereignisse prägten diesen Übergang besonders:
- die großen **Entdeckungsfahrten** nach Afrika, Asien und Amerika,
- die sprunghaft einsetzende Vervielfältigung des Wissens durch die Erfindung des **Buchdrucks** mit beweglichen Lettern.

Was waren die Voraussetzungen dafür?

Araber vermitteln Kenntnisse – Seit dem 8. Jahrhundert herrschten die Araber in weiten Teilen des Orients und in Spanien. Zwischen ihnen und den europäischen Städten gab es regen Handel und wissenschaftlichen Austausch. Die Araber kannten aus der Antike die Kugelgestalt der Erde und besaßen bereits ausgeklügelte **Navigationsinstrumente,** mit deren Hilfe sie die Position eines Schiffes auf dem Meer und seinen geografischen Breitengrad feststellen konnten. Diese Instrumente wurden in den europäischen Handels- und Hafenzentren weiterentwickelt. In Portugal gründete Heinrich der Seefahrer um 1420 eine berühmte **„Seefahrtschule“,** um Schiffsführer für Entdeckungsfahrten zu schulen.

B1 Globus des Martin Behaim, 1492

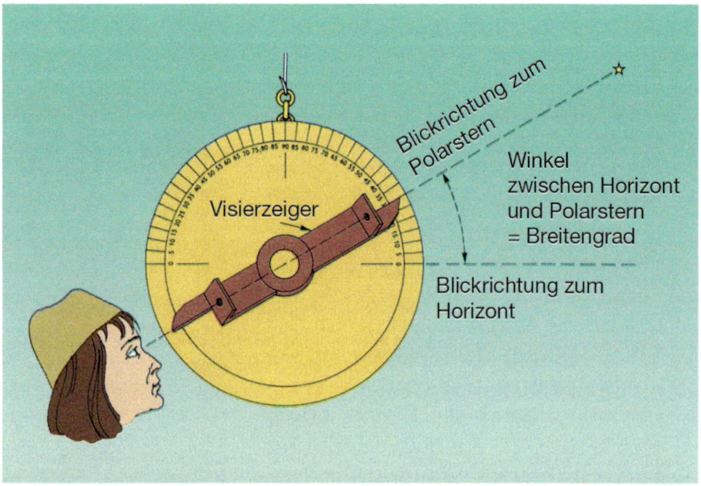

B3 Astrolabium zur Bestimmung des Breitengrads, Rekonstruktion

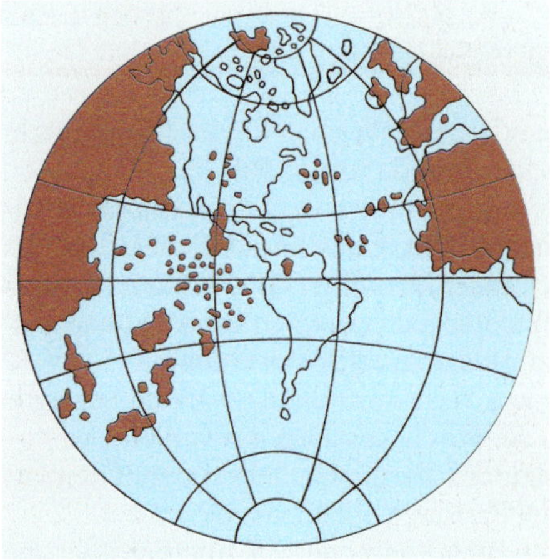

B2 Erdkugel nach der Vorstellung um 1500

B4 Jakobsstab zur Bestimmung des Breitengrads. Rekonstruktion

Papier wurde in China bereits seit dem 2. Jahrhundert n. Chr. genutzt. Im 12. Jahrhundert kam es durch die Araber nach Europa. Zuvor waren wichtige Bücher auf Pergament (= gegerbte Tierhaut) geschrieben worden; und zwar jedes einzelne Buch für sich.
Doch Papier war nicht nur wesentlich billiger. Nun konnte erstmals von geschnitzten **Holztafeln** gedruckt werden. Der Drucker spritzte Tinte auf die hervorstehenden Schriftzeichen der Tafel und presste dann Papier darauf.

Drucken von Büchern – Der Durchbruch in der Technik des Buchdrucks gelang JOHANNES GUTENBERG 1448. Er stellte einzelne **Lettern** (Buchstaben) aus Metall her. Daraus konnte er einzelne Wörter und ganze Buchseiten immer wieder neu zusammensetzen. Die Buchproduktion wurde wesentlich einfacher und Bücher wurden sehr viel preiswerter.

Die neue Buchdrucktechnik setzte sich in kurzer Zeit in ganz Europa durch. Die Buchproduktion stieg beachtlich. Nahezu 20 Millionen Bücher wurden zwischen 1457 und 1500 hergestellt. So wurde der Buchdruck zum wichtigsten Wegbereiter für die Verbreitung von Wissen, Bildung und von Nachrichten. e/3

T5 Neue Messinstrumente und bessere Schiffe für die Seefahrt:

Jakobsstab: Instrument zur astronomischen Winkelmessung und zur Ermittlung des Breitengrades, Astrolabium: Instrument zur Bestimmung des Breitengrades und zur Orientierung auf hoher See, Seekompass: Der Kompass kam über China und Arabien im 12. Jh. nach Europa; als Seekompass war er seit dem 15. Jh. im Einsatz. Schiffskonstruktion: Die „Santa Maria" des Kolumbus war eine so genannte „Karacke". Sie verband die Transportkapazität einer Kogge mit der Manövierfähigkeit einer Karavelle und konnte Waren oder Proviant bis zu 600 t befördern.

(Vom Autor nach verschiedenen Quellen zusammengestellt)

PERSONENLEXIKON

JOHANNES GENSFLEISCH ZUR LADEN, genannt: GUTENBERG, ca. 1394–1468. Goldschmied und Schreiber in Mainz. Erfinder des Buchdrucks mit beweglichen Lettern

ARBEITSAUFTRÄGE

1. Erläutere mit B 1 – B 4 und T 5 den Zusammenhang zwischen den technischen Neuerungen in der Navigation und der Möglichkeit von Entdeckungsreisen über das offene Meer. e/3
2. Beschreibe B 6 und den Ablauf in einer Druckerei des 16. Jh. mit eigenen Worten. Begründe, warum viele Menschen den Buchdruck als wichtigste Erfindung der Neuzeit bezeichnen.

B6 Eine Buchdruckerei im 16. Jahrhundert: Die Buchherstellung begann bei den Setzern (hinten rechts). Sie „setzten" den Text aus einzelnen Lettern in einen Satzrahmen. Es folgte das Korrekturlesen (hinten links). Die druckfertigen Platten wurden dann mit Druckerschwärze und Lederballen eingefärbt (vorne rechts). Nachdem der Papierbogen übergelegt war (vorn links), wurde mit der Druckpresse gedruckt.

Teil II: Die Entdeckungsfahrten

1. Der Seeweg von Europa nach Indien

Eines der wichtigsten Ereignisse zu Beginn der Neuzeit waren die Entdeckungsreisen der Europäer in den Orient, nach Afrika und Indien und später nach Amerika. Viele Menschen stürzten sich in das Abenteuer, die unbekannten Teile der Erde zu entdecken. Getrieben wurden sie vom Wunsch, ihre Ideen zu verwirklichen, vom christlichen Missionsauftrag, vor allem aber vom Verlangen nach kostbaren Handelswaren, Gold und Reichtum. Und viele wollten einen Seeweg nach Indien entdecken. Warum war dieser Seeweg nach Indien, der die alten Handelswege zu Lande ersetzen sollte, für die Europäer nun so wichtig?

Q 1 Aus dem Tagebuch des Alvaro Velho: Der Weg der Gewürze [...]:

Von diesem Lande Kalikut kommen folgende Gewürze: Viel Ingwer, Pfeffer und Zimt. Von der Insel Malakka kommt die Gewürznelke nach Kalikut. Dort nehmen die Schiffe aus Mekka die Gewürze an Bord und bringen sie zu einer Stadt, die in der Gegend von Mekka liegt und Jiddah heißt. Dort löschen sie die Ladung und zahlen dem großen Sultan ihren Zoll. Dann werden die Gewürze in kleinere Schiffe geladen, die sie durch das Rote Meer zu einem Ort bringen, der bei St. Katharina am Sinai liegt und Suez heißt. Auch hier wieder bezahlen sie Zoll. Dort laden die Kaufleute die Gewürze auf Kamele um und bringen sie in zehn Tagen nach Kairo, wo sie erneut Zoll zu bezahlen haben. [...] In Kairo laden sie die Gewürze von neuem in Schiffe um. Auf dem Nil fahren sie zwei Tage bis zu dem Ort Rosette, und hier zahlen sie wieder Zoll. Nun lädt man die kostbare Fracht von neuem auf Kamele und bringt sie in einer Tagesreise in eine Stadt, die Alexandria heißt und eine Hafenstadt ist. Dorthin kommen die venezianischen und genuesischen Galeeren, um diese Gewürze zu kaufen.

(In: W. Reinhard: Geschichte der europäischen Expansion, Bd. 1, Stuttgart 1983, S. 52 f. Gekürzt)

Orientwaren werden teuer – In Europa war der Bedarf an Waren aus dem Orient groß. Besonders gefragt waren Gewürze aller Art, aber auch Seide und Elfenbein. Doch der traditionelle Orienthandel, insbesondere der mit Indien, war nicht leicht: Die türkischen und arabischen Kaufleute hatten den Handel mit Orientwaren fest im Griff. Ein direkter Handel mit Indien war nicht möglich, denn das Osmanische Reich versperrte den Weg und wachte streng über sein Handelsmonopol. So mussten die europäischen Kaufleute die begehrten Waren sehr teuer von den Türken und Arabern kaufen.

B 3 So stellten sich die Europäer damals die Menschen anderer Kontinente vor. Zeichnungen von S. Münster um 1450

K 2

Hinzu kam, dass die europäischen Länder keine vergleichbaren Waren für den Austausch anzubieten hatten und sie deswegen mit **Gold** bezahlen mussten. Dadurch floss immer mehr Gold aus Europa nach Konstantinopel und in die Handelsstädte Kleinasiens und Nordafrikas. In Europa wurde Gold immer knapper und wertvoller, sodass viele Abenteurer auf Entdeckungsreisen nach sagenhaften Goldschätzen gingen.

Portugal sucht einen neuen Weg – Zu Beginn des 15. Jahrhunderts schickte PORTUGAL, ein armes Land am Rande Südwesteuropas, Schiffe in Richtung Südafrika. Warum begannen die **Entdeckungsfahrten** in Portugal?

Portugal war bereits 1248 von den Arabern, die das Land viele Jahrhunderte beherrscht hatten, befreit worden. Bis 1385 erkämpfte Portugal dann seine Unabhängigkeit von Kastilien, dem großen Königreich in der Mitte Spaniens. König JOHANN I. (1357–1433) war entschlossen, die Position seines Landes gegenüber Spanien zu stärken. 1415 überfiel sein Heer die nordafrikanische Hafenstadt CEUTA. Die Portugiesen erbeuteten nicht nur eine Menge Gold, sie eigneten sich auch gleich die ganze Stadt an.

Das war der Auftakt für die weiteren Entdeckungs- und Eroberungsfahrten der Portugiesen. Portugiesische Karavellen (= hochseetüchtige, wendige Segelschiffe) fuhren an der Westküste Afrikas entlang und machten dort die Gewürze und das Gold Afrikas ausfindig. Organisator der Entdeckungs- und Handelsfahrten wurde der jüngste Sohn König Johanns, PRINZ HEINRICH (1394–1460). Er gründete in Sagres an der südwestlichen Spitze Portugals eine **Seefahrtakademie**. Dort wurden die Grundlagen für die künftigen Expeditionen erarbeitet, auf denen um Afrika herum der Seeweg nach Indien gesucht wurde.

Über Kap Bojador hinaus? – Ein vermeintliches Hindernis auf dem Weg nach Süden war KAP BOJADOR auf der Höhe der Kanarischen Inseln. Dahinter, so erzählte man sich, würde das Wasser moorig und klebrig, sodass die Schiffe stecken blieben. Hier lebten Drachen, Menschen mit Hundsköpfen und Seeschlangen, die ganze Schiffe verschluckten.

Im Jahr 1433 gelang es endlich Kapitän GIL EANES, Kap Bojador zu umfahren. Er berichtete Prinz Heinrich, dass auch hinter diesem Kap eine Weiterfahrt möglich sei. In den folgenden Jahrzehnten drangen die portugiesischen Schiffe immer weiter nach Süden vor. BARTOLOMEO DIAZ erreichte 1487 die Südspitze Afrikas. 1498 gelangte VASCO DA GAMA als Kommandant einer kleinen portugiesischen Flotte auf dem **Seeweg nach Indien.** Das Ziel war erreicht. Das große Geschäft konnte beginnen. Portugal wurde reich und stieg zur Weltmacht auf.

PERSONENLEXIKON

VASCO DA GAMA, ca. 1469–1524. Gouverneur eines portugiesischen Hafens. Fand 1498 den Seeweg nach Indien. Zuletzt portugiesischer Vizekönig in Indien

B4 Der Fürst von Kalikut begrüßt 1498 Vasco da Gama

ARBEITSAUFTRÄGE

1. Miss in K 2 die Entfernung von Ceuta bis Kalikut über die Meere und die Entfernung auf dem in Q 1 beschriebenen Land-/Seeweg. Welcher Weg ist länger?
2. Suche die Orte aus Q 1 in K 2. Schreibe nun eine Rede: Der Schatzmeister erklärt dem portugiesischen König, weshalb sich der lange Seeweg (vgl. K 2) nach Indien doch lohnt.
3. Beschreibe B 3. Diskutiere, was für die Menschen in Europa damals eine Reise auf einen anderen Kontinent bedeutete.
4. Die Portugiesen hatten auf den Entdeckungsfahrten nach Indien viele fremde Völker kennen gelernt. Betrachte B 4 und schreibe auf, was Vasco da Gama empfunden haben könnte.

2. Kolumbus entdeckt Amerika

Portugals Konkurrent auf dem Atlantischen Ozean war Spanien. Doch erst im Jahr 1492, also 77 Jahre nach der Eroberung Ceutas durch Portugal, schickte das spanische Königspaar eine Flotte auf den Weg nach Indien. Warum erst jetzt?

Auf der Iberischen Halbinsel hatten seit Jahrhunderten die freien Grafschaften und Königreiche gegen die Araber gekämpft. Die **Reconquista,** die Wiedereroberung des Landes von den Arabern, wurde 1492 abgeschlossen. Als letzte von den Arabern beherrschte Stadt wurde Granada dem spanischen Herrscherpaar ISABELLA VON KASTILIEN und FERDINAND VON ARAGON übergeben.

Erst jetzt konnte Spanien mit Portugal um die Entdeckung neuer Länder und den Seeweg nach Indien wetteifern. Doch es gab eine wichtige Beschränkung für Spaniens Entdeckerdrang: Im **Vertrag von Alcáçovas** (1479) hatte sich Portugal das Monopol auf alle Gebiete, die südlich der Kanarischen Inseln liegen, gesichert. Für Spanien bedeutete das: Seine Schiffe konnten zwar bis zu den Kanarischen Inseln fahren, dann aber nur in westlicher (und nicht in südlicher) Richtung weitersegeln.

Kolumbus erhält einen Auftrag – Der aus Genua stammende Kaufmann und Seemann CHRISTOPH KOLUMBUS (1451–1506) hatte schon lange einen Plan entwickelt: Er wollte den östlichen Teil Asiens auf dem Seeweg nach Westen erreichen.

Kolumbus hatte gründlich Reiseberichte und Darstellungen über Ostasien gelesen. Er war überzeugt, er könne durch Han-

Rekonstruktion der Santa Maria. Foto

Q2 Brief des Wissenschaftlers Paolo Toscanelli aus Florenz an Christoph Kolumbus in Lissabon, um 1480:

Von deinem mutigen und großartigen Plan, auf dem Westwege, den dir die [von mir] übermittelte Karte anzeigt, zu den Ostländern [= Indien] zu segeln, nahm ich Kenntnis. Besser hätte er sich noch anhand einer runden Kugel klar machen lassen. […]
Eine derartige Reise führt zu mächtigen Königreichen, berühmten Städten und Provinzen, die alles im Überfluss besitzen, was wir benötigen, auch alle Arten von Gewürzen in reicher Fülle sowie Edelsteine in großer Menge aufweisen. […]
Aus diesem Grund bin ich keineswegs erstaunt, dass du, von hohem Sinn wie das ganze portugiesische Volk beseelt, vor Verlangen brennst, die Fahrt zur Wirklichkeit werden zu lassen. […]

(In: Eberhard Schmitt [Hg.]: Dokumente zur Geschichte der europäischen Expansion, Bd. 2, München 1984, S. 99. Gekürzt)

B1 Die Santa Maria des Kolumbus. (Schnitt) Rekonstruktionszeichnung

1 Admiralskajüte, 2 Steuerruder, 3 Kompass, 4 Luke zum Schiffsladeraum, 5 Entwässerungspumpe, 6 Hebevorrichtung für Anker und Segel, 7 Waffen- und Munitionskammer, 8 Essensvorräte, 9 Wasservorrat, 10 Lagerraum/Weinfässer, 11 Abstellkammer für Segel, Lagerraum für Taue, 12 Steine als Ballast

del mit diesen Gebieten zu Reichtum und Ruhm kommen. Außerdem könnte er dort zur Ausbreitung des Christentums beitragen. Er wollte den **Seeweg nach Westen** nehmen, weil er überzeugt war, dass dieser kürzer sei als die Route um Afrika herum. Seine ersten Anfragen bei den Herrschern Portugals und Spaniens waren vergeblich gewesen. Doch im Januar 1492 stimmte das spanische Königspaar endlich zu. Kolumbus wurde zum Admiral und zum Vizekönig ernannt „über alle Inseln und Festlande, die von ihm entdeckt und gewonnen werden". Er erhielt den zehnten Teil aller Schätze und Waren zugesichert, die aus den neuen Gebieten nach Spanien gebracht würden.

Amerika wird entdeckt – Die Flotte des Kolumbus bestand aus dem Flaggschiff SANTA MARIA sowie den Schiffen PINTA und NIÑA. Sie lichteten am 3. August 1492 ihre Anker und erreichten nach neun Tagen GOMERA, eine der Kanarischen Inseln. Nachdem die Lebensmittel sowie frisches Wasser ergänzt waren, ging die Fahrt am 6. September weiter. Nach 36 Tagen, am **12. Oktober 1492,** sichteten die Seefahrer Land: die Insel GUANAHANI. Sie gehört zu den vor der amerikanischen Küste liegenden Westindischen Inseln und heißt heute „Watlingsinsel".

Im März 1493 kehrte die Expedition nach Spanien zurück. Kolumbus wurde ein triumphaler Empfang bereitet. Noch im selben Jahr schickte ihn das Herrscherpaar mit 17 Schiffen, 1200 Menschen und einer großen Menge an Samen, Pflanzen und Haustieren zurück in das neu entdeckte Gebiet. Kolumbus sollte Gold suchen, das Land kolonisieren und die Eingeborenen zum christlichen Glauben bekehren. Als Verwalter war Kolumbus jedoch nicht erfolgreich und fiel beim spanischen Königspaar in Ungnade.
Jahrelang prozessierte er vergeblich, um seinen Anteil an den Entdeckungen zu bekommen. Er starb 1506 verarmt und vergessen. Bis zu seinem Tod nahm er an, den Seeweg nach Indien gefunden zu haben. Er wusste nicht, dass er einen neuen Kontinent, Amerika, entdeckt hatte. e/4

Q 3 Aus dem Tagebuch des Kolumbus:

Freitag, 12. Oktober 1492
Sofort sammelten sich an jener Stelle [an der er, Kolumbus, von der Insel Guanahani Besitz ergriff] zahlreiche Eingeborene. In der Erkenntnis, dass es sich um Leute handle, die man weit besser durch Liebe als durch das Schwert zu unserem Glauben bekehren könne, gedachte ich sie mir zu Freunden zu machen und schenkte also einigen von ihnen Kappen und Halsketten aus Glas und noch andere Kleinigkeiten von geringem Wert, worüber sie sich ungemein erfreut zeigten. Sie wurden so gute Freunde, dass es eine helle Freude war. Sie erreichten schwimmend unsere Schiffe und brachten uns Papageien, Knäuel von Baumwollfaden und viele andere Dinge noch. Sie gaben und nahmen alles von Herzen gern.
Sonntag, 14. Oktober 1492
Die Bewohner besitzen keine besonderen Kenntnisse von Waffen, wovon Eure Hoheiten sich bei den sieben Leuten persönlich überzeugen können, die ich ergreifen ließ, um sie nach Spanien mitzubringen. Sollten Eure Hoheiten den Befehl erteilen, alle Inselbewohner nach Kastilien zu schaffen oder aber sie auf ihrer eigenen Insel als Sklaven zu halten, so wäre dieser Befehl leicht durchführbar.

(In: Geschichte in Quellen, Bd. III, München 1982, S. 45 f. Bearbeitet)

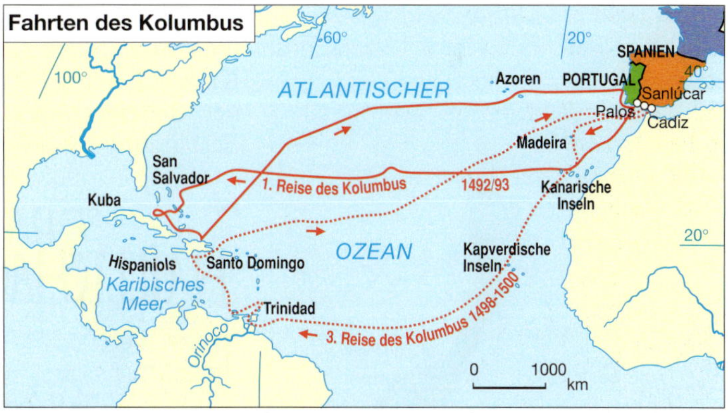

Fahrten des Kolumbus

K 4

ARBEITSAUFTRÄGE

1. Die Matrosen kommen an Bord der Santa Maria. Zeige ihnen mithilfe von B 1, wo sie während der Reise wohnen werden.
2. Fasse die wichtigsten Aussagen von Q 2 zusammen. Welchen Einfluss auf die Routenwahl des Kolumbus hatte Toscanelli dem Anschein nach?
3. Heute sagen wir: „Kolumbus hat Amerika entdeckt". Erörtere diese Aussage mithilfe von K 4.
4. Lies und beurteile den Bericht des Kolumbus in Q 3 . Schreibe nun einen Bericht aus der Sicht eines Eingeborenen.

3. Das Reich der Inka in Amerika

Zur Zeit der Ankunft der Spanier in Amerika gab es dort zwei große Reiche, das der AZTEKEN in Mittelamerika und das der INKA in Südamerika. Beide Reiche waren durch die Unterwerfung der Nachbarvölker in den hundert Jahren zuvor entstanden. Wie gestaltete sich das Verhältnis zwischen den indianischen Bewohnern und den Spaniern?

Der Inka: absoluter Herrscher – Im 14. Jahrhundert baute der kleine, kriegerische Stamm der INKA die Stadt CUZCO im Hochandental aus. Unter dem Häuptling PACHACUTEC YUPANQUI (1438–1471) wurden Gebiete entlang der südamerikanischen Pazifikküste erobert. Wie wurde das Inka-Reich regiert?

K1

An der Spitze des Staates stand der **Sapa Inka** (= der Einzige Inka). Er galt als Abkömmling des Sonnengottes und war absoluter Herrscher. Ihm gehörte das Land. Die hohen Beamten entstammten der Adelsschicht und waren meist Verwandte des Inka. Sie teilten die Bevölkerung in gleichgroße Gruppen ein, um sie besser beherrschen zu können.

Aus mehreren Familien bestehende Gemeinschaften, Sippen, bearbeiteten das Land. Alle zwei Jahre wurde das Land neu aufgeteilt: Je ein Drittel wurde für den Inka, für die Verwaltungsbeamten und Priester und für die Sippe bebaut. Der Inka konnte die Menschen zwangsweise umsiedeln, wenn sie z. B. Straßen bauen oder neue Felder anlegen mussten.

Die Verwaltung des Staates – Das Inka-Reich war in vier Bezirke, die „Weltgegenden" aufgeteilt. Insgesamt gab es eine große Fülle von Produkten und Früchten. Deren Empfang und Weiterverteilung wurden von Beamten mithilfe von Knotenschnüren, den **Quipu**, aufgezeichnet. Sie ersetzten eine Schrift. Für die Verbindung zwischen den Reichsteilen

Süßkartoffel (Batata) und Ananas. Gezeichnet von Z. Wagner 1634/37 während eines Aufenthalts im heutigen Brasilien.

B2 Der Inka leitet die Frühjahrsaussaat ein.

sorgte ein über 40 000 Kilometer langes Straßennetz: Große Nord-Süd-Straßen verliefen entlang der Küste und auf den Hochebenen der Anden. Hier wurden Lasten transportiert und Truppen bewegt. An den Straßen gab es Rasthäuser und Warenlager. Läufer wurden stationiert, um Nachrichten aus dem ganzen Reich in die Hauptstadt Cuzco zu bringen.

Die Eroberung der „Neuen Welt“ durch die Spanier hatte für die einheimische Bevölkerung einschneidende Folgen. Konnten sich die Indianer gegen die Menschen der „Alten Welt“ und deren Kultur behaupten?

Q 3 Pedro Pizzaro über das Treffen mit dem Inka:

[...] Da weinte Atahualpa, und er flehte sie an, ihn nicht zu töten, denn es befände sich kein einziger Indianer im Lande, der sich ohne seinen Befehl gegen die Spanier erhebe. [...] Atahualpa hatte seinen Frauen und den Indianern zu verstehen gegeben, dass er, wenn die Spanier seinen Körper nicht verbrennen würden, aus dem Jenseits zurückkehren werde, da der Sonnengott, sein Vater, ihn auferwecke.
Daraufhin holten ihn die Spanier auf den Platz, um ihn mit der Würgeschraube zu erdrosseln, und der [...] Pater Vicente de Valverde predigte ihm und ermahnte ihn, sich zum Christentum zu bekehren. Da fragte ihn Atahualpa, ob sie ihn verbrennen würden, wenn er Christ werde; und sie verneinten dies. Darauf sagte er, wenn er nicht verbrannt würde, wolle er sich taufen lassen, und so taufte Bruder Vicente ihn, und sie erwürgten ihn mit der Garotte und bestatteten ihn anderntags in der Kirche, welche die Spanier in Cajamarca hatten.

(In: Urs Bitterli [Hg.]: Die Entdeckung und Eroberung der Welt. Dokumente und Berichte, Bd. 1, München 1980, S. 67. Gekürzt)

Pizarro erobert das Inka-Reich – Der spanische Abenteurer Francisco Pizarro (1476–1541) ließ sich 1529 von Kaiser Karl V. den Auftrag zur Eroberung des Inka-Reiches geben. 1531 landete er mit 180 Soldaten und etwa 30 Pferden an der Küste Perus und marschierte zur Stadt Cajamarca.

Den Inka Atahualpa ließ er gefangen nehmen und töten. Das war der Auftakt zur Eroberung Cuzcos und des gesamten Inka-Reiches bis 1571. Mit der Zerstörung der Inka-Herrschaft verfielen auch die Kultur, die Straßen und Bewässerungsanlagen des Reiches. Im Gebiet des heutigen Peru gründete Pizarro die Stadt Lima. Sie wurde Hauptstadt des spanischen Vizekönigreichs Peru.

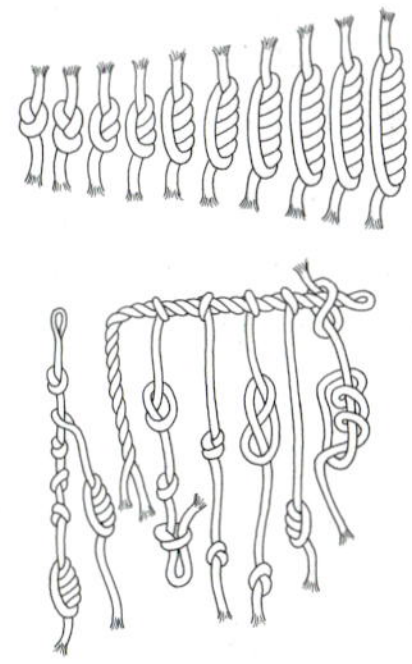

Knotenschnüre (Quipu) der Inkas

B 4 Machu Pichu. Stadt und Heiligtum der Inka in den Anden

ARBEITSAUFTRÄGE

1. Betrachte K 1. Miss die Ausdehnung der Reiche von Ost nach West und von Nord nach Süd. Informiere dich mithilfe des Atlas über heutige Staaten in diesem Gebiet.
2. Beschreibe B 2. Achte auf die dargestellten Gegenstände. Beurteile die Stellung des Inka.
3. Lies und beurteile Q 3. Spielt in der Klasse ein Rollenspiel, in dem Pater de Valverde wegen Beihilfe zum Mord angeklagt wird. Schreibt eine Anklage- und eine Verteidigungsschrift.
4. Beschreibe die Landschaft in B 4. Überlege: Was sagt die Landschaft über die Bewohner und ihre Kultur?

4. Das Reich der Azteken wird zerstört

Tenochtitlán und das Aztekenreich – Um 1300 gelangte der Stamm der Azteken in das Hochtal von Mexiko. Auf einer von Sümpfen umgebenen Insel im See gründeten sie 1325 die Stadt TENOCHTITLÁN. Sie wurde von den Azteken mit Kanälen, Tempeln, Palästen und Wohngebieten ausgebaut. Etwa 200 000 Menschen lebten hier. Auf den **Chinampas,** künstlichen Inseln aus Schilf und Schlamm, betrieben sie Landwirtschaft. Die wichtigste Frucht war Mais; hinzu kamen Bohnen, Kürbisse, Agaven und andere Früchte.

Ein kriegerischer Staat – Die Azteken verhielten sich gegenüber anderen Stämmen kriegerisch. Die benachbarten Stämme wurden unterworfen und zu Tributleistungen verpflichtet – meist Lebensmittel und Gebrauchsgegenstände. Die Azteken führten auch Kriege, um Gefangene zu machen und sie den **Göttern zu opfern.** Denn die Azteken glaubten, dass die Götter den Fortbestand ihres Volkes nur sicherten, wenn sie immer wieder Menschenblut erhielten.

Cortés erobert Tenochtitlán – Im Jahr 1519 landete der spanische Eroberer HERNAN CORTÉS mit etwa 500 Soldaten, 16 Pferden und 11 Kanonen an der Küste YUCATANS. Er war auf der Suche nach Gold und anderen Schätzen.

Zuerst suchte Cortés einen Dolmetscher, den er in einer Frau namens MALINCHE fand. Cortés erfuhr von einer alten aztekischen Legende, nach der ein **Priesterkönig der Vorzeit** zurückkehren und das Land fordern oder zerstören werde. Diese Legende machte er sich zunutze. Er konnte mit dem Einverständnis des Aztekenherrschers Montezuma 1519 in Tenochtitlán einziehen. Dort nahm er Montezuma gefangen. Nach erbittertem Kampf wurde Tenochtitlán von den Spaniern erobert, seiner Schätze beraubt und niedergebrannt. Später wurde an dieser Stelle die Stadt MEXIKO erbaut. Doch das Reich der Azteken war ausgelöscht.

Q1 Die Azteken berichteten einem Priester, um 1519:

Erschrocken hörte Montezuma [der Herrscher der Azteken] davon, wie die Kanone brüllt, wie ihr Donner trifft, dass man taub und ohnmächtig wird. Und die Gesandten berichten weiter: Sie kleiden sich ganz in Eisen, mit Eisen bedecken sie ihren Kopf, aus Eisen sind die Schwerter, ihre Bogen, ihre Schilde und Lanzen. Sie werden von Hirschen auf dem Rücken getragen, wohin sie wollen; auf diesen Hirschen sind sie so hoch wie Dächer. [...] Als Montezuma diesen Bericht gehört hatte, griff die Furcht ihn an. Doch dann schickte er wieder die [...] tapfersten Krieger und die Magiere [um] auszuforschen, wer die Fremden wären [und um] irgendein Unheil auf sie herabzuziehen [...] oder mit einem Zauberspruch Krankheit, Tod oder Umkehr der Fremden zu beschwören. Die Zauberer taten ihr Werk, aber die Wirkung blieb aus.

(In: Urs Bitterli [Hg.]: Die Entdeckung und Eroberung der Welt. Dokumente und Berichte, Bd. 1, München 1980, S. 60–62. Gekürzt)

B2 Malinche, eine eingeborene Maya-Frau, übersetzt zwischen Cortés und Montezuma. Zeitgenössischer Holzschnitt

ARBEITSAUFTRÄGE

1. Lies Q1. Erläutere die Beschreibung der Azteken über das Aussehen der Spanier. Interpretiere Montezumas Reaktion vor dem Hintergrund der Legende von den Priesterkönigen.
2. Beschreibe B2 und beurteile die Rolle der Malinche.

5. Die neue Welt wird ausgebeutet

Cortés und Pizarro, die Eroberer des Inka- und des Aztekenreichs, wurden Vizekönig bzw. Gouverneur der von ihnen eroberten Gebiete. Wie übten die spanischen Eroberer und deren Nachfolger ihre Herrschaft in den neuen Kolonien aus?

Versklavung der Eingeborenen – Die spanische Regierung lenkte die Kolonisierung der eroberten Gebiete. Bereits 1503 hatte der König das **Königliche Handelshaus,** die Casa de la Contratación, gegründet. Es kontrollierte den Handel zwischen der Alten und der Neuen Welt, damit Abgaben an das Herrscherhaus abgeführt wurden. In den Gesetzen von Burgos legte der König 1512 fest, dass ein spanischer „Schutzherr“ eine Anzahl von Indianern als Arbeiter bekam. Die Spanier waren zuerst hauptsächlich an den Edelmetallen, vor allem am Gold des

B2 Eingeborene beim Verarbeiten von Zuckerrohr. Kupferstich 1569

Q1 Der Priester Bartolomé des las Casas 1542 über die Spanier:

[...] Der Gouverneur übergab jedem Spanier, der den Wunsch dazu äußerte, dem einen 50, dem anderen 100 Indianer. Er stellte ihnen eine Bescheinigung aus: „Euch werden hiermit 50 (oder 100) Indianer zugewiesen, damit Ihr Euch ihrer bedient und sie im katholischen Glauben unterweisen lasst“. [... Er] ließ geschehen, dass die Spanier die verheirateten Männer zum Goldgraben fortschleppten und die Frauen in den Häusern und Farmen zurückblieben, um dort Feldarbeit zu verrichten. [...] Sie mussten die Erde [...] mit Pfählen aufbrechen. [...] Die neugeborenen Kinder konnten sich nicht entwickeln, weil die Mütter, von Anstrengungen erschöpft, keine Nahrung für sie hatten. So starben die Männer in den Goldminen, die Frauen auf den Farmen vor Erschöpfung, und die neugeborenen Kinder, weil sie keine Muttermilch bekamen.

(In: Geschichte in Quellen, Bd. II, S. 69 f. Gekürzt)

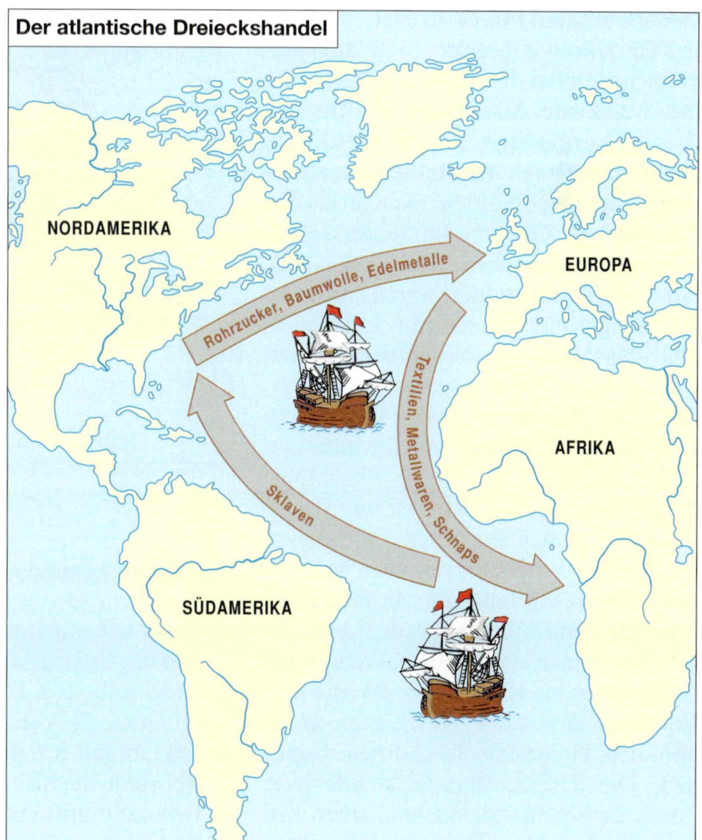

K3

neuen Kontinents, interessiert. Daher ließen sie die Indianer als Bergwerkssklaven in den Gold- und Silberminen nach den kostbaren Metallen graben.
Bald legten die Spanier in den Kolonien auch große Plantagen an, auf denen Zucker, Tabak, Kakao und Baumwolle angebaut wurden.

Harte und ungewohnte Arbeitsbedingungen, grausame Misshandlungen sowie eingeschleppte Krankheiten und Seuchen führten dazu, dass mehr als zehn Millionen Indianer in den Bergwerken und auf den Plantagen starben.

Ab 1524 versuchten die spanischen Herrscher, die Indianer vor den schlimmsten Folgen der Zwangsarbeit zu schützen. Ihre Versklavung wurde durch den spanischen König verboten. Wegen des daraus resultierenden Mangels an billigen Arbeitskräften wurden nun Sklaven aus Afrika in die Neue Welt gebracht.

Der atlantische Dreieckshandel – Ein englischer Kapitän segelte 1562 mit drei kleinen Schiffen nach Sierra Leone an der Westküste Afrikas, beschaffte sich dort einige hundert schwarze Sklaven, die er dann nach Westindien transportierte und dort an die Spanier verkaufte. Das war die Geburtsstunde des so genannten **atlantischen Dreieckshandels.** Ab dem 17. Jahrhundert waren daran vor allem englische, französische und niederländische Handelsunternehmer beteiligt.

Aus den europäischen Häfen segelten die Händler mit Textilien, Metallwaren und Schnaps an die Küste Westafrikas. Dort verkauften oder tauschten sie ihre Waren und übernahmen Sklaven, die von afrikanischen Sklavenjägern gefangen wurden. Die Sklaven wurden nach Mittelamerika gebracht und dort verkauft, z. B. an Zuckerpflanzer. Für die Rückreise nach Europa wurden Rohrzucker, Baumwolle, Edelmetalle geladen. In Europa angekommen, konnte die Reise erneut beginnen. Der Dreieckshandel wurde bald durch die Beteiligung der englischen Kolonien in Nordamerika erweitert. ⓔ/5

Neue Staaten folgen den Kolonien – Heute befinden sich in den früheren europäischen Kolonien unabhängige Staaten. Nach lange andauernden Unabhängigkeitskriegen siegten die Südamerikaner 1825 unter Führung von Simón Bolívar und José de San Martín. Doch noch heute fasst man diese südamerikanischen Staaten unter dem Namen „Lateinamerika“ zusammen. Denn die spanische und portugiesische Sprache gehen auf das Lateinische zurück. Spanisch bzw. Portugiesisch blieben auch nach der Unabhängigkeit die Sprachen der mittel- und südamerikanischen Staaten. Auch das katholische Christentum blieb die vorherrschende Religion.

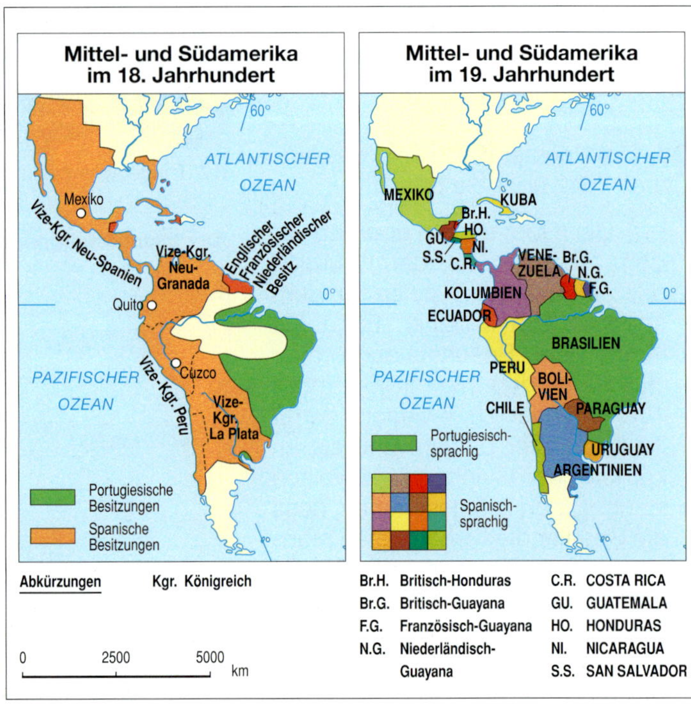

K 6

ARBEITSAUFTRÄGE

1. Fasse Q 1 mit eigenen Worten zusammen. Erläutere die Motive der Spanier und bewerte ihre Verhaltensweise.
2. Beschreibe B 2. Führt in der Klasse ein „Streitgespräch“: So sehen die Sklaven und so die Plantagenbesitzer die Arbeit.
3. Erkläre mit K 3 das Prinzip des atlantischen Dreieckhandels. Beurteile die bis in die Gegenwart reichenden Folgen.
4. Erläutere und begründe mit K 6, in welchen Staaten Mittel- und Südamerikas man Spanisch bzw. Portugiesisch spricht.

Teil III: Die Reformation und ihre Folgen

1. Kaiser und Reich um 1500

Das „Heilige Römische Reich deutscher Nation“ hatte diesen Namen, weil die deutschen Könige seit Otto I. (936–973) zugleich den Titel eines „römischen Kaisers“ führten. Aber der **Kaisertitel** stand ihnen erst zu, nachdem sie von den Kurfürsten gewählt und vom Papst gekrönt worden waren. So war es in der Reichsverfassung von 1355/56, der **„Goldenen Bulle“,** noch einmal bestätigt worden. Als im Jahre 1519 Kaiser MAXIMILIAN I. starb, traten plötzlich zwei Bewerber um die Kaiserkrone auf: KARL, der Enkel des verstorbenen Kaisers, sowie der französische König FRANZ I. Wie wurde der Streit um die Kaiserkrone entschieden?

Ein Kaiser aus Frankreich oder Österreich? – Seit dem Jahr 1452 hatte immer ein Herrscher aus dem österreichisch-deutschen Haus Habsburg die Kaiserkrone getragen. Karl war Graf von Burgund und Fürst der Niederlande, seit 1516 auch König von Spanien und dessen überseeischen Gebieten, er war König von Neapel und Sizilien. Und nun, nach dem Tod Maximilians I., war er der Erbe des mächtigen Reiches der Habsburger.

Der französische König Franz I., der damals zugleich Herzog von Mailand war, hatte sich ebenfalls um die Kaiserkrone beworben. Denn er wollte eine Machtausweitung der Habsburger und die territoriale Umklammerung Frankreichs durch habsburgische Länder verhindern. Papst LEO X. unterstützte Franz I. bei seiner Bewerbung um die Kaiserkrone.

Zugeständnisse an die Kurfürsten – Beide Bewerber versuchten, die Kurfürsten auf ihre Seite zu ziehen. Die Kurfürsten selbst waren bemüht, ihre Rechte und die territoriale Macht in ihren Fürstentümern gegen den Kaiser zu stärken. Auch den Machtanspruch des Papstes wollten sie zurückdrängen. Konnte ihnen das jetzt gelingen?

Im Juni 1519 kam es zur Kaiserwahl. Die Kurfürsten setzten auf die Finanzkraft des Habsburgers sowie auf dessen ablehnende Haltung gegenüber dem Papst und wählten ihn zum Kaiser Karl V. Der hatte für die Wahl fast eine Million Goldgulden Bestechungsgeld gezahlt, das ihm zum größten Teil das Bankhaus Fugger geliehen hatte. Auch hatte Karl V. den Kurfürsten und Reichsständen zugesagt, deren Rechte zu wahren und ohne ihre Zustimmung weder ein Heer im Reich aufzustellen noch Steuern zu erheben. Aufgrund dieser Zugeständnisse war er zum Kaiser gewählt worden. Die Fürsten hatten die Doppelbewerbung zu ihrem Vorteil nutzen können: Die Macht des Kaisers wurde weiter eingeschränkt und das eigene Mitspracherecht ausgeweitet.

Q1 Die Krönungsformel:

Der Erzbischof von Köln fragte Kaiser Karl V. bei der Krönung: Willst Du den heiligen überlieferten katholischen Glauben halten und bewahren? Willst Du die Kirche und die Geistlichkeit beschirmen? Willst Du das Reich in Gerechtigkeit regieren? Willst Du die Rechte des Reiches wahren […]? Willst Du ein gnädiger Richter und Anwalt der Armen […], der Witwen und Waisen sein? Willst Du der päpstlichen Heiligkeit und der römischen Kirche in Treue und Ehrfurcht die schuldige Ergebenheit bewahren?

(In: G. Mann, A. Nitschke (Hg.): Propyläen Weltgeschichte, Berlin 1991, Band 7, S. 34. Gekürzt)

PERSONENLEXIKON

KARL V., 1500–1558. Spanischer König, 1519–1556 Kaiser des Heiligen Römischen Reiches Deutscher Nation

FRANZ I., 1494–1547. König von Frankreich ab 1515

ARBEITSAUFTRÄGE

1. Lies den Text. Erkläre, warum die Fürsten ihre Macht und ihre Stellung gegenüber dem Kaiser ausweiten konnten.
2. Erarbeite mit Q1, welche Aufgaben Karl V. nach Auffassung der Kirche als Kaiser hatte. Nimm Stellung dazu.

2. Die römische Kirche um 1500

Als Vertreter Gottes auf Erden erhoben der Papst und die Kirche den Anspruch einer umfassenden geistlichen Herrschaft. Seit dem 10. Jahrhundert forderte sie auch in weltlichen Dingen einen Führungsanspruch. Für die Menschen des Mittelalters war die Kirche eine selbstverständliche Autorität. Doch um das Jahr 1500 war die Kirche selbst in einer Krise. Wie sah diese Krise aus?

Krise der Kirche – Seit 1378 stritten sich Päpste in Rom und Gegenpäpste in Avignon um den Heiligen Stuhl. Diese Spaltung (Lat.: **Schisma)** lastete schwer auf der Kirche. Jeder Papst verlangte ungeteilte Ergebenheit; die Menschen mussten sich für einen von ihnen entscheiden.

Viele Bischöfe waren vom Kaiser zu Reichsfürsten eingesetzt worden, sodass sie über große Ländereien und Steuereinnahmen verfügten. Auch Domherren sowie Äbte von Klöstern besaßen einträgliche **Pfründe** (= gesicherte Einkünfte). Doch viele Kirchenfürsten missbrauchten diese privilegierte Stellung: Der Kauf und Verkauf von geistlichen Ämtern war üblich geworden, denn mit deren Pfründen war ein üppiges Leben möglich. Mit Härte trieben sie von Bauern und Handwerkern den **Zehnten** aller Ernteerträge oder Verdienste ein. Um die kirchlichen Aufgaben kümmerten sie sich aber nicht. Die überließen sie den ärmlichen, schlecht ausgebildeten „Leutpriestern“.

Die Kritik an diesem Amtsmissbrauch vieler Kirchenfürsten und des Papstes blieb nicht aus. Die schärfsten Kritiker kamen aus der Kirche selbst. Einer davon war der böhmische Prediger JAN HUS (ca. 1370–1415). Er sah die Bibel als einzige Grundlage des Glaubens. Geistliche, die zu weltlich lebten, sollten nicht länger kirchliche Ämter innehaben.

Das Konzil von Konstanz – 1414 beriefen die Kirchenfürsten ein **Konzil** (= Kirchenversammlung) nach Konstanz ein, um für die Kirche eine „Reform an Haupt und Gliedern“ einzuleiten. Mit der Wahl eines neuen Papstes konnte die Spaltung der Kirche beendet werden, aber die Vorsätze zur Reform wurden nicht verwirklicht. Auch Jan Hus war auf dem Konzil. Der Kaiser hatte ihm freies Geleit zugesichert, damit er seine Lehre selbst vortragen konnte. Doch das Konzil verurteilte ihn zum Tod auf dem Scheiterhaufen.

Q1 Aus einem Brief des Jan Hus:

Du weißt ja, mit welchem Abscheu ich wider das ungeregelte Leben mancher Geistlicher geeifert habe. […] Ich bitte dich, begib dich nicht auf Pfründenjagd. Wirst du zu einem Pfarramt berufen, so möge dich dabei die Ehre Gottes leiten […], nicht aber die Gier nach Schweinebraten und Landgütern.

(In: Briefe zur Weltgeschichte, hg. von K. H. Peter, Stuttgart 1961, S. 58)

B2 Das Schicksal des Jan Hus auf dem Konzil von Konstanz 1414. Holzschnitt von 1483

Die Frömmigkeit der Menschen – Für die einfachen Menschen des Mittelalters hatte die Religion eine sehr große Bedeutung. Im Mittelpunkt ihres Lebens stand die Erlangung des **Seelenheils.** Nach den Lehren der Kirche seien auf Erden Armut, harte Arbeit und Knechtschaft gottgewollt. Doch durch große Frömmigkeit und Buße für begangene Sünden könnten die Menschen das Seelenheil und damit nach dem Tode einen Platz im Paradies erlangen. Welche Formen nahm die Volksfrömmigkeit um 1500 an?

Auf **Wallfahrten** wollten die Menschen Buße tun für ihre Sünden oder auch um Gottes Hilfe bitten. Die gläubigen Pilger nahmen lange und mühsame Wege zu heiligen Stätten auf sich, z. B. zum Grab des hl. Petrus in Rom oder nach Jerusalem zum Grab Christi.

Die Verehrung von **Reliquien** (= Knochen oder Kleidungsstücke eines als heilig verehrten Menschen) erlebte eine Blüte. Vom Besitz einer Reliquie oder der Reise an eine Stätte, wo Reliquien verehrt wurden, versprachen sich die Menschen Schutz durch den Heiligen.

Q3 Bericht eines zeitgenössischen Beobachters über eine Pilgerstätte:

Aus allen Gegenden strömte eine Menge Volks zusammen zur glorreichen Jungfrau, die demütigen Pilgern viel Heilung und Guttaten erwies. Wunderlich zu erzählen: Es kamen herbei, gleich ob sie besessen wären, Knaben, Mädchen, Mütter und Männer. […] Und sie hatten es so eilig, dass viele von ihnen halbnackt, der Sinne und Stimme beraubt, nachdem sie ohne Speis und Trank Tag und Nacht gelaufen, erschöpft anlangten. Und wenn sie die Stätte erreicht hatten, fielen die meisten von ihnen, wie in Ekstase [Verzückung], schluchzend zur Erde.

(In: Fina, K: (Hg.): Geschichte Konkret, Würzburg 1975, S. 46. Gekürzt)

Es wurde auch möglich, begangene Sünden und die dafür auferlegten Bußen gegen Geldspenden erlassen zu bekommen. Die Menschen zahlten Geld an die Kirche und erwarben einen **Ablassbrief.** Die Gläubigen konnten für Geldspenden auch Messen für Verstorbene lesen lassen, um diesen nachträglich das Seelenheil zu sichern. Bald kam es zu einem regelrechten Handel mit solchen Ablassbriefen. Welche Ursachen hatte das?

Ablassbriefe: Geldquellen der Kirche – Der aufwendige Lebensstil vieler Kirchenfürsten und auch der Bau neuer Kirchen und Klöster verschlang viel Geld. Die Ablassbriefe waren daher eine willkom-

B4 Wallfahrt zur Kapelle der hl. Maria in Regensburg. Holzschnitt 1519

T5 Anzahl der Gottesdienste und Seelenmessen um 1500

Wittenberg	Schlosskirche	Täglich etwa 20 Messen
Meißen	Dom zu Meißen	„ewiger Chor“, d. h. Tag und Nacht Singen von Gebeten
Köln	11 Stifte / 22 Klöster 19 Pfarrkirchen / etwa 100 Kapellen	täglich zeitgleiches Lesen von über 1000 Messen

mene Einnahmequelle der Kirche. Selbst für die schwersten Verfehlungen konnten sie gekauft werden. Ein Ablassbrief Eltern- und Geschwistermord kostete zum Beispiel 7 Dukaten, für Kirchenraub 9 und für Totschlag 7 Dukaten. Als der Papst zu Beginn des 16. Jahrhunderts einen Neubau der Peterskirche in Rom plante, wurde der „St.-Peter-Ablass" zu einem besonders hohen Preis verkauft.

Ablasshandel im Reich – Auch viele weltliche Fürsten beteiligten sich an dem Handel mit Ablässen. Als Papst Leo X. 1515 den Ablassbrief zum Bau der Peterskirche erneuerte, ließ er ihn durch Albrecht von Brandenburg in Norddeutschland verkaufen. Die erhofften Erlöse von 60 000 Gulden sollten vereinbarungsgemäß zwischen Albrecht und dem Papst geteilt werden. Albrecht wollte mit seinem Anteil einen hohen Kredit beim Bankhaus Fugger zurückzahlen. Den Kredit hatte er 1514 zum Erwerb einträglicher Pfründe aufgenommen, unter anderem für das Erzbischofsamts in Mainz.

Seit Anfang des Jahres 1517 zog der Mönch JOHANNES TETZEL im Auftrag Albrechts durch die brandenburgischen Lande, um die „heilige Ware" möglichst schnell zu verkaufen. Tetzel verband religiöse Inhalte mit einem ausgeprägten Geschick als Schauspieler und Händler. Seine Ankunft in einer Stadt hatte etwas vom Einzug eines Zirkus. Zu ihm kamen auch Gläubige aus anderen Gegenden, zum Beispiel aus Wittenberg in Kursachsen, obwohl Friedrich der Weise in seinem Herrschaftsgebiet den Verkauf von Ablassbriefen verboten hatte.

B 6 Ablasshandel. Holzschnitt von Lukas Cranach, 1521

Der Text auf dem Holzschnitt lautet in heutiger Schreibweise:

Oh, ihr Deutschen merket recht /
Des heiligen Vaters Papstes Knecht /
bin ich und bring euch jetzt allein /
zehntausendundneunhundert Schein /
Gnad' und Ablass von einer Sünd /
Für euch, euer Eltern, Weib und Kind/
Soll ein jeder gewähret sein /
So viel er kriegt in's Kästelein /
Sobald der Gulden im Becken klingt /
Im Nu die Seel' in den Himmel springt.

B 7 Karikatur gegen Tetzel. Holzschnitt 1617

ARBEITSAUFTRÄGE

1. Lies Q 1 und den Darstellungstext. Warum wendet sich Jan Hus in seinem Brief gegen die „Pfründenjagd" der Priester?
2. Betrachte B 2. Jan Hus ist mit einer Bischofsmütze mit der Aufschrift „Heresiarcha" (Dt.: Erzketzer) dargestellt. Überlege, was der Maler damit ausdrücken wollte.
3. Betrachte B 4. Welchen Eindruck vermittelt das Bild von den wallfahrenden Pilgern? Vergleiche mit Q 3.
4. Welche Gründe für die besondere Volksfrömmigkeit werden im Darstellungstext genannt? Welche Meinung hast du dazu?
5. Betrachte B 6 und B 7. Wer wird auf den beiden Bildern kritisiert? Urteile selbst: Ist diese Kritik berechtigt oder nicht?

Arbeit mit Bildern und Karikaturen

Vielleicht sind dir in Tageszeitungen oder Zeitschriften schon Zeichnungen aufgefallen, die Politiker in ungewöhnlicher oder komischer Art und Weise zeigen. Man bezeichnet diese spotthaften Darstellungen als „Karikaturen“. Manchmal will der Zeichner auf menschliche Eigenschaften oder Schwächen aufmerksam machen, meistens aber auch auf politische und soziale Missstände. In der Karikatur werden typische Merkmale von Personen oder Situationen übertrieben und zugespitzt dargestellt und oft noch mit einem Text verstärkt.

Das ist nicht nur in der Gegenwart so. Karikaturen geben uns Auskunft über die Vergangenheit wie andere Quellen auch (historische Gemälde, Texte etc.). Wir erfahren durch sie von den Problemen jener Zeit. Man muss nur lernen zu verstehen, was sie uns mitteilen. Dafür benötigst du zuerst geschichtliches Wissen über die Personen und Ereignisse, die in der Karikatur dargestellt sind.

Vergleiche die Abbildung Tetzels (B 1) auf dieser Seite mit der Karikatur B 7 auf der gegenüberliegenden Seite. Schreibe auf, welche Einzelheiten Tetzels der Zeichner in der Karikatur hinzufügt. Was weißt du über den Ablasshandel und was findest du in der Darstellung wieder, was nicht? Schau dir danach B 2 an: Das Bild zeigt den Einzug Jesu Christi in Jerusalem kurz vor seinem Tod. Er ritt auf einem Esel, arm, doch wie ein König, der den Menschen helfen wollte. Er wurde deshalb mit Palmzweigen begrüßt.

Nach deinem Vergleich merkst du: Tetzel wird in der Karikatur B 7 einerseits dargestellt wie Jesus Christus; andererseits aber doch ganz anders. Er reitet nicht auf einem gewöhnlichen Esel, sondern auf einem Tier mit Wolfskopf und Schweinepfoten. Die wichtigste Kritik an Tetzel lautet: Er nutzt die Gläubigkeit der Menschen und ihre Hoffnung auf Vergebung der Sünden aus, um Geld einzutreiben.

B 1 Johann Tetzel mit Ablassbrief. Holzschnitt um 1520

B 2 Einzug Jesu Christi in Jerusalem. Byzantinische Buchmalerei, 12. Jahrhundert

WORAUF DU ACHTEN MUSST

1. Achte auch auf Kleinigkeiten. Der Zeichner hat alles genau ausgewählt: Welche Personen, Ereignisse, Situation sieht man?
2. Prüfe, ob Einzelheiten besonders ungewöhnlich oder wirklichkeitsfremd sind bzw. ob sie Ähnlichkeit mit anderen Situationen haben.
3. Wenn ja, welche Bedeutung gibt ihnen der Zeichner bzw. auf welche Situation/Geschichte spielt er in seiner Darstellung an?
4. Formuliere, welche Wirkung die Karikatur auf den Betroffenen und auf die Zeitgenossen hat.
5. Prüfe, ob du der Sichtweise des Zeichners zustimmst.

3. Luther: Gibt es einen gnädigen Gott?

Auf der einen Seite gab es um 1500 eine große Volksfrömmigkeit; auf der anderen Seite waren in der Kirche selbst viele Missstände zu beklagen. Zwar gab es auch Kritiker, aber lange Zeit änderte sich an den kirchlichen Missständen in Deutschland nichts. Doch dann trat in Wittenberg ein weiterer Kritiker mit Namen MARTIN LUTHER auf. Wer war Luther und welche Folgen hatte seine Lehre für die Kirche und für die Menschen?

Martin Luther in Wittenberg – 1483 wurde Martin Luther in Eisleben geboren. Seine Großeltern waren Bauern, sein Vater hatte sich zum Besitzer einer kleinen Kupfermine emporgearbeitet. Das Jurastudium in Erfurt beendete er nicht. Statt dessen wurde er gegen den Willen des Vaters Augustinermönch. Bereits 1512 ging er als Professor an die neu gegründete Wittenberger Universität. Es gehörte dort zu seinen Aufgaben, Vorlesungen über die Bibel zu halten.

Luther konnte nicht glauben, dass „äußere" Werke den Christen das Seelenheil bringen könnten. Zu seiner neuen Lehre gehörte, dass die Vergebung der Sünden und die Gnade Gottes für die Menschen allein vom Glauben der Menschen abhängen. Mit seiner Lehre wollte Luther den Widerspruch zwischen den Erwartungen der Gläubigen und den Versprechungen der Kirche zur Diskussion stellen. /7

Q1 Aus Luthers 95 Thesen, 1517:

1. Da unser Herr und Meister Jesus Christus spricht: „Tut Buße" usw., hat er gewollt, dass das ganze Leben der Gläubigen Buße sein soll.

5. Der Papst will und kann keine Strafen erlassen, außer solchen, die er auf Grund [...] der kirchlichen Satzungen auferlegt hat.

21. Deshalb irren jene Ablassprediger, die sagen, dass durch die Ablässe des Papstes der Mensch von jeder Strafe frei und los werde.

24. Deswegen wird zwangsläufig ein Großteil des Volkes durch jenes in Bausch und Bogen großsprecherisch gegebene Versprechen des Straferlasses getäuscht.

36. Jeder Christ, der wirklich bereut, hat Anspruch auf völligen Erlass von Strafe und Schuld, auch ohne Ablassbrief.

62. Der wahre Schatz der Kirche ist das allerheiligste Evangelium von der Herrlichkeit und Gnade Gottes.

(In: Plöse, D., und Vogler, G. (Hg.): Buch der Reformation, Berlin 1989, S. 154 ff. Gekürzt)

Der Streit um den Ablasshandel – Luther geriet in einen Konflikt, als Gläubige mit ihren Ablassbriefen zu ihm in die Beichte kamen. Die hatten sie bei Tetzel in benachbarten brandenburgischen Gebieten erworben. Wie verhielt sich Luther?

Q2 Aus einem Brief Luthers, 1545:

Ich begann von neuem daranzugehen, die Bibel auszulegen. [...] Tag und Nacht war ich in tiefe Gedanken versunken [...], bis ich endlich den Zusammenhang der Worte beachtete, nämlich [...]: Die Gerechtigkeit Gottes wird im Evangelium offenbart, wenn geschrieben steht: „Der Gerechte (also der Mensch, der die Gnade Gottes empfangen will) lebt aus dem Glauben." [...] Da verstand ich, dass die Gnade Gottes allein durch den Glauben an Gott erlangt werden kann. Da fühlte ich mich wie neu geboren und die Schrift zeigte mir ihr wahres Gesicht.

(In: Schulze, W.: Deutsche Geschichte im 16. Jahrhundert, Frankfurt a. M., 1987, S. 80 f. Gekürzt)

MARTIN LUTHER, 1483–1546, vor dem Portal der Schlosskirche in Wittenberg. Der von dem Maler dargestellte Anschlag seiner 95 Thesen an der Tür der Schlosskirche ist jedoch nicht belegt. Vermutlich hat er seine Thesen in einem Schreiben an die kirchlichen Oberen festgehalten.

Ehrliche Reue war für diese Gläubigen scheinbar nicht mehr erforderlich, da sie ihren Sündenerlass bereits erkauft hatten. Doch Luther erkannte die Ablassbriefe nicht an und berief sich dabei auf die Heilige Schrift. Er veröffentlichte am 31. Oktober 1517 in Wittenberg **95 Thesen** gegen den Missbrauch des Ablasshandels durch die Kirche. Nach Art der damaligen Gelehrten hatte er seine Thesen in lateinischer Sprache verfasst. Er wollte zuerst die Gelehrten und Geistlichen zur Diskussion aufrufen.

Luther im Konflikt mit der Kirche – Die Unsicherheit der Menschen in Glaubensfragen und ihr Interesse an verständlichen Erklärungen der Bibel bewirkten, dass die Schriften Luthers in kürzester Zeit in deutscher Sprache gedruckt und verbreitet wurden. Die Kirche fühlte sich provoziert; der Papst wollte 1518 einen Glaubensprozess gegen Luther in Rom beginnen. Doch der wandte der sich um Hilfe an seinen Landesfürsten, den sächsischen Kurfürsten Friedrich den Weisen. Kurfürst Friedrich entschied, dass Luther erst einmal in Augsburg von einem angesehenen Theologen der Kirche, von Kardinal Cajetan, verhört werden solle.
Der Papst bemühte sich gerade zu dieser Zeit darum, den sächsischen Kurfürsten für die 1519 bevorstehende Kaiserwahl auf seine Seite zu ziehen und für Franz I. von Frankreich zu gewinnen. Papst Leo X. verzichtete daher auf das Erscheinen Luthers in Rom und duldete vorerst, dass der Kurfürst Martin Luther schützte.

Luther wich in dem Augsburger Verhör 1518 jedoch nicht von seinem Standpunkt ab. Er forderte nun seinerseits die Einberufung eines Konzils, auf dem die Glaubensfragen diskutiert werden sollten. Kurze Zeit später behauptete Luther während einer Disputation (= Streitgespräch) mit dem Theologen Johannes Eck sogar, dass der Papst und die Konzilien sich schon mehrfach geirrt hätten und nicht unfehlbar seien, zum Beispiel in Konstanz bei der Verurteilung des Jan Hus. Jetzt musste der Papst reagieren, um seine Autorität unter Beweis zu stellen.

Luther wird verurteilt – Im Sommer 1520 drohte Leo X. den Kirchenbann gegen Luther an. Er forderte ihn auf, binnen 60 Tagen zu widerrufen. Doch Luther hielt an seiner Lehre fest. Er wurde jetzt als **Ketzer** (= von der Kirche Abgefallener) angesehen, und im Januar 1521 erging die päpstliche **Bannbulle** gegen ihn. Luther war damit exkommuniziert (aus der Kirche ausgeschlossen).

Q3 Luther über die Unfehlbarkeit des Papstes, 1521:

Die andere Art meiner Bücher ist die, darin das Papsttum und die papistische Lehre angegriffen wird und angetastet wird, die [...] mit ihrer falschen Lehre, bösem Leben und ärgerlichem Beispiel die Christenheit an Leib und Seele verwüstet hat. Denn niemand kann verneinen, weil es die Erfahrung bezeugt, dass durch des Papstes Gesetz und Menschenlehre der Christgläubigen Gewissen beschweret und gemartert sind.

(In: Geschichte in Quellen, Bd. III, München 1982, S. 124. Gekürzt)

B4 Verhör Luthers durch den Kardinal Cajetan in Augsburg 1518. Holzschnitt um 1556

ARBEITSAUFTRÄGE

1. Suche in Q1 Textstellen, die verdeutlichen, was Luther befürwortete und was er verurteilte.
2. In Q2 stellt Luther dar, wie ein Mensch seiner Auffassung nach allein das Seelenheil erlangen könne. Erläutere, warum er damit in einen Gegensatz zur Kirche geraten konnte.
3. Lies Q3. Wie begründet Luther, dass auch der Papst nicht unfehlbar sei?

4. Luthers Lehre – zwischen Landesherren und Kaiser

Nachdem der Papst den Kirchenbann über Luther gesprochen hatte, war der Kaiser nach der Reichsverfassung verpflichtet, über Luther die **Reichsacht** zu verhängen. Das bedeutet den Ausschluss aus der Rechtsgemeinschaft und Gefahr für Leib und Leben. Wie konnten Luther und seine Lehre dennoch bestehen?

Der Reichstag in Worms – Karl V. konnte aber nicht ohne weiteres die Reichsacht gegen Luther verhängen. Er hatte bei seiner Wahl zum Kaiser den Reichsständen das Mitspracherecht bei der Reichsacht zugestanden. Und der sächsische Kurfürst Friedrich der Weise sowie andere Kurfürsten und freie Reichsstädte unterstützten Luthers Ideen.

Der Kaiser selbst war fest entschlossen, die Einheit der römisch-katholischen Kirche zu erhalten. Dennoch musste er Luther 1521 zum Reichstag in Worms vorladen und anhören. Die Reise von Wittenberg nach Worms gestaltete sich für Luther zu einem Triumphzug. Am 17./18. April 1521 erschien er vor dem Kaiser und dem versammelten Reichstag.

Auch in Worms verweigerte Luther unter Berufung auf den Text der Bibel und sein Gewissen als Christ den geforderten Widerruf. Daraufhin wurde er vom Reichstag verurteilt. Das vom Kaiser eigenhändig erlassene **Wormser Edikt** sah die Gefangennahme Luthers und die Verbrennung seiner Schriften vor. Der sächsische Kurfürst suchte nach einer Lösung für Luther, der noch 21 Tage freies Geleit vom Kaiser zugesichert bekommen hatte. Friedrich der Weise ließ ihn zum Schein entführen und unerkannt auf die Wartburg bringen. Hier lebte er mehrere Monate unter dem Namen Junker Jörg. ⓔ/8

Nicht alle Kurfürsten und Reichsstände hatten der Reichsacht Luthers zugestimmt. Mit ihrer Unterstützung Luthers während des Reichstages zeigten sie, dass sie in ihren Territorien selbst entscheiden und sich gegenüber dem Kaiser behaupten wollten. In ihren Ländern wurde das Wormser Edikt nicht umgesetzt. Führte Luthers Lehre zum Konflikt zwischen Kaiser und Reichsständen und zur Spaltung der Kirche?

PERSONENLEXIKON

FRIEDRICH DER WEISE, 1463–1525. Kurfürst von Sachsen von 1486–1525

Die Wartburg bei Eisenach, damals in sächsischem Besitz

Q1 Aus Luthers Rede vor dem Reichstag am 18. April 1521:

Darum bitte ich durch die Barmherzigkeit Gottes Eure Kaiserliche Majestät, die Kur- und Fürstlichen Gnaden, oder wer es tun kann, er sei hohen oder niedrigen Standes, dass sie mich mit der Heiligen Schrift überzeugen, dass ich geirrt habe […]. Denn ich glaube weder dem Papst noch den Konzilien allein, weil es offenbar ist, dass sie oft geirrt haben. […] Und so bleibe ich überzeugt durch die von mir angeführten Schriftstellen in der Bibel, und mein Gewissen bleibt im Worte Gottes gefangen. So kann und will ich nicht widerrufen, weil es nicht geraten ist, etwas gegen das Gewissen zu tun.

(In: Gesch. in Quellen, Bd. III, S.122 f. Gekürzt)

Q2 Kaiser Karl V. zur Verurteilung Luthers, 19. April 1521:

Ihr wisst, dass ich von den allerchristlichsten Kaisern der edlen deutschen Nation abstamme, die alle bis zu ihrem Tode treue Söhne der katholischen Kirche gewesen sind, ihren Glauben verteidigend und ausbreitend. […] Sie haben die heilige katholische Religion hinterlassen, damit ich in ihr lebe und sterbe. Deshalb bin ich entschlossen, alles zu halten, was meine Vorgänger und ich bis zum gegenwärtigen Zeitpunkt gehalten haben, insbesondere was sie auf dem Konzil zu Konstanz angeordnet haben. Denn es ist sicher, dass ein einzelner Mönch in seiner Meinung irrt, wenn diese gegen die der ganzen Christenheit steht, wie sie seit mehr als tausend Jahren und heute gelehrt wird. […] Deshalb bin ich fest entschlossen, an diese Sache meine Reiche und Herrschaften, mein Blut, mein Leben, meine Seele zu setzen.

(In: Geschichte in Quellen, Bd. III, München 1982, S.125 f. Gekürzt)

Reformierte Gemeinden entstehen – Luthers Anschauung hatte sich schon vor dem Wormser Edikt zu einer eigenen Glaubensbewegung, der **Reformation**, entwickelt. In vielen nord- und mitteldeutschen Gebieten schlossen sich die Menschen der neuen Lehre an. Welche Folgen hatte das?

Luthers Lehre war, dass die Erneuerung der Kirche aus den Kirchengemeinden heraus erfolgen solle. Diese wählten jetzt ihre Priester selbst und stellten die Worte der Bibel in den Mittelpunkt des Gottesdienstes. Die katholischen Kirchengüter wurden beschlagnahmt und die Klöster wurden aufgelöst. Der Gewinn wurde oft für kirchliche und schulische Zwecke in den reformierten Gemeinden verwendet. Die Beseitigung der Missstände sollte von den Gläubigen ausgehen. Doch bald schon übernahmen die Landesfürsten die Leitung der neu zu organisierenden Kirche. Denn mit dem Besitz der ehemals katholischen Kirchengüter wuchs ihre Macht gegenüber Kaiser und Papst.

Q3 Luther an Kurfürst Johann von Sachsen über die Kirche, 1526:

Da aber nun in Euer Kurfürstlichen Gnaden Fürstentum weltlicher und geistlicher Zwang und Ordnung aus einer Hand sind, und alle Klöster und Stifte Euer Kurfürstlicher Gnaden als dem obersten Haupt in die Hände fallen, kommen zugleich damit auch Pflicht und Beschwernis, diese Dinge zu ordnen. […] Derhalben wird es vonnöten sein, aufs baldigste vier Personen das Land visitieren (= besuchen) zu lassen, zwei, die sich auf Zinsen und Güter, und zwei, die sich auf die Lehre und die Person verstehen, damit dieselben auf Euer Kurfürstlichen Gnaden Befehl die Schulen und Pfarren, wo nötig, errichten und versorgen.

(In: Strunk, R.: Die Reformation, Stuttgart, 1984, S. 61 f. Gekürzt und bearbeitet)

Luther und die deutsche Sprache – Die Bibel war für Luther und seine Anhänger die wahre Grundlage des Glaubens. Um allen Gläubigen den Text der Bibel zugänglich zu machen, nutzte Luther die Zeit auf der Wartburg, um die Bibel in die deutsche Sprache zu übersetzen. Dabei schuf er eine anschauliche und doch gehobene Umgangssprache, die Ober- und Niederdeutsche verstanden und die Grundlage der deutschen Sprache wurde.

Briefmarke zum 500. Geburtstag Katharina von Boras, der Frau Martin Luthers

B4 Predigt in einer reformierten Gemeinde. Holzschnitt um 1520

ARBEITSAUFTRÄGE

1. Lies Q1. Mit welchem Argument verweigert Luther den Widerruf seiner Lehre? Vergleiche mit Q2. Wie argumentiert demgegenüber der Kaiser?
2. Versetze dich in die Lage des Kurfürsten und verfasse zu Q3 den Antwortbrief an Luther.
3. Betrachte B4 und beschreibe die Darstellung. Überlege, warum Künstler der damaligen Zeit Luthers Lehre illustrierten.

5. Die Glaubensspaltung im Heiligen Römischen Reich

Nach der Verurteilung Luthers und seiner Anhänger durch das Wormser Edikt von 1521 hatten sich zwei politische Lager gebildet: auf der einen Seite die geistlichen sowie weltlichen Fürsten und Städte, die das Edikt umsetzten und den katholischen Kaiser unterstützten. Auf der anderen Seite standen die lutherischen Fürsten und Städte unter Führung der Kurfürsten Johann Friedrich von Sachsen und Philipp von Hessen. Welche Folgen hatte diese Lagerbildung?

Die Anhänger Luthers protestieren – Kaiser Karl V. führte in der Zeit nach 1521 zahlreiche Kriege mit Frankreich sowie gegen die Türken. Meist hielt er sich außerhalb Deutschlands auf. Da er auf die Unterstützung der deutschen Fürsten angewiesen war, vermied er einen offenen Konflikt und musste in der Religionsfrage nachgeben. Auf einem Reichstag 1526 in Speyer einigte man sich darauf, dass jeder **Landesfürst** in seinem Land die **Religion frei bestimmen** könne. Doch schon drei Jahre später, 1529, wollte der streng katholische Karl V. die Anwendung des Edikts von Worms in allen Teilen des Reiches durchsetzen und die Lehre Luthers endgültig verbieten.
Dagegen protestierten mehrere Fürsten sowie 14 Reichsstädte. Sie wurden „protestantische Stände" genannt. Daher stammt auch der bis heute gebräuchliche Name **„Protestanten"** für Christen, die nicht der römisch-katholischen Kirche angehören.

Der Konflikt spitzt sich zu – 1530 kam Karl V. zurück nach Deutschland, um die drohende religiöse Spaltung abzuwenden. In Augsburg eröffnete er einen Reichstag. Die protestantischen Stände legten die **„Confessio Augustana"** (= Augsburger Bekennntnis) vor, mit der sie zwar die Lehre Luthers verteidigten, aber auch einen Ausgleich anstrebten. Doch die Gegensätze ließen sich nicht überbrücken. Karl befahl den Anhängern Luthers, zum katholischen Glauben zurückzukehren.

Das „Augsburger Bekenntnis", verfasst von PHILIPP MELANCHTHON. 1530 wurde es dem Kaiser auf dem Reichstag in Worms übergeben. Es ist bis heute Grundlage der lutherischen Lehre und Kirchen in aller Welt.

B1 Überreichung des Augsburger - Bekenntnisses (Confessio Augustana) an Kaiser Karl V. auf dem Reichstag von 1530. Kupferstich um 1650

Der Schmalkaldische Krieg – Während der Kaiser erneut einen Krieg gegen Frankreich führte, schlossen die evangelischen Reichsstände 1531 einen Bund, um sich der Übermacht des Kaisers und seiner kompromisslosen Religionspolitik widersetzen zu können: den **Schmalkaldischen Bund.** Erst 1544, nach seinem Sieg über Frankreich, reagierte Karl V. auf die gegen ihn gerichtete Bedrohung. Sein Ziel war, die Macht der protestantischen Fürsten zu brechen und sie unter die Herrschaft des Kaisers zu zwingen. Mit welchen Mitteln verfolgte er sein Ziel?

Karl V. verhandelte zunächst mit einzelnen Fürsten. Es gelang ihm, den Herzog Moritz von Sachsen, den Schwiegersohn des sächsischen Kurfürsten, durch Versprechungen auf seine Seite zu ziehen. Damit hatte er in Sachsen selbst einen Verbündeten gegen den sächsischen Kurfürsten und Führer der protestantischen Stände gewonnen. Dann begann der Kaiser den **Schmalkaldischen Krieg** gegen die Kurfürsten Sachsens und Hessens.

Bei Mühlberg an der Elbe kam es 1547 zur Entscheidungsschlacht. Kurfürst Johann Friedrich von Sachsen wurde mit anderen protestantischen Fürsten gefangen genommen. Damit hatte der Kaiser fürs Erste gesiegt. Die Macht der protestantischen Reichsstände schien gebrochen. Moritz von Sachsen erhielt für seine Unterstützung die Kurfürstenwürde.

Die Reichsstände, ja sogar einige katholische Fürsten, befürchteten nun, dass die Macht des Kaisers nach seinem Sieg über die protestantischen Fürsten zu groß werden könne. Auch der neue Kurfürst Moritz von Sachsen verbündete sich 1551 mit der Fürstenopposition. Sie schlossen ein Geheimbündnis gegen Karl V. mit dem französischen König und zogen erneut gegen den Kaiser zu Felde.
Karl V. musste nun doch Zugeständnisse an die Protestanten machen. Auch sein Ziel von einem christlichen Universalreich musste er endgültig fallen lassen. Er übergab 1556 die Regierungsgeschäfte seinem Bruder und Nachfolger Ferdinand.

Der Religionsstreit wird beendet – FERDINAND I. suchte den Ausgleich mit den Fürsten und wollte den Religionskonflikt beenden. 1555 berief er einen weiteren Reichstag nach Augsburg ein. Dort vereinbarten die katholischen und protestantischen Reichsstände einen „für ewig währenden Religionsfrieden“, den **Augsburger Religionsfrieden.** Fortan galt,
- dass die katholische und die lutherische Lehre gleichberechtigt sind,
- dass die Landesherren über die Religion in ihrem Gebiet selbst entscheiden konnten; die jeweiligen Untertanen mussten sich dem anschließen,
- dass die verstaatlichten Kirchengüter im Besitz der protestantischen Landesherren blieben.

Diese Einigung war ein religiöser Kompromiss, der zugleich die Stellung der Landesfürsten weiter stärkte.

KAISER KARL V. 1500 – 1558., König von Spanien und deutscher Kaiser von 1516/19 – 1555/56. Das Bild zeigt den Kaiser auf dem Schlachtfeld bei Mühlberg, 1547. Ölgemälde von Tizian

B 2 Schlacht bei Mühlberg 1547 und Gefangennahme des Kurfürsten Johann Friedrich von Sachsen durch kaiserliche Truppen

ARBEITSAUFTRÄGE

1. Schreibe auf, wer am Reichstag von Augsburg 1530 teilnahm und welche Ziele die Vertreter hatten. Versuche, einige der in B 1 abgebildeten Personen den Ständen zuzuordnen.
2. Beschreibe B 2 mithilfe des Darstellungstextes. Warum nahm Kaiser Karl V. den sächsischen Kurfürsten gefangen?

6. Das Zeitalter der Konfessionen in Europa

Auch in anderen Ländern Europa gab es im 16. Jahrhundert Reformatoren, die ähnliche Lehren wie Luther vertraten. In welchen Ländern konnte sich die Reformation durchsetzen?

Reformation in der Schweiz – Erste reformatorische Veränderungen bewirkte der Prediger ULRICH ZWINGLI in Zürich. Mit der Unterstützung des Rates der Stadt errichtete er zwischen 1523 und 1525 eine „Kirche der Bürger". Das Leben in der Stadt Zürich wurde nach strengen christlichen Regeln gestaltet.

Nach Zwinglis Tod schlossen sich seine Anhänger der Glaubenslehre des Reformators JOHANNES CALVIN an. In Genf hatte Calvin mithilfe des Rates der Stadt 1541 eine Kirchengemeinde nach seinen Regeln geschaffen. Die Kirchenordnung der **Calvinisten** regelte nicht nur die religiösen Dinge, sondern auch das ganze öffentliche und private Leben der Bürger. Wirtshausbesuche, Glücksspiele, Tanzvergnügungen oder teurer Schmuck waren verboten. Man führte sogar Hauskontrollen durch. Wer gegen die Regeln verstieß, wurde hart bestraft.
Im „Gottesstaat" Calvins sollten die sozialen Unterschiede zwischen den Bürgern gering sein. Auch die Spitäler und Schulen waren für alle da. Aber es gab keine Toleranz gegen Andersdenkende.
Anhänger der Lehren Luthers oder Calvins gab es bald auch in den Niederlanden und den skandinavischen Ländern. In England und Schottland nannten sich die Anhänger Calvins **Puritaner** (Dt.: „die Reinen"), in Frankreich **Hugenotten.**

PERSONENLEXIKON

JOHANNES CALVIN, 1509–1564. Begründer der nach ihm benannten evangelischen Glaubenslehre des Calvinismus

K1

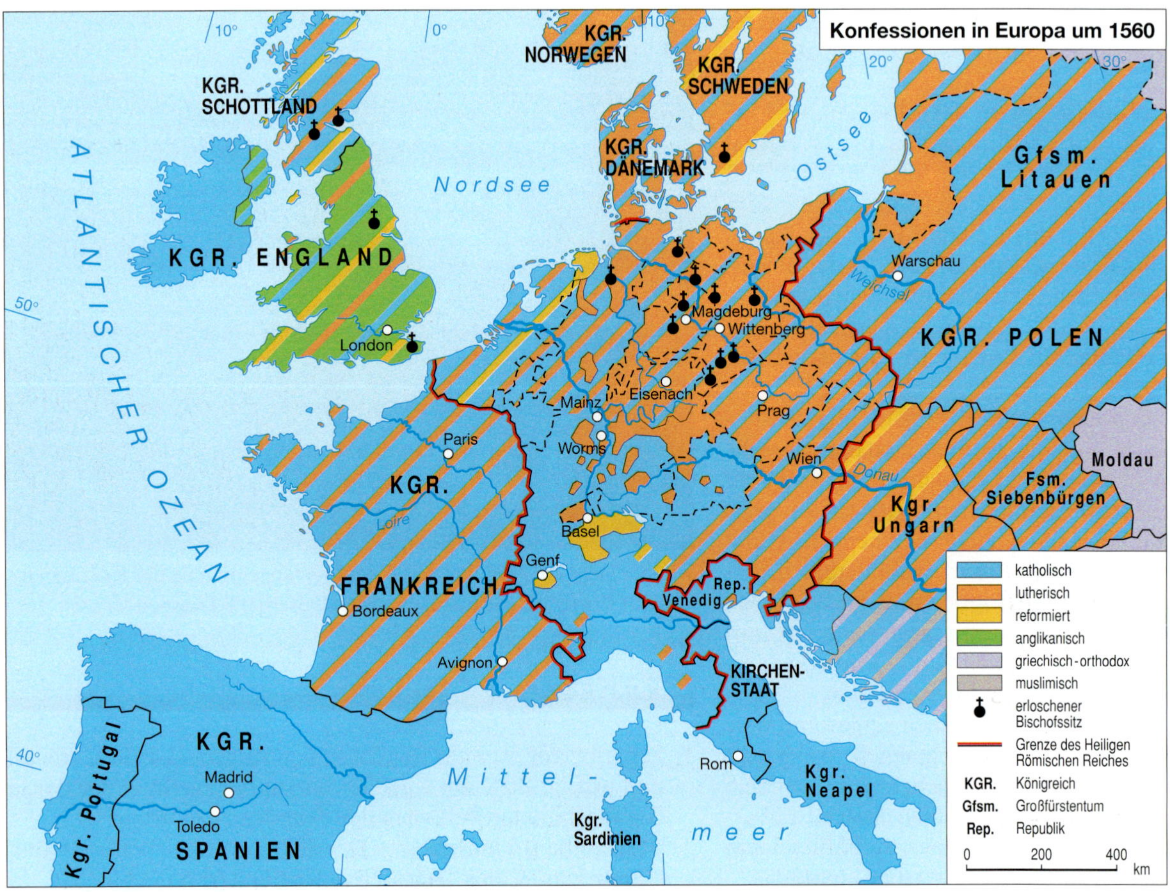

Hugenotten in Frankreich – Calvin war gebürtiger Franzose. Zu seinen französischen Glaubensgenossen, den **Hugenotten**, hielt er daher enge Verbindungen. Anfangs waren es Handwerker und wohlhabende Kaufleute, die sich der Lehre Calvins angeschlossen hatten. Doch kamen bald auch Adlige hinzu, die im Gegensatz zum französischen König standen und eine Machterweiterung des katholischen Königs verhindern wollten.

Die religiösen Gegensätze lösten auch in Frankreich blutige Kämpfe aus. Sie konnten erst 1598 durch König Heinrich IV. mit dem **Edikt von Nantes** beendet werden. Darin wurde die katholische Religion als die herrschende bestätigt, aber den Hugenotten wurde weitgehende Religionsfreiheit zugestanden.

Verändert sich die katholische Kirche? – Die Misstände in der katholischen Kirche hatten zur Reformation und schließlich zur Anerkennung der protestantischen Religion geführt. Wie reagierte die katholische Kirche auf die von den Reformatoren beklagten Missstände?

Q2 Calvin über die Prädestination (=Vorherbestimmung des Seelenheils):

Weil wir nicht wissen, wer zu der Anzahl der Vorherbestimmten hinzugehört und wer nicht, so soll es unser Ziel sein, dass wir wünschen, alle möchten gerettet werden. So soll es kommen, dass wir uns befleißigen, jeden, der uns begegnet, zum Mitstreiter zu machen. [...] Soviel an uns liegt, sollen wir also allen einen heilsamen strengen Tadel gleichsam wie Medizin zuteil werden lassen, damit sie Gott nicht verloren gehen und andere nicht verderben. Gottes Entscheidung aber wird es vorbehalten sein, diesen Tadel an denen wirksam werden zu lassen, die er zuvor ersehen und vorherbestimmt hat.

(In: Raupp, Werner (Hg.): Mission in Quellentexten. Erlangen 1990, S. 30 f. Gekürzt)

Das Konzil von Trient – Der Papst berief ein **Konzil** (= Versammlung der Bischöfe) in die norditalienische Stadt Trient ein (1545–1563). Auch die Fürsten Europas lud er. Durch **Reformen in der katholischen Kirche** sollten wirksame Maßnahmen gegen die Ausbreitung der Reformation in Europa eingeleitet werden.

Q3 Die Beschlüsse des Konzils von Trient, um 1563:

Nicht nur die Bibel ist Grundlage des Glauben, sondern auch die Lehre der Kirchenväter.
Nur die Kirche hat das Recht, die Bibel auszulegen.
Gottes Gnade kann den Mensch nicht allein durch den Glauben, sondern auch durch gute Werke verdienen.
Der Missbrauch des Ablasses wird verboten.
Die Ausbildung der Priester soll nach den Grundsätzen des Konzils erfolgen. Ihre Lebensführung unterliegt strengen Vorschriften.
Der Papst allein leitet die Kirche. Konzilsbeschlüsse bedürfen seiner Bestätigung.

(Autorentext)

B4 „Durch alle Reformatoren wurde das Licht des Evangeliums wieder entzündet". Stich aus dem 17. Jahrhundert

ARBEITSAUFTRÄGE

1. Analysiere mit K 1 die Religionsverteilung in Europa um 1560. Vergleiche sie mit der Situation in diesen Ländern heute.
2. Lies Q 2. Erläutere, was Calvin unter Prädestination (= Vorherbestimmung) versteht. Beurteile, welche Auswirkungen diese Lehre auf das Verhalten der Menschen haben kann.
3. Beschreibe B 4: Achte auf die einzelnen Personen. Erläutere, was der Maler mit dem „Licht des Evangeliums" meinte.

7. Die Verfolgung von „Hexen“ und „Ketzern“

Auf dem Höhepunkt der Hexenverfolgungen, zwischen 1550 und 1650, wurden in dem Gebiet des heutigen Deutschlands etwa 30 000 Menschen, meist Frauen, als **„Hexen“** oder **„Ketzer“** verurteilt und hingerichtet. Was wurde diesen Menschen vorgeworfen?

Erste Verurteilungen so genannter **„Ketzer“** gab es bereits im 13. Jahrhundert mit dem Aufkommen der kirchlichen Inquisitionsgerichte. Als Ketzer galt, wer in seinem christlichen Glauben und Bibelverständnis von der offiziellen Lehrmeinung der Kirche abwich. In den kirchlichen Inquisitionsgerichten wurden die Beschuldigten – oft durch die Anwendung grausamer Foltermethoden – zum Widerruf gezwungen oder aber zum Tod auf dem Scheiterhaufen verurteilt.

Q 1 Papst Innozenz VIII. veröffentlichte 1484 eine Erklärung, die später den Namen „Hexenbulle“ erhielt :

Uns ist neuerdings zu unserem nicht geringen Leidwesen zu Ohren gekommen, dass [...] eine große Anzahl von Personen beiderlei Geschlechts des eigenen Heils vergessend und vom katholischen Glauben abfallend mit [...] Teufeln Unzucht treiben und mit ihren Zaubersprüchen [...] und Verschwörungen sowie anderen abscheulichen abergläubischen Handlungen [und] Verbrechen bewirken, dass sie die Geburten der Frauen, die Jungen der Tiere, die Feldfrüchte, die Weintrauben und die Früchte der Bäume sowie auch Männer, Frauen, Zugtiere, Kleinvieh, Ziegen und andere Lebewesen unterschiedlichster Art [...] verderben, ersticken und umbringen. [...]

(In: Peter Segl. Als Ketzer fliegen lernten. Über den Hexenwahn im Mittelalter, Abensberg 1991, S. 8. Gekürzt)

Die eigentlichen **Hexenverfolgungen** setzten in großem Stil erst im 15. Jahrhundert ein. Die Vorstellung, dass dämonische und teuflische Mächte für Krankheiten, Missernten oder Unglücksfälle verantwortlich seien, war im gesamten Mittelalter weit verbreitet gewesen. Doch seit Mitte des 15. Jahrhunderts nahmen die Angst vor Zauberei und der „Hexenwahn“ extreme Formen an. Ursachen waren die Bedrohung der Menschen durch Missernten und Hungersnöte, Pestepidemien, die Verwüstungen durch den Dreißigjährigen Krieg sowie eine fehlgeleitete Religiosität der Menschen.

B 2 Die Wasserprobe. Die Angeklagte wurde an Händen und Füßen gefesselt und ins Wasser geworfen. Ging sie nicht unter, war sie als Hexe überführt, weil das Wasser nach dem Aberglaube der damaligen Zeit keine Hexe aufnehmen würde. Ging die Gefesselte unter, dann war sie unschuldig – aber oft auch ertrunken. Holzschnitt, 16. Jh.

T 3 Rechnung vom 20. Oktober 1639
Verteilung der Einnahmen aus elf Hexenprozessen

Es empfing:	der Bürgermeister	9 Taler	6 Groschen
	der Rat	9 Taler	6 Groschen
	der Vogt	18 Taler	6 Groschen
	die Gerichtsschöffen	18 Taler	12 Groschen
	der Stadtschreiber	9 Taler	6 Groschen
	der Stadtdiener	9 Taler	6 Groschen

Der Rest von 351 Talern und 23 Groschen wurde dem Fürstbischof als dem Landesherrn übergeben..

Die Haltung der Kirchen – Die katholische und die protestantischen Kirchen hatten diesen Aberglauben noch bestärkt. Bereits 1484 veröffentlichte PAPST INNOZENZ VIII. die so genannte **„Hexenbulle“**, die zur Verfolgung von Hexen aufrief. Drei Jahre später verfassten die Dominikanermönche Sprenger und Institoris den so genannten **„Hexenhammer“**. In diesem Buch wurde beschrieben, woran man eine Hexe erkenne, was sie macht und wie man sie bestrafen müsse. Für 200 Jahre begann jetzt in weiten Teilen Europas die systematische und grausame Verfolgung von „Hexen“.

Der Ablauf eines Hexenprozesses – Hexenprozesse wurden nicht nur als Verstoß gegen die kirchliche Lehre, sondern auch als Verstoß gegen weltliche Gesetze geführt. Sie wurden daher vor weltlichen Gerichten verhandelt. Für die Anklage reichte es oft schon, wenn jemand nur beschuldigt wurde, eine Hexentat begangen zu haben. Die Beschuldigten, meist waren es Frauen, mussten dann ihre Unschuld beweisen. Aber das war fast unmöglich, denn man erpresste von den Angeklagten unter **Folter** ein „Geständnis“; außerdem erzwang man die Nennung von Mitschuldigen. Die meisten Beschuldigten legten ein „Geständnis“ ab, nur um der weiteren Folter zu entgehen. Das Urteil des Prozesses lautete oft: Tod durch das Feuer.

Q4 Martin Luthers Haltung zur Hexenverfolgung, 1526 :

1 Es ist ein überaus gerechtes Gesetz, dass die Zauberinnen getötet werden, denn sie richten viel Schaden an, was bisweilen ignoriert wird, sie können nämlich Milch, Butter und alles aus dem Haus stehlen […]. Sie können ein Kind verzaubern […]. Auch können sie geheimnisvolle Krankheiten im menschlichen Körper erzeugen, dass der Körper verzehret wird. […] Die Zauberinnen sollen getötet werden, weil sie Diebe sind, Ehebrecher, Räuber und Mörder […]. Sie schaden mannigfaltig. Also sollen sie getötet werden, nicht allein, weil sie schaden, sondern auch, weil sie Umgang mit dem Satan haben.

(In:Martin Luther: Predigt vom 6. Mai 1526, WA 16, S. 551 f., zit. nach http://de.wikipedia.org/wiki/Hexenverfolgung. Gekürzt)

Q5 Der Jesuitenpater Friedrich Spee von Langenfeld urteilt über die Hexenprozesse, 1631:

1 Was suchen wir so mühsam nach Hexen und Zauberern. Hört auf mich, ihr Richter, ich will euch gleich zeigen, wo sie stecken. Auf, greift Kapuziner, Jesuiten, alle Ordensleute und foltert sie; sie werden gestehen. Leugnen welche, so foltert sie drei-, viermal, und sie werden gestehen.

(In: W. Behringer (Hg.): Hexen und Hexenprozesse in Deutschland, München 1988, S. 377 f. Gekürzt)

B6 Hexenverfolgung und -verbrennung. Miniatur von 1514

ARBEITSAUFTRÄGE

1. Lies Q1 und Q4 und erläutere, welche Beschuldigungen der Papst und Luther gegen die sogenannten Hexen vorbringen. Bewerte die Anschuldigungen und das Verhalten der Kirchen.
2. Betrachte B 2. Beurteile die Beweiskraft der „Wasserprobe“ sowie die Konsequenzen für die Angeklagten.
3. Analysiere T 2. Überlege, woher das Geld aus den Hexenprozessen kam. Welche Gefahr bestand, wenn zum Beispiel Gerichtsschöffen einen Anteil des Geldes erhielten?
4. Erläutere und interpretiere die Aussage v. Langenfelds in Q 5.

	Politik	Kultur	Alltag
	1618–1648: Dreißigjähriger Krieg		Atlantischer Dreieckshandel; Zerstörungen, Plünderungen, Hunger durch den Dreißigjährigen Krieg
1600	1562–1598: Hugenottenkriege in Frankreich		Neue Waffen durch Einsatz des Schwarzpulvers, Söldnerheere entstehen
	1546: Schmalkaldischer Krieg; 1531–1533: Pizarro erobert das Inkareich; Tod Atahualpas 1519: Cortés erobert das Reich der Azteken	1555: Augsburger Religionsfrieden 1545–1562: Konzil von Trient	16. und 17. Jh.: Hexenverfolgungen 16. Jh. ff.: Zwangsarbeit der Indianer Süd- und Mittelamerikas in Bergwerken und auf Plantagen
	1524/1525: Bauernkrieg 1519–1555: Karl V. deutscher Kaiser	1536: Calvinismus begründet 1534: Jesuitenorden gegründet 1521: Wormser Edikt 1517: Beginn der Reformation durch Luthers 95 Thesen	Entstehung der deutschen Landeskirchen; Streit um den Ablasshandel
1500	1492: Reconquista in Spanien abgeschlossen	um 1500: Heliozentrisches Weltbild, Weltkarten	1503: Casa de la Contratación in Spanien; 1498: V. da Gama in Indien 1492: Kolumbus entdeckt Amerika
	1438–1471: Inka Pachacutec Yupanqui bildet Großreich	1448: Gutenberg erfindet den Buchdruck mit beweglichen Lettern	Wallfahrten und Reliquienverehrung als Ausdruck besonderer Volksfrömmigkeit
	1415: Überfall der nordafrikanischen Hafenstadt Ceuta durch die Portugiesen	15. Jh.: Nutzung des Jakobsstabs durch Seefahrer	1415: Tod des Jan Hus auf dem Scheiterhaufen
1400	um 1400: Gründung einer Seefahrtsakademie in Portugal	15. Jh.: Hochentwickelte Verwaltung und Straßenbau bei den Inka	15. Jh.: Knotenschnüre der Inka
	1356: „Goldene Bulle“	14.–16. Jh.: Renaissance als kulturelle und weltanschauliche Bewegung in Europa	
	14. Jh.: Entstehung des Inkareichs in Südamerika 1325: Gründung Technotitlans in Mittelamerika durch die Azteken		
1300			

Zusammenfassung – Aufbruch in eine neue Zeit und Welt

Zu Beginn der Neuzeit wandelte sich die Auffassung vom Menschen: Das Individuum sollte die Welt verändern und sich nicht auf vorgegebene Ordnungen verlassen. Für das weltzugewandte Leben dienten die antike Kunst und Denkweise als Vorbild. Man nannte die Zeit deshalb **Renaissance,** die Wiedergeburt. Die Herstellung des Papiers und der Buchdruck machten eine schnelle und weite Verbreitung von Wissen möglich. Durch exakte Beobachtungen gewannen die Menschen eine **neues Weltbild,** wonach die Sonne im Mittelpunkt der Welt steht.

Die beiden aufstrebenden Staaten Portugal und Spanien suchten einen Seeweg nach Indien, um den Handel zu verbilligen. Christoph Kolumbus fand auf dem Seeweg nach Westen einen neuen Kontinent: Amerika.

Die Eroberung des Kontinents durch die Europäer verlief rasch und gewalttätig. Die Spanier zerstörten die Hochkulturen der Inka, Azteken (und Maya). Durch Zwangsarbeit und Seuchen wurde die einheimische Bevölkerung fast ausgerottet. Seit dem 17. Jahrhundert wurden Sklaven aus Afrika herbeigeschafft.

Missstände in der Kirche wie der Ablasshandel sowie der Umbruch im Denken der Menschen bereiteten den Boden für die **Reformation.** In Deutschland hatte das Wirken Martin Luthers die größte Bedeutung. Seine Lehre rückte den persönlichen Glauben und die Gnade Gottes in den Mittelpunkt.
Die neue „protestantische“ bzw. evangelische Konfession fand Unterstützung bei einigen Fürsten. Ihr Bekenntnis zur Reformation verstärkte den Gegensatz zu Kaiser und Reich. Der Versuch Kaiser Karls V., die Fürsten militärisch zum Katholizismus und zur Einheit des Reichs zu zwingen, scheiterte. Auf einem Reichstag in Augsburg wurde 1555 mit dem Augsburger Religionsfrieden die **Religionsfreiheit** der Landesfürsten festgelegt.

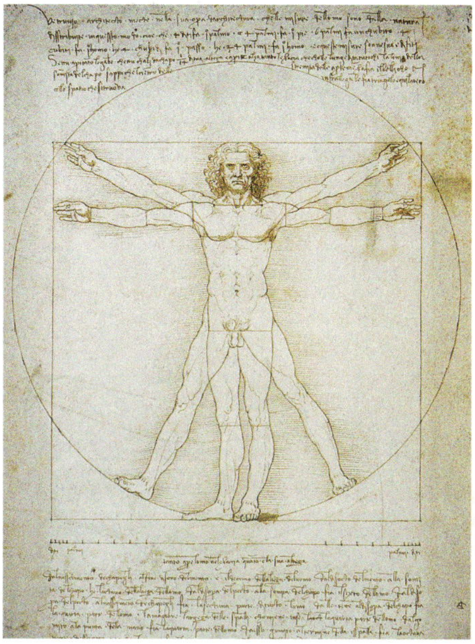

ARBEITSAUFTRAG

1. Nenne Unterschiede zwischen dem Welt- und Menschenbild des Mittelalters sowie dem der Renaissance oder der Frühen Neuzeit.
2. Setze dich mit der folgenden Aussage auseinander: „Die kulturelle Überheblichkeit und die technische Überlegenheit der europäischen Eroberer zerstörten die indianischen Hochkulturen Süd- und Mittelamerikas“.
3. Beurteile das Wirken Martin Luthers als Reformator und sein Verhalten im Konflikt mit der katholischen Kirche.

ZUM WEITERLESEN

Morris, Neil: Mayas, Azteken, Inkas. Tessloff, Nürnberg 2003
Röhrig, Tillmann: Übergebt sie den Flammen!, Arena Verlag, Würzburg 1996

- e/1 http://de.wikipedia.org/wiki/Galilei
- e/2 http://de.wikipedia.org/wiki/Inquisition
- e/3 http://de.wikipedia.org/wiki/Buchdruck
- e/4 http://www.stromberg-gymnasium.de/ags/seminarkurs_04_05/abschluss_05/c/geschichte.html
- e/5 http://de.wikipedia.org/wiki/Christoph_Kolumbus
- e/6 http://de.wikipedia.org/wiki/Sklavenschiff
- e/7 http://de.wikipedia.org/wiki/Luther
- e/8 www.wartburg.eisenach.de
- e/9 http://www.muenster.org/abendgymnasium/faecherprojekte/projekte/hexenprozess/geschich.htm

Standard-Check: Das solltest du können!

1. Wichtige Arbeitsbegriffe
Hier sind wichtige Arbeitsbegriffe des Kapitels aufgelistet. Übertrage sie in dein Heft und formuliere zu jedem Begriff eine kurze Erläuterung.

Ablasshandel	Bannbulle
Entdeckungsfahrten	Reformation
Reliquie	Renaissance
heliozentrisches Weltbild	

1. ☺ 😐 ☹

2. Ergänzung und Interpretation einer Abbildung

2.1 Übertrage die Abbildung B 1 in dein Heft und ergänze den fehlenden Text in den Pfeilen. Womit wurde gehandelt und welche „Waren“ wurden in welche Richtung transportiert?

2.2 Erläutere, wer am atlantischen Dreieckshandel beteiligt war und welche Vorteile bzw. Konsequenzen er für die Beteiligten hatte.

2.3 Formuliere deine eigene Meinung zum atlantischen Dreieckshandel.

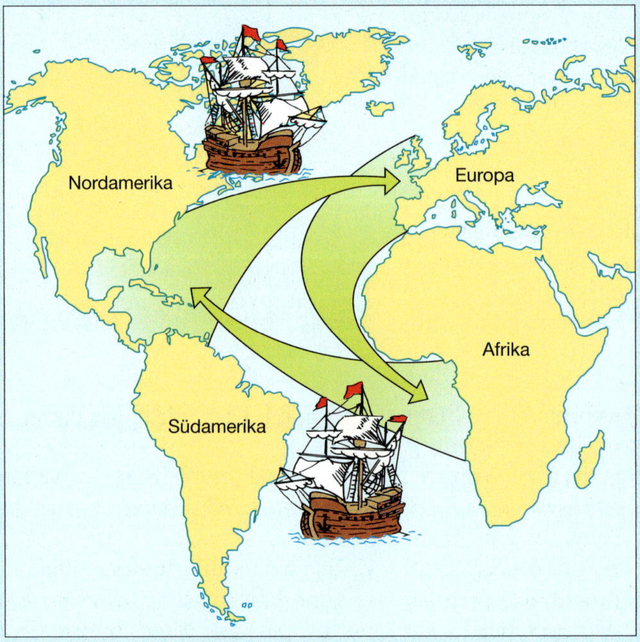

B 1 Der atlantische Dreieckshandel

2.1 ☺ 😐 ☹

2.2 ☺ 😐 ☹

2.3 ☺ 😐 ☹

3. Interpretation eines Quellentextes aus unserer Zeit

3.1 Kläre zuerst unbekannte Begriffe oder Namen in dem Text.

3.2 Fasse die Kernaussagen des Textes in eigenen Worten zusammen.

3.3 Ordne den Text quellenkritisch ein: Kannst du etwas über den Autor sagen? Vertritt er eine bestimmte Meinung? Wann wurde der Text geschrieben? An wen richtet er sich?

Q 2 Ein Historiker aus unserer Zeit urteilt über die Hexenprozesse des 15 bis 17. Jahrhunderts:

Das gesellschaftliche Gefüge einer noch weitgehend statischen Agrargesellschaft geriet unter Druck, weil bei einer wachsenden Bevölkerung eine zunehmende Existenzangst eintrat. Diese […] muss auch vor dem Hintergrund der Hungerkrisen verstanden werden, die im Zuge einer weltweiten klimatischen Abkühlung, der so genannten „kleinen Eiszeit“ […] eintraten.
[…] Hexen konnten sowohl für Missernten, Unwetter als auch für Krankheiten von Mensch und Vieh verantwortlich gemacht werden.

(In: Hexen und Hexenverfolgung im deutschen Südwesten. Nicht namentlich gekennzeichneter Text in einem Ausstellungskatalog, hg. vom Badischen Landesmuseum, Ostfildern 1994, S. 131. Gekürzt)

3.1 ☺ 😐 ☹

3.2 ☺ 😐 ☹

3.3 ☺ 😐 ☹

Die Lösungen zu diesen Standard-Checkaufgaben findest du auf Seite 310.	Aber: Erst selbst lösen, dann überprüfen. Dein Können kannst du bewerten (☺ 😐 ☹).	Deine Leistungsbewertung zeigt dir, was du noch einmal wiederholen solltest.

Das konnte ich
☺ = gut
😐 = mittel
☹ = noch nicht

Kriege und Friedensschlüsse im Wandel

Vor dem letzten Irakkrieg appellierte Papst JOHANNES PAUL II. an die Konfliktparteien: *„Krieg ist niemals ein unabwendbares Schicksal. Krieg bedeutet immer eine Niederlage für die Menschheit!“* Leider fand der Irakkrieg dennoch statt. Bis heute diskutieren die Menschen, ob die USA und ihre Verbündeten 2003 einen legitimen **Präventivkrieg** oder einen völkerrechtswidrigen **Angriffskrieg** gegen den Irak führten. Es gibt demnach verschiedene Kriegsarten. Keiner ereignet sich schicksalhaft, denn zumindest auf einer Seite der Kriegsparteien haben handelnde Menschen die Entscheidung zum Krieg bewusst getroffen – oder schuldhaft herbeigeführt. Deshalb muss man die Motive und Handlungsmöglichkeiten aller Beteiligten kennen, um sich ein eigenes Urteil bilden zu können.

T1 Stimmen zum Thema Krieg. Eine kleine Auswahl aus verschiedenen Jahrhunderten:

- Der Krieg ist der Vater aller Dinge. *(Heraklit, griech. Philosoph, 550–480 v. Chr.)*
- Bürgerkrieg ist für beide Parteien ein Unglück. Denn das Verderben trifft Sieger und Besiegte in gleicher Weise. *(Demokrit, griech. Philosoph, ca. 460–400 v. Chr.)*
- Der Offensivkrieg ist der Krieg eines Tyrannen, wer sich jedoch verteidigt, der ist im Recht. *(Voltaire, französischer Philosoph, 1694–1778)*
- Der Krieg ist eine bloße Fortsetzung der Politik mit anderen Mitteln. *(Carl von Clausewitz, preußischer General, 1780 – 1831)*
- Wer auf den Krieg vorbereitet ist, kann den Frieden am besten wahren. *(George Washington, erster Präsident der USA, 1732–1799)*
- Nicht durch Reden und Majoritätsbeschlüsse werden die großen Fragen der Zeit entschieden, sondern durch Eisen und Blut. *(Otto von Bismarck, erster deutscher Reichskanzler, 1815–1898)*
- Die Menschheit muss dem Krieg ein Ende setzen, oder der Krieg setzt der Menschheit ein Ende. *(John F. Kennedy, früherer amerikanischer Präsident, 1917–1963)*
- Nicht der Krieg, der Frieden ist der Vater aller Dinge. *(Willy Brandt, früherer deutscher Bundeskanzler, 1913–1992)*

T2 Krieg hat viele verschieden Namen und Gesichter:

- Angriffskrieg
- Verteidigungskrieg
- Bürgerkrieg
- Stellvertreterkrieg
- Kalter Krieg
- Vernichtungskrieg
- Präventivkrieg
- Religionskrieg
- … andere Kriege

1. Der Peloponnesische Krieg – Bruderkrieg in Griechenland

„Dieser Krieg dauerte so lange und brachte so viel Leiden über Hellas. […] Nie wurden so viele Städte erobert, […] nie gab es so viel Flüchtlinge, so viele Tote.“ So berichtete der griechische Geschichtsschreiber THUKYDIDES über den Peloponnesischen Krieg (431–404 v. Chr.). Dabei handelte es sich nicht um einen neuen Angriff der Perser, den die griechischen Poleis im gemeinsamen Bund aller Hellenen zweimal (490 v. Chr. und 480/479 v. Chr.) erfolgreich abgewehrt hatten. Diesmal handelte es sich vielmehr um einen Krieg zwischen den Hellenen selbst. Wie kam es zu diesem Krieg?

Konflikte im Seebund – Um Griechenland und die griechischen Tochterstädte an den Küsten Kleinasiens vor weiteren Angriffen der Perser zu schützen, hatten ATHEN sowie zahlreiche andere Städte und Inseln der Ägäis 477 v. Chr. ein Schutzbündnis geschlossen: den ATTISCHEN SEEBUND. Während die athenische Flotte die Verteidigungsaufgaben übernahm, verpflichteten sich die kleineren Bündnispartner zu jährlichen **Beitragszahlungen** in die Bundeskasse. SPARTA, neben Athen die zweite Großmacht in Griechenland, blieb dem Seebund fern.

Doch seit 450 v. Chr. machte Athen den Seebund zu einem Instrument seiner Machtpolitik im gesamten Ägäisraum. Kein Mitglied durfte den Seebund verlassen. Gleichzeitig griff Athen zum Teil gewaltsam in die inneren Angelegenheiten einzelner „Bündner“ ein, stürzte deren politische Führung und zwang ihnen das eigene politische System auf. Diesen Zwang zur Bündnistreue und seine Vormachtstellung verbanden die Athener mit eigenen wirtschaftlichen Interessen. Die anfangs freiwilligen Beiträge der Bundesgenossen wurden nun zu **Zwangstributen,** die von den Athenern auch für den Ausbau der eigenen Stadt verwandt wurden. Athen hatte die politisch-militärische **Hegemonie** (Griech.: Vormachtstellung) im Seebund an sich gerissen.

Konflikte zwischen Sparta und Athen – Sparta hatte bereits um 550 v. Chr. mit anderen Poleis den PELOPONNESISCHEN STÄDTEBUND gegründet. Es beobachtete die wachsende Macht Athens und dessen Hegemonie im Seebund mit Misstrauen.

T1 Einnahmen und Ausgaben Athens um 440 v. Chr.:

Ausgaben	
Kosten für das Heer und für die Flotte:	300 Talente
Bezahlung der Beamten, Richter und Ratsmitglieder:	250 Talente
Tempelbauten, Theater, Schulen:	150 Talente
Summe:	**700 Talente**
Einnahmen	
Landwirtschaft, Handwerk und Handel:	270 Talente
Silberbergwerke und andere Minen:	180 Talente
Abgabesteuern für Metöken und Fremde:	50 Talente
Abgabesteuern der reichen Bürger Athens:	150 Talente
Tributzahlungen aus dem Seebund (in Friedenszeiten):	460 Talente
Summe:	**1010 Talente**

Durch die Tributabgaben der Bundesgenossen aus dem Seebund hatte Athen jährlich etwa 310 Talente Überschuss für die eigene Staatskasse.
1 Talent = 6000 Drachmen; 1 Drachme = 6 Obolen.
Eine Familie brauchte pro Tag etwa 2 Obolen zum Leben.
Ein Beamter oder Richter erhielt pro Tag etwa 2 Obolen Diäten.

Athen und Sparta vor dem Peloponnesischen Krieg 431 v. Chr.

K 2

Der schwelende Konflikt zwischen beiden Poleis verschärfte sich, als frühere Bündnispartner Athens, die sich gegen dessen Zwangsmaßnahmen zur Wehr setzten, den Schutz Spartas und des Peloponnesischen Bundes suchten. Als Athen 431 v. Chr. den Städten des Seebundes den Handel mit MEGARA, einem Verbündeten Spartas, verbot, brach der Konflikt offen aus: Sparta erklärte Athen den Krieg.

Der Peloponnesische Krieg – Sparta und seine Bündnispartner fielen 431 v. Chr. mit einem Landheer in Attika ein. Die Athener zogen die Bevölkerung Attikas hinter die schützenden Mauern zurück, die die Stadt und den Hafen Piräus umgaben. Alle lebenswichtigen Güter führten sie über den offenen Seeweg ein; den Krieg führten sie mit ihrer Flotte. Während das Heer Spartas Attika verwüstete, umfuhren die Athener mit ihren Schiffen den Peloponnes und zerstörten und plünderten die Küstenstädte der Gegner.
Nach wechselvollem Kriegsverlauf, der für beide Seiten mit großen Verlusten verbunden war, kam es 421 v. Chr. zu einem vorübergehenden Friedensschluss.

Das sizilianische Abenteuer – Nach dem Tod des Politikers PERIKLES 429 v. Chr. geriet die Politik Athens mehr und mehr in die Hände ehrgeiziger Abenteurer. So hatte ALKIBIADES die Volksversammlung Athens davon überzeugt, die mit Sparta verbündete Stadt Syrakus auf Sizilien anzugreifen, um in den Besitz der reichen Silberminen zu kommen. Athen schickte 415 v. Chr. 30 000 Soldaten und eine Flotte von 140 Kriegsschiffen nach Sizilien. Doch das Kriegsabenteuer scheiterte und die Athener erlitten eine katastrophale Niederlage: Über 6000 Soldaten verloren ihr Leben; ein großer Teil der attischen Flotte wurde vernichtet.

Sparta triumphiert über Athen – Die Schwäche Athens nach der Niederlage in Sizilien wurde von Sparta rigoros ausgenutzt. Mit Geldmitteln der Perser, den ehemaligen Feinden, rüstete Sparta eine eigene Kriegsflotte aus und besiegte 405 v. Chr. die Athener endgültig. Athen musste seine verbliebene Kriegsflotte abgeben sowie die Stadt- und Hafenmauern schleifen. Es hatte seine politische und miltärische Vormacht in Griechenland verloren. Zu den Verlierern ohne eigene Schuld des „Bruderkrieges“ gehörten die griechischen Städte an der Küste Kleinasiens. Sparta ließ es zu, dass sie erneut unter persische Herrschaft kamen.

Q3 Athens Politiker Perikles rechtfertigt die Tributzahlung der Bündnispartner des Seebundes an Athen, 440 v. Chr.:

Die Athener sind den Bundesgenossen für dieses Geld keine Rechenschaft schuldig, denn Athen führt für sie Krieg und beschützt sie gegen die Perser. Die Bundesgenossen haben kein Pferd, kein Schiff und keinen Mann gestellt, sondern nur Geld beigesteuert. Und Geld gehört dem, der es bekommt, wenn er nur das tut, wofür man es ihm gegeben hat. Weil nun Athen an dem, was es zur Kriegsführung braucht, nichts mehr fehlt, kann es den Überschuss zum Ausbau der Stadt verwenden.“

(Plutarch: Perikles 12 f., in: Gesch. in Quellen I, München 1989, S. 193. Bearb.)

Q4 Thukydides über die Ursachen der Niederlage Athens:

Sie [Athens Führer] rissen aus persönlichem Ehrgeiz und zu persönlichem Gewinn den ganzen Staat in Unternehmungen, die mit dem Krieg ohne Zusammenhang schienen und falsch für Athen und seinen Bund waren. Solange es gut ging, hatten einzelne Bürger Ehre und Vorteil davon, im Fehlschlag schwächten diese Unternehmungen aber die ganze Stadt. [...] Daher wurden immer wieder bei der Größe der Stadt und ihrer Herrschaft viele Fehler begangen, vor allem die Fahrt nach Sizilien.

(Thukydides: Geschichte des Peloponnesischen Krieges, übersetzt von G. P. Landmann, München 1976, S. 162. Gekürzt)

ARBEITSAUFTRÄGE

1. Beschreibe mit K 2 die Bündniskonstellation zu Beginn des Peloponnesischen Krieges. Begründe die Bezeichnungen „Attischer Seebund“ bzw. „Peloponnesischer Bund“.
2. Beurteile die Position, die Perikles in Q 3 hinsichtlich der Verwendung der Tributzahlungen gibt; nutze auch T 1.
3. Stelle die Motive der beiden kriegsführenden Parteien tabellarisch zusammen. Diskutiere und beurteile diese Motive sowie die Handlungsweisen der beiden Kriegsparteien.
4. Um welche Kriegsart/-arten (vgl. T 2, S. 133) handelte es sich?

2. Rom und Karthago – zwei Rivalen im Mittelmeerraum

KARTHAGO, die alte phönizische Handelsmacht in Nordafrika, und ROM, das neue aufstrebende Machtzentrum Italiens, waren zu Beginn des 3. Jahrhunderts v. Chr. die führenden Mächte im westlichen Mittelmeerraum. Nach mehr als 200 Jahren vertraglicher Verbundenheit führten die beiden Staaten zwischen 264 v. Chr. und 146 v. Chr. **drei erbitterte Kriege.** Was waren die Motive der Kriegsparteien, wie wurden die Kriege geführt und wie beendet?

Ein Rivale in Sizilien – Der westliche Teil Siziliens war seit Jahrhunderten phönizisch kolonisiert und gehörte Anfang des 3. Jh. zum Herrschaftsgebiet Karthagos. Im Südwesten der Insel hatte auch Rom Stützpunkte. Als 264 v. Chr. die nordsizilianische Stadt MESSANA Rom um Beistand gegen die Nachbarstadt SYRACRUS bat, schickten die Römer Truppen nach Sizilien. Rom sah einen willkommenen Anlass, den eigenen Einfluss in Sizilien auszubauen, Karthago zurückzudrängen und in den Besitz der sizilianischen Silberminen zu kommen. Aus dem zunächst kleinen Konflikt entwickelte sich der erste Krieg zwischen Rom und Karthago (264–241 v. Chr.). Nach erbitterten, wechselvollen Kämpfen fand Rom einen Weg, die überlegene Flotte Karthagos zu besiegen. Der lange Krieg endete mit einem Friedensschluss, in dem Karthago Sizilien preisgeben und 80 Tonnen Silber an Rom zahlen musste. Sizilien wurde die erste **römische Provinz** (= römisches Gebiet außerhalb Italiens).

Der Konflikt eskaliert – Nach dem Verlust Siziliens dehnte Karthago sein Herrschaftsgebiet in Spanien aus und erschloss sich dort neue Silbergruben. Der karthagische Feldherr HANNIBAL verletzte dabei einen mit Rom geschlossenen Vertrag, als er die spanische Stadt Sagunt zerstörte und mit seinen Truppen den Ebro überschritt. Daraufhin erklärte Rom Karthago den Krieg (zweiter Krieg: 218–201 v. Chr.). Doch HANNIBAL fiel 218 v. Chr. überraschend mit 60 000 Soldaten und 37 Kriegselefanten auf dem Weg über die Alpen in Italien ein. Die Römer erlitten katastrophale Niederlagen. Allein bei CANNAE verloren sie 50 000 Soldaten. Der Ruf „*Hannibal vor*

PERSONENLEXIKON

HANNIBAL,
247 (246) – 183 v. Chr.
Feldherr Karthagos
im 2. Krieg gegen Rom

Darstellung eines Kriegselefanten Karthagos, 3. Jh. v. Chr.

K 1

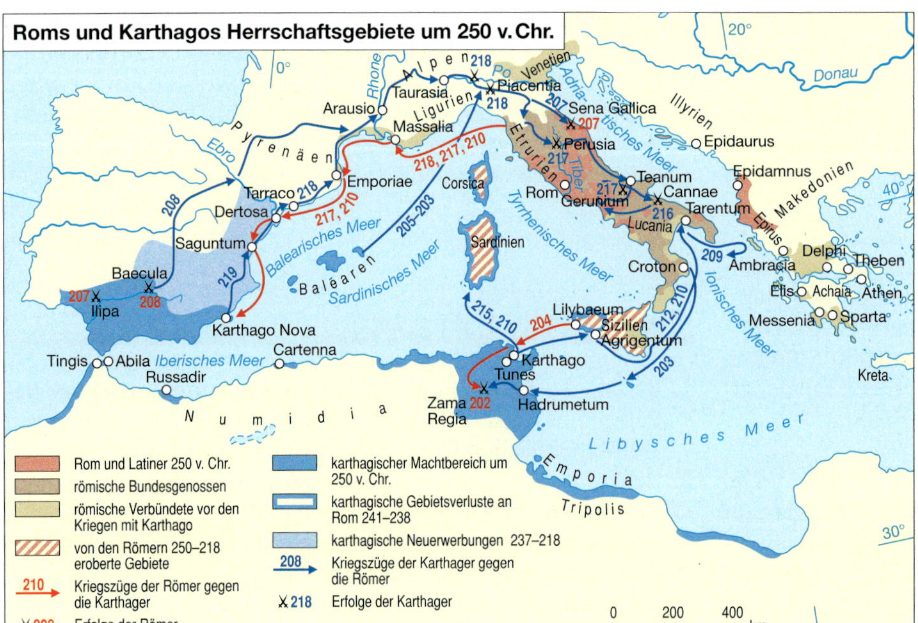

Roms und Karthagos Herrschaftsgebiete um 250 v. Chr.

den Toren" entsetzte Rom und war Ausdruck der Angst vor einem vernichtenden Angriff. Hannibal zog aber durch Italien, um die Bundesgenossen Roms für sich zu gewinnen. Nach den verheerenden Niederlagen wich das römische Heer einer Schlacht aus, konnte aber die Bundesgenossen einschüchtern. Die Römer zogen Gegenangriffe in Spanien und ab 204 v. Chr. sogar in Afrika vor. Daraufhin rief Karthago Hannibal zurück. Vor den Mauern Karthagos verlor er 202 v. Chr. die entscheidende Schlacht gegen die Römer. Karthago war besiegt und musste erneut harte Friedensbedingungen akzeptieren. Nachdem Rom zuvor schon die Abtretung Sardiniens und Korsikas erzwungen hatte, fiel nun auch Karthagos Gebiet in Spanien an Rom.

Rom vernichtet Karthago – Vielen Römern genügte der Sieg von 202 v. Chr. nicht. Noch Jahrzehnte später wurde im Senat gefordert, Karthago zu zerstören. Als 149 v. Chr. Karthago sich gegen räuberische Nomaden wehrte, reichte Rom das als neuerlicher Kriegsgrund. Karthago wurde über drei Jahre hinweg ausgehungert, dann machten die Römer die Stadt dem Erdboden gleich. Die Überlebenden wurden als Sklaven verkauft.

Q 3 Der antike Historiker Polybios über den Waffenstillstand am Ende des 2. Punischen Kriegs (202 v. Chr.):

Für alles während des Waffenstillstandes zugefügte Unrecht sollen die Karthager den Römern Schadensersatz leisten, […] alle Kriegsschiffe bis auf 10 Trieren ausliefern, desgleichen alle Elefanten. Sie sollen mit keinem Volk […] Krieg beginnen ohne Zustimmung der Römer. 10 000 Talente an barem Gelde sollen [sie] innerhalb 50 Jahren entrichten [und] als Bürgschaft 100 Geiseln stellen.

(Polybios, Geschichte 15, 18, in: Geschichte in Quellen Bd. I, München 1989. S. 435. Gekürzt)

PERSONENLEXIKON

Publius Cornelius Scipio (Africanus), ca. 235–183 v. Chr., Römischer Konsul und Feldherr; verdrängte die Karthager aus Spanien und siegte 202 v. Chr. über Hannibal

ARBEITSAUFTRÄGE

1. Erläutere mit K 1 und K 2 die Situation Roms und Karthagos für die Zeit vor dem 1. Krieg und nach dem 3. Krieg.
2. Nenne und beurteile die Motive der beiden Kriegsparteien. Gibt es Änderungen der Motive im Verlauf des Krieges?
3. Erläutere die Form der Kriegsführung beider Parteien.
4. Beurteile mit Q 3 und dem Darstellungstext die Bedingungen der Friedensschlüsse nach der 1. und der 2. Kriegsphase.
5. Um welche Kriegsart/-arten (vgl. T 2, S. 133) handelte es sich?

Roms Herrschaftsgebiete von 200–44 v. Chr.

K 2

3. Die Kreuzzüge des Mittelalters – Kriege im Namen Gottes?

Zu Beginn des 11. Jahrhunderts war die religiös motivierte Vorstellung vom nahenden Ende der Welt (vgl. Seiten 13, 117) mit dem Wallfahrtsgedanken sowie der Sehnsucht nach Jerusalem als Mittelpunkt der christlichen Welt verknüpft worden. Diese Bewegung entwickelte sich zwischen 1096–1291 in mehreren **Kreuzzügen** zu einem regelrechten Massenphänomen. Was waren Kreuzzüge? Welche Motive und Ziele hatten die Teilnehmer?

Der Papst ruft zum Kreuzzug auf – Im Jahr 1078 n. Chr. hatten Muslime Jerusalem, die Grabstätte Christi, erobert. Der Kaiser von Byzanz hatte den Papst in Rom und die Adligen Europas um Waffenhilfe gebeten; vor allem, weil er den Fall der Hauptstadt Konstantinopel befürchtete. Papst URBAN II. reagierte 1095 während einer Kirchenversammlung auf den Appell und rief nun seinerseits die fränkischen Fürsten und Ritter *„im Zeichen des Kreuzes* [daher: „Kreuzzug"] *zum Kampf gegen die Ungläubigen in Palästina"* auf. Inwieweit die Initiative des Papstes religiös motiviert war, ist schwer zu beurteilen. Ungewöhnlich war zumindest, dass das Oberhaupt der katholischen Kirche die geistige Führungsrolle in einem bewaffneten Feldzug übernahm; einem Feldzug, bei dem die weltlichen Fürsten sich ein- und unterordnen sollten. Erstaunlich war auch die Resonanz, die der Aufruf des Papstes fand. Allein am 1. Kreuzzug (1096–1099) beteiligten sich etwa 300 000 Menschen – von denen jedoch nur 45 000 Palästina erreichten. /1

Ritter oder Abenteurer? – Im westfränkischen Reich und in Lothringen schlossen sich tausende **Adlige und Ritter** dem 1. Kreuzzug an. Neben religiösen Motiven waren Abenteurertum, die Hoffnung auf reiche Beute sowie der versprochene Sündennachlass Gründe für die Teilnahme.

Kreuzritter. Buchmalerei, 13. Jahrhundert

Palästina vom 11. bis zum 13. Jahrhundert

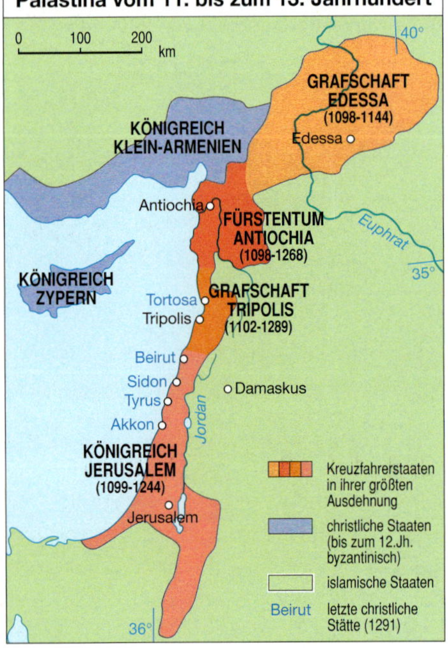

K 1

Q2 Ansprache von Papst Urban II. auf einer Kirchenversammlung in Clermont-Ferrand, 1095, (Auszug):

[Vor einer großen Menschenmenge] setzte der Papst zu folgender Rede an: „Ihr Volk der Franken […], ihr seid, wie eure vielen Taten erhellen, Gottes geliebtes und auserwähltes Volk […]. An euch richtet sich unsere Rede [...], sie betrifft euch und alle Gläubigen. Aus dem Land Jerusalem und der Stadt Konstantinopel kamen schlimme Nachrichten. Das Volk im Perserreich, ein fremdes, ein ganz gottfernes Volk […] hat die Länder der dortigen Christenheit besetzt, durch Mord, Raub und Brand entvölkert und die Gefangenen teils in sein Land abgeführt, teils elend umgebracht […]. Wem anders obliegt nun die Aufgabe, diese Schmach zu rächen, dieses Land zu befreien, als Euch? Euch verlieh Gott mehr als den übrigen Völkern ausgezeichneten Waffenruhm, hohen Mut […]. Tretet den Weg zum Heiligen Grab [Christi] an, nehmt das Land fort dem gottlosen Volk, macht es euch untertan. […] Jerusalem ist der Mittelpunkt der Erde, das fruchtbarste aller Länder, als wäre es ein zweites Paradies der Wonne. […] Schlagt also diesen Weg ein zur Vergebung eurer Sünden; nie verwelkender Ruhm ist euch im Himmelreich gewiss." Als der Papst dies […] vorgetragen hatte, führte er die Leidenschaft aller Anwesenden […] zu einem Willen zusammen, dass sie riefen: „Gott will es, Gott will es!"

(Zit. nach Arno Bost, Lebensformen im Mittelalter, Frankfurt/Berlin 1979, S. 318 ff., Gekürzt)

Die weitaus größte Gruppe der Kreuzfahrer bestand jedoch aus verarmten, sozial entwurzelten Städtern und Landarbeitern sowie Jugendlichen und Kindern. Dieser **„Volkskreuzzug"** zog entlang der Flussläufe von Rhein und Donau über den Balkan in Richtung Konstantinopel. Bereits im Rheinland **plünderten** sie zahlreiche **jüdische Gemeinden** und ermordeten tausende Juden.

Die Eroberung Jerusalems – 1099 traf das stark dezimierte Heer des 1. Kreuzuges schließlich vor Jerusalem ein. Mit dem Schlachtruf „Gott will es!" eroberten die Kreuzfahrer die Stadt und mordeten in einem grausigen Blutbad nahezu alle muslimischen und jüdischen Einwohner. Die siegreichen Kreuzfahrer gründeten in den eroberten Gebieten Palästinas mehrere **Kreuzfahrerstaaten,** die zu Stützpunkten des Handels mit Westeuropa wurden. Doch nach der Vereinigung der arabischen Völker unter der Führung eines **Sultans** (= Herrscher) mussten die Kreuzfahrer alle eroberten Gebiete in Palästina bis 1291 wieder aufgegeben.

Q3 Christliche Teilnehmer berichteten über die Eroberung Jerusalems:

Frauen, die in Palästen und Gebäuden Zuflucht gesucht hatten, machten sie nieder mit der Schärfe des Schwerts; Kinder, Säuglinge noch, traten sie mit dem flachen Fuß den Müttern von der Brust oder rissen sie aus den Wiegen, um sie sodann gegen Mauern oder Türschwellen zu schmettern [...]; wieder andere erschlugen sie mit Steinen. Es war nicht nur der Anblick der zerhackten [...] Leichen, der dem Beschauer bange werden ließ; wahrhaft beklemmend wirkte auch das Bild der Sieger selbst, die vom Scheitel bis zur Sohle von Blute troffen; ein Grauen packte alle, die ihnen begegneten.

(Albert von Aachen und Wilhelm von Tyrus. In: Hans Wollschläger: Die bewaffneten Wallfahrten nach Jerusalem, Zürich 1973, S. 38 ff. Gekürzt)

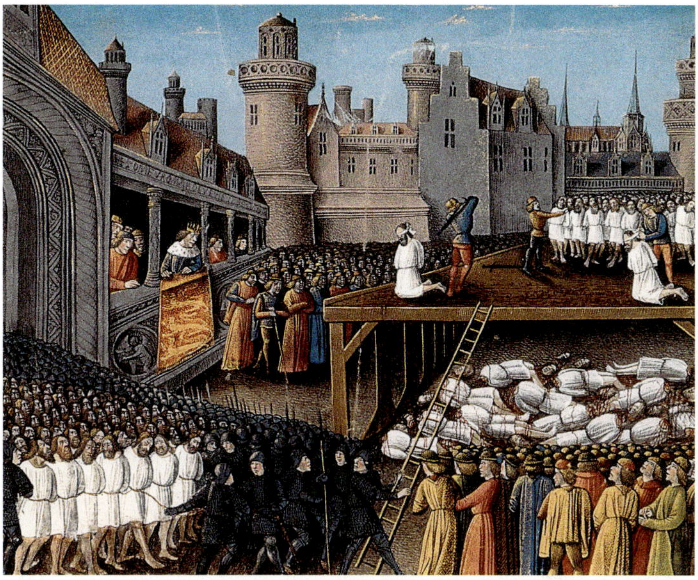

B4 König Richard Löwenherz von England lässt 1191 während des 3. Kreuzzuges im eroberten Akkon 3000 gefangenen Muslime hinrichten

Q5 Der Historiker J. N. Pieterse schreibt über die religiöse Toleranz des Islams zur Zeit der Kreuzzüge, 1989:

In Wirklichkeit [...] lebten die drei Religionen [Islam, Christentum und Judentum] seit mehreren Jahrhunderten in Frieden, oder relativem Frieden, miteinander. Religiöse Intoleranz war keine Eigenschaft der muslimischen Zivilisation. Und religiöse Verfolgungen, wie sie in Spanien und unter der Inquisition ausbrachen, ereigneten sich in der [damaligen] Welt des Islam nicht [...]. Religiöse Intoleranz war auch keine Eigenschaft der griechischen [christlich-orthodoxen] Kirche. Die Vorstellung von der Verbreitung des Christentums mit dem Schwert galt als unchristlich. Ein Theologe hat das [westliche] Christentum „die aggressivste Religion" [...] genannt. Liegt der Grund darin, dass Europa zur Zeit der Kreuzzüge wirtschaftlich und sozial auch die rückständigste Nation war?

(Jan Nederveen Pieterse, Kreuzzüge und die Anfänge der europäischen Weltherrschaft, in: ders., Empire und Emanzipation, New York 1989, S. 92 f. Gekürzt)

ARBEITSAUFTRÄGE

1. Vergleiche den Argumentationsstil der Papstrede in Q2 mit dem heutiger religiös-fanatischer Prediger.
2. Beurteile mit Q3 und B4 das Verhalten der Kreuzfahrer.
3. Fasse die Aussagen von Q5 in eigenen Worten zusammen. Beurteile besonders die These im letzten Satz von Q5. Siehst du vergleichbare Situationen in heutiger Zeit?
4. Um welche Kriegsart/-arten (vgl. T2, S. 133) handelte es sich?

4. Bauern führen Krieg gegen ihre Herren

Zu Beginn des 16. Jahrhunderts waren die meisten Bauern einem adligen oder kirchlichen Grundherrn untertan. Sie mussten schwer für ihren Lebensunterhalt arbeiten, dem Grundherren Abgaben in Form von Vieh, Ernteerträgen und Zins leisten und auf dessen Gut zusätzliche Dienste leisten. Doch die Lasten der Bauern wurden noch schwerer. Wie reagierten sie auf diese Entwicklung?

Die Situation der Bauern – Damals waren die Preise für landwirtschaftliche Erzeugnisse gefallen. Die Grundherren versuchten daher, ihre eigenen Einnahmen auf Kosten der Bauern durch die Ausweitung der **Abgaben und Frondienste** zu erhöhen. So wurden den Bauern nun Abgaben für Dinge abverlangt, die bisher frei genutzt werden konnten. Dazu zählte z. B. die Nutzung der Mühlen und der Wälder oder Weiden. Auch die Nutzungsrechte der Bauern an dem von ihnen bewirtschafteten Land wurden immer weiter eingeschränkt. Das Erblehen wurde in ein so genanntes **Fall-** oder **Schupflehen** umgewandelt. Auf diese Weise wurde einem Bauern das Nutzungsrechte am Land nur noch auf Lebenszeit oder kurzfristig verliehen. Der Grundherr hatte also die Möglichkeit, nach dem Tod des Bauern das Land neu zu vergeben und den **Grundzins** neu festzulegen.

B1 Titelblatt der Memminger Bundesordnung, eines „Bauernparlaments“, von 1525

Die Bauern vereinigen sich – In wirtschaftlich besser entwickelten Gebieten war der Druck der Grundherren auf die Bauern größer. Hier wuchs deshalb die Unzufriedenheit der Bauern seit dem Ende des 15. Jahrhunderts besonders. Wie verhielten sich die Bauern?

Schon in den Jahren 1483 bis 1517 hatten sich unter dem Zeichen des **Bundschuhs** Bauern zwischen Speyer und Freiburg erhoben. Doch der Geheimbund der Bauern wurde jedes Mal verraten. Seine Mitglieder verloren Hab und Gut, wurden gefoltert und einige sogar hingerichtet.

In den Bauernaufständen des 15. und 16. Jh. war der mit Riemen gebundene bäuerliche Bundschuh das volkstümliche Symbol und „Feldzeichen“ der Bauern. Sie grenzten sich damit von den stiefeltragenden Adligen ab.

Q2 Die Hauptartikel aller Bauernschaft / Zwölf Artikel:

Zum Ersten ist unser demütig Bitt und Begehr, auch unser aller Wille und Meinung, […] dass die Gemeinde ihren Pfarrer selbst erwählen soll; auch Gewalt haben, denselbigen wieder abzusetzen, wenn er sich ungebührlich verhält. […]

Zum Dritten ist der Brauch bisher gewesen, dass man uns für ihr eigen Leut gehalten hat, was zum Erbarmen ist, in Anbetracht dessen, dass uns Christus alle mit seinem kostbaren Blutvergießen erlöst und losgekauft hat, den Hirten ebenso wie den Höchsten, keinen ausgenommen. Darum ergibt sich aus der Schrift, dass wir frei seien und wollen sein. […]

Zum Sechsten ist unser hart Beschwer der Dienst, welcher von Tag zu Tag gemehrt wird und täglich zunimmt. Wir begehren, dass man ein Einsehen hat und wir wieder dienen können, wie unsere Eltern gedient haben, allein nach dem Wortes Gottes. […]

Zum Neunten ist unser Meinung, uns bei alther geschriebenen Gesetzen zu strafen und nit nach Gunst.

Zum Zehnten beschweren wir uns, dass etliche Herren sich Wiesen, desgleichen Äcker angeeignet haben, die der Gemeinde gehören. Dieselben werden wir wieder zu unsern Händen nehmen, es sei denn, dass man's redlich erkauft habe. Wenn aber nit, soll man gütlich und brüderlich miteinander vergleichen nach Lage der Sache.

(In: Plöse / Vogler (Hg.): Buch der Reformation, Berlin 1989, S. 356 ff. Gekürzt)

Auch in den Jahren 1524 bis 1526 bildeten sich in vielen Teilen Deutschlands bewaffnete **Haufen.** So nannte man Bauerngruppen, die ihre Rechte gegen die Grundherren oder Landesherren verteidigen wollten. Die Bauern waren nicht als eigener Stand in den Landtagen vertreten. Doch wie in den reformierten Kirchengemeinden wollten sie jetzt auch ihr Zusammenleben im Dorf selbst regeln.

In den süddeutschen und thüringischen Gebieten verfassten einzelne Untertanen und ganze Gemeinden Beschwerdeschriften. Sie waren ermutigt worden durch Luthers Lehre von der Gerechtigkeit Gottes und seiner Schrift „Von der Freiheit eines Christenmenschen“ (1520). In Memmingen fasste 1525 der Kürschner Sebastian Lotzer die wichtigsten Forderungen der Bauern in einer Flugschrift zusammen, den **„Zwölf Artikeln“.** Sie wurde binnen zweier Monate 25 000-mal gedruckt und schnell verbreitet.

Bald kam es zu gewaltsamen Übergriffen gegen die Herren. An der Spitze eines bewaffneten Haufens standen jetzt jeweils ein Oberster Feldmann und ein Kriegsrat.

K 4

B 3 Plünderung des Klosters Weißenau in Oberfranken, 1525/1526. Zeitgenössische Darstellung von Jakob Murers

Zur Wahrung des Landfriedens und der kaiserlichen Interessen hatten sich schon Ende des 15. Jahrhunderts die süddeutschen Fürsten im **Schwäbischen Bund** zusammengeschlossen. Dessen Truppen bekämpften nun die aufständischen Bauern. Die fürstlichen Truppen siegten schnell: Meist wurden Tausende von Bauern, aber nur wenige Soldaten getötet.

„Das Reich Gottes auf Erden“ – Auch in verschiedenen Orten der thüringischen Region gab es Erhebungen der Bauern. Doch die „Zwölf Artikel“ waren nur teilweise übernommen worden. Worin unterschieden sich die Forderungen in Thüringen von denen in Schwaben?

Der Pfarrer THOMAS MÜNTZER gehörte ursprünglich zu den Anhängern Luthers. Doch bald entwickelte er eigene Vorstellungen. In seinen Predigten forderte er, einen „Gottesstaat auf Erden“, ein tausendjähriges Reich Christi zu errichten. Darin sollten alle Menschen gleich sein, vom Bettler bis zum Fürsten, und durch Frömmigkeit Gott nah sein.

Q5 Thomas Müntzer an die Fürsten Kursachsens und Sachsens, 13. Juli 1524:

[…] Der erbärmliche Schaden der heiligen Christenheit ist so groß geworden, dass ihn keine Zunge darstellen kann […]. Christus sagt: „Ich bin nicht kommen, Frieden zu senden, sondern das Schwert.“ Was soll man aber mit demselbigen machen? Nichts andres als die Bösen, die das Evangelium verhindern, wegtun und absondern […]. Christus sagt: „Wer da einen aus diesen Kleinen ärgert, ist ihm besser, dass man ihm einen Mühlstein an den Hals hänge und werfe ihn in das tiefe Meer.“ Wollt ihr nun Regenten sein, so müsst ihr das Regiment bei der Wurzel anheben und wie Christus befohlen hat.

(In: Geschichte in Quellen III, S. 140 f. Gekürzt)

Anfang 1525 fand Müntzer in Mühlhausen viele Menschen, die ihn unterstützten: die Bauern der thüringischen Herrschaften, aber auch Bergleute und Bürger der Stadt. Der Rat Mühlhausens wurde abgesetzt, jetzt regierte der „Ewige Rat Gottes“ die Stadt. Brot und Kleiderstoff verteilte man an die Armen. Der kirchliche Besitz wurde beschlagnahmt. Klöster wurden geräumt, die frei werdenden Räume konnten Obdachlose nutzen. Nonnen und Mönche kehrten in das weltliche Leben zurück.

Die Ereignisse in Mühlhausen wurden bald in ganz Thüringen bekannt. An vielen Orten bildeten sich wilde Bauernhaufen, die plündernd durch Thüringen zogen und Klöster, Pfarreien und Adelshöfe stürmten. Luther, der die Forderungen der „Zwölf Artikel“ ursprünglich unterstützt hatte, wendete sich nun scharf gegen das gewaltsame Vorgehen der Bauern.

Der Bauernkrieg – Anfang 1525 hatten Grundherren und Fürsten ein gemeinsames Söldnerheer aufgestellt und zogen unter Führung des Landgrafen Philipp von Hessen nach Frankenhausen in Thüringen, wo sich ein großes Bauernheer versammelt hatte. Die aufständischen Bauern bezogen auf dem Schlacht-

Q6 Luther ermahnt zum Frieden:

An die Fürsten und Herren!
Zuerst: Euch Fürsten und Herren, besonders euch blinden Bischöfen und tollen Pfaffen und Mönchen und niemandem sonst auf Erden, verdanken wir dieses Unheil und solchen Aufruhr. […] Ihr tut in eurer weltlichen Herrschaft nichts als schinden und rauben, um weiter euer üppiges und hochmütiges Leben zu führen, bis es der arme gemeine Mann nicht länger ertragen kann und mag.
An die Bauernschaft!
[…] Ja, ihr sagt, die Obrigkeit ist böse und nicht zu ertragen. Sie wollen uns das Evangelium nicht lassen und bedrücken uns allzu hart durch die Belastungen der zeitlichen Güter, richten uns also an Leib und Seele zugrunde. Darauf antworte ich: Dass die Obrigkeit böse und im Unrecht ist, entschuldigt keine Zusammenrottung und keinen Aufruhr.

(In: Beintker H. et al. (Hg.): Martin Luther, Berlin 1982. Bd. 5, S. 48 ff. Gekürzt)

PERSONENLEXIKON

THOMAS MÜNTZER, um 1489–1525

GEORG III. TRUCHSESS VON WALDBURG-ZEIL, Heerführer des Schwäbischen Bundes

berg der Stadt Stellung. Dort wurden sie von den fürstlichen Soldaten umzingelt. Die Herren versprachen, Gnade walten zu lassen, wenn ihnen Müntzer ausgeliefert würde. Doch dazu waren die Aufständischen nicht bereit.

Am 15. Mai 1525 begann der Angriff der Fürsten und ihrer Landsknechte. Fast alle Aufständischen – über 5000 Menschen –, aber nur wenige Soldaten des Fürstenheeres fanden den Tod. Die überlebenden Bauern wurden gefangen genommen und hingerichtet. Thomas Müntzer wurde gefoltert und am 27. Mai 1525 enthauptet. Sein abgeschlagener Kopf wurde zur Abschreckung auf eine Stange gespießt und öffentlich aufgestellt.

Auch an vielen anderen Orten Deutschlands wurden die meist schlecht bewaffneten Bauernhaufen von den organisierten Söldnerheeren der Fürsten blutig niedergeschlagen. Insgesamt starben über 70 000 Bauern. Den Überlebenden drohten harte Strafen. Sie mussten vor allem hohe Wiedergutmachungsgelder als Buße für ihren Aufruhr zahlen.

Ein Krieg mit Folgen – Zwar hatten die Bauern in einigen Regionen Süddeutschlands auch Forderungen gegen die Herren durchsetzen können. Aber im größten Teil Deutschlands hatten sie ihre Ziele nicht erreicht. Besonders im Osten Deutschlands verschlechterte sich die Lage der Bauern noch mehr: Sie verloren ihre Freiheit an die Gutsherren und mussten mehr Frondienste leisten als früher.

Die Landesfürsten waren die eigentlichen Sieger des Bauernkrieges. Denn sie konnten auch ihre Stellung gegenüber dem niederen Landadel und den Städten stärken.

ARBEITSAUFTRÄGE

1. Betrachte B 1 und erläutere, welchen Eindruck die Memminger Bauern mit dem Titelblatt beim Betrachter wecken wollten.
2. Lies Q 2. Ordne die Forderungen der „Zwölf Artikel" wirtschaftlichen, religiösen und politischen Gesichtspunkten zu. Wie beurteilst du die Forderungen der Bauern?
3. Beschreibe B 3. Erläutere, welche Gründe zur Plünderung des Klosters durch die Bauern geführt haben können.
4. Suche in K 4 Zentren der Bauernaufstände.
5. Nenne mit Q 5 die Forderungen Müntzers an die Fürsten. Vergleiche sie mit den Forderungen der „Zwölf Artikel" (Q 2).
6. Lies Q 6. Wie argumentiert Martin Luther gegenüber den Fürsten und wie gegenüber den Bauern? Vergleiche Luthers Aussagen mit denen von Thomas Müntzer in Q 5.
7. Beschreibe mit B 7 die Schlacht. Achte auf die Waffen der Beteiligten. Gibt es Hinweise auf den Ausgang der Schlacht.
8. Um welche Kriegsart/-arten (vgl. T 2, S. 133) handelte es sich?

B 7 Schlacht bei Frankenhausen im Jahr 1525. Gemälde von W. Tübke 1979 – 1981

5. Der Dreißigjährige Krieg 1618–1648

Im 16. Jahrhundert hatten die deutschen Reichsstände gegen den Kaiser durchsetzen können, dass allein sie über die **Religion** in ihren Gebieten entscheiden konnten. Neben der Religionsfrage ging es jedoch vor allem um die **Machtverhältnisse** im Reich: Im **Augsburger Religionsfrieden** von 1555 hatten die Landesherren ihre territoriale Selbstständigkeit gegen den Kaiser stärken können. Doch Anfang des 17. Jahrhunderts brach der Konflikte erneut auf. Die Folge war der **Dreißigjährige Krieg.** Welche Auswirkungen hatte der Krieg und wie konnte er beendet werden?

Konflikte in Böhmen – Kaiser FERDINAND II. war seit 1617 auch König von Böhmen. Gleich zu Beginn seiner Regentenschaft hatte er den böhmischen Reichsständen verbriefte politische und religiöse Freiheiten verweigert. Dagegen revoltierte der böhmische Adel: Er erklärte Ferdinand II. für abgesetzt und wählte FRIEDRICH VON DER PFALZ zum neuen König von Böhmen. Zuvor hatte der böhmische Adel sich der Zustimmung der **Protestantischen Union,** eines Schutzbundes protestantischer Fürsten und Reichsstädte, versichert.
Ferdinand II. setzte seine habsburgische Hausmacht gegen den böhmischen Adel ein. Militärische Unterstützung erhielt er von der **katholischen Liga**, einem Bündnis katholischer Fürsten, Bischöfe und Äbte, sowie vom habsburgisch regierten Spanien. 1620 siegte das kaiserliche Heer. Der böhmische Adel wurde vom Kaiser entmachtet und ganz Böhmen musste wieder den katholischen Glauben annehmen. Eine Unterstützung der Böhmen durch Truppen der Protestantischen Liga war vorerst nicht zustande gekommen.

Der Kaiser will die Restauration – 1620 ließ der Kaiser das Heer der katholischen Liga von Böhmen aus gegen die protestantische Gebiete Mittel- und Norddeutschlands vorrücken. Er wollte die **Rekatholisierung** auch in diesen Gebiete einleiten und die Macht der Fürsten brechen.

Nun kam es zu einem breiten Militärbündnis der Fürsten gegen den Kaiser. Auch die Könige von Dänemark, Schweden, Frankreich und Spanien griffen mit Truppen und finanzieller Unterstützung in den Krieg ein. Die protestantischen Fürsten wollten weder die konfiszierten früheren Bischofssitze und Klöster verlieren noch die gegen den Kaiser erstrittene Macht in ihren Territorien preisgeben. Dem Dänenkönig ging es um die Kontrolle der norddeutschen Hansestädte. Der schwedische König fürchtete einen weiteren Machtzuwachs des Kaisers und sah die eigene Vormacht im Ostseeraum bedroht. Und Frankreich bemühte sich bereits seit langem, die territoriale Umklammerung durch die Habsburger, die

Musketiere (mit Flinte und Säbel bewaffnete Berufssoldaten) bildeten den Kern der damaligen Söldnerheere. Sie wurden unterstützt von der Artillerie und der Kavallerie.

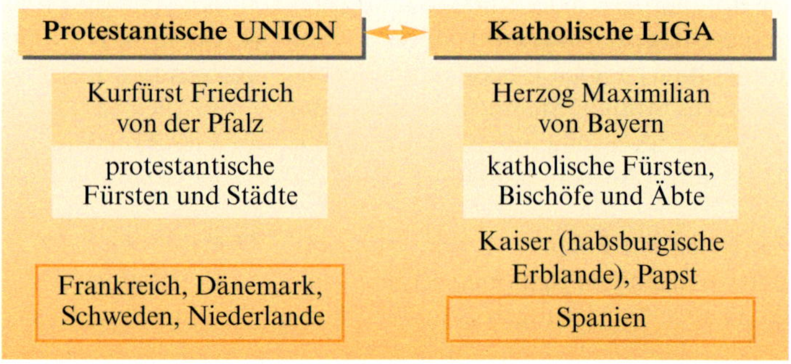

B1 Die Kriegsteilnehmer und Verbündeten im Dreißigjährigen Krieg

Q2 Graf Pappenheim über die Zerstörung Magdeburgs:

Wir haben Magdeburg gestern um 9 Uhr vormittags erobert. Den Bischof habe ich gefangen, Falckenberg ist niedergehauen samt aller Soldaten und Bürger, die sich zur Wehr gesetzt haben. Als nun die Grausamkeit der Soldaten schon aufgehört hatte, hat der gerechte Zorn und die Strafe Gottes erst angefangen, sind viele Feuer aufgegangen an etlichen Stellen, die von uns gemacht wurden. Die haben binnen weniger Stunden die Stadt mit all ihrem großen Reichtum in Asche gelegt. Was sich an Menschen in die Keller geflüchtet und auf den Boden versteckt, das ist alles verbrannt. Ich meine, es seien über 20 000 Seelen gestorben. […] Alle unsere Soldaten sind dabei reich geworden.

(In: M. Puhle, Hrsg.: ... ganz verheeret! Magdeburg und der Dreißigjährige Krieg, Halle 1998, S. 251. Gekürzt)

im deutschen Reich, in Spanien, in den spanischen Niederlanden und in Teilen Italiens herrschten, zu durchbrechen und die Macht des Kaisers zu schwächen.

Ein Friedensschluss nach 30 Jahren Krieg – Die Söldnerheere zogen marodierend kreuz und quer durch Deutschland. Aufgrund direkter oder indirekter Kriegsfolgen verlor ein Drittel der Bevölkerung das Leben. Da keine der Kriegsparteien einen Sieg erringen konnte, schlossen sie 1648 den **Westfälischen Frieden.** Darin wurden:

- die Bestimmungen des Augsburger Religionsfriedens von 1555 bekräftigt
- und die Stellung der deutschen Reichsstände gegen den Kaiser weiter gestärkt. Das deutsche Reich war jetzt nur noch ein lockerer Staatenverbund, was in der Folgezeit die Ausbildung eines deutschen Zentralstaates behinderte und verzögerte.
- Die Schweiz und die Niederlande schieden aus dem Gebiet des deutschen Reichs aus und wurden selbstständige Staaten. Schweden erhielt Vorpommern und das Herzogtum Bremen; Frankreich gewann Gebiete in Lothringen. /2

Bevölkerungsverluste im 30-jährigen Krieg

K4

Q3 Friedensvertrag von Osnabrück, 24. Oktober 1648:

Artikel VIII. Rechte der Reichsstände

§ 1 Alle Kurfürsten, Fürsten und Stände [sollen] in ihren alten Rechten und der freien Ausübung der Landeshoheit sowohl in geistlichen als auch in weltlichen Angelegenheiten in ihren Gebieten bestätigt sein.

§ 2 [Sie] sollen das Stimmrecht in allen Beratungen über Reichsgeschäfte haben, vornehmlich wenn Gesetze zu erlassen oder auszulegen, Krieg zu beschließen, Steuern auszuschreiben [sind, ...] und auch mitbestimmen, wenn Frieden oder Bündnisse zu schließen sind. Nichts dergleichen soll künftig jemals ohne die auf dem Reichstag abgegebene freie Zustimmung und Einwilligung aller Reichsstände geschehen oder zugelassen werden.

(In: Geschichte in Quellen, Band IV, München, 1982, S. 348. Gekürzt)

Deutschland nach dem Dreißigjährigen Krieg

K5

ARBEITSAUFTRÄGE

1. Analysiere die Zusammensetzung der Kriegsparteien in B1. Formuliere Hypothesen zu ihren möglichen Motiven.
2. Erläutere mit Q2 und K4 die Auswirkungen des Dreißigjährigen Kriegs auf die Bevölkerung.
3. Erläutere mit Q3, K5 und dem Darstellungstext die zentralen Bestimmungen sowie Folgen des Westfälischen Friedens.
4. Beurteile die These, dass es ein Religionskrieg war.

6. Der Siebenjährige Krieg 1756–1763

Der Siebenjährige Krieg war zunächst ein Konflikt der beiden Hauptgegner Preußen und Österreich um den Besitz Schlesiens. Doch wie im Dreißigjährigen Krieg waren zahlreiche andere europäische Staaten beteiligt. Auch das Schlachtfeld war wiederum Deutschland – mit verheerenden Folgen für die Bevölkerung. Langfristig hatte dieser Krieg große Auswirkungen auf die Konkurrenz zwischen Preußen und Österreich um die Vorherrschaft in Deutschland. Der Satz des damaligen britischen Premierministers William Pitt, dass *„Großbritannien Kanada im Kolonialkrieg gegen Frankreich [1758–62] auf den Schlachtfeldern Schlesiens gewonnen [habe]“*, zeigt zudem, dass die Bedeutung des Krieges über Deutschland hinausging. Er beeinflusste auch das Kräfteverhältnis der Kolonialmächte Großbritannien und Frankreich in Nordamerika und Indien. Was waren die Ursachen des Krieges? ⓔ/3

Die Vorgeschichte des Krieges – 1740 war es in Berlin und in Wien zu einem Thronwechsel gekommen. In Preußen regierte nun der 28-jährige FRIEDRICH II. In Wien war die 23-jährige MARIA THERESIA Kaiser Karl VI. auf den Thron gefolgt. Doch die Kurfürsten von Bayern und Sachsen sowie die Herrscher von Frankreich, Spanien und den Niederlanden erkannten die (weibliche) Thronfolge Maria Theresias nicht an. Sie meldeten eigene Erbansprüche auf Teile des österreichischen Herrschaftsgebiets an und wollten diese militärisch durchzusetzen.

Friedrich II. von Preußen nutzte noch im Dezember 1740 die Schwäche Österreichs. In zwei blutigen Kriegen (1740–1742 und 1744–1745) überfiel er das zu Österreich gehörende Schlesien und verleibte es Preußen ein. Als „Ausgleich“ bot er die Unterstützung Österreichs im „Erbfolgekonflikt“ sowie die Anerkennung Franz' I., des Gatten Maria Theresias, als deutschen Kaiser an.

K2

K3

T1 Die Finanzierung der Kriegskosten 1756–1763 durch Preußen:

– Preußischer Staatsschatz und Anleihen:	17 Mio. Taler
– Steuern sowie Einnahmen aus Domänen:	25 Mio. Taler
– Gewinne aus Münzverschlechterung:	29 Mio. Taler
– Englische Unterstützung:	27 Mio. Taler
– Kriegssteuern aus Sachsen:	48 Mio. Taler
– Kriegssteuern aus Mecklenburg und Schwedisch-Vorpommern:	5 Mio. Taler

Bündnisse und Verlauf des Krieges – Maria Theresia konnte sich bis 1748 als Erbin der Habsburgmonarchie durchsetzen. Doch der Verlust Schlesiens wog schwer. Sie versuchte daher in den Folgejahren, eine breite Allianz gegen Preußen zu schmieden. Geschickt nutzte Österreich dabei den Konflikt zwischen Großbritannien und Frankreich um die Vorherrschaft in Nordamerika und Indien für einen „Wechsel der Bündnisse". Frankreich, bisher mit Preußen verbündet, wechselte 1756 an die Seite Österreichs. Diesem Bündnis schlossen sich Russland, Schweden, Polen, Bayern, Sachsen und weitere deutsche Staaten an.

Preußen war von einer übermächtigen Allianz der europäischen Mächte umgeben. Nur Großbritannien unterstützte Preußen mit Hilfsgeldern, weil es hoffte, französische Truppen in Deutschland zu binden und vom Kriegsschauplatz in Nordamerika fernzuhalten.
Trotz der gegnerischen Übermacht marschierte Friedrich II. 1756 in Sachsen ein. Damit begann der **Siebenjährige Krieg.** Die Absicht des Preußenkönigs war es, einem erwarteten Angriff der Allianz zuvorzukommen. Von Sachsen aus wollte er Österreich niederzwingen, noch ehe die Truppen der Allianz eingreifen konnten. Doch der Plan scheiterte. Nach wechselvollen, für beide Kriegsparteien und die Zivilbevölkerung sehr verlustreichen Kämpfen stand Preußen 1759/60 kurz vor dem Zusammenbruch.

Unerwartet brachte 1762 der Tod der russischen Zarin Elisabeth die Wende im Kriegsverlauf. Ihr Nachfolger, Zar Peter III., war ein Verehrer Friedrichs II. Er schloss einen Sonderfrieden mit Preußen und zog die russischen Truppen zurück. Auch Großbritannien und Frankreich hatten nach dem Ende des Kolonialkriegs in Nordamerika (1762) das Interesse an dem Konflikt zwischen Preußen und Österreich verloren. Österreich war alleine zu schwach, um den Kampf weiterführen zu können. Im **Frieden von Hubertusburg** wurde 1763 Schlesien endgültig Preußen zugesprochen.

Und die Folgen? – Preußen war im Siebenjährigen Krieg nur knapp einer militärischen und politischen Katastrophe entgangen. Doch durch den Friedensschluss von Hubertusburg hatte es sich neben Österreich, England, Frankreich und Russland als neue, fünfte europäische Großmacht durchgesetzt. Den Preis zahlte die Bevölkerung: Allein in Preußen fielen dem Krieg 120000 Soldaten und etwa 380000 Zivilisten zum Opfer. Das Land war völlig verwüstet.

Q4 König Friedrich II. über die Rechtfertigung von Krieg. Auszüge aus seinen Briefen und Schriften, 1737/38–1763:

Als Kronprinz 1737/38:
Es ist [...] eine verbrecherische Raubgier, etwas zu erobern, worauf man keinen rechtlichen Anspruch besitzt.
Als Kronprinz 1739/40:
Über Königen gibt es keinen Gerichtshof mehr. [...] So muss denn das Schwert über ihre Rechte und die Stichhaltigkeit ihrer Beweismittel entscheiden. [...] Auch Angriffskriege gibt es, die gerechtfertigt sind: die vorbeugenden Kriege. [...]
Friedrich II. an seinen Außenminister, 6.11.1740:
Schlesien ist aus der ganzen kaiserlichen Erbmasse [Österreichs] dasjenige Stück, auf welches wir das meiste Recht haben [...]. Es ist gerechtfertigt, [...] die Gelegenheit des Todes des [österreichischen] Kaisers zu ergreifen, um sich in den Besitz des Landes zu bringen. Die Überlegenheit unserer Truppen [...] ist vollständig.
Friedrich II. über den Siebenjährigen Krieg, 1763:
Was hat es denn eigentlich auf sich mit dem schrecklichen Wort: Angreifer? Es ist eine Vogelscheuche, mit der man nur Feiglingen Angst einjagt. [...] Der wahre Angreifer ist ohne Zweifel der, welcher den anderen zwingt, sich zu bewaffnen und ihm zuvorzukommen [...]. Die Verschwörung der Mächte Europas [gegen Preußen] war fix und fertig [...].

(Vom Autor nach verschiedenen Quellen zusammengestellt. Gekürzt)

ARBEITSAUFTRÄGE

1. Analysiere mit T1, wie Preußen die Kosten des Krieges finanzierte. Überlege, welche Auswirkungen die Kriegssteuern für die Bevölkerung hatten.
2. Erläutere mit K2 und K3, wie sich die Bündniskonstellation zwischen 1740 und 1756 veränderte.
3. Analysiere und beurteile die Äußerungen Friedrichs II. in Q4.
4. Beurteile die These Friedrichs II., dass Preußen 1756–1763 einen Präventivkrieg zum Schutz des eigenen Landes führte.

7. Lassen sich Kriege verhindern?

Der United Nations Organisation **(UNO)** gehören heute etwa 190 Staaten an. Ihr Hauptziel ist die Sicherung des Friedens weltweit. Dazu kann der UN-Sicherheitsrat notfalls auch den Einsatz militärischer Mittel gegen Aggressoren beschließen. Manche Kriege konnte die UNO so befrieden; bei anderen war sie machtlos. Auch aus diesem Grund haben nahezu alle Staaten bis heute eigene Streitkräfte. Würden sie überall nur zur Landesverteidigung eingesetzt, kämen sie nie zum Einsatz. Doch die meisten Menschen sind davon überzeugt, dass es auch in Zukunft Kriege geben wird. Ist die Menschheit zum dauerhaften Frieden unfähig?

B1 Karikatur zu Hitlers „Friedensrede" vom 17. Mai 1933, aus: „The Nation", USA

Q2 Friedensplan von William Penn, Gründer Pennsylvanias, 1693:

Die souveränen Fürsten Europas sollen aus Liebe zum Frieden [...] übereinkommen, durch ihre Bevollmächtigten in einem gemeinsamen Reichstag [...] sich zu treffen und da Rechtsbestimmungen festzusetzen [...], die sie wechselseitig halten müssen. Weigert sich eine der Hoheiten, die Beschlüsse zu erfüllen, muss die Unterwerfung unter den Spruch erzwungen werden – mit Entschädigung für die benachteiligte Partei und Kostenzahlung an die Mächte, denen die Unterwerfung oblag. Die Folge müsste sein, dass der Friede in Europa bewerkstelligt und fortdauernd erhalten wäre.

(In: Hagen Schulz, Ina Paul, Europäische Geschichte, München 1994, S. 336)

Kriege werden auch propagandistisch vorbereitet: antifranzösische Schießscheibe, Deutschland 1923

Q3 Die Liedermacherin Bettina Wegner: Über die Unmöglichkeit von Gewaltlosigkeit (1977)

Nein, wenn einer meine linke Wange schlägt
halte ich ihm nicht noch die rechte hin
und es hat mich immer wieder aufgeregt
wenn ich irgendwann erniedrigt worden bin.
[...]
Wenn du glaubst, Verzicht auf Kampf
wär höhere Gerechtigkeit
und du trägst dies alles mit Geduld,
sollst du wissen, an der schlimmsten Grausamkeit
trägst du selber ja die größte Schuld.

(In: B. Wegner, Wenn meine Lieder nicht mehr stimmen, Reinbek 1977, S. 119)

ZUM WEITERLESEN

@/1 www.maraba.de/gedseite/kriegwid/kreuzzug.htm
@/2 www.wcurrlin.de/pages/5.htm
@/3 http://www.zum.de/Faecher/G/BW/Landeskunde/rhein/geschichte/jh18/siebenjaehrigerkrieg.htm

ARBEITSAUFTRÄGE

1. Informiere dich in der Bibliothek oder im Internet über die UNO. Beurteile die Möglichkeiten und Grenzen des Völkerbunds, den Frieden weltweit und dauerhaft zu sichern.
2. Nimm Stellung zu Q 3; berücksichtige dabei auch B 1.
3. Wähle zwei oder drei Zitate aus T 1, Seite 133. Erläutere daran deine Meinung zum Thema Friedenssicherung.

Absolutismus und Aufklärung

Im 17. und 18. Jahrhundert ließen sich überall in Europa die Herrscher große und prächtige Schlösser bauen. Ihr bewundertes Vorbild war das Schloss Versailles bei Paris. Ludwig XIV. (1643–1715) hatte es bauen lassen. In der Mitte des Schlosses lag sein Schlafzimmer. Von dort aus konnte er den ganzen Hof überblicken. Das Schloss von Versailles war der symbolische Ausdruck seiner Macht und Herrschaft. Man nennt die Epoche dieser Herrschaftsform „Absolutismus".

ARBEITSAUFTRAG

Welche Staaten Europas waren um 1740 Nationalstaaten? In welchen Staaten regierten absolutistische Herrscher?

1. Der Hof des Königs – Zentrum der Macht

Der französische König, der den Befehl zum Bau des riesigen Schlosses Versailles gegeben hatte, war LUDWIG XIV. (1661 bis 1715). Er war einer der mächtigsten Herrscher Europas. Welche Bedeutung hatte Versailles für seine Herrschaft?

Am Hof des Sonnenkönigs – Im Alter von fünf Jahren war Ludwig XIV. König von Frankreich geworden. Er wählte die Sonne als sein Sinnbild: So, wie sie im Zentrum des Sonnensystems steht, wollte er im Zentrum seines Königreichs stehen. Noch heute wird er „Sonnenkönig" genannt. Die prunkvolle Ausstattung seiner Schlösser mit ihren weitläufigen Gärten, seine prächtigen Kleider und Schmuckstücke sollten den Adligen die herausgehobene Stellung des Königs zeigen. Am Hof König Ludwigs XIV. fanden viele Feste statt, besonders am Geburts- oder Namenstag des Königs. Dazu wurden zahlreiche Adlige geladen. Oft wurde mehrere Tage in Folge gefeiert, mit Turnieren, Bällen, Theater- und Opernaufführungen; und zum Abschluss wurde ein prächtiges Feuerwerk geboten.

Regeln für den Hof – Wie erreichte es der König, immer im Mittelpunkt des höfischen Lebens zu stehen?

In Versailles gab es eine Vielzahl von Vorschriften, die das alltägliche Leben am Hof und den Umgang der adligen Höflinge miteinander regelten: das **Zeremoniell.** Selbst der König unterwarf sich bewusst dem Zeremoniell. Aber manchmal reichte er etwa einem seiner Untertanen, der vor ihm niederkniete, freundlich die Hand und bat ihn aufzustehen. Das war im Zeremoniell eigentlich nicht vorgesehen. Ein andermal verweigerte er einem Adligen, der sonst immer mit ihm die Mahlzeiten einnahm, an seiner Tafel speisen zu dürfen. Von den Höflingen wurden solche Abweichungen vom Zeremoniell genau beobachtet. Sie gaben Aufschluss darüber, ob ein Adliger in der Gunst des Königs stand oder nicht.

Ludwig wies den Adligen nicht nur Ämter und Aufgaben zu, sondern auch einen genauen Platz in der Rangordnung seines Hofstaates. Danach bestimmten sich die täglichen Rechte und Pflichten der Höflinge. Jeder wollte möglichst hoch in der königlichen Gunst stehen. Rangstreitigkeiten unter den Adligen entschied allein der König.

B1 König Ludwig XIV. begrüßt einen Adligen. Kupferstich um 1700

E2 *Uns wird erzählt*

Ein Kammerdiener berichtet vom „Lever" des Königs, der Zeremonie des morgendlichen Aufstehens:

Meistens wecke ich den König morgens um acht Uhr. Ich bin immer in seiner Nähe, schlafe sogar in seinem Zimmer. Wenn der König endlich wach ist, muss ich sofort die vornehmsten Hofadligen benachrichtigen, die schon lange in den Vorzimmern warten – und natürlich die Küche, denn der König will frühstücken. In einem vergoldeten Porzellantässchen wird der Kaffee gebracht – viel mehr will Ludwig nicht. Er hat ja auch am Abend vorher wieder so viel gegessen und getrunken. Nun ruft der Zeremonienmeister halblaut einen Namen. Der Aufgerufene, der mit den anderen still gewartet hat, darf erst jetzt eintreten und mit dem König sprechen. Nur wenige dürfen beim Frühstück des Königs dabei sein, ihm beim Ankleiden helfen. Ja, manchmal geschieht es, dass der König einen Adligen, der draußen wartet, einfach nicht ausrufen lässt. Da öffnet sich plötzlich eine Hintertür und herein tritt der Sohn des Königs. Alle anderen erstarren, denn wer dem König besonders nahe steht, muss sich nicht anmelden. Bis Ludwig endlich angekleidet ist, hat er schon mit den wichtigsten seiner Hofleute geredet.

Die Macht des Adels wird begrenzt – Ludwig XIV. konnte seine absolute Macht nur durchsetzen, wenn die Adligen Frankreichs sich regelmäßig am Hof aufhielten und so unter seiner Kontrolle waren. Wie konnte er das erreichen?

Im 16. Jahrhundert hatten schreckliche Kriege im Land gewütet. Vordergründig war es um die rechte Religion gegangen. In Wirklichkeit aber hatte ein erbitterter Machtkampf unter den Adligen Frankreichs getobt. Sieger in diesen Auseinandersetzungen waren die französischen Könige gewesen. Nun gingen sie daran, die Mitspracherechte der Adligen zurückzudrängen, vor allem bei der Erhebung der Steuern. Ludwig XIV. musste sich in seiner Jugend gegen eine mächtige Adelsopposition durchsetzen und hatte so seine Alleinherrschaft begründet.

Während seiner Regierungszeit sorgte der Sonnenkönig dafür, dass sich kein nennenswerter Widerstand der Adligen Frankreichs mehr regte. Wichtige Ämter, etwa in der Rechtsprechung oder der Finanzverwaltung, verlieh er allein seinen Hofleuten. Indem er sie mit Ämtern, Ehrentiteln und Geschenken bedachte, gelang es ihm, die Adligen an seinen Hof zu binden und so zu kontrollieren. Für viele Adlige war der Aufenthalt am Hof die einzige Möglichkeit, sich von den oft viel reicheren Bürgern und Kaufleuten Frankreichs abzugrenzen. Denn diesen war der Zugang zum König erschwert, wenn nicht ganz verwehrt.

Anfänge des zentralisierten Staates – Ludwig XIV. wollte in Frankreich alle wichtigen Entscheidungen selbst fällen. Was bedeutete dies für das Land?

Die französischen Könige waren seit dem Mittelalter bestrebt, durch den beharrlichen Aufbau von Verwaltungseinrichtungen einen auf den Königshof hin ausgerichteten Staat zu schaffen. Selbst schwache Könige hatten qualifizierte Berater gehabt, die es verstanden, die Macht des Königtums gegen die Adligen und Grundherren zu wahren.

Dies heißt freilich nicht, dass Frankreich bereits ein einheitlich verwalteter Staat gewesen wäre. Es gab immer noch Teile des Landes, die der Verfügung des Königs fast völlig entzogen waren und von mächtigen Adligen beherrscht wurden. Nach den inneren Kriegen des 16. Jahrhunderts gingen vor allem die Kardinäle RICHELIEU und MAZARIN daran, im Namen ihrer Könige den Einfluss rivalisierender Adliger wieder einzudämmen. Sie begannen auch damit, den Machtanspruch des Königs theoretisch zu rechtfertigen. So wie der Grundriss eines

Q3 Der Herzog von Saint-Simon berichtet, um 1720:

Der König achtete darauf, dass die Adligen Frankreichs sich immer wieder an seinem Hof einfanden. Bei seinem Lever und bei den Mahlzeiten, in seinen Gärten zu Versailles, immer blickte er um sich und bemerkte jedermann. Den Vornehmen nahm er übel, wenn sie ihren ständigen Aufenthalt nicht am Hofe nahmen, den anderen, wenn sie nur selten kamen. Seine volle Ungnade aber traf die, welche sich nie zeigten. Wenn einer von diesen etwas vom König erbat, sagte er: „Ich kenne Ihn nicht." Als ich in meiner Jugend einmal wegen eines Prozesses verreisen musste, bekam ich sofort einen Brief, in dem der König fragte, was denn der Grund meiner Reise sei. Er nahm es nicht übel, wenn ich im Sommer einige Wochen auf meinen Landsitz verbringen wollte. Aber ich musste aufpassen, dass ich nicht zu lange wegblieb.

(Aus den Memoiren St. Simons, in: Norbert Elias, Die höfische Gesellschaft, Frankfurt a. M., 1983, S. 296. Bearbeitet)

B4 Ludwig XIV. im Kreis seiner Berater. Kupferstich von 1681

Schlosses regelmäßig, so wie die Gestaltung eines Parks nach vernünftigen Grundsätzen geplant wurde, so sollte auch der Staat aufgebaut sein: mit festen Regeln, einer zentralen Verwaltung und mit dem König an seiner Spitze.

„L État, c´est moi!“, soll Ludwig XIV. einmal gesagt haben: „Der Staat bin ich!“ Zwar wissen wir heute, dass der Ausspruch nicht von ihm stammt. Doch kennzeichnet er die Entwicklung der Machtverhältnisse in Frankreich und das Regierungsverständnis Ludwigs XIV. gut. Für das Wohl des Reichs sorgte nur einer: der König. Nur sein Wille galt in Frankreich. Ihm sollten alle Bewohner gleichermaßen untertan sein, auch die früher so mächtigen Landesherren.

Q 5 Finanzminister Colbert an einen Finanzbeamten:

27. November 1671
Seine Majestät wird sich freuen, dass die Vertreter der Stände gekommen sind, um Sie ihres Gehorsams zu versichern. Man muss sie verpflichten, diese schönen Worte in die Tat umzusetzen. Was die Summe angeht, die Seine Majestät fordert, kann ich versichern, dass es angesichts der enormen Ausgaben, die Seiner Majestät für den Krieg erwachsen, unmöglich ist, sich mit weniger zu begnügen. Sie dürfen also keine Hoffnung auf eine Ermäßigung aufkommen lassen. Stellen Sie den König schnellstens zufrieden.“

31. Dezember 1671
Der König nimmt die Summe, die die Ständeversammlung ihm als Geschenk angeboten hat, an. Seine Majestät ist aber so ungehalten über das Betragen bei der Beratung, dass er den Befehl gegeben hat, zehn der am übelsten Gesinnten zu verbannen.

(In: Geschichte in Quellen, Bd. III, München 1986, S. 435. Gekürzt)

Die Lehre vom Absolutismus – In der frühen Neuzeit entwickelten Philosophen die Lehre, der Herrscher müsste in seinem Staat über den Gesetzen stehen. Die unumschränkte Macht des Fürsten sei die Grundlage der Herrschaft. Der Franzose Jean Bodin hatte dafür im 16. Jahrhundert den Begriff der **absoluten Macht** geprägt. Bodin meinte jedoch nicht, dass der Herrscher völlig willkürlich regieren könne. Er unterschied zwischen menschlichen Gesetzen sowie göttlichem und natürlichem Recht. Diesem göttlichen und natürlichen Recht müsse sich auch der König beugen, etwa das Eigentum schützen und die Rechtssprüche des Parlaments beachten. Das war in Frankreich ein Gerichtshof, der königliche Gesetze darauf prüfte, ob sie göttlichem und natürlichem Recht entsprachen. Was geschehen solle, wenn der König dagegen verstieß, beantwortete Bodin jedoch nicht.

Adliger in Hoftracht. Französisches Gemälde um 1680

Q 6 Bischof Bossuet, Hofprediger Ludwigs XIV., über die königliche Gewalt (1682):

Jeder muss dem König dienen, wie er es verlangt, denn in ihm hat die Vernunft Gottes, die den Staat lenkt, ihren Sitz. Die Herrscher handeln also als Gottes Statthalter auf Erden. Deswegen ist die Person des Königs geheiligt. Ohne diese bedingungslose Macht kann ein Herrscher weder das Gute tun noch das Böse beseitigen. Seine Macht muss so groß sein, dass niemand sich ihr entziehen kann.

(In: Geschichte in Quellen, Bd. III, München 1986, S. 450 f. Gekürzt)

ARBEITSAUFTRÄGE

1. Beschreibe B 1. Achte dabei besonders darauf, wie der Maler die Beziehung der Personen zueinander gestaltet hat.
2. Spielt die Szene in E 2. Überlegt, was wohl in den beteiligten Personen vorgeht.
3. Lies Q 3. Erläutere, wie der König beschrieben wird. Diskutiert den Satz: „Der König und die Adligen waren aufeinander angewiesen.“
4. Beschreibe B 4. Beurteile das Verhältnis zwischen dem König und seinen Beratern.
5. Erläutere die Auseinandersetzung, von der Q 5 berichtet. Begründe, warum der König am Ende trotz Erfüllung seiner Wünsche bestraft.
6. Fasse Q 6 in eigenen Worten zusammen. Welche Probleme können aus dieser Begründung des Absolutismus entstehen?

2. Grundlagen der Herrschaft des Königs

Am Hof in Versailles war Ludwig XIV. der unumschränkte Herrscher. Um die Macht der Krone zu wahren und auszubauen, führte der König Eroberungskriege, z. B. ließ er 1681 Straßburg besetzen. Auch die Verwaltung und die Wirtschaft des Landes machte er effektiver. Wie ging er dabei vor?

Grundlagen der Herrschaft – Ludwig XIV. führte Kriege gegen seine Nachbarn. Dazu organisierte der Kriegsminister das Söldnerheer in ein stehendes **Heer aus Berufssoldaten um.** Die Soldaten wurden bei Ausbruch eines Kriegs nicht mehr jedes Mal neu angeworben und nach dessen Ende aus dem Heer entlassen. Jetzt wurden sie dauernd vom König bezahlt und standen ihm immer zur Verfügung. In regelmäßigen Manövern übten sie ihren Einsatz. Die Finanzierung eines solchen „stehenden Heers“ war nur durch hohe Steuern möglich.

Ludwig XIV. übertrug wichtige Aufgaben des Staates **königlichen Beamten,** die nur ihm unterstellt waren. Oft entstammten sie dem Bürgerstand. Ihren Dienst für den Staat belohnte er mit der Erhebung in den Adelsstand. Dieser **Amtsadel** war dem König besonders verpflichtet. Mit dem alten Adel, der seit Geburt diesem Stand angehörte, stand der neue Amtsadel in Konkurrenz.

Die wichtigsten der königlichen Beamten waren die **Intendanten.** Sie hatten umfassende Vollmachten und kontrollierten die Einziehung der Steuern, die der Krone zufließen sollten. Je mehr Steuern sie aufbrachten, desto größer war der Anteil, den sie selbst für ihre Dienste erhielten. Auch die Polizei, das Militär, die Justiz, der Straßenbau zur Förderung der Wirtschaft und die Lebensmittelversorgung der Bevölkerung unterstanden der Kontrolle der königlichen Beamten.

Doch auch mithilfe der Beamten konnte der König seine Herrschaft in den einzelnen Regionen des Landes nicht gleichmäßig durchsetzen. Dazu waren die Wege innerhalb des Reiches einfach zu lang. So brauchte zum Beispiel eine Nachricht mit der Postkutsche quer durch Frankreich beinahe zwei Wochen. Auch wurde nicht wie heute überall französisch gesprochen, sondern provençalisch oder bretonisch. Und nicht überall vermochten die königlichen Beamten, sich gegen die alteingesessenen Adligen durchzusetzen.

Schreiber, unentbehrlich für jede Verwaltung. 17. Jahrhundert

B1 Zeichnung: „Die Säulen des absolutistischen Staates“ (Hofadel, Heer, Beamte, Wirtschaft). Darunter: der Dritte Stand

Arbeit mit Schaubildern

In den einzelnen Kapiteln dieses Buches findest du Darstellungen, für die es keine zeitgenössische Vorlage gibt. Sie werden als „Schaubilder" bezeichnet und erleichtern das Verständnis geschichtlicher Vorgänge oder Tatsachen.

Oft werden typische Bilder als Grundlage oder „Symbol" genutzt, z. B. auf dieser Seite der „Ständebaum" aus der frühen Neuzeit (B 1). Dort ist als Symbol ein Baum von der Wurzel bis zur Krone genutzt. In den Baum hinein sind Menschen gezeichnet. Unter der Erdoberfläche siehst du Bauern. Als Wurzeln ernähren sie den ganzen Baum; symbolisch gesehen also die gesamte übrige Gesellschaft. Die anderen Mitglieder der Gesellschaft sind nach einer bestimmten Rangfolge auf den Ästen angeordnet. Von unten nach oben folgen Handwerker und Kaufleute, Fürsten und Bischöfe, der König und der Papst. So erkennt man die „Ordnung der Stände" in der frühen Neuzeit.

B 1 Ständebaum. 16. Jahrhundert

Das Schaubild „Die Säulen des Absolutismus" (B 1 auf der gegenüberliegenden Seite) ist für dieses Buch angefertigt worden. Es veranschaulicht, wie der Staat im Absolutismus aufgebaut war. Betrachte die einzelnen Bestandteile des „Tempels" genau: Beginne mit dem Fundament: So wie ein richtiger Tempel ein starkes Fundament benötigt, so wurde das Volk zu Untertanen des absolutistischen Staates gemacht. Es ist die Grundlage, auf der die Säulen und das Dach des Gebäudes ruhen. Im Giebel des Daches befindet sich der König. Nur er allein hat dort Platz.

Zwischen Fundament und Dach siehst du vier Säulen. Auf die besondere Bedeutung der Säulen weist der Text hin: „Die vier Säulen des Absolutismus". Welche Eigenschaften haben Säulen? Sie sollen etwas stützen. Ihre Anzahl ist genau bestimmt und entspricht dem stehenden Heer, der Verwaltung mit dem Beamtentum, dem Hof und der merkantilistischen Wirtschaftsform. Als Stützen oder Pfeiler der absolutistischen Herrschaft ermöglichen sie die Alleinherrschaft des Königs und die verschwenderische Lebensweise am Hof. Sie dienen ausschließlich dem König.
Du kannst dir mithilfe des Schaubildes ein eigenes Urteil über den absolutistischen Staat bilden! Seinen „Bauplan" zeigt das Schaubild. Würdest du dir diesen Staat wünschen? Ist es für dich ein Bild, das die große Bedeutung des Königs zum Ausdruck bringt, oder ist es ein Bild, das die Lasten und die Auswirkungen der Politik des Königs zum Ausdruck bringt?

WORAUF DU ACHTEN MUSST

1. Wird ein Bild aus der Wirklichkeit als Symbol genutzt? Welche Bedeutung hat dieses Symbol in der Darstellung?
2. Welche Einzelheiten werden durch die Farbgestaltung betont und welche Informationen sind durch die Schrift hinzugefügt?
3. Welche Aussage enthält das Schaubild? Wird ein Zustand oder eine Entwicklung dargestellt? Beziehe alle Elemente in deine erläuternde Darstellung ein.
4. Wie bewertest du das dargestellte Schaubild?

Der Staat fördert die Wirtschaft – Der Bau von Versailles, die Hofhaltung des Sonnenkönigs, der Unterhalt des stehenden Heeres, der Bau von Festungen in eroberten Gebieten: Dies verschlang ungeheure Geldsummen. Ludwig und seine Minister suchten daher immer wieder nach neuen Einnahmequellen, um die drängendsten Schulden bezahlen zu können. Steuern, die auf den Verbrauch von Salz und anderen Gütern erhöht wurden, trafen besonders die einfachen Bürger.

Steuern können nur dort erhoben werden, wo etwas zu holen ist. Ein wichtiges Ziel der Politik Ludwigs war deshalb die Förderung der Wirtschaft Frankreichs. Sein Finanzminister JEAN BAPTISTE COLBERT unterstützte die neuen **Manufakturen.** Das waren Großbetriebe, in denen alle nötigen Handwerker nebeneinander arbeiteten, um hochwertige Produkte – z. B. eine Kutsche oder Spielkarten – so preiswert und schnell wie möglich erzeugen zu können. Auch der Ausbau von Straßen und Häfen sowie die Beschränkung der Zölle innerhalb Frankreichs sollten die Wirtschaft ankurbeln.

Q2 Finanzminister Colbert schreibt an Ludwig XIV., um 1680:

Ich glaube, man wird ohne weiteres in dem Grundsatz einig sein, dass es einzig und allein der Reichtum an Geld ist, der die Unterschiede an Größe und Macht der Staaten begründet. [...] Es ist sicher, dass jährlich aus dem Königreich einheimische Erzeugnisse (Wein, Obst, Leinwand, Eisenwaren, Seide, Kurzwaren) für den Verbrauch im Ausland im Wert von 12 bis 18 Mio. Livres hinausgehen. Das sind die Goldminen unseres Königreiches, um deren Erhaltung wir uns sorgfältig bemühen müssen. [...] Je mehr wir ausführen und je weniger wir einführen, desto mehr vergrößern wir die Menge des hereinströmenden Bargelds und [...] die Macht, Größe und Wohlhabenheit des Staates. [...] Außerdem wird sicherlich durch die Manufakturen eine Million zur Zeit Arbeitsloser ihren Lebensunterhalt gewinnen. [...] Als Mittel, diese Ziele zu erreichen, schlage ich vor: Es sollte jährlich eine bedeutende Summe für die Wiederherstellung der Manufakturen und die Förderung des Handels [...] ausgeworfen werden.

(In: Geschichte in Quellen, Bd. III, S. 448. Gekürzt)

Hohe Einfuhrzölle trugen dazu bei, ausländische Konkurrenz aus Frankreich fernzuhalten. Die Förderung und Lenkung der Wirtschaft durch den absolutistischen Staat nennt man **Merkantilismus** (Lat.: System, das den eigenen Handel erleichtert). ℹ/1

Ist alles Gold, was glänzt? – Die Macht Ludwigs XIV. wuchs nach innen und außen. Doch wie erging es der französischen Bevölkerung?

Viele Bürger machten als Kaufleute und Fabrikanten riesige Gewinne. Sie versuchten, den aufwendigen Lebensstil der

PERSONENLEXIKON

JEAN BAPTISTE COLBERT, 1619–1683. Sohn eines reichen Tuchmachers. Seit 1665 Oberintendant für Finanzen, Landwirtschaft, Handel, Marine, Kolonien, Bauwesen ℹ/1

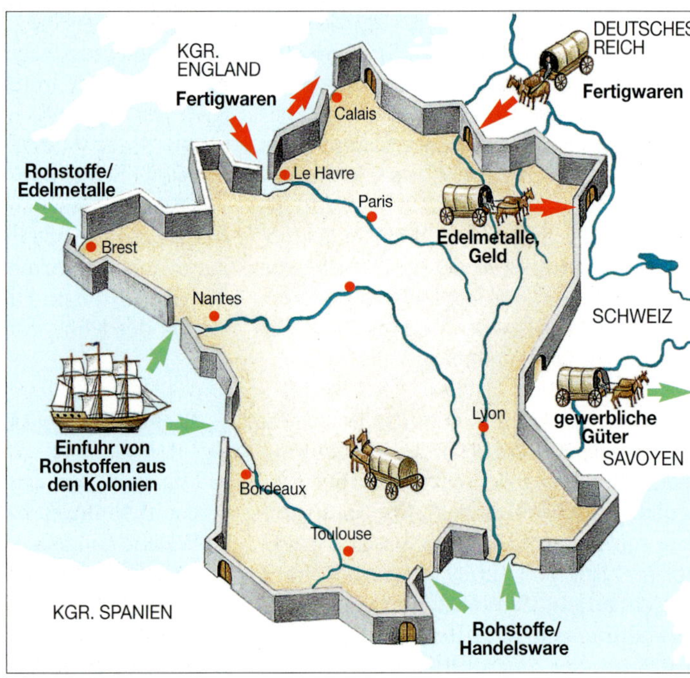

B3 Schaubild des Merkantilismus

Adligen nachzuahmen. Deswegen kränkte es sie tief, dass sie als **Dritter Stand** den ersten beiden Ständen, den Geistlichen und den Adligen, in der Öffentlichkeit viele Vorrechte einräumen mussten. So war es einem Bürger verboten, reich geschmückte Kleider aus teuren Stoffen zu tragen, selbst wenn er sie sich eher hätte leisten können als mancher verarmte Landadlige.

Die Beamten, die früher eine wichtige Stützen der königlichen Macht gewesen waren, dachten bald nur noch an ihren eigenen Vorteil und Gewinn. **Korruption,** zum Beispiel durch die Bestechung von Beamten, wurde üblich. Die Bevorzugung der Manufakturen und des Handels stürzte die Landwirtschaft Frankreichs in eine tiefe Krise. Die Bauern konnten für ihre Produkte keine ausreichenden Preise mehr erzielen, mussten aber weiterhin einen Großteil des Steueraufkommens stellen. Kriege und Missernten vergrößerten das Elend. Selbst Getreide wurde knapp. Hungeraufstände und Übergriffe gegen die königlichen Beamten waren vielerorts die Folgen.

Am Ende seiner Regierungszeit ließ sich das absolutistische Herrschaftssystem Ludwigs XIV. nur noch mühsam aufrechterhalten. Aufkeimender Widerstand wurde durch Militär und Geheimpolizei gebrochen. Schriften wurden zensiert (= kontrolliert) oder ganz verboten.

Q4 Ludwigs Festungsbaumeister Vauban schreibt an den König:

Ich hatte seit mehr als vierzig Jahren die Möglichkeit, die meisten Provinzen des Königreichs zu verschiedenen Malen und auf verschiedene Weise zu besuchen [...]. Ich bin zu der Wahrnehmung gelangt, dass in der letzten Zeit fast ein Zehntel der Bevölkerung [= etwa 2 Mio.] sich tatsächlich durch Betteln am Leben erhält; dass von den übrigen neun Zehnteln fünf nicht in der Lage sind, das erste Zehntel durch Almosen zu unterstützen, weil sie selber diesem Elendszustande [...] nahe sind. Von den verbleibenden vier Zehnteln sind drei außerordentlich schlecht gestellt und von Schulden und Prozessen bedrängt. In dem zehnten Zehntel gibt es keine hunderttausend Familien, mit denen man rechnen könnte [...], und ich glaube mich nicht zu irren, wenn ich sage, dass es keine zehntausend Familien gibt, denen es wirklich gut geht [...]. Es liegt an den Kriegen und an der fehlerhaften Wirtschaftspolitik.

(Bearbeitet nach: Geschichte in Quellen, Bd. III, München 1986, S. 460 f. Gekürzt)

B5 Eine französische Bürgersfamilie um 1650. Stich

ARBEITSAUFTRÄGE

1. Beschreibe B1. Erläutere die Bedeutung der Teile im Gebäude des absolutistischen Staates.
2. Lies Q2. Wie hat sich der französische Finanzminister den französischen Staat vorgestellt? Verfasse aus heutiger Sicht eine Erwiderung auf Colbert.
3. Erkläre mit B3 die Funktionsweise des Merkantilismus.
4. Fasse Q4 in eigenen Worten zusammen und erläutere die möglichen Folgen für Frankreich. Schreibe auf, was Ludwig XIV. antworten könnte.
5. Beschreibe und interpretiere B5. Wie sollte das Bild auf den Betrachter wirken?

3. Die Aufklärung – Herrschaft der Vernunft als Ideal

Viele Menschen des 18. Jahrhunderts hatten das Gefühl, den Beginn einer neuen Zeit zu erleben. Das „finstere Mittelalter", wie man damals sagte, sei endlich vorbei und die „Sonne der Vernunft" aufgegangen. Was sind die wichtigsten Inhalte dieses neuen Denkens?

Menschen bilden sich – Seit der Renaissance hatten die Naturwissenschaften einen bedeutenden Aufschwung erlebt: Die Welt sollte allein mithilfe des Verstandes erklärt werden. Doch Latein, die damalige Gelehrtensprache, beherrschten nur Wenige. Erst als nach 1700 wissenschaftliche Werke auch in die verschiedenen Landessprachen übersetzt wurden, stießen die neuen wissenschaftlichen Erkenntnisse auf ein größeres und breites Interesse. In Frankreich fassten DIDEROT und D'ALEMBERT das Wissen ihrer Zeit in den 35 Bänden der auf Französisch geschriebenen **„Encyclopédie"** zusammen.

Vernunft wird praktisch – Die Gebildeten vertrauten darauf, dass der Verstand das Zusammenleben der Menschen nach vernünftigen Grundsätzen ordnen könne. Philosophen wie der Engländer JOHN LOCKE (1632–1704) und JEAN-JACQUES ROUSSEAU aus Genf (1712–1778) fragten, woher Herrschaft komme. Ob es recht sei, dass die Fürsten alle Macht im Staat hätten, aber keiner Kontrolle unterliegen.
Vernunft und vernünftiges Verhalten der Menschen wurden zu politischen Schlagworten. Allmählich setzte sich der Gedanke durch, der Staat sei ursprünglich ein selbst gewählter Zusammenschluss der Menschen aus vernünftigen Gründen.

Diese Ideen der **Aufklärung** wurden in ganz Europa verbreitet. Auch viele deutsche Fürsten waren für die Gedanken der Aufklärung aufgeschlossen. Ihre Herrschaft sollte nicht mehr allein durch ihre Machtvollkommenheit, sondern durch vernünftige Grundsätze begründet sein. Deshalb spricht man heute vom **aufgeklärten Absolutismus.**

Q1 Der Philosoph Immanuel Kant schrieb 1784 einen Artikel „Was ist Aufklärung":

Aufklärung ist der Ausgang des Menschen aus seiner selbst verschuldeten Unmündigkeit. Unmündigkeit ist das Unvermögen, sich seines Verstandes ohne Lenkung eines andern zu bedienen. Selbst verschuldet ist diese Unmündigkeit, wenn ihre Ursache nicht am Mangel des Verstandes, sondern des Mutes liegt, sich seiner ohne Leitung eines andern zu bedienen. „Habe Mut, dich deines eigenen Verstandes zu bedienen!", ist also der Wahlspruch der Aufklärung.

(Immanuel Kant: Beantwortung der Frage: Was ist Aufklärung? In: Kant: Gesammelte Schriften, Bd. VIII., Berlin 1912/13, S. 33)

Q2 Der englische Gelehrte John Locke über die Grenzen der staatlichen Macht, 1689:

Das große Ziel, mit welchem die Menschen in eine Gesellschaft eintreten, ist der Genuss ihres Eigentums in Frieden und Sicherheit. Und das große Werkzeug dazu sind die Gesetze. [...]
Zum Ersten muss die gesetzgebende Gewalt nach öffentlich bekannt gemachten festen Gesetzen regieren, die [...] nur ein Maß anlegen für Reich und Arm [...].
Zum Zweiten sollen diese Gesetze auf kein anderes letztes Ziel als das Wohl des Volkes ausgerichtet sein. [...]
Wo immer das Gesetz übertreten wird, beginnt die Tyrannei. Und wer immer in Ausübung von Amtsgewalt [...] den Untertanen etwas aufzwingen will, was das Gesetz nicht vorsieht, [...] handelt ohne Autorität und man darf sich ihm widersetzen.

(John Locke: Über die Regierung, Stuttgart 1974, S. 101 ff. ,S. 153. Gekürzt)

Q3 Der Philosoph Montesquieu über den Staat, 1748:

Demokratie und Aristokratie sind nicht von Natur aus freie Staatsformen. Freiheit ist nur unter maßvollen Regierungen anzutreffen. Eine Erfahrung lehrt, dass jeder Mensch, der Macht hat, dazu neigt, sie zu missbrauchen. Deshalb ist es nötig, dass die Macht die Macht bremse. Es gibt in jedem Staat dreierlei Vollmacht: die gesetzgebende Gewalt, die vollziehende und die richterliche. Es gibt keine Freiheit, wenn diese [drei Machtbefugnisse] nicht voneinander getrennt sind.

(Montesquieu: Vom Geist der Gesetze. Übersetzt von Kurt Weigand. Stuttgart 1965, S. 211 ff. Bearbeitet)

Das Beispiel Anhalt-Dessau – 1758 hatte Fürst Leopold III. die Regentschaft in Anhalt-Dessau angetreten. Inspiriert durch die Werke der Aufklärung, entwickelte er sich zu einem wichtigen Vertreter des **aufgeklärten Reformabsolutismus.** 1766 begann er mit der Umsetzung seines wirtschaftlichen, sozialen und kulturellen Reformwerks.

Er schuf große naturnahe **Parkanlagen.** Für die soziale Absicherung der Landarbeiterinnen und Landarbeiter ließ er Ackerflächen verteilen. Beeindruckt von den reformpädagogischen Ideen Johann B. Basedows, rief Fürst Leopold den Pädagogen nach Dessau und unterstützte ihn beim Bau des **Philanthropins,** einer „Schule der Menschenfreundlichkeit". Eine **Schulreform** sorgte 1785 dafür, dass die Schulen Anhalt-Dessaus für jeden zugänglich wurden, auch für die Kinder armer Familien.

Friedrich II. von Preußen – Auch der preußische König Friedrich II. („der Große") verstand sich selbst als aufgeklärter Monarch. Seine Macht rechtfertigte er nicht mit dem „Gottesgnadentum" früherer Herrscher, sondern mit den Pflichten, die er als *„erster Diener des Staates"* für das Wohlergehen Preußens habe (↑ s. S. 162).

Die Vernunftgrundsätze, nach denen Preußen regiert werden sollte, legte Friedrich II. jedoch selbst fest. Seine Stellung als absoluter Monarch gab er nicht preis. Die Gedanken der Aufklärung fanden ihre Grenzen an seinem königlichen Willen. Dennoch veranlasste er zahlreiche Reformen, unter anderem die **Abschaffung der Folter** in Strafprozessen, eine Reform des preußischen **Schulwesens** sowie eine umfassende **Justizreform,** die zum Beispiel die Gleichheit aller Angeklagten vor dem Gesetz zum Ziel hatte.

„Aufklärung". Radierung von Daniel Chodowiecki, um 1791

B4 Das „Philanthropin" in Dessau. Der Unterricht sollte Natur, Schule und Leben der späteren Staatsbürger zusammenführen. Stich von Chodowiecki, 1771

B5 Der preußische König Friedrich II. mit dem französischen Aufklärer Voltaire im Schloss Sanssouci in Potsdam. Gemälde, um 1790

ARBEITSAUFTRÄGE

1. Fasse Kants Definition von „Aufklärung" in Q 1 in eigenen Worten zusammen. Überlege: Was folgt daraus?
2. Gib die Gedanken von Locke (Q 2) und Montesquieu (Q 3) wieder. Vergleiche ihre Vorstellungen mit dem absolutistischen Staat Ludwigs XIV.
3. Vergleiche die Schule in B 4 mit einer mittelalterlichen Schule oder einer preußischen Landschule um 1840 (s. S. 307).

4. Brandenburg-Preußen – der Aufstieg zur Großmacht

Das **Kurfürstentum Brandenburg** wurde um 1600 wegen seiner sandigen, wenig fruchtbaren Böden abschätzig als „des Reiches Streusandbüchse“ bezeichnet. 1618 erwarben seine Regenten das unter polnischer Oberhoheit stehende **Herzogtum Preußen,** das später dem Staat seinen Namen geben sollte. Innerhalb eines Jahrhunderts wurde Preußen neben Frankreich, England, Österreich und Russland zu einem der mächtigsten Staaten Europas. Wie gelang seinen Herrschern dieser Aufstieg?

Der „Große Kurfürst“ – Während des Dreißigjährigen Krieges wurde Brandenburg-Preußen schwer verwüstet. Sein junger KURFÜRST FRIEDRICH WILHELM konnte durch geschickten Wechsel zwischen den Kriegsparteien den Bestand seines Landes sichern.

Nach dem Vorbild Frankreichs baute er dann ein stehendes Heer auf. Er erhob zu dessen Unterhalt indirekte Steuern (Akzise) und ließ diese von einem neuen „General-Kriegskommissariat“ einziehen. Der Adel in den Provinzialständen beharrte zuerst auf seinen Mitspracherechten. Zwar konnte der Kurfürst den Widerstand mit Gewalt brechen. Einen Vertreter der Stände, Oberst von Kalckstein, ließ er sogar verurteilen und hinrichten. Dennoch musste er den Adligen Steuerfreiheit und die Gerichtsgewalt auf ihrem Grundbesitz gewähren. Nur die Söhne der Adligen konnten Offizier werden. Durch die Förderung der Wirtschaft und die landwirtschaftliche Erschließung von zuvor öden Landstrichen konnte der Kurfürst das Steueraufkommen Brandenburg-Preußens erhöhen.

Als der französische König 1685 die **Hugenotten,** die Protestanten Frankreichs, vertrieb, nahm der Kurfürst 20 000 Glaubensflüchtlinge auf. Er profitierte von ihrer Finanzkraft und ihrem Können. Beim Tod des „Großen Kurfürsten“, wie er von seinen Zeitgenossen genannt wurde, war Brandenburg ein finanziell gesicherter, militärisch starker Staat geworden. ⓔ/2

Die Königskrone – Sein Sohn FRIEDRICH I. konnte sich 1701 mit Zustimmung des Kaisers als „König in Preußen“ krönen. Unter seiner Regierung entfaltete sich erstmals der Glanz eines großen Hofes in Brandenburg-Preußen. Dadurch wurde jedoch die Staatskasse so stark belastet, dass Preußen innerhalb weniger Jahre finanziell ruiniert war.

PERSONENLEXIKON

KURFÜRST FRIEDRICH WILHELM, genannt: „Der Große Kurfürst“, 1620–1688. Kurfürst ab 1640. Er machte aus Preußen einen mächtigen Militärstaat.

K1

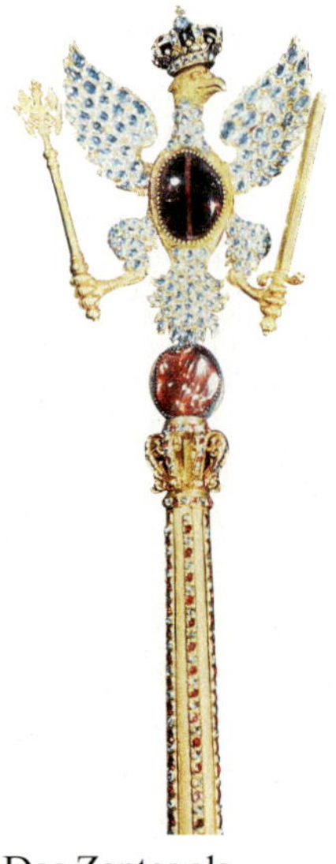

Das Zepter als Zeichen preußischer Königswürde, 1701

Der „Soldatenkönig“ – FRIEDRICH WILHELM I. ist als „Soldatenkönig“ in die Geschichte eingegangen. Was war sein Beitrag zum weiteren Aufstieg Preußens?

Sofort nach seinem Regierungsantritt im Jahre 1713 begann er, die Staatsschulden abzubauen. So verkaufte er zum Beispiel den Krönungsmantel und entließ den gesamten Hofstaat. Die staatlichen Güter, die so genannten „Domänen“, wurden straff verwaltet und das Einkommen des Staates wurde auch dadurch erhöht. Friedrich Wilhelm I. schuf mit dem Generaldirektorium eine neue zentrale Behörde für Heer, Steuern und Domänen. Die preußischen Beamten waren zu lebenslangem Dienst, Gehorsam, Sparsamkeit und großer Arbeitsleistung verpflichtet.

Hatte der „Große Kurfürst“ noch 4000 Soldaten unter Waffen gehabt, so vergrößerte der Soldatenkönig sein Heer auf ca. 80 000 Mann. Nur ein Prozent der Staatseinnahmen gab er für die Hofhaltung aus, dagegen 60 bis 70 Prozent für den Ausbau des Heeres. Jeder Dreißigste der etwa 2,4 Millionen Einwohner Preußens diente als Soldat. Dazu führte der König eine neue Form der Aushebung von Soldaten ein: Jeder Militäreinheit wurde ein Bezirk zugeordnet, der eine bestimmte Zahl an Rekruten stellen musste. Allerdings wurden nur Bauern und Handwerker regelmäßig zum Militärdienst eingezogen. Für die Söhne des Adels war der Dienst als Offizier eine wichtige Standespflicht. Dadurch erhielt der preußische Adel eine herausgehobene Stellung im Staat. Preußen war zu einem **Militärstaat** geworden. Doch Friedrich Wilhelm I. führte keine Kriege, er verstand es, seine Außenpolitik allein auf die Existenz seiner gewaltigen Armee zu gründen.

PERSONENLEXIKON

FRIEDRICH WILHELM I., genannt: der „Soldatenkönig“, 1688–1740. König in Preußen ab 1713

B2 Die Friedrichstadt Berlins, vom „Halleschen Tor“ aus gesehen. Berlin war 1709 mit den umliegenden Neustädten, z. B. der Friedrichstadt, vereinigt und als Residenzstadt ausgebaut worden. Ab 1735 erhielt Berlin eine Zollmauer. Gemälde um 1740

Q3 Friedrich Wilhelm I. an seinen Nachfolger (1722):

Ein Regent, der in Ehren in der Welt regieren will, muss seine Angelegenheiten alle selber erledigen […]. Der liebe Gott hat Euch auf den Thron gesetzt nicht zum Faulenzen, sondern zum Arbeiten und um seine Länder wohl zu regieren. Leider überlassen die meisten großen Herren ihren Ministern den Willen […]. Eure Finanzen müsst Ihr selbst und allein behandeln und das Kommando der Armee selbst und allein führen und diese zwei Hauptsachen allein einteilen. Dadurch werdet Ihr Autorität in der Armee und die Liebe Eurer Offiziere und der Zivilbedienten haben, weil Ihr allein den Knopf auf dem Beutel habt. Mein lieber Nachfolger, was wird die Welt sagen, wenn Ihr gleich bei Eurer Thronbesteigung die Armee vergrößert? Dass Ihr ein mächtiger Herr seid, für die Feinde, von denen unser Haus sehr viele hat. Eure Freunde werden Euch für einen klugen und verständigen Herrscher halten. Dazu verhelfe Euch der allerhöchste Gott, das wünsche ich von Herzen. Amen.

(In: Geschichte in Quellen, Bd. III, München 1986, S. 574 f. Gekürzt)

ARBEITSAUFTRÄGE

1. Beschreibe mit K 1 den Aufstieg Brandenburg-Preußens. Welche heutigen Länder umfasste Brandenburg-Preußen im Jahre 1740? Welche kamen bis 1795 dazu?
2. Beschreibe B 2. Schreibe auf, welchen ersten Eindruck ein Besucher hatte, wenn er Berlin durch das Stadttor betrat.
3. Lies Q 3. Erläutere die Ziele Friedrich Wilhelms I. Vergleiche seine Regierung mit der Ludwigs XIV. von Frankreich.

5. Friedrich der Große – „der erste Diener seines Staates"?

König FRIEDRICH II. von Preußen ist eine der bekanntesten Gestalten der deutschen Geschichte. Schon zu seiner Zeit wurde er „der Große" genannt. Warum ist gerade dieser König populär geworden? Und wie können wir seine Leistungen heute beurteilen?

Harte Jugendzeit – Friedrich wurde sehr streng erzogen. Sein Vater, der „Soldatenkönig", zwang ihn, eine militärische Laufbahn einzuschlagen. Doch als junger Mann interessierte Friedrich sich mehr für Philosophie und Musik. Sein Vater nannte ihn deshalb verächtlich „Querpfeifer und Poet". Mit 18 Jahren versuchte Friedrich, mit seinem Freund Katte aus Preußen zu fliehen, was aber misslang. Der König verurteilte Katte zum Tode. Friedrich wurde unter strengen Arrest gestellt und gezwungen, der Enthauptung seines Freundes zuzusehen.

Q1 Friedrich II. über die Grundsätze seiner Regierung (1752):

Die erste Bürgerpflicht ist, seinem Vaterlande zu dienen. Ich habe sie in allen verschiedenen Lagen meines Lebens zu erfüllen gesucht. Als Träger der höchsten Staatsgewalt hatte ich die Gelegenheit und die Mittel, mich meinen Mitbürgern nützlich zu erweisen […].
Eine gut geleitete Staatsregierung muss ein fest gefügtes System haben. […] Alle Maßnahmen müssen gut durchdacht sein, Finanzen, Politik und Heerwesen auf ein gemeinsames Ziel steuern: nämlich die Stärkung des Staates und das Wachstum seiner Macht. Ein System kann aber nur aus einem Kopfe entspringen; also muss es aus dem des Herrschers hervorgehen. […] Der Herrscher ist der erste Diener seines Staates.

(In: Geschichte in Quellen, Bd. III, München 1986, S. 605 ff. Gekürzt)

Ein aufgeklärter Herrscher? – Friedrich II. empfand den Tod seines Vaters als Befreiung und strebte eine andere Form der Herrschaft an. Schon als Kronprinz hatte er Briefe mit dem französischen Aufklärer VOLTAIRE gewechselt, den er später für einige Jahre nach Berlin holte. Als Friedrich 1740 König wurde, setzten die Aufklärer Europas große Hoffnungen auf den preußischen Herrscher. Friedrich II. veranlasste in der Tat eine Reihe von Reformen in Preußen. So verbot er besonders grausame Hinrichtungsarten wie das Ertränken in einem Ledersack. Er lockerte die Zensur der Presse. Vor allem forderte er: *„Alle Religionen müssen toleriert werden, denn jeder muss nach seiner Fasson [= auf seine Art] selig werden."* Doch trotz zahlreicher Reformen, die Friedrich II. in Preußen einführte, blieb er Zeit seines Lebens ein absolutistisch regierender Monarch.

Justizreform und Landausbau – Friedrich II. wollte Preußen zu einem modernen und starken Staat machen. Seinem Minister Cocceji gab er den Auftrag, ein gut funktionierendes Rechtswesen aufzubauen. Er sorgte für eine gründliche Ausbil-

B2 Friedrich II. spielt die Flöte in seinem Schloss Sanssouci. Zeitgenössische Darstellung

PERSONENLEXIKON

FRANCOIS MARIE VOLTAIRE, 1694–1778. Französischer Philosoph. Mitarbeiter der Enzyklopädie. Wegen seiner Schriften in Frankreich zeitweise verfolgt

dung der Staatsbeamten und Richter. Damit trennte er die Justiz von der Verwaltung. Diese verpflichtete er, streng nach den Gesetzen zu handeln. Er ließ ein **„Allgemeines Landrecht“** ausarbeiten, ein Rechtsbuch, an das sich Justiz und Verwaltung halten mussten.

Besonders wichtig war ihm der innere **Landesausbau.** Sumpfgebiete, etwa im Oderbruch, ließ er trockenlegen und nutzbar machen. Zur Besiedlung dieses Landes ließ er Siedler aus ganz Europa anwerben. Einige hundert Dörfer entstanden so. Neue Straßen und Kanäle verbanden die Landesteile miteinander.

Friedrich II. führt Krieg – Die Stärkung Preußens verfolgte Friedrich II. nicht nur auf friedlichem Wege. Gleich nach seinem Regierungsantritt, 1740, besetzte er ohne Kriegserklärung die habsburgische Provinz Schlesien, um sie Preußen einzuverleiben. Österreichs KAISERIN MARIA THERESIA gelang es nicht, die Preußen wieder aus Schlesien zu vertreiben. 1756 überfiel Friedrich das Königreich Sachsen, weil er eine Koalition Österreichs mit Sachsen und Russland gegen Preußen zur Rückgewinnung Schlesiens vermutete. Nahezu alle europäischen Mächte wurden im Laufe dreier **Schlesischer Kriege** in die Auseinandersetzungen Preußens mit Österreich verwickelt. (↑ s. S. 146 f.)

Q3 Friedrich II. über den inneren Landesausbau in Preußen, 1752:

Längs der Oder und der Neiße zog sich ein Streifen […] wilden und unzugänglichen Sumpflandes. Ich begann damit, die Sümpfe von Damm bei Stettin zu entwässern. Man arbeitete an einem Deich um die Oder einzudämmen und verteilte dann das neue Land an die Erbauer der dort angelegten Dörfer. […] Überall sind [neue] Dörfer angelegt. […] Wenn ich alles seit 1746 zusammenzähle, bin ich jetzt beim 122. Dorf.

(In: Geschichte in Quellen, Bd. III, S. 460 f.)

Als Friedrich II. 1786 starb, hinterließ er ein militärisch und wirtschaftlich starkes Preußen.

B4 Friedrich bei einer Wachparade in Potsdam. Gemälde 1778

B5 Friedrich II. besichtigt die Kolonien im Rhinluch. Gemälde von Johann Christoph Frisch, um 1780

ARBEITSAUFTRÄGE

1. Lies Q1 und gib Friedrichs Grundsätze in eigenen Worten wieder. Was ist daran absolutistisch? Was ist aufklärerisch?
2. Beschreibe und interpretiere die Bilder B2, B4 und B5. Welche Wirkungen sollen die einzelnen Bilder beim Betrachter hervorrufen?
3. Beurteile mit Q3 die Bedeutung des inneren Landausbaus.
4. Welches Bild hast du selbst von der Person und der Herrschaft Friedrichs II. gewonnen? Nutze für dein Urteil auch S. 146 f.

6. August der Starke – Kurfürst und König in Sachsen

Seit 1694 war FRIEDRICH AUGUST I. Kurfürst von Sachsen; seit 1697 war er als AUGUST II. auch König von Polen. Wir kennen ihn heute unter seinem Beinamen „August der Starke“, denn er konnte ein Hufeisen mit bloßen Händen zerbrechen. War August auch politisch ein starker Herrscher? ❷/3

König von Polen – Seine einzigen Ziele seien Ruhm und Ehre, sagte August. Darin war er ganz seinem großen Vorbild gleich, dem Sonnenkönig Ludwig XIV. Bereits 1697 bot sich die Gelegenheit dazu. Der König von Polen war gestorben. Die Adligen wählten oft einen ihres Standes zum König, meist jedoch aus dem Ausland. Je weniger Macht ein König im Land hätte, so dachten sie, desto größer ihre eigene Macht. König konnte in Polen aber nur werden, wer katholisch war. In einer nächtlichen Zeremonie trat August des-

PERSONENLEXIKON

Die GRÄFIN COSEL, 1680–1765. Lange Zeit die offizielle Geliebte Augusts. Später in jahrelanger Haft

Q1 August schreibt an seinen Minister Fürstenberg, um 1706:

Sie können mir glauben, wie mir zu Mute ist, da ich die Armee in einem fremden Lande auf dem Halse habe und es in den 6. Monat geht, dass ich für selbige keine Groschen bekommen habe. Also machen Sie, was Sie können, damit ich Geld für die Armee bekomme; sonst ist sie völlig ruiniert und möchte wohl gar auseinandergehen.

(In: Reinhard Delau, August der Starke. Bilder seiner Zeit. Halle und Leipzig 1989, S. 34. Bearbeitet)

B3 August der Starke (links) und Friedrich Wilhelm I. von Preußen (rechts). Gemälde von Louis de Silvestre, um 1730

B2 Elbansicht Dresdens. Gemälde von Canaletto, seit 1748 Hofmaler in Dresden. V.l.n.r.: Frauenkirche (1743), Augustus-Brücke, im Hintergrund das Schloss, Katholische Hofkirche (1755 vollendet), Teil der geschleiften Festungsmauer

halb zum katholischen Glauben über. Mit hohen Bestechungsgeldern setzte er sich gegen Mitbewerber durch und wurde zum König von Polen gewählt.

König AUGUST II. versuchte, seine beiden Länder zu einem Gesamtstaat zusammenzufügen. Zwischen Polen und Sachsen lag Schlesien, das damals zum Reich der österreichischen Habsburger gehörte. August versuchte vergeblich, dieses Land zu erwerben. 1706 musste er nach einem Krieg gegen die Schweden sogar auf die polnische Krone verzichten. Erst mit russischer Unterstützung konnte er sie 1709 wiedergewinnen.
Seine Versuche, in Polen eine absolutistische Herrschaft aufzubauen, scheiterten am Widerstand der polnischen Adligen. Augusts Herrschaft in Polen verschlang Unsummen.

Kurfürst von Sachsen – Konnte August der Starke in seinem Heimatland seine Macht vergrößern?

Die Bedenken der sächsischen Stände, sie müssten wie ihr Herrscher katholisch werden, konnte August zerstreuen. Sachsen, das Mutterland der Reformation, blieb protestantisch. Aber als Landesherr konnte er nun nicht mehr Oberhaupt der protestantischen Landeskirche sein. Er setzte seinen höchsten Beamten, den Geheimen Rat, als Leiter ein. Dennoch konnten nun die Landstände in ihrer Kirche viel selbstständiger bestimmen.

August musste die Stände seines Landes um Bewilligung der hohen Kosten für zahlreiche Kriege bitten. Zwar setzte er eine **Generalakzise** (= Steuer) gegen die Stände durch. Doch konnte er den Einfluss der Stände nie ganz zurückdrängen. Die Macht in Sachsen blieb zwischen den Ständen und dem Kurfürsten geteilt; man spricht daher vom **„absolutistischen Ständestaat“.**

Kulturelle Blüte – August war wie sein Vorbild Ludwig XIV. Förderer der Künste. Er ließ Dresden als barocke Residenzstadt ausbauen.

Berühmt ist das **Meißner Porzellan.** Eigentlich hatte JOHANN FRIEDRICH BÖTTGER im Auftrag des Kurfürsten Gold herstellen sollen, dabei aber das Geheimnis der Porzellan-Herstellung entdeckt. Dieses „weiße Gold“ musste nun nicht mehr aus China eingeführt werden. Böttgers Manufaktur wurde zu einer guten Einnahmequelle für August. Die schönsten Stücke fügte er seinen Kunstsammlungen ein.

Augusts Sohn und Nachfolger, AUGUST III. (1733–1763), machte Dresden zu einer bedeutenden Kunststadt. Die Regierungsgeschäfte überließ er dem wenig erfolgreichen Grafen Brühl. Am Ende der Regierungszeit Augusts III. war Sachsen ein wirtschaftlich und finanziell ruinierter Staat. Erst die Nachfolger leiteten Reformen der Verwaltung, der Finanzen und der Wirtschaft ein. e/4

August der Starke. Figur aus Meißner Porzellan

B4 Großer Garten in Dresden mit Hoftheater. Zeichnung 1719

ARBEITSAUFTRÄGE

1. Lies Q 1. Erläutere die Schwierigkeiten Augusts II.
2. Beschreibe B 3. Vergleiche die beiden Könige miteinander. Achte dabei besonders auf ihre Kleidung und ihre Haartracht. Stelle Zusammenhänge zu ihrem Herrschaftsstil her.
3. Beschreibe B 2. Vergleiche mit B 4. Schreibe einen Bericht über Augusts Herrschaft.
4. Betrachte B 4. Erzähle in einem Brief von einer Reise nach Dresden im 18. Jahrhundert.

7. Russland – das Tor nach Westen wird aufgeschlossen

Im Jahr 1703 befahl der russische **Zar** PETER I. (1672–1725), an der Ostsee eine neue Hauptstadt zu erbauen: St. Petersburg. Zehntausende von Zwangsarbeitern rammten unzählige Pfähle in den sumpfigen Boden und errichteten darauf in kürzester Zeit eine Stadt nach westlichem Vorbild. Als Peter starb, war eine der schönsten Residenzstädte Europas entstanden, das „Venedig des Nordens“, wie die Zeitgenossen sagten. Wer war dieser Zar, der in solch ungünstigem Gebiet eine Stadt errichten ließ?

Q1 Zar Peter I. spricht beim Stapellauf eines Kriegsschiffes zu russischen Adligen, um 1720:

Brüder, ist wohl ein Einziger unter Euch, der sich vor dreißig Jahren hätte vorstellen können, dass er das baltische Meer, nach der Weise der gesittetsten Nationen, mit russischen Flotten bedeckt sehn und Land-Armeen, die nach der genauesten Manneszucht in Europa gebildet sind, finden würde, durch welche uns Gott in den Stand gesetzt hat, solche erstaunlichen Eroberungen zu machen, dass unsere Nation gegenwärtig von der ganzen übrigen Welt mit Bewunderung angesehen wird? […] Die Geschichtsschreiber sagen, die Wissenschaften hätten ihren Ursprung zuerst in Griechenland gehabt […]; aber niemals haben sie bisher Zutritt bei uns gefunden, welches wir der Trägheit und dem Unverstande unserer Vorfahren zuschreiben müssen. […] Nunmehr ist die Reihe an uns gekommen, wofern Ihr nur meinen Bemühungen gern und willig beitreten, das ist, wenn Ihr einen sorgfältigen Fleiß mit Eurem blinden Gehorsam verbinden und Euch bemühen wollt, das Gute anzunehmen und das Böse zu vermeiden.

(In: Geschichte in Quellen, Bd. III, München 1986, S. 565 f. Gekürzt)

Europa als Vorbild – Als erster russischer Herrscher unternahm Zar Peter eine einjährige Bildungsreise nach Westeuropa, studierte dort das Militärwesen und lernte auf einer Werft das Handwerk eines Schiffszimmermanns. Seine Briefe trugen ein Siegel mit der Aufschrift: „Im Stande eines Lernenden bin ich und Lehrende suche ich mir!“

Als er nach Russland zurückkehrte, ging er sofort daran, das rückständige Riesenreich nach westeuropäischem Vorbild zu modernisieren. Peter wollte Russland zu einer der einflussreichsten Mächte Europas machen und neue Länder gewinnen. Im Nordischen Krieg (1700 – 1721) löste Russland Schweden als Vormacht in Osteuropa und im Ostseeraum ab. Der Bau St. Petersburgs war ein Symbol des Erfolges.

Das russische Kaiserreich 1689–1795

K2

Die Modernisierung erfordert Reformen – Auf seinen Reisen durch Europa hatte Peter I. die Überzeugung gewonnen, dass er für die Modernisierung Russlands ein zuverlässiges Beamtentum, eine merkantilistische Wirtschaft sowie eine moderne Armee nach westlichem Vorbild brauchte. Zur Finanzierung dieser **Reformpolitik** erlegte Peter allen Russen außer den Adligen eine **Kopfsteuer** auf. Die Landbewohner machten 97 % der ca. 15,5 Millionen Untertanen aus. Sie mussten den Großteil der Steuer und auch die 200 000 Soldaten stellen, die meist lebenslang und unter hartem Drill zu dienen hatten.

Der Zar zog die Adligen stärker zu Aufgaben im Militär und in der Verwaltung heran. Die adligen Grundherren erhielten auch nahezu unbegrenzte Verfügung über die leibeigenen Bauern. Dadurch wurde der Adel zwar in seiner sozialen Stellung gestärkt, aber seine politische Macht verlor er zunehmend.

Doch für die Mehrheit der Bevölkerung, die russischen Bauern, brachten die Reformen Peters keine Vorteile. Im Gegenteil: an den Zaren mussten sie die neue Kopfsteuer zahlen und von den adligen Gutsherren wurden sie zur Fronarbeit gezwungen. Wenn ihnen Unrecht geschah, konnten sie nicht einmal vor Gericht gehen, denn sie waren zu **Leibeigenen** der Gutsherren geworden.

Katharina die Große – Nach einer Zeit innerer Wirren kam 1762 KATHARINA II. (1729–1796) als Witwe des ermordeten Zaren Peter III. auf den Thron. Würde es ihr gelingen, die Reformversuche Peters I. fortzuführen und umzusetzen?

Katharina war eine geborene Prinzessin von Anhalt-Zerbst, eine sehr gebildetete Frau, die sich als Anhängerin der Aufklärung verstand. Sie trat ihre Herrschaft mit dem Versprechen an, ein rechtsstaatliches Gesetzeswerk zu schaffen. Die alte Willkürherrschaft der Zaren sollte durch einen modernen Staatsaufbau gemildert werden. Zugleich wollte sie die Machtstellung Russlands weiter ausbauen.

Die wenigen städtischen Bürger, Handwerker und Kaufleute, wurden in Gruppen und Zünften organisiert. Doch die versprochene Verfassung mit mehr Rechten für die Bürger kam nicht zustande. Mehr noch als Peter I. nahm Katharina den Adel in die Pflicht und verstärkte dessen Privilegien. Obwohl sie angekündigt hatte, die Leibeigenschaft der Bauern aufheben zu wollen, wurde diese in ihrer Regierungszeit bekräftigt und verschärft. Es kam deshalb 1775 sogar zu einem großen Bauernaufstand.

Ohne Rücksichten auf die Interessen Polens nahm Katharina II. mit Preußen die Besetzung und **Teilung Polens** vor (zuerst 1772). Auch erhielt Russland unter ihrer Herrschaft mit der Halbinsel Krim den Zugang zum Schwarzen Meer.

PERSONENLEXIKON

KATHARINA II., genannt „die Große“. Zarin von 1762 bis 1796

B3 Zar Peter I. (Mitte) in Versailles mit dem jungen Ludwig XV., seit zwei Jahren König von Frankreich

ARBEITSAUFTRÄGE

1. Lies Q 1. Welche Ziele verfolgte Peter der Große? Diskutiert, was wohl seine Untertanen dazu dachten.
2. Erläutere mit K 2 die Bedeutung des Russischen Reiches um 1700. Vergleiche mit dem heutigen Gebiet Russlands.
3. Beschreibe B 3. Stelle dir vor, du seist einer der französischen Höflinge und hättest täglich die Regeln des Zeremoniells zu beachten. Erzähle die Szene aus dessen Sicht.
4. Vergleiche Katharina II. mit Ludwig XIV. und Friedrich II. von Preußen. Hat sie zur Modernisierung Russlands beigetragen?

8. Europäische Machtpolitik im Zeitalter des Absolutismus

Das 17. und 18. Jahrhundert werden heute auch als „Epoche der Kriege" bezeichnet. Welche Veränderungen im Mächtegefüge Europas hatten diese Kriege zur Folge?

Nach dem Dreißigjährigen Krieg (1618–1648) gab es in Europa fünf Großmächte: **Spanien, Frankreich, England, Schweden,** das seine Macht über den Ostseeraum bis nach Deutschland ausgedehnt hatte. Ferner **Österreich,** die Führungsmacht des Heiligen Römischen Reiches deutscher Nation mit seinen vielen selbstständigen Einzelstaaten.

Die Beziehungen zwischen den Staaten Europas waren vom Wunsch ihrer Herrscher geprägt, sich **militärischen Ruhm** zu erwerben und fremde Territorien zu erobern. Die Diplomaten versuchten zwar, Interessenskonflikte auch ohne Krieg zu regeln. Wo aber die Diplomatie versagte, wurden Armeen ins Feld geschickt. Über die Belange kleinerer Nationen gingen die Großmächte bedenkenlos hinweg. So wurde Polen im 18. Jahrhundert zwischen Preußen, Österreich und Russland aufgeteilt.

England verdrängte zu Beginn des 18. Jahrhunderts Spanien als Weltmacht und setzte sich auf dem nordamerikanischen Kontinent auch gegen Frankreich durch. Die Briten strebten in Europa einen Gleichgewichtszustand, die **„balance of power"**, zwischen den Großmächten an. Denn sie konzentrierten sich auf den Ausbau ihres kolonialen Weltreiches.

Russland löste nach dem Nordischen Krieg (1700–1721) Schweden als Großmacht im Ostseeraum ab.

Preußen kam nach dem Siebenjährigen Krieg (1756–1763) als neue europäische Großmacht hinzu. Am Ende der Epoche entstand eine Rivalität zwischen Österreich und der neuen Großmacht Preußen, die die Ausbildung eines einheitlichen deutschen Nationalstaates verzögerte.

Q 1 König Friedrich II. von Preußen an seinen Nachfolger:

Ein Fürst muss notwendigerweise Ehrgeiz haben, aber dieser Ehrgeiz muss weise, maßvoll, durch die Vernunft erhellt sein. [...] Von allen Ländern Europas passen zu Preußen am besten Sachsen und Polnisch-Preußen und Schweden-Pommern, weil sie zur Abrundung seines Gebietes beitragen [...]. Sie meinen [...], man müsse auch die Mittel zum Erwerb dieser Länder angeben. Es sind folgende: Man muss seine Absicht verheimlichen und verbergen, die Umstände nutzen, günstige Gelegenheiten geduldig abwarten und, wenn sie kommen, entschlossen handeln [...]. Erwerbungen, die man durch Verträge erreicht, sind denen, die man durch das Schwert macht, immer vorzuziehen. Man wagt dabei weniger und ruiniert weder seine Börse noch seine Armee.

(In: Geschichte in Quellen, Bd. III, München 1986, 684 f. Gekürzt)

Q 2 Krieg als Fortsetzung der Politik mit anderen Mitteln: General v. Clausewitz in seinem Buch „Vom Krieg", 1832:

Der Krieg ist also ein Akt der Gewalt, um den Gegner zur Erfüllung unseres Willens zu zwingen. [... Dazu] müssen wir den Feind wehrlos machen [...].
Der Krieg [...] geht aber immer von einem politischen Zustand aus und wird durch ein politisches Motiv hervorgerufen. Er ist also ein politischer Akt. [...] Der Krieg ist eine bloße Fortsetzung der Politik mit anderen Mitteln. [...] Wir werden im Folgenden [...] untersuchen, was es heißt, einen Staat wehrlos zu machen [...]:
1. Die [feindliche] Streitkraft muss vernichtet werden [...].
2. Das [feindliche] Land muss erobert werden, denn aus dem Lande könnte sich eine neue Streitkraft bilden.
3. Ist aber beides geschehen, so kann der Krieg [...] nicht als beendet angesehen werden, solange der Wille des Feindes nicht auch bezwungen ist, d. h. seine Regierung [...] zur Unterzeichnung des Friedens oder das Volk zur Unterwerfung vermocht sind.

(In: http://gutenberg.spiegel.de/clausewz/krieg/buch01.htm. Gekürzt u. bearb.)

ARBEITSAUFTRÄGE

1. Lies Q 1 und arbeite die Kernaussagen des Textes heraus. Wie rechtfertigt Friedrich II. Kriege? Beurteile seine Auffassung.
2. In welchem Verhältnis stehen Politik und Krieg nach Auffassung des General von Clausewitz (Q 2), und welche Ziele sollen in einem Krieg verfolgt werden? Beurteile seine Auffassung.

9. Absolutistische Machtpolitik – die Teilungen Polens

Ende des 18. Jahrhunderts wurde Polen dreimal zwischen Preußen, Österreich und Russland geteilt. Warum hat Polen dieses Schicksal erlitten? Und welche Motive hatten die drei Großmächte?

Innere Schwäche Polens – Die polnischen Könige kamen nicht durch Erbfolge an die Macht, sondern sie wurden vom polnischen Adel gewählt. Um die Herausbildung einer starken Königsmacht zu verhindern und die eigenen Interessen besser verfolgen zu können, war die Wahl des Adels oft auf einen ausländischen Fürsten gefallen. Im polnischen Reichstag saßen ausschließlich Adlige. Jedes Mitglied besaß ein **Vetorecht,** d. h., es konnte durch seinen Einspruch Beschlüsse des Reichstags verhindern. Das hatte zur Folge, dass zwischen 1736 und 1763 kein einziger Reichstagsbeschluss zu Stande kam; auch deshalb, weil immer wieder Reichtagsmitglieder von benachbarten Großmächten bestochen wurden, um unliebsame Beschlüsse zu verhindern.

Die Teilungen Polens – 1764 war Stanislaus II. zum König von Polen gewählt worden. Als er versuchte, Polen zu reformieren und politisch zu stärken, einigten sich Russland, Österreich und Preußen 1772 darauf, polnische Gebiete abzutrennen und dem eigenen Staat einzuverleiben. Etwa zwanzig Jahre später griffen die Großmächte aus fadenscheinigen Gründen erneut in Polen ein und zwangen das Land, weitere Gebiete abzutreten. Im Jahre 1795 teilten sie auch noch den kaum mehr lebensfähigen Rest Polens unter sich auf. Für die Dauer von 123 Jahren, bis zum Jahr 1918, existierte nun kein polnischer Staat mehr.

K 1

B2 „Die Situation Polens 1772“. Die russische Zarin Katharina II., der österreichische Kaiser Joseph II. und der preußische König Friedrich II. zeigen auf einer Karte Polens ihre Gebietsansprüche. Der polnische König Stanislaus II. (2. von links) verweist auf die göttliche Gerechtigkeit. Zeitgenössischer Kupferstich von Johann E. Nilsson

ARBEITSAUFTRÄGE

1. Erläutere mit K 1 die Teilungen Polens im 18. Jahrhundert. Welche Motive hatten die drei Großmächte?
2. Beschreibe und interpretiere B 2.

	Politik	Kultur	Alltag
1800	1772/1795: Polen wird von Preußen und Russland aufgeteilt 1762 – 1796: Katharina I. („die Große“) als Zarin Russlands 1756 – 1763: Siebenjähriger Krieg Preußens u. a. mit Österreich und Sachsen; Schlesien fällt an Preußen	um 1800: Nur ein Viertel der Bevölkerung Europas kann lesen und schreiben 1794: In Preußen tritt das „Allgemeine Landrecht“ in Kraft	1775: Bauernaufstände in Russland
1750	1740 – 1786: Friedrich II. („der Große“); Preußen wird fünfte Großmacht Europas 1713 – 1740: Friedrich Wilhelm I. (der „Soldatenkönig“) macht aus Preußen eine Militärmacht 1701: Preußen wird Königtum 1694 – 1733: August II. („der Starke“), Kurfürst von Sachsen und König von Polen	1724 – 1804: Immanuel Kant, deutscher Philosoph der Aufklärung 1712 – 1778: Jean-Jacques Rousseau, franz. Philosoph der Aufklärung; Ausbau Dresdens als barocke Residenzstadt Augusts II. um 1710: Pressezensur in Frankreich 1710: Gründung der Porzellanmanufaktur in Meißen	ab 1740: Landesausbau und Förderung der Landwirtschaft in Preußen; u. a. Anbau der Kartoffel Ausbau Berlins um 1710: Missernten und Hungeraufstände in Frankreich ab 1703: Ausbau St. Petersburgs zur Hauptstadt des russischen Zaren
1700	1689–1725: Zar Peter I. („der Große“); Europäisierung Russlands ab 1680: Ludwig XIV. beginnt mit dem Aufbau einer zentralistischen Verwaltung; staatliche Wirtschaftsförderung (Merkantilismus) durch Colbert 1661–1715: König Ludwig XIV.; Ausbau des Absolutismus in Frankreich	Ab 1700: Europäisierung Russlands 1685: Verfolgung und Vertreibung der Protestanten (Hugenotten) in Frankreich	ab 1670: Der Merkantilismus führt zur Entstehung von Manufakturen und fördert den Handel.
1650	1640 – 1688: Friedrich Wilhelm I., Kurfürst von Brandenburg	ab 1650: Barock als Stilrichtung in Kunst und Musik 1632 – 1704: John Locke, englischer Philosoph der Aufklärung	

Zusammenfassung – Absolutismus und Aufklärung

Dem französischen König Ludwig XIV. gelang es im 17. Jahrhundert, die Mitbestimmung der Stände im Staat, vor allem des Adels, einzuschränken. Er verstand es geschickt, die Adligen Frankreichs an seinen Hof nach Versailles zu holen, sie an seiner prächtigen Hofhaltung zu beteiligen, politisch aber zu entmachten. Das höfische Zeremoniell führte täglich neu die zentrale Stellung des Königs vor Augen. Mit der Hilfe von Beamten, die Ludwig XIV. oft aus dem Bürgerstand wählte, versuchte er, alle Bereiche seines Staates zu vereinheitlichen und zentral zu lenken. Er war absolutistischer König. Der **Absolutismus** war die Grundlage des Staates.

In ganz Europa ahmten die Herrscher das französische Vorbild nach. Den Kurfürsten von Brandenburg glückten bedeutende Machtgewinne. Nach 1700 wurden sie zu Königen in **Preußen.** Der „Soldatenkönig" Friedrich Wilhelm I. machte den preußischen Staat zu einem Militärstaat. Sein Sohn Friedrich II. („der Große") nutzte die militärische Macht Preußens: In zahlreichen Kriegen machte er Preußen zu einer europäischen Großmacht. August der Starke, Kurfürst von **Sachsen** und König von Polen, musste den sächsischen Ständen zahlreiche Zugeständnisse machen. Im Osten Europas wurde **Russland** unter der Herrschaft Peters des Großen nach westlichem Vorbild modernisiert und ebenfalls Großmacht. Der größte Teil der russischen Bevölkerung litt aber weiterhin bittere Not.

Im 18. Jahrhundert übten die **Aufklärer** Kritik am Absolutismus: Von den Untertanen würde völlige Unterwerfung unter den Willen des Herrschers verlangt, obwohl von Natur aus alle Menschen frei geboren seien. Einige absolutistische Herrscher wie Friedrich II. waren für die Gedanken der Aufklärung aufgeschlossen. Doch auch als „aufgeklärte Monarchen" forderten sie weiter völligen Gehorsam von ihren Untertanen.

ARBEITSAUFTRÄGE

1. Im Absolutismus gelang es dem König, sich gegen die Landesfürsten und den Adel durchzusetzen. Schreibe einen Bericht: „Der König sichert seine Macht".
2. Vergleiche die Gedanken und Forderungen der Aufklärer mit dem absolutistischen Herrschaftsanspruch Ludwigs XIV.
3. Ludwig XIV. wird der Satz zugesprochen: „Der Staat bin ich!". Friedrich II. verstand sich dagegen als „erster Diener des Staates". Entwirf ein Streitgespräch zwischen beiden Herrschern.

ZUM WEITERLESEN

Mai, Manfred: Deutsche Geschichte. Erzählt von Manfred Mai, mit Bildern von Julian Jusim, Beltz Verlag, Weinheim/Basel 2003, S. 61 ff.

@/1 http://de.wikipedia.org/wiki/Jean_Baptist_Colbert
@/2 http://de.wikipedia.org/wiki/Hugenottische_Diaspora
@/3 http://de.wikipedia.org/wiki/August_der_Starke
@/4 http://de.wikipedia.org/wiki/Dresdener_Barock
@/5 http://www.lexikon.freenet.de/kulturgeschichte_der_kartoffel

Standard-Check: Das solltest du können!

1. Wichtige Arbeitsbegriffe
Hier sind wichtige Arbeitsbegriffe des Kapitels aufgelistet. Übertrage sie in dein Heft und formuliere zu jedem Begriff eine kurze Erläuterung.

absolute Macht	Manufakturen
Amtsadel	Merkantilismus
Hofadel	stehendes Heer
aufgeklärter Absolutismus	Stände

1. ☺ 😐 ☹

2. Richtig oder falsch?
Prüfe, ob die rechts stehenden Aussagen entweder richtig sind oder falsch. Übertrage nur die Sätze mit falschen Aussagen in dein Heft, aber berichtige sie dabei direkt.

– Als Absolutismus bezeichnet man eine Herrschaftsform, die in Europa zwischen ca. 1500 – 1700 existierte.
– Der absolutistische Herrscher verstand sich selber als „über den Gesetzen" stehend.
– Der Merkantilismus galt als typische Wirtschaftsform des englischen Absolutismus unter König Karl I.
– Absolutistische Herrscher stützten ihre Macht auf ein stehendes Herr, dem Aufbau einer Verwaltung sowie der Entmachtung des Feudaladels.

2. ☺ 😐 ☹

3. Aufbau einer absolutistischen Gesellschaft
3.1 Übertrage das Schaubild als Skizze in dein Heft.
3.2 Ergänze und beschrifte es nun in deinem Heft.
3.3 Erläutere, was das Schaubild über den Aufbau einer absolutistischen Gesellschaft aussagt.
3.4 Bewerte die Stellung und die Rolle des Hofadels im Absolutismus.

Aufbau einer absolutistischen Gesellschaft

3.1 ☺ 😐 ☹
3.2 ☺ 😐 ☹
3.3 ☺ 😐 ☹
3.4 ☺ 😐 ☹

4. Bildinterpretation
4.1 Erläutere in deinem Heft, was der Zeichner mit der Karikatur zum Ausdruck bringen will.
4.2 Welcher Stilmittel bedient er sich dabei?
4.3 Stimmst du der Aussage der Karikatur zu? Begründe deine Antwort im Heft.

König Ludwig XIV. Englische Karikatur um 1840

4.1 ☺ 😐 ☹
4.2 ☺ 😐 ☹
4.3 ☺ 😐 ☹

Die Lösungen zu diesen Standard-Checkaufgaben findest du auf Seite 311. Aber: Erst selbst lösen, dann überprüfen. Dein Können kannst du bewerten (☺ 😐 ☹). Deine Leistungsbewertung zeigt dir, was du noch einmal wiederholen solltest.

Das konnte ich
☺ = gut
😐 = mittel
☹ = noch nicht

Bürgerliche Revolutionen / Napoleon

Die absolutistische Herrschaft der Könige geriet seit dem 18. Jahrhundert ins Wanken. Das Bürgertum strebte zur Macht. Schon Mitte des 17. Jahrhunderts hatte das englische Parlament Krieg gegen den König geführt. 1776 erklärten die amerikanischen Kolonien ihre Unabhängigkeit von England. In den Vereinigten Staaten von Amerika wählten nun die Bürger ihre Regierung. Solche Veränderungen vollzogen sich oft mit Gewalt. Die Franzosen ließen ihren König Ludwig XVI. während der Französischen Revolution 1793 hinrichten.

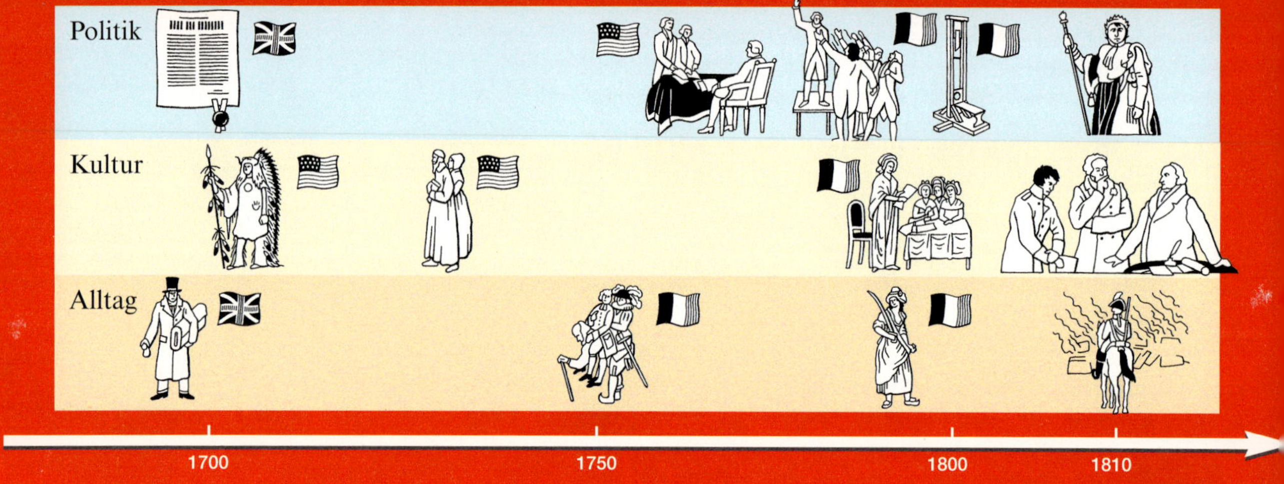

Die Vereinigten Staaten um 1790

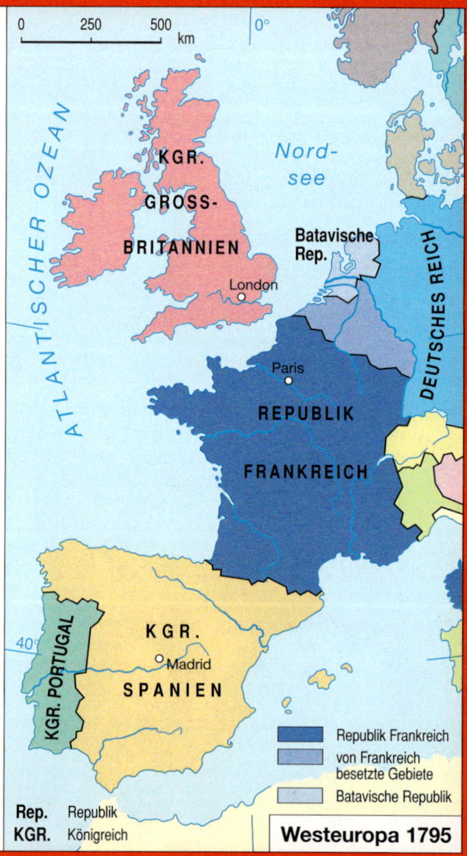

Westeuropa 1795

ARBEITSAUFTRAG

Auf der rechten Karte erkennst du die Staaten Großbritannien, Frankreich und Spanien.
Erläutere, was diese Länder mit der Geschichte Nordamerikas zu tun haben.

Teil I: England und Nordamerika

1. Die englische Krone festigt ihre Macht

Um 1500 war England noch ein schwacher Staat. Die Gründe dafür waren der 100-jährige Krieg mit Frankreich und ständige Thronstreitigkeiten. Doch 250 Jahre später war England zur führenden Macht in Europa aufgestiegen. Was waren die Voraussetzungen für das Erstarken Englands seit dem 16. Jahrhundert?

Starke Herrscher – Im Vergleich zu den Vorgängern waren HEINRICH VII. (1485–1509) und HEINRICH VIII. (1509–1547) aus dem Hause Tudor mächtige Könige. Die Thronfolge ihrer Kinder setzten sie problemlos durch.

Heinrich VIII. war nicht nur berühmt für seine Erfolge auf Tennisplätzen und bei Ritterturnieren, er galt auch als intelligent und durchsetzungsfähig. Er rüstete sein Heer zielstrebig mit der kostspieligen neuen Waffentechnik aus: Kanonen und Schießpulver. Er erkannte auch die Bedeutung einer Kriegsflotte für den Inselstaat England. Die Flotte sollte neue Kolonien in Übersee erschließen und den englischen Handel gegen die Konkurrenz der Hanse und der Niederlande schützen. Den Adel band Heinrich VIII. fest in Heer und Flotte ein. Ein Aufstand gegen ihn war deshalb aussichtslos.

Die englische Reformation – Heinrich VIII. wurde als erster englischer König auch religiöses Oberhaupt seiner Untertanen und löste die englische Kirche von der katholischen Papstkirche in Rom. Was waren die Gründe?

Als die Reformation in Europa begann, hatte sich Heinrich anfangs auf die Seite des Papstes gestellt. Doch aus persönlichen Gründen änderte er seine Einstellung. Von seiner Frau KATHARINA hatte er eine Tochter, aber keinen männlichen Erben. Deshalb wollte er die Scheidung, um seine Geliebte ANNA BOLEYN heiraten zu können. Der Papst weigerte sich jedoch, die Ehe mit Katharina für ungültig zu erklären. Darauf ließ sich Heinrich VIII. vom Erzbischof von Canterbury scheiden. Als der Papst den Bann über den König sprach, löste dieser alle Bindungen zur katholischen Kirche und erklärte sich 1534 zum Oberhaupt der **anglikanischen** (= englischen) **Kirche.**

Die neue Konfession erlaubte die Priesterehe und sah die englische Sprache im Gottesdienst vor. Ansonsten waren die Zeremonien ähnlich wie in der katholischen Kirche. Für Heinrich hatte die Trennung von der katholischen Kirche auch wirtschaftliche Vorteile. Er ließ die über 600 katholischen Klöster seines Landes schließen. Deren Besitz, etwa ein Viertel des gesamten Landes, fiel nun an an ihn. Der Verkauf des früheren Kirchenlandes füllte seine Kassen mit etwa einer Million Pfund Silber.

PERSONENLEXIKON

HEINRICH VIII., 1491–1547. König von England seit 1509. Er brach mit der katholischen Papstkirche, gründete 1534 die anglikanische Kirche und erklärte sich zu deren religiösem Oberhaupt.

B1 Einschiffung Heinrichs VIII. in Dover. Ausschnitt aus einem zeitgenössischen Gemälde

Staatskirche und Minderheiten – Wie standen nun die Menschen in England zur Reformation des Königs?

Die Mehrheit der Bevölkerung folgte dem König und begrüßte die Neuerungen. Eine beachtliche Minderheit aber wollte die neue anglikanische Religion nicht annehmen. Sie hatte sich weitergehende Veränderungen der Kirche erhofft. Es handelte sich um die Anhänger anderer Reformatoren, vor allem Calvins. Sie nannten sich **Puritaner** (Lat.: *purus* = rein), denn sie wollten ein Bekenntnis, das allein dem reinen Wort Gottes folgte. Die Auslegung der Bibel bildete den Kern ihres Gottesdienstes. Jede Gemeinde sollte sich selbst verwalten und keinem Geistlichen oder Bischof folgen müssen.

Die Puritaner wollten ein sparsames, tugendhaftes und arbeitsames Leben zur Ehre Gottes führen. Sie glaubten, Gott würde ihnen schon auf Erden durch ihren wirtschaftlichen Erfolg zeigen, dass sie für das Himmelreich ausgewählt seien. Deshalb betätigten sich die Puritaner auch in neuen Wirtschaftszweigen, zum Beispiel als Verleger. Doch da sie in England verfolgt wurden, wanderten viele Puritaner in die Niederlande, später nach Nordamerika aus.

Veränderungen in der Wirtschaft – Englands Wirtschaft fand im 16. Jahrhundert zu neuem Wohlstand. Die starke Flotte sowie die Zielstrebigkeit der Puritaner waren nicht die einzigen Gründe für den wirtschaftlichen Erfolg.
Im europäischen Ausland wurden englische Wolltuche immer beliebter. Mit Wolle konnte mehr verdient werden als mit den Produkten des Ackerbaus. Daher stellten die englischen Grundherren, denen das Land gehörte, ihre Landwirtschaft auf Schafzucht um und umgaben die Ländereien mit Mauern, Zäunen oder Hecken. Noch heute sind diese **Einhegungen** typisch für das englische Landschaftsbild. Die Kleinbauern und Pächter, die zuvor das Land bewirtschaftet hatten, verloren dadurch die Grundlage ihrer Existenz. Für sie blieb nur der Ausweg, als Arbeiter in die Städte zu ziehen oder als Heimarbeiter ein sehr karges Leben auf dem Land zu führen.

Es entstand ein neuer Unternehmertyp: der **Verleger.** Er kaufte Wolle oder Garn und ließ diese von Heimarbeitern zu Tuch weiterverarbeiten. Die Heimarbeiter mussten sehr geringe Löhne akzep-

B2 Das Verlagswesen in der Textilherstellung

Q3 Der englische Humanist Thomas Morus, um 1516:

Die Schafe gelten als recht zahm und genügsam; jetzt aber fressen sie Menschen, verwüsten und entvölkern Länder, Häuser, Städte: [...] Edelleute und sogar Äbte nehmen das schöne Ackerland weg, zäunen alles als Weiden ein, reißen die Häuser nieder, zerstören die Dörfer und lassen nur die Kirche als Schafstall stehen [...]. Damit also ein einziger Prasser ein paar tausend Morgen zusammenhängendes Land mit einem einzigen Zaun umgeben kann, werden Pächter von Haus und Hof vertrieben: Durch List und gewaltsame Unterdrückung macht man sie wehrlos oder bringt sie durch ermüdende Plackerei zum Verkauf. [...] Ihren ganzen Haushalt schlagen sie für ein Spottgeld los. Ist das bisschen Erlös auf der Wanderschaft verbraucht, was bleibt ihnen schließlich anderes übrig, als zu stehlen oder Bettler zu werden? Kein Mensch will ihre Dienste haben, sie mögen sich noch so eifrig anbieten! Denn mit dem Ackerbau, den sie gewohnt sind, ist es nichts mehr, wo nicht gesät wird; genügt doch ein einziger Schafhirte, um dasselbe Land abzuweiden, zu dessen Anbau als Saatfeld viele Hände benötigt werden [...].

(In: U. Margedant [Hg.]: Englands Weg zum Parlamentarismus, Frankfurt a.M. 1977, S. 34. Gekürzt)

tieren, weil sie keine anderen Verdienstmöglichkeiten hatten. Den Unternehmern brachte diese Form der Produktion große Gewinne. So entstand eine wirtschaftlich aktive Oberschicht aus Landadel und Verlegern, die **Gentry.** Die Gewinne nutzten die Angehörigen der Gentry für Investitionen in den Fernhandel, für die Gründung von Handelsniederlassungen in Übersee und später für Investitionen in die neu entstehenden Fabriken.

Englands Königtum zu Beginn des 17. Jahrhunderts – Königin ELISABETH I. (1558–1603), die Tochter Heinrichs VIII., erkannte die wirtschaftlichen Vorteile, die Handelsstützpunkte in Übersee den Spaniern oder Niederländern brachten. Sie wollte es ihnen gleichtun. In ihrem Auftrag segelten **Merchant Adventurers** (Dt.: Handel treibende Abenteurer) wie WALTER RALEIGH und FRANCIS DRAKE an ferne Küsten und gründeten dort englische Handelsniederlassungen. So entstanden ein weltweites englisches Handelsnetz sowie die erste englische Kolonie in Nordamerika: Virginia. England wurde zu einer bedeutenden Kolonialmacht.

Nach dem Tod Elisabeths bestieg ihr nächster männlicher Verwandter, der schottische König JAKOB I. (1603–1625), den Thron. Als König von Schottland hatte er eine starke Stellung erlangt. Er handelte aus der Überzeugung heraus, von Gott als König eingesetzt worden zu sein, dem **Gottesgnadentum** des Königs. Deshalb beanspruchte Jakob I. diese unumschränkte Macht für sich, als er zum englischen König gekrönt wurde. Doch der neue Geldadel widersetzte sich dem absolutistischen Anspruch des Königs.

Einhegungen in der englischen Landschaft

Q4 Englands König Jakob I. über das Königtum (1615):

Könige sind in Wahrheit Götter. Sie üben eine Art göttlicher Macht auf Erden aus. Wenn ihr die Eigenschaften Gottes betrachtet, werdet ihr sehen, wie sie mit denen des Königs übereinstimmen. Gott hat die Macht zu schaffen oder zu zerstören, hervorzubringen oder aufzuheben, Leben zu gewähren oder den Tod zu senden. Und die gleiche Macht besitzen Könige: Sie schaffen oder vernichten ihre Untertanen, sie haben Gewalt, sie zu erhöhen oder zu erniedrigen, sie haben Gewalt über Leben und Tod [...]. Sie selbst sind allein Gott verantwortlich [...]. So wie jemand Gott lästert, wenn er mit ihm streitet, so begehen die Untertanen Aufruhr, wenn sie das Gebot königlicher Machtvollkommenheit bestreiten.

(In: Bernd Askani u. a. [Hg.]: Anno 2, Braunschweig 1995, S. 262)

B5 Elisabeth I. mit ihren Hofleuten. Gemälde von R. Peake, ca. 1580

ARBEITSAUFTRÄGE

1. Beschreibe B1 und erläutere, welche Bedeutung für England der Bau einer mächtigen Flotte hatte.
2. Erkläre mithilfe von B2 die Tätigkeiten und Verdienstmöglichkeiten eines Verlegers. Schreibe ein Gespräch auf zwischen einem Heimarbeiter, einem Tuchweber, und dem Verleger.
3. Interpretiere den Satz: „*Die Schafe fressen die Menschen.*" (Q3). Erläutere die Konsequenzen der Schafzucht für die Pächter und Kleinbauern des früheren Ackerlands.
4. Erläutere und beurteile, wie Jakob I. in Q4 seine Stellung als König beschreibt und begründet.
5. Betrachte B5. Beschreibe: Gefolge, Schmuck und Kleidung von Elisabeth I. Begründe, warum sie so prunkvoll auftrat.

2. Bürgerkrieg und Ausgleich zwischen Krone und Parlament

König Jakob I. und auch sein Sohn Karl I. (1625–1649) strebten die absolute Stellung als König an. Doch mit dieser Auffassung standen sie im Gegensatz zu der des Parlaments. Das Parlament pochte auf das 400 Jahre zuvor mit der Magna Carta Libertatum errungene Recht der Steuerbewilligung. Wer konnte sich in diesem Konflikt zwischen König und Parlament durchsetzen?

Der Weg in den Bürgerkrieg – Zunächst konnte das Parlament 1628 mit der **Petition of Right** (Dt.: Bitte um Recht) weitere Rechte beim König durchsetzen. So durfte niemand mehr ohne rechtmäßige Anklage verhaftet werden. Die Untertanen wurden dadurch vor königlicher Willkür geschützt. Doch der König versuchte, den Einfluss des Parlaments zu verringern, indem er es 15 Jahre lang nicht mehr zusammenrief. Es kam dennoch wieder zu einem Konflikt: Als die Schotten sich mit Waffen gegen die Absicht Karls I. wehrten, ihnen die anglikanische Religion aufzuzwingen, benötigte der König Geld für einen Krieg gegen sie. Er forderte deshalb 1640 das englische Parlament auf, neue Steuern per Gesetz zu erlassen.

Der puritanische Teil der Abgeordneten des Parlaments wollte entsprechend seiner Zahl und wirtschaftlichen Stärke mehr Mitsprache in den Angelegenheiten des Landes. Sie fühlten sich gegenüber den anglikanischen Abgeordneten, die der Staatskirche angehörten, benachteiligt. Überhaupt forderten sie nun eine Teilung der Macht zwischen König und Parlament. Das war Karl I. zu viel. Im Jahr 1642 versuchte er, seine Gegner im Unterhaus zu verhaften. Doch damit verletzte er die Rechte des Parlaments und seiner Abgeordneten.

Krieg zwischen König und Parlament – Das Verhalten des Königs wurde von den Abgeordneten als Kriegserklärung an das Parlament aufgefasst. Wie ging der Machtkampf aus?

Der größte Teil des Adels und die meisten anglikanischen Untertanen unterstützten Karl I. Doch die Armee des Parlaments, die **New Model Army** (Dt.: neue Musterarmee), vom puritanischen Landedelmann Oliver Cromwell hervorragend gedrillt und angeführt, war stärker als das Heer des Königs. Nach fünfjährigem Bürgerkrieg geriet der König sogar in Gefangenschaft.

Der siegreiche Cromwell regierte England mithilfe seiner Armee zehn Jahre. Er „säuberte" das Parlament von Abgeordneten, die nicht puritanisch waren. Ein Sondergericht des Parlaments verurteilte Karl I. im Jahr 1649 zum Tode. Dies war ein bis dahin einmaliger Vorgang: Ein König, der seine Macht von Gottes Gnaden haben sollte, wurde enthauptet. Aber die Zeit unter Cromwell wurde für die Engländer wegen der strengen Moralgesetze unerfreulich, weil z.B. die Theater geschlossen wurden. Für die selbstbewusste Schicht der englischen Gentry war es schließlich unerträglich, dass Cromwell England im Stile eines Alleinherrschers regierte.

PERSONENLEXIKON

Oliver Cromwell. 1599–1658. Angehöriger der Gentry, Mitglied des Parlaments. Führer des Parlamentsheeres im Krieg gegen den König. Unterwarf auch die Opposition und wurde als Lord-Protector (Engl.: Schutzherr) Alleinherrscher Englands

Q1 Petition of Right (1628):

In einer Bittschrift forderte das Unterhaus 1628 folgende Rechte vom englischen König Karl I.:
Unseren obersten Herrn und König machen wir [...] untertänigst darauf aufmerksam, dass keine Steuer oder Beihilfe erhoben werden dürfe ohne den guten Willen und die Zustimmung des Parlaments. [...] Es ist auch erklärt und verfügt worden, dass kein freier Mann verhaftet, geächtet oder verbannt werden dürfe außer nach gesetzlichem Urteil von Seinesgleichen oder nach dem Landesgesetz. Wir bitten deshalb Eure Majestät ehrerbietig, es möge künftig niemand mehr genötigt werden, irgendein Geschenk, ein Darlehen oder eine freiwillige Gabe, eine Steuer oder sonst eine entsprechende Abgabe zu leisten ohne allgemeine Zustimmung durch Parlamentsbeschluss, und es möge niemand zur Verantwortung gezogen werden [...] weil er sich geweigert hat, eine solche Abgabe zu entrichten.

(In: Geschichte in Quellen, Bd. III, München 1982, S. 364 ff. Gekürzt)

So erschien das alte Königtum, mit dem eine Einigung vielleicht möglich gewesen wäre, in einem verklärten Licht. Nach Cromwells Tod setzte das Parlament wieder einen Monarchen ein. Es rief Karl II. (1660–1685), den Sohn Karls I., zurück. Der musste aber zusichern, die alten Rechte des Parlaments zu achten.

Die Einigung über die Herrschaft – Doch schon bald kam es zu neuem Streit. Das verschwenderische Leben des Königs störte die puritanischen Abgeordneten. Noch schlimmer war für Puritaner und Anglikaner, dass der Nachfolger Karls II., Jakob II. (1685–1688), Katholiken als Beamte und Offiziere vorzog.

Als 1688 der neugeborene Thronfolger katholisch getauft wurde, war dies der Anlass zum endgültigen Bruch zwischen König und Parlament. In einem geheimen Brief wurde dem protestantischen Schwiegersohn des Königs, Wilhelm von Oranien, die englische Krone angeboten. Wilhelm war Statthalter in den spanischen Niederlanden. Als dieser mit seinem Heer nach England übergesetzt war, verließ Jakob II. fluchtartig London. Doch bevor Wilhelm 1689 gekrönt wurde, musste er einen Vertrag unterschreiben, in dem die Rechte des Parlaments und die Aufgaben des Herrschers festgelegt wurden **(Bill of Rights).** Die Engländer bezeichneten diesen unblutigen Wechsel der Herrschaft als **Glorious Revolution** (= glorreiche Revolution). Entscheidend war, dass das englische Parlament einen neuen Absolutismus verhindert hatte und nun den König kontrollieren konnte.

B 2 Prozess gegen Karl I. 1649, Kupferstich

Q 3 Die Bill of Rights (1689):

Die versammelten […] Lords und Gemeinen [= nicht-adlige Parlamentsmitglieder] legen Wilhelm und Maria, Prinz und Prinzessin von Oranien, eine Erklärung vor:
[…]

4. Steuern für Zwecke der Krone oder zum Gebrauch der Krone […], ohne Erlaubnis des Parlaments […] zu erheben, ist gesetzwidrig.
5. Es ist das Recht des Untertans, dem König Bittschriften einzureichen, und jede Untersuchungshaft sowie Verfolgung deswegen ist gesetzwidrig.
6. Es ist gegen das Gesetz, es sei denn mit Zustimmung des Parlaments, eine stehende Armee im Königreich in Friedenszeiten aufzustellen oder zu halten. […]
8. Die Wahl von Parlamentsmitgliedern soll frei sein.
9. Die Freiheit der Rede und der Debatten und Verhandlungen im Parlament darf nicht […] angefochten oder in Frage gestellt werden. […]
13. Um allen Beschwerden abzuhelfen sowie zur Besserung, Stärkung und Erhaltung der Gesetze sollen Parlamentssitzungen häufig gehalten werden. […]
14. […] beschließen die versammelten Lords und Gemeinen, dass Wilhelm und Maria, Prinz und Prinzessin von Oranien, König und Königin von England sein und als solche erklärt werden sollen […].

(In: Geschichte in Quellen, Bd. III, München 1982, S. 495. Gekürzt)

ARBEITSAUFTRÄGE

1. Erkläre, wie das Parlament in Q 1 zum König steht und was es für sich beansprucht. Begründe, warum das Steuerbewilligungsrecht für die Parlamentarier so wichtig war.
2. Beschreibe die Personengruppen in B 2. Versetze dich in einen königstreuen Beobachter des Geschehens und schreibe aus seiner Sicht eine Eintragung in ein Tagebuch.
3. Erarbeite mit Q 3, welche Rechte ab 1689 dem Parlament zugesichert werden und welche noch beim König verbleiben.

3. Englands Aufstieg zur führenden Handelsmacht

Wie in ganz Europa, so bildeten auch in England die Kaufleute eine Minderheit gegenüber der überwiegend noch von Landwirtschaft lebenden Bevölkerung. Doch diese Handel treibende Minderheit erwirtschaftete so viel Geld wie die gesamte übrige Bevölkerung. Wie konnte der Handel diese große Bedeutung für England gewinnen?

Die Gesellschaft wandelt sich – Die oberen Stände, Adel und Gentry, blieben in England weniger abgeschlossen voneinander als anderswo. Das wohlhabende Bürgertum aus Kaufleuten, Verlegern und Unternehmern schloss sich für die gemeinsamen wirtschaftlichen Interessen zusammen. Als Gentry genoss es großes Ansehen und war auch mit dem Adel durch Heirat verbunden. Der Adel selbst war schon lange zu einer gewinnbringenderen Landwirtschaft und zur Schafzucht übergegangen. Es galt als durchaus standesgemäß, sich auch in weiteren Wirtschaftszweigen zu betätigen. Adel und Gentry erwarben zum Beispiel Anteile an **Kohlebergwerken** oder sie beteiligten sich mit ihrem Geld an den **Handelsfahrten** der Kaufleute nach Übersee. Ihr Streben nach Reichtum wurde vom puritanischen Glauben bestärkt, der unternehmerischen Erfolg als Beweis für ein gottgefälliges Leben ansah.

Zusammenschlüsse für den Handel – Um englische Niederlassungen in Indien oder Amerika aufzubauen, wurden Handelsgesellschaften gegründet, zum Beispiel die **East India Company** oder die **Virginia Company.** Wie gaben sie dem Überseehandel Auftrieb?

Adelige und Bürger stellten als Mitglieder dieser Gesellschaften große Geldsummen zur Verfügung, um deren Seefahrten und Niederlassungen zu finanzieren. Daher teilten sie sich auch die Gewinne oder trugen – im Falle eines Scheiterns – die Verluste der Unternehmungen. Aufgrund **königlicher Privilegien** und ausschließlicher Handelsrechte für bestimmte Waren (= **Monopole**), waren die Gewinnaussichten jedoch gewaltig. Außerdem genossen die Handelsgesellschaften militärischen Schutz für ihre Niederlassungen und hatten das Recht, diese selbstständig zu verwalten.

An vielen Küsten Afrikas, Amerikas und Asiens waren daher bald englische Handelsniederlassungen zu finden. Manche

Q 1 Charta für Virginia (1612):

I. Wir, Jakob, von Gottes Gnaden König von England, entbieten allen Unseren Gruß. Auf untertäniges Gesuch verschiedener Unserer geliebten Untertanen, Unternehmer und Siedler der ersten Kolonie in Virginia, [...] haben Wir bewilligt, dass sie und alle diejenigen Unserer geliebten Untertanen, die sich [...] künftig ihnen als Siedler oder Unternehmer anschließen sollten, für alle Zeit eine politische Körperschaft bilden sollen. [...]

II. Ferner haben Wir zu ihrem Besten der genannten Kompanie [von Virginia] die Länder, Gebiete und Territorien, die in dem als Virginia bezeichneten Teil von Amerika liegen, für alle Zeit übergeben, verliehen und bestätigt; dazu allen Grund und Boden, Gewässer, Fischereigebiete, Minen und Bodenschätze, Jagdberechtigungen, Hoheitsrechte, Privilegien und Freiheiten. [...]

X. Wir bewilligen ferner der Kompanie für alle Zeiten die gesetzliche Freiheit, alle diejenigen Untertanen wie auch beliebige Ausländer in die erwähnte Pflanzung Virginia zu bringen, die aus freiem Willen bereit sind, ihnen in die Pflanzungen zu folgen.

(In: E. Hinrichs u.a.: Das waren Zeiten, Bd. 2, Frankfurt a. M. 1997, S. 88)

T 2 Englische Importe aus den Kolonien (in 1000 Pfund Sterling)

	1699–1701	1722–24	1752–54	1772–74
aus Asien				
Baumwolltextilien	367	437	401	697
Tee	8	116	334	848
aus Amerika				
Zucker	630	928	1302	2360
Tabak	249	387	953	904

(Nach: Dietmar Rothermund: Europa und Asien im Zeitalter des Merkantilismus, Darmstadt 1978, S. 109)

englischen Kaufleute, auch Händler aus anderen Ländern, spezialisierten sich auf den Menschenhandel. Im **Dreieckshandel** zwischen Afrika, Amerika und Europa wurden Afrikaner als **Sklaven** nach Amerika verkauft. Ohne Rücksicht auf das Schicksal der versklavten Menschen wurden so hohe Gewinne erwirtschaftet.

Eine neue Handelsmacht – Die englischen Kaufleute erreichten, dass der Staat die Ausweitung des englischen Handels sicherte. 1651 ordnete der König in einem **Navigation Act** (Dt.: Schifffahrtsgesetz) an, dass der Handel mit England nur von englischen Schiffen erlaubt sei. Davon waren die Niederlande betroffen, die bis dahin führende Handelsmacht und der Hauptkonkurrent Englands in Übersee. Andere Gesetze legten fest, dass Güter, die in den Kolonien produziert wurden, nur nach England geliefert oder von dort bezogen werden durften. Allerdings stießen solche Handelsbeschränkungen auch auf den Widerstand der englischen Kolonisten.

Die von der Krone und dem Parlament geförderte Handelspolitik machte LONDON zum blühenden Handelszentrum. Obwohl die Stadt im Jahr 1666 durch einen Brand fast völlig zerstört wurde, war London mit seinem Hafen, den Palästen, öffentlichen Bauten und Kirchen bald Symbol für das neue Selbstverständnis Englands. Ein Zeitgenosse fasste es einige Jahre später in folgende Worte: *„Unsere Schiffe sind beladen mit Ernten aus allen Klimazonen. Unsere Tische biegen sich unter Gewürzen, Ölen und Weinen […] Unser Frühstücksgetränk kommt aus der entferntesten Gegend der Erde […] Die Weinberge Frankreichs sind unsere Gärten, die Gewürzinseln unsere Beete. Die Perser knüpfen Teppiche für uns, die Chinesen liefern uns ihr Porzellan."*

ARBEITSAUFTRÄGE

1. Erläutere mit Q 1 und T 2 die Vorteile, die Kaufleute, Anteilseigner und der König von den Handelsgesellschaften hatten.
2. Nenne mit T 2 und K 3 die Herkunft der Waren im Dreieckshandel und beschreibe die Handelswege (vgl. auch S. 113).
3. Stelle mit K 3 die Kolonialgebiete des britischen Reichs um 1765 zusammen. Beurteile, ob deiner Meinung nach das britische Reich damals schon ein Weltreich war oder nicht.
4. Diskutiert, was der Dreieckshandel für die Händler und was er für die versklavten Menschen bedeutete.

Die europäischen Kolonialreiche um 1765

K 3

4. Kolonien – Europäer siedeln in Nordamerika

Seit Anfang des 17. Jahrhunderts besiedelten Engländer sowie Menschen aus anderen Teilen Europas die Ostküste Nordamerikas. Was veranlasste sie dazu, ihrer Heimat für immer den Rücken zu kehren? Wie gestalteten sie das Zusammenleben in Nordamerika?

Eine Heimat in der „Neuen Welt“ – Berichte über den neu entdeckten fernen Kontinent schilderten den Europäern die unermessliche Weite des fruchtbaren Landes – genug für alle, die zupacken konnten. So machten sich viele verarmte Menschen, die zu Hause kein Auskommen fanden, aber auch manche Abenteurer, auf nach Amerika. Noch mehr flohen vor Kriegen oder aus den Zwängen der Grundherrschaften oder wegen religiöser bzw. politischer Verfolgung. Die „Neue Welt“ schien für Viele bessere Aussichten zu bieten als das alte Europa.

Wieder andere Menschen kamen im Auftrag von Handelsgesellschaften. Sie gründeten an geeigneten Buchten Niederlassungen, um die Kolonien mit Waren zu versorgen oder um Produkte der Kolonien, zum Beispiel Tabak und Baumwolle, gewinnbringend nach Europa zu schaffen. Die Handelsgesellschaften unter-

E 2 *Uns wird erzählt*

Ein Brief aus Massachusetts

Plymouth, d. 20. Mai 1621

Liebe Brüder und Schwestern in der Heimat!

Morgen soll das Schiff der Virginia Company nach England auslaufen. Dies ist eine gute Gelegenheit, euch zu berichten. Wie froh waren wir, als wir das alte Plymouth hinter uns gelassen hatten. Keine königlichen Beamten mehr, die uns den Gottesdienst verbieten konnten! Das ließ uns die stürmische Überfahrt und fürchterlichen Hunger ertragen. Gottes Segen für die Virginia Company, die uns das Geld für die Reise vorgeschossen hat! Noch an Bord wählten wir den ehrenwerten William Bradford zu unserem Führer.

Doch was erwartete uns, als wir die Küste erreichten? Eine verlassene Wildnis voll wilder Tiere und wilder Menschen. Gerade noch rechtzeitig konnten wir einfache Hütten aus Baumstämmen errichten und Feuerholz schlagen, bevor ein harter Winter einbrach. „Plymouth“ nannten wir die neue Siedlung. Unsere Vorräte wurden immer knapper. Mit Gottes Hilfe wurden die Herzen der Eingeborenen erweicht, sie retteten viele von uns mit ihren Getreide- und Fleischgaben. Dennoch starben über 30 von uns.

Jetzt ist die Aussaat geschafft, nachdem wir viele Morgen Land mit Mühe gerodet haben. Auf einigen Feldern bauen wir auch Mais an, das amerikanische Getreide. Nun beten wir täglich um Gottes Segen für die erste Ernte! Euch rufen wir auf: Folgt unserem Beispiel! Jede Hand wird hier gebraucht. Gott begleite unseren und euren Weg!

Euer Bruder W. Baker

B 1 William Penns Vertrag mit den Indianern. Gemälde, 19. Jahrhundert

stützten auch die Überfahrten von Religionsflüchtlingen. Allein zwischen 1630 und 1640 verließen etwa 60 000 Puritaner England. Dort waren sie wegen ihrer Religion benachteiligt und folgten deshalb dem Beispiel der **Pilgrim Fathers** (Engl.: Pilgerväter), die 1620 die Überfahrt nach Amerika gewagt hatten. *e*/1

Die englischen Kolonien in Nordamerika – Im 18. Jahrhundert hatten sich an der amerikanischen Ostküste dreizehn englische **Kolonien** gebildet. Die wenigen Gebiete anderer europäischer Staaten gingen in ihnen auf. So wurde das niederländische NEU-AMSTERDAM 1664 zu NEW YORK. Die Bewohner der Kolonien waren weiterhin Untertanen des englischen Königs. Er ernannte einen **Gouverneur** (= regierender Beamter) für die Verwaltung jeder Kolonie. Die Kolonisten hatten jedoch auch ein eigenes Parlament. Dort berieten sie die Gesetze des Königs.

Wirtschaftlich entwickelten sich die Kolonien schon wegen der klimatischen Verhältnisse sehr unterschiedlich. Im kühleren Norden und in der Mitte des Siedlungsgebietes konnten die meisten Kolonisten als freie Bauern Landwirtschaft und Viehzucht betreiben. Das Land hatten sie zunächst freundschaftlich von den dort lebenden Indianern im Tauschhandel erworben. Als sich die Indianer gegen die steigende Zahl der Siedler zur Wehr setzten, wurden sie gewaltsam vertrieben.

In den südlichen Kolonien mit ihrem feuchtwarmen Klima konnten auf riesigen Plantagen Tabak, Reis, Indigo, später auch Baumwolle angebaut werden. Die Besitzer der Plantagen, die **Pflanzer**, lebten ähnlich wie adelige englische Grundherren in luxuriösen Herrenhäusern. Auf ihren Feldern mussten **Sklaven** aus Afrika arbeiten, die dort bald 60 Prozent der Bevölkerung ausmachten.

T3 Bevölkerungsentwicklung in den Kolonien

Jahr	Bewohner	davon Sklaven
1630	4 346	
1640	26 634	
1650	50 368	
1660	75 058	
1670	111 935	
1680	151 507	
1690	210 372	
1700	250 888	
1710	331 711	
1720	466 185	68 839
1740	905 563	150 024
1760	1 593 625	325 806
1780	2 780 369	575 420
1830	13 252 000	2 008 800
1860	26 824 000	3 972 000

(Nach: U. Sauter: Geschichte der Vereinigten Staaten, Stuttgart 1986, S. 573)

Britische Kolonien in Nordamerika 1763

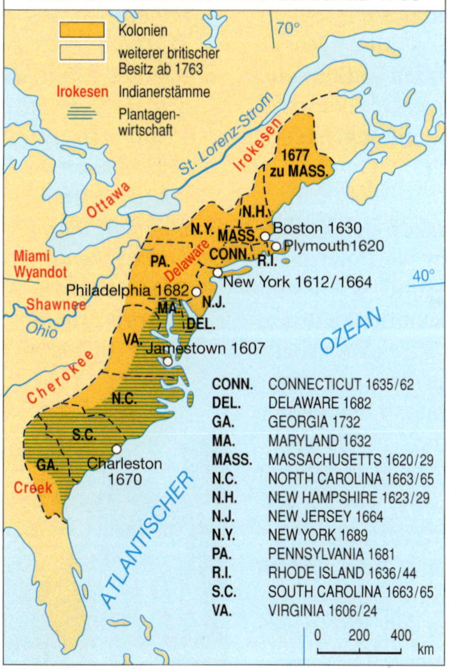

K4

ARBEITSAUFTRÄGE

1. Beschreibe B1. Was sagt das Bild über die Personen, das Geschehen und über die Atmosphäre aus?
2. Welche Gründe werden in E2 für das Auswandern der Puritaner genannt? Diskutiert: Wurden ihre Hoffnungen erfüllt?
3. Werte T3 aus und überlege, wie sich die zunehmende Zahl der Siedler auf deren Verhältnis zu den Indianern ausgewirkt hat.
4. Analysiere K4. Erläutere, wo sich die Europäer zuerst angesiedelt haben und was ihre Lebensgrundlage war? (Nutze T3)

5. England und die Kolonien – der Weg in die Unabhängigkeit

In den Jahren 1756 bis 1763 weitete sich der **Siebenjährige Krieg** zwischen England und Frankreich (↑ s. S. 146) auf Nordamerika aus. England konnte alle Gebiete Frankreichs auf dem nordamerikanischen Kontinent für sich gewinnen. Wie gestaltete sich im weiteren Verlauf das Verhältnis zwischen den Kolonien und dem Mutterland England?

Der Steuerstreit – England hatte im Siebenjährigen Krieg ein großes Heer nach Amerika geschickt. Dies verursachte hohe Kosten und entsprechende Staatsschulden. Die englische Regierung ordnete daraufhin Abgaben in den Kolonien an, um die Einkünfte des englischen Staats zu erhöhen. Für alle Druckerzeugnisse und Urkunden sollten die Kolonisten aufgrund eines Gesetzes von 1765 eine so genannte **Stempelsteuer** (Engl.: *stamp act)* zahlen.

Gegen solche Abgaben erhob sich Widerstand bei den Kolonisten: Vertreter ihrer Parlamente trafen sich und verfassten Protestnoten; Gesandtschaften wurden nach London geschickt. Ja, es kam sogar zu gewaltsamen Übergriffen auf englische Verwaltungsbeamte. Die Siedler empörte es besonders, dass sie als englische Bürger nicht um ihre Zustimmung zu den neuen Steuern befragt worden waren. **„No taxation without representation“** (Dt.: „Keine Besteuerung ohne unsere Mitsprache im Parlament“) – dieses verbriefte Recht der englischen Bürger sei missachtet worden.

Boykott und gewaltsamer Protest – Die Kolonien setzten sich gegen die englische Politik zur Wehr. Ihre Kaufleute weigerten sich, Waren aus England einzuführen. Die englische Regierung musste das Steuergesetz auf Druck englischer Kaufleute wieder aufheben, erließ aber bald neue Zölle, z. B. auf die Einfuhr von Tee. Bei einer Demonstration gegen die britischen Truppen in Boston schossen dann englische Soldaten im März 1770 in die Menge. In diesem „Blutbad von Boston“ (Engl.: **„Boston Massacre“)** gab es die ersten Toten im Konflikt zwischen England und seinen amerikanischen Kolonien.

Im Jahr 1773 wurde die englische East India Company für die Einfuhr ihres

E 1 *Uns wird erzählt*

Aus dem Tagebuch eines englischen Steuerbeamten in der englischen Kolonie Massachusetts, 31. 10. 1765:

War das ein schlimmer Tag! Kaum hatten die Leute hier in Boston in der Zeitung gelesen, dass sie geringe Steuern für ihre Lektüre zu zahlen haben – einen läppischen Penny für jede Ausgabe! –, da versammelten sie sich schon vor meinem Amtshaus. Junge Leute – „Söhne der Freiheit“ nennen sie sich – beschimpften und bespuckten mich, ließen mich gar nicht zu Wort kommen. Dabei wollte ich sie doch nur daran erinnern, was der König die letzten Jahre für sie getan hat. Ohne ihn wären die Franzosen oder sogar die Indianer die Herren von Boston. Da ist eine kleine Abgabe doch nur recht und billig. Was müssen die Untertanen in England dagegen zahlen! Ganz schnell verriegelte und verbarrikadierte ich die Tür hinter mir. Nur gut, dass meine Familie noch in England ist. Durch ein Fenster konnte ich beobachten, wie der Pöbel eine Strohpuppe mit meinem Namen auf der Brust erst enthauptete, dann noch verbrannte. Wo soll das nur enden? Ich bin doch nur ein treuer Diener meines Königs. Gott bewahre König Georg!

B 2 „Blutbad in Boston“, 5. 3. 1770. Kolorierter Stich von Paul Revere

Tees in die Kolonien vom Zoll befreit. Diese Londoner Handelsgesellschaft hatte so Vorteile gegenüber den Händlern aus den Kolonien. Eine Gruppe von Kolonisten, die sich SÖHNE DER FREIHEIT nannte, kippte darauf die Teeladung von drei englischen Schiffen in den Hafen von Boston. Nach dieser **Boston Tea Party** (Dt.: Bostoner Tee-Fest) genannten Protestaktion ließ der englische Gouverneur die Stadt von Truppen besetzen. Die Charta von Massachusetts, die Grundlage des Parlaments der Kolonie Massachusetts mit ihrer Hauptstadt Boston, wurde von der englischen Regierung aufgehoben. /2

Die Kolonien schließen sich zusammen – Auf einem **Kontinentalkongress** trafen sich 1774 Vertreter aus den 13 Kolonien, um über die Unterstützung für Boston zu beraten. Auf dem Kongress setzte sich die Meinung durch, eine Besteuerung durch das englische Parlament sei grundsätzlich abzulehnen. Flugschriften wie die von THOMAS PAINE, die große Verbreitung fanden, beeinflussten die anwesenden Vertreter der Kolonien stark. Der Kongress beschloss die Aufstellung von **Milizen** (= freiwillige Truppen). Am 4. Juli 1776 unterschrieben sie eine „Erklärung der Unabhängigkeit", mit der sich die Kolonien von England lossagten. England schickte starke Söldnertruppen, um die Loslösung der Kolonien zu verhindern. Mithilfe europäischer Offiziere gelang es dem Oberbefehlshaber der amerikanischen Truppen, GEORGE WASHINGTON, seine Milizen zu einer schlagkräftigen Armee zu formen. Die bessere Ortskenntnis und die Hilfe Frankreichs ließen die Amerikaner die Oberhand gewinnen: 1781 mussten die englischen Truppen kapitulieren. /3

Mit den englischen Truppen verließen über 100 000 königstreue Siedler Amerika. Im **Frieden von Paris** erkannte England 1783 seine ehemaligen Kolonien als unabhängige Staaten an.

Q3 Aus der Streitschrift „Common Sense" von Thomas Paine (1776):

Diese neue Welt ist Zufluchtsort gewesen für die verfolgten Verfechter der politischen und religiösen Freiheit aus allen Teilen Europas. Hierher sind sie geflohen nicht vor den zärtlichen Umarmungen ihrer Mutter, sondern vor der Grausamkeit eines Ungeheuers. Und für England trifft es zu, dass dieselbe Tyrannei, die die ersten Auswanderer vertrieb, ihre Nachkommen noch heute heimsucht [...].

Was die Regierung betrifft, so ist England unfähig, diesen Kontinent gerecht zu behandeln. Diese Aufgabe ist zu wichtig, um sie eine Macht bewältigen zu lassen, die so weit von uns entfernt ist, so wenig von uns weiß. Immer 3000 oder 4000 Meilen wegen einer Bittschrift zu reisen, vier oder fünf Monate auf eine Antwort zu warten [...], das wird man in wenigen Jahren für unsinnig halten. Es gab eine Zeit, als dies passend war, jetzt ist die passende Zeit, um damit Schluss zu machen.

[...] Kleine Inseln, die unfähig sind, sich selbst zu verteidigen, sollten sich unter den Schutz von Königreichen stellen. Aber es ist völlig unsinnig, dass ein Kontinent auf Dauer von einer Insel beherrscht wird [...]. England gehört zu Europa, Amerika sich selbst [...]. Eine eigene Regierung ist unser natürliches Recht.

(Thomas Paine: Common Sense, New York 1960, S. 32 ff. Übers. und gekürzt v. Bernd Zaddach)

PERSONENLEXIKON

GEORGE WASHINGTON, 1732–1799. Sohn einer Pflanzerfamilie in Virginia, Mitglied des Kontinentalkongress 1774, Oberbefehlshaber der Milizen im Unabhängigkeitskrieg gegen England 1776–1781, Präsident der Verfassunggebenden Versammlung 1787. Er war der erste Präsident der Vereinigten Staaten von Amerika 1789–1797. Die Hauptstadt der Vereinigten Staaten erhielt seinen Namen: Washington.

ARBEITSAUFTRÄGE

1. Erkläre das in E1 geschilderte Geschehen. Schreibe eine Tagebucheintragung aus der Sicht eines Demonstranten.
2. Beschreibe und interpretiere das in B2 dargestellte Ereignis. Beurteile, welche Wirkung der Maler erzielen wollte.
3. Fasse die Forderungen, die Thomas Paine in Q3 formuliert, zusammen. Beurteile seine Begründungen der Forderungen. Erläutere, warum diese Schrift so starke Beachtung fand.

6. Die Vereinigten Staaten – ein neuer, gemeinsamer Staat

Die 13 amerikanischen Kolonien hatten die Unabhängigkeit vom König und dem englischen Parlament erkämpft und 1776 mit der gemeinsamen **Unabhängigkeitserklärung** besiegelt. Mit welcher politischen Ordnung sollte die neu gewonnene Unabhängigkeit verwirklicht werden?

Staaten mit gemeinsamen Zielen – Nach der Unabhängigkeitserklärung gaben sich die meisten Staaten eine neue Verfassung. Darin wurde bestimmt, dass die Regierung vom Volk gewählt wird (= **Volkssouveränität**). Zwischen den einzelnen nordamerikanischen Staaten bestanden jedoch z. T. große Unterschiede; zum Beispiel hatten sie verschiedenes Geld sowie eigene Armeen und Zollgrenzen zu ihren Nachbarstaaten. Viele Nordamerikaner fühlten sich anfangs noch mehr ihrer eigenen Kolonie als den gemeinsamen Zielen aller Kolonien verbunden.

Der Unabhängigkeitskrieg gegen England brachte auch neue Probleme mit sich: Geliehenes Geld musste den europäischen Staaten zurückgezahlt werden. Allerdings wurden dafür noch nicht ausreichende Mengen amerikanischer Produkte hergestellt. Angesichts dieser Wirtschaftskrise sahen viele Bürger nur dann eine Zukunft für ihren Staat, wenn sie eine gemeinsame und einheitliche Handels- und Außenpolitik aller Kolonien betrieben. Schließlich schickten die Einzelstaaten Vertreter zu einem Kongress nach Philadelphia, der eine gemeinsame Verfassung für alle Staaten ausarbeiten sollte. Die Teilnehmer, die **Founding Fathers** (Dt.: Gründungsväter), waren Kaufleute, Anwälte, Journalisten oder Plantagenbesitzer.

Der Weg zum Kompromiss – Die verfassunggebende Versammlung hatte eine Reihe schwieriger Fragen zu klären:
- Welche Aufgaben sollte eine Zentralregierung übernehmen, welche die Einzelstaaten?
- Wie konnten die Einzelstaaten, auch die kleinen, ihre Interessen behaupten?
- Wer sollte die Gesetze beschließen, wer die oberste Rechtsprechung haben und wer die Verwaltung führen?

Das Ergebnis war ein Kompromiss: Der neue Staat hatte eine Zentralregierung, beließ aber viele Aufgaben den Einzelstaaten. Der **Präsident der Vereinigten Staaten** führte die Handels-, Steuer- und Verteidigungspolitik. Andere Aufgaben wie die Aufstellung der Polizei, die Steuererhebung und die Erziehung blieben bei den Gouverneuren der Einzelstaaten. /4

Die amerikanische Flagge von 1789. Für die damals 13 Bundesstaaten steht jeweils ein Stern.

Q1 Die Unabhängigkeitserklärung vom 4. 7. 1776:

Folgende Wahrheiten halten wir für selbstverständlich: dass alle Menschen gleich geschaffen sind, dass sie von ihrem Schöpfer mit gewissen unveräußerlichen Rechten ausgestattet sind und dass dazu das Leben, die Freiheit und das Streben nach Glück gehören; dass zur Sicherung dieser Rechte Regierungen unter den Menschen eingesetzt werden, die ihre rechtmäßige Macht aus der Zustimmung der Regierten herleiten; dass, wann immer eine Regierungsform diesen Zielen zu schaden droht, es das Recht des Volkes ist, sie zu ändern oder abzuschaffen und eine neue Regierung einzusetzen.

(In: Geschichte in Quellen, Bd. IV, München 1981, S. 90 f.)

B2 Abgeordnete überreichen dem Präsidenten des Generalkongresses, John Hancock, am 4. 7. 1776 den Entwurf der Unabhängigkeitserklärung. Auf dem Podium: John Adams, Roger Sherman, Robert Livingston, Thomas Jefferson, Benjamin Franklin. Gemälde von John Trumbull 1786–1797

Der neuen Verfassung wurden zehn Zusätze vorangestellt: die **Menschenrechte** (Engl.: **Bill of Rights).** Diese Grundrechte sollten jedem Menschen prinzipiell und immer zustehen. Alle 13 Einzelstaaten stimmten der neuen Verfassung der **„United States of America“** (Dt.: Vereinigte Staaten von Amerika) zu. Es war die erste geschriebene Verfassung, die sich die Bürger eines Staates selbst gegeben hatten. Sie trat am 4. März 1789 in Kraft. Zum ersten Präsidenten wurde GEORGE WASHINGTON gewählt.

Die Macht des Staates wird geteilt – Ein wichtiger Grundsatz der neuen amerikanischen Verfassung war das Prinzip der **Gewaltenteilung:** die Aufteilung der staatlichen Gewalt in mehrere Teilgewalten, um einen Machtmissbrauch des Staates verhindern und die Freiheit und Rechte der Bürger sichern zu können. Diese Gewaltenteilung sieht eine gesetzgebende Gewalt vor (Lat.: Legislative), eine ausführende Gewalt (Lat.: Exekutive) und eine Recht sprechende Gewalt (Lat.: Jurisdiktion).

Q3 Die Grundrechte in der amerikanischen Verfassung (1789):

Art. 1 Der Kongress soll kein Gesetz erlassen, das eine Einrichtung einer Religion zum Gegenstand hat oder deren freie Ausübung beschränkt, oder eines, das Rede und Pressefreiheit oder das Recht des Volkes, sich friedlich zu versammeln und an die Regierung eine Bittschrift zur Abstellung von Missständen zu richten, verkürzt.
Art. 2 Da eine wohlgeordnete Miliz für die Sicherheit eines freien Staates notwendig ist, soll das Recht des Volkes, Waffen zu besitzen und zu tragen, nicht verkürzt werden. […]
Art. 4 Das Recht des Volkes auf Sicherheit der Person, des Hauses, der Papiere und der Habe vor ungerechtfertigter Nachsuchung und Beschlagnahme soll nicht verletzt werden. […]
Art. 5 Niemand soll wegen eines todeswürdigen oder sonstigen […] Verbrechens zur Verantwortung gezogen werden, es sei denn auf Grund […] der Anklage eines großen Geschworenengerichts.

(In: Günther Franz: Staatsverfassungen, München 1964, S. 37 ff. Gekürzt)

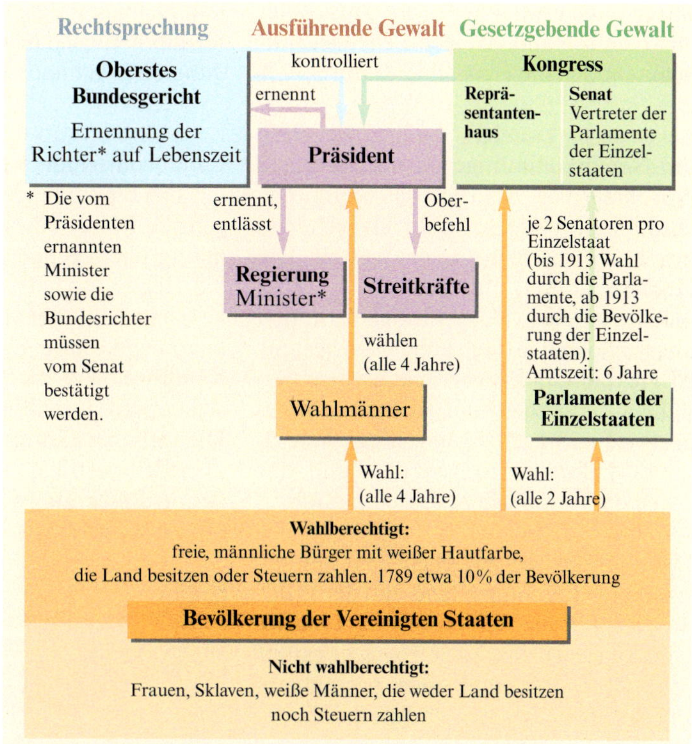

B4 Aufbau der amerikanischen Verfassung von 1789

ARBEITSAUFTRÄGE

1. Lies Q 1 und erläutere, welches Verständnis vom Staat, seiner Regierung und den einzelnen Bürgern darin formuliert wird. Vgl. demgegenüber Q 4 von Seite 177.
2. Beschreibe B 2 und die Teilnehmer der Versammlung. Welche Stimmung drückt das Bild aus? Informiere dich in einem Lexikon oder im Internet über die genannten Hauptpersonen.
3. Begründe, warum viele Amerikaner einen so großen Wert auf die Rechte legen, die in Q 3 genannt werden.
4. Analysiere den Aufbau der amerikanischen Verfassung in B 4. Erläutere, wie die Teilung der „drei Gewalten“ die Bürger vor Machtmissbrauch des Staates schützen soll. Diskutiert auch: Ist der amerikanische Präsident ein „König auf Zeit“?
5. Vergleiche den genauen Wortlaut von Q 1 mit B 4 und dem dort erläuterten Wahlrecht. Erkennst du Widersprüche?

7. Der nordamerikanische Kontinent wird erschlossen

Die Hoffnung auf Wohlstand und Freiheit zog immer mehr Europäer nach Amerika. Zwischen 1790 und 1910 wuchs die Bevölkerung der USA vor allem durch Einwanderung aus Europa von 3,9 auf 92 Millionen Menschen. Darunter waren auch etwa 4 Millionen Aussiedler aus Deutschland. Welche Lebensgrundlagen fanden die Einwanderer dort?

Leben an der Frontier – Anfangs siedelten die Neuankömmlinge an der Ostküste Nordamerikas. Als dort das Siedlungsland knapp wurde, zogen viele weiter in den noch unerschlossenen Westen. Die **Homestead Act,** ein Gesetz von 1862, machte es jedem Bürger möglich, in den unerschlossenen Gebieten des Westens 65 Hektar Land gegen eine geringe Gebühr zu erwerben und zu besiedeln. In großen Planwagenzügen gelangten sie zu ihrem Zielort und rodeten das Land, das ihnen die Regierung zugewiesen hatte.

Das Grenzgebiet zwischen dem neu erschlossenen Siedlungsland und der Wildnis nannten die weißen Siedler **Frontier** (Dt.: Grenze). Der harte Existenzkampf an der Frontier schuf einen besonderen **Pioniergeist:** Tatkraft und freiheitliches Denken, verbunden mit dem Willen zur Selbstbehauptung.
Hatten die ersten Siedler Fuß gefasst, folgten Handwerker und Kaufleute und legten den Grundstein für Siedlungen, die oft zu Städten wurden. Wenn sich in einem neu erschlossenen Gebiet mehr als 60 000 Menschen angesiedelt hatten, wurde dieses Territorium als neuer Staat in die Vereinigten Staaten aufgenommen.

Verdrängung der Indianer – Vor der Ankunft der Siedler bewohnten etwa 4 – 5 Millionen **Indianer** Nordamerika. Sie lebten als Jäger oder sesshafte Bauern in Stämmen. Die Indianer brachten den weißen Siedlern anfangs Freundschaft und Neugier entgegen; auch das Interesse, durch Tausch neuartige Waffen, Kleidung oder Schnaps zu erwerben.

Erst als der Strom der Siedler und ihr Landbedarf immer größer wurden, setzten sich die Indianer zur Wehr. Doch gegen die besser bewaffneten und zahlenmäßig überlegenen Militäreinheiten der US-Regierung hatten sie auf Dauer keine Chance. Nur etwa 5 Prozent der Indianerbevölkerung überlebten die **blutigen Kämpfe** sowie die von Weißen eingeschleppten Krankheiten und Seuchen. Die Indianerstämme mussten schließlich „Friedensverträge“ annehmen und wurden in **Reservate** (= geschützte Gebiete) zwangsumgesiedelt. (↑ s. S. 190 f.) ⓔ/5

Blockhütten der ersten Einwanderer

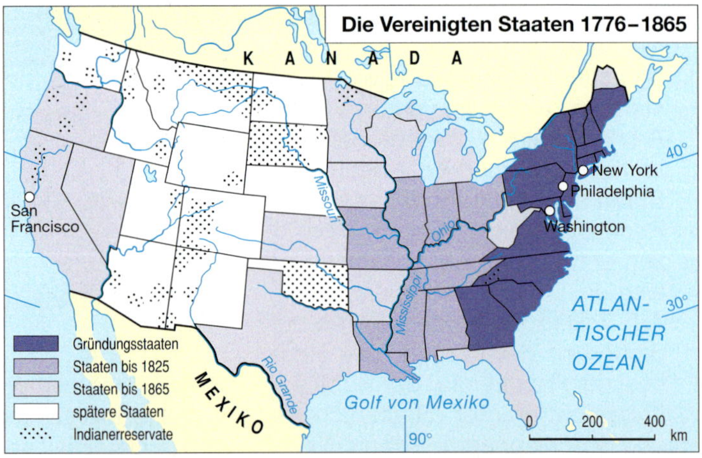

K2

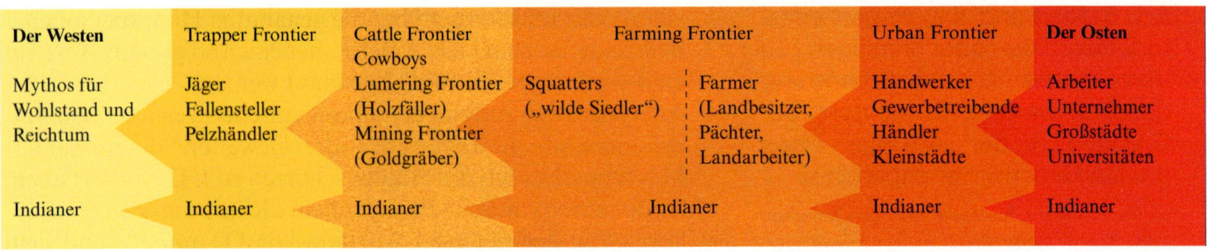

B1 „Go West“ – Verlaufsschema der von Ost nach West wandernden Grenze (= Frontier) der USA

Melting pot of nations – Die Einwanderer und Siedler vereinte ein starker **Pioniergeist** und die Zuversicht, in einem freien Land voller scheinbar unbegrenzter Möglichkeiten ihr Glück zu finden. Trotz unterschiedlicher Herkunftsländer wuchs diese Pioniergeneration im 19. Jahrhundert zu einer Nation zusammen. Die USA wurden zum **„melting pot of nations“** (Dt.: Schmelztiegel der Nationen).

Erschließung des Kontinents – Bis Mitte des 19. Jahrhunderts lebten die meisten Amerikaner in den Kolonien der Ostküste. Hier waren in den Städten auch die ersten Fabriken entstanden, die zum Beispiel Dampfmaschinen, landwirtschaftliche Geräte, Textilien und Waffen produzierten. Zwischen der dicht besiedelten und industriell entwickelteren Ostküste und den neuen, landwirtschaftlich geprägten Siedlungsgebieten im Westen entstand ein reger Handel. Der war wiederum Anstoß für den Bau von **Eisenbahnlinien** quer über den Kontinent. Finanziert wurden die Eisenbahnen von großen Gesellschaften, den ersten Großbetrieben der USA.

Um 1890 gab es dann keine „Frontier“ mehr; der Kontinent war vollständig erschlossen. Ein einheitlicher **nationaler Markt** war geschaffen.

Q3 Der US-Historiker F. J. Turner schrieb 1920 über die Auflösung alter Standesschranken:

Im Grenzerleben gab es keine Freizeit, [nur] harte Arbeit. Ererbte Titel und althergebrachte Klassenunterschiede [waren] bedeutungslos, [weil] der Wert eines Menschen für die Gesellschaft nach seinen persönlichen Fähigkeiten beurteilt wurde. Ein demokratisches Gesellschaftssystem mit größeren Aufstiegschancen war die Folge. Vor allem aber [bot] das weite Land im Grenzgebiet dem Einzelnen so große Entfaltungsmöglichkeiten, dass äußere Kontrollen unnötig waren. Individualismus und Demokratie wurden Leitbilder der Grenzer.

(In: R. A. Billington, America's Frontier Heritage, Albuquerque 1974, S. 3, übers. v.: F. Anders)

B5 „Amerikanischer Fortschritt“. Gemälde von John Gast, 1872

T4 Fläche und Einwohnerzahl der USA

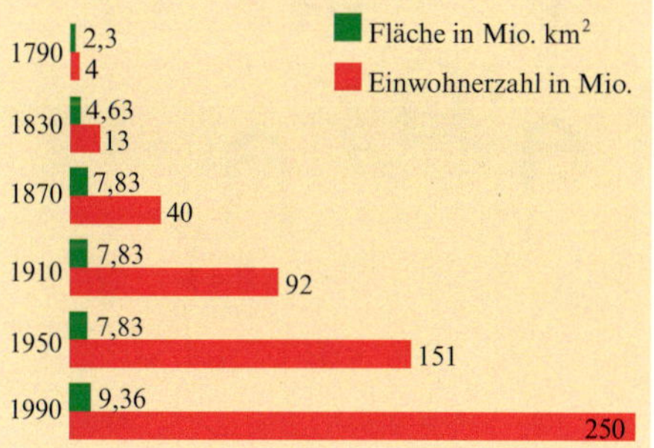

ARBEITSAUFTRÄGE

1. Beschreibe und interpretiere die Personen, Gegenstände und Geschehnisse in B5. Wie wird die Erschließung des nordamerikanischen Kontinents dargestellt?
2. Beurteile mit B1, K2 und dem Darstellungstext, ob der „amerikanische Fortschritt“ in B5 angemessen dargestellt ist.
3. Erläutere mit K2 und T4 das Wachstum der USA zwischen ca. 1770 und ca. 1870. Diskutiere, welche Folgen dieses Wachstum für die indianische Urbevölkerung hatte.
4. Lies Q3 und erläutere die Aussagen des Autors. Arbeite dazu die Kernbegriffe des Textes heraus.

8. Geschichte und Kultur der Indianer

Bis zur Besiedelung Nordamerikas durch Weiße lebten dort etwa vier bis fünf Millionen Ureinwohner, die Indianer. Wie veränderte sich ihr Leben nach der Ankunft der Europäer?

Kultur und Stammesleben der Indianer – Um 1700 existierten rund 500 verschiedene indianische Stämme mit ca. 170 verschiedenen Sprachen oder Dialekten in Nordamerika. Die Größe eines Stammes lag zwischen 10 000 – 80 000 Menschen. Das Oberhaupt wurde von den Weißen als „Häuptling" bezeichnet. Einen Zusammenschluss mehrerer Stämme zu einer „nationalen Einheit" gab es nie. ⓘ/5

Die Lebensgrundlagen der Indianer waren z. T. sehr verschieden. Je nach den natürlichen Gegebenheiten waren sie **Jäger und Sammler** (z. B. Shoshonen), **Fischer** (z. B. Fox) oder sie betrieben wie die Puebloindianer im Südwesten und die Cherokee im Südosten hoch entwickelten **Ackerbau.** Die Pueblo-Indianer bewohnten Dörfer aus Lehmziegeln oder Steinen. Auch andere Stämme waren **sesshaft** und lebten in Holz- oder Lehmhäusern, wenn die Nahrungsversorgung dies zuließ (z. B. Irokesen). Wieder andere wie die Büffel jagenden Apachen und Sioux zogen als **Nomaden** mit ihren Zelten durch die Prärie.

Die nordamerikanischen Indianer kannten weder Alphabet noch Schrift. Ihre Überlieferungen erfolgten nur mündlich,

Q1 Ein Häuptling der Blackfoot:

Unser Land ist wertvoller als euer Geld. Es wird immer da sein. Nicht einmal Feuer kann es zerstören. Solange die Sonne scheint und Wasser fließt, wird dieses Land bestehen und Menschen und Tieren Leben spenden. Wir können das Land, die Grundlage für das Leben von Menschen und Tieren, nicht verkaufen, denn es gehört uns nicht. Ihr könnt euer Geld zählen und es verbrennen, und ihr braucht dazu nicht länger als ein Büffel, der mit dem Kopf nickt. Aber nur der Große Geist kann die Sandkörner und Grashalme dieser Ebene zählen. Als Geschenk werden wir euch alles geben, was wir haben, alles was ihr forttragen könnt; aber unser Land nicht.

(In: K. Recheis/G. Bydlinski: Freundschaft mit der Erde. Der indianische Weg, Wien 1980, S. 30)

B2 Sioux-Indianer vor seinem Tipi. Foto 1869

Tipi der Sioux-Indianer

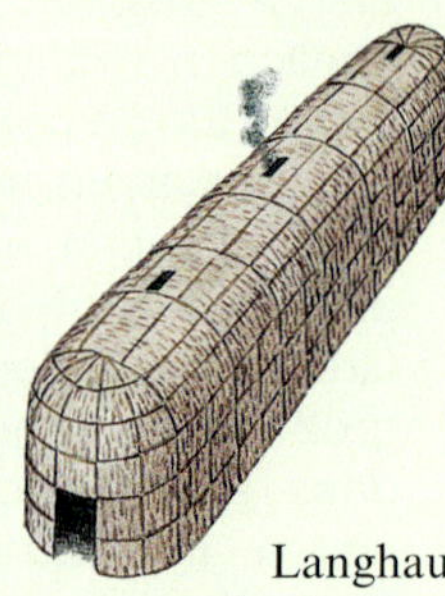

Langhaus der Irokesen

K3

wobei tatsächliche Ereignisse und Mythen oft miteinander verschmolzen. Trotz großer Unterschiede zwischen den verschiedenen Stämmen waren einige kulturelle Elemente auf dem ganzen Kontinent verbreitet: So glaubten viele Indianer an Tiergeister und an den Schöpfungsmythos, dass Amerika auf dem Rücken einer Wasserschildkröte entstanden sei.

Zusammenprall zweier Kulturen – Das Vordringen der Siedler veränderte das Leben der Indianer rasch: Zunächst gab es friedlichen Handel, zum Beispiel Tierpelze gegen Schmuck, Eisenwaren und „Feuerwaffen". Doch bald verdrängten die Farmer die Indianer auf ihrer Westwanderung fast vollständig. Die Indianer erlebten die Weißen als Eindringlinge, die ihr Land wegnahmen und Verträge brachen. Sie setzten sich dagegen zur Wehr, aber nur Wenige überlebten die blutigen Kriege gegen die besser bewaffneten und zahlenmäßig überlegenen Militäreinheiten der US-Regierung. Etwa 200 Jahre nach Ankunft der Siedlertrecks lebten nur noch 5 % der Indianer! Viele starben auch an den eingeschleppte Krankheiten und Seuchen. Die Überlebenden wurden zwangsweise in Reservate umgesiedelt, oft weit entfernt von ihrem früheren Stammesland. Dort verelendeten viele und verloren ihre kulturelle Identität. e/5

Q4 Der Sioux-Häuptling Großer Adler, um 1862:

Die Weißen haben immer versucht, die Indianer dazu zu bringen, ihre Lebensweise aufzugeben und wie Weiße zu leben – eine Farm zu betreiben, hart zu arbeiten und zu tun, was die Weißen taten. Die Indianer wussten nicht, wie man das macht, und wollten es auch gar nicht [...]. Hätten die Indianer versucht, ihre Lebensweise den Weißen aufzuzwingen, so hätten diese sich dagegen gewehrt; bei vielen Indianern war dies genauso.

(In: D. Brown, Begrabt mein Herz an der Biegung des Flusses, Hamburg 1995, S. 50)

B 5 Cheyenne-Indianer mit Pferd und Transportkorb, Foto um 1880

Q6 Vertrag der US-Regierung mit den Sioux-Indianern über die Ansiedlung in Reservaten (1868):

Die Vereinigten Staaten stimmen überein, dass das folgende Gebiet [... Grenzen sind genannt] bestimmt ist zum ausschließlichen und ungestörten Nutzen der oben genannten Indianer [...]. Um die Zivilisierung der Indianer zu sichern, wird die Notwendigkeit einer Ausbildung anerkannt; die Vereinigten Staaten stimmen überein, dass für jeweils dreißig Kinder, die gebeten oder gezwungen werden, zur Schule zu gehen, ein Haus bereitgestellt werden und ein Lehrer vorhanden sein soll. [... Zusage, Saatgut und landwirtschaftliche Geräte, Kleidung und Nahrungsmittel für die ersten Jahre bereitzustellen] Und weiter ist festgesetzt, dass die Vereinigten Staaten jeder Indianergemeinschaft folgendes liefern und sie damit versorgen werden: [...] eine gute Kuh und einen gut gezüchteten Ochsen – innerhalb von 60 Tagen, nachdem sie sich in dem Reservat niedergelassen hat.

(In: K. Recheis u. G. Bydlinski: Freundschaft mit der Erde. Der indianische Weg, Wien, 1985, S.30 f. Gekürzt)

ARBEITSAUFTRÄGE

1. Erläutere und beurteile mit Q 1 die Auffassung der Indianer vom dem Land, in dem sie lebten.
2. Erkläre und begründe mithilfe von K 3, B 2, den Abbildungen der Randspalte und dem Darstellungstext die unterschiedlichen Lebensweisen von Sioux-Indianern und Irokesen.
3. Nenne und beurteile die Gründe, die der Sioux-Häuptling in Q 4 für die Konflikte zwischen Indianern und Weißen sieht.
4. Fasse zusammen, was gemäß Q 6 den Indianern in den Reservaten geboten wird. Erläutere und bewerte die Absichten der amerikanische Regierung. Vergleiche mit Q 4.

9. Bürgerkrieg und rechtliche Gleichstellung der Farbigen

In den Jahren 1775 bis 1783 hatten sich die ehemals englischen Kolonien in einem blutigen Krieg die Unabhängigkeit erkämpft. Nicht einmal hundert Jahre später, 1861–1865, kam es zwischen den Bundesstaaten der USA zu einem erbitterten **Bürgerkrieg.** Mehr als eine halbe Million Amerikaner verloren dabei ihr Leben. Was waren die Ursachen des Krieges?

Krieg zwischen Nord- und Südstaaten – In den **Südstaaten** der USA hatte sich seit dem 18. Jahrhundert eine kleine, aristokratisch geprägte Schicht von Plantagenbesitzern gebildet. Das günstige Klima ermöglichte hier den großflächigen und einträglichen Anbau von Baumwolle und Tabak. Der Gewinn der Plantagenbesitzer war vor allem deshalb groß, weil die Mehrzahl der Arbeitskräfte schwarze **Sklaven** waren. So blieben die Südstaaten zunächst von Agrarwirtschaft, Großgrundbesitz und Sklaverei geprägt.

Auf den Farmen der **Nordstaaten** gab es dagegen keine Sklaverei. Der Nordosten der USA durchlief außerdem eine rasche **Industrialisierung** und in den Industriebetrieben waren keine Sklaven, sondern Einwanderer als Arbeiter beschäftigt.
In den Nordstaaten entwickelte sich eine starke Bewegung gegen die Sklaverei der Südstaaten. Als der neu gewählte Präsident ABRAHAM LINCOLN die totale **Abschaffung der Sklaverei** forderte, kam es zur **Abspaltung** (Sezession) des Südens und zum Bürgerkrieg (1861–1865) zwischen den Nordstaaten (Union) und den Südstaaten (Konföderation). Neben der Frage der Sklaverei spielten in diesem Bürgerkrieg auch andere gegensätzliche Interessen zwischen Nord- und Südstaaten eine Rolle. Die Südstaaten wurden von den militärisch und wirtschaftlich überlegenen Nordstaaten besiegt und wieder angeschlossen. Die Sklaverei wurde nun in allen US-Bundesstaaten abgeschafft. ⓮/6

T1 Sklaven in den USA

	1830	1860
Nordstaaten:		
Weiße	6 986 000	19 338 000
Sklaven	28 800	133 000
freie Schwarze	138 000	225 000
Südstaaten:		
Weiße	3 546 000	7 034 000
Sklaven	1 980 000	3 839 000
freie Schwarze	182 000	259 000

(Nach: J. Allen, J. L. Betts: USA, History with Documents, New York u. a. 1971, S. 366)

B2 Sklavenmarkt in Richmond. Holzstich 1861

K3

Kampf um die rechtliche Gleichstellung – Die Abschaffung der Sklaverei allein bedeutete nicht die rechtliche und soziale Gleichstellung der Farbigen. Noch 1896 war die **Rassentrennung** vom höchsten amerikanischen Gericht unter dem Motto „seperate but equal“ (Engl.: getrennt, aber gleich) für rechtmäßig erklärt worden. Vor allem in den Südstaaten wurde diese Rassentrennung praktiziert. Hier durften Farbige nicht mit Weißen zusammen im Bus sitzen, nicht im gleichen Restaurant essen, farbige Kinder durften nicht mit weißen zur Schule gehen. In vielen Südstaaten war das Wahlrecht für Farbige eingeschränkt.

Q4 Martin Luther Kings Traum (1964):

Ich sage euch heute, meine Freunde: Obwohl wir den Schwierigkeiten von heute und von morgen gegenüberstehen, habe ich noch immer einen Traum. Dieser Traum wurzelt tief im amerikanischen Traum: Ich habe einen Traum, dass eines Tages die Nation aufstehen und nach dem echten Sinn ihres Glaubensbekenntnisses [der Verfassung] leben wird: „*Wir halten es für eine selbstverständliche Wahrheit, dass alle Menschen gleich geschaffen sind*.“

Ich habe einen Traum, dass eines Tages sich die Söhne früherer Sklaven und die Söhne früherer Sklavenhalter auf den roten Bergen Georgias an den Tisch der Brüderlichkeit setzen können.

Ich habe einen Traum, dass eines Tages sogar der Staat Mississippi, ein Staat, der unter der Glut der Ungerechtigkeit schmachtet, in eine Oase der Freiheit und Gerechtigkeit verwandelt wird.

Ich habe einen Traum, dass meine vier kleinen Kinder eines Tages inmitten einer Nation leben werden, in der man sie nicht nach ihrer Hautfarbe, sondern nach ihrem Charakter beurteilt. Ich habe heute einen Traum.

Ich habe einen Traum, dass eines Tages unten in Alabama mit seinen bösartigen Rassisten [...] kleine schwarze Jungen und Mädchen kleinen weißen Jungen und Mädchen als Brüder und Schwestern die Hände reichen können. [...].

(In: E. Brüning [Hg.]: Anspruch und Wirklichkeit. Zweihundert Jahre Kampf um Demokratie in den USA, Berlin 1976, S. 629 f. Gekürzt)

Erst in den 1950/60er-Jahren konnte eine **Bürgerrechtsbewegung** unter Führung des Baptistenpredigers MARTIN LUTHER KING eine weitgehende Gleichstellung der Farbigen in allen Bereichen der Gesellschaft durchsetzen. 1964/65 verboten die **Bürgerrechtsgesetze** jede Diskriminierung (= Benachteiligung) aufgrund von Hautfarbe, Religion, nationaler Herkunft oder Geschlecht. Trotz dieser staatlichen Reformen existieren weiter gesellschaftliche Vorurteile gegenüber Farbigen.

PERSONENLEXIKON

MARTIN LUTHER KING, 1929–1968. Geistlicher der Baptisten. Seit 1955 Organisator gewaltfreier Proteste für die Bürgerrechte der Farbigen. 1964 Friedensnobelpreisträger. 1968 von einem Weißen ermordet /7

B5 Rassentrennung in den USA. Foto ca. 1960

ARBEITSAUFTRÄGE

1. Erläutere mit T1 die Bevölkerungsentwicklung in den USA sowie die Unterschiede zwischen Nord- und Südstaaten.
2. Beschreibe B2 und bewerte das Geschehen (vgl. Q1, S. 186).
3. Analysiere K3. Stelle in einer Tabelle für die einzelnen Staaten zusammen: Kämpften sie im Bürgerkrieg auf Seiten der Nordstaaten (Union) oder der Südstaaten (Konföderierten)? Gab es dort Sklaven oder nicht? Wie war ihre Wirtschaft geprägt? Erläutere nun mögliche Gründe für den Bürgerkrieg.
4. Lies Q4 und schildere die Wirkung der Rede auf dich.
5. Beschreibe und bewerte die Darstellung in B5 (vgl. Q1, S. 186).

Teil II: Die Französische Revolution

1. Frankreich vor 1789 – die Krise des Ancien Régime

Im 18. Jahrhundert lebten die Menschen in Frankreich in drei durch Herkunft und Stellung getrennten **Ständen:** Geistlichkeit, Adel und Dritter Stand (Bauern und Bürger). Diese Ordnung galt seit dem Mittelalter als gottgegeben. Im Jahr 1774 wurde LUDWIG XVI. König von Frankreich. Wie seine Vorgänger regierte er mit absoluter Macht. Er traf die wichtigsten Entscheidungen in Justiz und Gesetzgebung und war der oberste Leiter der Verwaltung. Doch schon 1793 starb er als letzter Vertreter des **Ancien Régime** (Frz.: alte Herrschaft) unter dem Fallbeil. Warum wurden die bestehende Ordnung und die Herrschaft des Königs von den Franzosen gestürzt?

Die Welt der Bauern – Etwa drei Viertel der Franzosen lebte von der Landwirtschaft. Doch auch in guten Erntejahren blieb vielen Bauern nur etwa ein Drittel der Ernte, um ihre Familien zu ernähren. Denn das von ihnen bestellte Ackerland gehörte meistens Adligen, Geistlichen oder reichen Bürgern. Diese besaßen als **Grundherren** des Bodens auch Herrschaftsrechte über die Bauern, die das Land bewirtschafteten, vor allem den Anspruch auf Abgaben und Dienste. Zusätzlich zu den Abgaben an die Grundherren mussten die Bauern einen Teil der Ernte, den **Zehnten,** an die Geistlichkeit sowie Steuern an den König zahlen.

Von etwa 1720 bis 1780 erhöhte sich die landwirtschaftliche Produktion in Frankreich. Durch die bessere Versorgung mit Getreide wuchs die Bevölkerung von 21,5 Mio. auf 28 Mio. Menschen. Dies führte zu weiter steigender Nachfrage und höheren Getreidepreisen. Doch von der gestiegenen Getreideproduktion profitierten allein die Grundherren. Den Bauern blieb nur der Teil für ihre Selbstversorgung.

Geistlichkeit und Adel – Die Adligen und Geistlichen lebten vor allem von den Erträgen der Bauern. Sie waren zudem von der Steuer des Königs befreit. Dieses **Privileg** (Lat.: Vorrecht) unterschied die beiden ersten Stände von dem Dritten Stand, den Bauern und Bürgern.

Über das Vermögen der Kirche verfügten vor allem die adligen Bischöfe, Domher-

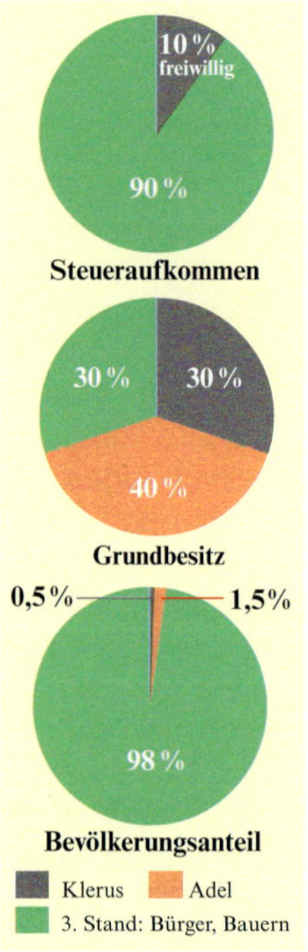

B3 Verteilung des Steueraufkommens, des Grundbesitzes und der Bevölkerung in Frankreich um 1789

B1 Die drei Stände in Frankreich. Karikatur, 1789

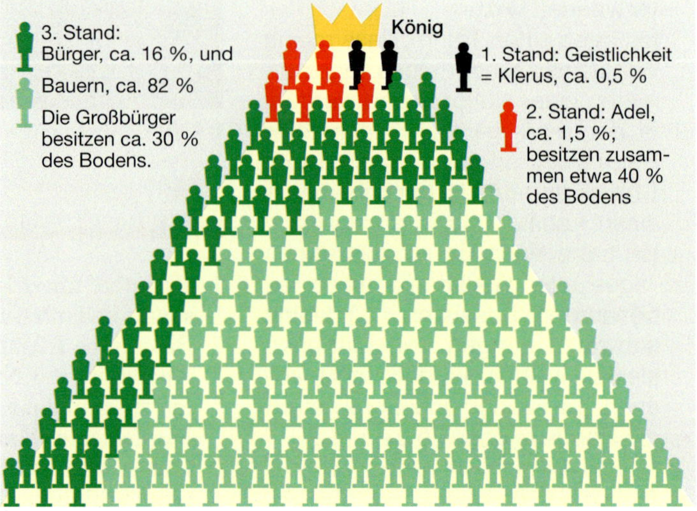

B2 Die Ständeordnung des Ancien Régime: Bevölkerungsanteil und Berufsgruppen innerhalb der Stände

ren und Äbte. Die Lage der einfachen Landpfarrer war dagegen kaum besser als die der Bauern: Sie erhielten nur ein geringes Gehalt aus dem Zehnten.

Der Adel besetzte die meisten Staatsämter. Die Offiziersstellen im Heer waren dem **Geburtsadel** vorbehalten. Der **Amtsadel** verfügte über riesige Einkünfte aus Ämtern, Privilegien und Grundbesitz. Sein prunkvoller Lebensstil war Vorbild für reiche Bürger, die zum **Amtsadel** aufsteigen konnten, indem sie sich ein Amt der königlichen Verwaltung kauften. Ein großer Teil des einfachen **Landadels** lebte dagegen bescheiden und war gezwungen, auf seinen Höfen selbst mitzuarbeiten.

Die Welt der Bürger – Mit der Bevölkerung wuchsen im 18. Jahrhundert auch die Städte, in denen große Teile des Bürgertums lebten: Handwerker, Lohnarbeiter, Beamte, Ärzte, Kaufleute, Bankiers, Manufakturbesitzer. Zwischen ihnen herrschten große Vermögensunterschiede. Eine kleine, wohlhabende Spitze des Bürgertums zog sich sogar aus der Erwerbstätigkeit zurück, um wie Adlige von Einkünften aus Grundbesitz zu leben. Aber auch diese Großbürger waren unzufrieden. Einerseits mussten sie die meisten Steuern zahlen. Andererseits blieben ihnen das Ansehen des Adels und die politische Mitsprache verwehrt. Die Masse der Stadtbevölkerung – die Gesellen, Heimarbeiter, Handwerker, Ladenbesitzer und Lohnarbeiter – lebte sehr arm.

Eine Krise bricht aus – 1787 und 1788 ließen Missernten das Getreide knapp werden, es kam zu Hungerunruhen in den Städten. Aber dem Staat fehlte Geld, um die Getreidepreise niedrig zu halten. Trotz günstiger Wirtschaftsentwicklung in den Jahren zuvor waren die Staatsfinanzen ruiniert. Schuld daran waren die hohen Kosten für ständige Kriege und die Prunksucht am Versailler Hof. Die Steuern zahlte allein der Dritte Stand.
In dieser Situation hatten einige Minister des Königs vorgeschlagen, dass auch Adlige und Geistliche Steuern zahlen sollten. Aber die adligen Gerichtshöfe, die Parlamente, weigerten sich, die Gesetze in Kraft treten zu lassen. Der König konnte sich in dieser Sache nicht gegen die Parlamente durchsetzen. Er beschloss daher die Versammlung der Generalstände einzuberufen und sie, erstmals seit Ludwig XI., wieder an der Steuerpolitik zu beteiligen. Im ganzen Land wurden Abgeordnete der drei Stände gewählt und Beschwerden zusammengetragen.

T4 Einkommen eines Handwerkers 1789:

Ein Schreinergeselle verdiente pro Tag etwa 30 Sou (1 Livre/Pfund = 20 Sou). Davon gab er für den Unterhalt seiner Familie aus:

ca. 4 Pfund Brot	14,5 Sou
Miete	3 Sou
ca. 3/4 l Wein	5 Sou
ca 1/2 kg Fleisch	5 Sou
Gemüse, Öl, Kleidung u. a.	2,5 Sou

(In: Böhning, Peter; Helga Jung-Paarmann: Revolutionen, Paderborn 1992, S. 94)

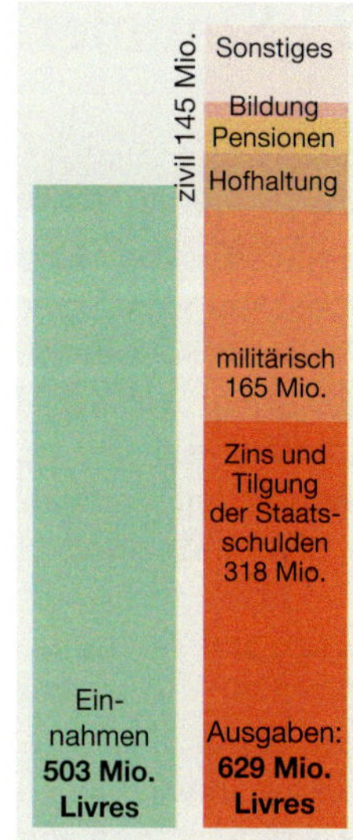

B 6 Staatshaushalt Frankreichs 1788

Q 5 Die Bauern von Guyancourt forderten 1789 in einem Beschwerdebrief:

1. dass alle Steuern von den drei Ständen […] gezahlt werden, von jedem Stand gemäß seinen Kräften;
2. gleiche Gesetze und Rechte im ganzen Königreich; […]
4. die Abgabenfreiheit aller Messen und Märkte und die Abschaffung aller Wegegelder;
5. die völlige Beseitigung jeglicher Art von Zehnten; […]
8. dass die Eigentumsrechte heilig und unverletzlich sind;
10. dass alle Frondienste (= Arbeiten für den Grundherrn) beseitigt werden; […]
17. dass alle Pfarrer verpflichtet sind, alle ihre Amtspflichten zu erfüllen, ohne dafür Bezahlung zu fordern.

(In: Hartig, Irmgard; Paul Hartig [Hg.]: Die Französische Revolution, Stuttgart 1967, S.13. Gekürzt)

ARBEITSAUFTRÄGE

1. Beschreibe und interpretiere B 1. Wie beurteilt der Zeichner die Situation der drei Stände in Frankreich?
2. Erläutere mit B 2 und B 3 den Aufbau der französischen Gesellschaft. Vergleiche mit B 1.
3. Fasse die Beschwerden und Wünsche in Q 5 zusammen. Formuliere mithilfe von T 4 einen ähnlichen Brief für Handwerker.
4. Vergleiche mit B 6 die Höhe der Staatsausgaben und die der Einnahmen. Welche Schlussfolgerungen ziehst du?

2. Sommer 1789 – die Revolution der Bürger und Bauern

Am 5. Mai 1789 eröffnete der König die Versammlung der Generalstände in Versailles: Er und seine Berater wollten die Steuerreformen verhandeln. Doch die Finanzkrise war längst zur Staatskrise geworden. Im Juni 1789 begann die **Revolution,** die eine tiefgreifende, zum Teil gewaltsame Umwälzung der alten politischen und gesellschaftlichen Ordnung zur Folge hatte. Warum wurde aus der Krise eine Revolution?

Die Revolution der Abgeordneten – Der König hatte dem Dritten Stand 600 Abgeordnete in der Generalständeversammlung zugebilligt. Der Dritte Stand hatte nun, anders als früher, genauso viele Abgeordnete wie die beiden ersten Stände zusammen. Doch der König wollte, dass die Stände wie früher getrennt beraten und abstimmen sollten (eine Stimme pro Stand). Auf die Forderung des Dritten Standes, nach Köpfen abzustimmen (eine Stimme pro Abgeordneter), wollte der König nicht eingehen.

Doch die Abgeordneten des Dritten Standes weigerten sich, als Stand getrennt zu beraten. Anfang Juni luden sie Geistliche und Adlige ein, sich ihnen anzuschließen. Etwa 19 Pfarrer folgten ihrer Einladung. Am 17. Juni 1789 erklärten sich die Abgeordneten des Dritten Standes selbst zur **Nationalversammlung,** zur Versammlung der „einen und unteilbaren" französischen Nation. Sie verstanden sich als die rechtmäßige Vertretung der Gesamtheit der Franzosen.
Der König ließ daraufhin am 20. Juni 1789 ihren Versammlungsraum räumen. Doch die Abgeordneten begaben sich in einen nahe gelegenen Saal, das Ballhaus. Dort schworen sie, nicht auseinanderzugehen, bis Frankreich eine Verfassung hätte, in der die Rechte des Königs, der Regierung und des Parlaments festgeschrieben sein sollten.

Die Revolution der Pariser Bürger – Die Bürger von Paris hatten große Hoffnung auf die Nationalversammlung gesetzt.

PERSONENLEXIKON

Ludwig XVI.,
1754 – 1793.
König von Frankreich:
1774 – 1792

Q2 Emmanuel-Joseph Sieyès, Denkschrift, Januar 1789:

1. Was ist der Dritte Stand? Alles.
2. Was ist er bis jetzt in der politischen Ordnung gewesen? Nichts.
3. Was verlangt er? Etwas zu sein. [...]

Der Dritte Stand (leistet) in Kriegsdienst, Rechtspflege, Kirche, Staatsverwaltung neunzehn Zwanzigstel [...]. Wer könnte also die Behauptung wagen, der Dritte Stand umfasse nicht alles, was zur Bildung einer vollständigen Nation nötig ist? Er ist der starke und kraftvolle Mann, der an einem Arm noch angekettet ist.

(In: Geschichte in Quellen, Bd. III, München 1986, S. 163 f. Gekürzt)

B1 Der Schwur im Ballhaus von Versailles am 20. Juni 1789. Gemälde von J. L. David um 1790

Nach einigem Zögern erkannte der König die Nationalversammlung an. Dennoch ließ er Anfang Juli Soldaten um Versailles und Paris zusammenziehen.

Um die befürchteten Angriffe der königlichen Soldaten abwehren zu können, wurden in Paris Bürgerwehren aufgestellt, die **Nationalgarden.** Die Pariser Bürger setzten auch die königlichen Beamten ab und organisierten eine unabhängige Stadtverwaltung.

Die gespannte Atmosphäre wurde durch hohe Getreidepreise und Gerüchte über zurückgehaltene Getreidevorräte adliger Großgrundbesitzer zusätzlich aufgeladen. Am 14. Juli 1789 entlud sich der Volkszorn: Eine wütende Menge stürmte die BASTILLE, das alte königliche Gefängnis, um sich Waffen und Munition zu verschaffen. Etwa 100 Revolutionäre starben. Doch der auf Lanzen gesteckte Kopf des Kommandanten wurde jubelnd durch die Straßen getragen. Der König kündigte einen Tag später den Rückzug der Truppen an. Der Aufstand hatte die Revolution der Abgeordneten und die Nationalversammlung gesichert. /8

B3 Der 14. Juli 1789. Französisches Bild von 1880 zum Gedenken an die Revolution

Die Revolution der Bauern – Auch auf dem Land war die Atmosphäre gespannt. Die Angst vor einem Militäreinsatz des Adels stieg. Die bevorstehende Ernte sowie Gerüchte über Ernteräuber steigerten die Nervosität. Die gesamte Landbevölkerung geriet in einen Zustand großer Furcht. Als sich die Nachricht von der Einnahme der Bastille auf dem Land verbreitete, brachen auch hier die Aufstände los: Bauern steckten die Schlösser der Grundherren in Brand; Archive mit Besitzurkunden, in denen Dienste und Abgaben verzeichnet waren, wurden zerstört.

Die Bauernaufstände beunruhigten nicht nur Adlige und Geistliche. Auch viele Bürger des Dritten Standes waren Grundherren. Sie sahen ihr Eigentum und die staatliche Ordnung insgesamt bedroht. Die Nationalversammlung beschloss daher, viele Forderungen der Bauern zu erfüllen.

Q4 Im August 1789 beschloss die Nationalversammlung:

Die Nationalversammlung vernichtet das Feudalwesen völlig (d. h. Abschaffung der Leibeigenschaft; alle übrigen Dienste durch Geldzahlungen ablösbar). Ebenso wird das (Adels-)Privileg der Jagd abgeschafft. Jede grundherrschaftliche Rechtsprechung wird abgeschafft. Alle Zehnten (an die Kirche) werden abgeschafft. Die Käuflichkeit der Gerichts- und Magistratsämter ist sofort aufgehoben. Die Rechtsprechung soll kostenlos erfolgen. Alle Bürger sollen, ohne Unterschied ihrer Geburt, freien Zugang zu allen kirchlichen, zivilen und militärischen Ämtern haben.

(In: Grab, W. [Hg.]: Die Französische Revolution, München 1973, S. 33 f. Bearb.)

ARBEITSAUFTRÄGE

1. Beschreibe und interpretiere B1. Achte auf Kleidung, Haltung, Gestik und Mimik der Personen. War der Zeichner ein Gegner oder Befürworter der Revolution?
2. Erarbeite mit Q2, warum Sieyès den Dritten Stand als vollständige Nation ansieht. Beurteile seine Meinung.
3. 1880 wurde der 14. Juli 1789 zum französischen Nationalfeiertag erklärt. Erkläre mit B3, welche Bedeutung die Erstürmung der Bastille für die Menschen in Frankreich hatte.
4. Überprüfe mit Q4, ob die Forderungen der Bauern (vgl. Q5, Seite 195) erfüllt wurden.

3. Frankreich wird konstitutionelle Monarchie

Die Abgeordneten der Nationalversammlung hatten die alte Ständeordnung beseitigt. Wie aber konnten die Schulden des Ancien Régime bezahlt werden? Und auf welche Weise sollte die Macht im Staat zwischen der Nationalversammlung und dem König aufgeteilt werden?

Der Staat braucht Geld – Infolge der Misswirtschaft des Königs und seiner Minister war die Staatskasse leer. Es gab aber noch kein neues Steuersystem. Im November 1789 hatte die Nationalversammlung beschlossen, den Besitz der Kirche zum Staatseigentum zu erklären. Die Kirchengüter sollten verkauft werden, um mit dem Erlös die Schulden zu bezahlen. Dem heftigen Protest der Bischöfe hatten die Abgeordneten entgegengehalten, dass der Staat nun Aufgaben der Kirche wie die Fürsorge und das Schulwesen selbst übernehme. Bis zum Verkauf erhielten die Gläubiger des Staates Schuldscheine über ihren Anteil an den Gütern, die **Assignaten.** Der Verkauf der Güter verzögerte sich aber, sodass die Assignaten wie Papiergeld neben der üblichen Münzwährung verwendet wurden und schon bald an Wert verloren.

Politische Ideen werden diskutiert – In der Nationalversammlung gab es noch keine Parteien wie heute. Aber in der Diskussion um die neue Verfassung bildeten sich rasch Gruppen. In Paris und anderen Städten entstanden Gesellschaften und Klubs, in denen Abgeordnete, Journalisten, adlige Damen und Bürger diskutierten. Es gab z. B. die „Aristokraten“, die „Männer der Monarchie“, die „Freundinnen des Gesetzes“. Im Dezember 1789 wurde die „Gesellschaft der Verfassungsfreunde“ gegründet, die im leer stehenden Kloster St. Jacob in Paris tagte. Ihre

Q1 Die Erklärung der Menschen- und Bürgerrechte (26.8.1789):

1. Die Menschen sind und bleiben von Geburt an frei und gleich an Rechten.
2. Das Ziel jeder politischen Vereinigung ist die Erhaltung der natürlichen und unveräußerlichen Menschenrechte [...] Freiheit, Eigentum, Sicherheit und Widerstand gegen jede Unterdrückung. [...]
4. Freiheit besteht darin, alles tun zu können, was Anderen nicht schadet . [...]
6. Das Gesetz soll für alle gleich sein, mag es beschützen, mag es bestrafen. [...]
7. Jeder kann nur in den durch das Gesetz bestimmten Fällen und [...] Formen angeklagt und verhaftet werden. [...]
10. Niemand darf wegen seiner Meinung, selbst religiöser Art, bedrängt werden. [...]
11. Die freie Mitteilung der Meinungen ist eines der kostbarsten Menschenrechte.

(In: Grab, W. [Hg.]: Die Französische Revolution, München 1973, S. 37 f. Gekürzt)

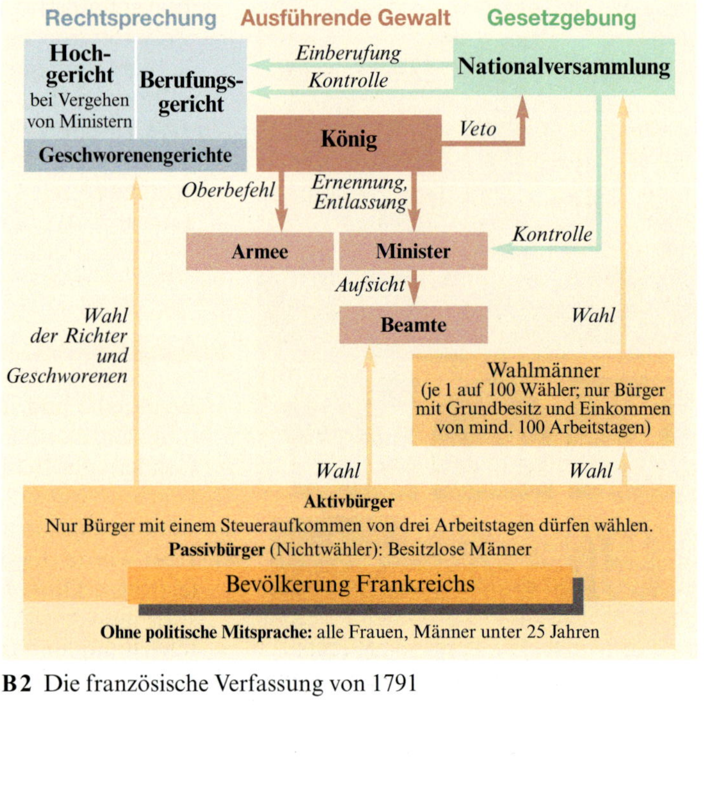

B2 Die französische Verfassung von 1791

Mitglieder wurden später Jakobiner genannt. Einer ihrer führenden Abgeordneten war der Anwalt Maximilien Robespierre. Der Jakobinerklub hatte bereits 1791 über 400 Ableger in anderen französischen Städten.

Die neue Verfassung – Im 18. Jahrhundert hatten die Philosophen der Aufklärung erklärt, dass allen Menschen von Geburt an die gleichen Rechte zustehen. Sie forderten, dass die Menschen sich durch den Gebrauch ihres eigenen Verstandes von den alten Mächten der Kirche und des Staates lösen sollten. Diese Ideen der Aufklärung wollte die Nationalversammlung nun in einer neuen Staatsordnung verwirklichen.

Im Herbst 1791 einigte sich die Nationalversammlung über eine **Verfassung** für den Staat. Zum ersten Mal in Europa wurde eine politische Ordnung als Gesetz von einer Volksvertretung beschlossen. Der Verfassung vorangestellt war eine Erklärung der Menschen- und Bürgerrechte. Die oberste Gewalt im Staat, die **Souveränität,** hatte nicht mehr der König, sondern die Nation. Von der Gesamtheit aller Franzosen ging jetzt eine **Volkssouveränität** aus. Durch die Verfassung (Lat.: *constitutio)* war die Macht des Königs eingeschränkt worden. Frankreich war nun eine **konstitutionelle Monarchie.** Durch ein **Zensuswahlrecht** wurde die politische Mitsprache allerdings auf die Bürger begrenzt, die eine bestimmte Steuersumme zahlen konnten. Das war nur gut die Hälfte der 28 Millionen Franzosen. Die Ausübung der staatlichen Gewalt wurde auf verschiedene Institutionen verteilt, um Missbrauch durch Einzelne oder Institutionen zu verhindern.

Doppeltes Spiel des Königs – Der König akzeptierte scheinbar die neue Verfassung. Jedoch hielt er geheime Kontakte zu den **Emigranten,** den seit 1789 aus Frankreich geflohenen Adligen. Im Juni 1791 scheiterte ein Fluchtversuch der königlichen Familie ins benachbarte Ausland. Der König hatte nun das Vertrauen der französischen Bevölkerung verloren.

Q3 J.-J. Rousseau erklärte 1762, dass dem Staat ein Gesellschaftsvertrag zugrunde liegen müsse:

Jedes Mitglied (des Staates) verzichtet auf alle seine Rechte zugunsten der Gesamtheit. Denn wenn jeder sich vollkommen zur Verfügung stellt, sind die Bedingungen für alle gleich, und keiner hat ein Interesse daran, sie den anderen zu erschweren. [...] Der Gesellschaftsvertrag stellt die Gleichheit unter den Staatsbürgern in der Weise her, dass sich alle auf die gleichen Bedingungen verpflichten und alle einen Anspruch auf dieselben Rechte haben. [...] Auch (bei dem Staat) unterscheidet man Willen und Kraft, sie heißen hier gesetzgebende und ausführende Gewalt. Ohne ihr Zusammenwirken darf nichts geschehen. [...] Die gesetzgebende Gewalt (steht) dem Volk zu und nur ihm [...]. Dagegen kommt der Gesamtheit (dem Volk) als Gesetzgeberin und Trägerin der Staatsgewalt nicht die ausführende Gewalt zu. [...] Ich nenne „Regierung" oder oberste Verwaltung die rechtmäßige Ausübung der ausführenden Gewalt und „Fürst" oder Behörde die mit dieser Tätigkeit betraute Person oder Körperschaft.

(In: Schulze, Hagen; Ina U. Paul: Europäische Geschichte, München 1994, S. 507. Gekürzt)

B4 Der König und seine Familie nach dem Fluchtversuch. 1791

ARBEITSAUFTRÄGE

1. Lies Q1 und vergleiche die französische Menschenrechtserklärung mit der amerikanischen Unabhängigkeitserklärung.
2. Analysiere und erläutere B2. Was hat sich im Vergleich zum Absolutismus verändert? Können alle Französinnen und Franzosen mit der Verfassung zufrieden sein?
3. Lies Q3 sowie Q2 auf S. 196. Welche Ideen der Aufklärer findest du in der Französischen Verfassung von 1791 wieder?
4. Interpretiere B4. Wie wird die Königsfamilie zurückgebracht?

4. Die Revolution gerät in Gefahr

Am 13. September 1791 beschloss die Nationalversammlung die neue Verfassung. Für die Mehrzahl der Abgeordneten war die Revolution damit abgeschlossen und hatte die angestrebten Ziele erreicht. War auch die Mehrheit der Franzosen mit dem Erreichten zufrieden?

Uneinigkeit der Bürger – Im Oktober 1791 trat eine neu gewählte Nationalversammlung zusammen. Unter den Abgeordneten gab es kaum noch Adlige und Geistliche. Die Mehrheit bildeten die Bürgern; sie gliederten sich jetzt immer mehr in verschiedene Gruppierungen mit unterschiedlichen Zielen auf. Viele Abgeordnete waren gewählt worden, weil sie sich stärker für die Interessen der kleinen Leute einsetzen und ihnen das Wahlrecht geben wollten. Sie standen dem König kritisch gegenüber und sammelten sich bei den **Jakobinern.** Aus dem Jakobinerclub ausgetreten waren die gemäßigten Abgeordneten, die mit der neuen konstitutionellen Monarchie zufrieden waren. Eine andere Gruppe, die **Girondisten,** wollte zwar mit dem König zusammenarbeiten, aber außerdem die Revolution ins Ausland tragen. Sie stellte die Wortführer in der Nationalversammlung.

Die Revolution macht sich Feinde – Im Juli 1790 hatte die Nationalversammlung beschlossen, dass Priester von nun an wie Staatsbeamte einen Treueeid auf die Verfassung ablegen sollten. Der Papst in Rom lehnte eine solche Einmischung in die Kirchenangelegenheiten ab.

Bisher hatte sich die Mehrheit der Geistlichen trotz Abschaffung des Zehnten und Verkauf des Kirchenguts für die Revolution entschieden. Doch nun verweigerten viele Geistliche den geforderten Eid. Ein großer Teil der tiefgläubigen katholischen Bauern stellte sich auf ihre Seite. Zusammen mit dem revolutionsfeindlichen Adel bildeten sie auf dem Land eine gefährliche Front der Gegner.

Krieg in Europa – Die Herrscher Europas hatten die Revolution mit Besorgnis beobachtet. Sie fürchteten, dass der revolutionäre Funke auch auf ihre Länder überspringen könnte. Der österreichische Kaiser und der preußische König erklärten im August 1791 in PILLNITZ, die Situation des französischen Königs sei von gemeinsamem Interesse für alle Könige Europas. Sie sagten ihm militärische Unterstützung zu.

B1 Die Geistlichkeit in der Nationalversammlung, links: eidleistende Geistliche, rechts: eidverweigernde Geistliche. Zeitgenössischer Stich

Wie reagierten darauf die Abgeordneten der Nationalversammlung? Die Girondisten befürworteten einen Krieg. Sie hofften, damit von der Wirtschaftskrise abzulenken und die Unzufriedenen zu einigen. Es gelang ihnen, die Mehrheit der Abgeordneten zu überzeugen. Der König trat ebenfalls für den Krieg ein, allerdings aus ganz anderen Motiven: Er hoffte, ein Sieg der europäischen Monarchen würde seine alte Macht wiederherstellen. Im April 1792 erklärte die Nationalversammlung Österreich den Krieg.

Neue Unruhen – Viele Freiwillige meldeten sich zunächst begeistert für den Kriegsdienst. Doch die Kämpfe begannen mit Niederlagen der französischen Armee. Die Versorgung der Soldaten verschärfte die Getreideknappheit im Land.
Auf dem Land wollten die Bauern ihr Korn nicht mehr für die Assignaten an die städtische Bevölkerung verkaufen. Denn das neue Papiergeld hatte fast die Hälfte des ursprünglichen Wertes verloren. In Paris und in einigen Provinzstädten führte die kritische Versorgungslage 1792 zu neuen Hungeraufständen. Wortführer dieser Aufstände waren die **Sansculotten.** Das waren städtische Kleinbürger, vor allem Händler, kleine Ladenbesitzer, Handwerksmeister und Gesellen. Durch den Geldwertverlust bedroht, forderten sie gesetzlich festgelegte Preise und Löhne.

Radikalisierung des Volkes – Am 10. Juni 1792 verjagten bewaffnete Sansculotten die Stadtverwaltung, die aus gemäßigten Bürgern bestand, und organisierten selbst eine revolutionäre Stadtverwaltung, die Pariser KOMMUNE. Damit hatten die Sansculotten maßgeblichen Einfluss auf die Pariser Sektionen (Stadt- und Wahl-

Q2 Jacques Brissot, Girondist, im Jakobinerklub am 16.12.1791:

Für ein Volk, das nach tausend Jahren Sklaverei die Freiheit erobert hat, [ist] der Krieg ein Bedürfnis. Der Krieg ist notwendig, um die Freiheit zu festigen; er ist notwendig, um sich von den Lastern des Despotismus [Absolutismus] zu reinigen; er ist notwendig, um die Männer zu entfernen, welche die Freiheit vergiften könnten. […] In zwei Jahren hat Frankreich alle Mittel erschöpft, um die Rebellen [= die ins Ausland geflüchteten königstreuen Emigranten] in seinen Schoß zurückzuführen; […] sie beharrten auf der Rebellion; die fremden Fürsten beharren darauf, sie in derselben zu unterstützen: Kann man noch schwanken, ob man sie angreifen soll? […] Die Notwendigkeit, unsere Revolution moralisch zu machen und zu [befestigen] – all das macht es uns zum Gesetz.

(In: Wittmütz, O. [Hg.]: Die Französische Revolution, Frankfurt a. M. 1987, S. 40. Gekürzt)

Q3 Maximilien Robespierre im Jakobinerklub am 2. Januar 1792:

Sollen wir unsere Feinde angreifen oder sie in unseren Wohnungen erwarten? […] Gewiss, ich liebe ebenso sehr wie Herr Brissot einen Krieg, der unternommen wird, um die Herrschaft der Freiheit auszubreiten. […] Die ausschweifendste Idee, die im Kopf eines Politikers entstehen kann, ist die, zu glauben, dass es für ein Volk genüge, mit bewaffneter Hand bei einem fremden Volk einzubrechen, um es zu zwingen, seine Gesetze und seine Verfassung anzunehmen. Niemand liebt die bewaffneten Missionare. […] Bevor die Wirkungen unserer Revolution sich bei den auswärtigen Völkern fühlbar machen können, muss sie zuerst befestigt sein. Ihnen die Freiheit zu geben, bevor wir sie selbst erobert haben, heißt nur unsere Sklaverei und zugleich die der ganzen Welt zu befestigen.

(In: Wittmütz, O. [Hg.]: Die Französische Revolution, Frankfurt a. M. 1987, S. 41 f. Gekürzt)

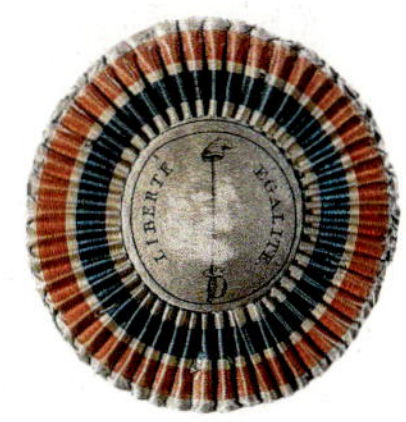

Die Kokarde, das Zeichen der Revolutionäre

Sansculottin und Sansculotte (Franz.: ohne Kniehose). Im Gegensatz zu den Adligen mit ihren Kniehosen tragen die Sansculotten lange Hosen. Beide sind bewaffnet und tragen an der Kopfbedeckung die Kokarde in den Nationalfarben.

bezirke) gewonnen. Die Aufständischen erstürmten am gleichen Tag das königliche Stadtschloss. Sie forderten die Bestrafung des Königs. Unter diesem Druck wurde der König von der Nationalversammlung gefangen genommen.

Nachdem die feindlichen Heere Ende August 1792 die Grenzen Frankreichs überschritten hatten, kam es zu neuen Gewaltaktionen gegen mutmaßliche Verschwörer. Die Sansculotten stürmten die Gefängnisse und ermordeten etwa 1500 inhaftierte Revolutionsgegner, darunter viele Adlige und eidverweigernde Priester.

Das Ende der Monarchie – Im September 1792 wurde ein Parlament gewählt, das nun nicht mehr Nationalversammlung, sondern **Nationalkonvent** hieß. Bei den Wahlen wurden die radikalen Kräfte gestärkt. Der neue Konvent beschloss als Erstes die Abschaffung der Monarchie. Frankreich war **Republik** geworden. Doch im Nationalkonvent verschärfte sich bald der Gegensatz zwischen den radikalen JAKOBINERN und den gemäßigten GIRONDISTEN. Unterstützt von den Sansculotten forderten die Jakobiner eine Republik gleicher Bürger und die direkte Volksherrschaft. Die Girondisten waren zwar auch für die Republik, aber gegen eine direkte Volksherrschaft.

Die radikalisierte Volksbewegung wollte einen Prozess gegen Ludwig XVI. Als man im November 1792 Geheimpapiere Ludwigs über seine Kontakte zum feindlichen Ausland fand, wurde ihm der Prozess gemacht. Im Januar 1793 sprach der Konvent mit 361 zu 360 Stimmen das Todesurteil. Am 21. Januar 1793 wurde Ludwig XVI. mit dem Fallbeil, der **Guillotine,** hingerichtet.

Guillotine, das Fallbeil der Französischen Revolution. Benannt nach seinem Erfinder, dem Arzt J. J. Guillotin

Q4 Maximilien Robespierre, radikaler Jakobiner, im Nationalkonvent am 3. Dezember 1792:

Ludwig ist entthront durch seine Verbrechen […]. Wenn Ludwig unschuldig ist, werden alle Verteidiger der Freiheit zu Lügnern. [… Ich] verabscheue die Todesstrafe, und für Ludwig habe ich weder Hass noch Liebe; nur seine Missetaten hasse ich […]. Aber ein entthronter König im Schoße einer Revolution, die noch weit davon entfernt ist, durch gerechte Gesetze verankert zu sein, ein König, dessen Name allein schon die Geißel des Krieges auf die erregte Nation herabbeschwört: dessen Dasein kann weder durch Haft noch Verbannung für das öffentliche Wohl gleichgültig werden. […] Es ist besser, dass Ludwig stirbt, als dass 100 000 tugendhafte Bürger umkommen: Ludwig muss sterben, weil das Vaterland leben muss.

(In: Hartig, Irmgard; Paul Hartig [Hg.]: Die Französische Revolution, Stuttgart 1984, S. 81 f. Gekürzt)

Q5 Romain de Sèze, Girondist, im Nationalkonvent am 26. Dezember 1792:

Nehmt ihr Ludwig die [rechtliche] Unverletzlichkeit des Königs, so seid ihr […] ihm wenigstens die Rechte des Bürgers schuldig. Wo sind die schützenden Formen, die jeder Bürger kraft unveräußerlichen Rechts verlangen kann? Wo ist jene Teilung der Gewalten, ohne die weder Verfassung noch Freiheit möglich ist? Wo sind die Geschworenen für Anklage und Urteil? Wo sind alle jene strengen Vorkehrungen, die das Gesetz bestimmt hat, damit der Bürger, selbst wenn er schuldig ist, nur durch das Gesetz getroffen wird? […] Ihr wollt richten über Ludwig und habt euer Urteil schon ausgesprochen.

(In: Hartig, Irmgard; Paul Hartig [Hg.]: Die Französische Revolution, Stuttgart 1984, S. 83 f. Gekürzt)

ARBEITSAUFTRÄGE

1. Betrachte und interpretiere B 1. Beurteile, ob der Zeichner die beiden Geistlichen-Gruppen unparteiisch darstellt bzw. mit welchen Darstellungsmitteln er ggf. Partei bezieht.
2. Nenne die Argumente, die von Brissot für den Krieg (Q 2) und von Robespierre gegen den Krieg (Q 3) angeführt werden. Diskutiere die unterschiedlichen Meinungen.
3. Lies Q 4 und Q 5. Wie beurteilen die beiden Redner die beabsichtigte Hinrichtung Ludwigs XVI.? Wie lautet dein eigenes Urteil über den Prozess gegen den König?

Arbeit mit Rollenspielen

Kannst du dich in die Lage König Ludwigs XVI. hineinversetzen, der vor einem Gericht aus gewählten Vertretern des Volkes erscheinen muss? Er, der König, der immer nur befohlen hatte? Und wie mag es den Mitgliedern des Nationalkonvents zumute gewesen sein, über König Ludwig XVI. zu richten? Welches Strafmaß sollten sie wählen? Er war doch immerhin der König gewesen!

Ein Rollenspiel mit dem Thema „Der Prozess gegen den König“ kann dir helfen, eine historische Situation besser nachzuempfinden. Es ist auch interessant, in eine Rolle zu schlüpfen und jemanden zu imitieren (= nachzumachen). Wie am Theater werden die „Rollen“, d. h. die einzelnen „Figuren“ des Spiels, vorbereitet. Am besten geschieht das in Gruppen. Auch wenn sich das Ereignis nicht ganz genau so abgespielt hat – es gibt keine exakten Aufzeichnungen –, müssen doch die wichtigsten Handlungen und Inhalte des Spiels mit den historischen Fakten übereinstimmen. Ihr müsst euch also vorher informieren.

Mögliche Rollen können sein:
- ein Regisseur (Spielleiter); er ist für das Drehbuch verantwortlich,
- ein Verhandlungsführer des Nationalkonvents
- der König und seine Verteidiger
- gemäßigte Bürger (Girondisten)
- radikale Bürger (Jakobiner)
- Zeitungsreporter, die den Prozess beobachten und darüber Artikel schreiben
- Requisiteure, die verantwortlich für die Kostüme und Requisiten sind.

Die Spielsituation wird vom Spielleiter festgelegt. Das lautet dann etwa so: *„Der König ist des Verrats am französischen Volk angeklagt. Nach mehreren Sitzungen geht es am 20. Januar 1793 im Nationalkonvent um das Urteil gegen den König. Der Verhandlungsführer fordert die einzelnen Parteien und Gruppierungen auf, nochmals ihre Positionen zur Anklage vorzutragen und ein Strafmaß zu beantragen. Dann wird über das Urteil abgestimmt. Das Ergebnis der Abstimmung wird mitgeteilt.“*

Plötzlich stellen sich euch ganz neue Fragen: Wie hat sich der König während des Prozesses verhalten? Benahm er sich angesichts des drohenden Todes noch herablassend und stolz? Welche Kleidung trug er? Auf alle Fragen findest du sicher keine Antwort, aber manche neue Information wirst du herausfinden. Dafür bekommst du von deiner Lehrerin oder deinem Lehrer eine Rollenkarte. Ein Beispiel:

Rollenkarte „Der König und sein Verteidiger“:

Der König ist passiv. Er unterstützt durch seine Haltung, durch Mimik und Gestik die Ausführungen seiner Verteidiger.

Die Anzahl der Verteidiger bestimmt ihr. Sie stellen den König im besten Licht dar, betonen seine freiheitliche Haltung. Vor allem versuchen sie zu beeindrucken, indem sie den König selbst als gottesfürchtigen Mann darstellen. Sie leugnen die Vorwürfe, dass Ludwig XVI. mit dem Ausland zusammengearbeitet habe.

Grundlage ihrer Forderung nach Freispruch ist aber die Verfassung von 1791, die den König für unverletzlich erklärt. Sollte man ihm diesen Status nehmen, so stehen ihm, wie jedem anderen Bürger, die Rechtsgarantien nach der Verfassung zu: das doppelte Kollegium, Anhörung von Zeugen, Schriftsachverständige für belastendes Material.

WORAUF DU ACHTEN MUSST

1. Gruppen erarbeiten mit „Rollenkarten“ die Argumentation einer konkreten historischen Person. Sie bestimmen einen Sprecher, der ihre Positionen wirkungsvoll vortragen kann.
2. Die für Requisiten verantwortliche Gruppe informiert sich über wichtige Ausstattungselemente. Wenn es nicht möglich ist, passende Gegenstände herbeizuschaffen oder zu improvisieren, können auch Namensschilder helfen.
3. Der Spielleiter erarbeitet einen Spielablauf, den er allen Gruppen zur Verfügung stellt.
4. Nach dem Spiel diskutiert ihr den Spielverlauf anhand der Artikel der Reporter, die den Prozess beobachtet haben.

5. Frauen in der Revolution – Kampf um Gleichstellung

Von Anfang an hatten sich die Frauen des Dritten Standes mit großem Engagement an der Revolution beteiligt. Zusammen mit den Männern hatten die Pariserinnen im Juli 1789 die Bastille erstürmt. Die Pariser Marktfrauen hatten im Oktober 1789 den König von Versailles nach Paris geholt, um ihn auf die schlechte Versorgungslage aufmerksam zu machen. Für viele Frauen war die Revolution in doppelter Hinsicht ein Aufbruch: Zum einen wollten sie die Missstände innerhalb der Stände beseitigen; zum anderen litten Frauen zu Hause und in der Öffentlichkeit unter der Vorherrschaft der Männer. Wie versuchten die Frauen während der französischen Revolution, ihre Stellung im Staat und in der Gesellschaft zu verbessern?

Frauen als Bürgerinnen – Bereits im Wahlkampf 1789 für die Besetzung der Generalstände hatten die Frauen eigene Beschwerdehefte geschrieben, in denen sie z. B. bessere Ausbildungs- und Berufsbedingungen forderten. Auch die Erklärung der Menschen- und Bürgerrechte im August 1789 hatte große Hoffnungen geweckt: Männer und Frauen konnten nun ihre Meinung frei äußern. Einige Frauen des Dritten Standes richteten eine Bittschrift an die Nationalversammlung: Sie forderten das Wahlrecht für Frauen und den Zugang zu den Ämtern.

Im Oktober 1789 wurden Frauen als Zuhörerinnen in der Nationalversammlung zugelassen; sie erhielten auch Rederecht. Aber sie erreichten keine Gleichstellung als Staatsbürgerinnen. Mit der Verfassung vom September 1791 verweigerten die Abgeordneten den Frauen das Wahlrecht. Als Antwort auf diese Diskriminierung formulierte Olympe de Gouges eine „Erklärung der Rechte der Frau und Bürgerin“.

Frauen hatten durch die Verfassung zwar keine politischen Mitspracherechte bekommen, aber ihre Rechtsstellung verbesserte sich durch ein neues Gesetz vom September 1792: Die Ehe wurde nun zu einem Vertrag zwischen Mann und Frau erklärt. Beiden Eheleuten stand es gleichermaßen frei, diesen Vertrag zu schließen und aufzukündigen.

Frauen in der Öffentlichkeit – Frauen nutzten die neuen Klubs und Gesellschaften, um sich weiterhin engagiert für ihre politischen Ziele einzusetzen. Da sie

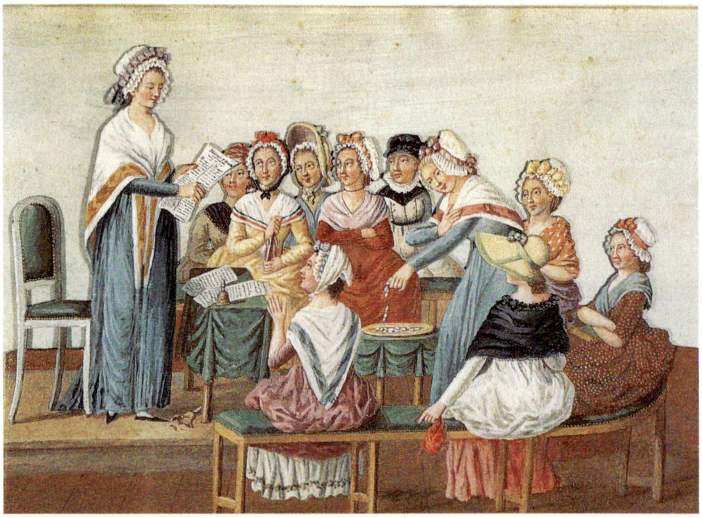

B1 Sitzung des Patriotischen Frauenklubs. Gemälde von 1791

B2 Frauenversammlung in einer Kirche. Zeitgenössisches Bild um 1790

nur in wenigen politischen Vereinigungen als Mitglieder zugelassen waren, gründeten sie selbst Frauenklubs und Zeitschriften: Im Januar 1790 gründete THÉROIGNE DE MÉRICOURT den „Klub der Freundinnen des Gesetzes"; von Februar bis Juli 1791 erschien der „Courrier de l'Hymen – Journal des Dames". Viele Frauen traten für eine verbesserte Erziehung, Krankenpflege und Fürsorge ein und organisierten die Versorgung der Armee.

Die Form politischer Aktivität hing allerdings auch von der sozialen Situation der Frauen ab. Die Frauen der wohlhabenden Bürger beteiligten sich vor allem in den Klubs. Die Frauen der Kleinbürger und Arbeiter wurden aktiv, wenn die Wirtschaftslage erneut die Versorgung ihrer Familie infrage stellte – wie beim Zug der Pariser Marktfrauen nach Versailles oder während der Brotunruhen der Sansculottenbewegung 1792/93.

Revolutionsende für die Frauen – Die männlichen Zeitgenossen blieben gegenüber den neuen Forderungen der Frauen misstrauisch. Der Philosoph Jean-Antoine de Condorcet, der das Bürgerrecht für Frauen forderte, blieb allein. Ob Besitzbürger oder Sansculotte – die große Mehrheit der Männer drängte auf den Rückzug der Frauen in den Haushalt.

Als es im Herbst 1793 in Paris zu Auseinandersetzungen zwischen zwei Frauenvereinigungen kam, wurden von der Pariser Bürgerverwaltung gleich sämtliche Frauenvereine verboten. Nach den erneuten Brotunruhen im Mai 1795 wurde ein Versammlungsverbot für Frauen verhängt. Damit waren sie erneut aus dem öffentlichen Leben ausgeschlossen.

PERSONENLEXIKON

OLYMPE DE GOUGES, 1748–1793. Sie schrieb politische Schriften und Theaterstücke. Da sie die Herrschaft der Jakobiner kritisierte, wurde sie am 3. November 1793 hingerichtet. ℹ/9

Q3 Olympe de Gouges, Vorrede zur „Erklärung der Rechte der Frau und Bürgerin", 1791:

Mann, bist du überhaupt imstande, gerecht zu sein? [...] Kannst du mir sagen, wer dir die unumschränkte Macht verliehen hat, die Angehörigen meines Geschlechts zu unterdrücken? [...] Schau auf den Schöpfer in seiner Weisheit, [...] betrachte die Geschlechter in der Ordnung der Natur. [...] Allein der Mann [...] will in diesem Jahrhundert der Aufklärung und des klaren Verstandes in durch nichts mehr zu rechtfertigender Unwissenheit despotisch über ein Geschlecht herrschen, das über alle geistigen Fähigkeiten verfügt. Er nimmt für sich in Anspruch, die Revolution für sich allein zu nutzen und seine Rechte auf Gleichheit einzufordern, um nur so viel zu sagen.

(Ute Gerhard: Menschenrechte – Frauenrechte 1789, in: Schmidt-Linsenhoff, Viktoria [Hg.]: Sklavin oder Bürgerin?, Frankfurt a. M. 1989. Gekürzt)

Q4 Antrag des Bürgers Chaumette in der Versammlung der Pariser Kommune vom 18. November 1793:

Seit wann ist es sittsam, wenn Frauen die fromme Sorge um ihren Haushalt, um die Wiege ihrer Kinder vernachlässigen und auf offener Straße, am Rednerpult, an den Schranken der Volksvertretung, in den Rängen unserer Armeen Aufgaben übernehmen, die allein den Männern vorbehalten sind? [... Die Natur] hat zum Manne gesagt: „Sei Mann, dein Teil sind Unternehmung und Jagd, Feldbestellung, Politik, Kraftleistungen aller Art." Und sie hat zum Weibe gesagt: „Sei Weib, deine Arbeit sind die Erziehung der Kinder, die Führung des Haushalts, die süßen Sorgen der Mutterschaft." [...] Ich beantrage, dass nur die Männer der Abordnung gehört werden und dass der Stadtrat in Zukunft keine Frauen mehr ohne ausdrücklichen vorherigen Beschluss empfängt [...] [Der Antrag wurde angenommen]

(In: U. F. Müller [Hg.]: Lust an der Geschichte. Die Französische Revolution, München 1988, S. 250 ff. Gekürzt)

ARBEITSAUFTRÄGE

1. Betrachte B1. Entwirf eine mögliche Themenliste sowie den möglichen Ablauf einer Frauenklubsitzung.
2. Vergleiche und interpretiere B1 mit B2. Beschreibe Unterschiede in der Darstellungsweise. Welche Haltungen gegenüber den Frauen werden in den beiden Bildern ausgedrückt?
3. Lest Q3 und Q4. Mit welchen Argumenten begründet der Bürger Chaumette in Q4 seinen Antrag? Formuliert eine Entgegnung aus der Sicht von Olympe de Gouges.

6. Der große Schrecken – die Diktatur der Jakobiner

Die Hinrichtung Ludwigs XVI. hatte zur Folge, dass neben Österreich und Preußen nun auch England, die Niederlande, Spanien und Portugal 1793 Frankreich den Krieg erklärten. Die Revolutionäre sahen sich einem Bündnis feindlicher Armeen gegenüber. Welche Auswirkungen hatte das auf die Revolution?

Nach Erfolgen im Jahre 1792 geriet die französische Armee 1793 in Bedrängnis. Als der Nationalkonvent daraufhin die Aushebung von 300 000 Rekruten beschloss, kam es in vielen Regionen zu Unruhen. Auch die Bauern der westfranzösischen Region VENDÉE erhoben sich im März 1793. Auf ihre Seite stellten sich königstreue Landadlige, eidverweigernde Priester und die Girondisten.

Eine Hungersnot, hervorgerufen durch eine schlechte Ernte und die Blockade Frankreichs durch die Gegner, brachte erneut die städtischen Volksmassen auf. Wie reagierte der Nationalkonvent?

Mit dem Volk oder gegen es regieren? – Die Pariser Kommune und die Sansculotten forderten Anfang 1793 erneut festgesetzte Preise und die Beschlagnahmung von Lebensmitteln. Sie gaben dem Nationalkonvent die Schuld für die Notlage. Denn die Girondisten widersetzten sich solchen staatlichen Eingriffen in die Wirtschaft und beharrten auf dem Schutz des Eigentums.

Die Sansculotten wollten hingegen erreichen, dass jeder nur so viel Eigentum haben solle, wie er für sich selbst brauche. Der rechtlichen Gleichstellung sollte nun auch eine soziale Gleichheit folgen. Die Unruhen im Frühjahr 1793 machten deutlich, dass die städtische Volksbewegung der Sansculotten ihre radikalen Forderungen auch mit Gewalt und gegen den Nationalkonvent durchsetzen würde.

In dieser Situation stellten sich die Jakobiner auf die Seite der Volksbewegung: Sie befürchteten, andernfalls die Kon-

Q1 Denkschrift von Jacques Roux an den Konvent, 25. Juni 1793:

Nur die Reichen haben [...] aus der Revolution Nutzen gezogen. Die Händleraristokratie, die schrecklicher ist als die Adels- und Priesteraristokratie, hat [...] sich der Privatvermögen und der Schätze der Republik bemächtigt. [...] Die Preise für Waren steigen im Verlauf eines Tages auf erschreckende Weise. [...] Erklärt das den Börsenspekulanten und Hamsterern deutlich: Entweder gehorchen sie in Zukunft Euren Dekreten oder sie gehorchen ihnen nicht. Im ersten Fall habt Ihr das Vaterland gerettet. Im zweiten Fall [...] stehen wir bereit, die Blutsauger des Volkes niederzuschlagen.

(In: Hartig, I.; P. Hartig [Hg.]: Die Französische Revolution, Stuttgart 1984, S. 91 f. Gekürzt)

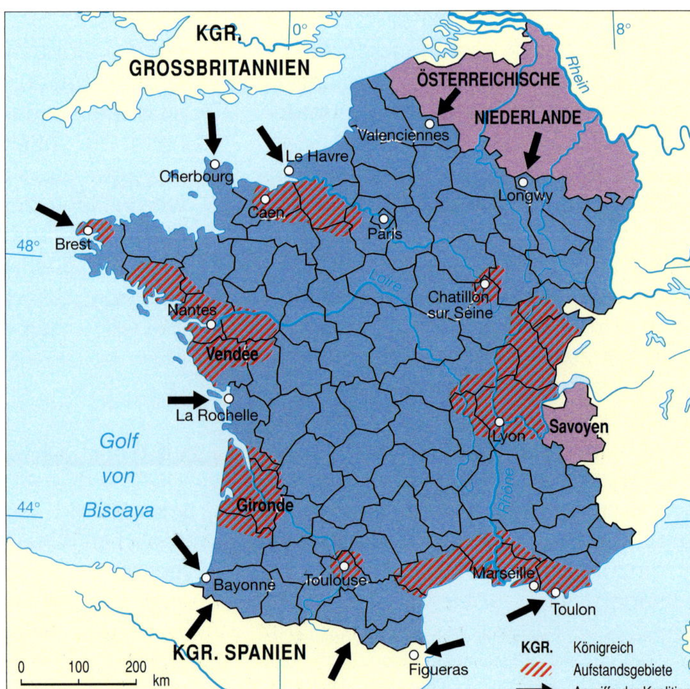

Gefahren für die Revolution 1793

K2

trolle über die Volksbewegung zu verlieren. Die Jakobiner wollten den Konflikt außerdem nutzen, um ihre politischen Gegner, die Girondisten, endgültig auszuschalten. Am 2. Juni 1793 belagerte die Nationalgarde, die unter dem Einfluss der Sansculotten stand, den Konvent. Zum ersten Mal hatten Bürger die Volksvertretung selbst bedroht. 29 Abgeordnete der Girondisten wurden verhaftet und später hingerichtet. Andere Girondisten konnten in Städte Südfrankreichs oder ins Ausland fliehen. Von dort organisierten sie in der Folgezeit den Widerstand gegen den Konvent.

Herrschaft der Jakobiner und Sansculotten – Nun konnten die Abgeordneten der Jakobiner im Konvent ungehindert die politische Führung übernehmen. Mit welchen Maßnahmen wollten sie die Volksbewegung auf ihre Seite bringen?

Im Mai 1793 wurden Höchstpreise für Getreide festgelegt. Für Händler, die Korn lagerten und überteuert verkauften, galt seit Juli 1793 die Todesstrafe. Im Juni 1793 wurde eine neue **republikanische Verfassung** beschlossen. Erstmals hatten jetzt alle männlichen Bürger ab 21 Jahren das Wahlrecht – ganz gleich, wie hoch ihre Steuerzahlung war. Im Juli wurde die letzte offene Forderung der Bauern erfüllt: Alle Herrenrechte auf dem Land wurden, gegen die Interessen der bürgerlichen Grundbesitzer, entschädigungslos aufgehoben.

Mit Unterstützung der Volksbewegung beschloss der Nationalkonvent im August 1793 ein Aufgebot der gesamten männlichen Bevölkerung zum Kriegsdienst. Mit dieser **Levée en masse** entstand zum ersten Mal ein **Volksheer** in Europa. Es sollte die Revolution nach innen und außen verteidigen. Fast eine Million Franzosen stand nun unter Waffen.

Die Jakobiner errichten eine Diktatur – Die neue Verfassung trat wegen des Krieges nie in Kraft. Auf die wachsenden Unruhen reagierten die Jakobiner mit Unterdrückung und Gewalt.

B 3 Plakat der Republik mit Sansculottenmütze, Liktorenbündel, Waage der Gerechtigkeit und Kranz. Der Text lautet: Freiheit, Gleichheit, die unteilbare Einheit der französischen Republik. Paris um 1792

Q 4 Wehrgesetz vom 23. August 1793:

Vom heutigen Tage [...] sind alle Franzosen dauernd zum Wehrdienst verpflichtet. Die jungen Männer ziehen in den Kampf; die Verheirateten schmieden Waffen und tragen Lebensmittel herbei; die Kinder zupfen altes Leinen [...] ; die Greise lassen sich auf die öffentlichen Plätze tragen, um den Mut der Krieger anzuspornen, sie mit Hass gegen die Könige und Liebe zur Einheit der Republik zu erfüllen. [...] Die Aushebung wird allgemein sein.

(In: Hartig, Irmgard; Paul Hartig [Hg.]: Die Französische Revolution, Stuttgart 1984, S. 94 f. Gekürzt)

Q 5 Gesetz über das Große Maximum, 29. September 1793:

Die Waren [für die der Konvent einen Höchstpreis festsetzt], sind: Fleisch, Butter, Öl, Salzfisch, Wein, Kohle, Zucker, Honig, Papier, Leder, Eisen, Stoffe, Schuhe [für Mehl und Getreide galten seit Mai Höchstpreise]. [...] Alle Personen, welche die Waren zu einem höheren Preis kaufen oder verkaufen, zahlen eine gemeinsam aufzubringende Geldbuße [...]. Sie werden als Verdächtige behandelt.

(In: Geschichte in Quellen, Bd. IV, Amerikanische und Französische Revolution, München 1987, S. 408. Gekürzt und bearbeitet)

Der Konvent hatte bereits im April 1793 aus seinen Abgeordneten einen **Wohlfahrtsausschuss** gewählt. Dieser Wohlfahrtsausschuss, der unter Ausschluss der Öffentlichkeit tagte, wurde seit dem Sommer 1793 von den Jakobinern beherrscht. An seiner Spitze stand der Anwalt MAXIMILIEN ROBESPIERRE. Der Ausschuss besaß uneingeschränkte Vollmachten über Wirtschaft, Verwaltung und Truppenaushebung. Alle Behörden, Beamten, Generäle und Minister unterstanden der Kontrolle des Ausschusses. Auch die Selbstverwaltung der Pariser Kommune wurde abgeschafft. Alle politischen Vereinigungen außer dem Jakobinerklub wurden verboten.
Die Jakobiner hatten eine **Diktatur** des Wohlfahrtsausschusses errichtet: Die in der Verfassung von 1789 festgeschriebene Gewaltenteilung, die den Missbrauch staatlicher Macht verhindern sollte, war wieder aufgehoben.

Terror als Herrschaftsmittel – Seit März 1793 gab es ein vom Konvent gewähltes **Revolutionstribunal,** einen Gerichtshof, dessen Aufgabe die Verurteilung von Revolutionsgegnern war. Eine Verteidigung mithilfe eines Rechtsanwalts oder ein Einspruch gegen ein Urteil waren ausgeschlossen. Wer als „verdächtig" galt, wurde per Gesetz bestimmt. Die Definition war aber so umfassend, dass immer mehr vermeintliche oder tatsächliche Revolutionsfeinde verurteilt und hingerichtet wurden. Am 20. September wurde bestimmt, dass Revolutionskomitees im ganzen Land Verdächtigenlisten bzw. „Staatsbürgerzeugnisse" ausstellen sollen. Mit diesen Maßnahmen setzten die Jakobiner den **Schrecken** (Frz.: *terreur)* auf die Tagesordnung.

Nach Darstellung der Jakobiner wollte die Revolutionsregierung damit planlose Massaker an ihren Gegnern, wie das der Sansculotten vom September 1792, verhindern. An ihre Stelle sollte eine gesetzlich geregelte Strafverfolgung treten. Doch tatsächlich waren die Menschen nun erneut ohne staatlichen Schutz der Willkür von Gerichten ausgesetzt.

Zuerst richtete sich der Terror gegen die Anhänger der Königstreuen und Girondisten im Land, später auch gegen einfache Bürger, die ein falsches Wort gesagt oder sich nicht entschieden genug für die Revolution ausgesprochen hatten. Auch

PERSONENLEXIKON

MAXIMILIEN ROBESPIERRE, 1758–1794. Als Waise aufgewachsen kam er 1789 als unbekannter Anwalt nach Paris. Sein Beiname „der Unbestechliche" zeigte seine Kompromisslosigkeit. e/10

B6 Revolutionstribunal: links ein angeklagter Adliger, rechts die Mitglieder des Gerichts. Gemälde um 1795

in den Aufstandszentren außerhalb von Paris, in LYON und NANTES oder der Vendée, wurden Revolutionsgegner in großer Zahl grausam umgebracht. Schließlich richtete sich der Terror gegen die Jakobiner selbst. Als DANTON und DESMOULINS, frühere Weggefährten Robesspieres, ein Ende des Terreur befürworteten, sorgten Robespierre und die übrigen Jakobiner für ihre Hinrichtung.

Die meisten Franzosen empfanden angesichts der Schreckensherrschaft der Jakobiner Angst und Grauen. Die meisten Revolutionsgegner waren längst getötet. Die Revolutionstruppen hatten durch mehrere Siege gegen die Truppen der europäischen Fürsten im Krieg eine Wende zugunsten Frankreichs herbeigeführt. Ende Juli 1794 erhob sich eine Konventsmehrheit gegen Robespierre und seine Anhänger. Sie wurden verhaftet und später hingerichtet. Die städtische Volksbewegung begrüßte die Hinrichtungen. Der „Große Schrecken“ hatte das Bündnis zwischen Sansculotten und Jakobinern zerstört. Bis zum 27. Juli 1794 waren etwa 40 000 Menschen getötet worden.

Q7 Lucille Desmoulins, Jakobiner, forderte 1793:

Öffnet die Zuchthäuser für die 200 000 Bürger, die ihr Verdächtige nennt, denn in der Erklärung der (Menschen-)Rechte ist nirgends die Rede von Verdachtshäusern. […] Ihr wollt alle eure Feinde mit der Guillotine austilgen. Hat man je einen größeren Aberwitz gesehen? […] Von euren Feinden sind euch nur die Feiglinge und die Kranken geblieben. Die Starken, die Mutigen sind emigriert oder haben in Lyon oder in der Vendée den Tod gefunden. […] Ich bin überzeugt, dass die Freiheit gefestigt und Europa besiegt würde, wenn ihr einen Vergebungsausschuss hättet. […] Denn auch das Vergeben ist eine revolutionäre Maßnahme. […]

(In: Müller, U. F. [Hg.]: Lust an der Geschichte, Die Französische Revolution, München 1988, S. 258, S. 260. Gekürzt)

Q8 Robespierre, Rede vor dem Konvent am 5. Februar 1794:

Der entscheidende Grundsatz der demokratischen Volksregierung ist die Tugend […], die Liebe zum Vaterland und zu seinen Gesetzen. Da aber das Wesen der Republik oder Demokratie die Gleichheit ist, so folgt daraus, dass die Liebe zum Vaterland notwendigerweise die Liebe zur Gleichheit in sich schließt. […] Wenn die Triebkraft der Volksregierung im Frieden die Tugend ist, so ist in revolutionärer Zeit diese Triebkraft zugleich die Tugend und der Schrecken; denn ohne Tugend ist der Terror verderblich, und ohne Terror ist die Tugend machtlos. Der Schrecken ist nichts anderes als die rasche, strenge, unbeugsame Gerechtigkeit; er ist also ein Ausfluss der Tugend; er ist […] eine Folge des allgemeinen Prinzips der Demokratie in seiner Anwendung auf die dringendsten Bedürfnisse des Vaterlandes. […]

(In: Hartig, Irmgard; Paul Hartig [Hg.]: Die Französische Revolution, Stuttgart 1984, S. 100. Gekürzt)

B9 Die Opfer der Schreckensherrschaft

ARBEITSAUFTRÄGE

1. Fasse die Aussagen von Q 1 zusammen. Erläutere, welche Bevölkerungsgruppe für diese Meinung steht.
2. Erläutere mit K 2 die innen- und außenpolitische Lage Frankreichs im Frühjahr 1793.
3. Nenne mögliche Vor-/Nachteile des „Gesetzes über das Maximum“ (Q 5). Nutze dazu auch Q 1.
4. Beschreibe und interpretiere B 6. Beurteile anhand des Bildes und des Darstellungstextes, ob das Verfahren gerecht war.
5. Erkläre mit Q 8, wie Robespierre den Zusammenhang von Tugend und Terror darstellt. Wie ist deine Meinung: Rechtfertigt das Ziel (die Tugend) die Mittel (Terreur: Schrecken)?
6. Beurteile mithilfe von Q 7 und B 9 die Folgen der Schreckensherrschaft für den Einzelnen und für die Franzosen insgesamt.

7. Das Direktorium – die Republik der gemäßigten Bürger

Nach dem Ende der Schreckensherrschaft übernahmen wieder die gemäßigten Abgeordneten der Girondisten die politische Führung im Nationalkonvent. Robespierre und etwa hundert seiner Anhänger waren hingerichtet worden. Die Instrumente des Terrors, die Revolutionstribunale und die Guillotine, wurden abgeschafft. Der Jakobinerklub wurde geschlossen. Welche politischen Veränderungen gab es noch?

Eine neue Verfassung – Mit den Girondisten waren wieder die gemäßigten Bürger und das Besitzbürgertum an die Macht gekommen. Noch einmal wurde eine neue Verfassung erarbeitet – die dritte seit Beginn der Revolution. Mit ihr sollte eine neue Diktatur verhindert werden. Das wieder eingeführte Zensuswahlrecht, mit dem das Wahlrecht von einem Mindesteinkommen abhängig gemacht wurde, sicherten den wohlhabenden Bürger die politische Mehrheit. Die staatliche Gewaltenteilung wurde erneuert: Fünf Direktoren übernahmen die Regierung, zwei Ratsversammlungen sollten die Gesetze geben, die lokalen Beamten und Richter wurden von den Bürgern gewählt.

Gefahren für die neue Republik – Im Dezember 1794 beschloss der Nationalkonvent die Aufhebung der festen Preise. Die Lebensmittelpreise stiegen daraufhin gewaltig und die wirtschaftliche Not der armen Bevölkerung wurde noch drückender. Im April 1795 kam es daher zum letzten Aufstand der Pariser Volksmassen, die „Brot und die Verfassung von 1793!" forderten. Aber dieser Aufstand wurde auf Befehl des Direktoriums von der Armee blutig niedergeschlagen.

Auch die Royalisten, die Anhänger einer Monarchie, wollten sich nicht mit der Republik des gemäßigten Bürgertums abfinden. Im Oktober 1795 belagerten ihre Truppen das Versammlungsgebäude des Konvents. Nur durch die Verbände der neuen Armee unter dem jungen und erfolgreichen General Napoleon Bonaparte konnte der Aufstand niedergeschlagen werden. Die bürgerliche Revolution Frankreichs hatte sich gegen die radikale Schreckensherrschaft der Jakobiner und gegen die Monarchie durchgesetzt.

Q 1 Bitte von Pariser Kleinbürgern an den Konvent, 31. März 1795:

Seit dem 27. Juli 1794 (Hinrichtung Robespierres) geht es uns immer schlechter. [...] Man hatte uns versprochen, dass es nach Aufhebung der Höchstpreise alles in Hülle und Fülle geben würde, doch die Hungersnot ist schlimmer denn je. Das Volk [...] weiß, dass, wenn es unterdrückt ist, gemäß der Erklärung der Menschenrechte, der Aufstand eine seiner Pflichten ist.

(In: Hartig, I.; P. Hartig [Hg.]: Die Französische Revolution, Stuttgart 1984, S. 107. Gekürzt)

Rückkehr eines Emigranten. Frankreich um 1795

B 2 „Wiederkehr der alten Ordnung". Karikatur um 1795

ARBEITSAUFTRÄGE

1. Erkläre mit Q 1, warum das Direktorium wenig Rückhalt in der Bevölkerung fand.
2. Beschreibe B 2. Was will der Zeichner ausdrücken? Schreibe einen Bericht über die Situation 1795 aus Sansculottensicht.

Teil III: Napoleon und die Auswirkungen der Revolution in Europa

1. Ende der Revolution! – Der Aufstieg Napoleons

Die Hinrichtung Maximilien Robespierres 1794 hatte die Schreckensherrschaft der Jakobiner in Frankreich beseitigt. Die neue Regierung, das Direktorium, war eine Regierung der wohlhabenden Bürger. Das Direktorium sicherte seine Macht, indem es die Armee gegen die feindlichen Länder Europas kämpfen ließ, sie aber auch gegen Aufstände im Inneren einsetzte. Besonders ein General tat sich hervor: Napoleon Bonaparte. Wer war Napoleon und welche Ziele verfolgte er?

Karriere in den Revolutionskriegen – Napoleon Bonaparte wurde 1769 auf der Mittelmeerinsel Korsika geboren. Mit zehn Jahren kam er auf die königliche Militärschule in Brienne, wo er als mittelmäßiger Schüler galt. 1785 wurde er Offizier. Seine Interessen galten der Mathematik, der Artillerie und den großen Männern der alten Geschichte. Er war ein besessener Leser.

Die Veränderungen nach 1789 und die Revolutionskriege boten ihm Chancen, sich zu bewähren. 1793 kommandierte er einen Angriff auf die englisch besetzte Stadt Toulon an der Mittelmeerküste und eroberte sie zurück. Er wurde zum General befördert. Napoleon galt als ehrgeizig, fleißig und intelligent.

1795 schlug er im Auftrag des Direktoriums einen neuen Aufstand von Anhängern des Königtums in Paris nieder. Danach wurde er zum Oberbefehlshaber der französischen Armee in Italien ernannt.

Kriege als Mittel der Politik – Das Direktorium brauchte militärische und außenpolitische Erfolge, um seine Macht zu erhalten. Wie verhielt sich Napoleon in dieser Situation?

Gegner Frankreichs in Italien waren Österreich und das mit ihm verbündete Königreich Piemont. Napoleon gelang es durch klug geplante und rasche Kampfführung, die schlecht ausgerüstete und kampfesmüde französische Armee neu zu motivieren und die österreichischen Truppen zu besiegen. 1797 schloss er eigenmächtig für Frankreich den **Frieden von Campoformio:** Österreich verzichtete auf ein großes Gebiet in Norditalien. Hier richtete Napoleon Staaten nach dem Muster Frankreichs ein, zum Beispiel die Cisalpinische Republik.

PERSONENLEXIKON

Napoleon Bonaparte, 1769–1821. Französischer General, Kaiser der Franzosen 1804–1814/15, korsischer Abstammung. Napoleon machte schnell Militärkarriere, war 1793 Brigadegeneral, 1795 Oberbefehlshaber der Armee im Inneren Frankreichs. 1799 stürzte er das Direktorium und übernahm als Konsul die Macht in Frankreich. 1804 krönte er sich selbst zum Kaiser. ⓘ/11

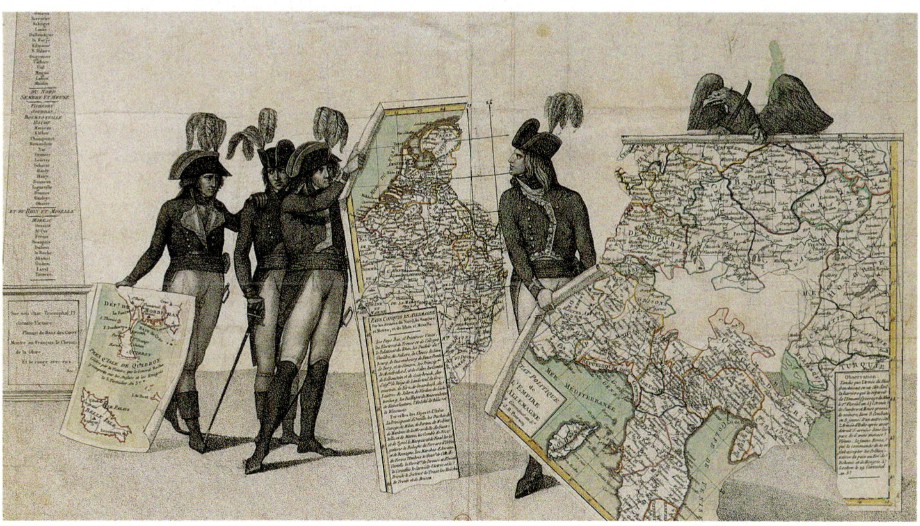

B1 Der Triumph der französischen Armeen, 1797. V. l. n. r.: Generäle Hoche (der einen Aufstand in Westfrankreich niederschlug), Moreau, Pichegru, Bonaparte

Aber auch auf Belgien und das linke Rheinufer musste Österreich zugunsten Frankreichs verzichten. Napoleon galt als Held. Wegen seiner Erfolge und Popularität wurde er vom Direktorium allerdings auch als Gefahr gesehen.

Nach der Kapitulation Österreichs blieb England als Gegner Frankreichs. Der Versuch einer Invasion der Britischen Inseln war 1796 gescheitert. Deshalb wollte Napoleon die britische Vorherrschaft im Mittelmeerraum schwächen. Er konnte 1798 das britisch beherrschte ÄGYPTEN und die Insel MALTA besetzen. Doch die englische Flotte im Mittelmeer unter Admiral HORATIO NELSON vernichtete darauf die französische Flotte. Als 1798 erneut Unruhen in Paris drohten, verließ Napoleon Ägypten; andere Generäle mussten dort die Kämpfe weiterführen.

Q2 Vertrauliche Erklärungen des Generals Bonaparte gegenüber dem französischen Gesandten in der Toskana, 1. Juli 1797:

[…] Glauben Sie vielleicht, dass ich eine Republik begründen will? Welcher Gedanke […]. Das ist eine Wahnvorstellung, in die die Franzosen vernarrt sind, die aber auch wie so manch anderes vergehen wird. Was sie brauchen, ist Ruhm, die Befriedigung ihrer Eitelkeit, aber von der Freiheit verstehen sie nichts. Blicken Sie auf die Armee! Die Erfolge und Triumphe, die wir soeben davongetragen haben, die haben den wahren Charakter des französischen Soldaten wieder hervortreten lassen. Für ihn bin ich alles. Das Direktorium soll sich nur einfallen lassen, mir das Kommando über die Armee wegzunehmen! Dann wird man sehen, wer der Herr ist. Die Nation braucht einen Führer […], aber keine Theorien über Regierung, keine großen Worte. […]

(In: Miot de Mélito: Mémoires, Paris 1858, Bd. 1, S. 163 f. Gekürzt)

Der Erste Konsul Frankreichs – Trotz wiederholter Unruhen und Aufstände gegen das Direktorium gab keine Mehrheit für die alte Königsherrschaft. Das wohlhabende Bürgertum Frankreichs sehnte sich vor allem nach Ruhe und Ordnung.

Einer der Direktoren, ABBÉ DE SIEYÈS, wollte eine neue Verfassung mit einem starken Machthaber. Mit ihm zusammen setzte Napoleon am 9.11.1799 das Direktorium ab. Er führte einen **Staatsstreich** aus. Um nicht an alte Formen der Königsherrschaft anzuknüpfen, nannten sich die neuen Machthaber Frankreichs **„Konsuln"** wie die leitenden Beamten im Römischen Reich. Napoleon wurde als „Erster Konsul" Regierungschef.

Nach der neuen Verfassung wurden die Abgeordneten des Nationalkonvents durch Wahlmänner gewählt, die der Erste Konsul vorschlug. Napoleon besaß damit großen Einfluss auf dessen Zusammensetzung. Auch die Gesetze konnte nur der Erste Konsul vorschlagen. Alle Macht lag in seinen Händen. Napoleon erhielt durch ein **Plebiszit** (= Volksabstimmung) vom Volk die Zustimmung für diese Verfassung. 1802 ließ er sich durch Plebiszite als Konsul auf Lebenszeit bestätigen, 1804 als **Kaiser der Franzosen.**

PERSONENLEXIKON

HORATIO NELSON, 1758–1805. Kapitän englischer Kriegsschiffe. Ab 1797 Admiral der englischen Mittelmeerflotte. Besiegte die französische Flotte auf deren Feldzug nach Ägypten. Starb in der Schlacht bei Trafalgar zwischen der englisch-spanischen und der französischen Flotte 1805

B3 Napoleon als Erster Konsul zwischen seinen beiden Mitkonsuln Cambacérès und Lebrun. Auf den Zetteln steht (v. l. n. r.): Bezahlung der Steuern, Bedingungen für den Frieden, Liebe zu den Gesetzen.

Napoleon als Reformer – Napoleon stützte seine Macht auf die Armee und die Zustimmung des Volkes. Die Franzosen sollten seine Politik befürworten. Dazu musste er die inneren Probleme Frankreichs lösen. Welche Maßnahmen leitete er zu diesem Zweck nach 1799 ein?

Von Paris aus wurde das ganze Land einheitlich verwaltet. Die Leiter der Départements, die **Präfekten,** wurden von Napoleon ernannt und waren ihm verantwortlich. Ihnen waren Beamte untergeben, die die Gemeinden Frankreichs verwalteten. Dort gab es nur noch beratende Vertretungen der Bürger.

Die Kriegsbeute, hohe Tributzahlungen der besiegten Gegner sowie gezielte Fördermaßnahmen für die Wirtschaft leiteten einen wirtschaftlichen Aufschwung in Frankreich ein. Die BANK VON FRANKREICH wurde gegründet (1800), eine neue, stabile Währung wurde geschaffen: der FRANC (1803). Große Staatsaufträge zur Ausrüstung der Armee sowie im Straßenbau sicherten die wirtschaftliche Entwicklung und die Beschäftigung. 1801 gab es auch wieder einen regulären Staatshaushalt.

Q4 Proklamation der drei Konsuln am 15. Dezember 1799:

„Franzosen, es wird euch eine Verfassung vorgelegt. Sie setzt den Ungewissheiten […] ein Ende. Sie überträgt die Leitung der Einrichtungen, die sie schafft, Ersten Beamten, deren Ergebenheit als für ihre Wirksamkeit notwendig erachtet wurde. Die Verfassung gründet sich auf die wahren Prinzipien der parlamentarischen Regierung und auf die geheiligten Rechte des Eigentums, der Gleichheit und der Freiheit. Die Gewalten, die sie einsetzt, werden stark und dauerhaft sein, wie sie es sein müssen, wenn sie die Rechte der Bürger und die Interessen des Staates schützen sollen. Bürger, die Revolution ist den Grundsätzen, von denen sie ihren Ausgang nahm, fest verbunden; sie ist beendet."

(In: Walter Markov: Revolution im Zeugenstand, Frankreich 1789–1799, Bd. 2, Leipzig 1986., S. 698 f. Gekürzt)

Eine grundlegende Umgestaltung des Rechtswesens wurde 1804 durch ein bürgerliches Gesetzbuch, den CODE CIVIL, erreicht. Dieses Gesetzbuch bestätigte die Rechte der Bürger und legte für die Wirtschaft allgemeine Rechtsgrundsätze fest. Der Code Civil wurde zum Vorbild für ganz Europa.

B5 Napoleon im Krönungsornat 1804. Ausschnitt aus einem Gemälde von J. L. David, 1808

PERSONENLEXIKON

JOSÉPHINE DE BEAUHARNAIS, 1755–1814. Ehefrau Napoleons seit 1796. Napoleon krönte sich 1804 zum Kaiser und Joséphine zur Kaiserin. 1809 wurde die kinderlose Ehe geschieden.

ARBEITSAUFTRÄGE

1. Erläutere und interpretiere B1: Warum halten die Generäle Landkarten in ihren Händen? Wie ist Napoleon dargestellt? Fasse die Aussage des Gemäldes in einem Satz zusammen.
2. Fasse die Aussage Napoleons in Q 2 über die Regierungsform in Frankreich zusammen. Kennst du Beispiele für ähnliche Vorstellungen von Politik in der Antike?
3. Beschreibe mit B 3 die Darstellung Napoleons und die seiner Mitkonsuln. Überlege, warum Napoleon die Tafel mit der Aufschrift „Conditions de paix" („Friedensbedingungen") zeigt.
4. Lies und analysiere den Text von Q 4. Welche Gefühle und Interessen werden von den drei Konsuln angesprochen? Welche gesellschaftlichen Gruppen waren damit besonders zufrieden?
5. Vergleiche die Darstellung Napoleons in B 5 mit der in B 3. Überlege, warum er einen Lorbeerkranz, keine Krone trägt.

2. Das Ende des Heiligen Römischen Reiches

Am 6. August 1806 legte Kaiser FRANZ II. die Krone des HEILIGEN RÖMISCHEN REICHES DEUTSCHER NATION nieder. Vorausgegangen waren Kriege Frankreichs gegen die anderen europäischen Mächte. PREUSSEN hatte 1795 einen Frieden mit Frankreich geschlossen. 1801 konnte ÖSTERREICH, die Vormacht des Heiligen Römischen Reiches, von Frankreich besiegt werden. Im **Frieden von Lunéville** musste es Frankreich nun große Veränderungen im Gebiet des Reiches zugestehen. Welche Ziele verfolgte Napoleon in Europa?

Die Neuordnung Deutschlands – Frankreich ließ sich im Frieden von Lunéville die Ausdehnung seines Gebiets bis an die Rheingrenze bestätigen. Die deutschen Fürsten, die dort Besitz hatten, sollten neuen Besitz auf Gebieten jenseits des Rheins erhalten. Wie konnte diese Entschädigung geleistet werden?

Deutschland war in viele Territorien zersplittert. Jetzt sollten zahlreiche kleinere Territorien einfach den größeren hinzugefügt werden, um diese zu entschädigen. Es handelte sich um die Gebiete der katholischen Kirche (Bistümer und Abteien) sowie um die meisten freien Reichsstädte. Die geistlichen Gebiete wurden **säkularisiert** (= kamen unter weltliche Herrschaft). Die Reichsstädte verloren ihre bisherige Selbstständigkeit. Sie unterstanden nun nicht mehr direkt dem Reich, sondern einem Landesherrn; sie wurden **mediatisiert.**

Diese Neuordnung hatte Frankreich zusammen mit dem verbündeten Russland geplant. Ein Ausschuss des Reichstags machte daraus bis 1803 einen Hauptschluss (= Beschluss), den **Reichsdeputationshauptschluss.** Etwa drei Millionen Deutsche bekamen dadurch einen neuen Landesherrn.

Staaten werden gebildet – 1805 brach erneut Krieg zwischen Frankreich und den europäischen Großmächten ENGLAND, RUSSLAND, ÖSTERREICH und SCHWEDEN aus. Die süddeutschen Staaten BAYERN, WÜRTTEMBERG und BADEN schlossen sich in diesem Krieg Frankreich an. Napoleons Truppen siegten bei AUSTERLITZ am 2. 12. 1805. Welchen Einfluss hatte dies für Deutschland?

PERSONENLEXIKON

KÖNIG FRIEDRICH AUGUST I. VON SACHSEN, 1750–1826. Vor seiner Erhebung zum König war er Kurfürst Friedrich August III.

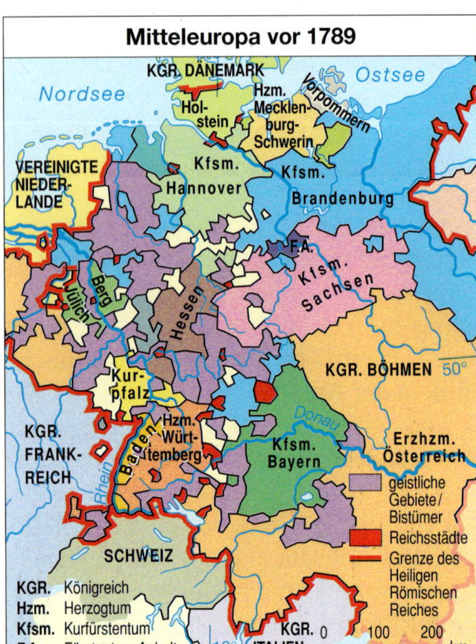

K 1

K 2

Napoleon wollte neben die deutschen Großmächte Preußen und Österreich einen neuen Zusammenschluss deutscher Staaten stellen. Dieser Staatenbund sollte Frankreich als Verbündeter militärische Unterstützung leisten. Im Juli 1806 sagten sich unter der Schutzherrschaft Frankreichs 16 süd- und westdeutsche Staaten endgültig vom Reich los und bildeten den **Rheinbund.** Das alte deutsche Reich war damit nach fast tausendjährigem Bestehen endgültig zerfallen. Franz II. trat als deutscher Kaiser zurück.

Die Rheinbund-Fürsten BAYERNS und WÜRTTEMBERGS wurden von Napoleon zu Königen erhoben. SACHSEN schloss sich wie andere Staaten 1806 dem Rheinbund an. Dafür, dass Sachsen 20 000 Soldaten für das Heer des Rheinbundes aufbrachte, wurde auch der sächsische Kurfürst FRIEDRICH AUGUST von Napoleon zum König erhoben.

Diese Rheinbundländer wurden durch Reformen nach französischem Vorbild zu zentral regierten, souveränen Staaten. Ein **Modellstaat** mit einer Verfassung sollte das 1807 gegründete Königreich Westfalen werden. Es wurde aus etwa 20 früheren deutschen Territorien gebildet und von Napoleons Bruder JÉRÔME regiert. Anfangs stand ein Großteil der deutschen Bevölkerung Napoleons Reformpolitik aufgeschlossen gegenüber. Das änderte sich aber durch hohe Steuerlasten und die immer zahlreicheren Einberufungen zum Militärdienst.

Q3 Erklärung der 16 Rheinbundfürsten vom 1. August 1806:

Die Begebenheiten der [...] letzten Kriege, welche Deutschland beinahe ununterbrochen beunruhigt haben, und die politischen Veränderungen, welche daraus entsprungen sind, haben die traurige Wahrheit in das grellste Licht gesetzt, dass das Band, welches bisher die verschiedenen Glieder des deutschen Staatskörpers miteinander vereinigen sollte, für diesen Zweck nicht mehr hinreiche oder vielmehr, dass es in der Tat schon aufgelöst sei [...].
Die Frankreich zunächst gelegenen Fürsten [...] sahen sich gezwungen, sich durch Separatfrieden von dem allgemeinen Verbande in der Tat zu trennen [...]. Eine mächtige Garantie [...] gewährt die Versicherung, dass seine Majestät der Kaiser von Frankreich [...] die Aufrechterhaltung der neuen Ordnung [...] in Deutschland und die Befestigung der inneren und äußeren Ruhe sich angelegen sein lassen werden.

(In: Chronik des 19. Jahrhunderts, hg. v. I. Geiss, Dortmund 1993, S. 65. Gekürzt)

Q4 Napoleon an seinen Bruder Jérôme am 15.11.1807:

Mein Bruder, beiliegend finden Sie die Verfassung Ihres Königreiches [...]. Was das deutsche Volk am sehnlichsten wünscht, ist, dass diejenigen, die nicht von Adel sind, durch ihre Fähigkeiten gleiche Rechte auf ihre Auszeichnungen und Anstellungen haben, dass jede Art Leibeigenschaft [...] aufgehoben werde. Ihr Königtum wird sich durch die Wohltaten des Code Napoleon, durch das öffentliche Gerichtsverfahren und die Einführung des Geschworenengerichts auszeichnen. Und [...] so rechne ich in Bezug auf die Ausdehnung und Befestigung Ihres Reiches mehr auf deren Wirkung als auf das Ergebnis der glänzendsten Siege. Ihr Volk muss sich einer Einheit, einer Gleichheit, eines Wohlstandes erfreuen, die den übrigen Völkern Deutschlands unbekannt sind! Eine solche liberale Politik [...] wird Ihnen eine mächtigere Schranke gegen Preußen sein als die Elbe, als alle Festungen und der Schutz Frankreichs.

(In: E. Kleßmann: Deutschland unter Napoleon in Augenzeugenberichten, München 1997, S. 277 f. Gekürzt)

ARBEITSAUFTRÄGE

1. Vergleiche K 1 und K 2. Liste wesentliche Veränderungen der Territorien zwischen 1789 und 1807 auf.
2. Lies Q 3 und stelle die Argumente zusammen, warum sich die 16 Rheinbundfürsten vom Reich trennten.
3. Erläutere mit Q 4, welche Vorteile die Verfassung des Königreichs Westfalen seinen Bürgern bringen soll und welche Ziele Napoleon damit verbindet.

3. Französisches Vormachtstreben in Europa

Mit der Gründung des Rheinbundes und der Auflösung des deutschen Reiches hatte Frankreich seine Westgrenze vorerst gesichert. Napoleon war zu der Auffassung gekommen, dass Frankreich nur als **Hegemonialmacht** (= vorherrschende Macht) Europas dauerhaft sicher war. Es sollte von abhängigen und von Frankreich kontrollierten Staaten umgeben sein. Wie versuchte Napoleon, dieses Ziel gegenüber England durchzusetzen?

Q 1 Napoleons Ziele in Europa, Dezember 1811:

Ich brauche 800 000 Mann, und ich habe sie; ganz Europa werde ich hinter mir herschleifen! […] Ich habe meine Bestimmung noch nicht erfüllt; ich will beenden, was kaum begonnen. Wir brauchen ein europäisches Gesetz, einen europäischen Gerichtshof, eine einheitliche Münze, die gleichen Gewichte und Maße […]. Aus allen Völkern Europas muss ich ein Volk und Paris zur Hauptstadt der Welt machen.

(In: F. M. Kircheisen (Hg.): Gespräche Napoleons, Stuttgart 1912, Bd. 2, S. 163. Gekürzt)

Der Konflikt mit Großbritannien – Schon vor der Französischen Revolution hatten sich Frankreich und GROSSBRITANNIEN im Kampf um Kolonialgebiete gegenüber gestanden. In Europa strebte Groß-

Q 3 Die gegen England gerichtete Kontinentalsperre von 1806:

Art. 1: Die britischen Inseln werden für blockiert erklärt.
Art. 2: Jedweder Handel und Verkehr mit den Britischen Inseln ist verboten.
Art. 3: Jede Person, die englischer Untertan ist und von Unseren Truppen angetroffen wird, soll, gleich welchen Standes oder Ranges sie ist, zum Kriegsgefangenen gemacht werden.
Art. 4: Der Handel mit englischen Waren ist verboten. Jede Ware aus England, seinen Fabriken oder Kolonien wird für gute Prise (= Beute) erklärt. […]
Art. 7: Kein aus England oder seinen Kolonien kommendes Schiff […] darf unsere Häfen anlaufen.

(In: Geschichte in Quellen, Bd. IV, München 1981, S. 590. Gekürzt)

B2 Öffentliche Verbrennung eingeschmuggelter englischer Waren 1810. Es wurde aber nur „Schund“ verbrannt, das wertvolle Einfuhrgut wurde unter der Hand weiterverkauft.

britannien ein Gleichgewicht der Mächte an. Doch durch die Kriege und die daraus erwachsende Dominanz Frankreichs kam es auch in Europa zum neuerlichen Konflikt der beiden Mächte.

Napoleon plante 1804 eine Invasion in England, um einer neuen Koalition der europäischen Mächte zuvorzukommen. Doch die französische Seemacht wurde am 21. 10. 1805 bei TRAFALGAR durch die Flotte Admiral Nelsons vernichtet. Napoleon verkündete daraufhin im Oktober 1806 eine Wirtschaftsblockade gegen Großbritannien. Der europäische Kontinent sollte für englische Waren gesperrt und der englische Handel dadurch geschädigt werden. Großbritannien sollte durch wirtschaftlichen Schaden zu einem Frieden mit Frankreich gezwungen werden. Gleichzeitig verband Napoleon mit dieser **Kontinentalsperre** das Ziel, die Wirtschaft Frankreichs zu stärken. Großbritannien reagierte Ende 1807 mit einer Gegenblockade.

Auswirkungen des Wirtschaftskrieges – Zwischen Frankreich und England fand ein Wirtschaftskrieg statt. Welche Folgen hatte er für die beteiligten Staaten?

Der Verlust seiner Absatzmärkte auf dem Kontinent traf Großbritannien vorübergehend hart. Das Land war auch von Getreide- und Holzeinfuhren abhängig. Sein Handel ging um gut ein Drittel zurück. 1808 kam es durch den Anstieg der Getreidepreise sowie eine Überproduktion von Waren, für die es wegen der Kontinentalsperre keinen ausreichenden Absatz mehr gab, zu einer Wirtschaftskrise in Großbritannien. Doch durch verstärkte Lieferungen in außereuropäische Länder und einen erheblichen Schmuggel auf den europäischen Kontinent gelang es England, diese Krise zu überwinden.

Die französische Wirtschaft konnte von der Kontinentalsperre nicht profitieren. Frankreich versuchte weiterhin im Stile merkantilistischer Politik, durch Einfuhrzölle seinen Markt vor Konkurrenz zu schützen. Zugleich wollte es die eigenen Fertigwaren ins Ausland verkaufen. Doch die französische Wirtschaft wurde durch diese Politik nicht belebt. Vielmehr erlitten die Industriezweige, die Waren aus den englischen Kolonien verarbeiteten (Kaffee-, Zucker-, Tabak-, Leinenindustrie), durch die Blockade große Verluste; ebenso der französische Schiffbau.

Einige der von Frankreich abhängigen europäischen Staaten profitierten jedoch von der Kontinentalsperre. Wegen der fehlenden englischen Konkurrenz, zum Beispiel den preiswerten englischen Tuchprodukten, nahmen einige Wirtschaftszweige einen starken Aufschwung. Russland hielt sich seit 1810 nicht mehr an die Bestimmungen der Blockade, obwohl es mit Frankreich verbündet war. So wurde die Kontinentalsperre für Napoleon zu einem Fehlschlag.

Q4 Ein Historiker des 20. Jahrhunderts über die Wirkung der Kontinentalsperre in Sachsen:

Als die Sperre kam, als man in Leipzigs Warenhöfen die englischen Vorräte an Tüchern und jeglichen Webwaren verbrannte, da bot sich Sachsen eine rasch ausgenutzte Möglichkeit, den englischen Festlandsmarkt zu gewinnen. Soweit die kriegerischen Verwicklungen das irgend zuließen, hat man vor allem den Osten und Südosten Europas für die Textilien Sachsens gewonnen. Die Industriedörfer der Gebirgsbezirke und der Lausitz blühten auf, der Handel der Städte sah neue Möglichkeiten vor sich [...].

(In: R. Kötzschke / H. Kretschmar: Sächsische Geschichte, Bd. 2, Dresden 1935, S. 174)

ARBEITSAUFTRÄGE

1. Lies Q 1 und beurteile, auf welche Weise Napoleon sein „neues Europa" schaffen will. Nimm Stellung: Was werden die Betroffenen davon gehalten haben?
2. Beschreibe B 2 und erläutere, warum die Verbrennung von englischen Importwaren durch das Militär geschützt wird.
3. Lies Q 3 und schreibe einen Brief: Ein englischer Händler teilt einem Hamburger Kaufmann mit, dass bzw. warum er ihm keine Waren mehr liefern kann.
4. Lies Q4 und verfasse ein Gespräch: Ein sächsischer Textilfabrikant spricht mit einem Freund über die Folgen der Kontinentalsperre für seinen Betrieb.

4. Niederlage und Reformen in Preußen

1806 wurde die preußische Militärmacht durch Napoleons Truppen geschlagen. Napoleon konnte am 27. Oktober 1806 in BERLIN einziehen. Wo lagen die Ursachen für den preußischen Zusammenbruch? Welche Folgen hatte die Niederlage für die inneren Verhältnisse des preußischen Staates?

Der Zusammenbruch Preußens – Seit 1795 hatte Preußen an den Kriegen mit dem revolutionären Frankreich nicht mehr teilgenommen. Welche Ziele verfolgte der preußische König und welche dieser Ziele konnte er erreichen?

Preußen wollte neutral bleiben, um seine europäische Machtstellung zu erhalten und auszubauen. Seine vordringlichen Interessen richteten sich auch nicht gegen Frankreich, sondern lagen anderswo: Es teilte das Gebiet POLENS 1795 gemeinsam mit Russland und Österreich auf. Jetzt gab es keinen polnischen Staat mehr. Dennoch wurde Preußen abhängiger von Frankreich. 1805 musste König FRIEDRICH WILHELM III. mit Napoleon ein militärisches Bündnis schließen. Doch in dem Krieg der europäischen Mächte gegen Frankreich kam es 1806 auch zum Konflikt zwischen Preußen und Frankreich. Napoleon hatte 1805 versucht, sich mit England zu einigen. Dazu bot er diesem das zuvor Preußen versprochene KURFÜRSTENTUM HANNOVER an. Der preußische König fühlte sich hintergangen, mobilisierte die Armee

B2 Königin Louise bittet Napoleon in Tilsit (vergeblich) um milde Friedensbedingungen. V.l.n.r.: Napoleon, Zar Alexander I., Königin Louise, König Friedrich Wilhelm III. Gemälde 1810

B1 Einzug Napoleons in Berlin 1806. Gemälde von Charles Meynier

und erklärte Frankreich den Krieg. Am 14. Oktober 1806 kam es in der Doppelschlacht bei JENA UND AUERSTEDT zur Entscheidung: Der preußische Militärstaat, die bis dahin militärisch erfolgreichste Macht des absolutistischen Europa, wurde durch Napoleons Truppen vernichtend geschlagen.

Der Frieden von Tilsit – Preußen war dem Sieger Frankreich ausgeliefert und musste im **Frieden von Tilsit** 1807 mehr als die Hälfte seines Gebiets abtreten: Alle Gebiete westlich der ELBE wurden den neuen von Frankreich abhängigen Staaten zugeschlagen, die polnischen Gebiete wurden zum HERZOGTUM WARSCHAU gemacht. Ferner musste Preußen eine sehr hohe Kriegsentschädigung leisten. Bis zur vollständigen Zahlung erhielt Preußen eine französische Besatzung von 150 000 Soldaten. Es musste sich, wie auch Russland, der Kontinentalsperre gegen England anschließen.

Reformen als Ausweg – Regierung und Armee Preußens hatten gegenüber dem modernen Nationalstaat Frankreich versagt. Wie reagierten König und Regierung auf diese bittere Erfahrung?

Schon während der Französischen Revolution hatte eine Gruppe preußischer Beamter versucht, den preußischen König Friedrich Wilhelm III. gegen den Widerstand vieler Adliger und Offiziere zu Reformen zu bewegen. Sie wollten damit einer revolutionären Entwicklung wie in Frankreich begegnen.

Aber erst nach der Katastrophe von 1806 war Friedrich Wilhelm III. davon überzeugt, dass die Zukunft Preußens nur durch eine Erneuerung von Staat und Gesellschaft gesichert werden konnte. Dabei sollten die Veränderungen in Frankreich und in den Rheinbundstaaten als Vorbilder gelten. Ein wichtiges Ziel der preußischen Reformen war auch, die Menschen, die bisher nur als Untertanen gesehen und behandelt wurden, für ihren Staat zu interessieren, ihren Einsatz für Preußen zu fördern.

Q3 Der preußische Staatskanzler K. A. von Hardenberg in einer Denkschrift vom 12. Sept. 1807:

Der Wahn, dass man der Revolution am sichersten durch Festhalten am Alten und durch strenge Verfolgung [ihrer ...] Grundsätze entgegenstreben könne, hat besonders dazu beigetragen, die Revolution zu befördern und derselben eine stets wachsende Ausdehnung zu geben. Die Gewalt dieser Grundsätze ist so groß, sie sind so allgemein anerkannt und verbreitet, dass der Staat, der sie nicht annimmt, entweder seinem Untergange oder der erzwungenen Annahme derselben entgegensehen muss [...]. Also eine Revolution im guten Sinne [...], das ist unser Ziel, unser leitendes Prinzip. Demokratische Grundsätze in einer monarchischen Regierung; dieses scheint mir die angemessene Form für den gegenwärtigen Zeitgeist [...]: möglichste Freiheit und Gleichheit.

(In: Buchners Kolleg Geschichte: Von der Französischen Revolution bis zum Nationalsozialismus, 2. Aufl., Bamberg 1998, S. 77 f. Gekürzt)

B4 Im Gespräch: von Scharnhorst (General, Leiter der Militärreform, Generalstabschef, 1755–1813); Freiherr von Hardenberg (zuerst Minister, ab 1808 Staatskanzler, 1750–1822); Reichsfreiherr vom und zum Stein (Minister, 1807–1808 leitender Minister, danach im Exil, 1757–1831). Holzstich 1808

Die Bauernbefreiung – Im Oktober 1807 hatte der preußische König auf Betreiben der Reformer das Gesetz über die Bauernbefreiung erlassen **(„Oktoberedikt“).** Darin wurde die Erbuntertänigkeit der Bauern aufgehoben. Verbesserte sich jetzt auch ihre wirtschaftliche Lage?

Die Bauern waren nun rechtlich freie Leute. Ihre wirtschaftlichen Möglichkeiten blieben jedoch noch eingeschränkt. Sie mussten weiterhin Fron- und Abgabedienste an ihre ehemaligen Herren entrichten, denn der Grund und Boden, den sie bewirtschafteten, blieb deren Eigentum. Um ihn zu erwerben, mussten die Bauern eine Entschädigung leisten. Im **„Regulierungsedikt“** von 1811 wurde festgelegt, dass die Bauern durch Abtretung jeweils eines Drittels bzw. der Hälfte des bewirtschafteten Landes oder durch Geldzahlung an ihre alten Herren Eigentümer des Bodens wurden. Eine Folge dieser Regelung war jedoch, dass viele kleine Bauern ihren Hof aufgeben mussten: Sie konnten weder Land abtreten noch das erforderliche Geld aufbringen. Andererseits wurden die bewirtschafteten Flächen und die Ernteerträge so größer.

Q 5 Bauern in Preußen vor 1807:

§ 1 Unter dem Bauernstand sind die Bewohner des platten Landes begriffen, welche sich mit dem unmittelbaren Betriebe […] der Landwirtschaft beschäftigen, sofern sie nicht durch adlige Geburt […] von diesem Stand ausgenommen sind.

§ 2 Wer zum Bauernstande gehört, darf […] weder selbst ein bürgerliches Gewerbe treiben noch seine Kinder. […]

§ 150 Untertanen dürfen das Gut […] ohne Bewilligung ihrer Grundherrschaft nicht verlassen. […]

§ 154 Sie sind derselben zu Dienst und Abgaben verpflichtet.

Bürger in Preußen vor 1807:

§ 2 Ein Bürger wird derjenige genannt, welcher in einer Stadt seinen Wohnsitz aufgeschlagen hat und daselbst das Bürgerrecht gewonnen hat. […]

§ 51 Personen bürgerlichen Standes können ohne besondere landesherrliche Erlaubnis keine adligen Güter besitzen. […]

§ 181 Wo Zünfte sind, muss jeder sich in diese aufnehmen lassen. […] § 224 Der Zunftzwang besteht in dem Rechte, die Treibung eines […] Gewerbes zu […] untersagen.

(Allgemeines Landrecht für die Preußischen Staaten, 1794. Nach: Schmid, Heinz D.: Fragen an die Geschichte, Bd. 3, Berlin 1981, S. 180)

Q 6 Das Oktoberedikt König Friedrich Wilhelms III. zur rechtlichen Befreiung der Bauern, 9. Oktober 1807:

Wir haben […] erwogen, dass es eben sowohl den unerlässlichen Forderungen der Gerechtigkeit als den Grundsätzen einer wohlgeordneten Staatswirtschaft gemäß sei, alles zu entfernen, was den einzelnen bisher hinderte, den Wohlstand zu erlangen, den er nach Maß seiner Kräfte zu erreichen fähig war. […]

§ 1 Jeder Einwohner Unserer Staaten ist […] zum eigentümlichen Besitz und Pfandbesitz unbeweglicher Grundstücke aller Art berechtigt; […] der Bürger und Bauer zum Besitz nicht bloß bürgerlicher, bäuerlicher und anderer unadliger, sondern auch adliger Grundstücke. […]

§ 2 Jeder Edelmann ist […] befugt, bürgerliche Gewerbe zu treiben; und jeder Bürger oder Bauer ist berechtigt, aus dem Bauern- in den Bürgerstand und aus dem Bürger- in den Bauernstand zu treten. […]

§ 12 Mit dem Martinitage 1810 hört alle Gutsuntertänigkeit in Unsern sämtlichen Staaten auf. […]

(In: Geschichte in Quellen, Bd. IV, München 1986, S. 650 ff. Gekürzt)

Q 7 Die Einführung der Gewerbefreiheit am 28.10.1810:

[…] haben Wir Unsern getreuen Untertanen die Notwendigkeit eröffnet, in der Wir Uns befinden, auf eine Vermehrung der Staatseinnahmen zu denken. Unter den Mitteln zu diesem Zweck hat uns die Einführung einer allgemeinen Gewerbesteuer weniger […] lästig geschienen, besonders da Wir damit die Befreiung der Gewerbe von ihren drückendsten Fesseln verbinden [und] Unseren Untertanen die […] vollkommene Gewerbefreiheit gewähren. […]

(In: Geschichte in Quellen, Bd. IV, München 1986, S. 653. Gekürzt)

Chancen für die Bürger – Die Bürger der Städte mussten für die Entwicklung Preußens erst gewonnen werden. Mit welchen Mitteln konnte dies geschehen?

Zuerst erließ der König im November 1808 eine neue **Städteordnung.** Alle preußischen Städte sollten von den Bürgern, die ein bestimmtes Mindesteinkommen hatten, selber verwaltet werden. Die Einführung der **Gewerbefreiheit** 1810 erleichterte die Gründung von Gewerbebetrieben und beförderte den wirtschaftlichen Aufschwung der Städte.

Das Edikt über die **Judenemanzipation** von 1812 stellte die bisher benachteiligte Bevölkerungsgruppe der Juden den anderen Bürgern rechtlich gleich. Sie hatten erst jetzt die Möglichkeit, ohne wirtschaftliche und politische Beschränkungen zu leben.

Mit einer Reform des Bildungswesens strebte der Minister WILHELM VON HUMBOLDT an, alle Staatsbürger gleichermaßen zu Selbstständigkeit und Leistung zu erziehen. Ein **staatliches Schulsystem** mit Grundschule, Realschule und Gymnasium wurde eingerichtet. In Berlin wurde 1810 eine neue **Universität** gegründet.

Staat und Armee – Preußen hatte seine frühere starke Stellung in Europa seiner Armee zu verdanken. Unter Leitung der Generäle SCHARNHORST und GNEISENAU wurde seit 1808 eine **Militärreform** mit dem Ziel einer schlagkräftigen Armee und allgemeiner Wehrpflicht durchgeführt. Die Adligen verloren ihre Vorrechte auf Offiziersstellen. Für alle Männer galt nun eine 3-jährige Dienstpflicht. Sie mussten bis zum Alter von 40 Jahren der Landwehr, der preußischen Reservearmee, zur Verfügung stehen.

Die **Verwaltung** des Staates wurde zeitgemäß eingerichtet, sodass die Regierung überall im Land auf die gleiche Weise herrschte. Doch ein Parlament oder eine Verfassung, mit der die Bürger an der Herrschaft des Königs und seiner Regierung beteiligt worden wären, wurde nicht eingerichtet. Dennoch wurde mit den Reformen eine Modernisierung Preußens eingeleitet. Die Wirtschaft des Landes wurden gefördert, die früheren Hemmnisse der wirtschaftlichen Betätigung von Bauern und Bürger beseitigt. Preußen war auf dem Weg, wieder eine wirtschaftlich und politisch bedeutende Macht in Europa zu werden. e/12

B 8 Die Berliner Universität. Das Gebäude war zuvor Palais des Prinzen Heinrich. Gemälde um 1810

Q 9 Ein Gutsherr über die Reformen des Freiherrn vom Stein, um 1810:

Er fing nun mit ihnen [...] die Revolutionierung des Vaterlandes an, den Krieg der Besitzlosen gegen das Eigentum, der Industrie gegen den Ackerbau, des Beweglichen gegen das Stabile, des krassen Materialismus gegen die von Gott eingeführte Ordnung [...], als ob dies die Ursachen unseres Falles gewesen wären! Und deswegen gab er [nun] das Land dem Feinde preis!

(F. A. L. von der Marwitz. In: Werner Conze: Die preußische Reform unter Stein und Hardenberg, Stuttgart 1979, S. 29. Gekürzt)

ARBEITSAUFTRÄGE

1. Beschreibe B 1. Nenne mögliche Gründe für die Begrüßung Napoleons und das Verhalten der dargestellten Personen.
2. Beschreibe und interpretiere B 2. Formuliere ein mögliches Gespräch zwischen Königin Louise und Napoleon.
3. Fasse die Kernaussagen von Q 3 zusammen. Wie begründet von Hardenberg die Notwendigkeit von Reformen?
4. Vergleiche Q 5 mit Q 6/Q 7. Stelle in einer Tabelle gegenüber, welche Rechte Bauern und Bürger bis 1807 und ab 1807 hatten und beurteile dann die angestrebten Ziele der Reformen.
5. Erläutere und beurteile die Argumente in Q 9.

5. Das Ende der napoleonischen Herrschaft in Europa

Im Jahr 1809 besiegten die napoleonischen Truppen Österreich. Napoleon war auf dem Höhepunkt der Macht in Europa. Doch zwischen 1813 und 1815 zerbrach sein Imperium. Warum konnte Frankreich seine Vormachtstellung in Europa nicht halten?

Der Russlandfeldzug – Im Frieden von Tilsit war 1807 ein Bündnis zwischen Frankreich und Russland geschlossen worden. Nach 1810 zerbrach das Bündnis. Russland hielt die von Napoleon verordnete Kontinentalsperre gegen England nicht mehr ein, denn es war auf den Handel mit England angewiesen.

Napoleon entschloss sich zum Krieg. Über 600 000 Soldaten aus 20 Ländern wurden am 24. Juni 1812 in Marsch gesetzt, unter ihnen auch 150 000 Deutsche aus Preußen und dem Rheinbund. Statt die Entscheidungsschlacht zu suchen, zogen sich die Russen unter Marschall Kutusow immer weiter zurück. Als Napoleons **Große Armee** Moskau erreichte, fand sie eine verlassene, von den Russen in Brand gesetzte Stadt vor. Aus Mangel an Quartieren und Verpflegung befahl Napoleon den Rückzug. Dieser endete wegen des hereinbrechenden Winters und ständiger russischer Überfälle in einer Katastrophe. Nur etwa ein Fünftel der Großen Armee kehrte 1813 heim.

Die Befreiungskriege – Für viele Menschen in Europa schien mit der Niederlage der Großen Armee der Augenblick gekommen, die französische Herrschaft zu beseitigen. Angetrieben von einem überschwenglichen Nationalbewusstsein meldeten sich Tausende junger Deutscher freiwillig zum Kriegsdienst. In Preußen wurden Freiwilligenverbände gebildet, kurz darauf wurde die allgemeine Wehrpflicht eingeführt. Preußens König, der sich 1813 mit dem Zaren verbündet hatte, erklärte Frankreich den Krieg. Österreich und Großbritannien traten dem Bündnis bei. Im Oktober 1813 wurde bei Leipzig die so genannte **„Völkerschlacht“** geschlagen. Napoleon erlitt eine schwere Niederlage, konnte aber mit den Resten seiner Armee nach Frankreich fliehen. 1813 löste sich der Rheinbund auf. Napoleons Herrschaft in Deutschland war zusammengebrochen.

Auch andere europäische Länder wie die Niederlande und Spanien erhoben sich erfolgreich gegen die Franzosen. Unter der Last der französischen Herrschaft

B1 Französische Soldaten der Großen Armee 1812 auf dem Rückzug aus Russland. Gemälde um 1813

Q2 Aufruf König Friedrich Wilhelms III. von Preußen: „An mein Volk“ vom 17. 3. 1813:

So wenig für Mein treues Volk als für Deutsche bedarf es einer Rechenschaft über die Ursachen des Krieges, welcher jetzt beginnt. […] Große Opfer werden von allen Ständen gefordert werden: Denn unser Beginnen ist groß und nicht geringe die Zahl und die Mittel der Feinde. Ihr werdet jene lieber bringen, für das Vaterland, für Euren angebornen König, als für einen fremden Herrscher. […] Aber, welche Opfer auch von den Einzelnen gefordert werden mögen, sie wiegen die heiligen Güter nicht auf, für die wir sie hingeben, für die wir streiten und siegen müssen, wenn wir nicht aufhören wollen, Preußen und Deutsche zu sein.

(In: Chronik des 19. Jahrhunderts, Dortmund 1993, S. 121. Gekürzt)

war in vielen Ländern die Forderung nach einem unabhängigen Nationalstaat mit einer modernen Verfassung laut geworden. Auch in den deutschen Einzelstaaten hofften viele Menschen nach dem Kampf gegen die französische Herrschaft auf einen gemeinsamen deutschen Nationalstaat mit einem frei gewählten Parlament und einer freiheitlichen Verfassung; ganz wie er in Frankreich seit der Revolution von 1789 bestand.

Napoleons Sturz – Obwohl auch in Frankreich die Stimmung gegen den Kaiser umschlug, lehnte er die Friedensangebote der europäischen Mächte ab. Daraufhin marschierten österreichische, preußische, russische und englische Truppen in Frankreich ein. Sie erreichten am 31.3. 1814 Paris. Napoleon dankte ab. Er wurde auf die Mittelmeerinsel ELBA ins Exil geschickt. LUDWIG XVIII., ein Bruder des während der Revolution hingerichteten Königs, bestieg den französischen Thron.

Q3 Das Verfassungsversprechen des Königs von Preußen am 22. 5.1815:

Damit […] der Preußischen Nation ein Pfand Unsers Vertrauens gegeben und der Nachkommenschaft die Grundsätze [der Regierung …] treu überliefert und vermittelst einer schriftlichen Urkunde, als Verfassung des Preußischen Reiches, dauerhaft bewahrt werden, haben Wir Nachstehendes beschlossen.

§ 1 Es soll eine Repräsentation des Volks gebildet werden. […]
§ 4 Die Wirksamkeit der Landes-Repräsentanten erstreckt sich auf die Beratung über alle Gegenstände der Gesetzgebung, welche die persönlichen und Eigenthumsrechte der Staatsbürger, mit Einschluss der Besteuerung, betreffen. […]

(In: Geschichte in Quellen, Bd. IV, München 1986, S. 639 f. Gekürzt)

Im März 1815 versuchte Napoleon, die Macht wiederzuerlangen. 100 Tage dauerte seine neue Herrschaft, bevor sein Heer am 18. Juni 1815 bei WATERLOO von den verbündeten Preußen und Engländer vernichtend geschlagen wurde. Napoleon wurde verbannt und starb am 5. Mai 1821 auf der Insel ST. HELENA im Südatlantik. Seine Kriege haben mindestens drei Millionen Menschen das Leben gekostet, darunter eine Million Franzosen. Dennoch wurde er schon bald nach seinem Tod von den Franzosen nahezu göttlich verehrt. (↑ s. S. 224 f.)

B4 Die Vergöttlichung Napoleons. Gemälde von J. A. D. Ingres, um 1850

ARBEITSAUFTRÄGE

1. Beschreibe die Szene in B1 und erläutere, was sie über das Schicksal der „Großen Armee“ und Napoleons aussagt.
2. Lies Q2 und erkläre, welche Gefühle der preußische König beim preußischen Volk anspricht und was er erreichen will.
3. Erläutere die Aussagen von Q3. Welche politischen Zustände sollten in Preußen Wirklichkeit werden? Überlege, ob das „Versprechen“ mit dem Sieg über Napoleon zu tun hatte.
4. Beschreibe und interpretiere B4. Überlege, warum dreißig Jahre nach Napoleons Tod ein solches Bild entstehen konnte.

6. Napoleon: General oder Staatsmann?

Napoleon Bonaparte war der Sohn eines verarmten Adligen. 1804 krönte er sich in Paris als NAPOLEON I. zum „Kaiser der Franzosen". Zwischen 1799 und 1813 war er der mächtigste Mann Europas. Doch er starb 1821 als Verbannter auf der Insel St. Helena im Atlantik. Was waren die Gründe für seinen Aufstieg und Fall?

T 1 Der Aufstieg und Fall Napoleons:

1769	Geburt Napoleons als Sohn eines verarmten korsischen Adligen
ab 1779	Militärausbildung in Brienne
1793	Ein von Napoleon kommandiertes Kommando befreit die von Engländern besetzte Hafenstadt Toulon; Beförderung zum General
1795	Er schlägt im Auftrag des Direktoriums in Paris einen royalistischen Aufstand nieder.
1796/97	Siegreicher Feldzug Napoleons in Italien gegen Österreich
1798/99	Siegreicher Feldzug gegen Ägypten, aber Verlust der Flotte
1799	Napoleon stürzt in einem Staatsstreich das Direktorium, als Erster Konsul übernimmt er die Macht.
1799–1802	Sieg Frankreichs gegen eine Koalition aus England, Russland, Österreich, Portugal, Neapel, Türkei
1804	Napoleon krönt sich zum Kaiser.
1805	Sieg Frankreichs, Spaniens und der süddt. Bundesgenossen gegen eine Koalition aus England, Russland, Österreich, Schweden, aber Niederlage der franz. Flotte
1806	Errichtung des Rheinbunds
1806/07	Sieg Frankreichs gegen Preußen und Russland
1812	Feldzug Napoleons gegen Russland; große Verluste der Großen Armee und Rückzug Napoleons
1813/14	Befreiungskriege Preußens, Österreichs, Russlands; entscheidende Niederlage Napoleons bei Leipzig
1814/15	Einzug der Kriegsgegner in Paris, Napoleon wird (zweimal) verbannt.
1821	Tod Napoleons in der Verbannung

Sohn der Revolution oder des Militärs? – Napoleons Aufstieg ist eng mit der Französischen Revolution verbunden. Schon als junger Offizier beeindruckte er die führenden Politiker durch sein tatkräftiges militärisches Vorgehen gegen die äußeren und inneren Feinde der Republik. In vertraulichen Gesprächen (vgl. Q 2, Seite 212) ließ er jedoch erkennen, dass er die Republik nicht als geeignete Staatsform ansah. Nach seinem Staatsstreich (1799), mit der er sich an die Spitze der Republik brachte, erklärte er: *„Bürger ..., die Revolution ist beendet!"* Als Kaiser hatte er die Machtfülle eines Diktators.

B 2 Napoleon überschreitet den großen St.-Bernhard-Pass. Gemälde von Jacques Louis David, 1799. Im unteren Teil des Bildes erscheinen die Namen „Bonaparte", „Hannibal" und „Karolus Magnus" (Karl der Große) wie „eingemeißelt".

Der Modernisierer – Napoleon lehnte die Demokratie ab. Dennoch war er viel zu klug, alle Ergebnisse der Französischen Revolution rückgängig zu machen. Sein persönlicher Ehrgeiz ließ es ohnehin nicht zu, den Bourbonen die Rückkehr auf den Thron zu ermöglichen. Obwohl Napoleon die demokratischen Bürgerrechte teilweise stark beschnitt, fand sein innenpolitisches Reformprogramm die Zustimmung der französischen Bürger und Bauern: Gleichheit vor dem Gesetz, die Sicherung des Eigentums, eine von Paris aus straff gelenkte Verwaltung, die Modernisierung des Bildungswesens sowie ein geordnetes Finanz- und Währungssystem. Auch die Verfolgung der katholischen Kirche wurde beendet.

Staatsmann oder Eroberer? – Frankreich, und mit ihm Napoleon, standen seit 1792 fast ununterbrochen im Kriege gegen die europäischen Großmächte. Die Republik hatte sich militärisch behauptet und ihre Grenzen bis an den Rhein vorgeschoben. Doch Napoleon wollte nicht nur die Gebietsgewinne sichern, sondern auch die gesamten europäischen Verhältnisse unter seiner Herrschaft neu ordnen. Ein Krieg zog den anderen nach sich: Von Spanien bis Russlands mussten Franzosen und die Soldaten der unterworfenen oder „verbündeten" Länder ihr Leben für dieses Ziel und den „Ruhm Frankreichs" lassen. Napoleons Politik der Zerstörung und Erniedrigung hinterließ in den eroberten Ländern eine tiefe Feindschaft; auch die „Verbündeten" wandten sich ab, als die militärischen Erfolge ausblieben. Nachdem die „Große Armee" 1812 in Russland zugrunde gegangen war, erhoben sich die Völker sowie Fürsten Europas und bereiteten Napoleon 1813 eine vernichtende Niederlage.

Die Legende – In Napoleons Kriegen starben mehr als 3 Mio. Menschen. Dennoch wurde er bald nach seinem Tod in Frankreich göttlich verehrt (vgl. B4, S. 223). Napoleon selbst trug dazu bei, indem er sich als Vorkämpfer der Freiheit der Franzosen und der Völker Europas darstellte. Hält dieses Selbstbildnis stand?

T 3 Napoleons Herrschaft über Gegner und Verbündete

Länder	Einnahmen und Tribute aus besetzten Ländern (in Goldfranc)	bereitgestellte Soldaten für den Russlandfeldzug 1812
Baden u. Hessen	–	14 000
Bayern u. Württb.	–	45 000
Berg u. Westfalen	–	33 000
Dänen	–	10 000
Franzosen	–	241 000
Italien, Neapel	pro Jahr: 30 Mio.	28 000
Mecklenburg, Anhalt, Frankfurt/M.	–	8 000
Polen	–	70 000
Preußen	1806–1812: 500 Mio.	20 000
Portugal	1807: 6 Mio.	4 000
Österreich	1805–1809: 239 Mio.	34 000
Sachsen	–	26 000
Schweiz	–	7 000
Spanien	pro Jahr: 4 Mio.	4 000
Sonstige Länder	?	27 000
Vom Autor nach verschiedenen Quellen zusammengestellt.		gesamt: ca. 571 000 gefallen: ca. 450 000

Q 4 Aus einem Gespräch Napoleons mit Metternich (1813):

[Metternich:] Um den Frieden zu sichern, müssen Sie in die [alten] Machtgrenzen zurückkehren oder aber Sie werden in dem Kampfe unterliegen […].
[Napoleon: …] Ich werde zu sterben wissen, aber ich trete keinen Handbreit Bodens ab. Eure Herrscher, geboren auf dem Throne, können sich zwanzigmal schlagen lassen und doch immer wieder in ihre Residenzen zurückkehren. Das kann ich nicht […]! Meine Herrschaft überdauert den Tag nicht, an dem ich aufgehört habe, stark und folglich gefürchtet zu sein.
[Metternich:] Ich habe ihre Soldaten gesehen, es sind Kinder […]. [Napoleon:] Ein Mann wie ich schert sich wenig um das Leben einer Million Menschen.

(In: Fr. Sieburg [Hg]: Gespräche mit Napoleon, München 1962, S.205. Gekürzt)

ARBEITSAUFTRÄGE

1. Analysiere und erläutere mit T 1 den Aufstieg und Fall Napoleons. Sind mögliche Gründe zu erkennen?
2. B 2 zeigt unten drei Namen. Erläutere, was mit der Inschrift und dem ganzen Bild ausgedrückt werden sollte.
3. Analysiere und beurteile die Aussagen Napoleons in Q 4. Was erfährst du über seine Motive und Haltung? Nutze auch T 3.
4. Erkennst du Gründe für die Legendenbildung um Napoleon?

	Politik	Kultur	Alltag
1820		In den USA: Rassentrennung bis ins 20. Jahrhundert hinein	19. Jh.: Abschaffung der Sklaverei in den USA
	1813/1814: Befreiungskriege/ Abdankung Napoleons 1807–1811: Preußische Reformen 1806: Niederlage Preußens 1804: Napoleon krönt sich selbst zum Kaiser	1813: Erstarken einer gesamtdeutschen Nationalbewegung 1809: Reform des Bildungswesens in Preußen	1861–1865: Sezessionskrieg der amerikanischen Südstaaten gegen die Nordstaaten Erschließung Nordamerikas, die Indianer werden in Reservate zusammengedrängt 1806 f.: Aushebung von Rekruten für die Armeen Napoleons 1806 f.: Kontinentalsperre
1800	1799: Staatsstreich Napoleons 1795: Direktorialverfassung, Frankreich wird bürgerliche Republik 1793: Jakobinerherrschaft, Hinrichtung Ludwigs XVI. 1792: Absetzung des Königs, Frankreich wird Republik 1791: Konstitutionelle Monarchie in Frankreich		1793: Maximum (für Preise) in Frankreich, Bauernaufstand in der westfranzösischen Vendée
	1789: Beginn der französischen Revolution 1789: Verfassung der Vereinigten Staaten von Amerika; Menschenrechte	Entstehung politischer Gesellschaften und Klubs, freie Presse	1788: Missernte, Wirtschaftskrise in Frankreich
	1776: Unabhängigkeitserklärung der britischen Kolonien 1773: Steuerstreit der britischen Kolonien mit England (Boston Tea Party)	18. Jh.: Aufklärung in Europa; besonders in England, Frankreich und Deutschland	Besonders in den Südstaaten Amerikas bis zu 60 % farbige Sklaven als Arbeitskräfte
1700	1689: Bill of Rights; Wilhelm von Oranien	Tabakimporte aus Amerika	Beginn des Sklaven-/Dreieckhandels 1666: London wird bei einem Brand fast völlig zerstört;
	1642: Oliver Cromwell, New Model Army	Strenge Moralgesetze in England unter Oliver Cromwell	seit ca 1650: mehrere Auswanderungswellen nach Amerika
1600	Seit 1620: Handelsstützpunkte und erste Kolonien Englands in Amerika	1620: Pilgrim Fathers (Puritaner)	Wandel der englischen Landwirtschaft und Produktion (Einhegungen); Entstehung einer neuen, wirtschaftlichen Oberschicht (Gentry)
1500		1534: Anglikanische Kirche in England	

Zusammenfassung – Bürgerliche Revolutionen

Die englischen Könige waren mächtige, absolutistische Herrscher; seit der Reformation zugleich Oberhaupt der anglikanischen Kirche. Doch im 17. Jahrhundert kam es immer wieder zu Konflikten zwischen Parlament und König. Im Parlament saßen nun wirtschaftlich erstarkte Adlige und Bürger: die **Gentry.** 1649 wurde Karl I. hingerichtet. Nach der Herrschaft Cromwells setzte das Parlament 1689 selbst einen König ein, der jedoch zuvor weitgehende Mitbestimmungsrechte **(Bill of Rights)** zugestehen musste.

Englische Handelsgesellschaften gründeten zu Beginn des 17. Jahrhunderts zahlreiche Handelsstützpunkte. Europäische Auswanderer, die sich dort niederließen, gründeten die ersten **Kolonien in Nordamerika.** Die Kolonien lösten sich 1776 vom Mutterland. Als **Vereinigte Staaten von Amerika** einigten sie sich 1789 auf eine gemeinsame Verfassung.

Ende der 1780er-Jahre war der Französische Staat hoch verschuldet. Missernten lösten Unruhen aus. König Ludwig XVI. berief 1789 die Generalstände ein. Als sich die Abgeordneten des Dritten Standes zur **Nationalversammlung,** zur Vertretung des ganzen Volkes erklärten, begann die Französische Revolution. Eine neue Verfassung machte Frankreich 1791 zur **konstitutionellen Monarchie.**

Der französische König wurde verurteilt und 1793 hingerichtet. Es kam zum Krieg mit den Fürsten Europas und zu Aufständen in Frankreich. Die radikalen **Jakobiner** unter Robespierre errichteten eine **Schreckensherrschaft.** Das gemäßigte Bürgertum übernahm 1795 wieder die Macht. Mit der Niederschlagung eines Aufstandes gegen die bürgerliche Regierung Frankreichs 1797 begann der Aufstieg **Napoleon Bonapartes.** Von 1799 bis 1812 war er der mächtigste Mann Europas. Er führte zahlreiche Kriege. Innenpolitisch wirkte er als Modernisierer; sein Reformwerk strahlte auf ganz Europa aus.

ARBEITSAUFTRAG

Vergleiche die Bill of Rights (Q 3 auf S. 179), die amerikanische Verfassung (B 4 auf S. 187) und die französische Verfassung (B 2 auf S. 198). Nenne wichtige Gemeinsamkeiten und die wichtigsten Unterschiede.

ZUM WEITERLESEN

Cummings, Betty S.: Auf nach Amerika, dtv, München 1991
Hünermann, Wilhelm: Die Herrgottschanze. Heldentum im Schatten der Guillotine, Tyrolia, Insbruck 1989
Zitelmann, Arnulf: Keiner dreht sich um. Die Lebensgeschichte des Martin Luther King, Beltz, Weinheim/Basel 2003

@/ 1 http://de.wikipedia.org/wiki/Pilgrim_Fathers
@/ 2 http://de.wikipedia.org/wiki/Boston_tea_party
http://www.zum.de/psm/USA/primaer.php
@/ 3 http://de.wikipedia.org/wiki/Amerikanische_Unabhängigkeitserklärung
@/ 4 http://www.law.ou.edu/hist/constitution
@/ 5 http://www.indianer-web.de/inhalt.htm
@/ 6 http://de.wikipedia.org/wiki/Sezessionskrieg
@/ 7 http://www.meinebibliothek.de/texte/html/king.html
@/ 8 http://www.zum.de/psm/frz_rev/primaer_php
@/ 9 http://de.wikipedia.org/wiki/Olymp_de_Gouges
@/10 http://de.wikipedia.org/wiki/maximilien_de_Robespierre
@/11 http://www.epoche-napoleon.de
@/12 http://de.wikipedia.org/wiki/Preußische_Reformen

Standard-Check: Das solltest du können!

1. Wichtige Arbeitsbegriffe
Hier sind wichtige Arbeitsbegriffe des Kapitels aufgelistet. Übertrage sie in dein Heft und formuliere zu jedem Begriff eine kurze Erläuterung.

Frontier	Gewaltenteilung
Glorious Revolution	Jakobiner
Nationalkonvent	Rheinbund
Preußische Reformen	Sezessionskrieg

1. ☺ 😐 ☹

2. Analyse und Interpretation von Diagrammen
In den drei Kreisdiagrammen sind jeweils unterschiedliche Merkmale der französischen Gesellschaft um 1780 dargestellt.

2.1 Erläutere jeweils mit einem Satz, was die %-Werte über den Zustand der französischen Gesellschaft um 1780 aussagen.

2.2 Stelle mithilfe der drei Diagramme mögliche Gründe für den Ausbruch der Französischen Revolution zusammen.

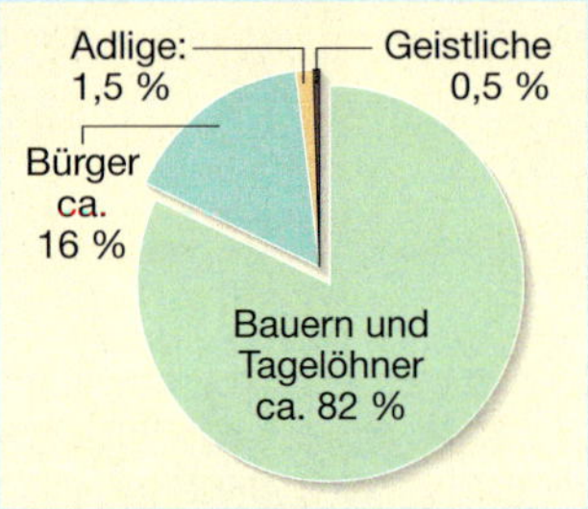

D1 Zusammensetzung der französischen Bevölkerung um 1780

Die französische Gesellschaft teilte sich im 18. Jahrhundert in drei Stände:
- Der Erste Stand waren die Geistlichen (= Klerus)
- Der Zweite Stand wurde vom Adel gebildet.
- Der Dritte Stand umfasste die Bürger und Bauern

2.1 ☺ 😐 ☹

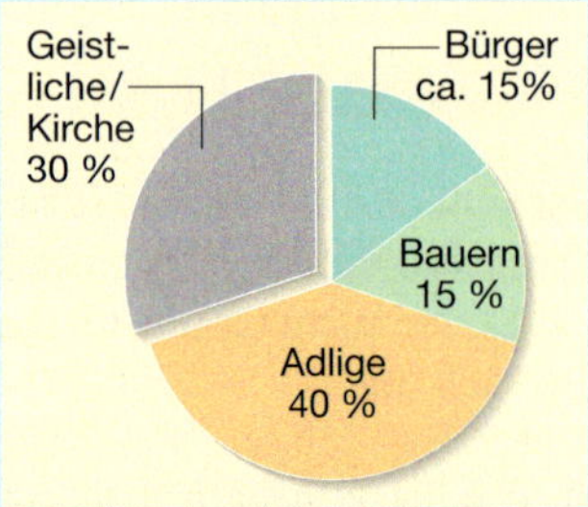

D2 Verteilung des französischen Grundbesitzes um 1780

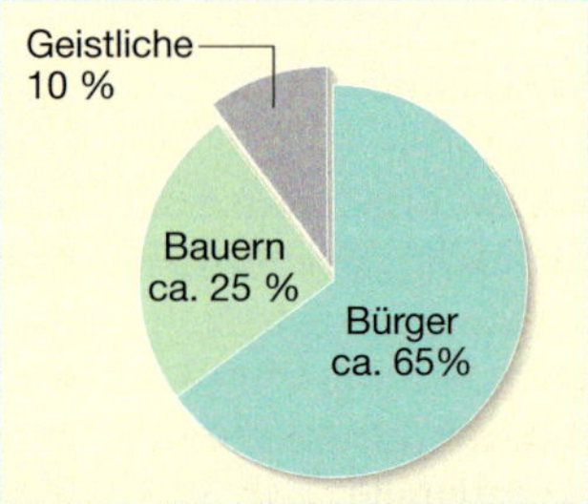

D3 Anteil am Steueraufkommen durch die Stände um 1780

2.2 ☺ 😐 ☹

3. Analyse und Interpretation eines Schaubilds

3.1 Fasse den Inhalt des Schaubilds in eigenen Worten zusammen.

3.2 Analysiere und beurteile das Wahlrecht der preußischen Städteordnung. Welche Konsequenzen hatte es für die Zusammensetzung des Magistrats?

3.3 Beurteile, ob die preußische Städteordnung den Städten eine volle Selbstverwaltung ermöglichte.

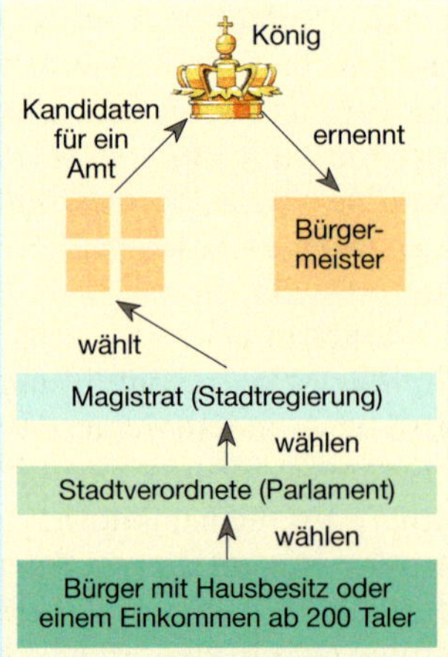

B 4 Die preußische Städteordnung nach den Reformen von 1807–1811

In der Zeit des Absolutismus hatten die Städte ihr Recht zur Selbstverwaltung verloren, das sie im Mittelalter vielfach besaßen. Mit der 1809 für Preußen verkündeten neuen Städteordnung, die Bestandteil der Preußischen Reformen von 1707 bis 1811 war, sollten die Städte dieses Recht zur Selbstverwaltung zurückbekommen.

3.1 ☺ 😐 ☹

3.2 ☺ 😐 ☹

3.3 ☺ 😐 ☹

Die Lösungen zu diesen Standard-Checkaufgaben findest du auf Seite 312. Aber: Erst selbst lösen, dann überprüfen. Dein Können kannst du bewerten (☺ 😐 ☹). Deine Leistungsbewertung zeigt dir, was du noch einmal wiederholen solltest.

Das konnte ich
☺ = gut
😐 = mittel
☹ = noch nicht

Menschenrechte und Demokratie

Für uns scheint es eine beinahe selbstverständliche Forderung zu sein, dass alle Menschen das Recht auf ein Leben in Freiheit, rechtlicher Gleichheit und in Würde haben sollen. Doch für viele Menschen in anderen Teilen dieser Welt sind diese **allgemeinen Menschen- und Bürgerrechte** bis heute nicht gesichert. Auch in Europa mussten sie auf einem langen und mühsamen Weg erkämpft werden. Welches waren die Schritte, die zu den Menschen- und Bürgerrechten führten?

Frühe Rechtsgrundsätze – Seit jeher haben sich die Menschen Regeln für ihr Zusammenleben gegeben. Die ältesten Gesetze wie die Zehn Gebote der Bibel sollten Leben oder Besitz schützen. Aber eine rechtlich und sozial ungleiche Stellung von Menschen in der Gesellschaft galt bis in die Neuzeit hinein als gottgewollt. Ob sie Adliger oder Bauer, Kaufmann oder Bettler waren, hing davon ab, in welchen Stand sie hineingeboren wurden. Die Abhängigkeit der einfachen Menschen von der Herrschaft der Fürsten oder Grundherren war groß.

Erst seit dem 15. Jahrhundert vollzog sich ein tiefgreifender Wandel im Denken der Menschen. Die Philosophen der **Renaissance** und der **Aufklärung** forderten, dass der Mensch schon im Diesseits, also nicht erst in dem von der Kirche gepriesenen himmlischen Paradies, ein natürliches, angeborenes Recht auf ein erfülltes und von Freiheit bestimmtes Leben hätte. Nach dieser **Naturrechtslehre** der Aufklärung besitzt jeder Mensch von Geburt an dieselben Rechte: das Recht auf Unversehrtheit und Leben, das Recht, in Freiheit über sich selbst zu bestimmen, die rechtliche Gleichbehandlung der Menschen im Staat und vor den Gerichten.

Diese Menschenrechte mussten gegen mächtige Herrscher erkämpft und durch **Verfassungen** gesichert werden. In ihnen wurde festgeschrieben, dass nicht mehr der einzelne Herrscher, sondern die Gesamtheit der Bürger Träger der staatlichen Gewalt ist. Diese Forderungen waren wichtige Voraussetzungen für die Unabhängigkeitserklärung der Vereinigten Staaten von Amerika (1776) und für die

Forderungen der Französischen Revolution (1789). In den Verfassungen, die sich die Bürger beider Staaten gaben, wurden erstmals die Menschenrechte garantiert.

Menschenrechte: ein Privileg für wenige? – Die Verfassung der USA trat 1789 in Kraft, die Frankreichs 1791. Zum ersten Mal waren die Menschenrechte festgeschrieben. Doch wie wurden sie in der Folge umgesetzt?

In den Vereinigten Staaten wurden den **Schwarzen** und den **Indianern** die vollen Menschenrechte nicht zugestanden. Zu sehr waren die Weißen von ihrer eigenen Überlegenheit und der Andersartigkeit der Schwarzen und Indianer überzeugt. Selbst Väter der amerikanischen Verfassung wie GEORGE WASHINGTON oder THOMAS JEFFERSON hatten keine Bedenken, von der Arbeit ihrer **Sklaven** zu leben.

Auch die tatsächliche Gleichstellung von Frauen traf selbst bei fortschrittlichen Männern auf Vorbehalte. Das weibliche Geschlecht galt ihnen als ungeeignet für viele wissenschaftliche Berufe und für politische Mitsprache. Frauen wie OLYMPE DE GOUGES, die für die **Gleichberechtigung der Frauen** kämpften, hatten bis ins 20. Jahrhundert hinein kaum Erfolge. Oft wurden sie sogar wegen ihres Kampfes um Gleichberechtigung verfolgt. Frauen durften keinen eigenen Besitz haben. Vor Gericht konnten sie ihre Rechte nicht selbst vertreten und durften nicht wählen.

Menschenrechte im 19. Jahrhundert – Die Verwirklichung der Menschenrechte gelang nur langsam. Doch die Schriften der Aufklärer und die Signalwirkung der Französischen Revolution beschleunigten ihre Verwirklichung. In den Jahrzehnten nach 1789 hatten immer mehr Bürgerinnen und Bürger eine hohe Bildung genossen und ein waches Interesse für die Politik entwickelt. Für sie gehörten politische Diskussionen sowie Zeitungslektüre zum Selbstverständnis eines aufgeklärten Menschen. Als im Frühjahr 1848 eine Welle von Revolutionen durch Europa und auch durch viele deutsche Staaten

Q1 Olympe de Gouges: Erklärung der Rechte der Frau und Bürgerin (1791):

Das an Schönheit wie an Mut, die Beschwernisse der Mutterschaft betreffend, überlegene Geschlecht [...] erklärt die folgenden Rechte der Frau und Bürgerin:
Art. 1: Die Frau wird frei geboren und bleibt dem Manne gleich in allen Rechten. Die gesellschaftlichen Unterschiede können nur im allgemeinen Nutzen begründet sein. [...]
Art. 4: Freiheit und Gerechtigkeit beruhen darauf, dass dem anderen abgegolten wird, was ihm zusteht. So stößt die Frau bei der Wahrnehmung ihrer natürlichen Rechte nur an die ihr von der Tyrannei des Mannes gesetzten Grenzen; diese müssen durch die von der Natur und Vernunft diktierten Gesetze neu gezogen werden. [...] Art. 6: Das Gesetz soll Ausdruck des Willens aller sein; alle Bürger und Bürgerinnen sollen persönlich oder über ihren Vertreter zu seiner Entstehung beitragen. [...]
Art. 10: Die Frau hat das Recht, das Schafott zu besteigen. Gleichermaßen muss ihr das Recht zugestanden werden, eine Rednertribüne zu besteigen. [...]
Art. 13: Zu Fron und lästigen Pflichten wird die Frau ohne Unterschied herangezogen und muss deshalb bei der Zuteilung von Stellungen und Würden, in niederen und höheren Ämtern sowie im Gewerbe berücksichtigt werden. [...]
Art. 16: Eine Verfassung aber, an deren Ausarbeitung nicht die Mehrheit der Bevölkerung [die Frauen] mitgewirkt hat, [...] wird null und nichtig.

(In: M. Diller u. a. [Hg.]: Olympe de Gouges: Schriften, Basel/Frankfurt a. Main 1980, S. 40ff.)

B2 Der Denker-Club. Karikatur auf die Unterdrückung der Rede- und Pressefreiheit in Deutschland, um 1820

rollte, trotzte das Bürgertum den Fürsten weitere Freiheitsrechte ab – auch das der politischen Mitsprache.

Das erste frei gewählte gesamtdeutsche Parlament – nur Männer waren wahlberechtigt – trat am 18. Mai 1848 in der Paulskirche in Frankfurt a. M. zusammen. In mühsamer Arbeit und nach langwieriger Diskussion beschlossen die Abgeordneten im Dezember 1848 einen Katalog der **„Grundrechte des deutschen Volkes“.** Hierzu gehörten die Meinungsfreiheit, die Presse- und Versammlungsfreiheit, die rechtliche Gleichstellung aller Menschen auf der Basis rechtsstaatlicher Gesetze und die Religionsfreiheit.

Doch während die gewählten Abgeordneten in Frankfurt tagten, sammelten die Fürsten in ganz Deutschland ihre Kräfte. In einer Art **Gegenrevolution** lösten sie zuerst die Parlamente in den einzelnen Ländern und dann 1849 das gesamtdeutsche Parlament gewaltsam auf. Die gerade erst von den Frankfurter Parlamentariern beschlossenen Grundrechte wurden aufgehoben. Dennoch: Diese Grundrechte von 1848 wurden ab 1919 in den späteren deutschen Verfassungen der **Weimarer Republik** und der **Bundesrepublik Deutschland** in annähernd gleichem Wortlaut aufgenommen.

Die Arbeiterschaft kämpft für Rechte – Seit dem Beginn der Industrialisierung hatten die Arbeiter erste **Arbeitervereine** gegründet, um gemeinsam für höhere Löhne und bessere Arbeitsbedingungen zu kämpfen. Mitte der 1860er-Jahre gründeten sie neue Organisationsformen: Sie schlossen sich zu politischen Vereinen und **Parteien** zusammen. Deren Ziel war es nun auch, einen anderen, gerechteren Staat zu schaffen. Darauf reagierten die konservative Mehrheit und der Staat mit Unterdrückung, z. B. mit dem **Sozialistengesetz** von 1878: Die Gewerkschaften und Parteien der Arbeiter wurden verboten, ihre Führer verhaftet, Streiks wurden oft blutig niedergeschlagen. Erst 1890 erhielten sie in Deutschland das Recht sich zusammenzuschließen.

Wie wird gewählt? – Das Wahlrecht war anfangs oft ein **„Klassenwahlrecht“:** Die Wähler wurden nach ihrer Steuerleistung in verschiedene „Klassen“ unterteilt. Beim preußischen „Dreiklassenwahlrecht“ hatten alle drei „Klassen“ je ein Drittel der Stimmen, obwohl die erste Steuerklasse nur etwa fünf Prozent und die zweite nur 16 Prozent der Bevölkerung ausmachten. Das Dreiklassenwahlrecht galt in Preußen bis 1919.

Noch stärker als bei den Arbeitern war im 19. Jahrhundert das Wahlrecht der Frauen eingeschränkt. Sie blieben prinzipiell von Wahlen ausgeschlossen. Viele engagierte Frauenrechtlerinnen waren davon überzeugt, dass sich die Situation der Frauen nur dann grundlegend verbessern würde, wenn die Frauen mit ihrer Wahlstimme die Politik selbst mitbestimmen könnten. In England wurden diese Frauenrechtlerinnen **Suffragetten** genannt, weil sie das Stimmrecht (Lat.: *suffragium*) forderten. In Deutschland erhielten Frauen das Wahlrecht erst 1918, in vielen anderen Ländern Europas und in den USA sogar noch später.

Die Menschenrechte seit 1945 – Nach der Katastrophe des Zweiten Weltkriegs hofften viele Menschen, dass nun endlich eine dauerhafte Friedensordnung auf der Grundlage der Menschenrechte entstehen würde. Inwieweit wurde diese Hoffnung erfüllt?

B4 Suffragetten. Englische Frauenrechtlerinnen, um 1900

B3 Plakat zum Zusammenschluss der Arbeiterschaft, 19. Jh.

Zusammen mit anderen Politikern schufen der Engländer WINSTON CHURCHILL und der Amerikaner FRANKLIN D. ROOSEVELT 1945 eine neue Weltorganisation, die **Vereinten Nationen** (UNO). Ihre Gründungsakte vom Juni 1945 enthielt Regeln, die Konflikte zwischen den Staaten in Zukunft vermeiden oder zumindest friedlich bereinigen sollten. Zu diesen Regeln gehörte, dass jede Nation ihre politische Ordnung selbst bestimmen sollte – das **Selbstbestimmungsrecht der Völker.** Zugleich sollten aber die Rechte der in einem Lande lebenden Minderheiten respektiert werden. Im Jahr 1948 verabschiedete die UNO dann die **„Allgemeine Erklärung der Menschenrechte“**, die fortan in allen Staaten der Welt gelten sollten.

Die Menschenrechte heute – Auch nach 1945 gab es zahlreiche Kriege oder Bürgerkriege. Und die weltweit aktive Menschenrechtsorganisation **Amnesty international** kann kaum ein Land benennen, in dem die Menschenrechte nicht verletzt wurden. Brutale Gewaltakte des Staates gegen Bürgerinnen und Bürger gehören dazu: 1989 wurden auf dem „Platz des Himmlischen Friedens“ in Peking mehrere tausend Studenten niedergeschossen, weil sie für mehr Freiheitsrechte demonstrierten. In den Jahren 1994 bis 1999 wurden zehntausende Menschen nur wenige hundert Kilometer von uns entfernt wegen ihrer Volkszugehörigkeit oder Religion brutal vertrieben oder ermordet: in Bosnien, Kroatien, in der Herzegowina, im Kosovo und in Serbien.

In vielen Staaten Asiens, Afrikas oder der arabischen Welt stoßen die Menschenrechtsforderungen der UNO auf Unverständnis und auf Widerstand. Dort sind weder die Gleichstellung der Frau noch die Rechte der Kinder verwirklicht. Noch immer müssen Kinder in vielen Ländern von klein auf schwerste Arbeiten verrichten. Jahrhundertealte kulturelle Traditionen, Armut und andere soziale Probleme in den Entwicklungsländern stehen dort der Verwirklichung der Menschenrechte entgegen.

B5 Platz des Himmlischen Friedens in Peking, 1989

Q6 Allgemeine Erklärung der Menschenrechte der UNO vom 10. Dezember 1948:

Art. 1: Alle Menschen sind frei und gleich an Würde und Rechten geboren. Sie sind mit Vernunft und Gewissen begabt und sollen einander im Geiste der Brüderlichkeit begegnen.
Art. 2: Jeder Mensch hat Anspruch auf die in dieser Erklärung verkündeten Rechte und Freiheiten ohne irgendeine Unterscheidung wie etwa nach Rasse, Farbe, Geschlecht, Sprache, Religion, politischer oder sonstiger Überzeugung, nationaler oder sozialer Herkunft, nach Eigentum, Geburt oder sonstigen Umständen.
Art. 3: Jeder Mensch hat das Recht auf Leben, Freiheit und Sicherheit der Person. […]
Art. 9: Niemand darf willkürlich festgenommen, in Haft gelassen oder des Landes verwiesen werden. […]
Art. 13.: Jeder […] hat das Recht, jedes Land, einschließlich des eigenen, zu verlassen sowie […] zurückzukehren.
Art. 19: Jeder […] hat das Recht auf freie Meinungsäußerung.

(In: Wolfgang Heidelmeyer [Hg.]: Die Menschenrechte, Paderborn 1982, S. 271–274. Bearbeitet)

ARBEITSAUFTRÄGE

1. Lies Q1. Wie werden die allgemeinen Rechte der Frauen begründet? Überlege, ob diese Rechte heute verwirklicht sind.
2. Betrachte B2. Was wird kritisiert? Erläutere, warum Meinungs- und Pessefreiheit grundlegende Menschenrechte sind.
3. Betrachte B3 und B4. Überlege, warum das gleiche Wahlrecht ein Garant für die Verwirklichung der Menschenrechte ist.
4. Vergleiche die Allgemeinen Menschenrechte der UNO in Q6 mit denen der Französischen Revolution von 1789. Überlege, warum in ihr andere Rechte im Vordergrund stehen.
5. Welche Gedanken/Gefühle mag der chinesische Student (B5) gehabt haben? Schreibe einen Brief aus seiner Perspektive.

Die deutsche Revolution von 1848

Nach dem Sturz Napoleons 1814/15 vereinbarten die Fürsten Europas die Restauration (Wiederherstellung) der alten politischen Verhältnisse. Schon einige Jahre später ging eine Welle von demokratischen Revolutionen durch Europa. In Deutschland war sie 1848/49 mit den Zielen der nationalen Einheit und einer freiheitlichen Verfassung verbunden. Konnte das liberal-demokratische Bürgertum seine Vorstellungen von nationaler Einheit und einer freiheitlichen Verfassung verwirklichen?

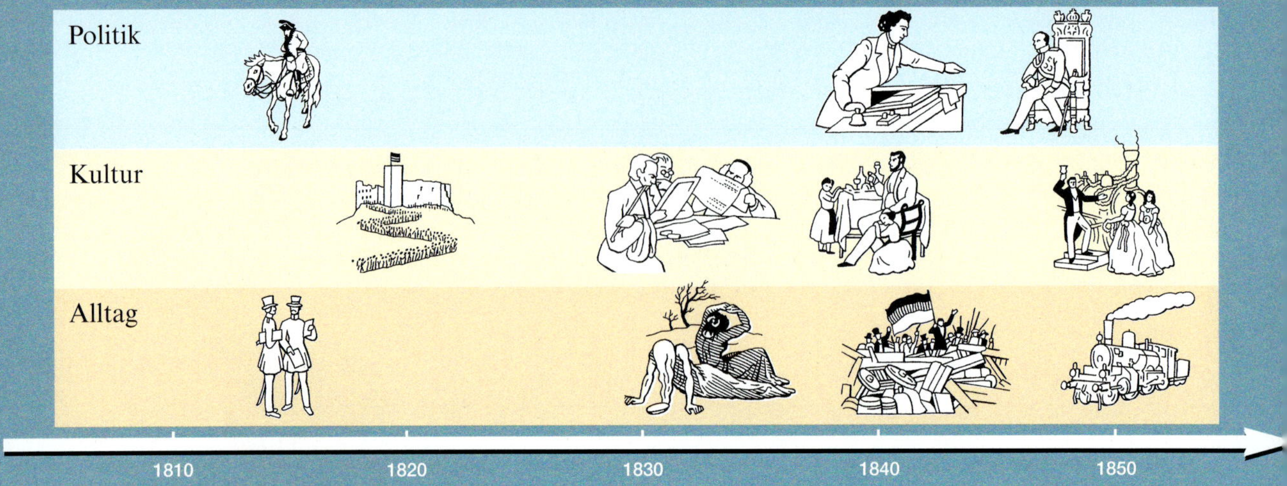

Mitteleuropa um 1812

Europa nach dem Wiener Kongress 1815

Der Deutsche Zollverein 1834

Das Deutsche Reich 1871

ARBEITSAUFTRAG

Vergleiche die Karten. Welche Grenzveränderungen fallen dir auf zwischen Karte 1 (Mitteleuropa um 1812), Karte 2 (Europa nach dem Wiener Kongress, 1815) und Karte 3 (Der Deutsche Zollverein, 1834)?

Die deutsche Revolution von 1848

1. Europa und Deutschland nach dem Sturz Napoleons

Im Jahr 1812 stand Napoleon auf dem Höhepunkt seiner Macht. Doch zwischen 1813 und 1815 zerbrach sein Herrschaftssystem. Wie wurde Europa jetzt neu geordnet?

Die Befreiungskriege – Da Russland die Kontinentalsperre gegen England nicht mehr einhielt, griff Napoleon 1812 Russland an. Dieser Feldzug endete jedoch im Winter 1812/13 mit einer Katastrophe für die Große Armee. Nun schlossen sich Preußen, Russland, Österreich, Großbritannien und zahlreiche andere Staaten gegen Napoleon zusammen. Ihre Truppen besiegten Napoleons Armee 1813 in der **Völkerschlacht bei Leipzig,** marschierten 1814 in Frankreich ein und besetzten Paris. Napoleon ging ins Exil.

Die Absichten der Fürsten, die Hoffnungen der Bürger – Die europäischen und deutschen Fürsten wollten so weit wie möglich die politischen und territorialen Verhältnisse vor der Französischen Revolution wiederherstellen, jedenfalls soweit ihre eigenen Interessen nicht betroffen waren. Die Mehrheit des deutschen Bürgertums hatte ganz andere Vorstellungen von der Zukunft Deutschlands. Sie strebte einen **einheitlichen deutschen Nationalstaat** an. Außerdem sollte die monarchische Gewalt durch gewählte Volksvertreter, durch ein **Parlament** mit verfassungsmäßigen Rechten, beschränkt werden.

Der Wiener Kongress – Die Delegationen der europäischen Fürsten trafen sich zwischen September 1814 und Juni 1815 in Wien zu einem Kongress. Die wichtigen Entscheidungen wurden aber nur von den Großmächten getroffen. ℮/1

Die Politik der Großmächte beim Wiener Kongress wurde **Restauration** (Lat.: Wiederherstellung) genannt. Die Staatsgewalt sollte wieder von absolut regierenden Fürsten ausgehen. Nur die monarchische Herrschaft galt als legitim (Lat.: rechtmäßig). Nationale Bewegungen und Forderungen nach mehr politischer Mitbestimmung sollten unterdrückt werden.

K 1

K 2

Die Neuordnung Europas durch die Fürsten – Das Ziel der Fürsten auf dem Wiener Kongress war eine stabile Ordnung für Europa. Die neuerliche **Hegemonie** (Lat.: Vorherrschaft) eines Staates sollte durch das Gleichgewicht der europäischen Großmächte ausgeschlossen werden. Es kam aber zu Konflikten. Russland beanspruchte ganz Polen für sich, das seit 1795 zwischen Russland, Preußen und Österreich aufgeteilt war. Preußen verlangte dafür Sachsen, das bis 1813 an der Seite Napoleons gekämpft hatte, als Entschädigung. Doch England und Österreich wollten einer so großen Ausdehnung Russlands und Preußens nicht zustimmen. Schließlich wurde ein Teil Polens mit Russland vereinigt, ein Teil ging an Preußen. Sachsen musste einen großen Teil seines Gebiets an Preußen abtreten. Auch Österreich vergrößerte sein Territorium auf Kosten des Königreiches Bayern. Frankreich wurde auf die Grenzen von 1792 beschränkt. Den Großmächten gelang es, ihre Gebietsgewinne während der napoleonischen Kriege auf Kosten der kleinen Staaten zu sichern. Diese kleinen Staaten beriefen sich vergeblich auf den vereinbarten Grundsatz der Restauration.

Die Neuordnung Deutschlands durch die Fürsten – Ein zentraler Verhandlungspunkt des Wiener Kongresses war die politische **Neugestaltung Deutschlands.** Welche Vereinbarungen wurden dort getroffen?
Sowohl die europäischen Großmächte als auch die deutschen Fürsten lehnten einen deutschen Nationalstaat ab. Während die einen die Macht eines starken Nationalstaates in Mitteleuropa fürchteten, wollten die anderen ihre gerade erst gewonnene Souveränität nicht wieder verlieren. Außerdem hätten weder Österreich noch Preußen die Vorherrschaft des jeweils anderen in einem geeinten deutschen Staat akzeptiert. ❷/2

Q 3 Bundesakte vom 8. Juni 1815:

Art. 1. Die souveränen Fürsten und freien Städte Deutschlands […] vereinigen sich zu einem beständigen Bunde, welcher der Deutsche Bund heißen soll.
Art. 2. Der Zweck desselben ist Erhaltung der äußeren und inneren Sicherheit Deutschlands und der Unabhängigkeit und Unverletzbarkeit der einzelnen deutschen Staaten. […]
Art. 11. Alle Mitglieder des Bundes versprechen, sowohl ganz Deutschland als jeden einzelnen Bundesstaat gegen jeden Angriff in Schutz zu nehmen […]. Die Bundes-Glieder machen sich ebenfalls verbindlich, einander unter keinerlei Vorwand zu bekriegen, noch ihre Streitigkeiten mit Gewalt zu verfolgen, sondern sie bei der Bundesversammlung anzubringen. […]
Art. 13. In allen Bundesstaaten wird eine Landständische Verfassung stattfinden.

(In: E. R. Huber, Dokumente zur deutschen Verfassungsgeschichte, Bd. 1, Stuttgart 1978, S. 84 ff. Gekürzt)

PERSONENLEXIKON

KLEMENS FÜRST VON METTERNICH, 1773–1859. Österreichischer Staatskanzler 1809–1848, Präsident des Wiener Kongresses. Die Restauration in Europa wird mit seinem Namen verknüpft.

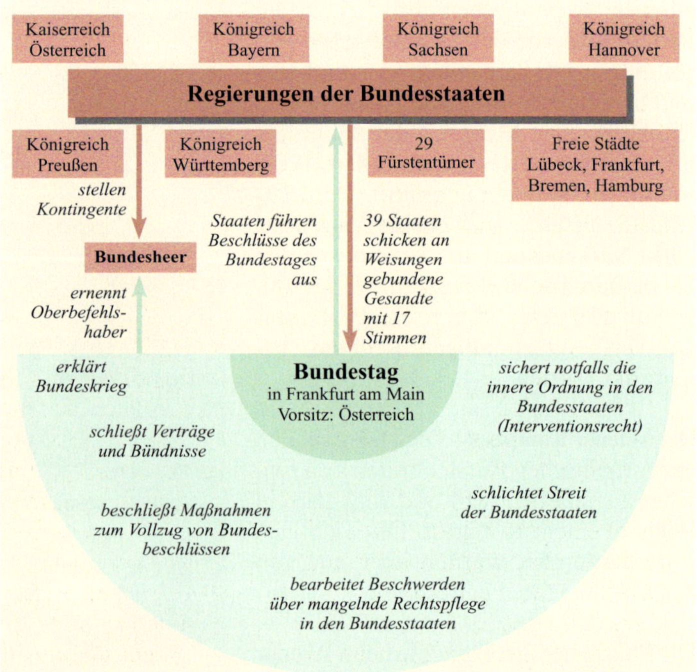

B 4 Organigramm des Deutschen Bundes von 1815 (Zusammensetzung, Ziele und Aufgabenbereiche)

Durch die Deutsche Bundesakte vom 8. Juni 1815 wurde ein **Deutscher Bund** als lockerer Zusammenschluss von 35 souveränen Staaten und vier freien Städten gegründet. Dieser Staatenbund sollte einerseits die Einheit und Sicherheit Deutschlands wahren, andererseits aber die Souveränität der Einzelstaaten möglichst wenig einschränken. Die einzige zentrale Einrichtung war der **Bundestag,** ein ständig in Frankfurt am Main tagender Kongress von Gesandten der Einzelstaaten. Verbindliche Beschlüsse konnten nur mit Zweidrittelmehrheit gefasst werden. Ein Oberhaupt oder eine gemeinsame Regierung waren nicht vorgesehen.

Diese territoriale und politische Neuordnung Deutschlands stimmte mit den Vorstellungen des Bürgertums nicht überein: Weder der angestrebte einheitliche Nationalstaat noch eine Verfassung mit verbrieften Mitbestimmungsrechten für das Bürgertum wurden verwirklicht.

Q 5 Ernst Moritz Arndt, 1813:
Was ist des Deutschen Vaterland?

Was ist des Deutschen Vaterland?
Ist's Preußenland?
Ist's Schwabenland?
Ist's, wo am Rhein die Rebe blüht?
Ist's, wo am Belt die Möwe zieht?
Oh nein! nein! nein!
Sein Vaterland muss größer sein!

Was ist des Deutschen Vaterland?
So nenne mir das große Land!
Gewiss ist es das Österreich,
An Ehren und an Siegen reich?
Oh nein! nein! nein!
Sein Vaterland muss größer sein!

Was ist des Deutschen Vaterland?
So nenne mir das große Land!
So weit die deutsche Zunge klingt
Und Gott im Himmel Lieder singt!
Das soll es sein! –
Das ganze Deutschland soll es sein!

(In: U. Otto, Die historisch-politischen Lieder des Vormärz ..., 1982, S. 130. Gekürzt)

B 6 „Deutscher Michel im Schlaf". Zeitgenössische Karikatur

Q 7 Adolf Ludwig Heeren (Historiker) 1816 über Deutschland und Europa:

[...] Den fremden Mächten kann es nicht gleichgültig sein, wie der Zentralstaat von Europa geformt ist! Wäre dieser Staat eine große Monarchie mit strenger politischer Einheit, ausgerüstet mit allen den materiellen Staatskräften, die Deutschland besitzt – welcher sichere Ruhestand wäre für sie möglich? [...] Ja! würde ein solcher Staat lange der Versuchung widerstehen können, die Vorherrschaft in Europa sich anzueignen, wozu seine Lage und seine Macht ihn zu berechtigen scheinen? [...] Die Entstehung einer einzigen und unumschränkten Monarchie in Deutschland würde binnen kurzem das Grab der Freiheit von Europa.

(In: W. D. Gruner, Die deutsche Frage. Ein Problem der europäischen Geschichte seit 1800, München 1985, S. 63)

ARBEITSAUFTRÄGE

1. Erläutere mit K 1, K 2 und Q 3 die Ziele der Fürsten bei der Neugestaltung Europas 1815. Beurteile, ob es sich bei den territorialen Veränderungen tatsächlich nur um eine Restauration der vornapoleonischen Verhältnisse handelte.
2. Beschreibe anhand von B 4, wie im Deutschen Bund Entscheidungen zustande kamen und wer sie traf. Stelle dir vor, die Bundesrepublik wäre ein ebenso lockerer Staatenbund. Was wäre heute anders?
3. Erläutere, welche Forderung des deutschen Bürgertums in dem Gedicht Q 5 zum Ausdruck kommt. Nutze auch B 6.
4. Nimm Stellung zu den Aussagen von Q 7. Überlege, wessen Interessen darin unterstützt wurden und wessen nicht.
5. Wie wird ein deutscher Bürger und Patriot um 1815 die Ergebnisse des Wiener Kongresses vermutlich beurteilt haben?

2. Freiheit und Einheit: die Ziele des deutschen Bürgertums

Viele Deutsche hatten nach dem Sieg über Napoleon auf einen einheitlichen Nationalstaat mit einer freiheitlichen Verfassung gehofft. Gaben sie diese Hoffnung nun auf?

Nationale und liberale Opposition – Die Ergebnisse des Wiener Kongresses bedeuteten fürs Erste das Scheitern liberaler (= freiheitlicher) und nationaler Bestrebungen. Doch bald entwickelte sich eine **Opposition** (= Gegenbewegung) gegen das politische System der Restauration. Was wollten die Vertreter der Opposition erreichen?

In allen Schichten des Bürgertums, bei den Unternehmern, den Handwerkern, den Bildungsbürgern und Studenten, war die Forderung nach der deutschen Einheit groß. Es gab aber kaum konkrete Vorstellungen darüber, wie die **nationale Einheit** angesichts der vielen deutschen Einzelstaaten verwirklicht werden konnte.

Auch hinsichtlich der angestrebten freiheitlichen Verfassung gab es verschiedene Ziele. Den liberal gesinnten Bürgern schwebte als Verfassungsform eine **konstitutionelle Monarchie** nach dem Vorbild Englands vor: Die Monarchie sollte demnach zwar nicht abgeschafft, aber an eine Verfassung (= Konstitution) gebunden werden. Einem anderen Flügel der Liberalen, dessen Anhänger als „Demokraten" bezeichnet wurden, gingen diese Vorstellungen nicht weit genug. Sie wollten die Monarchie ganz abschaffen sowie die Herrschaft des Volkes und des Parlaments in einer **Republik** durchsetzen – wie im Frankreich der Revolutionszeit.

Einen ersten Schritt auf dem Weg zu einem freiheitlichen Deutschland sahen viele in der Durchsetzung von Verfassungen in den Einzelstaaten des Deutschen Bundes. Die in der Bundesakte versprochenen Verfassungen wurden von den deutschen Fürsten jedoch zunächst nur in Bayern, Baden, Sachsen-Weimar und Württemberg verwirklicht, nicht aber in Preußen und Österreich. Gerade das Scheitern der preußischen Verfassungspläne bedeutete einen schweren Rückschlag für die liberale Bewegung.

K1

B2 „Feuergericht" auf dem Wartburgfest 1817. Studenten werfen als „undeutsche Schriften" bezeichnete Bücher sowie absolutistische Symbole ins Feuer. Kolorierter Holzstich, um 1880

Studenten und Obrigkeit – Die aktivsten Vertreter der deutschen Nationalbewegung kamen aus den Reihen der Studenten. Die 1815 in Jena gegründete Burschenschaft wählte als ihre Farben Schwarz-Rot-Gold. Diese Farben wurden für die Farben des alten deutschen Reiches gehalten. Sie wurden schnell zum Symbol der oppositionellen Bewegung. Die erste gemeinsame Kundgebung der Burschenschaften war das **Wartburgfest** am 18.Oktober 1817. Über 500 Delegierte zogen zur Burg hinauf und hörten dort patriotische Reden. 1818 schlossen sich die Studenten zur „Allgemeinen Deutschen Burschenschaft“ zusammen. /4

Am 23. März 1819 ermordete der Burschenschaftler KARL LUDWIG SAND den russischen Staatsrat und Dichter AUGUST VON KOTZEBUE. Dieser hatte die nationale und liberale Begeisterung der Studenten lächerlich gemacht. Der Mord an einem Dichter beunruhigte die Fürsten und die Regierungen. Wie würden sie darauf reagieren?

Q 3 Programm der „Allgemeinen deutschen Burschenschaft“ (1818):

Der Wille des Fürsten ist nicht das Gesetz des Volkes, sondern das Gesetz des Volkes soll der Wille des Fürsten sein. Gegen das Gesetz kann der Fürst niemals etwas tun wollen. Freiheit und Gleichheit ist das Höchste, wonach wir zu streben haben. Das Recht, in freier Rede und Schrift seine Meinung über öffentliche Angelegenheiten zu äußern, ist ein unveräußerliches Recht jedes Staatsbürgers […]. Dieses Recht muss das Wahlrecht des Bürgers ergänzen, wenn er die reelle Freiheit erhalten soll. Von dem Lande oder Ländchen, in welchem wir geboren sind, wollen wir niemals das Wort Vaterland gebrauchen. Deutschland ist unser Vaterland.

(In: M. Hodann, W. Koch (Hg.): Die Urburschenschaft als Jugendbewegung, Jena 1917, S. 51 ff.)

Die Reaktion der Obrigkeit – Der österreichische Staatskanzler METTERNICH sah in dem Mord eine willkommene Gelegenheit, die liberale Opposition niederzuwerfen. Im August 1819 vereinbarte der Deutsche Bund die **Karlsbader Beschlüsse.** Diese verboten die Burschenschaften und stellten die Universitäten unter strenge Überwachung. Politische Druckschriften wurden nun vor ihrem Erscheinen einer **Zensur** unterzogen.

In der Folgezeit rollte eine Welle von Verhaftungen und Hausdurchsuchungen über liberale und demokratisch gesinnte Professoren, Studenten, Dichter und Journalisten hinweg (sog.: „Demagogenverfolgung“). Ein Spitzelsystem überwachte auch das Privatleben der Bürger. Der Deutsche Bund wurde für zwei Jahrzehnte zum Instrument der Unterdrückung politisch Andersdenkender.

Die Burschenschaft wählte als ihre Farben Schwarz-Rot-Gold. Sie galten ihnen als die Farben des alten deutschen Reiches.

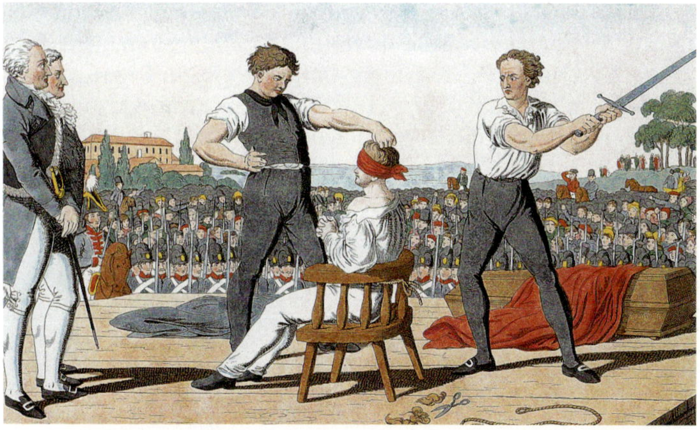

B 4 Hinrichtung des Burschenschaftlers Karl Ludwig Sand, 1819

ARBEITSAUFTRÄGE

1. Erläutere mithilfe von K 1 die Verfassungssituation in den Staaten des Deutschen Bundes vor 1831 und 1848. Beurteile, ob die Mehrheit des deutschen Bürgertums ihre Vorstellungen von einer freiheitlichen Verfassung damals verwirklicht sah.
2. Erläutere mithilfe von Q 3 die Ziele der Studenten. Beschreibe ihre Sichtweise auf die Herrschaft der Fürsten.
3. Beschreibe B 2. Versetze dich dabei einmal in einen Teilnehmer und einmal in einen kritischen Betrachter der Szene.
4. Erläutere die Reaktion der Fürsten auf den Mord an Kotzebue und erkläre ihre Motive. Wie beurteilst du die Tat des Burschenschaftlers Karl Ludwig Sand?

3. Revolutionäre Vorboten in Deutschland und Europa

Im Jahre 1830 gab es in einigen Staaten Europas Unruhen und Aufstände. Welche Konflikte lagen diesen Aufständen zugrunde?

In Frankreich hatte König KARL X. versucht, die Verfassung von 1814 wieder einzuschränken. Der Unmut darüber entlud sich in der **Julirevolution** von 1830, die Karl nach blutigen Straßenkämpfen stürzte. Das Volk forderte die Gründung einer Republik. Schließlich wurden aber eine konstitutionelle Monarchie eingeführt und der neue König LOUIS PHILIPPE von der Volksvertretung gewählt.

Ein revolutionärer Flächenbrand – Die Revolution breitete sich von Frankreich in ganz Europa aus. Belgien rief die Unabhängigkeit von den Niederlanden aus. In Polen kam es 1831 zum Freiheitskampf gegen die russische Fremdherrschaft. Erst nach elf Monaten gelang es Russland mit militärischer Hilfe Preußens, den Aufstand niederzuschlagen.

Aufstände in Deutschland – Trotz Unterdrückung der Opposition kam es auch in einigen Staaten des Deutschen Bundes zu Unruhen. Welche Folgen hatte dies?

In Deutschland fanden revolutionäre Ereignisse vornehmlich in denjenigen Staaten statt, deren Herrscher bislang politische Reformen verweigert hatten: in Braunschweig, Kurhessen, Hannover und Sachsen. Diese Staaten erhielten in den folgenden Jahren Verfassungen.

In Preußen weigerte sich König FRIEDRICH WILHELM IV. weiterhin, das schon 1815 gegebene Verfassungsversprechen einzulösen. Erst 1847 berief der König einen „Vereinigten Landtag". Er sollte jedoch nur beratende Funktion haben und Steuern bewilligen dürfen. Der Landtag lehnte aber jede Geldbewilligung ab, solange ihm nicht das Recht einer regelmäßigen Tagung zugestanden würde. Der König war dazu nicht bereit und löste den Landtag bald wieder auf.

PERSONENLEXIKON

PHILIPP JACOB SIEBENPFEIFFER, 1789 – 1845. Journalist, Mitorganisator und einer der Wortführer des Hambacher Festes von 1832. Auf Initiative Metternichs und des bayerischen Königs sollte er 1833 zusammen mit JOHANN GEORG AUGUST WIRTH wegen revolutionärer Umtriebe verurteilt werden. Doch der Prozess endete wider Erwarten mit einem Freispruch. Wenig später wurden sie erneut wegen angeblicher Beamtenbeleidigung angeklagt und zur Höchststrafe von zwei Jahren Haft verurteilt.

B1 Zug der demokratischen Oppositionsbewegung auf das Hambacher Schloss am 27. Mai 1832; Gemälde von J. Weber (aus dem Jahr 1848)

Aufschwung der Opposition, Verschärfung der Reaktion – Die Revolutionen von 1830 hatten den liberalen Kräften in Deutschland neuen Auftrieb gegeben. Wie machte sich das bemerkbar?

In den süddeutschen Staaten stärkte die französische Julirevolution die Liberalen in ihrem Kampf um die Verbesserung der bereits bestehenden Verfassungen. Überall bildeten sich politische Vereine. Erstmals wurde die Presse in Deutschland zu einer politischen Kraft, indem sie breite Volksschichten über das Geschehen in Europa informierte. Demokratisch gesonnene Dichter und Schriftsteller beklagten die politischen und sozialen Missstände in Zeitungen, auf Flugblättern und in ihren Schriften. e/3

Ein Höhepunkt der liberalen und demokratischen Oppositionsbewegung war das **Hambacher Fest.** Etwa dreißigtausend Teilnehmer aus fast allen Staaten des Deutschen Bundes trafen sich 1832 auf der pfälzischen Schlossruine in Hambach. Gemeinsam demonstrierten sie unter schwarz-rot-goldenen Fahnen für Volkssouveränität und für einen deutschen Einheitsstaat. e/5

Die Fürsten leiteten daraufhin eine neue Unterdrückungsphase ein. Die Zensur wurde verstärkt, die Rede-, Vereins- und Versammlungsfreiheit wurden aufgehoben. Hunderte Oppositionelle landeten in Gefängnissen, Tausende flohen ins Ausland. Großes Aufsehen erregte der Fall der **Göttinger Sieben.** Als der König von Hannover 1837 die erst 1833 gewährte Verfassung aufhob, protestierten sieben Göttinger Professoren dagegen, darunter die Gebrüder GRIMM. Der König antwortete mit der Amtsenthebung und Ausweisung der Protestierenden. Aus Angst vor Verfolgung zogen sich daraufhin viele liberal und demokratisch gesonnene Bürger ins Private zurück.

PERSONENLEXIKON

JACOB GRIMM, 1785–1863, und WILHELM GRIMM, 1786–1859. Germanisten. Sie bearbeiteten gemeinsam Märchen, Sagen und das Deutsche Wörterbuch. Sie gehörten zu den „Göttinger Sieben", die 1837 wegen ihres Protestes amtsenthoben wurden.

Q 2 Philipp J. Siebenpfeiffer: Rede auf dem Hambacher Fest, 1832:

Ja, es wird kommen der Tag, wo ein gemeinsames deutsches Vaterland sich erhebt aus den Trümmern, worunter die Gewalt der Zeit und der Verrat der Fürsten es begraben! […] Ja, es wird kommen der Tag, wo ein gemeinsames deutsches Vaterland sich erhebt, das alle Söhne als Bürger begrüßt und alle Bürger mit gleicher Liebe, mit gleichem Schutz umfasst; wo die erhabene Germania […] streitenden Völkern das selbst erbetene Gesetz des Friedens spendet […]. Wir selbst wollen, wir selbst müssen vollenden das Werk, und ich ahne, bald, bald muss es geschehen, soll die deutsche, soll die europäische Freiheit nicht ermordet werden von den Mörderhänden der Aristokratie […].

(In: M. Görtemaker, Deutschland im 19. Jahrhundert, 3. Aufl., Bonn 1989, S. 92 f. Gekürzt)

Q 3 Österreichs Staatskanzler Metternich in einem Brief an seinen Gesandten in Berlin, 10.06.1832:

Der 28ste Artikel der Wiener Schlussakte [= Wiener Kongress von 1814/1815] bestimmt Folgendes: Wenn die öffentliche Ruhe und gesetzliche Ordnung in mehreren Bundesstaaten durch gefährliche Verbindungen und Anschläge bedroht sind und dagegen nur durch Zusammenwirken der Gesamtheit ausreichende Maßnahmen ergriffen werden können, ist der Bundestag [des Deutschen Bundes] befugt und berufen, nach vorgängiger Rücksprache mit den betroffenen Regierungen, solche Maßnahmen zu beraten und zu beschließen.
Dieser […] Fall liegt nun vor. […] Ich rechne mit aller Zuversicht darauf, dass beide Höfe [in München und in Berlin] in demselben Geiste die Revolution fest in das Auge fassen, um ihren Untergang […] herbeizuführen

(In: Veit Valentin, Das Hambacher Nationalfest, Berlin 1932, S. 142 f. Gekürzt)

ARBEITSAUFTRÄGE

1. Beschreibe B1 und erläutere mithilfe von Q2, wie nach Ansicht der Teilnehmer des Hambacher Festes das zukünftige Deutschland geschaffen werden sollte.
2. Lies Q3. Erläutere die Position, die Metternich darin gegenüber den Oppositionellen einnimmt. Interpretiere seine Empfehlung für ein gemeinsames Vorgehen der Regierungen.

4. Biedermeier – der Rückzug ins Private

Das Bürgertum bestand im 19. Jahrhundert vor allem aus Beamten, ersten Industriellen sowie aus Handwerkern und kleinen Händlern. In der Zeit der beginnenden Industrialisierung und ersten Reformen durch die deutschen Fürsten hatte das Bürgertum an Selbstbewusstsein gewonnen. Nach der Niederlage Napoleons waren die Forderungen nach größeren politischen Freiheiten in Deutschland immer lauter geworden. Doch wie reagierte das Bürgertum, als die Fürsten die liberale und demokratische Oppositionsbewegung unterdrücken wollten?

Rückzug ins Private – Die demokratische bürgerliche Opposition wurde durch die Karlsbader Beschlüsse von 1819 und durch die Verfolgungen nach 1832 mundtot gemacht. Ein großer Teil der politisch aktiven Bürger zog sich daraufhin aus Angst vor der Obrigkeit kleinlaut und gehorsam ins Private sowie in seine eigenen vier Wände zurück.

Es entstand als eigener Lebensstil das **Biedermeier.** Diesen Namen prägte der Dichter Ludwig Eichroth 1850, als er Spottgedichte auf einen typischen bürgerlichen Menschen, den Herrn „Biedermeier“, schrieb. Der Biedermeier-Stil zeigt einen deutlichen Hang zum Verniedlichen und Idealisieren: Man liebte schlichte Möbel, ein Musikinstrument, persönliche Bilder als Wandschmuck und Porzellan- oder Schmuckgegenstände, den so genannten „Nippes“, der in Vitrinen oder Schränken ausgestellt wurde. Das Bürgertum wurde konservativ (Lat.: bewahrend) und entwickelte „bürgerliche“ Tugenden wie Schlichtheit, Bescheidenheit und Bürgertreue.

Dessertschale mit Blumendekor. Um 1825

B1 Eine bürgerliche Familie. Gemälde von Eduard Gärtner, 1840

Die „gute Stube" – Die Bürger versuchten, im häuslichen Bereich idyllische und harmonische Zustände zu schaffen. Wie lebten Herr Biedermeier und seine Familie?

Das biedermeierliche Leben verlangte nach Ordnung. Sein Mittelpunkt war das Familienleben in der „guten Stube". Die Familie war streng patriarchalisch gegliedert. Der Ehemann war Oberhaupt, Ernährer und Repräsentant der Familie, die Ehefrau treue Gattin, Wirtschafterin und Erzieherin der Kinder. Die Kinder mussten sich vor allem brav und respektvoll verhalten, fromm und strebsam sein.

Die Wohnung war zum einen Zufluchtsstätte. In seiner Wohnung war man vor den Spitzeln des Staates sicher. Zum anderen diente sie als Stätte der bürgerlichen Geselligkeit. Hier trafen sich Bürger, die oft durch gegenseitige Geschenke oder Freundschaftsbeweise eine private und eben häusliche Gemeinschaft bildeten.

Geselligkeit und Vereine – Dass das Bürgertum von der Teilhabe an der Politik ausgeschlossen blieb, war von den Fürsten erwünscht und erzwungen. Nur in den Cafés und Lesegesellschaften, wo Zeitungen auslagen, konnten auch politische Meinungen ausgetauscht werden. Noch wichtiger waren Vereine, die jetzt in großer Zahl entstanden: Musik-, Theater- und Gesangsvereine, Turn- oder Kegelvereine. Auch sie schufen bürgerliche Geselligkeit und den Zusammenhalt einer neuen, aufstrebenden Schicht.

Q2 Der Dichter Gottfried Kinkel über den „Biedermeier":

[...] Stets nur treu und stets loyal
und vor allem stets zufrieden.
So hat Gott es mir beschieden.
Folglich bleibt mir keine Wahl.
Ob des Staates alten Karren
Weise lenken oder Narren,
Dieses geht mich gar nichts an;
denn ich bin ein Untertan.

(In: U. Otto, Die historisch-politischen Lieder des Vormärz, Köln 1982)

B3 Geselligkeit der Freunde Franz Schuberts (am Klavier). Aquarell, 1821. Gestaltet wird ein „lebendes Bild", hier der Sündenfall.

B4 Lesekabinett. Gemälde von J. P. Hasenclever, 1843

ARBEITSAUFTRÄGE

1. Erläutere, was B 1 und B 3 über das Lebensgefühl der biedermeierlichen Menschen aussagen. Was war ihnen wichtig? Diskutiert, welche dieser Werte noch heute wichtig sind, welche an Bedeutung verloren haben.
2. Beschreibe B 4 und vergleiche mit der Familienidylle in B 1: Womit ergänzt das Lesecafé das Familienleben? Nimm Stellung: Würde dir dieser Ausgleich genügen?
3. Erläutere, was im Gedicht Gottfried Kinkels in Q 2 über den „Biedermeier" zum Ausdruck kommt. Diskutiert, ob das Gedicht auch heute noch aktuell ist.

5. Elend, Hunger und soziale Unruhen

Während sich große Teile des Bürgertums selbstzufrieden zurückzogen und bescheidenen Wohlstand genossen, lebten andere in bitterer Armut. Um die Mitte des 19. Jahrhunderts waren in Deutschland breite Schichten der Bevölkerung verelendet. Wie kam es dazu? Wie lebten diese Menschen?

Zunehmende Armut – Die Verelendung weiter Bevölkerungskreise hatte mehrere Ursachen. Die Bevölkerung des Deutschen Bundes war zwischen 1816 und 1864 sehr schnell von etwa 30 Millionen auf über 45 Millionen angewachsen. Doch die Landwirtschaft, das Verlagswesen der Textilunternehmer und die vielen Handwerksbetriebe waren nur bis zu Beginn der 1830er-Jahre in der Lage, diese gewachsene Bevölkerung auch zu beschäftigen. Danach gab es zu wenig Arbeit. Auch die Industrialisierung machte nur langsam Fortschritte und hatte erst wenige Fabriken entstehen lassen.
Schätzungen veranschlagen die Zahl der Menschen ohne gesicherte Existenz wie Tagelöhner, Handwerksgesellen oder Arme in den großen Städten auf 60 bis 80 Prozent der Einwohner. Nach Missernten in ganz Europa in den Jahren 1845 und 1846 wurden die Lebensbedingungen der Menschen noch härter: Die meisten Menschen litten Hunger. Diese neue Massenarmut auf dem Lande und in den Städten wird als **Pauperismus** (Lat.: *pauper* = arm) bezeichnet.

Zwischen 1830 und 1840 wanderten mehr als 500 000 Menschen aus Deutschland aus, z. B. nach Nordamerika. Andere zogen in der Hoffnung auf Arbeit vom Land in die Städte. Aber dort vergrößerten sie nur die Elendsviertel.

T 1 Entwicklung der Einkommen und Lebenshaltungskosten in Deutschland

Jahr	Arbeitslohn in %	Lebenshaltungskosten in %
1844	83	53
1845	77	57
1846	65	68
1847	57	79

Wert im Jahr 1900 = 100 %

(Nach: H. D. Schmid [Hg.], Fragen an die Geschichte, Bd. 3, Frankfurt 1980, S. 204., Bearbeitet)

T 2 Entwicklung der Getreidepreise in %

Jahr	Roggen	Weizen
1844	66	80
1845	79	89
1846	102	108
1847	124	140
1848	62	87

Wert im Jahr 1913 = 100 %

(In: Hans-Ulrich Wehler, Deutsche Gesellschaftsgeschichte, zweiter Band, München 1987, S. 28)

PERSONENLEXIKON

BETTINA VON ARNIM, 1785–1859. Die Schriftstellerin wendete sich auch sozialen und frauenrechtlichen Fragen zu.

Q 3 Bettina von Arnim: Dies Buch gehört dem König

Vor dem Hamburger Tore (in Berlin) hat sich eine förmliche Armenkolonie gebildet. Das aber scheint gleichgültig zu sein, dass die Ärmsten in eine große Gesellschaft zusammengedrängt werden, sich immer mehr abgrenzen gegen die übrige Bevölkerung und zu einem furchtbaren Gegengewichte anwachsen. Am leichtesten übersieht man einen Teil der Armengesellschaft in den so genannten „Familienhäusern“. Sie sind in viele kleine Stuben abgeteilt, von welchen jede einer Familie zum Erwerb, zum Schlafen und als Küche dient. In 400 Gemächern wohnen 2500 Menschen. [...]
Dahlstöm hat früher als Seidenwirker gearbeitet und wöchentlich 3 bis 4 Taler verdient. Seit 5 Jahren leidet er an chronischem Katarrh und an Augenschwäche, sodass er völlig untauglich zur Arbeit ist. Die feuchte Kellerwohnung, die er wegen rückständiger Miete nicht vertauschen kann, wirkt sehr nachteilig auf seine Gesundheit. Der älteste Sohn, ein Strickmusterzeichner, hat ihn verlassen, als er eben die Miete bezahlen sollte. Der zweite wohnt bei den Eltern und gibt 25 Silbergroschen zu der Miete. Ein vierzehnjähriges Mädchen verdient wöchentlich 22,5 Silbergroschen in einer Kattunfabrik, wo es von 5 Uhr morgens bis 9 Uhr abends zur Arbeit angehalten wird. [...] Die Mutter sucht in der Stadt Knochen zusammen, von welchen ein Zentner mit 10 Silbergroschen bezahlt wird. [...] Dahlstöm war 15 Jahre lang Soldat und erhält daher monatlich einen Taler Unterstützung, obschon er erst 53 Jahre alt ist. [...]

(In: Bettina von Arnim, Werke und Briefe, hrsg. v. G. Konrad, 1963, S. 229 ff.)

Die verarmte Bevölkerung sah sich in ihrer Not allein gelassen. So kam es in ganz Deutschland zu sozial motivierten Protesten der einfachen Bevölkerungsschichten. Wie reagierten darauf die Fabrikanten und die Fürsten?

Der Weberaufstand in Schlesien – Die 1840er-Jahre begannen für die Tuchproduktion in der preußischen Provinz Schlesien mit einer Absatzkrise. Vor allem in England wurden Tuche mit neuen Maschinen viel billiger produziert, als dies mit den veralteten Handwebstühlen in Deutschland möglich war. Die Löhne der Weber, die meist für einzelne Tuchverleger arbeiteten, sanken um bis zu 75 Prozent. So auch in Langenbielau und Peterswaldau, wo mehr als zehntausend Einwohner für wenige Verleger arbeiteten. Diese versuchten ohne Rücksicht auf die Weber und deren Familien, durch Lohnkürzungen konkurrenzfähig zu bleiben.

Schließlich trieb die Not die Weber zu offenem Aufruhr. Am 4. Juni 1844 zogen sie in einem Protestmarsch zum Haus des Verlegers Zwanziger in Peterswaldau. Als dieser ihre Lohnforderungen ablehnte, stürmten sie das Privathaus und das Fabrikgebäude Zwanzigers. Sie zerstörten deren Einrichtung und die Maschinen und verbrannten ihre Schuldscheine. Am nächsten Tag wurde ihr Aufstand von Soldaten niedergeschlagen. Vor dem Haus des Verlegers Dierig in Langenbielau wurden elf Menschen erschossen und 30 schwer verletzt. Viele wurden zu jahrelangen Haftstrafen verurteilt.
Dieser erste größere Aufstand verzweifelter Arbeiter erlangte überregionale Beachtung. Er wurde in der Presse ausführlich behandelt und fand viel Sympathie.

Q4 Georg Weerth: Hungerlied

Verehrter Herr und König!
Weißt du die schlimme Geschicht?
Am Montag aßen wir wenig,
Und am Dienstag aßen wir nicht.

Am Mittwoch mussten wir darben
Und am Donnerstag litten wir Not;
Und auch am Freitag starben
Wir fast den Hungertod!

Drum lasst am Sonnabend backen
Das Brot, fein säuberlich –
Sonst werden wir sonntags packen
Und fressen, o König, dich!

(In: U. Otto, Die historisch-politischen Lieder und Karikaturen des Vormärz und der Revolution von 1848/49, Köln 1982, S. 215)

B5 Der Weberaufstand in Schlesien. Zeitgenössische Karikatur

ARBEITSAUFTRÄGE

1. Vergleiche in T 1 die Entwicklung der Löhne und der Lebenshaltungskosten sowie in T 2 die Erhöhungen der Getreidepreise gegenüber dem Vorjahr. Überlege, wie die Veränderungen sich auf das Leben der Menschen auswirkten.
2. Beschreibe mithilfe von Q 3 die Lebensumstände der Familie Dahlstöm. 1848 wurde als wöchentliches Existenzminimum einer vierköpfigen Familie errechnet: 3 Taler, 5 Groschen und 9 Pfennig (1 T = 30 Gr; 1 Gr = 12 Pf).
3. Erläutere, welche Wirkung das Lied in Q 4 haben sollte. Diskutiert, ob es sich zu Recht an den König wandte.
4. Beschreibe B 5. Welche Kritik wird geäußert? Diskutiert die Rolle der Weber, der Verleger und der Regierung.

6. Das Jahr 1848 – Revolutionen in Deutschland und Europa

Das politische Klima in Europa und in Deutschland verschlechterte sich in den 1840er-Jahren zunehmend. Das aufstrebende Bürgertum verlangte überall nach politischer Mitbestimmung. Die sozialen Gegensätze verschärften sich wegen der Hunger- und Wirtschaftskrise weiter. Wie würden sich diese Spannungen entladen?

Revolution in Frankreich – Wie schon 1830 brachen zuerst in Frankreich die Unruhen aus. Unter König LOUIS PHILIPPE war das wohlhabende Bürgertum, die Bourgeoisie, politisch gestärkt worden. Doch nur die 200 000 Männer mit dem höchsten Steuersatz waren auch wahlberechtigt. Zugleich nahmen Armut und Arbeitslosigkeit der Bevölkerung zu.

Arbeiter und Kleinbürger forderten Beschäftigung sowie politische Mitbestimmung durch eine Änderung des Wahlrechts. Am 22. Februar 1848 kam es in Paris zu Straßenkämpfen. König Louis Philippe floh und am 24. Februar wurde, wie schon 50 Jahre zuvor, die Republik ausgerufen. Das allgemeine Wahlrecht wurde eingeführt; es galt nur für Männer. Ende 1848 wählte das französische Volk erstmals einen Präsidenten der Republik. Durch ein staatliches Arbeitsbeschaffungsprogramm wurden „Nationalwerkstätten“ errichtet. Doch schon im Juni 1848 wurden sie wieder geschlossen, weil sie nicht wirtschaftlich arbeiteten. Ein Aufstand der Arbeiter wurde vom Militär blutig niedergeschlagen.

Österreich im Strudel der Revolution – Der österreichische Kaiser und die Regierung unter Fürst METTERNICH zeigten sich unbeeindruckt von Bittschriften und Demonstrationen, mit denen die Bürger Reformen forderten. Daraufhin kam es am 13. März auch in Wien zu heftigen Straßenkämpfen. Der verhasste Staatskanzler Metternich, Symbolfigur der politischen Unterdrückung, musste zurücktreten. Der Kaiser erließ eine neue Verfassung mit Wahlrecht für die Besitzen-

Q1 Forderungen von Arbeitern aus Köln, damals in der Rheinprovinz Preußens gelegen, 3. März 1848:

Die Regierung, die Behörden sind die Diener des Volkes; der höchste Zweck ihres Strebens muss die Wohlfahrt des Volkes sein. Erfüllen sie das nicht, steht dem Volk das unzweifelhafte Recht zu, dieselben zu entfernen und Bessere an ihre Stelle zu setzen. [Die Arbeiter forderten]:

1. Gesetzgebung und Verwaltung durch das Volk, da ein freies Volk [...] sich nicht mehr im Interesse einzelner ausbeuten lassen will; allgemeines Wahlrecht und allgemeine Wählbarkeit.
2. Unbedingte Freiheit der Rede und der Presse.
3. Aufhebung des stehenden Heeres und Einführung einer allgemeinen Volksbewaffnung.
4. Freies Vereinigungsrecht.
5. Schutz der Arbeit und Sicherstellung der menschlichen Bedürfnisse für alle. [...] Es ist Sache des Staates, die Produktion dem Interesse der Einzelnen zu entreißen und sie im Interesse aller zu leiten. Jeder Mensch hat ein Recht auf Arbeit sowie auf einen seinen Bedürfnissen angemessenen Lohn.
6. Erziehung aller Kinder auf öffentliche Kosten.

(In: K. Obermann, Flugblätter der Revolution, Berlin 1970, S. 65 f., S. 70 f.)

Q2 Forderungen von Bürgern aus Dresden, 7. März 1848:

Die Zeit der allgemeinen Versprechungen [...] ist vorüber, bestimmte Forderungen, tatsächliche Zugeständnisse müssen an deren Stelle treten. [...] Die Wünsche sind:

1. Freiheit der Presse.
2. Freiheit des religiösen Bekenntnisses.
3. Freiheit des Versammlungs- und Vereinsrechtes.
4. Gesetzliche Sicherstellung der Person gegen willkürliche Verhaftung.
5. Verbesserung des Wahlgesetzes durch Herabsetzung des Zensus.
6. Öffentlichkeit [...] der Rechtspflege mit Schwurgericht.
7. Vereidigung des Militärs auf die Verfassung.
8. Verminderung des stehenden Heeres.
9. Vertretung der deutschen Völker bei dem deutschen Bunde.
10. Lossagung der sächsischen Regierung von den Karlsbader Beschlüssen.

Es lebe der König! Es lebe die Verfassung! Es lebe die Eintracht zwischen Regierung und Volk!

(In: K. Obermann, Flugblätter der Revolution, Berlin 1970, S. 65 f., S. 70 f.)

den. Dennoch kam es zu weiteren Unruhen, die auch von nationalen Aufständen in den damals österreichischen Provinzen Italien, Ungarn, Tschechien überlagert wurden und die sogar den Fortbestand Österreichs als Vielvölkerstaat gefährdeten. Erst Ende Oktober 1848 konnten die kaiserlichen Truppen die Aufstände mit Gewalt niederschlagen.

Revolutionen in Deutschland – Die Februarrevolution in Frankreich war Auslöser einer Revolutionswelle, die mit Ausnahme Englands und Russlands viele europäische Staaten erfasste. Neben Österreich waren auch andere Staaten des Deutschen Bundes betroffen.

Im März 1848 erreichte die Welle der Revolutionen ganz Deutschland. Sie begannen als eine Bewegung von Versammlungen, Petitionen und Demonstrationen in den Städten. Die Fürsten vieler kleinerer Staaten versuchten ihre Herrschaft zu retten, indem sie den Forderungen nachgaben und liberale Minister beriefen. So wurde in Sachsen, wo demokratische Gruppen lautstark ihre Forderungen verkündeten, am 13. März ein neues Ministerium gebildet, in dem gemäßigte Liberale bestimmten. Die neuen Märzregierungen wirkten auch auf den Bundestag in Frankfurt ein. Er hob die Zensur auf und erklärte Schwarz-Rot-Gold zu den deutschen Bundesfarben.

Berliner Märzereignisse – In Preußen hatte sich König FRIEDRICH WILHELM IV. bisher allen Forderungen nach einer Verfassung und nach mehr politischer Mitbestimmung des Bürgertums verweigert. Konnte er diese Position beibehalten? /6

Ab März 1848 fanden zuerst im preußischen Rheinland, dann auch in Berlin Versammlungen statt, bei denen Handwerker, Arbeiter und Studenten ihren Protest vorbrachten. Am 14. März kam es in Berlin zu ersten Zusammenstößen protestierender Bürger mit dem Militär. Nach schweren Straßenkämpfen musste der König am 18. März einlenken und den Abzug der Truppen aus Berlin anordnen.

B3 Kampf um die Barrikade auf dem Alexanderplatz in Berlin, 18. März 1848. Gemälde von A. Klaus

Q4 Varnhagen von Ense, Tagebuch vom März 1848:

18. März 1848:

Gegen 4 Uhr plötzlicher Lärm: in den Straßen der Ruf: „Waffen! Waffen! Man haut und schießt die Schutzbürger vor dem Schlosse zusammen!“ […] Auch in meiner Gegend regte sich schnell der Eifer zum Barrikadenbau. […] Einige wohl gekleidete junge Leute, dem Ansehen nach Studenten, gaben Anleitung und Befehl; eine gemischte Menge, Hausknechte, Bürger, Alt und Jung, die ehrbarsten Männer und Frauen waren eifrig am Werk; Droschken und Wagen wurden angehalten und umgestürzt, die Rinnsteinbrücken und das Pflaster aufgerissen; […] unterdessen war der Kampf anderwärts in vollem Gange. […] Als der Abend eintrat und es dunkelte, wurde der allgemeine Kampf nur umso heftiger und furchtbarer. Das Geschütz donnerte jetzt in geregelter Folge, immerfort das Krachen des Gewehrfeuers. […]

19. März 1848:

Die „Staatszeitung“ […] brachte eine Proklamation des Königs, die alles bewilligt, deutsches Parlament, […] konstitutionelle Verfassung! […] Gestern, gestern früh diese Proklamation! Da wär’ es Zeit gewesen, sie kam acht Stunden zu spät! Es wurden [sechs bis sieben] Leichen nach dem Schloss angefahren, die blutigen Wunden aufgedeckt, bekränzt mit Blumen und Laub. Die Volksmenge sang Lieder und schrie: *„Der König soll die Leichen sehen.“* Auf den gebieterischen Ruf erschien der König auf dem Balkon. Alles hatte den Kopf entblößt, nur der König die Mütze auf; da hieß es gebieterisch: „Die Mütze herab!“, und er nahm sie ab. […]

(In: Geschichte in Quellen, Band IV, München 1981, S. 152 ff. Gekürzt)

Eine Verfassung für Preußen? – Der König widersetzte sich den Erwartungen der Konservativen und seines Militärs, die seinen Befehl zur gewaltsamen Niederschlagung des Aufstandes erwartet hatten. Unter dem Eindruck der aufgebrachten Volksmenge und der vor dem Schloss aufgebahrten Toten ritt Friedrich Wilhelm IV. am 21.3.1848 mit einer schwarz-rot-goldenen Binde am Arm durch Berlin, vorbei an den Bürgern der Stadt. /8

Am 29. März wurde ein Märzministerium unter der Führung der liberalen rheinischen Politiker CAMPHAUSEN und HANSEMANN berufen. Nach den ersten **allgemeinen und gleichen Wahlen** in Preußen trat am 22. Mai eine Nationalversammlung in Berlin zusammen, um über eine **Verfassung für Preußen** zu beraten. Hatte die bürgerliche Revolution damit auch in Preußen gesiegt?

Q5 Friedrich Wilhelm IV.: Proklamation vom 21. März 1848

An Mein Volk und an die deutsche Nation!
Ich übernehme heute die Leitung für die Tage der Gefahr. Mein Volk wird Mich nicht verlassen und Deutschland wird sich Mir mit Vertrauen anschließen. Ich habe heute die alten deutschen Farben [= Schwarz-Rot-Gold] angenommen und Mich und das Volk unter das ehrwürdige Banner des Deutschen Reiches gestellt. Preußen geht fortan in Deutschland auf.
Gleichzeitig mit den Maßregeln zur Abwendung der augenblicklichen Gefahr wird die deutsche Stände-Versammlung über die Wiedergeburt und Gründung eines neuen Deutschland beraten, einer Einheit mit Freiheit. Allgemeine Einführung wahrer konstitutioneller Verfassungen [... wird] solch sichere und innere Einheit bewirken und befestigen.

(In: M. Görtemaker, Deutschland im 19. Jahrhundert, 3. Aufl., Bonn 1989, S. 107 f. Gekürzt)

B6 König Friedrich Wilhelm IV. reitet durch Berlin, 21. März 1848

B7 „Deutsche Nation, siehe hier Deinen König!". Karikatur von 1848

ARBEITSAUFTRÄGE

1. Erläutere, was die Arbeiter in Q1 und was die Bürger in Q2 fordern. Suche Gemeinsamkeiten und Unterschiede. Spielt eine Konferenz beider Gruppen. Versucht, euch auf die drei wichtigsten Forderungen zu einigen.
2. Halte mit B3 und Q4 den Verlauf der Berliner Revolution fest. Beschreibe dann das Verhalten des Königs. Wie sieht er seine Position, wie sehen ihn andere? Spielt eine Diskussion zwischen König und Revolutionären am 19. März 1848.
3. Erläutere, welche Versprechen der König in Q5 dem Volk gibt. Wie sieht der preußische König die zukünftige Rolle Preußens im Deutschen Bund? Bewerte seine Aussage.
4. Beschreibe B6 und ordne dieses Ereignis in den Ablauf der Revolution ein. Vergleiche mit B7: Wie wird der Umritt hier dargestellt? Überlege, auf wessen Seite der Zeichner steht.

Eine Erkundung durchführen

Auch dein Heimatort, die Region, deine Familie und natürlich du selbst haben eine Geschichte. Im Unterricht stehen meistens besonders einprägsame oder wichtige Geschehnisse der Weltgeschichte im Mittelpunkt. Es macht aber auch großen Spaß, die eigene Geschichte und die „vor der Haustür" zu erkunden.

Viele interessante Themen ergeben sich aus dem Geschichtsunterricht. Im Unterricht über die demokratische Revolution von 1848/49 hast du dich gefragt, was deine Stadt oder dein Land mit dieser Revolution zu tun hatten. Im Geschichtsbuch wurde deine Stadt vielleicht nicht erwähnt. Aber vielleicht gab es auch hier revolutionäre Ereignisse. Diese Überlegung ist der erste Schritt für eine Erkundung: Du hast ein Thema grob abgesteckt.

In der Klasse formuliert ihr Schwerpunkte, die als Leitfragen dienen, z.B.: Gibt es Berichte über revolutionäre Ereignisse in eurer Stadt? Welche Personen taten sich hervor? Wie ging es ihnen nach der Niederlage? Hat sich etwas nach der Revolution im Ort verändert? Sicher formuliert ihr für euer Vorhaben auch noch ganz andere Fragen. Wichtig ist, dass ihr euch überschaubare Aufgaben stellt.

Tragt in einem Arbeitsplan zusammen, woher ihr Informationen bekommen könnt. Auf B 1 seht ihr, wie im Dresdener Rathaus eine „Provisorische Regierung" gebildet wurde. Fragt doch einmal nach, was im Rathaus eurer Stadt geschehen ist. Vielleicht haben auch die Zeitungen aus der damaligen Zeit etwas über besondere Ereignisse berichtet. Oder gibt es in eurer Stadt ein Denkmal, Straßennamen, die an diese Zeit erinnern?
Meistens braucht ihr weitere Informationsquellen: Bibliotheken, Ortschroniken und das Stadtarchiv. Sprecht die Mitarbeiter(innen) im Stadtarchiv an, sie werden euch beim Suchen und Entschlüsseln alter Texte sicherlich helfen.

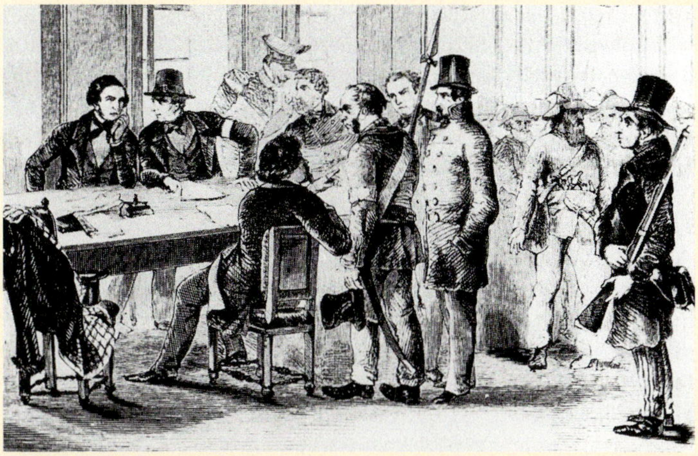

B 1 Provisorische Regierung in Dresden 1848/49. Zeitgenössische Darstellung

B 2 Schülerinnen und Schüler bei einer Erkundung im Stadtarchiv

WORAUF DU ACHTEN MUSST

1. Für die Erkundung formuliert ihr eine Leitfrage. Wollt ihr z.B. etwas über ein historisches Ereignis oder über das frühere Alltagsleben der Menschen in eurem Heimatort erfahren?
2. Überlegt, an welchen Orten eurer Stadt ihr Antworten auf eure Leitfrage bekommen könnt.
3. Besucht das Stadtarchiv, um euch in den überlieferten Akten, Zeitungen oder Bildern historische Quellen zu besorgen.
4. Wertet die Quellen aus. Orientiert euch an den Leitfragen.
5. Überprüft, welche Erkenntnisse die Erkundung gebracht hat. Welche Fragen konntet ihr nicht beantworten?

7. Die Frankfurter Nationalversammlung

Die Fürsten hatten den Revolutionären weitgehende Zugeständnisse machen müssen. Wurden die liberalen und demokratischen Forderungen dauerhaft erfüllt? Konnten Einheit und Freiheit in Deutschland nun verwirklicht werden?

Einberufung einer Nationalversammlung
Am 31. März 1848 kamen in Frankfurt am Main mehr als 500 Delegierte der einzelnen Landtage zusammen. Sie wurden von den deutschen Staaten als **Vorparlament** anerkannt. Welche Ziele hatten die Delegierten?

Im Vorparlament trafen verschiedene politische Gruppierungen aufeinander. Die **demokratische Minderheit** forderte die Abschaffung der Monarchie und die Errichtung einer deutschen **Republik** mit einem gewählten Präsidenten. Doch die **Mehrheit der Liberalen** wollte die monarchische Staatsform erhalten und mit einer Verfassung verbinden (= **konstitutionelle Monarchie).** Sie strebte ein neues deutsches Kaisertum an.

Es wurde die Wahl einer Nationalversammlung beschlossen. Dies waren die ersten freien Wahlen nach allgemeinem und gleichem Wahlrecht in ganz Deutschland. Wahlberechtigt waren jedoch nur Männer.

Die Abgeordneten – Da es noch keine Parteien mit festen Programmen gab, war die Wahl der Abgeordneten stark auf örtliche Persönlichkeiten ausgerichtet. Am 18. Mai 1848 zogen die Abgeordneten des ersten gesamtdeutschen Parlaments in die Frankfurter Paulskirche ein. Aus welchen sozialen Schichten setzten sie sich zusammen?

Das Parlament der Paulskirche bestand aus 585 gewählten Abgeordneten aus allen Ländern Deutschlands einschließlich Österreichs. Die überwiegende Mehrheit kam aus akademischen Berufen, z. B. Richter, Professoren oder Anwälte. Auch Kaufleute oder Schriftsteller waren darunter, aber nur vier Handwerker, ein Kleinbauer und kein einziger Arbeiter.

PERSONENLEXIKON

HEINRICH VON GAGERN, 1799–1880. Mitbegründer der Burschenschaften und erster Präsident der Nationalversammlung

PERSONENLEXIKON

FRIEDRICH HECKER (links), 1811–1881, GUSTAV VON STRUVE, 1805–1870. Anführer mehrerer republikanischer Aufstände. Beide emigrierten nach 1849 in die USA

B1 Sitzung der Nationalversammlung in der Paulskirche. Oben die 2000 Plätze fassende Galerie für die Zuhörer. Hinten die „Damenloge“

Fraktionen, die Vorläufer der Parteien – Damals gab es in Deutschland noch keine politischen Parteien. Die Abgeordneten der Nationalversammlung stimmten anfangs nur für sich selbst ab. Das hatte zur Folge, dass klare Abstimmungsergebnisse nur mühsam erreicht wurden. Doch nach einigen Wochen bildeten gleichgesinnte Abgeordnete **Fraktionen** (= Parlamentsparteien), um durch geschlossenes Abstimmungsverhalten ihre Ziele durchsetzen zu können.

Diese Fraktionen wurden nach der Sitzordnung in der Paulskirche benannt. Es gab eine demokratische „Linke“, die eine Republik anstrebte, eine konservative „Rechte“, die eine starke monarchische Herrschaft beibehalten wollte. Fast die Hälfte der Abgeordneten gehörte der „liberalen Mitte“ an. Diese liberalen Abgeordneten strebten eine konstitutionelle Monarchie mit einer freiheitlichen Verfassung an. Die Fraktionen wurden die **Vorläufer der politischen Parteien** in Deutschland.

Zunächst einigte sich die Nationalversammlung darauf, an die Stelle des alten Bundesrates von 1815 eine **provisorische Zentralgewalt** zu setzen. Erzherzog JOHANN VON ÖSTERREICH wurde zum Reichsverweser (= vorläufiges Staatsoberhaupt) gewählt. Doch Preußen und Österreich wollten ihre Interessen dieser provisorischen gesamtdeutschen Zentralgewalt nicht unterordnen.

Grundrechte – Zu Beginn der Arbeit des Parlaments wurden Grundrechte beraten, die die Freiheitsrechte jedes Deutschen sichern sollen. Im Dezember 1848 wurden sie vom Parlament für ganz Deutschland beschlossen.

Fragen über Fragen – Aufgabe des Parlaments war die Ausarbeitung einer **Verfassung** für ein einiges Deutschland. Dies warf viele Fragen auf:

- Sollte Deutschland ein lockerer Zusammenschluss mehrerer Einzelstaaten, also ein Staatenbund, bleiben, wie es die konservative Rechte wollte, oder sollte ein einheitlicher Bundesstaat mit starker Zentralgewalt geschaffen werden, wie es die übrigen Fraktionen forderten?
- Wie sollte die Macht zwischen Regierung und Volksvertretung aufgeteilt werden?

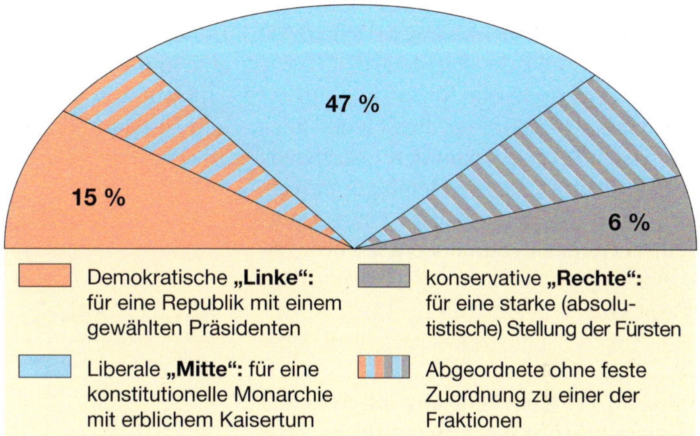

D 2 Die Fraktionen der Deutschen Nationalversammlung („Paulskirchenparlament“) und ihre politischen Positionen

Q 3 Die Grundrechte des deutschen Volkes:

§ 137. Der Adel als Stand ist aufgehoben. Die Deutschen sind vor dem Gesetz gleich. Die öffentlichen Ämter sind für alle Befähigten gleich zugänglich.
§ 138. Die Freiheit der Person ist unverletzlich.
§ 139. Die Todesstrafe, der Pranger und die körperliche Züchtigung sind abgeschafft.
§ 140. Die Wohnung ist unverletzlich.
§ 142. Das Briefgeheimnis ist gewährleistet.
§ 143. Jeder Deutsche hat das Recht, seine Meinung frei zu äußern. Die Pressefreiheit darf in keiner Weise beschränkt werden.
§ 144. Jeder hat volle Glaubens- und Gewissensfreiheit.
§ 155. Für die Bildung der Jugend soll durch öffentliche Schulen überall genügend gesorgt werden.
§ 157. Unbemittelten soll auf allen öffentlichen Unterrichtsanstalten freier Unterricht gewährt werden.
§ 158. Es steht jedem frei, seinen Beruf zu wählen.
§ 161. Die Deutschen haben das Recht, sich friedlich zu versammeln.
§ 164. Das Eigentum ist unverletzlich.
§ 175. Die richterliche Gewalt wird selbstständig von den Gerichten ausgeübt.
§ 186. Jeder deutsche Staat soll eine Verfassung mit Volksvertretung haben. Die Minister sind der Volksvertretung verantwortlich.

(In: E. Huber, Dokumente zur deutschen Verfassungsgeschichte, Bd. 1, S. 389 ff.)

- Sollte die Staatsform eine konstitutionelle Monarchie mit parlamentarischer Kontrolle oder eine Republik sein?
- Schließlich stellte sich die Frage, wer dem deutschen Staat angehören sollte: alle deutschen Staaten ohne Österreich (= kleindeutsche Lösung) oder mit Österreich (= großdeutsche Lösung)?

Da die österreichische Verfassung nur einen Gesamtstaat unter Einschluss aller verschiedenen Nationalitäten Österreichs vorsah, setzten sich in der Nationalversammlung die Befürworter eines kleindeutschen Staates durch. Ferner wurde beschlossen, einen Staat mit einer starken monarchischen Zentralregierung zu bilden. Am 28. März 1849 wurden die Reichsverfassung verabschiedet und Friedrich Wilhelm IV. von Preußen zum erblichen „Kaiser der Deutschen" gewählt. ❷/7

Die alten Mächte gewinnen die Oberhand Im März 1848 hatten die Monarchen Zugeständnisse machen müssen. Doch sie waren nicht bereit, die Einschränkung ihrer Macht zu akzeptieren. Schon im Oktober 1848 war in Wien ein demokratischer Aufstand blutig niedergeschlagen worden.

Auch in Berlin hatte König Friedrich Wilhelm IV. sein Selbstbewusstsein wiedergewonnen. Im Dezember 1848 löste er die ebenfalls neu zusammengetretene preußische Nationalversammlung auf und ließ Berlin militärisch besetzen.

Die Reaktion siegt, die Nationalversammlung scheitert – Die Nationalversammlung war im Mai 1848 mit großen Hoffnungen und Erwartungen zusammengetreten – dennoch scheiterte sie letztlich. Welche Gründe hatte dies?

Bei der Entscheidung zwischen Monarchie und Republik hatte die Nationalversammlung schließlich den Ausgleich mit den Fürsten gesucht. Doch diese lehnten

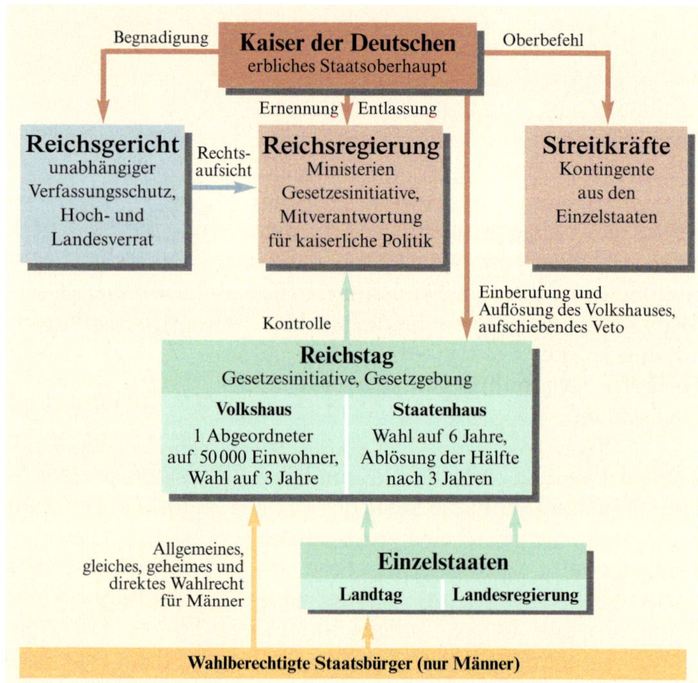

D 7 Die geplante Reichsverfassung vom März 1849

K 4–K 6 Die Nationalversammlung diskutierte 1848/49 drei Vorstellungen über die Zugehörigkeit zum geplanten Nationalstaat: „kleindeutsche Lösung" (links), „großdeutsche Lösung" (Mitte), „großösterreichische Lösung" (rechts)

einen Ausgleich und konstitutionelle Verfassungen ab, die ihre Rechte einschränkten. Als der preußische König die ihm von der Nationalversammlung angetragene Kaiserkrone verweigerte, war die Revolution praktisch gescheitert. Die meisten Abgeordneten verließen Frankfurt. Mehrere Aufstände in Sachsen, Baden und in der Pfalz, die im Mai 1849 die Reichsverfassung doch noch durchsetzen wollten, wurden durch preußisches Militär blutig niedergeschlagen. Die Fürsten erzwangen nun in den einzelnen Bundesstaaten Verfassungen in ihrem Sinne. Sie stellten den alten Obrigkeitsstaat und den Bundestag von 1815 wieder her. Die von der Nationalversammlung beschlossenen Grundrechte wurden wieder aufgehoben. Es setzte eine neue Phase der Unterdrückung ein; unpolitisches Spießertum und ein blinder Staatsgehorsam breiteten sich in der Gesellschaft aus. e/8

B9 Eine Gesandtschaft der Nationalversammlung trägt König Friedrich Wilhelm IV. die deutsche Kaiserkrone an. Holzstich, 1849

Q8 Brief Friedrich Wilhelms IV. vom 13.12.1848 an den preußischen Diplomaten F. v. Bunsen:

Diese Krone [...] ist ernstlich keine Krone. Sie ist überschwänglich verunehrt mit ihrem Ludergeruch der Revolution von 1848 [...]. Einen solchen imaginären Reif, aus Dreck und Letten [= Tonerde] gebacken, soll ein legitimer König von Gottes Gnaden und nun gar der König von Preußen sich geben lassen? [...] Sollte die tausendjährige Krone deutscher Nation wieder einmal vergeben werden, so bin ich es und meinesgleichen, die sie vergeben. Und wehe dem, der sich anmaßt, was ihm nicht zukommt!

(In: L. v. Ranke: Aus dem Briefwechsel Friedrich Wilhelms IV. mit Bunsen, Leipzig 1873, S. 235)

ARBEITSAUFTRÄGE

1. Betrachte B 1. Beschreibe anhand des Bildes eine Debatte der Nationalversammlung. Überlege mithilfe von D 2, wo die einzelnen Fraktionen ihre Sitzplätze hatten.
2. Erläutere anhand von D 2 die unterschiedlichen Grundpositionen der Fraktionen. Welche politische Verfassung (Staatsform) strebten sie für einen zukünftigen deutschen Staat an?
3. Erläutere, welche Rechte den Deutschen in Q 3 zuerkannt werden. Vergleiche dazu Q 1 und Q 2 auf S. 246. Schreibe in eine Tabelle, welche Bedeutung (welchen Schutz) die aufgeführten Grundrechte für jeden Bürger oder für das Parlament hatten.
4. Erläutere mithilfe von K 4 bis K 6 die unterschiedlichen Vorstellungen über die Grenzen des angestrebten Nationalstaates. Zu welchen Problemen hätte die Variante K 6 geführt?
5. Beschreibe und beurteile mithilfe von D 7 die geplante Verfassung. Untersuche die Rolle des Kaisers, der Reichsregierung, des Parlaments (= Reichstag) und des Volkes. Vergleiche sie mit der Verfassung des Deutschen Bundes von 1815.
6. Erläutere und beurteile mit Q 8 und B 9 die Reaktion des preußischen Königs auf die Wahl zum Kaiser. Vergleiche sie mit seiner Haltung unmittelbar nach der Revolution (Q 5, S. 248).

8. Das Scheitern der Revolution – Gründe und Folgen

Nachdem preußisches Militär die letzten Widerstände der Revolutionäre blutig niedergeschlagen hatte, war die Revolution endgültig gescheitert. Was waren die Ursachen und welche Folgen hatte das Scheitern für Deutschland?

Fürstenclub oder Nationalstaat mit Verfassung? – Anders als in England oder Frankreich hatte der Absolutismus in Deutschland keinen Nationalstaat hervorgebracht. Nach den Befreiungskriegen der Jahre 1813/14 und dem Sturz Napoleons formierte sich daher im deutschen Bürgertum eine starke Nationalbewegung mit dem Ziel eines gemeinsamen deutschen Staates. Freilich waren das Bürgertum durch die Kontroverse um die „großdeutsche" oder „kleindeutsche" Lösung gespalten und die Nationalstaatsbewegung dadurch geschwächt.

Diese nationale Bewegung des Bürgertums verband sich mit dem Ziel einer parlamentarischen Kontrolle der Regierung. Der deutsche Nationalstaat sollte ein Rechts- und Verfassungsstaat sein, so wie er vom englischen Bürgertum bereits 1688/89 erkämpft worden war. Zu den verfassungsmäßigen Kontrollrechten des Parlaments sollten das Recht der Steuerbewilligung und der Bewilligung des Regierungsbudgets (= Haushalt der Regierung) gehören.

Beide Ziele des deutschen Bürgertums verschmolzen seit den 1830er-Jahren zu der Forderung nach **„Einheit und Freiheit"**. Anders als in England oder im revolutionären Frankreich scheute das deutsche Bürgertum jedoch vor einer wirklich revolutionären Auseinandersetzung mit den Fürsten zurück. Es strebte mehrheitlich eine konstitutionelle Verfassung an, in der ein starker Monarch als traditionelle Ordnungskraft wirken sollte.

Vor allem sorgten sich Teile des Bürgertums um eigene wirtschaftliche Interessen. Sie fürchteten die Auswüchse einer Revolution, in der die einfache Bevölkerung ihre sozialen und materiellen Forderungen durchsetzen könnte – zumal die Industrialisierung, Missernten sowie eine Wirtschaftskrise die Verelendung großer Bevölkerungsteile verschärft hatten.

B1 Gedenkblatt für das Jahr 1848. Kolorierte Zeichnung von 1849

Eine breite, gemeinsame Stoßkraft besaß die Revolution von 1848 daher nicht. Die deutschen Fürsten konnten – nach einer kurzen Phase der Zugeständnisse – ihre Herrschaft und die alten Verhältnisse mithilfe ihrer Militärmacht stabilisieren. Der Traum des deutschen Bürgertums von „Einheit *und* Freiheit“ war für lange Zeit zerbrochen.

B 3 Der deutsche Michel und seine Kappe im Jahre 1848. Karikatur

Q 2 Der Historiker H. von Treitschke (1834–1896) über die politische Lage in Deutschland, um 1863:

Die unzufriedenen Massen [...] hegen mehr Vertrauen zu dem Königtum als zu dem Parlamente [...]. Die Zustände der Gesellschaft sind in Deutschland im Ganzen gesünder, die Klassengegensätze minder schroff als in Frankreich; niemand denkt bei uns an eine populare Tyrannis. [...] Doch ein starkes Königtum, das über den socialen Gegensätzen steht, ist uns unentbehrlich, um den Frieden in der Gesellschaft zu wahren [...], die gewaltigen Probleme, welche die rasch anwachsende Volkswirtschaft noch aufwerfen wird, unbefangen zu lösen. [...] So scheint unverkennbar, dass unser Liberalismus einige seiner Lieblingswünsche ermäßigen muss, die mit einer lebendigen monarchischen Gewalt sich nicht vertragen. Dazu zählt vornehmlich das Verlangen nach einer Parteiregierung im englischen Sinne und nach dem Recht der unbeschränkten Steuerverweigerung. [...] Eine solche monarchische Regierung besitzt unleugbar größere Stetigkeit als ein Parteiregiment; dass sie den Fortschritt hemme, ist durch Erfahrung nicht bewiesen. [...] Das Verlangen nach parlamentarischer Parteiregierung entstammt der urteilslosen Bewunderung englischer Zustände.

(In: Heinrich von Treitschke: Das constitutionelle Königthum in Deutschland, in: ders., Historische und politische Aufsätze, Leipzig 1903, S. 494 ff.)

Q 4 Der Historiker Heinrich A. Winkler (geb. 1938) über den „deutschen Sonderweg“ zur parlamentarischen Demokratie, 1981:

Deutschland unterschied sich von Frankreich und England viel weniger als etwa Russland. Es gab eine Fülle von gesellschaftlichen und kulturellen Gemeinsamkeiten zwischen Deutschland und Westeuropa. [...] Aber gerade auf dem Hintergrund der Gemeinsamkeiten fallen die Unterschiede auf. Die Nähe zu Westeuropa berechtigt dazu, von einem deutschen Sonderweg zu sprechen. [...] Das liberale Bürgertum Deutschlands erstrebte Einheit und Freiheit – und damit mehr als die französischen Revolutionäre von 1789. Denn die fanden den Nationalstaat ja schon vor, in dessen Rahmen sie dem „Dritten Stand“ zu seinem Recht verhelfen wollten. Die doppelte Aufgabe, die sich die liberale Bewegung in Deutschland setzte, erwies sich als historische Überforderung. Die Einheit, wie sie die Paulskirche wollte, konnte Europa nicht verkraften; den liberalen Vorstellungen von Freiheit widersprach das Interesse der alten Führungsschichten. Deren Widerstand revolutionär zu brechen, war 1848 misslungen – und einen zweiten Versuch gab es nicht.

(Aus: Heinrich August Winkler: Der deutsche Sonderweg. Eine Nachlese, in: Merkur 35, 1981, S. 801 f. Gekürzt)

ARBEITSAUFTRÄGE

1. Analysiere B 1. Beschreibe die einzelnen Szenen und Bildmotive. Wer bzw. was wird dargestellt? Erläutere, welcher Zusammenhang zwischen den einzelnen Szenen/Motiven bestehen könnte. Welche Aussage wollte der Künstler vermitteln?
2. Lies Q 2 und gib die Aussagen von Treitschkes in eigenen Worten wieder. Wie urteilst du selbst über Monarchie, Parteienparlamentarismus und die „ideale“ Verfassung?
3. Erläutere die Bildersequenz von B 3. Welche Kritik am deutschen Bürgertum kommt in der Karikatur zum Ausdruck?
4. Lies Q 4 und erläutere die Gründe, die H. A. Winkler für das Scheitern der Revolution nennt. Der Autor spricht von einem „deutschen Sonderweg“. Überlege, was er damit meint.

	Politik	Kultur	Alltag/Wirtschaft
1850	1851: Der Deutsche Bund von 1815 wird wieder hergestellt 1849: Gegenrevolution der Fürsten in Deutschland 1848: Erstes gesamtdeutsches Parlament in Frankfurt/M. (Paulskirchenparlament) 1848/49: Demokratische Revolution in Deutschland 1848: Märzrevolution in Berlin	seit 1849: Polizeiliches Spitzelwesen in Preußen 1848/49: Einschränkung der Pressefreiheit	1850 ff.: Preußen wird wirtschaftliche Führungsmacht in Deutschland seit 1849: Polizeiliches Spitzelwesen in Preußen 1844: Weberaufstände in Schlesien. Reaktion auf die zunehmende Verelendung und die Massenarmut
1840		1837: Protest der „Göttinger Sieben“ führt zu deren Amtsenthebung	
1830	1830/31: Welle von Revolten in Europa, u. a. in mehreren Staaten Deutschlands	1832: Hambacher Fest. Forderungen der liberalen und demokratischen Opposition nach nationaler Einheit und bürgerlichen Freiheitsrechten	ab 1830/35: Beginn der Industrialisierung in Deutschland 1830 ff.: Erste große Auswanderungswellen, vor allem nach Amerika
		1820 ff.: Zeit des „Biedermeier“-Stils	
1820	1819: Ermordung des Schriftstellers A. v. Kotzebue Karlsbader Beschlüsse 1815: Gründung des Deutschen Bundes (35 souveräne Staaten und 4 freie Städte) 1814/15: Wiener Kongress 1814/15: Sturz Napoleons 1813/14: Befreiungskriege, u. a. Völkerschlacht bei Leipzig	1819: Zensur, Verbot der Burschenschaften 1818: Gründung der „Allgemeinen Deutschen Burschenschaften“ 1817: Wartburgfest der deutschen Studenten 1813 ff.: Erstarken einer gesamtdeutschen Nationalbewegung	1820: Zunehmende Massenarmut (Pauperismus)
1810	1807–1811: Preußische Reformen 1806: Niederlage Preußens gegen Napoleons Truppen bei Jena und Auerstedt		
1805			

Zusammenfassung – Die deutsche Revolution von 1848

Napoleon hatte mit den von ihm zusammengeschlossenen Rheinbundstaaten eine Neuordnung Deutschlands begonnen und die territoriale Zerstückelung des alten Reiches reduziert. In den Rheinbundstaaten vollzog er eine Reihe innerer Reformen. Doch zeitgleich entstanden in Deutschland und Europa nationale Befreiungsbewegungen, die sich gegen die französische Fremdherrschaft richteten.

Nach dem Sturz Napoleons vereinbarten die Fürsten Europas auf dem Wiener Kongress von 1814/15 eine Restauration der alten Ordnung. Das „Heilige Römische Reich deutscher Nation", das 1806 mit der Gründung der Rheinbundstaaten untergegangen war, wurde jedoch nicht wiederhergestellt. An seine Stelle trat ein lockerer Bund der 39 deutschen Einzelstaaten: der „Deutsche Bund".

Als 1830/31 eine erste Welle von demokratischen Revolutionen durch Europa zog, wurden im deutschen Bürgertum die Forderung nach nationaler Einheit und bürgerlichen Freiheiten lauter. Die deutschen Fürsten versuchten, dieser Opposition durch ein System der Unterdrückung Herr zu werden.

In der Revolution von 1848/49 mussten die deutschen Fürsten dem Bürgertum zunächst weitreichende Zugeständnisse machen. In Frankfurt a. M. traten Abgeordnete aus allen deutschen Ländern zu einer Nationalversammlung zusammen. Sie sollten eine Verfassung für einen gemeinsamen deutschen Nationalstaat ausarbeiten. Doch die Nationalversammlung scheiterte an der Vielzahl der Probleme und am Widerstand der Fürsten. Bereits 1849 war die Revolution von den deutschen Fürsten besiegt. e/8

Die Gründung eines deutschen Nationalstaates wurde danach von Preußen vorangetrieben, das wirtschaftlich und militärisch zur Führungsmacht im Deutschen Bund aufstieg. e/9

Kampf um die Barrikade auf dem Alexanderplatz in Berlin, 18. März 1848. Gemälde von A. Klaus

ARBEITSAUFTRÄGE

1. Das deutsche Bürgertum wollte in der Revolution von 1848 die nationalstaatliche Einheit Deutschlands mit einer freiheitlichen Verfassung und politischer Mitbestimmung verbinden. Gab es zu dieser Zeit bereits andere Staaten in Europa, in denen diese Ziele verwirklicht waren? Nenne Beispiele.
2. Erkundigt euch nach Orten in Berlin, die Schauplätze der Revolution von 1848 waren. Ermittelt, was dort geschah.

ZUM WEITERLESEN

Kordon, Klaus: 1848 – Die Geschichte von Jette und Frieder. Beltz Verlag, Weinheim/Basel 1997

e/1 http://de.wikipedia.org/wiki/Wiener_Kongress
e/2 http://geschichtsverein-koengen.de/Restauration.htm
e/3 http://www.dhm.de/ausstellungen/bildzeug/20.html
e/4 http://de.wikipedia.org/wiki/Geschichte_der_Studentenverbindung
e/5 www.susas.de/mag/hambacher_fest/hambacher_fest_01.htm
e/6 www.prinz-albert-von-sachsen.de/inhalt/historie/friedrich_august2.htm
e/7 www.documentarchiv.de/nzjh/verfdr1848.htm
e/8 http://www.dhm.de/ausstellungen/bildzeug/21.html
e/9 www.wcurrlin.de/links/basiswissen/basiswissen_revolution_von_1848.htm

Standard-Check: Das solltest du können!

1. Wichtige Arbeitsbegriffe
Hier sind wichtige Arbeitsbegriffe des Kapitels aufgelistet. Übertrage sie in dein Heft und formuliere zu jedem Begriff eine kurze Erläuterung.

Deutscher Bund von 1815
Frankfurter Nationalversammlung
Konstitutionelle Monarchie
Parteien *Wiener Kongress*

1. ☺ 😐 ☹

2. Interpretation eines Verfassungsschemas

2.1 Erläutere die Rechte und Aufgaben des Kaisers, der Regierung und des Parlaments (Reichstag) in der geplanten Verfassung.
2.2 Beurteile die Machtverteilung zwischen Kaiser, Regierung und Reichstag. Achte besonders auf die Rechte des Reichstags.
2.3 Kann man die Verfassung als demokratisch bezeichnen? Begründe deine Meinung.
2.4 Erläutere die Bedeutung eines unabhängigen obersten Gerichts (Reichsgericht) für den Schutz der Verfassung.

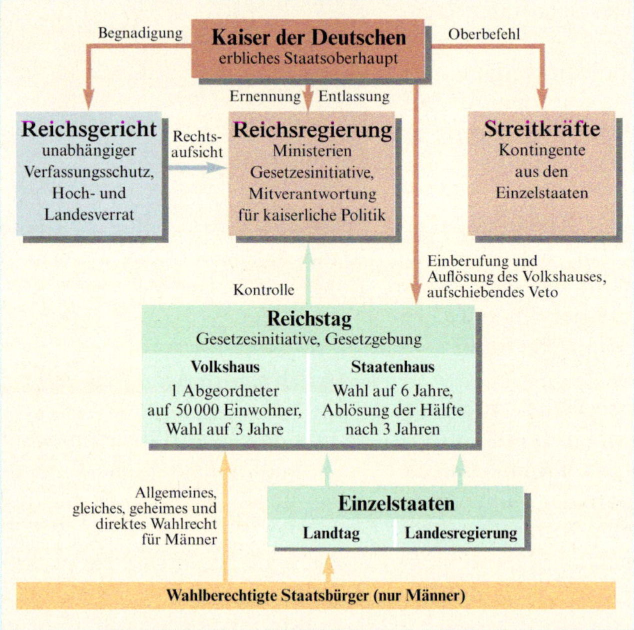

D 1 Die von der Frankfurter Nationalversammlung für den deutschen Nationalstaat geplante Reichsverfassung, März 1849

2.1 ☺ 😐 ☹
2.2 ☺ 😐 ☹
2.3 ☺ 😐 ☹
2.4 ☺ 😐 ☹

3. Interpretation eines Quellentextes

3.1 Kläre zuerst unbekannte Begriffe oder Namen.
3.2 Fasse die wesentlichen Aussagen des Textes zusammen.
3.3 Ordne den Text quellenkritisch ein: Wer ist der Autor? Wann hat er den Text verfasst? An wen richtet sich der Text? Wurde er von Interessen/Absichten geleitet?
3.4 Formuliere nun deine Meinung zum Text.

Q 2 Der konservative Staatswissenschaftler Carl Ludwig v. Haller über die Stellung der Fürsten, 1816:

1. Die Fürsten [...] herrschen nicht aus anvertrauten, sondern aus eigenen Rechten. Es ist ihnen keine Gewalt von dem Volke übertragen worden [...], sie besitzen diese Macht [...] von der Natur.
2. Sie sind also nicht von dem Volk gesetzt [...]. Das Volk kommt nicht vor dem Fürsten, sondern im Gegenteil der Fürst vor dem Volk, gleich wie der Vater vor seinen Kindern.
3. Die Fürsten sind nicht [...] bloß Oberhaupt des Staates [...], sondern [...] unabhängige Herren.

(In: C. L. von Haller: Restauration der Staatswissenschaften, Leipzig 1816, Bd. 1, S. 86. Gekürzt)

3.1 ☺ 😐 ☹
3.2 ☺ 😐 ☹
3.3 ☺ 😐 ☹
3.4 ☺ 😐 ☹

Die Lösungen zu diesen Standard-Checkaufgaben findest du auf Seite 313. Aber: Erst selbst lösen, dann überprüfen. Dein Können kannst du bewerten (☺ 😐 ☹). Deine Leistungsbewertung zeigt dir, was du noch einmal wiederholen solltest.

Das konnte ich
☺ = gut
😐 = mittel
☹ = noch nicht

Industrialisierung und soziale Frage

Die Menschen des 18. Jahrhunderts arbeiteten noch überwiegend in der Landwirtschaft, in Handwerksbetrieben oder als Heimarbeiter. Im Verlauf des 19. Jahrhunderts veränderte sich diese seit Jahrhunderten praktizierte Form der Arbeit jedoch geradezu „revolutionär" – und mit ihr änderten sich die Lebens- und Wohnverhältnisse vieler Menschen, ihr Denken und Handeln. Was waren die Ursachen für diesen tiefgreifenden Wandel?

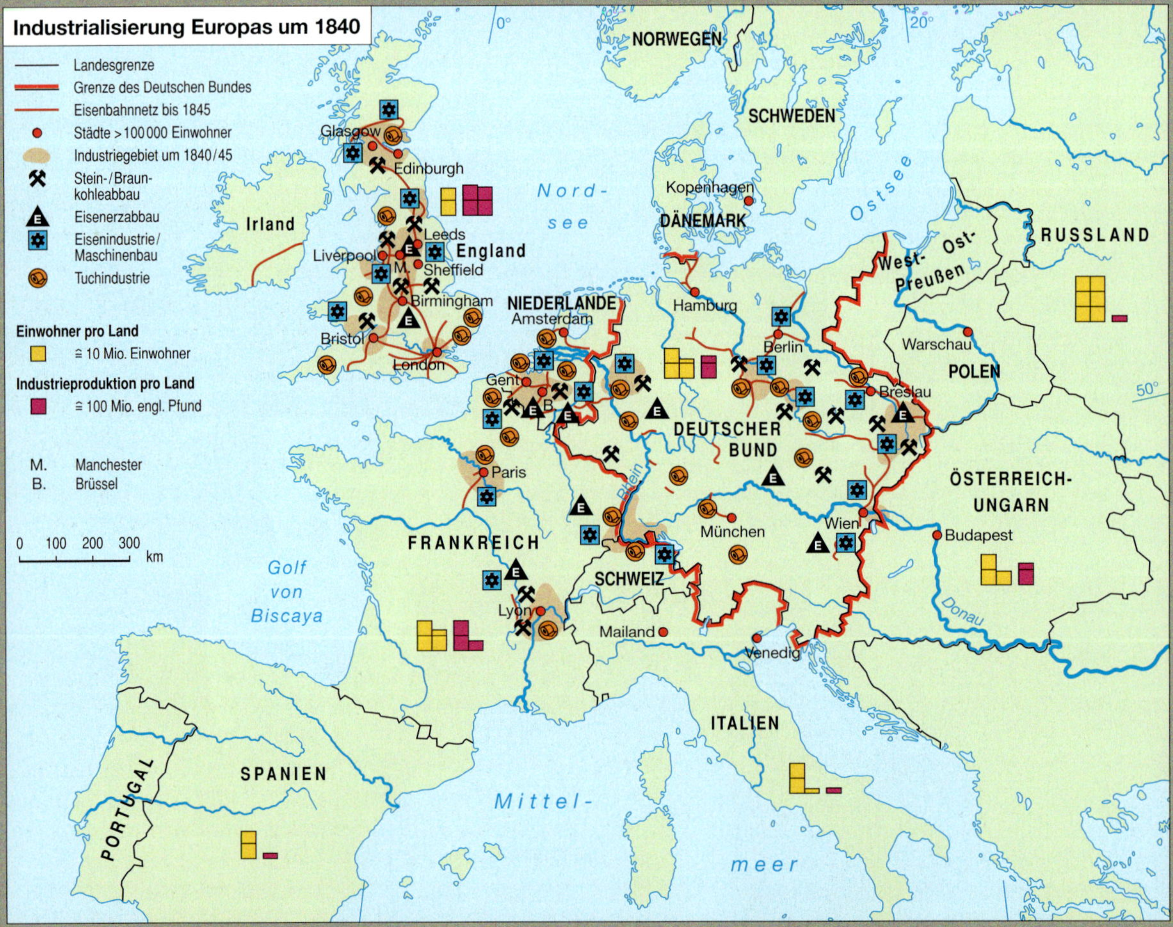

ARBEITSAUFTRAG

Erarbeite anhand der Karte, in welchen Ländern und Regionen Europas die industrielle Entwicklung um 1840 stark, mittel oder noch gar nicht ausgeprägt war.

Industrialisierung und soziale Frage

1. Produktions- und Wirtschaftsformen verändern sich

Im 18. Jahrhundert setzte in Europa eine Entwicklung ein, die zu tiefgreifenden Veränderungen der Arbeitsweise und Wirtschaftsformen führte: die Industrialisierung. An die Stelle der seit Jahrhunderten gewachsenen Produktionsweise in Handwerksbetrieben, Heimwerkstätten oder Manufakturen trat nun die maschinelle Produktion in Fabriken. Die damit verbundenen Änderungen betrafen nicht nur die Arbeit, sondern die gesamte Lebensweise der Menschen. Sie waren so groß, dass man von einer **industriellen Revolution** spricht. Was waren die Ursachen?

Fortschritte in der Landwirtschaft und Bevölkerungswachstum – Seit dem 17. Jahrhundert hatten neue Maschinen und Anbaumethoden eine kontinuierliche Steigerung der landwirtschaftlichen Erträge bewirkt. Zu den Neuerungen gehörten bessere Pflüge und Sämaschinen, die Züchtung widerstandsfähigerer Nutztiere und -pflanzen sowie die neue Anbaumethode des **Fruchtwechsels.** Anders als bei der Dreifelderwirtschaft, bei der stets ein Drittel der Anbaufläche brach lag, konnte beim Fruchtwechsel durchgehend das ganze Land bewirtschaftet werden. Durch Düngung und den Anbau von stickstoffreichen Grünpflanzen wie Klee wurden dem ausgelaugten Boden neue Nährstoffe zugeführt. Mit den getrockneten oberirdischen Teilen der Pflanzen konnte zudem die Viehfütterung im Winter verbessert werden. All dies verbesserte die Nahrungsmittelversorgung und führte im 18. und 19. Jahrhundert zu einem deutlichen **Bevölke-**

B2 Heimarbeiterfamilie im 18. Jahrhundert (Spinner und Weber)

B1 Handwerker (Tischler) im Mittelalter. Gemälde von Jean Bourdichon, 1480

Q 3 Handwerk und Heimarbeit vor der Erfindung von Dampf- und Elektromaschinen

Der Handwerker fertigt in der Regel das gesamte Produkt. Die dazu erforderlichen Werkzeuge und Rohstoffe sind sein Eigentum. Den Preis seines Produkts legt der Handwerker selbst fest. Die für seine Arbeit erforderliche Energie bezieht er aus seiner Körperkraft oder von Nutztieren oder aus Wind- bzw. Wasserkraft. Arbeitsstätte und Wohnstätte der Handwerkerfamilie sind traditionell nicht getrennt.
Der Heimarbeiter fertigt im Auftrag des Verlegers* und gegen Stücklohn Waren an (z. B. Tuch). Das dafür erforderliche Werkzeug ist in der Regel sein Eigentum, nicht aber die vom Verleger bereitgestellten Rohstoffe. Die für seine Arbeit erforderliche Energie bezieht der Heimarbeiter aus seiner Körperkraft. Arbeitsstätte und Wohnstätte der Heimarbeiterfamilie sind nicht getrennt.

* Unternehmer, der Warenproduktion durch Heimarbeiter organisiert

rungswachstum. Aber es stieg auch die Zahl der Menschen, die weder als Handwerker oder Heimarbeiter noch in der Landwirtschaft ihren Lebensunterhalt bestreiten konnten. So entstand ein großes Reservoir an billigen Arbeitskräften, das mit Beginn der Industrialisierung in die neu entstehenden Fabriken strömte.

Neue Maschinen und Antriebskräfte – Die dritte bedeutsame Voraussetzung für den Beginn der Industrialisierung waren zahlreiche Erfindungen und technische Neuerungen im 18. und 19. Jahrhundert. Die wichtigste davon war die **Dampfmaschine.** Sie war zugleich eine leistungsstarke Antriebskraft und die Grundlage für die Entwicklung weiterer neuer Maschinen – für die industrielle Massenproduktion, den Bergbau, die Verkehrstechnik u. a. m.

B5 Handbetriebene, mechanische Spinnmaschine für 16 Fäden („Spinning Jenny"). Kupferstich um 1775

Q 4 Manufaktur und Fabrik

Manufaktur (von Lat.: *manu factum* = mit der Hand gemacht): Seit der Antike bekannte, besonders im 17. und 18. Jahrhundert praktizierte Form des Großbetriebs mit arbeitsteiliger Massenproduktion (z. B. Porzellanmanufaktur). Die Werkzeuge, Rohstoffe und das Manufakturgebäude, sind Eigentum des Unternehmers. Er zahlt den Arbeitern einen Stück- oder Stundenlohn. Die benötigte Energie stammt von der Körperkraft der Arbeiter. Deren Arbeitsstätte ist von ihrer Wohnung getrennt.
Die Fabrik: Ende des 18. Jahrhunderts zuerst in England entstandene Form des Großbetriebs mit arbeitsteiliger Massenproduktion. Der entscheidende Unterschied zur Manufaktur besteht im Einsatz neuartiger Maschinen mit neuer Antriebskraft – anfangs Dampf, später Elektrizität. Mit den Dampf- bzw. Elektromaschinen konnte die Warenproduktion vervielfacht werden. Die Fabrik ist die typische Produktionsstätte des Industriezeitalters.

D6 Bevölkerungsentwicklung einiger europäischer Länder zwischen 1750 und 1950, in prozentualen Steigerungsraten (1750 = Basisjahr = 100 %)

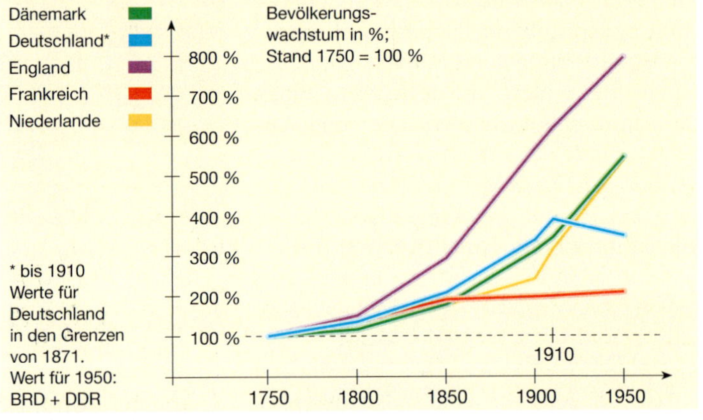

ARBEITSAUFTRÄGE

1. Analysiere B 1 und B 2. Was sagen die Bilder über die Arbeits- und Lebensbedingungen der Handwerker- bzw. Heimarbeiterfamilie aus? Berücksichtige auch Q 3.
2. Betrachte B 5. Handelt es sich beim Spinnvorgang mit der „Spinning Jenny" bereits um eine industrielle Produktionsweise? Berücksichtige auch Q 4 sowie B 3 auf Seite 263.
3. Erläutere D 6. Versuche, die Unterschiede zwischen den Ländern zu erklären. Kann man auf Unterschiede bei der industriellen Revolution schließen, z. B. hinsichtlich des Beginns? Nutze die Karte von S. 260 und das Diagramm auf S. 286.
4. Nenne Voraussetzungen für den Beginn der Industrialisierung.

2. England – Mutterland der Industrie

Die industrielle Revolution begann in England um 1780; etwa 50 Jahre, bevor sie auch auf dem europäischen Kontinent und in den USA einsetzte. England entwickelte sich zur industriellen Führungsmacht und behielt diese Position während des gesamten 19. Jahrhunderts. Warum waren die Voraussetzungen für den Beginn der industriellen Revolution gerade in England so günstig? e/1

Ein neuer Unternehmertyp tritt auf – Durch seine Kolonien war England zur führenden Handelsmacht aufgestiegen. Kaufleute und Adlige investierten die Gewinne aus dem Kolonialhandel im Verlagswesen, in Manufakturen, Bergwerken – und bald auch in **Fabriken.** Ein zusammenhängender, für den Handel **durchlässiger Inlandsmarkt** erleichterte die wirtschaftliche Entfaltung. Während auf dem Kontinent noch der alte Adel, der Merkantilismus sowie zahlreiche Zollschranken vorherrschten, erlebten Handel und Gewerbe in England einen gewaltigen Aufschwung. Er wurde vorangetrieben durch einen neuen, zukunftsorientierten Unternehmertyp.

Landgüter für die Produktion von Wolle – Die Neuerungen zur Steigerung der landwirtschaftlichen Erträge nahmen ihren Ursprung oft in England. Daher setzte hier auch früher als in anderen Ländern ein kräftiges **Bevölkerungswachstum** ein. Kennzeichnend für die Veränderungen in der englischen Landwirtschaft war noch ein weiterer Aspekt: Die Zusammenlegung vieler kleiner Äcker zu großen Weidegütern für Schafe [= **Einhegung**]. Denn der Verkauf von Wolle war zu einem einträglichen Geschäft geworden. Doch davon profitierten nur die großen Grundherren, denen das Land gehörte. Viele Kleinbauern und Pächter verloren dagegen ihre Existenzgrundlage. Beides, Bevölkerungswachstum und Umstrukturierung der Landwirtschaft, führte dazu, dass zahlreiche Menschen als billige Arbeitskräfte in die entstehenden englischen **Industriezentren** strömten.

Einhegungen in der englischen Landschaft

D1 Bevölkerungsentwicklung in England und Wales im 18. und 19. Jh. (in Mio.):

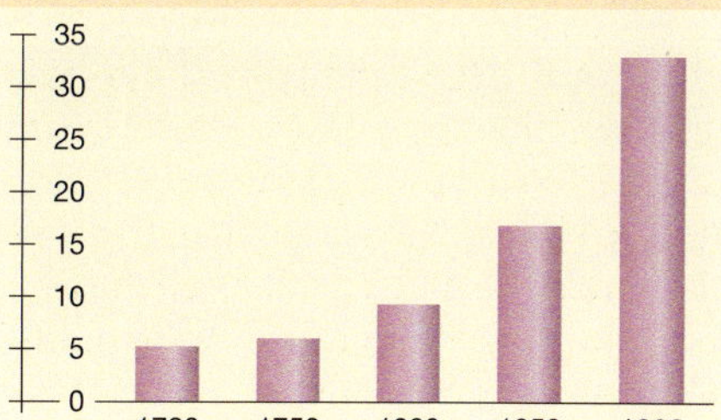

Q 2 Der britische Historiker Phyllis Dean schrieb 1977 über die Ursachen des Bevölkerungswachstums:

Der entscheidende Bruch gegenüber der Vergangenheit war die Tatsache, dass die Wachstumsrate [der Bevölkerung] sich in den 1850er-Jahren auf 7 Prozent erhöhte und [...] diesen Durchschnitt hielt. Ein solcher Bevölkerungszuwachs hätte in einer vorindustriellen Wirtschaft normalerweise zu einem Absinken des Pro-Kopf-Einkommens geführt [...]. In Wirklichkeit war es aber so [...], dass jetzt das Sozialprodukt mit dem Bevölkerungszuwachs Schritt zu halten vermochte. Das verdankt man jedoch nicht in erster Linie der Industrieproduktion. [...] Das Vorhandensein eines Nahrungsmittelüberschusses [...] bedeutete, dass die Bevölkerung wachsen konnte.

(Phyllis Dean, Die Industrielle Revolution in Großbritannien 1700–1880. In: Carlo M. Cipolla/Knut Borchardt [Hg.], Europäische Wirtschaftsgeschichte Bd. 4, hg. von Knut Borchardt, Stuttgart/New York 1977, S. 4 f. Gekürzt)

B3 Englische Baumwollspinnerei mit Dampfantrieb, um 1835

Die Textilproduktion wird revolutioniert – In der zweiten Hälfte des 18. Jahrhunderts nahm die Herstellung von Textilien in England einen ungeheuren Aufschwung. Trotz großer eigener Schafherden mussten große Mengen Wolle bzw. Baumwolle importiert werden. Nur durch Wollimporte konnte der Bedarf für den heimischen Markt und die rasant wachsende Exportwirtschaft gedeckt werden. Wie konnten diese Mengen Wolle verarbeitet werden?

Grundlage für die Steigerung der Textilproduktion waren mehrere Erfindungen, die zwischen 1767 und 1786 gelangen:
- 1767 entwickelte James Hargreaves eine mechanische Spinnmaschine, die acht, später bis zu 60 Fäden gleichzeitig spinnen konnte, die **„Spinning-Jenny“.** Sie wurde aber noch von Hand betrieben.
- 1769 erfand Richard Arkwright eine durch Wasserkraft angetriebene mechanische Spinnmaschine.
- 1769 konstruierte James Watt die erste rationelle **Dampfmaschine,** die ab 1785 auch in der Textilindustrie als Antriebskraft genutzt wurde.
- 1786 entwickelte Edmund Cartwright den ersten **mechanischen Webstuhl,** mit dem die mechanisch gesponnene Wolle sehr schnell und rationell zu Stoffbahnen weiterverarbeitet werden konnte.

Textilfabriken entstehen – Die technisch verbesserten, aufwendigen Maschinen konnten sich die einzelnen Heimarbeiter nicht leisten. Sie mussten in den neu entstehenden Textilfabriken arbeiten, wo sie sich dem Takt der Maschinen und einer strengen Fabrikdisziplin unterzuordnen hatten. Aus Heimarbeitern und verarmten Kleinbauern wurden Fabrikarbeiter. Die Textilindustrie markierte den Auftakt des Fabriksystems in England. Jahrzehntelang war die maschinell hergestellte Massenware konkurrenzlos billig. In den Jahren 1815 bis 1840 bestanden 50 Prozent des britischen Exports aus Woll- oder Baumwollerzeugnissen.

Q 5 Besuch in einer Baumwollspinnerei in Manchester. Reisebericht der Johanna Schopenhauer, um 1803:

Wir besuchten eine der großen Baumwollspinnereien. Uns schwindelte in diesen großen Sälen bei dem Anblicke des mechanischen Lebens ohne Ende. In jedem derselben sahen wir einige Weiber beschäftigt, die nur selten reißenden Fäden der unaufhörlich sich drehenden Spindeln wieder anzuknüpfen. […] Alles in der Fabrik, auch das Geringste, geschieht mit bewunderswerter Genauigkeit und Zierlichkeit, dabei in Blitzesschnelle. Am Ende schien es uns, als wären alle diese Räder das eigentlich Lebendige und die darum beschäftigten Menschen die Maschinen.

(Johanna Schopenhauer: Reise durch England und Schottland, Stuttgart 1965, S. 52 f. Gekürzt)

B4 Modell der Watt'schen Dampfmaschine von 1769. Rekonstruktion

B6 Mittelenglische Industrielandschaft im 18. Jahrhundert

Die Dampfmaschine: Motor der Industrialisierung – Mit der Weiterentwicklung der Dampfmaschine durch James Watt kam die Industrialisierung erst richtig in Gang. Eine einzige Dampfmaschine leistete so viel Arbeit wie mehrere hundert Menschen zusammen. Dampfmaschinen wurden daher bald auch in anderen Industriezweigen eingesetzt.

Siamesische Zwillinge: Kohle und Eisen – Mit der Nachfrage nach Dampfmaschinen wuchs auch der Bedarf an Eisen und Kohle: Eisen für den Bau und Kohle für den Betrieb von Dampfmaschinen. Man suchte deshalb nach verbesserten Verfahren für die Eisenproduktion und Kohlegewinnung. Schon seit 1709 wurden **Kokshochöfen** für eine rationelle Erzeugung von Eisen genutzt. 1784 gelang dem Engländer HENRY CORT mit dem **Puddelverfahren** eine weitere Verbesserung: Dem geschmolzenen Roheisen wurde durch Umrühren (Engl.: *to puddle*) und Zufuhr heißer Luft der Kohlenstoff entzogen. Dabei entstand der schmiedbare und besser haltbare **Stahl.** Diese Produktions- und Qualitätsverbesserungen machten Eisen und Stahl zu einem preiswerten sowie unentbehrlichen Baustoff im Maschinen- und im Bergbau, bei der Konstruktion von Gebäuden, für den Schiffs- und den Eisenbahnbau.

Der wachsende Bedarf an Kohle und Eisen wirkte sich wiederum stimulierend auf die Fördertechnik im Bergbau aus. England verfügte über reiche Kohle- und Eisenerzvorkommen. Doch um ausreichend davon fördern zu können, mussten die Bohrungen und Schächte bald tiefer angelegt werden. Dazu brauchte man noch bessere Dampfmaschinen, Pumpwerke und Fördermechanismen.

T7 Kohleförderung und Eisenausstoß in Großbritannien, Angaben in Mio. t

Kohle		Eisen	
1780	6,2	1780	0,15
1816	16,0	1816	0,4
1840	42,0	1840	1,5
1850	50,0	1850	2,0
1856	60,0	1856	3,2
1870	112,2	1870	5,9

(Vom Autor zusammengestellt nach verschiedenen Quellen)

Volldampf voraus – Für die industrielle Produktion wurden große Mengen Rohstoffe benötigt. Und die produzierten Waren sollten schnell und preiswert zu den Verbrauchern im ganzen Land gelangen. Wie wurde das Transportproblem gelöst?

1814 hatte der Brite GEORGE STEPHENSON die erste funktionstüchtige **Dampflokomotive** gebaut. Er hatte auch Schienen hergestellt, die der Belastung mit beladenen Waggons standhielten. 1823 gründete er die erste Lokomotivenfabrik der Welt. Bereits zwei Jahre später nahm die erste Eisenbahnlinie mit Personenverkehr ihren Betrieb auf: Die Passagiere fuhren die 39 Kilometer von Stockton nach Darlington mit einer Höchstgeschwindigkeit von etwa 45 km/h. e/2

PERSONENLEXIKON

JAMES WATT, 1736–1819. Er konstruierte 1769 die erste funktionstüchtige Dampfmaschine, die er in den folgenden Jahren mehrfach selbst verbesserte.

B8 „The Rocket". Von Stephenson etwa um 1830 gebaute Lokomotive (Modell)

ARBEITSAUFTRÄGE

1. Erläutere mit D 1 den Anstieg der Bevölkerungszahl Englands zwischen 1700 und 1900 und nenne den Grund, den der Verfasser von Q 2 dafür angibt.
2. Vergleiche B 3 mit B 5 von S. 262. Was hat sich verändert?
3. Lies Q 5. Erläutere, wie die Fabrik auf die Besucherin wirkte. Wie sieht sie das Verhältnis der Menschen zu den Maschinen?
4. Betrachte B 6. Welche Folgen hatte die Industrialisierung für die Städte und für die Landschaft?
5. Erläutere mit T 7 den Zusammenhang von Kohle- und Eisenproduktion.
6. Betrachte B 4 und B 8. Erläutere die Bedeutung der Dampfmaschine und der Eisenbahn für die Industrialisierung.

3. Beginn der Industrialisierung in Deutschland

Während in England die Industrialisierung bereits in vollem Gange war, arbeiteten in Deutschland um 1800 noch etwa 75 Prozent der Bevölkerung in der Landwirtschaft. Auch Textilien wurden noch überwiegend von Heimarbeitern und mit den alten Spinnrädern sowie Webstühlen produziert. Was waren die Ursachen für den industriellen Rückstand Deutschlands?

Reformen sind erforderlich – Anders als in England oder Frankreich lebten die Menschen zu Beginn des 19. Jahrhunderts in weiten Teilen Deutschlands noch in einer starren Ständeordnung: Zunftzwang der Handwerker, das Gildenwesen der Kaufleute und die Abhängigkeit der bäuerlichen Bevölkerung von den adligen Grundherren prägten eine rückständige Gesellschaft. Auch der Merkantilismus, die Wirtschaftspolitik des Absolutismus, sollte nur die Kassen des Staates füllen, nicht aber den freien Wettbewerb von Handel, Gewerbe und industrieller Produktion fördern. Der Adel verteidigte seine alten Privilegien und verachtete jede kaufmännische sowie gewerbliche Tätigkeit als nicht standesgemäß. Erst mit den Agrar- und Gewerbereformen von 1807/1811 hatten Preußen und andere deutsche Länder die Voraussetzungen für den wirtschaftlichen Aufschwung geschaffen.

Mit Deutschland ist kein Staat zu machen – Deutschland war auch Anfang des 19. Jahrhunderts noch ein Flickenteppich aus 39 souveränen, meist kleinen sowie einigen größeren Ländern. Viele von ihnen hatten ein eigenes Münz-, Maß- und Gewichtssystem. Zahlreiche Zollschranken behinderten den Warenverkehr. Erst mit der Gründung des **Deutschen Zollvereins** 1833/34 wurde ein einheitlicher deutscher Binnenmarkt geschaffen; dem allerdings Österreich, der zweite große Staat des Deutschen Bundes, nicht angehörte.
Mitte der 1830er-Jahre war die industrielle Revolution auch in Deutschland nicht mehr zu bremsen.

Q1 Grenzen und Zölle behindern die Wirtschaft:

Der Tübinger Wirtschaftsprofessor Friedrich List schrieb 1834: „38 Zolllinien in Deutschland lähmen den Verkehr im Inneren und bringen ungefähr dieselbe Wirkung hervor, wie wenn jedes Glied des menschlichen Körpers unterbunden wird, damit das Blut ja nicht in ein anderes überfließe. Um von Hamburg nach Österreich, von Berlin in die Schweiz zu handeln, hat man zehn Staaten zu durchschneiden, zehn Zollordnungen zu studieren, zehnmal Durchgangszoll zu bezahlen. Wer aber das Unglück hat, auf einer Grenze zu wohnen, wo drei oder vier Staaten zusammenstoßen, der verlebt sein ganzes Leben mitten unter feindlich gesinnten Zöllnern; der hat kein Vaterland. Trostlos ist dieser Zustand für Männer, welche wirken und handeln möchten […] ."

(In: Manfred Görtemaker: Deutschland im 19. Jahrhundert, Opladen 1986, S. 142. Gekürzt)

PERSONENLEXIKON

FRIEDRICH LIST, 1789–1846. Deutscher Wirtschaftswissenschaftler, der für den Deutschen Zollverein und für die Förderung der deutschen Industrie eintrat

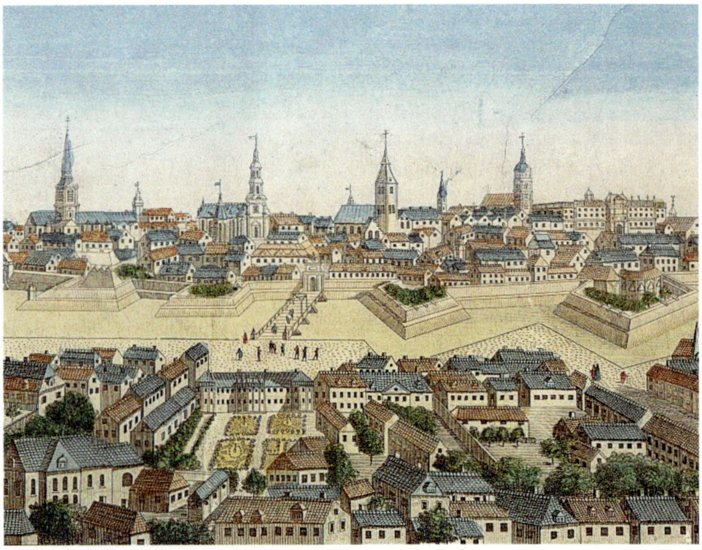

B2 Die Stadt Berlin um 1760

B 3 Berlin-Mitte um 1865 mit einem Teil der Borsig-Werke, Zeichnung J. Rabe

PERSONENLEXIKON

AUGUST BORSIG, 1804 – 1854. Gründer der „Borsig-Werke“ in Berlin, die schon 1847 etwa 1200 Menschen beschäftigten

Die zweite Baureihe der Borsig-Lokomotiven, die „Beuth“, wurde zwischen 1843 und 1847 gebaute. Sie steht als Nachbau im Deutschen Technikmuseum in Berlin.

Preußen wird industrielle Führungsmacht – Zu Beginn des 19. Jahrhunderts war Preußen noch ein reiner Agrarstaat, in den Städten existierten kaum Fabriken. Doch 1847 schrieb ein Berliner Kohlengroßhändler über die Maschinenfabrik des Berliner Unternehmers August Borsig: „Diese Fabrik ist das großartigste Institut in Deutschland, vielleicht Europas, und sehr sehenswert.“ Welche Ursachen hatte der industrielle Aufschwung in Preußen?

Das preußische Gesetz von 1807 über die **Bauernbefreiung** hatte zwar die Abhängigkeit von den Grundherren beseitigt. Aber viele Bauern konnten die Ablösesumme nicht aufbringen, die sie für die Äcker an die früheren Grundherren zahlen sollten. Eine Folge der Reformen war daher, dass zahlreiche Menschen in die Städte zogen und dort als billige **Lohnarbeiter** verfügbar waren. Für den Beginn der Industrialisierung Preußens war auch wichtig, dass die Regierung risikobereite Unternehmer mit Zuschüssen und Krediten unterstützte.

Selbstverständlich hatte man in Deutschland von den technischen Neuerungen und der maschinellen Produktion in England erfahren. Aber britische Ausfuhrverbote behinderten den Kauf der neuen Maschinen. Die preußische Regierung ließ daher **Industriespionage** betreiben, holte englische Fachleute ins Land und verbesserte im eigenen Land die **Berufsausbildung** von Technikern sowie Ingenieuren.

Lokomotiven aus Preußen – Im Dezember 1835 war die erste, nur 6,1 km lange deutsche Eisenbahnstrecke von Nürnberg nach Fürth fertiggestellt worden. Bei der Eröffnungsfeier musste eine englische Lokomotive die Wagen ziehen, da es in ganz Deutschland noch keine Lokomotivenfabrik gab. Doch schon bald erlangten preußische Lokomotiven Weltruhm.
AUGUST BORSIG arbeitete seit 1828 in einer Berliner Maschinenbaufirma. 1838 gründete er eine eigene Maschinenbaufabrik und begann mit der Produktion von Schrauben und Dampfmaschinen. Schon drei Jahre später baute er seine erste „Borsig“-Lokomotive, die für die Berlin – Potsdamer Eisenbahn angeschafft wurde. Tausende weitere sollten folgen. e/4

T 4 Zahlen zum Stand der Maschinenbauindustrie um 1846/1847

	Einwohnerzahl in Mio.	Maschinenbaubetriebe	Arbeiter im Maschinenbau	Zahl der Dampfmaschinen
Preußen	8,59	131	7644	1130
Sachsen	2,05	232	2250	600
Deutschland	33,00	416	12556	2200

(Vom Autor zusammengestellt nach verschiedenen Quellen)

ARBEITSAUFTRÄGE

1. Stelle die Gründe dar, warum sich in Deutschland die Industrialisierung verzögerte. Wie wurden die Hemmnisse beseitigt?
2. Betrachte B 2, B 3 und T 4. Wie machte sich die Industrialisierung einer Stadt/einer Region im 19. Jahrhundert bemerkbar?
3. Vergleiche mit T 4 den Grad der Industrialisierung Preußens um 1846 mit dem Sachsens bzw. dem von ganz Deutschland.

4. Schwerpunkte und Zentren der deutschen Industrialisierung

In Deutschland vollzog sich der industrielle Aufschwung erst ab den 1830er-Jahren. Das war deutlich später als in England, dem Mutterland der Industrialisierung. Doch am Ende des 19. Jahrhunderts hatte Deutschland diesen Rückstand aufgeholt. Welche Industriezweige führten die Entwicklung an und wie konnte Deutschland den Rückstand aufholen?

Mit Volldampf hinterher – Dampfmaschine und Eisenbahn waren auch in Deutschland die „industriellen Antriebskräfte". Ein Startzeichen war 1835 der Bau der ersten, nur 6,1 km langen Eisenbahnlinie von Nürnberg nach Fürth. Jetzt setzte in vielen deutschen Staaten ein stürmischer Eisenbahnbau ein; 1870 war das deutsche Eisenbahnnetz schon größer als das englische.
Mit der Eisenbahn war ein völlig neues, für die Betreiber wie für die Benutzer wirtschaftlich sehr attraktives Transportmittel entstanden. Bedeutsamer als der Personenverkehr war anfangs der Gütertransport. Vor allem Kohle und Eisenerze konnten nun schnell und leicht von den Fördergebieten zu neu entstehenden Industriestandorten gebracht werden. Der Ausbau neuer industrieller Standorte wurde dadurch erheblich beschleunigt. In großen Fabrikanlagen wurden die neuen Zweige der industriellen Produktion – Eisen, Stahl und Maschinenbau – bald auch räumlich miteinander verbunden. Es entstanden Zentren der **Schwerindustrie.** Gemeinsam mit der Textilindustrie behielten diese Industriezweige bis weit in das 20. Jahrhundert große Bedeutung für Deutschland.

Fabrikanten brauchen Kapital – Die industriellen Pioniere der Gründerzeit hatten ihre Fabriken meist aus kleinen Anfängen und mit eigenem, erspartem Geld aufgebaut. Doch für den Bau von Eisenbahnlinien, Stahlwerken oder großen Maschinenbauanlagen benötigte man mehr Kapital, als ein einzelner Unternehmer aufbringen konnte. Wie wurde dieses Finanzierungsproblem gelöst?

PERSONENLEXIKON

WERNER VON SIEMENS, 1816 – 1892.
Begründer der Elektrotechnik, u. a.:
1847 Bau der ersten Telegrafenleitung
1866 Bau des ersten Elektromotors
1879 Bau der ersten Elektrolokomotive

K1

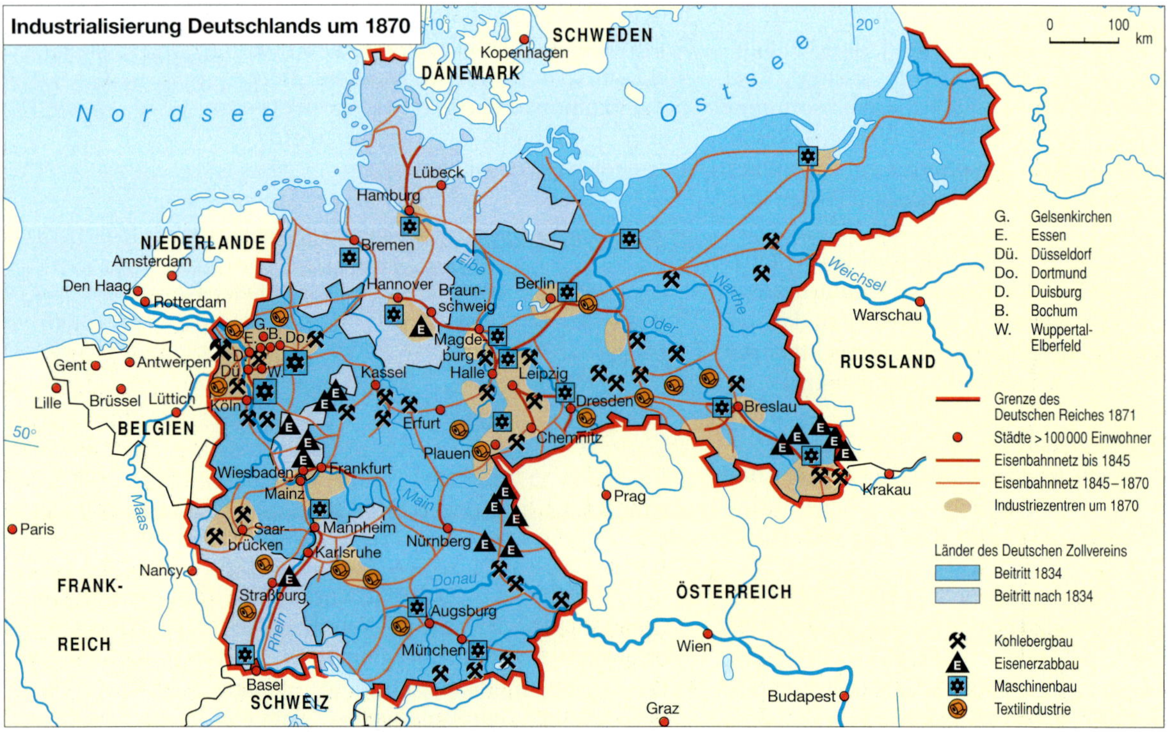

Seit der Mitte des 19. Jahrhunderts stieg in Deutschland die Zahl der **Aktiengesellschaften** sprunghaft an. Durch den Verkauf von **Aktien,** das sind Anteilsscheine am Vermögen eines Unternehmens, konnten die Aktiengesellschaften große Kapitalmengen aufbringen. Die Käufer der Aktien, die **Aktionäre,** waren ihrerseits am Gewinn oder Verlust des Unternehmens beteiligt. e/5

Die zweite Welle der Industrialisierung – Während Deutschland die erste Phase der Industrialisierung als Nachzügler begann, setzte es sich mit der Wende zum 20. Jahrhundert an die Spitze der **zweiten Industrialisierungswelle.** Was waren die Voraussetzungen für diesen Erfolg?

Im 19. Jahrhundert war englischen, deutschen und amerikanischen Forschern eine Reihe bahnbrechender Erfindungen auf dem Gebiet der Chemie und der elektrischen Stromerzeugung gelungen. Daraus entwickelten findige deutsche Unternehmer technologische Verfahren und Produkte, die zur Grundlage für drei neue Schlüsselindustrien wurden: die **chemische Industrie,** die **Elektroindustrie** und die **Automobilindustrie.** In diesen Industriezweigen erreichten deutsche Unternehmen Weltgeltung.

B 5 Patent-Motorwagen von Carl Friedrich Benz, 1886

B 7 Neue Produkte der Seifenindustrie verbesserten die hygienischen Verhältnisse. Plakat von 1907

Q 6 Der deutsche Wirtschaftswissenschaftler Werner Sombart schreibt 1927 über die Rolle des Unternehmers:

Die treibende Kraft in der modernen kapitalistischen Wirtschaft ist der […] Unternehmer und nur er. Ohne ihn geschieht nichts. Er ist darum aber auch die einzige produktive, das heißt schaffende, schöpferische Kraft. […] Alle übrigen Produktionsfaktoren: Arbeit und Kapital, befinden sich ihm gegenüber im Verhältnis der Abhängigkeit. […] Auch alle technischen Erfindungen werden erst durch ihn lebendig. Die hochkapitalistische Wirtschaft ist […] aus der schöpferischen Initiative der Wenigen hervorgewachsen.

(In: Werner Sombart, Der moderne Kapitalismus, Bd. 1, München 1927, S. 12 f. Gekürzt)

T 2 Steinkohleerzeugung in Mio. Tonnen

	1840	1855	1877	1900
USA	2	10	38	160
England	42	65	137	200
Frankreich	3	7	20	50
Deutschland*	4	8	33	140
Russland	–	–	6	18

T 3 Roheisenerzeugung in Mio. Tonnen

	1840	1855	1877	1900
USA	0,60	0,80	3,30	21,7
England	1,50	3,00	6,50	9,5
Frankreich	0,35	0,60	1,18	2,9
Deutschland*	0,14	0,35	1,51	12,8
Russland	–	0,25	0,30	1,8

T 4 Entwicklung des Eisenbahnnetzes in tausend Kilometern

	1840	1855	1877	1900
USA	4,5	30	120	280
England	2,4	12	24	35
Frankreich	0,5	3,5	24	40
Deutschland*	0,5	9	30	50
Russland	–	1	20	40

* Deutschland in den Grenzen von 1871
(Zusammengestellt nach verschiedenen Quellen)

ARBEITSAUFTRÄGE

1. Betrachte K 1. In welchen Regionen Deutschlands hatten sich Mitte des 19. Jh. industrielle Zentren entwickelt? Kannst du Gründe dafür nennen, dass sie sich gerade dort bildeten?
2. Analysiere T 2 bis T 4. Was kannst du den Tabellen über den Verlauf der industriellen Entwicklung Deutschlands im Vergleich mit anderen Staaten entnehmen? Betrachte auch die Entwicklung des Eisenbahnnetzes. Sagt die Länge des Schienennetzes allein etwas über den Industrialisierungsgrad eines Landes aus? Begründe deine Antwort.
3. Lies Q 6. Wie sieht der Verfasser die Rolle der Unternehmer bei der Industrialisierung? Wie begründet er seine Auffassung? Wie urteilst du selbst? Ersetze in Zeile 5 der Quelle das Wort „Arbeit“ durch „Arbeiter“ und überprüfe dein Urteil.
4. Betrachte B 5 und B 7. Erläutere, warum es sich um Produkte einer „Schlüsselindustrie“ handelt.

5. Schattenseiten: Wohnungsnot und Umweltprobleme

Obwohl im 19. Jahrhundert etwa fünf Millionen Deutsche auswanderten, stieg die Bevölkerungszahl zwischen 1800 und 1900 von rund 23 auf ungefähr 60 Millionen Menschen. Landwirtschaft und Heimarbeit boten der wachsenden Bevölkerung keine ausreichenden Verdienstmöglichkeiten mehr. Die Menschen strömten in die Städte, um in den dort errichteten Fabriken Arbeit zu finden. Welche Auswirkungen hatte die massenhafte Landflucht?

Neue Städte entstehen und wachsen – Mit der fortschreitenden Industrialisierung begann eine gewaltige Wanderung in die Städte: die **Urbanisierung.** Es entstanden immer neue, oft sehr schnell wachsende Städte. Während um 1800 nur 9 % der deutschen Bevölkerung in Städten mit über 5000 Einwohnern gelebt hatten, waren es 1910 schon über 50 %. Im Jahre 1907 waren von den rund zwei Millionen Berlinern nur etwa 40 % dort geboren. Viele Zuwanderer stammten aus den Dörfern Ost- und Westpreußens, aus Posen oder Schlesien. Sie suchten in den industriellen Zentren Sachsens, im Ruhrgebiet oder in Berlin Arbeit. Es handelte sich um die größte Bevölkerungsbewegung der deutschen Geschichte. Wie wurden die Städte mit diesem Ansturm fertig?

Wohnen auf engstem Raum – Die Mehrzahl der Arbeiterfamilien lebte in den **Mietskasernen.** Sie waren um die historischen Stadtkerne als dicht gedrängter Gürtel großer, aber sehr einfach ausgestatteter Mietshäuser gewachsen. Viele Zuwanderer fanden anfangs keine Wohnung oder konnten sich keine eigene Wohnung leisten. Sie hausten in provisorisch errichteten „Barackenstädten".
Bei den Mietskasernen handelte sich meist um dunkle, feuchte Gebäude mit mehreren Hinterhöfen und schlechten sanitären Einrichtungen. Die Toiletten wa-

T3 Entwicklung der Säuglingssterblichkeit (= Tod im 1. Lebensjahr) in Deutschland:

1800	18,0 %
1850	21,5 %
1900	20,0 %
1930	9,0 %
1950	0,3 %
2000	0,05 %

T4 Bis ins 20. Jahrhundert in Europa verbreitete Infektionskrankheiten mit Seuchencharakter:

Pocken, Tuberkulose, Typhus, Cholera, Malaria, Fleckfieber, Pest, Grippe, Kindbettfieber

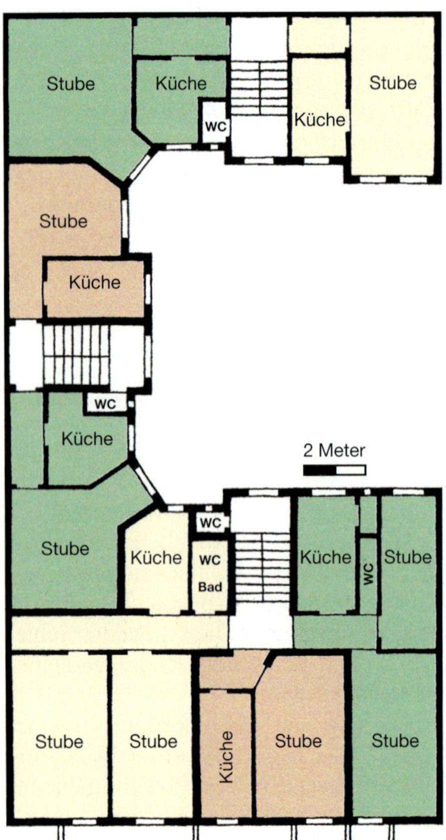

B1 Grundriss einer Mietskaserne

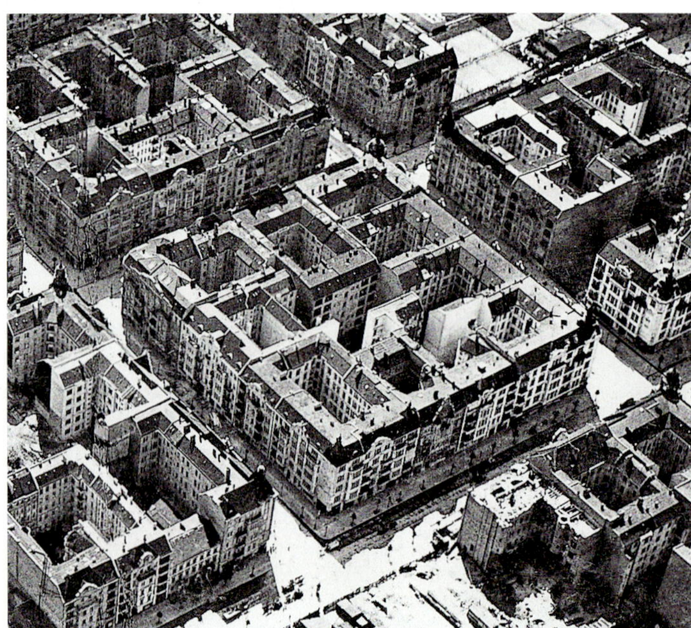

B2 Häuserblock mit Mietskasernen in einem Arbeiterviertel, um 1900

ren im Hof oder im Treppenhaus. Zu einer Wohnung gehörten gewöhnlich nur ein Raum, in dem auch geschlafen wurde, und die Küche, die als einzig beheizbarer Raum zugleich Wohnzimmer war.

In diesen Wohnungen lebten meist Familien mit 5 bis 10 Personen. In den Betten schliefen stets mehrere Personen. Trotzdem waren die Mieten dieser Wohnungen wegen der großen Wohnungsnot und der Gier vieler Hauseigentümer sehr hoch. Viele Arbeiterfamilien vermieteten daher eine Schlafmöglichkeit an einen oder mehrere so genannte **Schlafgänger.** Das waren alleinstehende Männer oder Frauen, die keine eigene Wohnung hatten.

Umwelt- und Hygieneprobleme – Neben der Wohnungsnot waren die **Umweltverschmutzung** und mangelnde Hygiene weitere Probleme, die das Leben in den Industriestädten belasteten. Aus den Schornsteinen der Fabriken wurden Rauch und Ruß ungefiltert in die Luft geblasen. Über den Industriestädten bildeten sich dichte „Dunstglocken" **[Smog],** deren Schadstoffe die Gesundheit der Menschen stark beeinträchtigten. Auch die oft giftigen Abfälle der Fabriken und die Abwässer der Haushalte wurden anfangs einfach in Kanäle und Flüsse geleitet.
Berlin wurde zwischen 1831 und 1873 dreizehnmal von der Cholera heimgesucht. Ein wichtiger Schritt zur Bekämpfung von Seuchen war die strikte Trennung von Trink- und Abwasser. Der Bau von unterirdischen Kanalisationssystemen verbesserte die Hygiene in den Städten, belastete aber gleichzeitig die außerstädtische Umwelt. /6

D5 Bevölkerungsentwicklung Deutschlands im 18. und 19. Jh. (in Mio.):

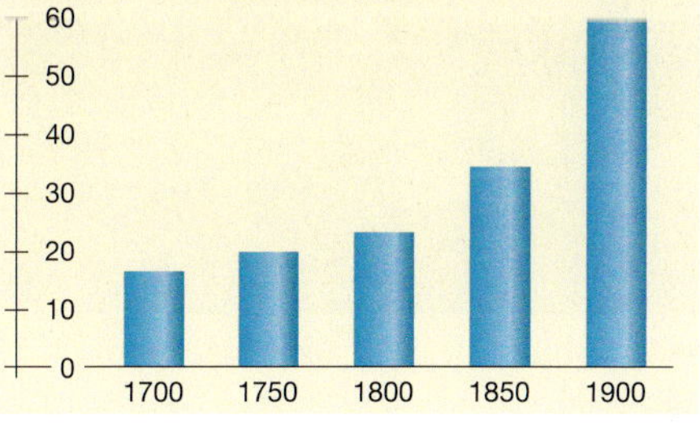

T6 Wachstum ausgewählter deutscher Städte zwischen 1800 und 1910 (Einwohnerzahl in tausend)

	1800	1875	1910
Berlin	172	967	2071
Breslau	60	239	512
Leipzig	30	127	590
Dresden	60	197	548
Dortmund	4	58	214
Duisburg	4	37	229
Hamburg	130	265	931
München	40	193	596
Frankfurt a. M.	48	103	415
Nürnberg	30	91	333
Hannover	18	107	302

B7 „The Silent Highway-Man". Karikatur zur Umweltverschmutzung der Städte, aus der englischen Zeitschrift „Punch" 1858

ARBEITSAUFTRÄGE

1. Analysiere D 5 und vergleiche das Diagramm mit D 1 auf Seite 263. Was sagt D 5 über die deutsche Bevölkerungsentwicklung aus? Gibt es Unterschiede zur Entwicklung in England?
2. T 6 zeigt das Wachstum einiger deutscher Städte zwischen 1800 und 1910. Nenne Ursachen für das schnelle Städtewachstum sowie mögliche Probleme, die damit verbunden waren.
3. Betrachte B 1 und B 2. Welche Informationen erhältst du über die Wohnsituation von Arbeiterfamilien in der Zeit der Industrialisierung? Lege auf einen der Wohnungsgrundrisse kleine Kärtchen für Betten, Schränke, Tische und Stühle. Beachte den Maßstab. Was stellst du fest?
4. Nenne mögliche Gründe für die in T 3 dargestellte hohe Säuglingssterblichkeit im 19. Jahrhundert. Nutze auch T 4 und B 7.

6. Industrialisierung und soziale Frage

Durch die industrielle Entwicklung änderten sich nicht nur die Produktionstechniken grundlegend, sondern auch die Arbeitsbedingungen und der Lebensalltag vieler Menschen. Traditionelle Sozial- und Familienstrukturen erlebten einen tiefgreifenden Wandel. Welche Veränderungen im Leben der Menschen hatte die Industrialisierung zur Folge?

Die Arbeitsbedingungen des Industrieproletariats – Viele Millionen Tagelöhner, ehemalige Kleinbauern und Heimarbeiter waren im 18. und 19. Jahrhundert als **Industrieproletarier** (im 19. Jahrhundert die Bezeichnung für die Lohnarbeiter der Fabriken) in die Städte geströmt. Hier suchten sie Arbeit und eine Wohnung für ihre Familie. Sie besaßen nichts außer ihrer Arbeitskraft, die sie den neuen Herren, den Fabrikbesitzern, gegen Lohn anbieten mussten. Dieser Lohn war wegen des Überangebots an Arbeitskräften sehr gering.

Q1 Der Politiker F. J. Ritter von Buß schreibt 1837 zur sozialen Lage der Arbeiter:

Die Tendenz [...] zur Überbevölkerung und der Mangel an anderweitiger Unterkunft führt zur anschwellenden Anzahl der Fabrikarbeiter und wegen deren ökonomischer Unsicherheit zu einer wahren Massenarmut, dem so genannten Pauperismus. [...] Eine Einsparung ist dem Arbeiter selbst bei günstigen Verhältnissen nur in geringem Maße möglich. [...] Die ganze Lage des Fabrikarbeiters ist [selbst] bei großem Angebot der Arbeit eine stete Quelle der Armut: Treten noch Gewerbestockungen hinzu, so wüten sie verheerend in den Reihen der Arbeiter.

(In: E. Schraepler [Hg.]: Quellen zur Geschichte der sozialen Frage in Deutschland. Bd. 1, 1964, S. 66 f. Gekürzt)

In den Fabriken und Bergwerken diktierten das vorgegebene Tempo der Maschinen und eine strenge Arbeitsdisziplin einen Arbeitstag, der zwischen 12 und 16 Stunden dauerte – auch am Samstag. Reguläre Arbeitspausen gab es nicht. Das Essen musste hastig zwischendurch in der Fabrikhalle verzehrt werden, meist beim dröhnenden Lärm der Maschinen.

Da Sicherheitsvorkehrungen fehlten, kam es oft zu Arbeitsunfällen mit schweren Verletzungen. Lärm, giftige Abgase und Staub führten zu typischen Berufskrankheiten wie der Staublunge.
Für die Arbeiter existierte bis in die 1880er-Jahre keine gesetzliche soziale Absicherung (Kranken-, Unfall-, Arbeitslosen- oder Rentenversicherung).

T2 Mittlere Lebenserwartung in Jahren

	Männer	Frauen
1840	30,5	33,5
1870	35,6	38,5
1900	40,6	44,0
1930	59,9	62,8
2005	76,2	80,4

(Nach: Statistisches Bundesamt, 2006)

T4 Entwicklung der wöchentlichen Arbeitszeit in Deutschland

1800:	72 Stunden
1820:	78 Stunden
1840:	84 Stunden
1860:	78 Stunden
1900:	68 Stunden
1920:	48 Stunden
2000:	38 Stunden

(Zusammengestellt nach J. Kocka: Arbeitsverhältnisse und Arbeiterexistenzen, Bonn 1990, S. 486 sowie: Statisches Bundesamt, 2005)

B3 Wohnküche einer Arbeiterfamilie, die auch als Schlaf- und Arbeitsraum diente. Foto um 1900

Die Gesellschaft verändert sich – In der traditionellen Ständeordnung der Gesellschaft war die Zugehörigkeit eines Jeden zu einer sozialen Schicht durch seine Geburt unverrückbar festgelegt. Diese Ständeordnung verlor durch die Industrialisierung rasch ihre Gültigkeit. Nun entschieden das Vermögen, Bildung sowie die individuellen Leistungen über die Chancen des Einzelnen in der Gesellschaft.

Die Manufakturen, vor allem aber die zahlreichen neuen Fabriken, hatten auch einen tiefgreifenden **Wandel der traditionellen Familienstrukturen** zur Folge. Die bäuerliche Familie, die Handwerker- und die Heimarbeiterfamilie lebte und arbeitete noch gemeinsam unter einem Dach, oft in der Großfamilie. Für die Arbeiter und Angestellten der Fabriken war das wegen der räumlichen Trennung der Arbeitsstätte von der oft weit entfernten Wohnung nicht mehr möglich. Die Familie, die vorher eine Produktions- und Lebensgemeinschaft war, wurde zur Konsum- und Schlafgemeinschaft.

Q 5 Aus der Betriebsordnung des Alfred Krupp für die Arbeiter seiner Fabrik, 1838:

Jeder Arbeiter muss unbedingt treu und folgsam sein, sich in und außerhalb der Fabrik anständig betragen, pünktlich die Arbeitsstunden halten und durch seinen Fleiß beweisen, dass er die Absicht hat, zum Nutzen der Fabrik zu arbeiten. Wer aus Nachlässigkeit oder bösem Willen sich vergeht, wird bestraft. Wer ein Stück Arbeit, ein Werkzeug und dergleichen verdirbt oder umkommen lässt, muss dasselbe vergüten. Wer fünf Minuten zu spät nach dem Läuten zur Arbeit kommt, verliert 1/4 Tageslohn, wer 1/4 Tag eigenmächtig fortbleibt, verliert 1/2 Tageslohn.

(In: C. Jantke. Der vierte Stand, Freiburg 1955, S. 178. Gekürzt)

Q 6 Der Staatswissenschaftler Robert von Mohl schreibt über die Auswirkungen des Fabriksystems, 1835:

Nicht nur der Familienvater ist den ganzen Tag vom Haus entfernt, ohne sich der Erziehung und Beaufsichtigung seiner Kinder [...] widmen zu können, sondern häufig ist auch die Mutter ebenso lange täglich in [einer] Manufaktur beschäftigt. Sobald die Kinder irgend verwendbar sind [...], werden sie aus dem Hause gestoßen; bis zu diesem Zeitpunkt aber sind sie ohne alle Aufsicht [...]. Nicht einmal zu dem gemeinschaftlichen Mahl versammelt sich die Familie. [...] Häufig dient die armselige [...] Hütte nur zum gemeinschaftlichen Ausschlafen.

(Zitiert nach W. Sombart: Das Proletariat, Frankfurt a. M. 1906, S. 23 f. Gekürzt)

T 7 Durchschnittliches Monatseinkommen eines Arbeiterhaushaltes

	1800 beide Eltern und 2 Kinder arbeiten	**1890** beide Eltern und 2 Kinder arbeiten	**2005** beide Eltern arbeiten
Nettolohn in Mark/€	81,00	139,00	3450,00
Ausgaben für:			
Miete, Heizung,	11,30	25,25	980,00
Strom	–	–	150,00
Nahrung, Getränke	58,30	76,75	734,00
Hausrat	2,40	5,60	270,00
Gesundheit/Hygiene	1,00	1,70	105,00
Kleidung, Schuhe etc.	5,00	7,70	235,00
Verkehr/Medien	–	–	421,00
Bildung /Unterhaltung	2,00	12,00	170,00
Versicherungen	–	6,80	150,00
Kosten gesamt	80,00	135,80	3110,00
Sparen/Taschengeld	1,00	3,20	340,00

(Zusammengestellt nach: W. Abel: Massenarmut und Hungerkrisen im vorindustriellen Deutschland, Göttingen 1972; sowie nach: Statistisches Bundesamt 2006)

B 8 Wohnzimmer einer wohlhabenden Bürgerfamilie, um 1900

Kinder- und Frauenarbeit – Auch die Kinder der Arbeiterfamilien mussten schon von klein auf in Bergwerken und Fabriken arbeiten. Ihre Arbeitszeit betrug oft 12 bis 15 Stunden täglich. Die Arbeitsbedingungen waren so hart, dass viele Kinder erkrankten und früh starben. Für die Fabrikbesitzer waren sie aufgrund ihrer Not willige und billige Arbeitskräfte: Sie verdienten viel weniger als ein Erwachsener. Doch die Arbeiterfamilien waren auf jeden Groschen angewiesen.
Die Arbeiterfrauen hatten ein besonders schweres Los: Um das geringe Einkommen ihrer Männer aufzubessern, arbeiteten sie in Heimarbeit oder als Fabrikarbeiterin. Zusätzlich mussten sie den Haushalt und die Kinder versorgen. Durch die Mehrfachbelastung betrug der Arbeitstag einer verheiraten Arbeiterin 16 bis 18 Stunden.

T 9 Löhne von Arbeitern und Arbeiterinnen 1885 pro Woche in Mark

	Männer	Frauen
Leinen-/Juteweberei	12–27	5–10
Wollkämmerei	15–27	7–10
Lederwarenfabrik	12–28	7–18

(In: August Bebel, Die Frau und der Sozialismus, Stuttgart 1891)

Q 10 Bericht des Regierungsrates Keller zur Kinderarbeit, 1834:

Die Kinder sind täglich 12–15 Stunden (von 5 Uhr morgens bis [...] zum späten Abend) beschäftigt. Schulunterricht genießen sie gar nicht, weder in frühen Jahren noch während der Zeit, in der sie hier Arbeit finden. [...] Die Kinder armer Leute gingen ohnedies nicht in die Schule, sie möchten in Fabriken arbeiten oder nicht. Die in den Fabriken arbeitenden seien immer noch die sittsamsten und anständigsten. [...] Dabei werde doch das tägliche Brot regelmäßig verdient und die notdürftigste Disziplin gehandhabt.

(In: Jürgen Kuczynski, Geschichte der Kinderarbeit in Deutschland, Berlin 1958, S. 75 f. Gek.)

B 11 Kinderarbeit in einem Bergwerk. Holzstich um 1844

Q 12 Gesetze zur Einschränkung der Kinderarbeit:

1839: In Preußen wird Kinderarbeit vor dem 9. Lebensjahr verboten. Die Arbeitszeit von Kindern über 9 Jahren wird auf täglich 10 Stunden begrenzt.
1840: In Bayern werden ähnliche Bestimmungen eingeführt, wie sie in Preußen seit 1839 gelten.
1853: In Preußen wird Kinderarbeit vor dem 12. Lebensjahr verboten. Die tägliche Arbeitszeit von schulpflichtigen Kindern wird auf 6 Stunden begrenzt.
1861: In Sachsen treten ähnliche Bestimmungen zur Einschränkung der Kinderarbeit in Kraft wie in Preußen. In den meisten anderen Ländern des Deutschen Bundes existieren bis 1871 keine gesetzlichen Regelungen.
1891: Die Arbeitsschutzbestimmungen des Deutschen Reiches regeln, dass die Beschäftigung von Kindern unter 13 Jahren in Fabriken verboten ist.
1903: Das für Fabriken geltende Verbot der Kinderarbeit wird auf das Handwerk und andere Gewerbe ausgedehnt. Ausgenommen bleibt die Landwirtschaft.

(Vom Autor nach verschiedenen Quellen zusammengestellt)

ARBEITSAUFTRÄGE

1. Welche Ursachen sieht der Verfasser von Q 1 für die schlechte soziale Lage der Arbeiter? Kannst du weitere Gründe nennen?
2. Analysiere T 2, T 4, T 7 und betrachte B 3. Schreibe einen Bericht über die soziale Lage der Arbeiter im 19. Jahrhundert.
3. Vergleiche mithilfe von T 7, wie sich die Einkommens- und Lebenssituation einer Arbeiterfamilie zwischen 1800 und 2005 verändert hat. Was bedeutet es für die Familien, wenn ein Einkommen ausfällt?
4. Lies und beurteile die Betriebsordnung (Q 5) des A. Krupp.
5. Erläutere mit Q 6, welche Folgen das Fabriksystem nach Meinung v. Mohls für das Zusammenleben der Familien hatte.
6. Analysiere T 9. Nenne mögliche Gründe für die Unterschiede.
7. Lies Q 10 und Q 12. Wie war die Arbeitszeit für Kinder *vor* 1839 geregelt? Beurteile die Auswirkungen der Arbeitszeiten und der körperlichen Belastung auf die Gesundheit der Kinder.

Arbeit mit Wandzeitungen

Eine Wandzeitung im Klassenraum oder im Schulgebäude kann gut auf historische Themen aufmerksam machen. So können die Ergebnisse von Gruppenarbeit, aber auch von Erkundungen oder Museumsbesuchen präsentiert werden.

1. Schritt: Ein Thema festlegen
Euer Thema wählt ihr in der Klasse aus. Am besten formuliert ihr eine Frage. Wenn ihr z. B. schon etwas über die Industrialisierung gelernt habt, könnt ihr fragen: Wie lebten Kinder zur Zeit der Industrialisierung? Jetzt schreibt ihr diese Frage als Überschrift auf einen großen Bogen Papier, z. B. auf die Rückseite einer Tapete. Vielleicht fällt euch eine pfiffigere Formulierung ein, denn ihr wollt ja Aufmerksamkeit bei euren Mitschülerinnen und -schülern erreichen; etwa: „Kindsein zur Zeit der Industrialisierung – Last oder Freude?"

2. Schritt: Informationen beschaffen
In jedem Ort hat die Industrialisierung im 19. Jahrhundert zu Veränderungen im Leben der Menschen geführt. Ihr beschafft nun – einzeln oder in Gruppen – möglichst viele und unterschiedliche Quellen. Vielleicht findet ihr Material in eurer Stadt- oder Schulbücherei, das ihr kopieren könnt, vielleicht macht ihr selbst Fotos oder befragt eure Familie über die Industrialisierung.

3. Schritt: Sichten, Ordnen, Auswerten
Ihr habt Fotos, Texte, vielleicht Zeichnungen und Mitschriften von Befragungen zusammengetragen. Ihr prüft nun das Material, ob es wichtige und sichere Informationen enthält, und ordnet es nach Stichwörtern, z. B. Arbeiten, Arbeitslosigkeit, Schule, Wohnen, Einkommen, Ausbildung. Dabei findet ihr vielleicht auch zwei große Themenbereiche, die ihr gegenüberstellen könnt, z. B. den Alltag von Kindern armer Familien und die Lebenswelt von Kindern reicher Eltern. Zuletzt schreibt ihr eure Meinungen zu den Materialien auf.

4. Schritt: Gestaltung der Ergebnisse
Die Wandzeitung gestaltet ihr grafisch auffällig (große Schrift, farbige Stifte), damit sie gut gesehen und gelesen werden kann. Ihr könnt die Wandzeitung in Themenbereiche unterteilen und die Materialien entsprechend einordnen.
Probiert mit den Materialien aus, wie die beste Wirkung erzielt wird – immer so, dass man alles ohne Mühe erkennen kann. Teilüberschriften können die Wirkung verstärken, z. B. „Leben in einer Kate" oder „Leben in einem Herrenhaus". Diskutiert, ob euch die Anordnung anspricht und ob ihr eure Ausgangsfrage damit beantwortet habt.
Nun sucht ihr noch einen geeigneten Platz für die Wandzeitung, damit sie von möglichst vielen Schülerinnen und Schülern gefunden und gelesen wird.

B 1 Beispiel für eine Wandzeitung

WORAUF DU ACHTEN MUSST

1. Eine Wandzeitung zu einem Thema enthält die Antworten auf eure Ausgangsfrage.
2. Die Materialien müssen geordnet und übersichtlich zusammengestellt werden. Sie sollen anderen verständlich sein.
3. Treffende oder provozierende Überschriften können helfen, auf eure Informationen aufmerksam zu machen.
4. Ihr könnt eure Erläuterungen, aber auch eure Meinung zum Thema der Wandzeitung aufschreiben.

7. Lösungsversuche der sozialen Frage

Die Not der Arbeiterfamilien war unverkennbar. Einzelne verantwortungsbewusste Unternehmer, die Kirchen und vor allem die Arbeiterschaft selbst suchten nach Lösungen der **sozialen Frage**. Wie sahen diese verschiedenen Lösungsansätze aus?

Erste Arbeitervereine entstehen – Die Arbeiter hatten schon bald erkannt, dass sie ihre Lage nur verbessern konnten, wenn sie sich zusammenschlossen. Anfangs waren es die Arbeiter einer Fabrik, die gemeinsam gegen zu lange Arbeitszeiten, schlechte Arbeitsbedingungen und für höhere Löhne kämpften. Seit dem Revolutionsjahr 1848 bildeten sich die ersten **Arbeitervereine,** aus denen später die **Gewerkschaften** und auch die Arbeiterparteien hervorgingen. So schlossen sich 1848 in Leipzig mehr als 2500 Arbeiter und Handwerksgesellen zur „Allgemeinen Deutschen Arbeiterverbrüderung" zusammen. Diese Arbeitervereine bildeten **gemeinsame Kassen** zur Hilfeleistung bei Krankheit, Indivalidität oder um die Schulbildung der Arbeiterkinder zu bezahlen. Vor allem aber dienten sie dazu, Arbeiter und ihre Familien bei **Streiks** [= Arbeitskämpfe] zu unterstützen.

„Proletarier aller Länder, vereinigt euch!"
1848 veröffentlichten KARL MARX und FRIEDRICH ENGELS ihre Schrift „Das Kommunistische Manifest". Sie schrieben darin, dass die ganze bisherige Geschichte der Menschheit vom Gegensatz und Kampf verschiedener **Klassen** geprägt worden sei. In diesem **Klassenkampf** hätte sich die ausgebeutete Klasse stets gegen die der Ausbeuter aufgelehnt und deren Herrschaft schließlich überwunden.

Nach Marx und Engels herrschte ein solcher Klassenkampf zwischen den besitzlosen Industriearbeitern **(Proletariern)**

Q 1 Karl Marx und Friedrich Engels schreiben 1848:

Die Geschichte aller bisherigen Gesellschaften ist die Geschichte von Klassenkämpfen. [...] Die ganze Gesellschaft spaltet sich mehr und mehr in zwei große feindliche Lager, in zwei einander direkt gegenüberstehende Klassen: Bourgeoisie und Proletariat. [...] Die Arbeiter beginnen damit, Koalitionen gegen die Bourgeoisie zu bilden; sie treten zusammen zur Behauptung ihres Arbeitslohnes. [... Der] erste Schritt in der Arbeiterrevolution ist die Erhebung des Proletariats zur herrschenden Klasse, die Erkämpfung der Demokratie. [...] Das Proletariat wird seine Herrschaft dazu nutzen, der Bourgeoisie nach und nach alles Kapital zu entreißen. Mögen die herrschenden Klassen vor einer kommunistischen Revolution zittern. [...] Die Proletarier haben nichts zu verlieren als ihre Ketten. [...] Proletarier aller Länder, vereinigt euch!

(Marx, K. und F. Engels: Manifest der Kommunistischen Partei, in: MEW Bd. 4, Berlin 1974, S. 461 ff. Gekürzt)

B 2 Arbeiter stellen ihre Forderungen. Gemälde von S. Lenz, 1895

PERSONENLEXIKON

KARL MARX, 1818–1883. Er arbeitete zunächst als Journalist in Köln. Nach dem Scheitern der Revolution von 1848 floh Marx ins Exil nach London, wo er zusammen mit Friedrich Engels zahlreiche Schriften zur Arbeiterbewegung und zur Analyse des Kapitalismus verfasste. Ihre gemeinsamen Schriften hatten großen Einfluss auf die Arbeiterbewegung. e/7

und dem Besitzbürgertum **(Bourgeoisie).** Nur durch den Zusammenschluss aller Arbeiter und ihren organisierten Kampf könne sich das Proletariat von der Unterdrückung und Ausbeutung befreien. Dieser Kampf führe mit geschichtlicher Notwendigkeit zu einer umfassenden Revolution der Gesellschaft. In der neuen, **kommunistischen Gesellschaft** besäße das Proletariat alle Macht. Das Privateigentum an Produktionsmitteln (z. B. Grundeigentum, Fabriken) werde abgeschafft.

Q3 Der Gründer des Allgemeinen Deutschen Arbeitervereins, Ferdinand Lassalle, schreibt 1863:

Der Arbeiterstand muss sich als selbstständige politische Partei konstituieren und das allgemeine, gleiche und direkte Wahlrecht zu dem prinzipiellen Losungswort und Banner dieser Partei machen. Die Vertretung des Arbeiterstandes in den gesetzgebenden Körpern [= Parlamenten] Deutschlands – eine friedliche und gesetzliche Agitation hierfür mit allen gesetzlichen Mitteln zu eröffnen –, das ist und muss in politischer Hinsicht das Programm der Arbeiterpartei sein. […]
Den Arbeiterstand zu seinem eigenen Unternehmer machen, das ist das Mittel, durch welches jenes eherne und grausame Gesetz beseitigt würde, das den Arbeitslohn bestimmt. Die Aufhebung des Unternehmergewinns in der friedlichsten, legalsten und einfachsten Weise, indem sich der Arbeiterstand […] als sein eigener Unternehmer organisiert. […] Es ist deshalb Aufgabe des Staates, die Assoziation [= Zusammenschließung] fördernd in die Hand zu nehmen. Wie aber den Staat zu dieser Intervention bewegen? Das wird nur durch das allgemeine und direkte Wahlrecht möglich sein.

In: (Ferdinand Lassalle, Reden und Schriften, Bd. 3, hg. von E. Bernstein, Berlin 1919, S. 47 ff.)

Arbeiter organisieren sich in eigenen Parteien – Die Arbeitervereine und Gewerkschaften kämpften vor allem für höhere Löhne und bessere Arbeitsbedingungen. Der Journalist Ferdinand Lassalle vertrat jedoch die Auffassung, dass dies nicht genug sei. Die Lage der Arbeiter würde sich nur dann grundlegend verbessern, wenn die Arbeiterschaft politisch gleichberechtigt sei und in den Parlamenten ihre Interessen vertreten könne. Daher gründete Lassalle 1863 in Leipzig die erste Arbeiterpartei, den **Allgemeinen Deutschen Arbeiterverein** (ADAV). Als politische Partei sollte die Arbeiterschaft so viel Macht im bestehenden Staat gewinnen, dass sie die soziale Frage durch staatliche Gesetze und Arbeitsschutzbestimmungen lösen könnte. Das Jahr 1863 gilt als „Geburtsstunde“ der Sozialdemokratischen Partei.

Der Drechslermeister August Bebel und der Journalist Wilhelm Liebknecht hatten 1869 in Eisenach eine zweite, die **Sozialistische Arbeiterpartei,** gegründet. Beide Arbeiterparteien schlossen sich 1875 in Gotha zusammen.

B4 Postkarte der deutschen Gewerkschaften, um 1910.

PERSONENLEXIKON

Ferdinand Lassalle, 1825–1864. Er gründete 1863 den Allgemeinen Deutschen Arbeiterverein. Lithographie: „Der Kämpfer gegen die Kapitalmacht“, Ende 19. Jahrhundert

8

Bis ins 20. Jahrhundert gab es in der SPD unterschiedliche Auffassungen darüber, wie die soziale Frage gelöst werden sollte: Konnte dies auf friedlichem Weg, mit Reformen und politischer Mitbestimmung in den Parlamenten geschehen, wie Ferdinand Lassalle es gefordert hatte? Oder war eine grundlegende Verbesserung der Lage der Arbeiter nur durch den Klassenkampf und eine gewaltsame Revolution möglich, wie Marx und Engels es forderten (↑ Vertiefungsseiten 282 f.)?

seit 1890 unter dem Namen „Sozialdemokratische Partei Deutschland“ (SPD)

↑

seit 1875 in Gotha vereinigt zur Sozialistischen Arbeiterpartei Deutschland (SAPD)

↑ ↑

1863: Allgemeiner Deutscher Arbeiterverein (ADAV) | **1869:** Sozialdemokratische Arbeiterpartei (SDAP)

↑ ↑

seit 1848: lokale Arbeiter(bildungs)vereine

B5 Die Anfänge der deutschen Arbeiterbewegung

Q6 Aus dem Gothaer Programm der Sozialdemokraten, 1875:

Die sozialistische Arbeiterpartei [erstrebt] mit allen gesetzlichen Mitteln den freien Staat und die sozialistische Gesellschaft, die Zerbrechung des ehernen Lohngesetzes durch Abschaffung der Lohnarbeit, die Aufhebung der Ausbeutung in jeder Gestalt, die Beseitigung aller sozialen und politischen Ungleichheit.
[Außerdem forderte die Partei]:
1. Allgemeines, gleiches direktes Wahlrecht, mit geheimer Stimmabgabe aller Staatsangehörigen vom 20. Lebensjahr an.
2. Direkte Gesetzgebung durch das Volk. [...]
6. Allgemeine und gleiche Volkserziehung durch den Staat. [...] Unentgeltlicher Unterricht in allen Bildungsanstalten.

(In: W. Treue, Deutsche Parteipogramme, Göttingen 1956, S. 67 ff. Gekürzt)

Die Kirche reagiert auf die soziale Frage
Die katholische und die protestantische Kirche verstanden die Fürsorge für arme und notleidende Menschen stets als ihren Auftrag und als Gebot der christlichen Nächstenliebe. Priester und hohe Kirchenfürsten, selbst Papst Leo XIII., beklagten daher die menschenunwürdigen Lebens- und Arbeitsbedingungen der Arbeiter und setzten sich für soziale Reformen ein. Als Ursache der Missstände sah die Kirche jedoch eher die Maßlosigkeit einzelner Unternehmer als die politische Rechtlosigkeit und die totale wirtschaftliche Abhängigkeit der Arbeiter. Für die politischen Forderungen der Arbeiterschaft zeigte die Kirche daher wenig Verständnis. Eine Ausnahme war der Mainzer Bischof Emanuel von Ketteler, der unchristliche Auswüchse des Kapitalismus verurteilte sowie die Gründung katholischer Arbeitervereine förderte.

Q7 Papst Leo XIII. in der Enzyklika (= päpstliches Rundschreiben) „Geist der Erneuerung“, 1891:

Von diesen Pflichten berühren folgende den Arbeiterstand: vollständig und treu die Arbeitsleistungen zu verrichten, zu welcher sie sich frei und mit gerechtem Vertrage verbunden haben; den Arbeitgebern [... keinen] Schaden zufügen; in der Wahrung ihrer Interessen sich der Gewalttätigkeit zu enthalten und keine Auflehnung zu stiften.
Die Pflichten der Besitzenden und Arbeitgeber sind die nachstehenden: Die Arbeiter dürfen nicht wie Sklaven angesehen und behandelt werden; ihre persönliche Würde [...] werde stets heilig gehalten. [...] Im allgemeinen ist in Bezug auf den Lohn wohl zu beachten, dass es wider göttliches und menschliches Gesetz geht, Notleidende zu drücken und auszubeuten um des eigenen Vorteils willen.

(In: H. Pönicke, Die sozialen Theorien im 19. Jahrhundert in Deutschland, Paderborn 1954, S. 86 f. Gekürzt)

PERSONENLEXIKON

August Bebel, 1840–1913.
Seit 1860 Drechslermeister in Leipzig. Gründet zusammen mit Wilhelm Liebknecht die sächsische Volkspartei und 1869 in Eisenach die Sozialistische Arbeiterpartei. 1875 betreibt Bebel die Vereinigung der beiden Arbeiterparteien in Gotha.

/9

PERSONENLEXIKON

Emanuel Freiherr von Ketteler. 1821–1877.
Bischof von Mainz. In seiner Schrift „Die Arbeiterfrage und das Christentum“ fordert er die Arbeiter zur Gründung von Arbeitervereinen auf.

Sozial engagierte Unternehmer – Auch unter den Unternehmern gab es viele, die sich um das Schicksal und die Nöte ihrer Arbeiter persönlich kümmerten. Zu ihnen gehörten beispielsweise ERNST ABBE von den Zeiss-Werken in Jena, AUGUST BORSIG in Berlin oder WERNER VON SIEMENS in Berlin. Sie verstanden sich als fürsorglicher Vormund ihrer Arbeiter und sorgten für ordentliche Werkswohnungen, für die Ausbildung der Arbeiterkinder und für betriebliche Unterstützungskassen bei Krankheit oder Invalidität. Freilich war ihr Motiv nicht nur die christliche Nächstenliebe. Sie erkannten auch die Vorteile freiwilliger Sozialleistungen: Qualifizierte Arbeiter wurden an das Unternehmen gebunden und die Produktionsleistung stieg insgesamt.

Die Sozialgesetzgebung des Staates – Die Wirtschaftskrisen, die in den 1850er-Jahren sowie ab 1873 in Deutschland herrschten, hatten die Massenarbeitslosigkeit vieler Fabrikarbeiter und Angestellter zur Folge. Die materielle Not der betroffenen Familien stieg ins Unerträgliche. Nun erkannten auch viele konservative Politiker, dass ein Wirtschaftsliberalismus nach dem **„Laisser-faire"-Prinzip,** bei dem der Staat auf regulierende Eingriffe verzichtet, die brennenden sozialen Fragen nicht lösen konnte.
Kaiser Wilhelm I. und die konservative Regierung Bismarcks leiteten daher ab 1883 eine neue **Sozialgesetzgebung** ein. Dazu gehörten eine Krankenversicherung der Arbeiter (1883), eine Unfallversicherung (1884) sowie die Invaliditäts- und Rentenversicherung (1889).

Q 9 Der Berliner Erfinder und Industrielle Werner von Siemens in seinen Lebenserinnerungen, um 1890:

Es ist mir schon früh klargeworden, dass eine befriedigende Weiterentwicklung der [...] Firma nur herbeizuführen sei, wenn ein freudiges, selbstständiges Zusammenwirken aller Mitarbeiter [...] erwirkt werden könnte. Um dieses zu erreichen, schien es mir erforderlich, alle Angehörigen der Firma nach Maßgabe ihrer Leistung am Gewinn zu beteiligen. [...] Ferner schenkten wir den Mitarbeitern der Firma ein Kapital von 60 000 Talern als Grundstock für eine Alters- und Invaliditäts-Pensionskasse. [...] Freilich, die Freiheit zu streiken wird den Arbeitern durch die Pensionsbestimmung wesentlich beschränkt.

(In: H. Pönicke, Die sozialen Theorien im 19. Jahrhundert in Deutschland, Paderborn 1954, S. 87 f. Gekürzt)

B 10 Wohnsiedlung der Firma Krupp in Essen, erbaut 1872. Zeitgenössischer Stich

ARBEITSAUFTRÄGE

1. Lies Q 1. Wie sollte die soziale Frage nach Karl Marx und Friedrich Engels gelöst werden? Wie begründen sie ihre Auffassung?
2. Beschreibe B 2. Wie wollen die Arbeiter ihre Lage verbessern? Vergleiche mit B 4. Erkennst du einen Unterschied zu B 2?
3. Lies Q 3. Wie sollte die soziale Frage nach Ferdinand Lassalle gelöst werden? Vergleiche mit Q 1 und nenne die Unterschiede.
4. Betrachte B 5 und lies im Text nach: Wer waren die Gründer der ersten deutschen Arbeiterpartei(en)?
5. Analysiere Q 6. Was sind die Forderungen der Arbeiterpartei? Wodurch unterscheiden sie sich von der Position in Q 1?
6. Lies Q 7. Welche Pflichen haben nach Auffassung des Papstes die Arbeiter, welche die Unternehmer? Wie ist deine Meinung?
7. Nenne und beurteile die Motive für freiwillige Sozialleistungen an die Arbeiter, die Werner von Siemens in Q 9 anführt.

8. Die Anfänge der deutschen Frauenbewegung

In der Französischen Revolution hatten Frauen aus dem Dritten Stand gleiche Rechte für Mann und Frau gefordert. Doch die französischen Republikaner hatten die Frauen wieder aus dem öffentlichen Leben ausgeschlossen. In Deutschland, wo es keine Revolution gegeben hatte, waren die gesellschaftliche, die rechtliche und die politische Lage der Frauen noch ungünstiger. Wie versuchten die Frauen, ihre Situation zu verbessern?

Frauen erheben ihre Stimmen – Bereits vor der demokratischen Revolution von 1848 hatten sich einzelne Frauen zu Wort gemeldet. Dazu gehörte beispielsweise die Schriftstellerin LOUISE OTTO-PETERS, die eine Beteiligung der Frauen an der Politik forderte und während der Revolution die erste „Frauenzeitung" herausgab. Doch die Niederlage der Revolution bedeutete das vorläufige Ende dieser Anfänge: Zeitungen wurden verboten, die Gründung von Frauenvereinen wurde untersagt.

Frauen organisieren sich – Das Entstehen einer **Frauenbewegung** ließ sich jedoch nicht lange unterdrücken. So, wie sich liberale Bürger und sozialistische Arbeiter in Parteien, Vereinen und Gewerkschaften zusammenschlossen, so schuf sich auch die politische Frauenbewegung eigene Organisationen. Im Jahre 1865 gründete Louise Otto-Peters in Leipzig den **Allgemeinen Deutschen Frauenverein.** Im Vordergrund standen die Forderung nach besserer Bildung und die Unterstützung sowie Ausweitung der Berufstätigkeit von Frauen. Allein in Preußen waren zu dieser Zeit bereits ca. 1,8 Millionen Frauen berufstätig.

Bürgerliche und proletarische Frauenbewegung – Mit fortschreitender Industrialisierung verschärfte sich der Gegensatz zwischen Besitzbürgertum und Arbeiterschaft. Das beeinflusste auch die Frauenbewegung. Es bildeten sich unterschiedliche politische Richtungen heraus.

PERSONENLEXIKON

LOUISE OTTO-PETERS, 1819–1895. Tochter eines Justizrates, Schriftstellerin und Journalistin, Begründerin der bürgerlichen Frauenbewegung ⓔ/10

Q 1 Helene Lange, führende Vertreterin der bürgerlichen Frauenbewegung, schreibt 1905:

Die Frauenbewegung betrachtet für die verheiratete Frau den in der Ehe und Mutterschaft geschlossenen Pflichtenkreis als ersten und nächstliegenden Beruf. Die Arbeit der Frau in der Erfüllung dieses Berufs [als Ehefrau, Hausfrau und Mutter] ist wirtschaftlich und rechtlich als vollgültige Kulturleistung zu bewerten. [...]
Die Frauenbewegung betrachtet auch die [gewerbliche] berufliche Frauenarbeit als Kulturwert. [...] [Die Frau] kann bei freier Entfaltung ihrer Fähigkeiten auf vielen Gebieten [mehr leisten] als der Mann. In Bezug auf die wirtschaftliche Bewertung der beruflichen Frauenarbeit [...] vertritt die Frauenbewegung den Grundsatz: Gleicher Lohn für gleiche Leistung.

(In: Helene Lange, Die Frauenbewegung, Leipzig 1914, S. 134 ff. Gekürzt)

B2 Versammlung sozialdemokratischer Arbeiterinnen in Hamburg. Illustrierte Zeitung, Leipzig. Holzstich von Carl Koch, 1890

Die Vertreterinnen der **bürgerlichen Frauenbewegung** stammten meist aus gebildeten bürgerlichen Familien. Sie wollten die ihnen zugewiesene traditionelle Rolle, eine „standesgemäße“ Heirat und Führung des Haushalts, nicht bedingungslos akzeptieren. Zwar lehnten sie Ehe und Mutterschaft nicht grundsätzlich ab. Sie forderten aber, dass Frauen Zugang zu allen Bildungswegen und zu den meisten Berufen haben sollten. Weitere Ziele waren die rechtliche Gleichstellung mit den Männern und das Frauenwahlrecht.
In vielen Fragen stimmte die **proletarische Frauenbewegung** mit diesen Forderungen überein, z. B. der nach Recht auf Arbeit oder der des Frauenwahlrechts. Im Gegensatz zur bürgerlichen lehnte die proletarische Frauenbewegung aber die bestehende Gesellschaftsordnung ab und wollte auf revolutionärem Weg eine neue, sozialistische Gesellschaft erkämpfen.

Nach 1900 nahm die Frauenbewegung einen beachtlichen Aufschwung: Die Mitgliederzahl der bürgerlichen Frauenvereine stieg bis 1914 auf 250000; in der SPD waren 1910 ca. 82000 Frauen organisiert. Dennoch dauerte es noch lange, bis die Ziele der Frauenbewegung verwirklicht waren. Erst in der zweiten Hälfte des 20. Jahrhunderts wurden in den beiden deutschen Staaten die gesetzlichen Grundlagen für eine völlige Gleichberechtigung der Frauen geschaffen.

T3 Erfolge und Etappen der deutschen Frauenbewegung, 1848 – 1919

1848/52	Die erste „Frauenzeitung“ erscheint.
1865	Gründung des Allgemeinen Deutschen Frauenvereins in Leipzig
ab 1872	Erweiterung der Berufsmöglichkeiten für Frauen (Kindergärtnerinnen, Bahn- und Postdienst)
1891	erste Schutzbestimmungen für Fabrikarbeiterinnen
1892	Zulassung von Mädchen zum Abitur (zuerst in Preußen)
1894	Gründung des Bundes Deutscher Frauenvereine
ab 1900	Zulassung von Frauen zum Universitätsstudium
1908	Vereinsfreiheit für Frauen (Mitgliedschaft in Parteien)
1911	erster Internationaler Frauentag
1918	Einführung des Frauenwahlrechts
1919	Verankerung der Gleichberechtigung von Mann und Frau in der Weimarer Verfassung

B4 Aufruf zum 4. Internationalen Frauentag. Plakat von 1914

PERSONENLEXIKON

CLARA ZETKIN, 1857–1933. Tochter eines Dorfschullehrers, Lehrerin und Erzieherin in Leipzig, Vorkämpferin der proletarischen Frauenbewegung. 1878 Sozialdemokratin, 1919 Beitritt zur KPD, im Moskauer Exil gestorben

Q5 Clara Zetkin, führende Vertreterin der proletarischen Frauenbewegung, über Kindererziehung, 1889:

Die Kindererziehung wird und muss aus der Familie in die Gesellschaft verlegt werden, sie wird und muss aus den Händen der Mutter in die von Pädagogen im weitesten Sinne des Wortes übergehen. Die Frau wird nicht nur als Hauswirtin, sie wird auch als Mutter frei zur Ausübung [...] gesellschaftlicher Bedürfnisse. Ihre Stellung wird auch hierin mehr und mehr der des Mannes ähnlich werden. Alle sentimentale Heulmeierei kann an dieser notwendigen Tatsache kein Jota ändern.

(In: Die Frauenfrage in Deutschland 1865–1915. Texte und Dokumente. Hrsg. von E. Frederiksen. Stuttgart 1981, S.179. Gekürzt)

ARBEITSAUFTRÄGE

1. Vergleiche die Texte Q1 und Q5. Nenne Gemeinsamkeiten und Unterschiede in den Positionen der beiden Verfasserinnen.
2. Gib den Eindruck wieder, den B2 vermittelt. Lässt die Art der Darstellung einen Schluss auf die Position des Zeichners zu?
3. Betrachte B4. Informiere dich, wann in Deutschland das Frauenwahlrecht eingeführt wurde. Nutze auch T3.

9. Marx, Engels und die deutsche Arbeiterbewegung

Seit ihren Anfängen im Jahre 1848 wurde die Arbeiterbewegung stark von KARL MARX und FRIEDRICH ENGELS beeinflusst. Durch Bücher, Zeitungsartikel, Programmentwürfe und Briefe haben sie die Entwicklung der deutschen Arbeiterbewegung zeitlebens kritisch begleitet und über ihren Tod hinaus mitgeprägt. Welche Positionen haben Marx und Engels vertreten? Wie standen die Organisationen der Arbeiterbewegung dazu?

Marx und Engels gehörten dem Bund der Kommunisten an, einem 1847 gegründeten revolutionären Geheimbund. Ihre Schrift **„Das Manifest der Kommunistischen Partei“** (1848) gewann große Bedeutung für die internationale Arbeiterbewegung. Der **Arbeiterverbrüderung,** die 1848 STEPHAN BORN in Leipzig gegründet hatte und die mit Unterstützungskassen für die Verbesserung der wirtschaftlichen Lage der Arbeiter eintrat, standen Marx und Engels kritisch gegenüber. Sie waren der Auffassung, dass sich eine Verbesserung der sozialen Lage der Arbeiterschaft nicht durch Einzelmaßnahmen, sondern nur durch eine grundlegende Revolution erreichen lasse.

Nach dem Scheitern der Revolution von 1848 und der Auflösung der Arbeiterorganisationen dauerte es mehr als zehn Jahre, bis in Deutschland die erste Arbeiterpartei entstand, der von FERDINAND LASSALLE gegründete **Allgemeine Deutsche Arbeiterverein** (1863). Der Gegensatz zwischen Lassalles Ansichten und denen von Marx und Engels war groß: Lassalle wollte mithilfe des allgemeinen Wahlrechts die politische Macht erobern und mit staatlicher Hilfe die Arbeiter in sog. „Produktivgenossenschaften“ selbst zu Unternehmern machen. Marx und Engels setzten hingegen auf die „proletarische Revolution“, die Abschaffung des Eigentums an den Produktionsmitteln und die Entstehung einer klassenlosen Gesellschaft. Sie unterstützten die von AUGUST BEBEL und WILHELM LIEBKNECHT 1869 in Eisenach gegründete **Sozialdemokratische Arbeiterpartei.** Als sich beide Parteien 1875 in Gotha vereinigten, begrüßten Marx und Engels den Zusammenschluss. Sie kritisierten aber, dass die Ansichten Lassalles noch nicht ganz überwunden seien. Als die Partei 1891 ein neues Programm beschloss, schienen sich die Lehren von Marx und Engels als theoretische Grundlage der Sozialdemokraten durchgesetzt zu haben.

PERSONENLEXIKON

KARL MARX, s. S. 280

T 1 Die Entwicklung der deutschen Arbeiterparteien, 1848 – 2005

DEUTSCHER BUND

- **Arbeiterverbrüderung** 1848–1854 (Stephan Born)
- **Allgemeiner Deutscher Arbeiterverein (ADAV)** 1863 (Ferdinand Lassalle)
- **Bund der Kommunisten** 1847–1852 (Karl Marx/Friedr. Engels)
- **Sozialdemokratische Arbeiterpartei Deutschlands (SDAP)** 1869 (August Bebel/Wilh. Liebknecht)

DEUTSCHES KAISERREICH

- **Sozialistische Arbeiterpartei Deutschlands (SAP)** 1875 (August Bebel/Wilh.Liebknecht)
- **Sozialdemokratische Partei Deutschlands (SPD)** 1890 (August Bebel/Rosa Luxemburg/Karl Liebknecht/Friedrich Ebert)
- **„Spartakusbund“** 1916 (Rosa Luxemburg/Karl Liebknecht)

WEIMARER REPUBLIK

- **Sozialdemokratische Partei Deutschlands (SPD)** (Friedrich Ebert/Rudolf Breitscheid/Otto Wels)
- **Kommunistische Partei Deutschlands (KPD)** 1918 (Rosa Luxemburg/Karl Liebknecht/Ernst Thälmann)

NS-DIKTATUR 1933–1945: Mit Ausnahme der NSDAP sind alle Parteien verboten

WESTZONEN 1945–1949

- **SPD** (Kurt Schumacher)

OSTZONE 1945–1949

- **SPD** (Otto Grotewohl)
- **KPD** (Wilhelm Pieck/Walter Ulbricht)
- **Sozialistische Einheitspartei Deutschlands (SED)** 1946 (W. Ulbricht/Otto Grotewohl)

BUNDESREPUBLIK DEUTSCHLAND BIS 1990

- **SPD** (Kurt Schumacher/Erich Ollenhauer/Willy Brandt/Björn Engholm/Hans Jochen Vogel)

DEUTSCHE DEMOKRATISCHE REPUBLIK

- **Sozialistische Einheitspartei Deutschlands (SED)** (Walter Ulbricht/Erich Honecker/Egon Krenz)
- **SPD (Ost)** seit 1989 (M. Meckel)
- **Partei d. Demokrat. Sozialismus (PDS)** 1989 (Gregor Gysi)

DEUTSCHLAND SEIT 1990

- **Sozialdemokratische Partei Deutschlands (SPD)**
- **Partei des Demokratischen Sozialismus (PDS)**
- **Die Linkspartei. PDS** (seit 2005)

Die Arbeiterbewegung und der „Marxismus“ – Auch nach dem Tode von Marx (1883) und Engels (1895) wurde der Streit um den richtigen Weg zur Verbesserung der sozialen und politischen Lage weitergeführt. Welche Richtungen bildeten sich heraus?

Die „Revolutionäre“ in der SPD wollten die soziale Frage auf revolutionärem Wege lösen, falls notwendig auch gewaltsam. ROSA LUXEMBURG und KARL LIEBKNECHT waren die führenden Vertreter dieser Richtung. Sie gründeten 1916 den „Spartakusbund“.
Die „Reformisten“ in der SPD um den Politiker EDUARD BERNSTEIN wollten dagegen durch Mitarbeit in den Parlamenten und auf friedlichem Wege soziale und politische Reformen durchsetzen. /11

Im Revolutionsjahr 1918 vereinigten sich die radikalen Anhänger der Revolution und die Spartakusgruppe zur **Kommunistischen Partei Deutschlands** (KPD). Sie trat nach dem Vorbild der russischen Kommunisten und ihres Führers LENIN für die „Diktatur des Proletariats“ ein. So gab es in der Weimarer Republik (1918–1933) zwei Parteien, die sich auf Marx und Engels beriefen. Während die SPD sich aktiv an der Gestaltung der Weimarer Republik beteiligte und für die Demokratisierung der Gesellschaft eintrat, kämpfte die KPD für eine Revolution nach sowjetischem Vorbild und die Überwindung der bestehenden Gesellschaft.

Nach dem Zweiten Weltkrieg setzte sich die Spaltung der Arbeiterbewegung im geteilten Deutschlands fort: Im Westen nahm die SPD die erfolgreiche Reformpolitik wieder auf und strich die von der Geschichte widerlegte Theorie von Marx und Engels 1959 aus ihrem Programm. Im Osten wurden 1946 die KPD und die SPD gegen den Willen der meisten Sozialdemokraten zur Sozialistischen Einheitspartei Deutschlands (SED) zusammengeschlossen. Die SED nannte sich „marxistisch-leninistisch“ und knüpfte ausdrücklich an Marx und Engels sowie an das sowjetrussische Vorbild an.

B2 Plakat der SED, DDR 1954

PERSONENLEXIKON

FRIEDRICH ENGELS, 1820–1895. Kaufmann und Schriftsteller. Zusammen mit Karl Marx verfasste er mehrere Schriften zur Arbeiterbewegung und zur Philosophiegeschichte.

Q 3 Der sozialdemokratische Politiker Eduard Bernstein schreibt 1899 zu den Theorien von Marx und Engels:

Die Zuspitzung der gesellschaftlichen Verhältnisse hat sich nicht in der Weise vollzogen, wie das [Kommunistische] „Manifest“ schildert. [Die Bourgeoisie] weicht in allen [industriell] vorangeschrittenen Ländern Schritt für Schritt demokratischen Einrichtungen. [...] Fabrikgesetzgebung, die Demokratisierung der Gemeindeverwaltungen, die Befreiung der Gewerkschaften und Genossenschaften von allen gesetzlichen Hemmungen [...] kennzeichnet diese Stufe der Entwicklung. Je mehr aber die politischen Einrichtungen [...] demokratisiert werden, umso mehr verringern sich die Notwendigkeiten und Gelegenheiten großer politischer Katastrophen.

(In: Eduard Bernstein, Die Voraussetzungen des Sozialismus und die Aufgaben der Sozialdemokratie (1899), Nachdr. 1921, Berlin 1973, S. 6 ff. Gekürzt)

ARBEITSAUFTRÄGE

1. Vergleiche Q 1 und Q 3 der Seiten 276/277 mit Q 3 dieser Seite. Welcher der beiden Positionen steht E. Bernstein näher? Wie begründet er seine Auffassung?
2. Betrachte B 2. Welche Schlussfolgerung lässt das Plakat über die Inhalte des SED-Parteiprogramms von 1954 zu?
3. Analysiere mit T 1 die Entwicklungslinie der sozialdemokratischen und die der kommunistischen Partei Deutschlands.

	Politik	Kultur	Alltag/Wirtschaft
1880	1875: Vereinigung der deutschen Arbeiterparteien in Gotha 1871: Gründung des Deutschen Reiches in Versailles 1869: Bebel und Liebknecht gründen die Sozialdemokratische Arbeiterpartei	1891: Enzyklika „Geist der Erneuerung“ von Papst Leo XIII. 1865: Gründung des Allgemeinen Deutschen Frauenvereins	ab 1870: Zweite Phase der Industrialisierung (Elektro-, Chemie- und Automobilindustrie) seit 1850: In Deutschland entstehen Aktiengesellschaften seit 1848: Lösungsversuche der sozialen Frage
1860	1863: Lassalle gründet den Allgemeinen Deutschen Arbeiterverein; „Geburtsstunde“ der Sozialdemokratie 1848: Marx und Engels veröffentlichen das „Kommunistische Manifest“ 1839–1861: In Preußen, Bayern und Sachsen schafft der Staat Gesetze zur Einschränkung der Kinderarbeit.	Die Verbreitung der Eisenbahn erhöht die Mobilität der Menschen seit 1848: Die Arbeiterschaft gründet eigene Vereine, auch zur eigenen Bildung und zur Förderung der Ausbildung von Arbeiterkindern	seit 1848: Erste Arbeitervereine als Vorformen der Gewerkschaften um 1840: Erste Gesetze zur Einschränkung der Kinderarbeit um 1840: Die wöchentliche Arbeitszeit für Industriearbeiter oder Dienstpersonal beträgt bis zu 84 Stunden
1840	1835 ff.: Die deutschen Staaten fördern die Gründung von Eisenbahngesellschaften. 1833/34: Gründung des Deutschen Zollvereins	seit 1840: Die Kirchen gründen erste Arbeiterbildungsvereine Die Massenproduktion in der Textilindustrie schafft neue Bekleidungsangebote	1835: Bau der ersten Eisenbahnlinie in Deutschland 1825: Erste Eisenbahnlinie in England
1820	1807/1811: Preußen schafft mit Agrar- und Gewerbereformen wichtige Voraussetzungen für den Beginn der Industrialisierung in Deutschland.	Viele einfache Menschen können kaum lesen, wenige rechnen und noch weniger schreiben bis ca. 1860: keine oder nur unzureichende Schulbildung für Arbeiterkinder	ab 1830: Schlechte Arbeits-, Wohn- und Lebenssituation der Arbeiter (in England bereits früher); Pauperismus ab 1830: Billige Arbeitskräfte ziehen in die neu entstehenden Städte; das „Industrieproletariat“ entsteht
1800		seit 1830: Kulturelle und soziale Entwurzelung großer Bevölkerungsteile durch Übersiedlung in industrielle Ballungsräume mit veränderten Lebens- und Arbeitsbedingungen	1807/11: Ende des Zunftzwangs und Gildewesens in Preußen seit 1780: Kohle- und Eisenerzförderung werden verbessert. seit 1770: In England entstehen erste Fabriken
1780			1767–1786: In England werden u. a. die mechanische Spinn- und Webmaschine und die Dampfmaschine erfunden seit 1750: Bevölkerungswachstum in der Mehrzahl der Staaten Europas
1760			

Zusammenfassung – Industrialisierung und soziale Frage

Das Mutterland der Industrialisierung war England. Technische Erfindungen leiteten seit 1770 einen Wandel in der englischen Textilproduktion ein. Mit der Entwicklung einer funktionstüchtigen Dampfmaschine nahm die Industrialisierung geradezu revolutionäre Ausmaße an und veränderte die Produktionsweise und das Leben der Menschen.

In Deutschland setzte die Industrialisierung um 1830 ein. Die Zersplitterung in 39 Kleinstaaten, zahlreiche Zollgrenzen, verschiedene Währungen, Maße und Gewichte sowie das Fehlen staatlicher Fördermaßnahmen verzögerten den industriellen Aufschwung. Erst mit Gründung des Deutschen Zollvereins 1833/34 wurden diese Rahmenbedingungen verbessert. Gegen Ende des 19. Jahrhunderts hatte Deutschland den Rückstand bei der Industrialisierung aufgeholt.

Wesentliche Voraussetzungen für den Beginn der Industrialisierung waren ein Bevölkerungswachstum und die Bauernbefreiung (in Preußen 1807). Dadurch standen genügend Arbeitskräfte für die Fabriken bereit. In den Städten bildete sich die Arbeiterklasse, das Proletariat.

Die Arbeitsbedingungen in den Fabriken und Bergwerken waren anfangs sehr schlecht. Bei Arbeitszeiten von 14 bis 16 Stunden täglich lebten die Arbeiterfamilien in bitterer Armut und in erbärmlichen Wohnverhältnissen. Die Belastung der Frauen war besonders groß. Auch viele Kinder mussten von klein auf täglich schwer arbeiten.

Die bedrückende Arbeits- und Lebenssituation der Arbeiter warf die soziale Frage auf. Arbeitervereine, verantwortungsbewusste Unternehmer und die Kirchen setzten sich für sie ein. Der Staat schuf eine neue Sozialgesetzgebung. Die Lösung der sozialen Frage musste die Arbeiterschaft mit politischen Mitteln aber selbst erkämpfen.

ARBEITSAUFTRÄGE

1. Schreibe einen Zeitungsartikel über die Lage der deutschen Arbeiterkinder im 19. Jahrhundert.
2. Erkundige dich: In welchen Ländern gibt es noch heute Kinderarbeit? Präsentiere deine Ergebnisse.
3. Man spricht heute vom „Computerzeitalter“. Haben Computer die Arbeits- und Lebensbedingungen der Menschen ähnlich revolutionär verändert wie die Dampfmaschinen im 18. und 19. Jahrhundert? Schreibe Pro- und Kontra-Argumente auf und bilde dir ein eigenes Urteil.

ZUM WEITERLESEN

Grütter, K. / Ryter, A.: Stärker als ihr denkt, Aarau 1989
Pierre, M.: Die Industrialisierung. Union Verlag, Stuttgart 1995
Schneider, G.: Fanny Lewald, Reinbek bei Hamburg 1996
Wölfel, Ursula: Leinewebersohn, geb. 1821, München dtv

/1 Basiswissen zum Thema Industrialisierung mit vielen Links: http://www.wcurlin.de/links/basiswissen/basiswissen_industrialisierung.htm
/2 http://de.wikipedia.org/wiki/George_Stephenson
/3 http://de.wikipedia.org/wiki/Preußische Reformen
/4 http://de.wikipedia.org/wiki/August_Borsig
/5 http://www.sammleraktien-online.de/html/2/gid/_Informationen90Geschichte+der+Aktien90/view/_doc/content.html
/6 http://www.thur.de/philo/klo/klo/Das_Klo.htm
/7 http://gutenberg.spiegel.de/autoren/marx.htm
/8 http://berlin.spd.de/serviet/PB/menu/1006692/index.html
/9 http://berlin.spd.de/serviet/PB/menu/1006732/index.html
/10 http://de.wikipedia.org/wiki/Louise-Otto-Peters
/11 http://berlin.spd.de/serviet/PB/menu/1020125/index.html

Standard-Check: Das solltest du können!

1. Wichtige Arbeitsbegriffe
Hier sind wichtige Arbeitsbegriffe des Kapitels aufgelistet. Übertrage sie in dein Heft und formuliere zu jedem Begriff eine kurze Erläuterung.

Aktiengesellschaft	Dampfmaschine
Fabrik	Klassenkampf
Manufaktur	Proletarier
Schlüsselindustrie	soziale Frage

1. ☺ 😐 ☹

2. Interpretation von Statistiken und Diagrammen
2.1 Dargestellt sind die Werte der Industrieproduktion zwischen 1780 und 1888 in zwei Weisen. Nenne Vor- und Nachteile beider Darstellungsformen.
2.2 Analysiere die Entwicklung der Industrieproduktion der einzelnen Staaten. In welchen Staaten begann sie früh, in welchen erst später? In welchen Staaten war sie besonders kräftig?
2.3 Versuche Gründe für die unterschiedliche Entwicklung der Länder zu nennen.

Die Industrieproduktion ausgewählter Staaten zwischen 1780 und 1888 (in Mio. engl. Pfund); zwei Darstellungsformen

	1780	1800	1820	1840	1860	1888
Großbritannien	177	230	290	387	577	820
Frankreich	147	190	220	264	380	485
Deutschland	50	60	85	150	310	583
Russland	10	15	20	40	155	363
Österreich	30	50	80	142	200	253
USA	15	25	55	96	392	1443

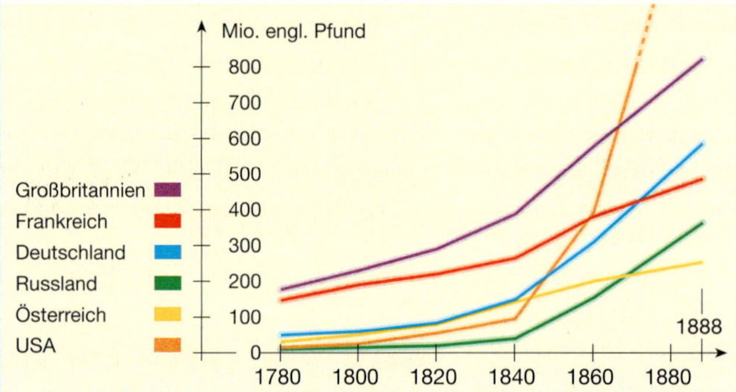

2.1 ☺ 😐 ☹
2.2 ☺ 😐 ☹
2.3 ☺ 😐 ☹

3. Interpretation einer Karikatur
3.1 Erläutere in deinem Heft, was der Zeichner mit der Karikatur zum Ausdruck bringen will.
3.2 Welcher Stilmittel bedient er sich dabei?
3.3 Kannst du erkennen oder vermuten, welche Position/Meinung der Zeichner selbst vertritt?
3.4 Stimmst du der Aussage der Karikatur zu? Begründe deine Antwort im Heft.

„Industriearbeit". Französische Karikatur um 1910

3.1 ☺ 😐 ☹
3.2 ☺ 😐 ☹
3.3 ☺ 😐 ☹
3.4 ☺ 😐 ☹

Die Lösungen zu diesen Standard-Checkaufgaben findest du auf Seite 314. Aber: Erst selbst lösen, dann überprüfen. Dein Können kannst du bewerten (☺ 😐 ☹). Deine Leistungsbewertung zeigt dir, was du noch einmal wiederholen solltest.

Das konnte ich
☺ = gut
😐 = mittel
☹ = noch nicht

Industrialisierung und Kinderarbeit

Kinderarbeit gab es schon in der Antike, vor allem in der Landwirtschaft. Während der Industrialisierungphase des 18. und 19. Jahrhunderts war sie in den Fabriken Europas und der USA weit verbreitet. Auch heute noch müssen weltweit etwa 250 Millionen Kinder täglich schwere körperliche Arbeiten leisten, besonders in Entwicklungsländern. Was waren, was sind die Ursachen für Kinderarbeit?

Q1 Aus einem Bericht der preußischen Regierung zur Kinderarbeit, 1827:

Dass die Kinder überhaupt in Fabriken beschäftigt werden, ist an sich nicht zu missbilligen, und ein allgemeines unbedingtes Verbot dieser Arbeit würde eine ebenso nachteilige Maßregel für die Fabrikherren als für die Eltern und die Kinder selbst sein, von denen die ersteren diese wohlfeilen [= billigen] Arbeiter, die anderen den Arbeitslohn ihrer Kinder nicht entbehren können, die letzteren sich aber früh an Tätigkeit und Ausdauer gewöhnen lernen.

(Nach: Wilfried Feldkirchen, Kinderarbeit im 19. Jahrhundert, in: Zeitschrift für Unternehmensgeschichte, 26. Jg. (1981), S. 1)

Q2 Aus dem Bericht einer Journalistin über die Ursachen von Kinderarbeit in Südasien, 2002:

Oft geht es um das blanke Überleben. Statt zu lernen und eine Ausbildung zu bekommen, müssen viele Kinder von klein auf arbeiten. Oft geht es auch darum, die Schulden der Eltern abzuarbeiten […]. Arbeitgeber leihen ihren Angestellten zu Wucherzinsen Geld […].
Wegen der Hungerlöhne hat kaum ein Arbeiter die Chance, das Geld mitsamt den Zinsen aufzubringen. Die Schulden werden weitergegeben an die nächste Generation […], auch die Kinder werden [so] zu Sklaven des Unternehmers.

(Ulla Rehbein: www.planet-wissen.de/ [→ Länder und Kulturen → Kinderarbeit])

ARBEITSAUFTRAG

1. Lies und vergleiche Q1 und Q2. Gibt es gemeinsame Ursachen für die Kinderarbeit früher und heute?

1. Kinderarbeit während der Industrialisierung

In Deutschland ist die Arbeit von Kindern unter 15 Jahren verboten. Das war nicht immer so. Während der Industrialisierung mussten viele Kinder in Fabriken und Bergwerken hart arbeiten. Was waren die Ursachen und wie sah der Arbeitsalltag der Kinder aus?

Von der Wollspinnerei ins Bergwerk – Veränderungen in der Landwirtschaft hatten zur Verarmung der Landbevölkerung geführt. Sie suchte neue Arbeit in den Wollspinnereien und Fabriken; viele Eltern brachten auch ihre Kinder zur Arbeit, denn Kinder wurden bevorzugt beschäftigt. Wegen ihrer Fingerfertigkeit waren sie geschätzt, gleichzeitig kosteten sie die Unternehmer nur geringe Löhne.
Im Verlauf der Industrialisierung wurde der Bedarf an Fabrik- und Grubenarbeitern immer größer. Kinder stellten dafür ein billiges Heer von Arbeitskräften dar. Bedenkenlos wurden sie schwerster Arbeit ausgesetzt. Vielen Eltern blieb nichts anderes übrig, als ihre Kinder in die Fabriken zu schicken: ohne deren geringen Zuverdienst konnten sie den Lebensunterhalt der Familie nicht decken.

T 1 Schutzgesetze gegen Kinderarbeit

1839, Preußen	Verbot von Fabrikarbeit unter 9 Jahren; ab 9 Jahren: 10 Std.; keine Einschränkung für Heim- und Landarbeit
1853, Preußen	Verbot von Fabrikarbeit unter 12 Jahren; ab 12 Jahren: 6 Std.; keine Einschränkung für Heim- und Landarbeit
1903, Dt. Reich	Verbot von Fabrikarbeit unter 13 Jahren; ab 13 Jahren: 6 Std.; Verbot von Heimarbeit unter 10 Jahren; ab 10 Jahre: 3 Std.; keine Einschränkung für Landarbeit
1960, BRD	Verbot von Fabrikarbeit unter 14 Jahren; ab 14 Jahren: 8 Std.; Verbot von Heimararbeit unter 14 Jahren; Verbot von Landarbeit unter 12 Jahren; ab 12 Jahren: gelegentlich

Schutzgesetze – Die Kinderarbeit nahm ungeheure ausbeuterische Ausmaße an. Die Folgen waren Krankheit und Erschöpfung bis zum Tod, schwere Unfälle sowie die Tatsache, dass die Kinder kaum lesen und schreiben lernten. Erst als die Armee zunehmend Probleme hatte, gesunde Rekruten zu finden, verfügte Preußen 1839 erstmals das Verbot der Fabrikarbeit von Kindern unter neun Jahren.

Q 2 Der Pädagoge Friedrich A. Diesterweg (1790–1866) schreibt 1827 über den Alltag von Kindern in Fabriken:

Im Sommer um 5, im Winter um 6 Uhr […] ruft die Glocke das Kind in die Fabrik. An den meisten Fabrikaten kann das Kind schon vom 8. oder 9. Jahr an gebraucht werden […]. Nach kurzer Zeit spinnt und spult, klopft und hämmert es maschinenmäßig fort, von Minute zu Minute, von Stunde zu Stunde […] und setzt seine Tätigkeit fort bis 7 oder 8 Uhr am Abend. […] Das Fabrikkind hat [dann] noch nicht Feierabend. Es muss zur Schule. In der Hast wird der Hunger mit Brot oder Kartoffeln gestillt. […] Und nun geht es nach der fern liegenden Abendschule. […] So erlebt das Kind noch im Dunste der Kerzen und sich plagend mit den schweren Elementen der Lese-, Schreib- und Rechenkunst und mit dem Behalten des Katechismus $1\frac{1}{2}$ oder 2 Stunden, bis die Zehn-Uhr-Glocke endlich nach Hause geleitet.

(In: Friedrich Adolph Wilhelm Diesterweg, Über den Gebrauch der Kinder zur Fabrikarbeit, Frankfurt 1977. Gekürzt)

B 3 Jungen in einer amerikanischen Baumwollspinnerei. Foto 1910

2. Kinderarbeit in unserer Zeit

Die UNO, das ist die gemeinsame Organisation aller Staaten in New York, hat 1989 eine Konvention [= Vereinbarung] zum Schutz von Kindern verabschiedet. Darin werden die Arbeit und Ausbeutung von Kindern generell verboten. Dennoch müssen weltweit schätzungsweise 250 Millionen Kinder hart arbeiten. Was sind die Ursachen und wie sieht der Arbeitsalltag der Kinderarbeiter aus?

Ursachen heutiger Kinderarbeit – Etwa 1,2 Milliarden Menschen, das ist ein Fünftel der Weltbevölkerung, verfügt über umgerechnet weniger als einen US-Dollar pro Tag zum Leben. Das reicht nicht, um eine Familie zu ernähren. Die Kinder müssen daher aus reinen Überlebensgründen mitarbeiten. Den Schulbesuch ihrer Kinder können sich die Eltern meist nicht leisten; oft sehen sie auch nicht die Notwendigkeit dafür. Doch ohne Ausbildung haben die Kinder nie die Chance, dem Teufelskreis von Armut und fehlender Ausbildung zu entrinnen.

Auch das unbedachte Konsumverhalten vieler Menschen in den reichen Industrieländern trägt zur Ausbeutung von Kinderarbeitern in Entwicklungsländern bei. Wir kaufen importierte, preiswerte Kleider, Turnschuhe, Fußbälle, Teppiche, Kaffee, Tee, Schokolade etc. Aber wir denken nicht darüber nach, ob bzw. wie viel Kinderarbeit in diesen Waren steckt.

B5 Mädchen in der mexikanischen Landwirtschaft. Foto 2002

B6 In Indien arbeiten etwa 70 Millionen Kinder in Seidenspinnereien oder in Teppichfabriken. Foto 2002

T4 Verbreitung von Kinderarbeit in der Gegenwart, nach Regionen (in Mio. Kinder)

Industrieländer	2,5
Schwellenländer	2,4
Asien/Pazifik	127,3
Lateinamerika und Karibik	17,4
Mittlerer Osten und Nordafrika	13,4
Zentral- und Südafrika	? (ca. jedes 3. Kind)

(Nach: terre des hommes: http://www.tdh.de/content/themen/schwerpunkte/kinderarbeit)

Q 7 Der 13-Jährige Razia Kubra aus Pakistan erzählt:

Vor drei Jahren starb mein Vater. Seit zwei Jahren nähe ich Fußbälle. […] Wir müssen 32 Teilstücke mit einem Kunststofffaden zusammennähen […], 690 Stiche sind zu machen – dann ist der Ball fertig. […] Wenn ich schnell arbeite, nähe ich drei Bälle in sieben Stunden und verdiene für jeden Ball 15 PKR [= Pakistanische Ruphia; ein kg Reis kostet 15 PKR]. Jeden Tag gehe ich von der Schule sofort nach Hause und fange mit dem Nähen an. Oft tun mir Rücken und Knie weh […]. Es ist hart, nach Hause zu gehen und gleich zu nähen, aber wir sind arm.

(In: http://www.global-lernen.de/service/zips/g_lernen/gl98_2.pdf)

3. Maßnahmen gegen die Ausbeutung von Kinderarbeitern

Das generelle Verbot jeglicher Kinderarbeit sowie Strafen für deren Eltern oder die beteiligten Unternehmen hilft den betroffenen Kindern meistens nicht. Sie werden vielmehr in die Illegalität gedrängt, landen im Gefängnis oder auf der Straße – was oft noch schlimmere Ausbeutungsverhältnisse oder gar Kinderprostitution nach sich zieht. Welche Möglichkeiten gibt es dann, den Kinderarbeitern zu helfen?

Gütesiegel gegen die Ausbeutung – Kinderhilfsorganisationen wie UNICEF oder TERRE DES HOMMES empfehlen, nicht generell alle Produkte zu boykottieren, in denen Kinderarbeit steckt. Die Kindern verlieren dann jegliche Existenzgrundlage. Um deren Ausbeutung dennoch zu bekämpfen, haben sie zusammen mit problembewussten Konsumenten **Gütesiegel gegen Kinderarbeit** geschaffen. Ziel dieser Siegelkampagnen ist es, die Ausbeutung von Kindern bei der Herstellung von Teppichen oder anderen Waren zu verhindern und ihnen eine Schulausbildung zu ermöglichen.

Q 8 Die Kinderhilfsorganisation UNICEF hat Kriterien benannt, wann Kinderarbeit schädliche Ausbeutung ist:

- wenn Kinder vollbeschäftigt werden,
- wenn sie zu viel Verantwortung tragen, unter langer Arbeitszeit und schlechter Bezahlung leiden,
- wenn die Arbeit langweilig und monoton ist,
- wenn das Arbeitsumfeld gefährlich ist,
- wenn die Arbeit sie körperlich oder seelisch zu stark belastet,
- wenn keine Zeit und Kraft mehr für die Schule und zum Lernen bleibt.

(In: http://www.planet-wissen.de/pw/Artikel/Kinderarbeit)

Auch die Kinderarbeiter selbst beginnen, sich zu organisieren und formulieren ihre Forderungen. Inzwischen gibt es in Indien, Lateinamerika und Afrika gewerkschaftliche Organisationen der Kinderarbeiter. Ihr Ziel ist nicht die generelle Abschaffung der Kinderarbeit, sondern es sind menschenwürdige Bedingungen durch Beschränkung der Arbeitszeiten, Gesundheitsschutz, eine Schulbildung sowie höhere Löhne.

TRANSFAIR FAIRTRADE

Das **TransFair-Siegel** kennzeichnet solche Produkte, die nach den Grundsätzen des fairen Handels hergestellt wurden, meist Lebensmittel. Die Unternehmer und Importeure zahlen den Bauern faire Preise, die über dem Weltmarktpreis liegen und vor der Ernte festgelegt werden. So erzielen die Bauern ein Einkommen, mit dem sie ihre Familien ernähren und ihre Kinder zur Schule schicken können.

RUGMARK®

Rugmark ist ein Warenzeichen für Teppiche ohne illegale Kinderarbeit aus Indien, Nepal und Pakistan. Die Teppichhersteller verpflichten sich, keine Kinder unter 14 Jahren zu beschäftigen, gesetzliche Mindestlöhne zu bezahlen und unangekündigte Kontrollen zuzulassen.

B 9 Gütesiegel für Waren, die ohne die Ausbeutung von Kindern produziert wurden

ARBEITSAUFTRÄGE

1. Gib mithilfe von Q 2, S. 288, den Arbeitstag von Arbeiterkindern in Fabriken des 19. Jahrhunderts wieder. Nutze auch T 1 von Seite 288. Vergleiche mit deinem eigenen Tagesablauf sowie mit dem Tagesablauf der beiden Mädchen von B 5, B 6.
2. Analysiere T 4. In welchen Regionen der Erde ist Kinderarbeit heute noch weit verbreitet? Nenne mögliche Ursachen.
3. Lies Q 7. Erkundige dich im Sportgeschäft und beim örtlichen Fußballclub, wo diese ihre Fußbälle einkaufen.
4. Analysiere Q 8. Wie beurteilst du die Kriterien von UNICEF? Nenne mögliche Gründe, warum UNICEF oder TERRE DES HOMMES nicht generell gegen Kinderarbeit auftreten.
5. Erkläre den Sinn der Siegel „Transfair“ bzw. „Rugmark“ (B 9).

Berlin – von der Gründung bis zur Industrialisierung

K1

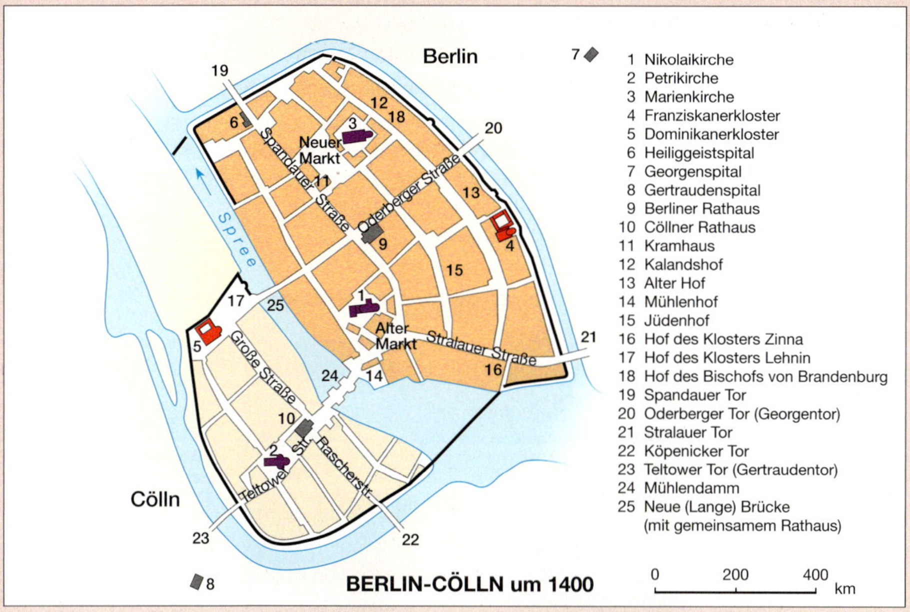

Das Stadtsiegel von Berlin, um 1338

Das Stadtsiegel von Cölln, um 1383

Seit 1871 war Berlin die Hauptstadt des Deutschen Reiches. In der Zeit der deutschen Teilung (1949–1990) war Bonn am Rhein die Hauptstadt der Bundesrepublik Deutschland. Den Ostteil Berlins hatte die Regierung der Deutschen Demokratischen Republik zu ihrer Hauptstadt erklärt. Aber die Stadt hat eine viel längere Geschichte. Wie entwickelte sie sich seit ihren Anfängen?

Aus zwei Marktorten entsteht eine Handelsstadt – Zwischen Elbe und Oder hatten sich Ende der Völkerwanderung slawische Stämme angesiedelt. Gefördert von den Markgrafen von Brandenburg, den Landesherren, ließen sich im Mittelalter auch deutsche Kaufleute und Handwerker an einem Übergang über die Spree nieder. Zwei **wichtige Handelswege** kreuzten sich hier: die West-Ost-Straße von Magdeburg zur Oder und die Nord-Süd-Straße von der Ostsee nach Mitteldeutschland. Beiderseits der Spree entstanden zwei Marktorte: Cölln und Berlin, die 1237 bzw. 1244 zum ersten Mal in Urkunden genannt werden. Die Landesherren befreiten die Kaufleute von Zöllen und Steuern, Berlin und Cölln durften sich weitgehend selbst verwalten. Seit 1307 regierte ein gemeinsamer Rat die **Doppelstadt Berlin-Cölln.**

T2 Die Bevölkerungsentwicklung Berlins von ca. 1360 bis 2000 und ihre konfessionelle Zusammensetzung

Jahr	Einwohner gesamt	davon Protestanten (incl. Hugenotten)	davon Katholiken	davon Juden
um 1360	ca. 6000			
um 1450	ca. 6000			
1539 Einführung der Reformation				
um 1550	ca. 6500			
1600	ca. 9000			
1648	ca. 6000			
um 1700	ca. 29000	ca. 28000 [1]	ca. 400	ca. 600
1770	133520	ca. 120000	ca. 10000 [2]	3386
1843	353070	328253	16453	8364 [3]
1890	1578794	1352559	135407	79286
2000 [4]	3382169	806564	307407	12175

1) incl. ca. 6000 Hugenotten; 2) darunter zahlreiche Soldaten der Berliner Garnison; 3) Die Zahlenangabe 8364 gilt für das Jahr 1780.
4) sowie ca. 89500 Angehörige weiterer christlicher Kirchen, 203484 Muslime, 6656 Buddhisten)

(Vom Autor nach verschiedenen Quellen zusammengestellt)

In der Mitte des 14. Jahrhunderts lebten schätzungsweise 6000 Menschen in Berlin-Cölln, eine in der damaligen Zeit ansehnliche Einwohnerzahl. Berlin-Cölln gehörte auch eine Zeit lang dem mächtigen Städtebund der Hanse an.

Der Einfluss der Kirche – Für die Entwicklung der mittelalterlichen Stadt spielte die Kirche eine wichtige Rolle. So war es auch in Berlin-Cölln, obwohl Berlin-Cölln kein Bischofssitz war. Beide Marktorte besaßen eine eigene Kirche. Priester oder Mönche leiteten die Spitäler, in denen Kranke und alte Menschen gepflegt wurden, sowie die mittelalterlichen Klosterschulen. Die so genannten „Bettelorden“, die Franziskaner und die Dominikaner, hatten in Berlin Klöster gegründet, die am Rand der Stadt lagen. Die Wirtschaftshöfe auswärtiger Klöster versorgten die Stadt mit landwirtschaftlichen Produkten. Das Verhältnis zwischen den Bürgern und der Geistlichkeit war nicht immer konfliktfrei. Im Jahre 1324 ermordete eine aufgebrachte Volksmenge den Propst [= Dom- oder Kirchenvorsteher] Nikolaus von Bernau, der verdächtigt wurde, mit auswärtigen Feinden der Stadt im Bunde zu sein. Der Papst verhängte den Bann über die Stadt: Die Einwohner wurden vom Empfang der Sakramente (z. B. dem Abendmahl) ausgeschlossen; Gottesdienste waren untersagt. Erst 1347 konnte sich die Stadt von dem Kirchenbann endgültig lösen.

Q3 Aus einem zeitgenössischen Bericht über die Ermordung des Propstes Nikolaus von Bernau am im August 1324:

Die Städte Berlin und Cölln hatten in großem Unfrieden und Zwietracht mit verschiedenen Fürsten und Adligen gestanden, als der Propst Nikolaus von Bernau in die Wohnung des Propstes von Berlin gekommen war. Viele Bewohner beider Städte und mehrere Freunde, die wegen des Markttages dahin gekommen waren, hegten den Verdacht, dass er ihre Feinde begünstige. Sie stürmten, von teuflischem Geist besessen, mit Waffengewalt die Propstei, zerrten Nikolaus heraus und verbrannten ihn mit dem Ungestüm der Wut öffentlich auf dem Scheiterhaufen, nachdem sie ihn vorher niedergeschlagen und getötet hatten.

(In: G. Holmsten: Die Berlin-Chronik. Düsseldorf 1984. S. 42. Bearbeitet)

B4 Das Sühnekreuz vor der St.-Marien-Kirche zu Berlin. Der Papst hatte die Stadt Berlin wegen des Mordes an dem Propst Nikolaus von Bernau mit dem Kirchenbann belegt. Um die Freveltat abzugelten, musste die Stadt mehrere Bußen erbringen. Dazu gehörte auch die Errichtung eines Sühnekreuzes an der Mordstelle. 1726 wurde das Kreuz an seinen jetzigen Platz versetzt.

B5 Ruine des Franziskanerklosters in Berlin, Klosterstraße

Berlin wird Fürstenresidenz – Im Jahre 1415 wurde die Herrschaft über Brandenburg und das Kurfürstenamt durch Kaiser Friedrich III. an das fränkische Adelsgeschlecht der **Hohenzollern** übertragen. Welche Auswirkungen hatte dies für die Entwicklung von Berlin-Cölln?

Der neue Kurfürst Friedrich II. ließ Berlin-Cölln militärisch besetzen und begann mit dem Bau eines Stadtschlosses in Cölln am Spreeufer (1443). Die Bürger unterwarfen sich dem Kurfürsten. Berlin und Cölln verloren ihre Stadtfreiheit. Die Landesherren bestimmten von nun an immer stärker die innere Ordnung der Stadt. Sie förderten aber auch ihre wirtschaftliche Entwicklung, besonders nach den schweren Zeiten des Dreißigjährigen Krieges (1618–1648), als die Einwohnerzahl wieder auf 6000 abgesunken war. Berlin, Cölln und eine Reihe neu gegründeter Vorstädte wurden 1709 endgültig zu einer Gemeinde zusammengeschlossen (vgl. K 10, Seite 295). Doch die städtische Selbstverwaltung wurde durch König Friedrich II. – seit 1701 waren die Kurfürsten auch „Könige in Preußen" – vollends abgeschafft.
Der Ausbau der Stadt zu einer repräsentativen Residenz wurde weitergeführt.

Berlin – eine Stätte der Toleranz? – Im Jahre 1539 führte KURFÜRST JOACHIM II. in Brandenburg und in seiner Residenzstadt Berlin die **Reformation** ein. Fortan sollte die christliche Religion allein entsprechend den Lehren Martin Luthers verkündigt werden. Doch Anfang des 17. Jahrhunderts traten die Brandenburger Kurfürsten zum **Calvinismus** über, einer von Jean Calvin in Genf begründeten protestantischen Glaubensrichtung. Die Untertanen wurden aber nicht gezwungen, den Glaubenswechsel nachzuvollziehen; eine damals in Deutschland nicht übliche Praxis religiöser Toleranz.

FRIEDRICH WILHELM, der „Große Kurfürst" (1620–1688), missbilligte die ständigen Konflikte zwischen den Anhängern Luthers und den Anhängern Calvins und ging hart gegen die streitenden Geistlichen vor. Mit dem **Edikt von Potsdam** (1685) öffnete er sein Land den Hugenotten, den in Frankreich verfolgten Anhängern Calvins. Mehr als 5000 Hugenotten ließen sich in Berlin nieder. Die Migranten waren für die wirtschaftliche und kulturelle Entwicklung Berlins von großer Bedeutung, z. B. für das Feinhandwerk und das entstehende Manufakturwesen.

Q6 Kurfürst Friedrich Wilhelm gewährt den in Frankreich verfolgten Hugenotten (= französische Protestanten) Aufnahme, 1685:

Nach den harten Verfolgungen und rigorosen Maßnahmen, mit denen man bisher in dem Königreich Frankreich wider Unsere der evangelisch-reformierten Religion zugetanen Glaubensgenossen vorgegangen ist […], halten wir es aus gerechtem Mitleid, welches wir mit den bedrängten Glaubensgenossen haben müssen, für billig, […] denselben eine sichere und freie Zufluchtstätte in allen Unseren Ländern und Provinzen in Gnaden anzubieten […].

(In: H. Schulz und Ina U. Paul [Hrsg.], Europäisches Geschichtsbuch. Quellen und Materialien, München 1994, S. 847. Gekürzt und bearbeitet)

PERSONENLEXIKON

KURFÜRST JOACHIM II., 1506–1571.
Kurfürst von Brandenburg seit 1535. Er führte im Jahre 1539 in Brandenburg und Berlin die Reformation ein. 1540 gründerte er das Kammergericht als oberstes Landgericht.

B7 Kurfürst Friedrich Wilhelm (der „Große Kurfürst") empfängt 1685 eine Abordnung der Hugenotten. Gemälde von Hugo Vogel, 1885

Jüdische Bürger in Berlin – Bereits 1295 ist die Anwesenheit von Juden in Berlin bezeugt. Sie standen jedoch außerhalb der städtischen Rechtsordnung, ihr Schutzherr war der Landesherr. Für die Entwicklung des wirtschaftlichen und kulturellen Lebens der Städte waren die Juden von großer Bedeutung. Im Gegensatz zu den meisten Menschen des Mittelalters und der frühen Neuzeit konnten sie lesen und schreiben. Und infolge der damaligen Geldknappheit waren ihre Handels- und Geldgeschäfte für den Landesherrn und die Städte unentbehrlich: Die jüdischen Bürger beschafften das für den Landesausbau und die Stadtentwicklung notwendige Kapital. Doch auf Zeiten der Wertschätzung oder Duldung folgten Phasen der Verfolgung sowie Vertreibung. Das Leben der Juden und ihre wirtschaftliche Existenz waren immer wieder bedroht.

Ein Jahrhundert nach der letzten vollständigen Austreibung der Juden gestattete Kurfürst Friedrich Wilhelm 50 aus Wien vertriebenen jüdischen Familien den Aufenthalt in Berlin (1671). Seine Beweggründe waren weniger humanitärer Art. Auschlaggebend waren wohl die reichlichen Schutzgeldzahlungen, die Juden an den Landesherren zahlen mussten, sowie die wirtschaftlichen Fähigkeiten der kleinen Minderheit. Immerhin wuchs die Zahl der jüdischen Bürger im Laufe des 18. Jahrhunderts weiter an, obwohl König Friedrich II. (1712–1786) die diskriminierenden Aufenthaltsbedingungen eher noch verschärfte. Erst gegen Ende des Jahrhunderts, im „Zeitalter der Aufklärung“, verbesserten sich ihre Stellung und ihr Ansehen in der Berliner Gesellschaft. Bedeutende jüdische Persönlichkeiten wie der Philosoph MOSES MENDELSSOHN prägten das geistige Leben der Stadt.

Q8 Das preußische Emanzipationsedikt von 1812 zur rechtlichen Stellung der Juden (Auszug):

§ 1. Die in Unseren Staaten jetzt wohnhaften, mit General-Privilegien, Naturalisations-Patenten, Schutzbriefen und Konzessionen versehenen Juden und deren Familien sind für Einländer und Preußische Staatsbürger zu achten. […]

§ 7. Die für Einländer zu achtenden Juden hingegen sollen, in sofern diese Verordnung nichts Abweichendes enthält, gleiche bürgerliche Rechte und Freiheiten mit den Christen genießen.

§ 8. Sie können daher akademische Lehr- und Schul- auch Gemeinde-Aemter, zu welchen sie sich geschickt gemacht haben, verwalten.

§ 9. Inwiefern die Juden zu anderen öffentlichen Bedienungen und Staatsämtern zugelassen werden können, behalten Wir Uns vor in der Folge der Zeit gesetzlich zu bestimmen.

§ 10. Es steht ihnen frei in Städten sowohl als auf dem platten Lande sich niederzulassen.

(Zitiert nach: Dokumente zur deutschen Verfassungsgeschichte, hg. von E. R. Huber, Bd. 1, Stuttgart 1978, 3. Aufl., S. 49 ff. Gekürzt)

PERSONENLEXIKON

MOSES MENDELSSOHN, 1729–1786. Jüdischer Philosoph und Sprachwissenschaftler. Geboren in Dessau, lebte er seit seinem 14. Lebensjahr in Berlin. Er verstand sich als Vermittler zwischen jüdischer Tradition und deutscher Kultur.

B9 Lavater (rechts) und Lessing (Mitte) zu Besuch bei Mendelssohn (links). Stich von Moritz Oppenheim, 1856

Berlin im 19. Jahrhundert – Erst mit den Reformen des FREIHERRN VOM STEIN nach der Niederlage Preußens gegen Napoleon (1806) entstand wieder eine von den Bürgern Berlins getragene Stadtverwaltung. Allerdings hatten nur knapp 13 000 Bürger (von ca. 145 000 Einwohnern) das Wahlrecht zur Stadtverordnetenversammlung, das an Hausbesitz oder ein Jahreseinkommen von 200 Talern gebunden war.

In der gescheiterten Revolution von 1848/49 spielten die Ereignisse in Berlin eine wichtige Rolle für ganz Deutschland. Das preußische Dreiklassenwahlrecht, welches die Stimme des einzelnen Bürgers nach der Höhe der Steuerleistung gewichtete, verhinderte bis 1918 auch in Berlin eine wirkliche demokratische Mitbestimmung. Das Anwachsen der Sozialdemokratie bei den Wahlen zur Stadtverordnetenversammlung ließ sich dadurch nicht verhindern.

B 11 „Aufbahrung der Märzgefallenen“. Gemälde Adolf v. Menzels aus dem Jahr 1848. Am 18./19. März 1848 wurden ca. 270 bis 300 Aufständische bei Barrikadenkämpfen von Soldaten des Königs erschossen. Am 22. März wurden die Toten auf dem Gendarmenmarkt aufgebahrt.

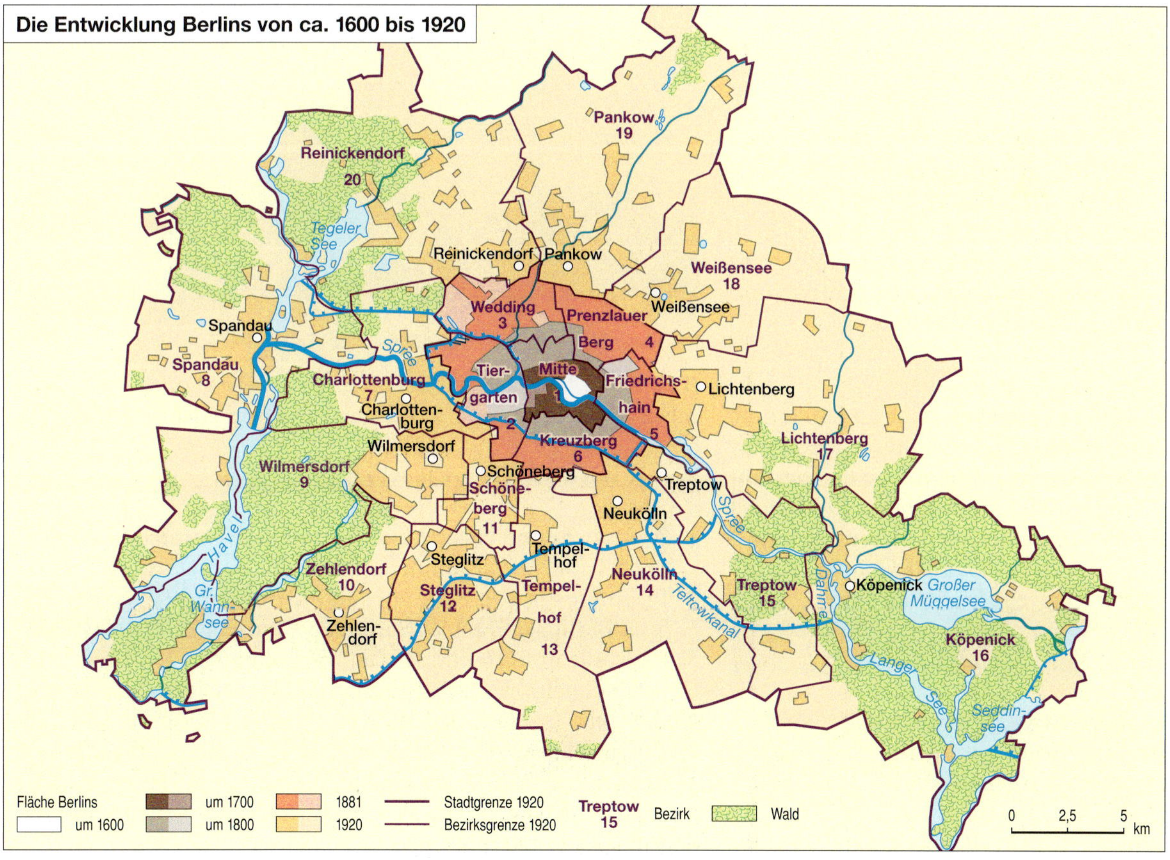

K 10

Auf dem Wege zur Industriestadt – Der Aufstieg Berlins zur Hauptstadt des deutschen Kaiserreichs wurde durch die einsetzende Industrialisierung forciert. In wichtigen Industriezweigen, z. B. im Maschinenbau, der Bekleidungsindustrie, der chemischen Industrie und – seit den 1870er-Jahren – in der Elektroindustrie, errang Berlin eine führende Stellung unter den deutschen Industriestädten. Zehntausende Arbeiter zog es nach Berlin. Sie erhofften sich von der neuen Metropole Arbeit und ein besseres Leben.

Berlin – Hauptstadt der Wissenschaften – 1810 gründete WILHELM V. HUMBOLDT (1767–1835) die Berliner Friedrich-Wilhelms-Universität. Sie trägt heute seinen Namen und den seines Bruders ALEXANDERS. Doch die neue Universität hob die traditionelle Trennung zwischen „reiner“ Wissenschaft und anwendungsbezogener wirtschaftlicher Verwertbarkeit zunächst nicht auf. Erst in der zweiten Hälfte des 19. Jahrhunderts, mit wachsendem Bedarf an industriellen Fertigungstechniken, erlangten die Naturwissenschaften und die Medizin eine bedeutende Stellung.
Weitere Einrichtungen folgten: Aus der 1821 gegründeten technischen Lehranstalt, dem „Königlichen Gewerbe-Institut“, und der „Bauakademie“ entstand die TECHNISCHE HOCHSCHULE (1879).
Eine andere bedeutende Forschungseinrichtung für Naturwissenschaften und Medizin wurde die 1911 gegründete KAISER-WILHELM-GESELLSCHAFT (heute Max Planck-Gesellschaft).
In all diesen Instituten gelangen um die Jahrhundertwende bahnbrechende wissenschaftliche, medizinische und verfahrenstechnische Innovationen. Doch auch bedeutende Berliner Industrieunternehmen wie Siemens, AEG und Schering betrieben eigene Forschungen.

ZUM WEITERLESEN

@/1 http://www.diegeschichteberlins.de
@/2 http://www.luise-berlin.de
Geschichte Berlins. Band 1: Von der Frühgeschichte bis zur Industrialisierung, hg. von W. Ribbe, Berlin 2002

T 12 Zahlen der Beschäftigten in ausgewählten Gewerbezweigen Berlins

Gewerbezweig	1800	1837	1849	1875
Eisen, Stahl, Metall	2 500	1 800	4 180	10 240
Maschinen, Werkzeuge, Feinmechanik	780	2 700	7 000	30 570
chemische Industrie	340	130	1 150	4 210
Elektroindustrie	–	–	30	820
Textilproduktion	20 580	8 060	19 160	11 790
Bekleidungsindustrie	6 270	9 970	21 540	48 650
Baugewerbe	2 820	3 800	14 560	19 350

(Nach: Zur Wirtschafts- und Sozialgeschichte Berlins vom 17. Jahrhundert bis zur Gegenwart. Jahrbuch für Wirtschaftsgeschichte. Sonderband, Berlin 1986)

B 13 Erstes Telegrafenamt Berlins (Französische Straße), 1881. Bei der Inbetriebnahme waren 48 Teilnehmer mit einem Telefon angeschlossen.

ARBEITSAUFTRÄGE

1. Analysiere und erkläre mit T 2 und dem Darstellungstext die konfessionelle Zusammensetzung der Berliner Bevölkerung.
2. Erläutere mit K 1, Seite 291, und K 10, Seite 295, die Entwicklung Berlins und seiner Stadtteile zwischen 1400 und 1920.
3. Beurteile mit Q 6 und B 7 das Verhalten von Kurfürst Friedrich Wilhelm gegenüber anderen Religionsgemeinschaften.
4. Beurteile mit Q 8, inwieweit sich die Situation der jüdischen Bürger Berlins gegenüber dem 17./18. Jahrhundert veränderte.
5. Recherchiere die Vorgeschichte des März 1848 (B 11 „Aufbahrung der Märzgefallenen“) in der Bibliothek oder im Internet.
6. Analysiere und interpretiere die Daten der Tabelle T 12.

Geschichte der Arbeit

Unter **Arbeit** versteht man die planmäßige Tätigkeit des Menschen, mit der er materielle Güter produziert, geistige Erzeugnisse schafft oder Dienstleistungen für andere Menschen erbringt. Sie dient der Sicherung des Lebensunterhalts.

Q1 Der Philosoph Friedrich Engels über die Bedeutung der Arbeit, 1875:

Hunderttausende von Jahren sind sicher vergangen, ehe aus dem Rudel baumkletternder Affen eine Gesellschaft von Menschen hervorgegangen ist. Aber schließlich war sie da. Und was finden wir wieder als bezeichnenden Unterschied zwischen Affenrudel und Menschengesellschaft? Die Arbeit! [...] Die Arbeit fängt an mit der Verfertigung von Werkzeugen. [...] Durch das Zusammenwirken von Hand, Sprachorgan und Gehirn wurden die Menschen befähigt, immer verwickeltere Verrichtungen auszuführen, immer höhere Ziele sich zu stellen und zu erreichen.

(Friedrich Engels: Anteil der Arbeit an der Menschwerdung des Affen. In: MEW Band 20, Berlin 1962, S. 448 ff.)

Diese allgemeine Definition von Arbeit gilt für den Menschen der Steinzeit ebenso wie für den im 21. Jahrhundert. Dennoch war und ist die Arbeit des Menschen einem beständigen Wandlungsprozess unterworfen. Worin bestand diese Veränderung und welche Auswirkungen hatte sie für das Leben der Menschen?

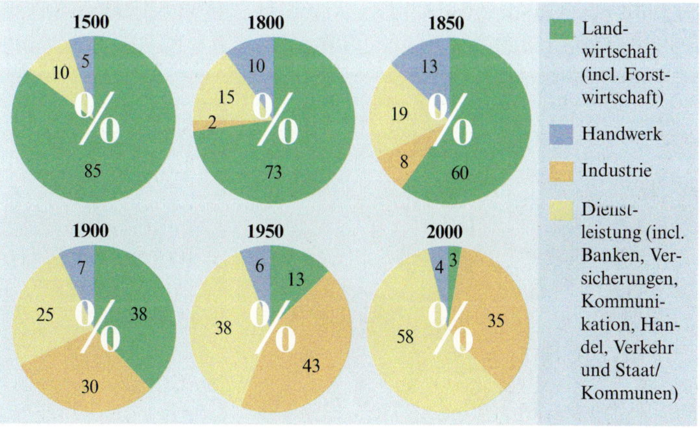

B2 Entwicklung verschiedener Erwerbsbereiche in Deutschland

Ackerbau und Viehzucht entstehen – Ursprünglich, und mehr als zwei Millionen Jahre lang, lebten die Menschen in umherziehenden Horden. Sie sicherten ihren Lebensunterhalt durch Sammeln und Jagen. Erst vor etwa 10 000 Jahren lernten sie, Wildgetreide zu kultivieren und aus Wildtieren Nutztiere zu züchten. Allmählich vollzog sich der Übergang zur sesshaften Lebensweise der Ackerbauern und Viehzüchter. Diese beiden Fertigkeiten markieren zugleich die erste uns bekannte Form der **Arbeitsteilung**. Wie haben sich Ackerbau und Viehzucht seither verändert?

Bauern ernähren sich und andere – Die ersten Bauern bearbeiteten ihre Ackerflächen mit hölzernen Grabstöcken oder Spaten. Ab dem frühen 3. Jahrtausend v. Chr. eröffnen dann die Erfindungen des Pflugs und von Bewässerungssystemen in Mesopotamien und Ägypten die Möglichkeit, größere Ackerflächen zu bewirtschaften und den Ernteertrag zu steigern.

Einen großen Teil der Ernteerträge mussten die Bauern als Pacht an die Herren abgeben. Das war so in den frühen Hochkulturen des Vorderen Orients wie auch im mittelalterlichen Europa und in Deutschland bis Anfang des 19. Jahrhunderts. Nur was die Bauern nicht abgeben mussten, selbst verbrauchten oder für die nächste Aussaat zurückhielten, konnten sie gegen Produkte der ersten **Handwerker** – Töpfer, Tischler, Schmiede, Weber – tauschen. Diese bäuerliche Überschussproduktion war sogar die Voraussetzung für die Ausbildung der ersten Handwerksberufe und für die fortschreitende Arbeitsteilung.

Vom Ochsenpflug zur industriellen Landwirtschaft – Zwar konnten die Ernteerträge im Mittelalter und in der frühen Neuzeit kontinuierlich gesteigert werden. Doch da die Produktionsmethoden sich kaum änderten, mussten noch Ende des 18. Jahrhunderts drei von vier Erwerbstätigen in der Landwirtschaft arbeiten. Ein grundlegender Wandel vollzog sich erst im 19. und 20. Jahrhundert. Was waren die Gründe?

Die Befreiung der Bauern aus der Grundherrschaft zu Beginn des 19. Jahrhunderts machte den Weg frei für eine technische Revolutionierung der Landwirtschaft. Mit dem Einsatz neuer Mineral- und Stickstoffdünger konnten die Ernteerträge um ein Vielfaches gesteigert werden. Neuartige Maschinen halfen, die Arbeit leichter, schneller und mit viel weniger Menschen zu erledigen. Die Folge war, dass mehr und mehr Menschen aus der Landwirtschaft in andere Erwerbszweige wechseln mussten.

Angesteller in einem Kaufmannskontor um 1500

B4 Bauern in der mittelalterlichen Landwirtschaft, um 1480

B3 Bauern in Ägypten, um 1425 v. Chr.

B5 Etwa seit 1868 wurde der Dampfpflug in Deutschland eingesetzt.

Vom Handwerker zum Industrietechniker – Mit der Überschussproduktion der Ackerbauern und Viehzüchter begann die Teilung der Arbeit in immer speziellere Berufe. Am Ende des 20. Jahrhunderts konnte man in Deutschland etwa 18 500 verschiedene Berufe zählen; darunter jedoch viele ältere, die nicht mehr oder kaum noch ausgeübt werden. Das **Handwerk** oder die **Manufaktur** (= Großbetrieb, in dem arbeitsteilig, aber von Hand produziert wird) erreichten zwar niemals die Bedeutung der Landwirtschaft. Aber für Jahrhunderte blieben sie die einzigen Formen der nichtlandwirtschaftlichen gewerblichen Produktion. Das änderte sich mit dem Beginn der **industriellen Revolution** und dem Einsatz neuartiger Maschinen. Wie veränderten Maschinen die Arbeit der Menschen?

Wie in den Manufakturen wurde die Arbeit in den neuen Produktionsanlagen auf engem Raum zentralisiert: Es entstanden Fabriken. Doch anders als in Manufakturen wurde die Arbeit nun nicht mehr von Hand, sondern mittels dampf- oder elektrisch betriebener Maschinen verrichtet. Um die Produktivität der Maschinen zu steigern, wurden ihre Leistungsfähigkeit und Spezialisierung immer weiter verbessert. Für die Fabrikarbeiterinnen und -arbeiter hatte dies jedoch zur Folge, dass die Arbeitsabläufe immer kleinschrittiger und vom Takt der Maschinen vorgegeben wurden. Den kompletten Herstellungsweg eines Produkts konnten sie nicht mehr überschauen; ihre monotone Tätigkeit war von wachsender **Entfremdung** gekennzeichnet; das heißt, die Befriedigung aus der eigenen Arbeit ging verloren.

B6 Handwerker der vorindustriellen Phase

Ausdruck von extremer Arbeitsteilung in der Industriegesellschaft ist die **Fließbandarbeit.** Sie ist zwar sehr effektiv, treibt aber die Monotonie und die Entfremdung der Arbeit auf die Spitze. Die einförmige und immer gleiche Beanspruchung durch langjährige Fließbandarbeit kann auch zu dauerhaften Gesundheitsschäden führen. Mit dem Anspruch einer „Humanisierung der Arbeit“ und durch den Einsatz neuer Technologien wurde die Fließbandarbeit in den vergangenen Jahren reduziert.

Büroangestellter um 1900

Q7 Aus einer deutschen Wochenzeitung von 1975:

In einem Gemeinschaftsprojekt wird der Elektrokonzern Bosch [...] versuchsweise Fließbandarbeit abschaffen und durch neue Formen der Arbeitsorganisation ersetzen. Statt eines oder weniger Handgriffe am Fließband sollen die Mitarbeiter [...] künftig inhaltsreichere Tätigkeiten ausüben und ihr Arbeitstempo stärker selbst bestimmen können.

(Michael Jungblut in: DIE ZEIT vom 24.06.1975)

B8 Fließbandproduktion in Hannover, um 1925

B9 Steuerzentrale einer vollautomatisierten Produktionsanlage, um 1995

Vom Diener zum Dienstleister – Die Verdrängung vieler Handwerksberufe durch die industrielle Fabrikproduktion hatte ebenso wie der Einzug neuer Anbautechniken und Maschinen in der Landwirtschaft zur Folge, dass viele Menschen ihre traditionelle Arbeit verloren. Für die Betroffenen waren damit meist wirtschaftliche und soziale Nachteile verbunden; oft veränderte sich sogar ihr gesamtes Leben. Wo und wie konnten sie in Zukunft ihren Lebensunterhalt verdienen?

Lange Zeit waren es der **Dienstleistungsbereich** und seit Beginn des 19. Jahrhunderts auch die schnell wachsenden Industriebetriebe, die neue Arbeitsplätze boten. Doch während die Industrie als Erwerbszweig seit den 1970er-Jahren und dem Einzug der **Automatisierung** in die Fabriken wieder an Bedeutung verliert, nimmt der Anteil der Dienstleistungsberufe weiter zu. Dieser Trend wird durch den Siegeszug des **Computers** enorm beschleunigt. Doch neben der Beschäftigtenzahl ist auch die Qualität vieler Dienstleistungsberufe gestiegen und das Selbstverständnis der dort arbeitenden Menschen hat sich gewandelt. Sie verstehen ihre Arbeit nicht mehr als „Dienst“, sondern als „Serviceleistung“, für die besondere Qualifikationen erforderlich sind.

Wandel birgt Risiken und Chancen – Auch heute, mit dem Übergang vom Industriezeitalter zum **Zeitalter der Informationstechnologie,** vollzieht sich ein Wandel der Arbeitswelt. Viele Menschen empfinden die damit einhergehende „Beschleunigung der Arbeit“, z. B. durch den Computer, nicht als Fortschritt, sondern als Bedrohung. Andere wiederum sehen darin eine persönliche Bereicherung sowie Chancen für die Schaffung neuer Arbeitsplätze.

Eine Angestellte, um 2000. Moderne Büro- und Telekommunikationstechnologien verändern die Arbeit.

B10 Nonnen bei der Krankenpflege, um 1240

B11 Dienstmädchen, Foto um 1900

B12 Berufstätige Frauen und Männer, um 2000

T13 Durchschnittliche Wochenarbeitszeit in Deutschland

1850:	80 Stunden
1875:	72 Stunden
1900:	60 Stunden
1918:	48 Stunden
1980:	40 Stunden
2000:	37,5 Stunden

ARBEITSAUFTRÄGE

1. Lies Q 1. Welche Bedeutung misst Friedrich Engels der Arbeit für die Evolution des Menschen zu? Überprüfe diese Auffassung in modernen Biologiebüchern.
2. Vergleiche B 3, B 4 und B 5 und erläutere dann die Entwicklung der Landwirtschaft, wie sie in B 2 dargestellt wird.
3. Erkläre in eigenen Worten, was man unter „entfremdeter Arbeit“ versteht. Wie beurteilst du die Aussage, dass die Technik einerseits die Ursache für „entfremdete Arbeit“ sein kann, andererseits aber auch das Mittel, sie zu beseitigen? Lies dazu Q 7 und betrachte B 6, B 8 sowie B 9.
4. Betrachte B 5 und B 9. Welche Folgen hatte die Technisierung der Landwirtschaft oder die Automatisierung der Industrie für die dort arbeitenden Menschen? Vergleiche auch mit B 2.
5. Betrachte B 10, B 11 und B 12. Erläutere das Berufsbild der Frau, das darin zum Ausdruck kommt. Wie beurteilst du die beruflichen Möglichkeiten von Frauen früher und heute?
6. Analysiere T 13. Kannst du erklären, warum immer mehr Menschen sagen und glauben, sie „hätten keine Zeit“?

Erziehung zum Bürger – von der Antike bis zur preußischen Bildungsreform

B 1/B 2 Unterricht im antiken Rom (um 200 n. Chr.) und in einer preußischen Landschule (Anfang 19. Jh.)

Die Überschrift dieses Kapitels enthält zwei Begriffe, die in der Vergangenheit große **Privilegien** (= Vorrechte einer Minderheit) beschrieben: Bürger(tum) und Bildung.

In einer **griechischen Polis** war nur eine Minderheit auch Bürger der Polis. Das **Bürgerrecht** wurde in den alteingesessenen Familien vererbt. In Attika besaßen es nur etwa 40 000 von über 300 000 Einwohnern; in Sparta 9000 der etwa 250 000 Einwohner Lakoniens. Nur wer das Bürgerrecht besaß, konnte an den politischen Entscheidungen des Staates aktiv mitwirken und hatte Zugang zu politischen Ämtern. Die „*Erziehung zum Bürger*" war in Griechenland also das Privileg von Kindern und Jugendlichen, die aus Familien mit Bürgerrecht stammten. Allen anderen Kindern war der Zugang zu einer Schulbildung verschlossen.
Auch in **Rom** war man Bürger durch die Geburt von freien römischen Eltern der Stadt Rom. Erst später wurde es auf alle freien Untertanen des Reichs ausgedehnt. Dennoch blieb eine gute Ausbildung der Kinder im Römischen Reich das Privileg weniger reicher Familien.
Im **Mittelalter** waren Bürger ursprünglich die Bewohner im Schutz einer Burg. Später, als aus diesen Orten Städte wurden, besaßen etwa 50 Prozent der **Stadtbewohner** das Bürgerrecht. Die städtische Unterschicht (z. B. Krämer, Lehrlinge, Tagelöhner, Dienstpersonal sowie Gaukler und Bettler) war vom Bürgerrecht ausgeschlossen. Doch selbst für die Bürger der mittelalterlichen Stadt waren Lesen, Schreiben und Rechnen keineswegs selbstverständliche Fertigkeiten.
In der **frühen Neuzeit** verlor der Begriff des Bürgers bzw. des Bürgerrechts allmählich seine Bedeutung als Privileg bzw. Mittel der Ausgrenzung. Dennoch war eine gute Schulbildung bis ins 18./19. Jahrhundert eher eine Ausnahme und das Privileg der Kinder begüterter Familien.

„Mit Lesen und Schreiben fängt das Leben erst an."

Inschrift auf einer Wachstafel, Mesopotamien, 2. Jh. v. Chr.

ARBEITSAUFTRAG

1. Erläutere, warum eine gute Schulbildung früher das Privileg einer Minderheit war.

1. Ausbildung in Ägypten: Der Pharao braucht Beamte!

Die Geburt eines Kindes war für die ägyptische Familie ein freudiges Ereignis. Die Mutter kümmerte sich um die Betreuung und Erziehung des Kleinkinds.

Nur die Kinder der wohlhabenden Familien erhielten ab dem siebten Lebensjahr eine Schulausbildung. Der Unterricht fand in den **Palast- und Tempelschulen** statt oder – bei schönem Wetter – unter freiem Himmel. Kinder einfacher Familien mussten dagegen ab dem siebten Lebensjahr im Haus, im Garten oder auf dem Feld mithelfen. Der Anteil der ägyptischen Bevölkerung, der lesen und schreiben konnte, betrug daher nicht mehr als etwa fünf Prozent der Gesamtbevölkerung.

Junge Männer umwarben ihre Auserkorene mit poetischen Liebesliedern. Ehen waren meist keine von den Eltern aufgezwungene Zweckverbindungen, sondern beruhten auf der gegenseitigen Zuneigung des Paares. Der Mann war bei seiner Heirat etwa 20 Jahre alt, die Frau zwischen 14 und 16 Jahren. Die ägyptische Frau genoss in der Familie ein hohes Ansehen und war dem Mann in vielen Bereichen gleichgestellt.

Q1 Eine Historikerin aus unserer Zeit schreibt über den Schulunterricht in Ägypten:

[Ab 2000 v. Chr.] wurden mehrere Schüler gemeinsam von einem Lehrer erzogen. Dieser, ein in seinem Beruf ausgebildeter Mann, ein Maler, ein Beamter, ein Priester, war niemals Berufslehrer [...]. Die Stätte des Unterrichts war meist ein schattiger Platz unter freiem Himmel. Dort saßen die Schüler mit untergeschlagenen Beinen im „Schreibersitz“. Auf den Knien hatten sie die Schreib- oder Lesetafel, eine handgroße Scherbe aus Kreide, neben sich den Griffelkasten [...].

(In: Emma Brunner-Traut: Die alten Ägypter. Verborgenes Leben unter den Pharaonen, Stuttgart 1976, S. 74–76. Gekürzt)

B2 Schreiber und Schreibschüler, um 1400 v. Chr.

Q3 Weisheitssprüche des Ptahhotep, Wesir des Pharaos Asosis, für seinen Sohn, ca. 2350 v. Chr.:

Sei nicht stolz auf dein Wissen, und vertraue nicht darauf, dass du ein Gelehrter seiest. Hole dir Rat bei dem Unwissenden wie bei dem Wissenden [...]. Eine gute Rede findet man [auch] bei den Sklavinnen. [...]
Bist du ein Mann in leitender Stellung und gibst der Menge Befehle, so strebe nach jeder Trefflichkeit [...]. Die Wahrheit ist trefflich und ihre Tüchtigkeit dauert [...], während man den, der ihre Gesetze übertrifft, bestraft.
[...] Wenn du einer bist, an den man sich bittend wendet, so sei freundlich, wenn du auf das Sprechen eines Bittstellers hörst. [...]
Wenn du groß geworden bist, nachdem du gering warst, und Vermögen erworben hast [...], so vergiss nicht, wie es dir früher ergangen ist. Gib ab an deinen Nächsten.

(Zit. nach: Geschichte in Quellen, Bd. I, München 1989, S. 20. Gekürzt)

ARBEITSAUFTRÄGE

1. In Ägypten wurden die Schüler von Lehrern unterrichtet, die zusätzlich einen anderen Beruf ausübten (Q1). Nenne mögliche Vor- und Nachteile dieser Regelung.
2. Beurteile die Ratschläge des Wesirs an seinen Sohn in Q3.

2. Erziehung und Bildung in der griechischen Polis

In Athen und ganz besonders in Sparta wurden Kinder sehr viel reglementierter und strenger erzogen als in Ägypten. Der Hausherr hatte in Griechenland nahezu unbeschränkte Gewalt über sie. Er bestimmte über die Erziehung, die Berufswahl und die Eheschließung.

In Athen besuchten die Jungen ab dem siebten Lebensjahr die **Elementarschule.** Söhne aus einfachen Verhältnissen lernten meist nur Grundkenntnisse in Lesen, Schreiben und Rechnen. Die wohlhabenden Familien Athens sorgten dafür, dass ihre Söhne eine möglichst gute Ausbildung im **Gymnásion** erhielten. So wurde ursprünglich die Sporthalle in Athen bezeichnet, später war es der Name für die weiterführende Schule allgemein. Neben Gymnastik standen Arithmetik, Geometrie, Astronomie, Musik und Harmonielehre, Philosophie, Dialektik [Griech.: Kunst der Gesprächsführung] auf dem Stundenplan. Die Schulbildung im Gymnásion dauerte bis zum 18. Lebensjahr. Danach galt der junge Mann als erwachsen und leistete zwei Jahre lang Militärdienst für die Polis.

Die Mädchen lebten sehr abgeschirmt und wuchsen im Haus auf. Nur Töchter wohlhabender Familien erhielten von einem Privatlehrer Unterricht in Lesen, Schreiben, Tanzen und Musizieren. Vor allem wurden sie auf die Führung eines Haushalts vorbereitet. Mit etwa 14 Jahren wurden die Mädchen verheiratet – oft mit einem sehr viel älteren Mann.

In der Blütezeit der attischen Kultur (ab ca. 400 v. Chr.) konnten etwa 15 bis 20 Prozent der Bevölkerung lesen und schreiben.

In der griechischen Polis SPARTA waren die gesamte Erziehung und die Lebenssituation der Kinder auf die **„Kriegerpolis“** ausgerichtet. Die musisch-literarische Bildung trat ganz zurück hinter Körperkultur, militärischen Drill und der Pflicht zum bedingungslosen Gehorsam.

Q 2 Lykurgos, Gesetzgeber der Polis von Sparta, soll im 7. Jh. v. Chr. folgende Erziehungsregeln formuliert haben:

Die Knaben […] gab Lykurgos nicht in die Hände von […] Pädagogen, noch durfte jeder seinen Sohn halten und aufziehen wie er wollte, sondern er nahm selbst alle zu sich, sobald sie sieben Jahre alt waren, und teilte sie in „Horden“, in denen sie miteinander aufwuchsen [und] erzogen wurden […]. Lesen und Schreiben lernten sie nur soviel, wie sie brauchten; die übrige Erziehung war darauf gerichtet, dass sie pünktlich gehorchten, Strapazen ertragen und im Kampf siegen lernten. […] Lykurgos […] kräftigte auch den Körper der Jungfrauen […], damit die Zeugung der Kinder in kräftigen Körpern erfolge. […] Die Zucht erstreckte sich bis auf die Erwachsenen. Keinem stand es frei, zu leben wie er wollte, sondern sie lebten in der Stadt wie in einem Feldlager […].

(Plutarch, Lykurgos 14–24, zitiert nach: Geschichte in Quellen Bd. I, München 1989, S. 143 f. Gekürzt und umgestellt)

ARBEITSAUFTRÄGE

1. Betrachte B 1 und beschreibe, welchen Unterricht die Schüler bekommen. Welches Verständnis von Bildung wird deutlich?
2. Analysiere und beurteile die Erziehungsziele in Q 2. Welches Verständnis von Bildung wird deutlich? Vergleiche mit B 1.

B 1 Unterricht in einem Gymnásion Athens. Die Lehrer sitzen vor den Schülern. Rechts ein Sklave, der auf die Schüler aufpasst. Keramikschale, 480 v. Chr.

3. Erziehung und Bildung in Rom

Auch in Rom hatte der Vater ein nahezu unbeschränktes Bestimmungsrecht über alle Mitglieder der Familie. Wurde ein Kind geboren, dann legte man es vor dem Familienvater auf den Boden. Wenn es gesund und kräftig war, hob dieser es vom Boden auf. Erst dann war das Kind in die Familie aufgenommen; andernfalls wurde es ausgesetzt.

Bis zum siebten Lebensjahr wurden die Kinder von der Mutter erzogen. In wohlhabenden Familien war dafür eine Amme oder eine Sklavin zuständig. Danach gingen Jungen und Mädchen zur **Elementarschule,** wo sie gegen ein Schulgeld lesen, schreiben und rechnen lernten. Die Lehrer der Elementarschulen waren oft selbst nicht sehr gebildet. Kinder wohlhabender Familien hatten daher meist einen gut ausgebildeten **Privatlehrer.**
Auch die weiterführenden, teuren **Grammatik- und Rhetorikschulen,** in denen die griechische Sprache, lateinische und griechische Literatur sowie die Kunst der freien Rede gelehrt wurden, blieben den Söhnen der Oberschicht vorbehalten. Hier wurden sie auf eine Karriere als Beamter, Politiker oder Offizier vorbereitet. Um die Ausbildung seiner Söhne kümmerte sich der Vater auch selbst. Sie nahmen an seinem Tagesablauf teil und lernten durch sein Beispiel.

Die Ausbildung der Mädchen war ganz darauf ausgerichtet, sie auf die Ehe und Führung eines großen Haushalts vorzubereiten. Bereits mit 12 bis 14 Jahren galten Römerinnen als heiratsfähig. Den zukünftigen Mann hatte ihr Vater meist schon vorher ausgewählt. Mit der Heirat wechselte die junge Frau ganz in die Familie ihres Mannes oder – wenn der noch lebte – in die Familie seines Vaters.

Die Söhne wurden mit 16 Jahren volljährig und damit römische Bürger. Bevor sie einen Beruf ergriffen und im Alter von 20 bis 25 Jahren eine Familie gründeten, mussten sie einen Militärdienst ableisten.

B 1 Familienszene aus dem Leben eines römischen Jungen: Das Kind wird gestillt. Relief auf einem Grabstein (Ausschnitt), 3. Jh. n. Chr.

B 2 Familienszene aus dem Leben eines römischen Jungen: Der heranwachsende Knabe liest seinem Vater vor. Relief auf einem Grabstein (Ausschnitt), 3. Jh. n. Chr.

B 3 Vier Griffel aus Bronze, ein Tintenfass aus Ton, zwei Schreibtäfelchen aus Holz (mit Wachs überzogen), um 100 n. Chr.

ARBEITSAUFTRÄGE

1. Betrachte B 1 und B 2. Beschreibe den Eindruck, den die beiden Reliefs vom römischen Familienleben und von der Situation eines Kindes vermitteln.
2. Baue dir selbst eine Schreibtafel, wie sie in B 3 abgebildet ist.

4. Das Mittelalter: Kloster- und Stadtschulen

Die Stellung von Kindern in der Familie war im Mittelalter durch die so genannte **Munt** [= Vorherrschaft] des Vaters geprägt. Kinder waren praktisch rechtlos, sie konnten verstoßen, verkauft oder gegen Geld vermietet werden. In armen Familien kam das tatsächlich auch vor.

Adlige Frauen und reiche Bürgerfamilien in der Stadt hatten Dienstpersonal, das die Kinder pflegte und sie ernährte. In einfacheren Familien kümmerten sich die Mütter um ihre Kinder. Doch schon ab vier Jahren mussten sie ihren Eltern helfen: beim Spinnen der Wolle, beim Viehhüten und bei der Gartenarbeit; sie sammelten Reisig und halfen im Haus. Im Alter von sieben Jahren mussten viele Kinder armer Familien ihr Elternhaus bereits verlassen und als Dienstpersonal oder Laufbursche selbst für sich sorgen.

Die Mädchen wurden im Alter von 12 bis 14 Jahren verheiratet, meist mit einem sehr viel älteren Mann. Die Jungen aus der Stadt begannen in diesem Alter eine Lehre, die zwischen drei und fünf Jahren dauerte.

Q1 Der Kirchengelehrte Dionys der Karthäuser (um 1402–1471) schrieb in seiner Erziehungslehre:

Die Eltern sind verpflichtet, ihre Kinder nach Möglichkeit von dem Bösen und der Sünde abzuhalten, sie in den guten Sitten zu unterweisen und ihre Ausschreitungen zu ahnden und gebührend zu bestrafen. Solange sie noch klein sind, sollen sie mit der Rute und mit Schlägen gezüchtigt werden, was später, wenn sie älter geworden, nicht mehr wohl geschehen kann. Desgleichen sind sie mit scharfen Worten und strengen Strafen zurechtzuweisen, jedoch mit Vernunft, damit sie nicht zu sehr erbittert werden [...]. Die Eltern mögen wohl beherzigen, was die Heilige Schrift sagt: „*Wer seinen Sohn lieb hat, der wird stets für denselben die Rute haben, damit dieser Freude habe an seinem Ende*". [...] Endlich sollen sich die Eltern hüten, ihre Söhne und Töchter ungewöhnlich [...] und prunkvoll zu kleiden. Insbesondere sind die Töchter und Mädchen zu belehren und in Schranken zu halten.

(In: Michael Kaufmann [Hg.], Bibliothek der katholischen Pädagogik, Bd. 15, Freibung 1904, S. 326–331. Gekürzt)

B 2 Unterricht in der mittelalterlichen Klosterschule. Der Lehrer ist am Haarschnitt (Tonsur) als Mönch zu erkennen. Er wird mit Rute dargestellt. Sie galt bereits im antiken Rom als Zeichen der Strafgewalt und der Zucht.
Miniatur aus der sächsischen Weltchronik, Anfang des 14. Jh.

B3 Das „graue Kloster" in Berlin. Um 1250 wurde es von Franziskanermönchen gegründete. Es beherbergte eine der ältesten Schulen Berlins. Die Ruinen des 1945 zerstörten Klosters befinden sich in der heutigen Klostergasse in Berlin-Mitte. Stahlstich von 1830

Schulen im Mittelalter – Eine geregelte Schulausbildung gab es bis ins 13./14. Jahrhundert nicht. Die schulische Versorgung in den mittelalterlichen Städten war deutlich schlechter als etwa im antiken Athen oder Rom. In der Zeit des Früh- und Hochmittelalters konnte daher nur etwa ein Prozent der Bevölkerung lesen und schreiben. Selbst Könige und Fürsten waren oft **Analphabeten.** Lesen und Schreiben galt als „Pfaffenkunst“.

Tatsächlich waren es vor allem die Mönche der Klöster, die in den **Klosterschulen** Unterricht erteilten. Der Besuch der Klosterschulen war kostenpflichtig und daher ein Privileg von Kindern des Adels oder reicher Bürgerfamilien. Nur selten konnte ein begabter Bauernjunge teilnehmen. Der Unterricht bestand vor allem im Nachlesen lateinischer Bibeltexte – von denen die Schüler meist kein Wort verstanden. Schreiben wurde nur fortgeschrittenen Schülern gelehrt, denn das Schreibmaterial Pergament war kostbar.

Q4 Eine Historikerin aus unserer Zeit schreibt über die Mädchenbildung in der mittelalterlichen Stadt:

In […] bürgerlichen Kreisen [war] kein großer Unterschied der Knaben- und Mädchenbildung festzustellen. Viele Frauen, vor allem Kauffrauen, konnten lesen, schreiben, rechnen und […] Geschäftsbücher führen. Aber seit etwa 1350 bahnte sich in den Städten eine Enwicklung an, von der die Mädchen ausgeschlossen blieben. Die Bürgersöhne besuchten in zunehmendem Ausmaß Universitäten […]. Die Universitäten überrundeten die klösterliche Gelehrsamkeit und Bildung. Sie durchbrachen die überlieferte städtische Ordnung, an ihnen konnten Bürger- und sogar Bauernsöhne studieren […]. Knaben- und Mädchenbildung gingen jetzt getrennte Wege.

(In: Edith Ennen, Frauen im Mittelalter, München 1994, S. 194. Gekürzt)

Erst ab dem 13.–15. Jahrhundert verbesserte sich in den Städten das Schulwesen. Mit der wiederbelebten **Geldwirtschaft,** dem aufblühenden Fernhandel, in den Handwerkszünften und den neuen **Stadtverwaltungen** (Magistraten) wuchs die Bedeutung der Schriftform und der Grundrechenarten; beispielsweise für das Anfertigen von Rechnungen, Verträgen oder bei städtischen Verwaltungsakten. Es entstanden erste **städtische Schulen,** die eine Elementarbildung in Lesen, Schreiben und Rechnen vermittelten. Auch für den Besuch der Stadtschulen musste **Schulgeld** bezahlt werden, das sich arme Familien meist nicht leisten konnten. Zu Beginn des 17. Jahrhunderts konnten immerhin 40 bis 50 Prozent der Stadtbevölkerung halbwegs lesen, schreiben und rechnen. Auf dem Land waren es weiterhin weniger als zehn Prozent.

Die Ausbreitung der Universitäten im Mittelalter

K5

ARBEITSAUFTRÄGE

1. Lies Q1 und betrachte B2. Erläutere den Eindruck, der vom Unterricht in den Klosterschulen vermittelt wird.
2. Analysiere den Text in Q4. Wie schildert die Autorin den Bildungsstand bürgerlicher Frauen und Männer in der Stadt?
3. Erläutere mit Q4 und K5, welche Folgen die Gründung von Universitäten hatte. Beachte auch die Folgen für Frauen.

5. Von der Klosterschule zur preußischen Bildungsreform

Im Mittelalter waren in Europa zahlreiche Universitäten gegründet worden. Deren Lehrinhalte folgten zwar den Prinzipien des **Humanismus** (Lat.: *humanus* = menschlich, menschenfreundlich). Aber mit ihren Lehr- und Arbeitsmethoden waren sie noch ganz im Mittelalter verwurzelt. Das Studiengeld an den Universitäten war zudem so hoch, dass sie noch lange die exklusiven Ausbildungsstätten für Adels- und reiche Patriziersöhne blieben. Frauen hatten bis Anfang des 20. Jahrhunderts gar keinen Zugang.

Magistrate und Landesfürsten fördern die Schulbildung – Für die schulische Bildung breiterer Bevölkerungsgruppen waren die von den Stadtmagistraten eingerichteten städtischen Schulen von großer Bedeutung: **Volksschulen** für die „einfachen Leute“ vermittelten Grundkenntnisse in Lesen, Schreiben und Rechnen. In den **Lateinschulen** erhielten vermögende Bürgerkinder eine humanistische Schulbildung; in den städtischen **Realschulen** wurde mehr Wert auf Mathematik und Ökonomie gelegt.

Mit der Reformation und dem Machtverfall der katholischen Kirche verloren auch die Klosterschulen ihre frühere Bedeutung. Für die Schulausbildung ihrer Untertanen waren in den protestantischen Ländern nun die Landesherren verantwortlich. Angeregt von den **Gedanken der Aufklärung** sollten alle Volksschichten eine „vernünftige“ Ausbildung bekommen. Vor allem hatten viele Fürsten erkannt, dass die Schulbildung ihrer Untertanen zum **Aufschwung von Handel und Gewerbe** beitrug – und damit zu höheren Steuereinnahmen. In den Dorfschulen, deren Lehrer meist Pfarrer, ehemalige Soldaten oder Handwerker waren, lernten die Kinder jedoch kaum mehr als Grundkenntnisse in Lesen, Schreiben und Rechnen. Im Vordergrund standen der Katechismus, das Auswendiglernen von Kirchenliedern – und die Charakterbildung zum **gehorsamen Untertan.**

Seit Mitte des 17. Jahrhunderts führten die deutschen Landesfürsten nach und nach die **allgemeine Schulpflicht** ein: in Sachsen-Coburg-Gotha 1642, in Brandenburg-Preußen 1717, in Anhalt-Dessau 1774, in Sachsen erst 1835. Doch darf

Q 1 Richtlinie König Friedrichs II. von Preußen an seinen Minister für Schulpolitik (1779):

Man muss auch darauf Acht geben, dass die Kinder fleißig in die Schulen kommen […]. Dass die Schulmeister auf dem Lande die Religion und die Moral den jungen Leuten lehren, ist recht gut […]. Darum müssen die Schulmeister sich Mühe geben, dass die Leute […] nicht stehlen und morden […].
Ansonsten ist es auf dem platten Lande genug, wenn sie ein bisschen Lesen und Schreiben lernen; wissen sie aber zuviel, so laufen sie in die Städte und wollen Sekretäre und so was werden. Deshalb muss man auf'n platten Land den Unterricht der jungen Leute so einrichten, dass sie das Notwendige, was zu *ihrem* Wissen nötig ist, lernen, aber auch in der Art, dass die Leute nicht aus den Dörfern weglaufen, sondern hübsch da bleiben.

(Zit. nach: Otto Bardong [Hg.], Friedrich der Große, Darmstadt 1982, S. 505. Gekürzt und vereinfacht)

B 2 Unterricht in der Dorfschule um 1840. Gemälde von A. Anker 1896

man deren Auswirkung nicht überschätzen. Weder die Kinder auf dem Land noch die der proletarischen Stadtfamilien konnten regelmäßig eine Schule besuchen. Statt dessen mussten sie zum Lebensunterhalt der Familie beitragen.

Die preußische Bildungsreform – 1806 hatte Preußen eine vernichtetende militärischen Niederlage gegen das napoleonische Frankreich erlitten. Nun setzte sich auch beim preußischen König und einer Gruppe hoher Beamter die Einsicht durch, dass das Überleben Preußens nur durch eine tiefgreifende Erneuerung von Staat und Gesellschaft möglich sei. Zu den zahlreichen Reformen, die eingeleitet wurden, gehörte auch die **Bildungsreform** WILHELM V. HUMBOLDTS von 1809. Humboldt verfolgte den Ansatz des Humanismus und der frühen Reformpädagogen (z. B. Pestalozzi, Basedow): Demnach war eine gute Allgemeinbildung ein Wert an sich und sollte gefördert werden. Ziel von Erziehung und Bildung war nun nicht mehr der gehorsame Untertan, sondern der **mündige Bürger.**

Volksschul-, Gymnasial- und Universitätswesen wurden in Preußen als ein einheitliches staatliches Bildungssystem eingerichtet. Der **Beruf des Lehrers** wurde durch eine staatliche Ausbildung sowie fachliche und pädagogische Leistungskriterien aufgewertet. Die allgemeine Schulpflicht, die in Preußen zwar schon seit 1717, aber doch eher formal bestand, war von den dafür verantwortlichen Gutsbesitzern nur widerwillig umgesetzt worden. Nun beaufsichtigte der Staat die Einhaltung der Schulpflicht, die in Preußen bis Mitte des 19. Jahrhunderts größtenteils auch durchgesetzt wurde.

Die Erziehung an den Gymnasien war sehr auf eine gute Allgemeinbildung ausgerichtet. Allerdings hatten die Traditionsfächer Latein, Altgriechisch und Mathematik noch lange Zeit ein Übergewicht gegenüber den modernen Fremdsprachen und den Naturwissenschaften. Prinzipiell stand das Gymnasium Jungen aus allen Gesellschaftsschichten offen, vorausgesetzt, deren Eltern konnten das Schulgeld dafür aufbringen. Für Mädchen blieb das Gymnasium noch bis Ende des 19. Jahrhunderts versperrt.

B4 Wilhelm von Humboldt (1767–1835), preußischer Bildungsreformer (1809) und Gründer der Berliner Humboldt-Universität. Gedenksäule vor der Humboldt-Universität in Berlin-Mitte.
http://de.wikipedia.org/wiki/Wilhelm_von_Humboldt

D5 Entwicklung der Lese- und Schreibfähigkeit der erwachsenen männlichen Bevölkerung im internationalen Vergleich (in %)

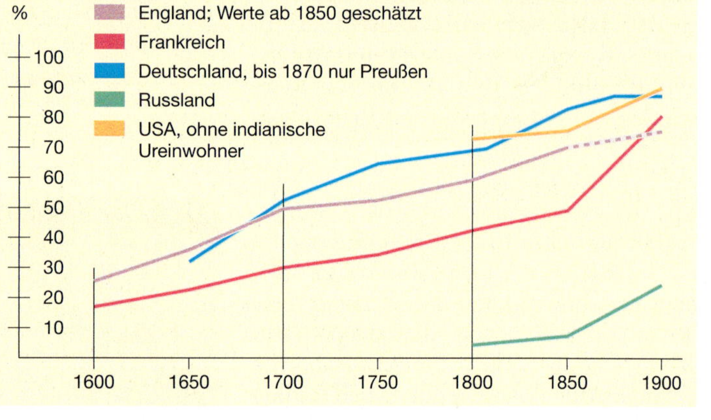

ARBEITSAUFTRÄGE

1. Erarbeite mit K 5 von S. 306 und dem Darstellungstext von S. 307 den Beitrag der Universitäten im Mittelalter und in der frühen Neuzeit zur Bildung breiter Bevölkerungskreise.
2. Analysiere und beurteile mit Q 1 die Schul- und Bildungspolitik König Friedrichs II. von Preußen.
3. Beschreibe die in B 2 dargestellte Unterrichtssituation. Beachte die Gestik des Lehrers, die der Schüler sowie den Anteil an Jungen und Mädchen. Welche Schlüsse kann man ziehen?
4. Informiere dich im Internet (s. o.) über Wilhelm v. Humboldt.
5. Analysiere D 5. Nenne mögliche Gründe für die Entwicklung der Lese-/Schreibfähigkeit in den dargestellten Ländern.

Lösungen zu den Aufgaben der „Check-up"-Seite 72

Leben im Mittelalter

Aufgabe 1:
Wichtige Begriffe des Kapitels und deren Erläuterung

Frondienst: Im Mittelalter lebten die Bauern unter den Bedingungen der Grundherrschaft. Sie hatten ihr Ackerland (eine „Hufe") von dem Grundherrn (= Besitzer des Landes) zur Nutzung erhalten. An ihn mussten sie Abgaben zahlen. Außerdem waren sie dem Grundherrn zu Diensten auf dessen Hof verpflichtet, den Frondiensten.

Graf: Grafen waren ursprünglich Beamte, die von den fränkischen Königen eingesetzt worden waren. Sie sollten den König in allen Regionen des Reiches vertreten und für die Einhaltung der königlichen Gesetze und Bestimmungen sorgen. Die Grafen waren auch als Richter tätig. Später wurde das Grafenamt erblich.

Hörige (Bauern): Die auf dem Land eines Grundherrn wirtschaftenden Bauern mussten diesem Abgaben zahlen und Frondienste leisten. Dennoch waren sie anfangs freie Bauern. Doch im Laufe der Zeit gerieten die Bauern in immer größere Abhängigkeit von ihrem Grundherrn, bis sie schließlich Unfreie waren: Hörige. Als hörige Bauern durften sie das Land, das sie bewirtschafteten, nur mit Zustimmung des Grundherrn verlassen. Wurde das Land an einen neuen Grundherren verkauft, dann wurden die auf dem Land lebenden Bauernfamilien mitverkauft.

Investiturstreit: Seit König Otto I. (936–973) gaben die deutschen Könige Lehen auch an geistliche Fürsten (Bischöfe) aus. Denn im Gegensatz zu den vererblichen Lehen der weltlichen Fürsten (Herzöge) fielen diese Lehen nach dem Tod des Bischofs an den König zurück. Wählte nun der König einen Geistlichen als Lehnsmann aus und machte ihn zum Bischof, so übergab er ihm als Zeichen seiner weltlichen und geistlichen Würde Ring und Hirtenstab. Dies nannte man „Investitur" (= Einkleidung, Einsetzung). Die Investitur eines Bischofs durch den König wollte die Kirche ab dem 11. Jh. nicht länger hinnehmen. Es sei alleine das Recht der Kirche, ihre Bischöfe einzusetzen. Zwischen Papst und König/Kaiser kam es darüber zu einem erbitterten Konflikt, dem „Investiturstreit".

Lehnsherr: Das Lehnswesen war die zentrale Grundlage der politischen und gesellschaftlichen Ordnung des Mittelalters. Der Lehnsherr (König, Fürst) „verlieh" Land mit den darauf wirtschaftenden Bauern an seine Gefolgsmänner als Lehen. Sie waren nun seine Lehnsmänner (Vasallen). Der Lehnsmann schuldete seinem Lehnsherren im Gegenzug für das überlassene Lehen Treue, Gefolgschaft und Waffendienst. Auch der Lehnsherr war seinem Lehnsmann gegenüber zu Treue und Beistand verpflichtet.

Lehnsmann: siehe Lehnsherr

Reichskirchensystem: Die deutschen Könige setzten im 10. und 11. Jh. Bischöfe und Äbte in hohe Staatsämter ein und übergaben ihnen Teile des Reichs als Lehen. Nach dem Tod der geistlichen Fürsten fielen diese Lehen – anders als die Lehen der weltlichen Fürsten (Herzöge) – an den König zurück. Die deutschen Könige wollten so dem wachsenden Machtanspruch der Stammesherzöge begegnen.

Zunft: Die Zunft war ein Zusammenschluss der Handwerker eines Gewerbes, die in der gleichen Stadt arbeiteten. Jede Zunft besaß eine eigene Zunftordnung, in der geregelt war, wieviele Meister, Gesellen und Lehrlinge eines Gewerbes in der Stadt arbeiten durften, wie hoch die Preise der Produkte sein sollten, wie hoch die Löhne der Gesellen und Lehrlinge waren. Damit wollten sich die Handwerker vor gegenseitiger Konkurrenz schützen. Die Mitglieder einer Zunft unterstützten sich bzw. die Familienangehörigen gegenseitig bei Krankheit oder Tod.

Aufgabe 2:
Analyse und Interpretation eines Schaubilds

Aufgabe 2.1: Das Lehnssystem ist in Form einer Pyramide dargestellt. An seiner Spitze steht der König; ihm gehört das Land seines Herrschaftsgebietes. Teile davon vergibt er als Lehen an seine Gefolgsmänner (= Lehnsmänner oder Vasallen). Die Lehnmänner konnten dieses Land bewirtschaften (lassen) und von den Abgaben und Steuern der dort ansässigen Bauern leben. War das Lehen groß, konnte der Lehnsmann es in Teilen an Untervasallen vergeben. Er wurde dann selbst zum Lehnsherr. Der König vergab die Lehen an Stammesherzöge oder an Bischöfe und Äbte.

Aufgabe 2.2 und 2.3: Im Mittelalter gab es noch keine funktionierende Verwaltung, mit der ein König sein gesamtes Herrschaftsgebiet hätte kontrollieren können. Dafür brauchte er eine große Zahl von Gefolgsmännern. Diese Gefolgsmänner schuf er sich durch das Lehnswesen. Von großer Bedeutung für den Lehnsherren war auch, dass ihm die Lehnsmänner im Not- oder Kriegsfall beistehen mussten, z. B. mit Soldaten. Zwischen Lehnsherr und Lehnsmann (Vasall) bestand ein besonderes Treue- und Beistandsverhältnis.

Aufgabe 3:
Analyse und Interpretation einer Quelle

Aufgabe 3.1 und 3.2: Papst Bonifatius spricht von zwei Schwertern der Macht. Mit dem einen Schwert meint er die geistliche Macht der Kirche. Das andere Schwert sei die weltliche Macht der Könige und Ritter. Nach Meinung des Papstes muss aber auch das weltliche Schwert den Geboten und Vorgaben der Kirche folgen. Könige und Ritter haben sich der Kirche unterzuordnen, sie sind deren Diener. Der Papst will in dem Text die Überlegenheit und Vorherrschaft der Kirche über das weltliche Fürstentum begründen.

Aufgabe 3.3: Weitere Beispiele sind der Machtkampf zwischen Papst Gregor VII. und König Heinrich IV. im 11. Jahrhundert (siehe Seiten 55 ff.) oder zwischen Papst Innozenz IV. und Kaiser Friedrich II. im 13. Jahrhundert (siehe Seite 63).

Lösungen zu den Aufgaben der „Check-up“-Seite 132
Aufbruch in eine neue Zeit und Welt

Aufgabe 1:
Wichtige Begriffe des Kapitels und deren Erläuterung

Ablasshandel: Bezeichnet den Verkauf von Ablassbriefen. Das waren Urkunden, die von der katholischen Kirche im Mittelalter und zu Beginn der Neuzeit an Gläubige verkauft wurden. Mit dem Kauf eines Ablassbriefs war die Zusage verbunden, dass der Gläubige für seine Sünden nur kurz im Fegefeuer büßen müsse. Der Ablasshandel war für die Kirche ein einträgliches Geschäft.

Bannbulle: Bezeichnet meist eine päpstliche Urkunde, mit der ein Geistlicher oder ein Laie von den Sakramenten der Kirche ausgeschlossen und aus der Glaubensgemeinschaft der Christen ausgestoßen wurde. Nach der Verfassung des Deutschen Reichs musste auf einen päpstlichen Bann vom Kaiser auch die Reichsacht verhängt werden. Der Betroffene war damit auch aus der Rechtsgemeinschaft ausgeschlossen und musste um Leib und Leben fürchten. Außer dem Kirchenbann gab es im Mittelalter auch den königlichen Bann, mit dem der König Einzelne oder ganze Städte mit Geboten und Verboten belegen konnte.

Entdeckungsfahrten: Neue technische Erfindungen für die Navigation und die Verbesserung der Schiffe hatten seit dem 15. Jh. die Schifffahrt über das offene Meer erleichtert. In der zweiten Hälfte des 15. Jh. sowie im 16. und 17. Jh. veranlassten die Herrscher der west- und südeuropäischen Länder nun systematisch Entdeckungsfahrten. Auch private Handelsgesellschaften waren an der Finanzierung beteiligt. Ziele der Entdeckungsfahrten waren die Erkundung neuer Seewege, z. B. nach Indien, die Erschließung von Kolonien sowie der gewinnbringende Handel mit Gewürzen, Farbstoffen oder Edelmetallen.

Reformation: (von Lat.: *reformatio* = Neugestaltung, Erneuerung). Begriff für die kirchliche Erneuerung im 16. Jh. und die Herausbildung neuer Glaubensgemeinschaften (z. B. Protestanten, Calvinisten, Hugenotten, Puritaner). Zu den wichtigsten Reformatoren im deutschsprachigen Raum gehörten Martin Luther in Wittenberg, Ulrich Zwingli in Zürich sowie Johannes Calvin in Genf. Luthers Lehre fand in Deutschland auch bei einigen Landesfürsten Unterstützung. Dabei spielten sowohl religiöse als auch machtpolitische Gründe eine Rolle.

Reliquie: Als „Reliquie“ bezeichnet man einen Gegenstand, der von einer/einem christlichen Heiligen stammt oder mit ihr/ihm in Verbindung gebracht wird. Das kann ein Knochen der/des verstorbenen Heiligen sein oder etwas anderes. Auch wenn ihre Herkunft und Echtheit meist sehr zweifelhaft waren, bildeten Reliquien im Mittelalter begehrte und verehrte Schaustücke in Kirchen sowie an Wallfahrtsstätten. Ihr Besitz zog zahlreiche Pilger an – und mit diesen reiche Spenden.

Renaissance (Von franz.: Wiedergeburt): Epoche des Übergangs vom Mittelalter zur Neuzeit. Ausgangspunkt waren im 15./16. Jh. die oberitalienischen Handelsstädte. Von dort breiteten sich die Gedanken der Renaissance und des Humanismus (von Lat.: *humanus* = menschenfreundlich) allmählich in Europa aus. Ihre Anhänger verbanden damit antike Ideale in der Kunst und Architektur. Vor allem aber vertraten sie ein neues Menschenbild. Es war vom Anspruch auf Individualismus, Freiheit und der Gestaltung der eigenen Lebensbedingungen gekennzeichnet.

Heliozentrisches Weltbild: Im Gegensatz zum antiken und mittelalterlichen Weltbild, das die Erde im Zentrum der Welt und die Sonne um die Erde kreisen sah (= geozentrisches Weltbild), setzte sich im 16. Jh. allmählich die Erkenntnis durch, dass die Sonne im Mittelpunkt unseres Sonnensystems steht und die Erde als Planet um die Sonne kreist (= heliozentrisches Weltbild). Begründer des heliozentrischen Weltbilds waren Nikolaus Kopernikus und Johannes Kepler. Die Kirche leistete erbitterten Widerstand gegen das heliozentrische Weltbild, weil es angeblich im Widerspruch zum Wortlaut der Bibel stünde.

Aufgabe 2:
Ergänzung und Interpretation einer Abbildung

Aufgabe 2.1: Aus den Kolonien Amerikas wurden Edelmetalle, Baumwolle, Zucker und Tabak nach Europa gebracht. Von Europa aus fuhren Handelsschiffe mit Alkohol, bunten Stoffen, Metallwaren und billigem Glasschmuck an die Südwestküste Afrikas und tauschten dort ihre Ladung gegen Sklaven. Die Sklaven wurden nach Amerika transportiert und auf Sklavenmärkten verkauft.

Aufgabe 2.2: Am atlantischen Dreieckshandel waren Kaufleute aus den amerikanischen Kolonien sowie aus Europa beteiligt, ferner Sklavenhändler aus Afrika und Europa sowie die Plantagenbesitzer in Amerika. Sie alle zogen aus dem Dreieckshandel hohe Gewinne. Als Betroffene waren naturgemäß auch die Millionen Afrikaner beteiligt, die unter Zwang nach Amerika gebracht wurden.

Aufgabe 2.3: Hier ist deine Meinung gefragt.

Aufgabe 3:
Interpretation eines Quellentexts aus unserer Zeit

Aufgabe 3.1: Die Kernaussagen des Textes lauten: Eine Hauptursache für die Hexenverfolgung jener Zeit waren die Existenzängste der Menschen, die vom schnellen gesellschaftlichen Wandel, von Seuchen und Missernten etc. hervorgerufen wurden. In dieser Situation suchten die Menschen nach „Sündenböcken“, die sie für ihre Not verantwortlich machen konnten.

Aufgabe 3.2: Der Autor ist ein Historiker unserer Zeit, der das Phänomen der Hexenverfolgung wissenschaftlich untersucht. Er vertritt eine Meinung, diese scheint aber nicht von persönlichen Interessen geprägt zu sein. Der Text richtet sich an Wissenschaftler und an die interessierte Öffentlichkeit.

Aufgabe 3.3: Hier ist deine Meinung gefragt.

Lösungen zu den Aufgaben der „Check-up"-Seite 172

Absolutismus und Aufklärung

Aufgabe 1: Wichtige Begriffe des Kapitels und deren Erläuterung

Absolute Macht/Absolutismus: Form der Monarchie, in der der König über die uneingeschränkte (absolute) Macht verfügt. Absolutistisch regierenden Königen war es gelungen, die Kontrolle durch die Reichsstände, eine Reichsverfassung oder durch ein Parlament auszuschalten.

Amtsadel: Man unterscheidet zwischen Geburts- und Amtsadel. Die Mitglieder des Amtsadels hatten diesen Stand nicht seit Generationen ererbt, sondern als Anerkennung durch den König erworben. Doch auch die Würde des Amtsadels wurde innerhalb der Familie erblich. Anders als der Geburtsadel gehörte der Amtsadel zum „niederen Adel". Dennoch versuchten viele begüterte Bürger des Dritten Standes, einen Adelstitel zu erwerben, oft gegen Zahlung einer hohen Summe in die Kasse des Königs.

Manufaktur: Bereits in der Antike bekannte, besonders im 17./18. Jh. verbreitete Form des Großbetriebs mit arbeitsteiliger Massenproduktion. Die Werkzeuge, Rohstoffe und das Manufakturgebäude sind Eigentum des Unternehmers. Er zahlt den in der Manufaktur beschäftigten Arbeitern einen Stück- oder Stundenlohn. Der entscheidende Unterschied zur Fabrik ist, dass die Manufaktur noch nicht die Antriebskräfte Dampf bzw. Elektrizität kannte.

Merkantilismus: Staatlich gelenktes Wirtschaftssystem des Absolutismus. Der Staat richtete u. a. Manufakturen ein und baute Verkehrswege. Fertigwaren der Nachbarländer wurden mit hohen Einfuhrzöllen belegt. Nur Rohstoffe sollten ins Land gebracht werden. Der Export eigener Handelsgüter wurde gefördert. So sollten die eigene Wirtschaft und das Steueraufkommen gefördert werden.

Hofadel: Der Hofadel war Teil des Hochadels, also Mitglieder der alten Adelsgeschlechter; er war „hoffähig". Besonders in Frankreich, im Zeitalter des Absolutismus, musste sich der Hofadel auch tatsächlich häufig am Hof des Königs aufhalten, um eigene politische oder wirtschaftliche Interessen durchsetzen zu können.

Stehendes Herr: Im Mittelalter unterhielten Könige und Fürsten kein festes Herr, das dauerhaft zur Verfügung stand. Im Kriegsfall wurden Heere eigens aufgestellt und danach wieder aufgelöst. Erst seit dem 17. Jh. begannen zahlreiche absolutistische Herrscher damit, auch in Friedenszeiten eine Armee dauerhaft unter Waffen zu halten. Ein solches „stehendes Heer" war sehr teuer im Unterhalt. Aber die Fürsten versprachen sich davon größere Macht nach innen und nach außen.

Aufgeklärter Absolutismus: Die Aufklärer hatten den Gedanken verbreitet, dass der Staat ursprünglich ein selbst gewählter Zusammenschluss der Menschen aus vernünftigen Gründen sei. Deshalb sollte die Macht der absolutistischen Fürsten beschränkt und nach den vernünftigen Grundsätzen einer Verfassung neu geordnet werden. Für diese Ideen der Aufklärung waren scheinbar auch einige deutsche Fürsten aufgeschlossen. Man spricht vom „aufgeklärten Absolutismus". Doch von wenigen Ausnahmen abgesehen, gaben sie ihre Stellung als absoluter Monarch nicht preis.

Stände/Ständegesellschaft: Die Herrschafts- und Gesellschaftsordnung des Mittelalters und der frühen Neuzeit war eine Ständegesellschaft mit einer starren Ständeordnung. An ihrer Spitze standen König und weltlicher Adel. Ihnen folgten die Geistlichen der Kirche (= Klerus). Der dritte, unterste Stand waren im Frühmittelalter die Bauern, später Bauern und Stadtbürger. Die politisch führenden und sozial priviligierten Stände waren Adel und Klerus. Der Dritte Stand erlangte erst seit Ende des Mittelalters in den Ständeversammlungen des Reichs als Vertreter der Reichsstädte ersten politischen Einfluss.

Aufgabe 2 : Richtig oder falsch?

Die Aussage: *„Als Absolutismus bezeichnet man eine Herrschaftsform, die in Europa zwischen ca. 1500 – ca. 1700 existierte"*, ist wegen des genannten Zeitraums falsch. Richtig ist der Zeitraum: zwischen ca. 1500 – ca. 1850.

Die Aussage : *„Der Merkantilismus gilt als typische Wirtschaftsform des Absolutismus unter König Karl I."* ist falsch. Der Merkantilismus entstand in Frankreich und erlebte seine Blütezeit unter Ludwig XIV.

Aufgabe 3: Aufbau einer absolutistischen Gesellschaft

Aufgaben 3.2: Die Säulen des Schaubilds sind (von links nach rechts) mit den Bezeichnungen „Hofadel", „Heer", „Verwaltung" und „Wirtschaft" zu beschriften. Im Giebel des Hauses steht der König, ganz unten der Dritte Stand.

Aufgabe 3.3: Das Schaubild bringt zum Ausdruck, dass sich der König als „über dem Staat stehend" versteht. Die Stützen (Säulen) seiner Macht sind „Hofadel", „Heer", „Verwaltung" und „Wirtschaft". Obwohl die Bürger des Dritten Stands (Bauern und Stadtbürger) den größten Bevölkerungsanteil stellen und 90 % des Steueraufkommens zahlen, werden sie nicht als „Stützen des Staates" gesehen.

Aufgabe 3.4: Ludwig XIV. war es gelungen, den Adel der Herzogtümer und Grafschaften weitgehend zu entmachten und an seinen Hof in Versailles zu binden. Dort konnten sie dem König zwar ihre politischen und wirtschaftlichen Interessen vortragen, aber seinen absolutistischen Machtanspruch konnten sie nicht gefährden. Sie spielten ihre „Rollen" im Zeremoniell des „Sonnenkönigs".

Aufgabe 4: Bildinterpretation

Aufgaben 4.1. und 4.2: Der Zeichner hat Ludwig XIV. in seiner Karikatur aller Attribute der königlichen Würde beraubt. Zum Vorschein kommt ein kleiner, hässlicher und gebrechlich wirkender Mann. Der Zeichner bringt damit zum Ausdruck, dass die Selbstdarstellung Ludwigs XIV. als „Sonnenkönig" vor allem vom äußeren Schein lebt.

Aufgaben 4.3: Hier ist deine Meinung gefragt.

Lösungen zu den Aufgaben der „Check-up"-Seite 228

Bürgerliche Revolutionen / Napoleon

Aufgabe 1:
Wichtige Begriffe des Kapitels und deren Erläuterung

Frontier: Bezeichnung für die vordere Grenzlinie der von den europäischen Siedlern in Nordamerika erschlossenen Gebiete. Da die Erschließung von den ersten Kolonien der Ost- zur Westküste erfolgte, verschob sich auch die Frontier kontinuierlich in dieser Richtung.

Gewaltenteilung: Die Philosophen der Aufklärung forderten, die absolute Macht der Fürsten zu begrenzen und auf mehrere Institutionen zu übertragen. In den neuen Staatsverfassungen der USA (1789) und Frankreichs (1791) gab es deshalb das Parlament (gewählte Volksvertreter) als Gesetzgebende Gewalt (Legislative). Davon getrennt waren die Ausführende Gewalt der Regierung (Exekutive) und die unabhängige Recht sprechende Gewalt der Gerichte (Jurisdiktion). Diese Dreiteilung der Macht ist kennzeichnend für einen modernen Rechtsstaat.

Glorious Revolution: Bezeichnung für die unblutige Revolution von 1689 in England. Das englische Parlament hatte 1660 die Nachkommen Karls I. wieder auf den Thron berufen. Als es gut 25 Jahre später erneut zu Konflikten zwischen dem Parlament und dem englischen König kam, setzte das Parlament 1689 den bisherigen König ab und berief mit Wilhelm von Oranien einen neuen König. Wilhelm musste zuvor mit der Bill of Rights weitreichende Zugeständnisse an das englische Parlament machen.

Jakobiner: Der bedeutendste politische Klub der Französischen Revolution, benannt nach dem Versammlungsort, dem ehemaligen Kloster St. Jacob in Paris. Die Jakobinerklubs hatten zahlreiche Ableger in ganz Frankreich. In der Nationalversammlung bildeten sie die radikal-republikanische Partei; ab 1793 waren sie für die Schreckensherrschaft („terreur") der radikalisierten Revolution verantwortlich. 1794 wurden der Jakobinerklub aufgelöst und seine Führer, u. a. Maximilien Robespierre, hingerichtet.

Nationalkonvent: 1789 hatten sich in Frankreich die Abgeordneten des Dritten Standes zur National*versammlung* erklärt. Sie arbeitete eine Verfassung aus, mit der Frankreich zur konstitutionellen Monarchie wurde. Im Herbst 1792 wurde eine neue Verfassungsversammlung gewählt. Sie trug den Namen National*konvent*. Im Nationalkonvent dominierten die radikaleren politischen Kräfte; er beschloss daher die völlige Abschaffung der Monarchie.

Rheinbund: Im Juli 1806 sagten sich 16 süd- und westdeutsche Staaten vom Deutschen Reich los und bildeten den Rheinbund. Das war das Ende des „Heiligen Römischen Reichs Deutscher Nation"; der Habsburger Franz II. trat als deutscher Kaiser zurück. Die Rheinbundstaaten waren von Napoleon abhängig und mussten Truppen sowie Geld für die Kriege Napoleons bereitstellen. 1813 löste sich der Rheinbund wieder auf.

Preußische Reformen: Nach der schweren Niederlage Preußens gegen Napoleon 1806 kamen der preußische König und die Regierung zu der Einsicht, dass die Zukunft Preußens nur durch eine Reihe einschneidender Reformen gesichert werden könne. Zu diesen Reformen, die zwischen 1807 und 1811 eingeleitet wurden, gehörten u. a. die Befreiung der Bauern aus der Leibeigenschaft, eine neue Städteordnung, die Einführung der Gewerbefreiheit, eine Bildungsreform und das Edikt über die Judenemanzipation.

Sezessionskrieg: Bürgerkrieg der amerikanischen Südstaaten gegen die Nordstaaten (1861–1865). Die Nordstaaten hatten 1861 die totale Abschaffung der Sklaverei gefordert, worauf etwa 10 Südstaaten ihren Austritt aus den Vereinigten Staaten erklärten. Darüber kam es zum blutigen Bürgerkrieg, den 1865 die Nordstaaten siegreich beendeten. Die Südstaaten wurden wieder angeschlossen; die Sklaverei wurde offiziell abgeschafft.

Aufgabe 2:
Analyse und Interpretation von Diagrammen

Aufgabe 2.1: Um 1780 machte der Dritte Stand (Bürger und Bauern) in Frankreich etwa 98 % der Bevölkerung aus (B 1). Die Verteilung des Landbesitzes (B 2) entsprach jedoch nicht dieser Bevölkerungsverteilung. Denn 30 % des Landes besaß der Erste Stand (Geistliche/Kirche), 40 % besaß der französische Adel. Die Steuern (B 3) wurden nicht nach den Vermögensverhältnissen erhoben (vgl. B 2). Adlige waren ganz von Steuern befreit, der Dritte Stand leistete etwa 90 % des Steueraufkommens.

Aufgabe 2.2: Obwohl der Dritte Stand die bei weitem größte Bevölkerungsgruppe stellte und 90 % der Steuern aufbrachte, hatte er in der Ständeversammlung nur geringen politischen Einfluss. 1789, während der Generalständeversammlung, lehnte der französische König die Forderung des Dritten Standes ab, dass nach Köpfen und nicht nach Ständen getrennt abgestimmt werden solle. Daraufhin erklärte sich der Dritte Stand zur Nationalversammlung und leitete damit die Französische Revolution ein.

Aufgabe 3:
Analyse und Interpretation eines Schaubilds

Aufgabe 3.1: Nur Bürger mit einem bestimmten Mindestvermögen durften die Stadtverordneten (Stadtparlament) wählen. Das Wahlrecht war ein so genanntes „Zensuswahlrecht". Das Stadtparlament wählte den Magistrat, der dann aus seinen Reihen Kandidaten für die wichtigen Ämter der Stadt (z. B. für den Bürgermeister) vorschlug. Ausgewählt und ernannt wurden sie durch den preußischen König.

Aufgabe 3.2: Das Zensuswahlrecht der preußischen Städteordnung hatte zur Folge, dass nur begüterte Bürger in das Parlament und die Stadtregierung gewählt wurden.

Aufgabe 3.3: Da der König aus den Kandidaten für wichtige Ämter der Stadt „seine" Kandidaten auswählen und ernennen konnte, war das Recht zur Selbstverwaltung der Städte deutlich eingeschränkt.

Lösungen zu den Aufgaben der „Check-up"-Seite 258

Die deutsche Revolution von 1848

Aufgabe 1: Wichtige Begriffe des Kapitels und deren Erläuterung

Deutscher Bund von 1815: Auf dem Wiener Kongress von 1814/15 wurde von den deutschen Fürsten der Deutsche Bund gegründet. Er schloss 35 deutsche Einzelstaaten und vier Städte zusammen. Sein Ziel war der gegenseitige Schutz der Mitgliedsstaaten. Faktisch war er auch ein Instrument der Fürsten zur Unterdrückung der liberalen und demokratischen Opposition in den Einzelstaaten. Der Deutsche Bund bestand bis 1866, als Preußen die bisherige Vormacht Österreich im Bund angriff und besiegte.

Frankfurter Nationalversammlung: Versammlung von ca. 550 gewählten Delegierten aus allen Staaten Deutschlands (des Deutschen Bundes von 1815). Die Nationalversammlung tagte von Mai 1848 bis April 1849 in Frankfurt a. M. Ihre Aufgaben und Ziele waren:

- die Zugehörigkeit der Staaten des Deutschen Bundes zum angestrebten Nationalstaat zu bestimmen,
- eine Verfassung für diesen deutschen Nationalstaat auszuarbeiten.

Der Verfassungsentwurf der Nationalversammlung sah die so genannte „kleindeutsche Lösung" eines Nationalstaats vor, das heißt ohne Beteiligung Österreichs, sowie eine konstitutionelle Monarchie.

Konstitutionelle Monarchie: Form der staatlichen Ordnung, bei der zwar weiterhin ein König an der Spitze des Staates steht. Im Gegensatz zur absoluten Monarchie (↑ Absolutismus) sind die Rechte des Königs in der konstitutionellen Monarchie aber durch die Rechte des Parlaments eingeschränkt. Welche Rechte der König bzw. das Parlament hat, regelt die Verfassung (Lat.: *constitutio*).

Parteien: Sie entstanden als Zusammenschluss von Abgeordneten in den Parlamenten. Abgeordnete mit gleichen oder ähnlichen Zielen schlossen sich in einer Partei zusammen. In Deutschland bildeten sich frühe Formen der Parteien, die Fraktionen, erstmals 1848 im Parlament der Nationalversammlung. Heute sind Parteien Organisationen mit meist zahlreichen Mitgliedern. Sie stellen bei Wahlen ihre Kandidaten und Programme zur Abstimmung.

Wiener Kongress: Er fand 1814/15 als Kongress der Fürsten Europas statt. Die Fürsten trafen dort Vereinbarungen, die ihre durch die Französische Revolution und die Herrschaft Napoleons erschütterte absolutistische Machtposition wiederherstellen sollte (Lat.: Restauration = Wiederherstellung). Die großen europäischen Staaten sicherten sich auf dem Kongress auch ihre Gebietsgewinne während der napoleonischen Kriege.

Aufgabe 2: Interpretation des Verfassungsschemas der Frankfurter Nationalversammlung vom März 1849

Aufgaben 2.1 und 2.2. Die Machtstellung des Kaisers war nach dem Verfassungsentwurf der Frankfurter Nationalversammlung zwar weiterhin groß, aber deutlich eingeschränkt. Der erbliche Kaiser war „automatisch" Staatsoberhaupt. Er sollte über die Ernennung bzw. Abberufung der Reichsregierung entscheiden können und verfügte auch über das Recht, den Reichstag aufzulösen. Doch waren diese Rechte eher formaler Art, denn die Reichsregierung war dem Reichstag gegenüber rechenschaftspflichtig, nicht dem Kaiser. In die konkrete Regierungsarbeit war der Kaiser laut Verfassung nicht eingebunden.

Der Reichskanzler hatte eine starke Stellung, solange er das Vertrauen der Mehrheit der Abgeordneten des Reichstags besaß. Er sollte, wie die Minister der Regierung, dem Reichstag gegenüber Rechenschaft ablegen, nicht dem Kaiser.

Der Reichstag konnte die von der Regierung eingebrachten Gesetze beschließen oder ablehnen; er konnte auch eigene Gesetzesentwürfe zur Abstimmung einbringen. Ohne seine Zustimmung konnte der Etat (Haushalt) der Regierung nicht verabschiedet werden. Seine politische Bedeutung besaß der Reichstag auch als Forum der Diskussion; darüber berichteten dann die Zeitungen.

Aufgabe 2.3: Mit dem allgemeinen, gleichen und geheimen Wahlrecht (wenn auch nur für Männer) enthielt der Verfassungsentwurf von 1849 ein zentrales Element demokratischer Verfassungen. Der so gewählte Reichstag entschied über die Zusammensetzung der Regierung und verfügte über Kontrollmöglichkeiten der Regierungsarbeit. Auch das Prinzip der Gewaltenteilung war gewährleistet. Der Verfassungsentwurf der Nationalversammlung von 1849 war daher demokratisch.

Aufgabe 2.4: Ein vom Staatsoberhaupt, der Regierung und dem Parlament (Reichstag) unabhängiges oberstes Gericht kann die Verfassung und die demokratischen Grundrechte der Bürger gegenüber missbräuchlichen Änderungen oder gegenüber verfassungswidrigen Gesetzen der Regierung schützen.

Aufgabe 3: Interpretation eines Quellentextes

Aufgaben 3.1. und 3.2: Der Staatswissenschaftler v. Haller versucht in seinem Text, den absolutistischen Anspruch der deutschen Fürsten, der durch die Aufklärung, die bürgerlichen Revolutionen und die Herrschaft Napoleons in Europa schwer erschüttert war, zu rechtfertigen.

Aufgabe 3.3: Carl Ludwig v. Haller war ein konservativer, königstreuer Staatswissenschaftler. Er schrieb den Text 1816, also direkt nach dem Wiener Kongress, auf dem die Fürsten Europas ihre alte absolutistische Machtposition wiederherstellen wollten. Der Text war vor allem als Streitschrift gegen die liberale und demokratische Opposition in Deutschland gerichtet und sollte deren Forderungen nach politischer Freiheit und parlamentarischer Mitbestimmung zurückweisen.

Aufgabe 3.4: Hier ist deine Meinung gefragt.

Lösungen zu den Aufgaben der „Check-up“-Seite 286
Industrialisierung und soziale Frage

Aufgabe 1: Wichtige Begriffe des Kapitels und deren Erläuterung

Aktiengesellschaft: Ein Unternehmen, das sein benötigtes Kapital durch den Verkauf von Anteilsscheinen an dem Unternehmen (= Aktien) beschafft. Die Käufer der Aktien (= Aktionäre) sind dann Miteigentümer des Unternehmens und daher am Gewinn oder Verlust beteiligt.

Dampfmaschine: Maschine, die thermische Energie (z. B. aus der Verbrennung von Kohle) in mechanische Energie umwandelt, z. B. für den Antrieb einer Pumpe. Der höhere Druck des zu Wasserdampf erhitzten Wassers kann in mechanische Energie umgewandelt werden. Mit der Dampfmaschine konnte sehr viel mehr Energie erzeugt werden als früher; sie machte die Energieversorgung auch weitgehend unabhängig von äußeren Faktoren. Dampfmaschinen markierten den Beginn der Industrialisierung.

Fabrik: Ende des 18. Jh. zuerst in England entstandene Form des Großbetriebs mit arbeitsteiliger Massenproduktion. Sie ist die typische Produktionsstätte des Industriezeitalters. Der entscheidende Fortschritt gegenüber der Manufaktur war der Einsatz neuartiger Maschinen mit neuer Antriebskraft: anfangs Dampf, später Elektrizität. Dadurch konnte die Warenproduktion vervielfacht werden.

Klassenkampf: Nach der Theorie von Marx und Engels mündet die Ausbeutung der Arbeiter (Proletarier) durch die Besitzer der Produktionsmittel (Maschinen, Rohstoffe, Fabrikgebäude etc.) unausweichlich im Klassenkampf und schließlich in einer Revolution. Dann würden die Produktionsmittel in Gemeineigentum überführt; die Gesellschaft wandele sich zum klassenlosen Kommunismus.

Manufaktur: Form des Großbetriebs mit arbeitsteiliger Massenproduktion (z. B. Porzellanmanufaktur). Die Werkzeuge, Rohstoffe und das Manufakturgebäude sind Eigentum des Unternehmers. Er zahlt den Arbeitern einen Stück- oder Stundenlohn. Der entscheidende Unterschied zur Fabrik ist die eingesetzte Energieform. Die Manufaktur kennt noch keinen Dampf- oder Elektroantrieb.

Proletarier, Proletariat: (von Lat.: *proletarius* = Bürger der untersten Klasse). Seit der Industrialisierung Bezeichnung für eine neue soziale Gruppe von kaum ausgebildeten und schlecht bezahlten Lohn-/Fabrikarbeitern. Im Kommunismus bezeichnet der Begriff die Arbeiterklasse.

Schlüsselindustrie: Ein Industriezweig, der aufgrund seiner Größe eine große Bedeutung für eine Volkswirtschaft hat (Beispiel: Maschinenbau) oder dessen Technologie die Basis für zahlreiche andere Industriezweige ist (Beispiel: Chemische Industrie).

soziale Frage: Bezeichnung für die sozialen Probleme, die im Gefolge der Industrialisierung entstanden und vor allem die Arbeiterschaft betrafen. Dazu gehörten: niedrige Löhne, lange Arbeitszeiten, gefährliche Arbeitsbedingungen, ärmliche Wohnverhältnisse, die fehlende soziale Absicherung bei Krankheit oder im Alter, Kinderarbeit etc.

Aufgabe 2: Interpretation von Statistiken und Diagrammen

Aufgabe 2.1: Vorteil der Darstellungsform in einer Statistik ist die große Präzision der Zahlenwerte. Ihr Nachteil gegenüber dem Diagramm ist die geringere Übersichtlichkeit; zentrale Entwicklungstrends sind schlechter zu erkennen. Beim Diagramm verhält es sich umgekehrt.

Aufgaben 2.2. und 2.3: In England begann die Industrialisierung früh und behielt ihren kräftigen Entwicklungstrend bei. Gründe waren ein früh einsetzendes Bevölkerungswachstum und die damit verbundene Bereitstellung eines großen Arbeiterheeres, zahlreiche Erfindungen und technische Innovationen im eigenen Land sowie eine Schicht aus Kaufleuten, Adligen und bürgerlichen Unternehmern, die früh bereit waren, ihr Geld in neue Produkte und Technologien zu investieren.

In Deutschland setzte die Industrialisierung verspätet ein. Als Gründe sind das gegenüber England später einsetzende Bevölkerungswachstum, die territoriale Zersplitterung in zahlreiche Einzelstaaten und der fehlende einheitliche Binnenmarkt zu nennen. Auch hatten Großgrundbesitzer und Adel, anders als in England, keine Interesse an der industriellen Entwicklung. Das deutsche Bürgertum, die Antriebs- und Unternehmerschicht der Industrialisierung, gewann erst ab den 1830er-Jahren an Bedeutung.

Österreichs industrielle Entwicklung verlief bis etwa 1840 parallel zur deutschen. Nach der Gründung des Deutschen Zollvereins 1834, dem Österreich nicht angehörte, verlor es den Anschluss an die industrielle Entwicklung. Dazu trug die konservative, adelsfreundliche Politik bei.

Frankreichs Industrialisierung setzte zwar früh ein, aber das geringe Bevölkerungswachstum und die ungebrochene Bedeutung der Landwirtschaft waren für die vergleichsweise „flache“ Entwicklung im 19. Jh verantwortlich.

In den USA begann die Industrialisierung erst mit dem Zustrom von Millionen Einwanderern ab den 1830er-Jahren. Dann verlief die Entwicklung ungebremst und kräftig.

Auch Russlands Industrialisierung begann erst in den 1830/40er-Jahren. Sie verlief im 19. Jh. kontinuierlich, aber – gemessen an der Größe und Einwohnerzahl – auf niedrigem Niveau.

Aufgabe 3: Interpretation einer Karikatur

Aufgabe 3.1: Die Karikatur bringt die Mechanisierung und monotone Gleichförmigkeit der Fabrikarbeit zum Ausdruck.

Aufgabe 3.2: Die Monotonie der Arbeit wird durch die Gleichförmigkeit der Figuren (Mimik, Körperhaltung) und der von ihnen bedienten Werkzeuge ausgedrückt.

Aufgabe 3.3: Der Karikaturist betrachtet Fabrikarbeit kritisch. Die von den Maschinen vorgegebenen, immer gleichen Abläufe und Bewegungen sind für die Arbeiter(innen) eine Belastung.

Aufgabe 3.4: Hier ist deine Meinung gefragt.

Sach- und Personenverzeichnis

Begriffslexikon

Absolute Macht/Absolutismus: Form der Monarchie, in der der König die uneingeschränkte (absolute) Macht besitzt. Absolutistisch regierenden Königen war es gelungen, die Kontrolle durch die Reichsstände, eine Reichsverfassung oder durch ein Parlament auszuschalten.

Adel: Bis ins 18. Jh. der führende Stand in Europa. Die bürgerlichen Revolutionen in England (1689) und Frankreich (1789) beendeten dort die Vorherrschaft des Adels. In Deutschlands behielt er seine Stellung und politische Macht bis weit ins 19. Jh.

Aufklärung: Geistige Bewegung des 17. und 18. Jh., die an den Humanismus der Renaissancezeit anknüpfte. Gegen den absoluten Machtanspruch der Fürsten setzten die Aufklärer die Macht der Vernunft. Die Menschen sollten eine neue, vernünftige Staatsordnung begründen, die ihnen Freiheit und gleiche Rechte sicherte.

Augsburger Religionsfrieden: Reichsgesetz von 1555. Es erkannte die protestantische Glaubensrichtung als gleichberechtigt an.

Bauernbefreiung: Die Befreiung der Bauern aus der rechtlichen Abhängigkeit vom Grundherrn. Die Bauern mussten ihrem ehemaligen Grundherrn jedoch eine Entschädigung zahlen, um das von ihnen bewirtschaftete Land als Eigentum zu erwerben.

Bauernkriege: Bezeichnung für Bauernaufstände 1524/1525 in Süd- und Mitteldeutschland. Von den Gedanken der Reformation angeregt und getrieben von ihrer schlechten wirtschaftlichen Lage, stellten die Bauern Forderungen nach mehr Rechten. Die Söldnerheere der Fürsten schlugen die Bauernaufstände blutig nieder.

Bürger/Bürgerrecht: In der Antike waren *Bürger* einer Stadt oder eines Staates nur die Einwohner, die auch das Bürger*recht* besaßen. Nur sie durften wählen und konnten aktiv an den Entscheidungen des Staates teilnehmen. Im Mittelalter sind Bürger die freien Bewohner einer Stadt, die zudem das Bürger*recht* besitzen. Das waren nur etwa 40 bis 50 Prozent der Stadtbewohner. Seit der frühen Neuzeit wurde das Bürgerrecht mehr von der Zugehörigkeit zu einer sozialen Schicht, zu einer Religion oder von den Vermögensverhältnissen des Einzelnen abhängig.

Bischof: Der oberste Geistliche in einem Gebiet, das „Bistum“ genannt wurde. Im Mittelalter waren viele Bischöfe zugleich Lehnsmänner des Königs und damit Landesherren.

Deutscher Bund: Auf dem Wiener Kongress von 1814/15 wurde der Deutsche Bund gegründet. Er schloss 35 deutsche Einzelstaaten und vier Städte zusammen. Sein Ziel war der gegenseitige Schutz der Mitgliedsstaaten. Er bestand bis 1866.

Deutscher Zollverein: Unter der Führung Preußens erfolgte 1834 die Gründung des Deutschen Zollvereins. Damit wurde erstmals ein einheitlicher Binnenmarkt zwischen 18 (von 39) Staaten bzw. Reichsstädten des Deutschen Bundes geschaffen.

Fabrik: Ende des 18. Jahrhunderts zuerst in England entstandene Form des Großbetriebs mit arbeitsteiliger Massenproduktion. Der entscheidende Unterschied zur **Manufaktur** besteht im Einsatz neuartiger Maschinen mit neuer Antriebskraft: anfangs Dampf, später Elektrizität. Dadurch konnte die Warenproduktion vervielfacht werden. Die Fabrik ist die typische Produktionsstätte des Industriezeitalters.

Fürsten: (weltliche und geistliche) Adlige eines Volkes oder Stammes, die in einem Territorium die Herrschaft ausübten. Im Mittelalter waren sie Lehnsmänner des Königs. Neben den weltlichen Fürsten (meist Herzöge oder Grafen) gab es die geistlichen Fürsten (Bischöfe).

Gewaltenteilung: Die Philosophen der Aufklärung forderten, die absolute Macht der Fürsten zu begrenzen und auf mehrere Personen und Institutionen zu übertragen. In den neuen Staatsverfassungen Frankreichs und der USA gab es deshalb das Parlament als Gesetzgebende Gewalt (Legislative). Davon getrennt waren die Ausführende Gewalt der Regierung (Exekutive) und die unabhängige Recht sprechende Gewalt der Gerichte (Jurisdiktion).

Gilde: Ein Zusammenschluss von Kaufleuten einer Stadt, um gemeinsam mehr Schutz auf Handelsfahrten zu anderen Märkten zu haben.

Grundherrschaft: Ein Lehnsmann, der ein Gebiet erhalten hatte, übte die Grundherrschaft über Land und Leute aus. Er sollte die Bauern beschützen und war ihr Richter. Die Bauern, die das Land bewirtschafteten, waren vom Grundherrn abhängig; sie waren ihm hörig und mussten für ihn Dienste und Abgaben leisten.

Hanse: Zusammenschluss deutscher Handelsstädte, vor allem an den Nord- und Ostseeküsten sowie entlang großer Handelsstraßen. Die Hanse war im Mittelalter ein mächtiger Städtebund, der sogar Kriege führte.

Hausmeier: Oberste Verwaltungsbeamte und oft auch Heerführer der fränkischen Könige. Die Hausmeier konnten große Macht erlangen.

Heiliges Römisches Reich: Die deutschen Könige ließen sich im Mittelalter vom Papst zum römischen Kaiser krönen. Das Kaisertum des Mittelalters sollte als „Heiliges Römisches Reich“ das Kaiserreich der Antike fortsetzen. Es beanspruchte eine universale (= allen Reichen übergeordnete) Herrschaft in Europa und verstand sich als „Schutzmacht aller Christen“. Doch erstreckte sich die Herrschaft des Kaisers tatsächlich nur über ein stets sich veränderndes Gebiet Mitteleuropas.

Herzog: Ursprünglich die germanischen Heer- und Stammesführer. Daraus entwickelte sich erblicher Stammesadel. Sie waren Lehnsmänner des Königs, beanspruchten in ihren Territorien (Herzogtümer des Deutschen Reichs) aber die Landesherrschaft.

Investitur: Einsetzung eines Bischofs durch den König. Da Bischöfe aufgrund des Reichskirchensystems zugleich Lehnsmänner des Königs waren, wollte dieser die Auswahl der Bischöfe selbst bestimmen. Gleichzeitig verlangte der Papst in Rom, dass ein Bischof ihm unterstehen müsse. Päpste und Könige gerieten oft in einen Streit (= Investiturstreit) um die Einsetzung der Bischöfe.

Kaiser: s. „Heiliges Römisches Reich“

Kolonie: Ansiedlung außerhalb des eigenen Staates. Kolonien wurden von den „Mutterländern“ (Kolonialstaaten) wirtschaftlich ausgebeutet. Die Ureinwohner mussten meist die Sprache, Kultur und Religion der Kolonialstaaten übernehmen. Im 17. Jh. wurden von den Europäern Kolonien in Nordamerika gegründet. Sie schlossen sich im 18. Jh. zu den Vereinigten Staaten von Amerika (USA) zusammen.

Kreuzzüge: Zwischen 1095 und 1290 durchgeführte Kriegszüge im Namen der Kirche und im Zeichen des Kreuzes. Ihr Ziel war, die Herrschaft der Muslime in Jerusalem und Palästina zu beenden.

Landesausbau: Zwischen dem 11. und 14. Jh. erfolgten die Besiedlung und Kultivierung großer, z. T. unbewirtschafteter Gebiete in Mitteldeutschland durch deutsche Bauern. Die Neusiedler vermischten sich mit den ansässigen Bewohnern, z. B. den Slawen. Im 18. Jh. bezeichnet „innerer Landausbau“ die Trockenlegung und Besiedlung von Sumpfgebieten.

Lehnswesen/Feudalismus: Bezeichnung für die Ordnung und Herrschaft der Gesellschaft im Mittelalter. Der König vergab Teile seines Herrschaftsgebiets als Lehen an Adlige zur Nutzung und Verwaltung. Diese leisteten ihm den Lehnseid und schuldeten ihm Treue und Beistandspflicht im Kriegsfall. Diese – auch als „Feudalismus“ bezeichnete – Gesellschaftsordnung beruhte auf der persönlichen Bindung zwischen Lehnsmann (= Vasall) und Lehnsherrn. Ursprünglich fielen Lehen nach dem Tod des Lehnsmanns an den Lehnsherren zurück, später wurden sie in vielen Fällen erblich. Der Lehnsmann konnte Teile seines Lehens an Untervasallen weitergeben.

Magistrat: Bezeichnung für die Verwaltung und die Beamten einer Stadt.

Menschenrechte: Grundrechte, die jedem Menschen von Natur aus zustehen. Dazu gehören u. a. die rechtliche Gleichstellung, das Recht auf Eigentum, die Meinungs- und Glaubensfreiheit. In den Verfassungen der USA (1789) und Frankreichs (1791) wurden den Bürgern(innen) erstmals Menschenrechte zugesichert.

Merkantilismus: Staatlich gelenktes Wirtschaftssystem in der Zeit des Absolutismus. Der Staat richtete u. a. Manufakturen ein und baute Verkehrswege. Fertigwaren der Nachbarländer wurden mit hohen Einfuhrzölle belegt. Nur Rohstoffe sollten ins Land gebracht werden.

Nationalstaat: In der frühen Neuzeit entstanden u. a. in England, Frankreich und Russland Staaten mit einer zentralen Verwaltung, einem einheitlichen Gerichtswesens und mit einer Versammlung der Stände bzw. mit einem Parlament. Dadurch bildete sich eine Gemeinschaft von Untertanen gleicher Sprache und Kultur: die Nation. Sie wurde zur Grundlage eines einheitlichen Nationalstaates, der in Deutschland aber erst 1871 entstand.

Parlament: Seit 1215 nannten sich die Vertreter der Stände in England „Parlament“ (Lat.: Besprechung). Sie verstanden sich seit der „Glorreichen Revolution“ von 1668/69 als die Vertreter der ganzen Nation. Auch heute noch wird die gewählte Vertretung eines Staates, eines (Bundes-)Landes oder einer Stadt als Parlament bezeichnet.

Parteien (politische): Sie entstanden als Zusammenschluss der Abgeordneten in den Landtagen und Parlamenten. Abgeordnete mit gleichen oder ähnlichen politischen Zielen schlossen sich in einer Partei zusammen. In Deutschland bildeten sich frühe Formen der Parteien, die Fraktionen, erstmals 1848 im Parlament der Paulskirche. Sie unterschieden sich nach ihrer Auffassung von der angestrebten Staatsform als Liberale, Demokraten und Konservative.

Proletariat, Proletarier: (von Lat.: *proletarius* = Bürger der untersten Klasse) Bezeichnung für die mit der Industrialisierung entstehende soziale Schicht von schlecht ausgebildeten und schlecht bezahlten Lohnarbeitern.

Protestanten: Ursprünglich die Bezeichnung der Fürsten und Städte, die Luther und die Reformation unterstützten und gegen den Reichstagsbeschluss von Speyer 1529 *protestierten*. Daher stammt die Bezeichnung „Protestanten“ für die reformatorischen Glaubensgemeinschaften.

Reformation: (Lat.: *reformatio* = Neugestaltung, Erneuerung) Begriff für die kirchliche Erneuerung im 16. Jahrhundert und die Herausbildung neuer Glaubensgemeinschaften (z. B. Protestanten, Calvinisten, Puritaner).

Reichskirchensystem: Bezeichnung für das Verwaltungssystem des Reiches seit Otto I. (936 – 973). Bischöfe wurden mit Bistümern und Ländereien belehnt. Dort übten sie wie weltliche Fürsten die Landesherrschaft aus. Da Geistliche keine erbberechtigten Kinder hatten, fiel das Lehen nach ihrem Tod an den König zurück.

Reichstag: Seit dem 15. Jh. Zusammenkunft von Kaiser/König, Fürsten und freien Reichsstädten. Auf Einladung des Kaisers wurden wesentliche Angelegenheiten des Reichs beraten und beschlossen, z. B. Kriegsbeschlüsse oder neue Steuergesetze.

Restauration: (Lat.: Wiederherstellung) Zeit zwischen 1814/15 (Wiener Kongress) und den Revolutionen von 1830 (Frankreich) und 1848 (Deutschland und Österreich). Die Fürsten Europas versuchten ihre durch die Herrschaft Napoleons erschütterte Machtposition wiederherzustellen.

Renaissance: (Franz.: Wiedergeburt) Epoche des Übergangs vom Mittelalter zur Neuzeit. Ausgangspunkt waren im 15./16. Jh. die oberitalienischen Handelsstädte. Von dort breiteten sich die Gedanken der Renaissance und des Humanismus (von Lat.: *humanus* = menschenfreundlich) allmählich in Europa aus. Ihre Anhänger verbanden damit einerseits antike Ideale in der Kunst und Architektur. Vor allem aber vertraten sie ein neues Menschenbild. Es war vom Anspruch auf Individualismus, Freiheit und der Gestaltung der eigenen Lebensbedingungen gekennzeichnet.

Revolution: (Lat./Frz.: Umwälzung) Im Gegensatz zu Reformen meint Revolution einen Prozess der tiefgreifenden, grundsätzlichen Umgestaltung, an dessen Ende eine neue gesellschaftliche oder politische Ordnung steht.

Sozialismus: (Von Lat.: *socius* = Genosse) Im 19. Jh. entstandene politische Bewegung, die eng mit der Arbeiterbewegung verbunden ist. Ziel des Sozialismus ist die Änderung der als ungerecht empfundenen Herrschafts- und Besitzverhältnisse sowie die Gleichheit aller Bevölkerungsschichten.

Stadt: Ursprünglich eine Siedlung mit Marktort, die durch Verleihung des Stadtrechts durch den Landesherrn zur Stadt wurde. Städte entstanden in Deutschland seit dem 11. Jahrhundert. Das Leben in der mittelalterlichen Stadt war vor allem durch Handwerker und Kaufleute und von der Teilung der Arbeit in verschiedene Berufe geprägt.

Verfassung: (Lat.: *constitutio*) Ein Gesetz, das die Ausübung der Staatsgewalt sowie deren Verteilung auf verschiedene Institutionen regelt. Absolutistische Monarchien oder Diktaturen haben meist keine Verfassung.

Zunft: Zusammenschluss der Handwerker eines Gewerbes in einer Stadt. Jede Zunft hatte ihre eigene Ordnung. Nur Zunftmitglieder durften das Handwerk selbstständig ausüben.

Bildnachweis

akg-images: 9 (Hintergr.), 11, 13, 15/B1 (Gunter Hogen), 16/B3, 17/B8 (Erich Lessing), 22, 23/B3, 38/B2, 40/B2, 45/B1 l., 3.-5., 47/RS, 53/RS, 56/B4, o.r., 58/RS, 62/B2, RS, 66/B1, 75, 76/B1, 77, 83/B1, 89/B3, 93/RS, 96, 99/RS, B2, 100/RS, B5, 101/RS, 102/B1, 103, 105/RS, 108/RS, 111/B4, 115, 119/B2, 120/RS, 122, 124/B1, 125 o., B2, 131, 136 o., 137 o. (Erich Lessing), 140 o., 142, 149, 153, 155, 159/B4, B5, 160 o., 161, 162 o., 165 o., 167 (2), 169/B2, 173 (3); 175 o., 177/B5, 178, 179, 182, 184, 185, 186/B2, 190/B2, 192, 193 (2), 201 (3), 202, 204 (2), 205, 207, 210 o., 211 o., 212 (2), 213/B5, 219, 227, 230, 233 o.l., o.r., 236, 238, 239 o., 240/B1, 241, 243/B3, 244, 247, 250/RS u., 255, 257, 259 u.r., 264/B6, 266/B2, 267/RS u., 268, 276 o., 278 (2), 279, 282, 283 o., 287 r., 288, 291 o.r., 293 (2), 294 (2), 295/B11, 299/B8, 304/B1, B2; P. Ariès/G. Duby, Geschichte des privaten Lebens, Fischer, 1991: 151, 152, 154/RS, 157; Artothek: 100/B6, 301/B2, 307; Alte Pinakothek München/Foto: Artothek: 31/B6; Banco Ultramarino, Lissabon: 107/B4; Bayerisches Armeemuseum, Ingolstadt: 144, 222; Bayerisches Nationalmuseum: S. 34/B2; Bayerische Staatsbibliothek: 17/B7, 59; Biblioteca Vaticana: 36/B2; Mauritius: 299/B9; Bildarchiv Foto Marburg: 66/RS, 138; Bildarchiv Helga Lade: 90/B6; BPK: 14/B6, 20, 21/B4, B5, 23/B4 M.l., 32/RS, 60, 71, 79, 85, 88/B1, B2, 97 l., 102/RS, 105/B6, 107/RS, 113/B2, 116, 117, 118/B6, B7, 123/B4, 126, 128, 129, 156, 159 o., 160 u., 163 (2), 164 (3), 189, 194, 196 (2), 199, 208, 213 o., 214, 218 (2), 221, 229 r., l., 230, 231 (2), 233 u., 239/B4, 242 o., 243/B4, 248/B6, 249/B1, 250/RS o., B1, 253, 259 o., u.l., 261/B2, 265 (2), 266/ o., 267/RS o., B3, 272, 276/B2, 280/B2, 297 M., 298 o., B3, B5, 299 o., B6; Bridgeman Giraudon: 33/B2 (3), 208/B6, 223, 261/B1, 285, 298/B4, 303; Bibliothèque nationale de France: 14/B5, 23/B4 o.l., 67, 73/RS, 74/B3, 90/B5, 91/B8, B9, 92/B2, 139, 197, 211/B1; © CORBIS: 191 (Christian Barthelmess); © Deutsche Luftbild, Hamburg: 18; Deutsches Museum, München: 262, 264/B4; Deutsche Post AG, Frankfurt: 123 o.; DHM, Berlin: 263/B3, 277 (2); V. Döring, Hohen-Neuendorf: 35/B1, 249/B2; Domschatzmuseum, Aachen: 48/B4; dpa: 81, 133 (Hintergr.); Edition Casterman, Tournai: 83/B2; Karin Feuerstein-Praßer, Köln: 42/B1; Fürstlich Waldburg-Zeil'sches Gesamtarchiv, Leutkirch: 141; Germanisches Nationalmuseum, Nürnberg: 29/B3, 104/B1, 254; G. Gerster, Zumikon: 89/B4; C.-P. Groß: 300 u.; F. Hafner: 229 M.; Haus-, Hof- und Staatsarchiv, Wien: 124 o.; Historisches Museum Basel: 165 o., 171; Historisches Museum, Frankfurt: 248/B7; Ibero-amerikan. Institut, Stiftung Preußischer Kulturbesitz, Berlin/Foto: V. Döring: 110/B3, 112; Islamisches Museum, Berlin: 93/B4; Klammet Europa-Farbbildarchiv: 63, 177 o., 263 o.; Kulturhistorisches Museum Magdeburg: 119/B1; Kunsthistorisches Museum, Wien: 23/B4 o.r., 51/B3, 54; Landesarchiv Berlin: 305/B3; Landesmuseum für Technik und Arbeit, Mannheim: 269/B5; Langewiesche-Brandt, Ebenhausen: 281/B4; C. Meyer: 84; Münchner Stadtmuseum: 237; Museumsdorf Düppel e.V., Förderkreis Berlin: 26/B1, 27; Österreichische Nationalbibliothek, Wien: 16/B2, 28/B1, RS, 29/RS, 86; Panorama-Museum, Bad Frankenhausen/© VG Bild-Kunst, Bonn 2006: 143; Photo Scala, Florenz: 23/B4 u.r.; Picture-alliance/Bildagentur Huber: 35/B3; Picture-alliance/ZB/© ZB-Fotoreport: Titelbild, 304; Privatarchiv P. Hartmann: 94/B6, 121, 162/B2, 273; Reiss-Museum, Mannheim: 43/RS; Rheinisches Bildarchiv, Köln: 53/B1, 304/B3; Rheinisches Landesmuseum, Trier: 301/B1; Rijksmuseum – Stichting Amsterdam: 127; Römisch-Germanisches Zentralmuseum, Mainz: 30/B3; Sächsische Landesbibliothek, Staats- und Universitätsbibliothek Dresden, Deutsche Fotothek: 56/B5; Scala, Florenz: 136 RS u., 300/B10; A. G. Shedid, München: 302; Staatsarchiv Hamburg: 216; Staatsbibliothek Bamberg: 44/B5; Stadtarchiv Soest: 36/B1, 64; Stadt Quedlinburg, Informationsamt: B2; Stiftung Stadtmuseum Berlin/Foto: Bartsch: 242/B1; terre des hommes/Theo Dom: 287 l., 289/B6; The British Library, London: 23/B4 u.l., 76/RS; The Piermont Morgan Library, N.Y.: 16/B1; © The Royal Collections Enterprise, Windsor Castle: 175/B1; ullstein bild: 9 (Siegel), 24/B2 (Hubertus Kanus), 224 (Imagno), 232, 270, 271 (KPA), 289/B5 (Still Pictures), 260/B5 (Frank Lehmann), 296, 300 o., B12; ullstein/Archiv Gerstenberg: 186 o., 188, 240 o., 245; Universitätsbibliothek Heidelberg: 9 l., 45/B1 2., 133 l.; VISUM: 31/B4 (Thomas Pflaum); VWV-Archiv: 68, 140/B1, 200, 210/B2, 274, 287 M.; Werksarchiv Henkel: 269/B7; H. Wunderlich: 108/B1

Nicht in allen Fällen war es uns möglich, die Rechteinhaber der Abbildungen ausfindig zu machen. Für eventuell entstandene Fehler oder Auslassungen bitten wir um Verständnis. Berechtigte Ansprüche werden selbstverständlich im Rahmen der üblichen Vereinbarungen abgegolten.